Lloffion o Ddyddiaduron Ambrose Bebb 1920–1926

Lloffion o Ddyddiaduron
AMBROSE BEBB
1920–1926

golygwyd gan
ROBIN HUMPHREYS

GWASG PRIFYSGOL CYMRU
CAERDYDD
1996

Mae cofnod catalogio'r gyfrol hon ar gael gan y Llyfrgell Brydeinig

0-7083-1269-1

Cyhoeddir gyda chymorth ariannol Cyngor Celfyddydau Cymru

Cysodwyd yng Ngwasg Prifysgol Cymru, Caerdydd
Argraffwyd yn Lloegr gan Bookcraft, Midsomer Norton

I Dominique

Diolchiadau

Hoffwn ddiolch i'r Dr Bruce Griffiths am ei gyfraniad amhrisiadwy ac i Robin Chapman am ei gymorth gwerthfawr wrth baratoi'r llyfr hwn. Diolchaf i'r teulu i gyd am roi'r cyfle imi weithio ar y dyddlyfrau ac, am y llun o Ambrose Bebb ar y clawr, hoffwn ddiolch yn arbennig i Lowri Williams. Diolch hefyd i Ifan Bebb am ei sylwadau gwerthfawr ac am ei gefnogaeth hael. Hoffwn, yn ogystal, fynegi fy nyled i'r Adran Astudiaethau Celtaidd ym Mhrifysgol Gorllewin Llydaw, Brest ac, am ei chyfraniadau gwerthfawr i'r ail atodiad, diolchaf yn fawr i Ceridwen Lloyd-Morgan o'r Llyfrgell Genedlaethol, Aberystwyth. Y mae llawer o ddiolch yn ddyledus hefyd i Susan Jenkins, uwch-olygydd Gwasg Prifysgol Cymru. Yn olaf, buasai fy ngwaith wedi bod llawer anoddach heb gynhorthwy parod fy rhieni ac amynedd diderfyn fy ngwraig a'm plant.

Cynnwys

Rhagymadrodd

Ganwyd William Ambrose Bebb ym 1894 yng Ngoginan, Ceredigion, y trydydd o saith plentyn Edward ac Ann Bebb. Yn fuan wedyn symudodd y teulu i fferm Camer Fawr ger Tregaron. Mynychodd ysgolion Tregaron cyn ennill gradd anrhydedd uchel mewn hanes a Chymraeg yng Ngholeg Prif-ysgol Cymru Aberystwyth. Derbyniodd radd MA ym 1920 ac ar anogaeth ei Athro Cymraeg, T. Gwynn Jones, aeth i Rennes am gyfnod byr cyn symud oddi yno i Baris. Ar hyd ei oes, bu'n arfer ganddo gadw dyddiadur manwl.

Ym 1991, cynigiwyd imi'r fraint a'r cyfrifoldeb o ddethol lloffion o'r dyddiaduron hyn gan deulu'r awdur ar ôl sôn am fy ngwaith ymchwil tra'n *lecteur gallois* ym Mhrifysgol Gorllewin Llydaw ym Mrest. Cyfanswm o dros ddeg ar hugain o lyfrynnau bychain oedd yn y parsel a dderbyniais, gan gynnwys dyddiaduron yn dechrau ym 1920 ac yn diweddu ym 1954. Ac eithrio'r tridegau cynnar pan nad oedd yn cadw dyddiadur yn rheolaidd, y mae bron pob un o dudalennau'r dyddlyfrau maint poced wedi eu llenwi ag ysgrifen fân lle y 'gellir clywed ei lais ar ddail ei lyfrau'.[1] Wrth edrych yn frysiog trwy'r 'trysor' gwerthfawr, sylweddolais mor bwysig oedd eu cyhoeddi a pha mor anodd fyddai cyflawni'r gwaith i gyd.

Penderfynwyd fel cam cyntaf ganolbwyntio ar y cyfnod o 1920 i 1926. Dyma adeg fwyaf cynhyrchiol Ambrose Bebb o ran ei gyfraniad i fywyd gwleidyddol a llenyddol Cymru, a hynny oherwydd ei waith newyddiadurol a'i berthynas â Ffrainc a Llydaw. Ond hyd yn oed wrth gyfyngu'r maes i'r blynyddoedd hyn, yr oedd y testun yn dal i fod yn faith gyda chyfanswm, mae'n debyg, o dros 500,000 o eiriau.

Felly, aethpwyd ati i ddethol o fewn y cyfnod. Ar adegau, nid oedd y penderfyniadau i dorri yn rhai anodd gan fod Bebb yn ei ailadrodd ei hun yn gyson wrth fanylu ar fân ffeithiau ac ar arferion rhigolaidd beunyddiol megis disgrifiadau o'r tywydd bob bore a chynnwys ei 'foreufwyd', ei ymarfer corff a chyflwr ei iechyd. Bu Bebb yn hynod o ofalus o'i iechyd, gan gerdded llawer a cheisio bwyta'n iach. Pan oedd yn iau, cawsai salwch difrifol ac, yn wir, mae'n cyfeirio at ei iechyd simsan yn aml iawn. Diau nad oedd ei amgylchiadau ym Mharis (prinder pres, oerni, pryder am fod heb swydd, am ei deulu ac yn y blaen) yn gwneud unrhyw les iddo.

Drwy gydol y dyddiaduron y mae Bebb yn sôn llawer am ei waith ymchwil, am ddarllen y Beibl bob bore er mwyn dysgu'r Ffrangeg a'r

Llydaweg, a chynnwys y lliaws darlithoedd a fynychai. Felly ni nodwyd ond ychydig o gyfeiriadau tebyg, er mwyn rhoi blas y cyfnod a darlun bras o'r math o fywyd a ddilynai. Yn y cyswllt hwn, ceir darlun diddorol o ddiwrnod nodweddiadol myfyrwyr y Sorbonne yn erthygl Bebb i'r *Efrydydd*.[2]

Penderfynais hefyd beidio â rhoi llawer o sylw i gyfeiriadau at fywyd personol a theuluol yr awdur. Nid bod dim byd 'sensitif' mewn unrhyw ystyr i'r gair yn y darnau hyn; yr oedd Ambrose Bebb yn agos iawn i'w deulu ac yn mwynhau perthynas ardderchog â'i frodyr a'i chwiorydd. Ychydig iawn o ymdrin â theimladau dwfn personol sydd i'w gael ychwaith. Nid oes, er enghraifft, yr un cofnod lle y mae Bebb yn trafod ei deimladau tuag at ferched. Y rheswm syml am beidio â chynnwys llawer o ddyfyniadau tebyg i'w gilydd ydyw nad ydynt, yn fy nhyb i, yn ychwanegu fawr o wybodaeth newydd na sylwadau diddorol am yr awdur a'i gyfnod. Enghraifft o dorri sylweddol ar y testun gwreiddiol ydyw hepgor amryw ddudalennau o hiraethu a galaru wedi i Ambrose Bebb golli ei fam. Dro ar ôl tro y mae'n myfyrio dros y golled arthurol hon. Yr oedd eisoes wedi colli ei dad pan oedd yn saith oed ac y mae'r golled fawr hon yn elfen hanfodol wrth ddeall ac esbonio'r berthynas hynod agos a fu rhyngddo a'i fam a'i frodyr a chwiorydd.[3] Ond yn bennaf, nid wyf wedi ailadrodd sawl tudalen o gofnodion sydd eisoes wedi eu cynnwys yng nghyhoeddiadau eraill yr awdur, megis *Pererindodau*, *Llydaw* a llu o erthyglau i'r wasg Gymreig a Llydewig.

Ceisiais, felly, ganolbwyntio ar gofnodion sydd yn egluro rhywfaint ar ddatblygiad ei syniadau a'i ddaliadau, ac yn wir ei gymeriad unigryw. A dyna yn ei chrynswth egwyddor sylfaenol y dewisiadau, er rhaid cydnabod mai penderfyniadau goddrychol ydynt.

Beth yn union oedd cymhelliad Ambrose Bebb dros gadw dyddlyfr mor fanwl am gyfnod mor faith? Gwelwyd eisoes nad *journal intime*, dogfen gyfrinachol mohoni. Yn hytrach cofnod cywir o ddigwyddiadau ac o'i farn amdanynt sydd yma. Yr oedd yn tynnu ar ei ddyddiaduron ar gyfer erthyglau a llyfrau taith a chyhoeddodd loffion o'i ddyddiaduron mewn sawl cyfrol yn ystod y pedwardegau ac mewn erthyglau i'r *Genhinen* yn y pumdegau. Mae'n amlwg ei fod yn ystyried cadw dyddlyfr yn ddyletswydd ar lenorion Cymru ac yn gyfraniad pwysig i ddiwylliant ei wlad. Mynegodd hyn yng Nghyfarfod Cymraeg Cyn-Fyfyrwyr Coleg Aberystwyth ym mis Ebrill 1923. Felly, wrth olygu'r testun hwn ar gyfer ei gyhoeddi, penderfynais wneud cymaint ac nid mwy nag y byddai'r awdur ei hun wedi ei wneud wrth baratoi detholiad o'i ddyddlyfrau ar gyfer y wasg, sef cywiro'r sillafu, cysoni'r atalnodi ac, yn gyffredinol, safoni'r orgraff.

Dyheu am chwyldro oedd un o nodweddion amlycaf y blynyddoedd yn dilyn diwedd y Rhyfel Byd Cyntaf yn Ewrop. Ar ôl dymchwel yr hen ymerodraethau ac wedi i holl erchyllterau a dioddefaint maes y gad ddod i ben, cododd awydd angerddol am newid sylfaenol i'r drefn o lywodraethu gwladwriaeth, bywyd cymdeithasol a bywyd yr unigolyn fel ei gilydd. Daeth bri neilltuol ar ailgynllunio'r byd, ac oherwydd yr hinsawdd arbennig, yn enwedig yn y dauddegau, daeth argyhoeddiadau cadarn a damcaniaethau brwdfrydig cenhedlaeth o bobl ifainc y ganrif newydd i ddylanwadu'n drwm ar athroniaeth a pholisïau pob pegwn gwleidyddol.

Yn sgil buddugoliaeth y Bolsieficiaid yn Rwsia, a chyda sefydlu cyfundrefnau newydd yn deillio o barodrwydd Cytundeb Versailles i gydnabod hawliau gwleidyddol cenedligrwydd, ymledodd y gred fod newid yn bosibl hyd yn oed ymhlith haenau o gymdeithas a oedd cyn hynny wedi arfer â phlygu'n ostyngedig i'r drefn. 'Y mae Ewrop gyfan,' meddai Lloyd George ym Mawrth 1919, 'wedi'i llanw ag ysbryd chwyldro.'

Cyn y Rhyfel Mawr, llywodraethid Cymru yn ysbrydol ac yn wleidyddol gan gytundeb cudd rhwng Ymneilltuaeth a'r Blaid Ryddfrydol. Apotheosis y drefn anweledig hon oedd David Lloyd George ac nid oedd dilynwr mwy ffyddlon i'r arweinydd hwn na'r William Ambrose Bebb ifanc. Parhaodd edmygedd Bebb o'i arwr mawr nes iddo gwrdd â D. J. Williams ar y ffordd i Ddamascus a redai, megis, ar hyd coridorau Coleg Prifysgol Aberystwyth. O Baris, clywodd adlais rhwygiadau o fewn y Blaid Ryddfrydol a hanesion yr etholiadau ffyrnig a fu yng Ngheredigion rhwng pleidwyr Lloyd George a Llewelyn Williams. O gam i gam yr oedd llwybr bywyd Bebb yn ei arwain i ffwrdd o'r hen drefn. Ymhell cyn cwymp terfynol y dewin o Gricieth yr oedd Bebb wedi mynd i gredu bod modd cael cyfundrefn athronyddol i orchfygu drygioni'r byd ac i greu cymdeithas newydd a gwell ar y ddaear. Hyd yn oed cyn cyrraedd y Sorbonne yr oedd wedi ymdrwytho yn ysbryd newydd yr oes ac yn breuddwydio am buro ac adnewyddu'r byd ac ennill lle anrhydeddus i Gymru yn y gyfundrefn newydd.

Cystal i ni gofio fod blas drwg braidd ar y gair 'democratiaeth' yn y cyfnod hwn (fel sydd heddiw, mae'n debyg, ar Gomiwnyddiaeth) am ei bod yn corffori holl fethiannau gwleidyddol a chymdeithasol y bedwaredd ganrif ar bymtheg. Ar y Chwith ac ar y Dde yr oedd athronwyr dylanwadol yn anobeithio am allu democratiaeth i fynd i'r afael â'r problemau economaidd anferth a wynebai'r byd ar ôl y Rhyfel Byd Cyntaf a chytundeb amheus Versailles gyda'i heddwch eiddil. Erbyn heddiw y mae gennym lyfrgelloedd o lyfrau yn esbonio natur argyfwng y cyfnod ac efallai fod ynom duedd i feddwl bod ein gwybodaeth ni o'r cyfnod gymaint yn well a mwy cynhwysfawr na gwybodaeth anghyflawn y bobl oedd yn byw ar y pryd. Ond ymdrech i ddatgelu'r hyn y mae llwch amser yn ceisio ei orchuddio yw natur brwydr ddiddiwedd yr hanesydd, a chyfraniad arbennig y dyddiaduron hyn yw'r darlun llachar y maent yn ei gyfleu o'r profiad eirias o fod yn rhan o'r chwarae tyngedfennol.

Down i ddeall y cyfnod a'r dyddiaduron hyn yn well trwy feddwl am y Bebb ifanc fel teithiwr unigryw o Gymru yn sefyll megis ar groesffordd o flaen y Sorbonne. Cynnyrch yr Ysgol Sul oedd y llanc hwn a'i holl agwedd at fywyd wedi ei seilio ar fagwraeth capel Methodist cefn gwlad Cymru. Hyd

yn oed ar ôl y Rhyfel Byd Cyntaf, daliai ymneilltuaeth ryddfrydol y
bedwaredd ganrif ar bymtheg i reoli bywyd cefn gwlad uniaith Gymraeg. Os
rhywbeth, yr oedd erchyllterau'r rhyfel wedi rhoi ail wynt i basiffistiaeth
Henry Richard yn Nhregaron, a nerth newydd i'r rhesymoliaeth bositifaidd a
ddysgid yng Ngholeg Prifysgol Cymru Aberystwyth. Mudiad Cynghrair y
Cenhedloedd a gariai'r dydd ym mhob dadl gyhoeddus a chael cefnogaeth
frwd y capeli a'r wasg Gymraeg.

Dyma, felly, fan cychwyn taith ddeallusol ac ysbrydol awdur y dydd-
iaduron hyn. Ymunwn ag ef, 'y llanc o'r Sorbonne', yn sefyll ar y Place Saint
Michel, wedi cludo gydag ef etifeddiaeth grefyddol ac athronyddol ei wlad.
Yr oedd megis ar drothwy cyfnod newydd yn ei ddatblygiad fel unigolyn,
datblygiad a fyddai'n effeithio llawer ar feddylfryd eraill ym Mharis ac yn
Llydaw, ac yn bennaf oll, yng Nghymru. Wrth dalu teyrnged i'w gyfaill,
dywed Saunders Lewis:

> Ar ôl rhyfel 1914–18 erthyglau politicaidd Bebb a wnaeth fwyaf i
> atgyfodi cenedlaetholdeb Cymreig a rhoi cychwyn i fudiad Plaid
> Cymru. Y mae iddo le pwysig yn hanes Cymru o'r herwydd.[4]

Deilliai llawer o argyhoeddiadau arbennig Ambrose Bebb o synthesis
unigryw y ddau ddylanwad mawr ar ei feddwl: ar y naill law, traddodiad cefn
gwlad Cymru ac, ar y llaw arall, fwrlwm bywyd prifddinas ddiwylliannol ac
artistig Ewrop.

> . . . onid Paris ydyw dinas goleuni a disgleirdeb, cartref cyffroadau, crud
> chwyldroadau, mamaeth syniadau newyddion a hen ddamcaniaethau?[5]

Bu Ffrainc yn foddion i'w ddwyn wyneb yn wyneb ag atyniadau gwar-
eiddiad materol gyfoethog. Apeliai diwylliant catholig y wlad at ei chwaeth
ramantus, hydeiml.[6] Yr oedd cymysgu'r fath elfennau mewn cyfnod mor
ansicr ym mhersonoliaeth un a'i hystyriai ei hun yn Gelt ac a feddai ar lawer o
rinweddau amlwg y Celt, yn sicr o greu coctel crefyddol, gwleidyddol a
chelfyddydol anghyffredin. Yr oedd ei ysbryd eang, felly, yn adlewyrchu i
raddau helaeth natur ddi-ildio cyfnod tymhestlog yr *entre deux guerres*. Diau
mai enaid artist ysbrydoledig oedd enaid Ambrose Bebb yn hytrach nag eiddo
cyfrwys ac hirymarhous y gwleidydd. Efallai y gellir ei feirniadu oherwydd
iddo adael i'w deimladau, ac nid ei reswm, reoli ei feddwl. Ys dywedodd T.
Gwynn Jones amdano mewn llythyr at Silyn ar 20 Mai 1926: 'Un tanbaid
oedd erioed. Bu'n ddisgybl i mi, ond nid yn ddigon hir i mi geisio dofi tipyn
arno.'[7] Ar y llaw arall, 'tân y llanc o'r Sorbonne',[8] hynny yw, yr ysbrydoliaeth
yr oedd Ambrose Bebb yn ei throsglwyddo i eraill trwy ei egni a'i
frwdfrydedd, oedd yn gyfrifol i raddau helaeth am ailddeffro a rhoi ysgogiad
newydd i egwyddorion cenedlaetholdeb yng Nghymru.

O gofio atyniad llenyddiaeth Ffrainc at y Bebb ifanc a'i ddiddordeb ysol yn achos Llydaw, mae'n werth sylwi ar ddisgrifiad Ernest Renan o ddyn nid annhebyg ei natur, sef y Lamennais hwnnw y bu Bebb yn cyfieithu ei ysgrif enwog *Les Paroles d'un croyant* (*Geiriau Credadun*) ym 1921. Heblaw am gyfnewid eu henwau, tybiaf na fyddai gofyn newid ond ambell air er mwyn gwneud sylwadau Renan ar Lamennais yn ei gyfanrwydd yn rhyfeddol o addas i waith Ambrose Bebb:

> Ce ne fut ni un politique, ni un philosophe, ni un savant; ce fut un admirable poète, obéissant à une muse sévère et toujours irritée.
> . . . La médiocrité satisfaite trouve commode d'insulter l'homme de génie qui ne jouit pas comme elle du privilège d'être infaillible et impeccable. Que ceux qui le condamnent s'interrogent et se demandent s'ils seraient, à son exemple, prêts à donner leur vie pour l'intégrité de leur pensée . . . que ceux du moins qui voudraient lui faire acheter sa gloire au prix de l'enfer le placent, comme Dante l'eût fait, dans le cercle de ces nobles réprouvés dignes de faire envie aux élus![9]

(Nid gwleidydd nac athronydd, nac ysgolhaig a fu: bardd' rhagorol ydoedd, yn ufuddhau i awen lem a llidiog.
. . . Caiff pobl ddidda hunanfodlon hi'n gyfleus sarhau'r athrylith nad ydyw fel hwythau yn mwynhau'r fraint o fod yn anffaeledig ac yn ddi-fai. Gadewch i'r rhai sydd yn ei gollfarnu fyfyrio a gofyn iddynt eu hunain a fuasent yn barod i roi eu bywydau er mwyn gonestrwydd eu daliadau . . . bydded i'r rhai hynny o leiaf a ddymunai iddo brynu ei fri â chost uffern, ei osod, fel y gosodasai Dante hwy, yng nghylch yr anrhydeddus colledig, sydd yn deilwng o godi cenfigen y rhai etholedig!)

---

[1] Saunders Lewis yn W. Ambrose Bebb, *Yr Argyfwng* (Llyfrau'r Dryw, 1956), 13.

[2] William Ambrose Bebb, 'Bywyd Myfyrwyr ym Mharis', *Yr Efrydydd* (1927–8), 176–9.

[3] William Ambrose Bebb, 'Fy Nhad', *Y Llenor* (1943), 56–65.

[4] Saunders Lewis yn W. Ambrose Bebb, *Yr Argyfwng* (Llyfrau'r Dryw, 1956), 13.

[5] William Ambrose Bebb, 'Bywyd Myfyrwyr ym Mharis', *Yr Efrydydd* (1927–8), 176.

[6] D. J. Williams yn W. Ambrose Bebb, *Yr Argyfwng* (Llyfrau'r Dryw, 1956), 10: 'a Bebb erbyn hynny, gellid barnu, bron yn Gatholig o ran argyhoeddiad.'

[7] David Jenkins, *T. Gwynn Jones* (Gwasg Gee, 1973), 299.

[8] Saunders Lewis, 'I'r *Ddraig Goch* ar Ben Chwarter Canrif' yn R. Geraint Gruffydd (gol.), *Cerddi Saunders Lewis* (Gwasg Gregynog, 1986), 40.

[9] E. Renan, 'M. de Lamennais', *Essais de morale et de critique* (Paris, 1859).

1920

Dydd Iau, 1 Ionawr 1920

Dyma ddechrau blwyddyn newydd yn hanes y byd. Beth yw'r gyfrinach a adroddir cyn ei diwedd? Pa obeithion fydd o'i mewn? Beth fydd ei harwydd-air? Dioddef a phoen oedd yng nghoel y pum mlynedd diwethaf, adfyd a gofid i luoedd, pryder i famau, wylo i dadau a chaledi i fechgyn dros bum cyfandir. Dyna'r hau – beth fydd y medi? Wedi'r holl gladdu – pa beth fydd yn atgyfodi? Gwynfyd ai blinfyd? Tangnefedd ai rhyfel?

Duw yn unig a ŵyr. Y mae llawer yn gobeithio pethau mawr. Y mae mwy yn ddiystyr. Dyna'r trychineb mwyaf. Diystyr gennym bethau pwysicaf y byd. Tybed a fydd i'r flwyddyn newydd greu ynom ddiddordeb yn nhynged cenhedloedd a phobloedd. Ofer disgwyl gwell byd, a dedwyddach, heb hyn. Rhaid dyheu, gobeithio, myfyrio – ie, dioddef a gweithio, aberthu a marw.

Dydd Sul, 4 Ionawr 1920

Braint ydyw codi'n fore y Sul, a myned ar daith oddi yma i Dregaron a chael oedfa dda. Y mae i'r Sul gysylltiadau arbennig ei swyn a'i sancteiddrwydd. Dyma fy mhrofiad i, oblegid mai hynny ydyw ffrwyth fy magu a'm dysgu. I arall, arall ydyw – i un na faged i'r un awyrgylch, nac i un cyffelyb, gwahanol ydyw.

Teimlaf yn fynych wrth wrando pregethwr ei fod yn rhy hyf o lawer. Hawdd siarad, rhwydd dywedyd. Pa hawl sydd gan ddyn i fyned oddi amgylch i gynghori pobl, yn enwedig pan gofio bod llawer ym mhob cynulleidfa yn gwybod cymaint, ac yn byw cystal ag efe! Paham y gwrandawn arnynt? Pam y rhown iddynt ryddid i sefyll o'n blaen, ac i siarad mor annibynnol arnom?

Hoffach gennyf fi yr Ysgol Sul nag un sefydliad sydd gennym bron. Diamau gennyf iddi wneud mwy i Gymru nag un sefydliad arall. Diolch am Gruffudd Jones, a Charles o'r Bala – ein prif athrawon ni'r Cymry!

Dydd Mawrth, 6 Ionawr 1920

. . . Y mae pawb ond myfi yn y gwelâu, a chan hynny defnyddiaf hyn o gyfle i baratoi ychydig erbyn y ddarlith nos Wener. Dewisais y testun – 'Yr Ymerodraeth Brydeinig ym Marddoniaeth Cymru'.

Dydd Mercher, 7 Ionawr 1920

Diwrnod gwlyb a diflas iawn – dipyn annedwyddach na ddoe. Yr oedd wedi ei benodi yn ddydd i ladd mochyn – a gwnaed hynny y prynhawn. Yr oedd lladd mochyn yn beth na allwn edrych arno yn cael ei wneuthur, a rhaid oedd imi droi fy nghefn ar y weithred. Ac eto gwelais ddarlun o ferch o Russia, yn Bolshevic, y dywedid amdani iddi, a'i dwylo ei hun, ladd heibio pedwar cant o ddynion – rhyfedd y gwahaniaeth rhwng dyn a dyn!

Dyddiau rhyfedd ydyw y rhain. Pa beth mewn gwirionedd sydd yn cymryd lle yn Rwsia y dyddiau yma? Anodd gwybod! Y mae yn amcan gan un math ar bapurau i ddywedyd fel hyn, a chan arall ceir y gwrthwyneb. Ond y mae'n amlwg fod yna un peth yn aros yn hanes y wlad honno na ellir mo'i guddio gan un newyddiadur. Y mae bellach wedi deffro o'i chwsg, wedi taflu ymaith hualau a gefynnau gorthrwm oesoedd, ac wedi cychwyn yn ddibetrus a heb ofn ar y briffordd a arwain yn y diwedd, faint bynnag o ddioddef ac o rwystrau a welir cyn hynny, i ryddid a daioni. Dyna ffordd Duw – ac i'r cyfeiriad hynny y mae dyn yn dirwyn.

Dydd Gwener, 9 Ionawr 1920

. . . gadael a myned i'r tŷ, a chyn nemor pwy oedd yno ond William Jones – Bili'r Crown, fel y'i gelwir gan bawb – a'i fryd ar brynu moch, a dyna fu testun ei siarad trwy'r prynhawn. Cymeriad rhyfeddaf y fan yma ydyw – ond ni wnaiff sôn am ddim ond am foch, am amser gyda'i gilydd. Moch, moch inni ydyw hi gydag ef. Cafodd de yma, a phan ddaeth Enoc Davies – y Gwaddotwr – yna cafodd yntau hefyd. Enoc yn siarad am bethau eraill – ond Bili gyda'r moch o hyd! Ar ôl y cwrdd gweddi yr oedd fy narlith i, ac am wyth y cychwynnwyd. Daeth cymaint â'm disgwyl ynghyd; caed amser da; a chodais eu brwdfrydedd yn uchel. Clodforant fy narlith gan honni y dylwn ei chyhoeddi a'i darlithio mewn lleoedd eraill – yn arbennig A.W. Jones.

Dydd Gwener, 16 Ionawr 1920 [Lloegr]

. . . Cerddais a Laura gennyf heibio Seven Sisters Corner, a bûm yn ddiwyd am fwy na saith awr yn gweithio'n galed. Gwelais yn y Museum gyfaill imi a adwaenwn yn Aberystwyth – Illtyd David, a bûm yn siarad ag ef yno. Dywedai wrthyf fy mod yn edrych yn llawer gwell nag y cofiai amdanaf. Gwedi ymddiddan tipyn, gofynnodd imi beth oedd bwriad fy awydd yn y dyfodol, gan awgrymu y WEA. Atebais fod y gwaith hwnnw wedi ei gynnig ei hun i'm meddwl, er nad yn derfynol, gan fod bywyd gwleidyddol hefyd yn fy nenu. Gyda hyn atebodd 'But there is no chance for people holding our views at present, nor will be for about 50 years'. Dywedais innau wrtho 'I don't exactly agree with you. Our opinions are those of the future; but they will never become realised if we be idle.' Gwelodd ergyd yr ateb a chydsyniodd. Deallaf mai cyfreithiwr a fydd efe, ac yn ôl pob tebyg yn Neheudir Cymru. Holodd am helynt *Y Wawr*, am Gwynn Jones a ganmolai'n fawr ac am aflwyddiant Parry-Williams – y cydymdeimlai ag ef.

Dydd Mercher, 28 Ionawr 1920

. . . llythyr oddi wrth olygydd *Y Geninen* ataf. Yr oedd efe wedi gweled yn un o'r papurau newyddion imi draddodi darlith yn Nhregaron, ac yn fawr ei helynt yn gofyn imi ei ddanfon iddo ei chynnwys yn y rhifyn nesaf o'r *Geninen*. Gwell fydd imi ei ddanfon iddo gan nad oes amcan mewn gwarafun. Dyna awgrym Jones y Delfryn; a gwn y geill fod o ddefnydd wedi ei chyhoeddi. Cefais ddiwrnod prysur yn y British Museum heddiw yn ymwneud â hanes Henry Morgan; ac ar ôl hynny euthum i King's College, lle y'm gwahoddwyd gan Hubert Hall i ddarlith gan Basil Worsfold MA ar 'The League of Nations and the British Empire'.

Dydd Llun, 2 Chwefror 1920

. . . cefais y *Welsh Gazette* . . . darllen hwnnw â blas, ond cael siom bod Cymdeithas Ddiwylliadol Tregaron wedi pleidio yn erbyn Senedd i Gymru! O bobl gysglyd a marw – pa hyd?

Dydd Gwener, 13 Chwefror 1920

. . . Cododd awydd arnaf hefyd i fyned i Dŷ'r Cyffredin gan gymaint swyn hwnnw imi wedi bod yno nos Fawrth, a gwybod y byddai dadl ar y Gyllideb yno. Y mae'r lle hwnnw yn amlwg yn fy meddwl y dyddiau hyn; a dyheaf am yr amser pan fyddaf yn eu plith. Y peth cyntaf a'm tarawodd i pan edrychais i lawr o'r goruwchleoedd y dydd hwnnw ydoedd bod mwyafrif yr aelodau yn hen, a'u pennau naill ai yn foel yntau'n wyn. Nid oes disgwyl na gwaith nac awydd amdano oddi wrth bobl o'u hoedran. Dylid cael rhai ieuainc yn eu lle. Sylwais hefyd eu bod yn rhy wasaidd i Lloyd George – nid ydynt yn eu coethi yn help iddo ynteu chwaith.

Dydd Sadwrn, 21 Chwefror 1920

Bore oer ydoedd heddiw, a'r cymylau'n hongian yn yr awyr. Yr ydoedd braidd yn ddiweddar arnaf yn cael fy ngalw – ond brysiais, ac wedi bwyta a rhoddi ffarwel i'r teulu a dymuno iddynt hawddamor, aeth fy chwaer a minnau tua'r orsaf lle bu raid aros ugain munud am drên. Wedi ei ddyfod, gadewais mewn hiraeth dwys na fedrai na genau na llygaid fyth ei fynegi, fy chwaer ymhell o'i chartref a'i mam a'i brodyr a'i chwiorydd. Yr oedd y trên yn araf nes peri gofid imi, a chyrhaeddais Paddington *bum* munud wedi gadael y trên am Gymru! Rhaid ydoedd aros am deirawr – a rhai annedwydd oeddynt hefyd – ond yr ydoedd gennyf ddau o bapurau, a hwynthwy a'm cadwodd rhag bod yn fwy annifyr. O'r diwedd daeth yr amser i ymadael â Llundain – ei gwychder a'i thlodi, ei meddwdod a'i llygredigaeth. Rhaid cyfaddef imi, beth bynnag, fwynhau fy hun yn ardderchog yno – er nad dewisach gennyf fi faeth prifddinas na symledd gwlad. Cefais gwmni ddigon ar y ffordd – a datblygodd yn ddiwrnod braf, a'r wlad â golwg dlos, fawreddog arni. Wedi dydd o feithder a blinder, cyrhaeddais Dregaron am wyth, a'm cartref yn union wedi hynny.

Dydd Sul, 22 Chwefror 1920 [*Cymru*]

Pan ddeffroais heddiw yn fy ystafell fechan, yr oeddwn ymhell o sŵn a dwndwr dinas – a dim ond sŵn ac adlais troed ar heol galed fore o rew a glywn lle'r arferwn â mil â'u seiniau meirwon. Bore oer, rhewllyd ydoedd hi, ond bore a'r haul yn marchog yn wych a chadarn, mewn rhwysg a phomp yn ei gynefin. Paratoais yn union i fyned tua'r Capel, ac aeth Mami hithau hefyd. Rhys Williams, mab Daniel Porter ydoedd yn pregethu. Tynnodd ei destun o'r bedwaredd bennod ar ddeg o Efengyl Ioan, lle'r adroddai Crist amdano yn gadael Tangnefedd i'r Byd. Yr ydoedd y bregeth yn un alluog, a'r cwbl wedi ei osod mewn trefn, ac iaith dda yn gwisgo'r cyfan. Pwysleisiai'r gwahaniaeth rhwng heddwch y byd, a thangnefedd Duw. Purion; ond yr ydoedd un diffyg mawr ynddi. Yr un peth o wir bwys am y tangnefedd hwn i bawb ohonom ydyw – gan ei odidoced, pa fodd y gellir cael gafael ynddo? Gofynnwyd y cwestiwn ganddo; atebodd mewn brawddeg a'i adael – cymod â Duw. Ond pa fodd y gellir hwn? Dyna ydyw crefydd, fel y gŵyr pawb – cymod â Duw. Ond pa fodd y ceir ef? Gwaith pregethwr, mi gredaf fyddai ateb hwn, ond dyma'r cwestiwn na cheisir byth ei ateb: ar ei ateb y dibynna'r cwbl. Dylai pregethwyr bregethu a dysgu gwneud crefydd yn ymarferol, yn brofiad.

Dydd Mawrth, 24 Chwefror 1920

. . . Y *Covenant* – Cylchgrawn Chwarterol Cynghrair y Cenhedloedd oedd yn tynnu fy sylw heddiw, ac y mae ynddo amryw erthyglau teg a nerthol, ac yn llawn ffeithiau pwysig. Gobeithiaf yn fawr y bydd y cylchgrawn hwn a phob ymdrech arall i lwyddo'r Gynghrair yn llwyddiant perffaith a buan. Y mae'n amlwg ddigon i bawb a ddarlleno fod yr hen gyfundrefn yn fethiant hollol – ac yn arwain i ofid, gwae, a rhyfel. Oni ddewiswn ffordd y

Gynghrair, llwybr cariad a daioni, fe'n hwynebir ni â rhywbeth gwaeth, hacrach na rhyfel ei hun – ie, cael ein llwyr ddifa!

Dydd Mawrth, 2 Mawrth 1920

. . . euthum â llyfrau yn ôl i'r Coleg, a bûm dipyn ar hyd y dref. Yr oeddwn i fyned at y Prof. A.E. Zimmern i ginio. Dyna oedd yn fy nisgwyl wedi cyrraedd neithiwr, sef llythyr oddi wrtho yn fy ngwahodd ato erbyn hanner awr wedi un. Yr oeddwn yno mewn pryd a daeth yntau o'i waith yn y Llyfrgell Genedlaethol cyn hir. Cyn cael cinio aeth i'm holi ynghylch fy ngwaith a'm trefniadau ar gyfer y dyfodol, gan holi pa alwedigaeth a fynnwn. Dywedais wrtho am dair – sef athro mewn ysgol neu goleg; athro oddi tan y WEA; a bywyd gwleidyddol a seneddol, a rhoes imi lawer awgrym o bwys. A ni ar hanner ein cinio daeth Mr Morgan Lewis – gynt yn athro mewn Physics yma – i mewn, a bu yno tra bûm innau. Holi Zimmern ynghylch addysg a sefydliadau ar gyfer hynny a wnâi; a chawsom amser rhyfeddol. Wedi hynny aeth Zimmern a minnau tua'r Coleg i'w ystafell ddarlithio i edrych ymhlith ei lyfrau. Dyn ardderchog ydyw, heblaw bod yn feistr ar ei waith. Y mae hefyd yn dysgu Cymraeg yn dda a darllenodd un darn mawr gan ei gyfieithu'n gywir. Da iawn!

Dydd Llun, 8 Mawrth 1920

. . . ymweled â Prof. Stanley Roberts. Yr oedd yr haul erbyn hyn wedi tywynnu gan ddanfon tewynion o'i wres i ymlid llawnder yr eira ac nid oedd nemor ddim o hwnnw i'w ganfod yn y dref . . . Gwelais Stanley, ac aethom ein dau i'w ystafell ef lle buom am ryw hanner awr yn ymdrin â phynciau'r dydd, ac yna yn sôn am fy ngwaith. Un pell ac anodd bod yn agos ato ydyw, er ei fod yn ŵr galluog iawn. Nid oes gennyf ryw hoffter mawr ato, ac ni fu imi ei edmygu erioed.

Dydd Llun, 15 Mawrth 1920

. . . Gwelais T.C. Jones yn y Coleg am y tro cyntaf ers blwyddyn. Cyfaill annwyl imi ydoedd ac ysgrifennydd *Y Wawr* pan oeddwn i'n olygydd a phan ydoedd hi'n helynt yma yn ei chylch. Bachgen galluog ac ardderchog, ac yr oeddwn yn falch o'i weled eto. Gwelais hefyd W.R. Williams, gynt oddi yma, ac yn awr yn Rhydychen, yntau'n bregethwr a gweithiwr caled.

Dydd Mawrth, 16 Mawrth 1920

. . . yn ôl i ddarllen y papurau newyddion. Y mae'n siom imi fod Lloyd George yn ffarwelio â'i egwyddorion ac â'i broffes. Y mae hefyd yn golled i wlad a chenedl. Ceir gweled beth a ddigwydd.

Dydd Mercher, 17 Mawrth 1920

. . . Cyfarfûm â Prof. Morgan Lewis gynt – sydd newydd ddiswyddo – a daeth ataf i holi tipyn am fesurau yr emynwyr cynharaf. Nid oedd gennyf unrhyw beth o bwys i'w awgrymu iddo – ond tybiai ef iddynt fenthyg yn helaeth o lenyddiaeth Saesneg. Yn ddiweddarach gwelais Tom Hughes Griffiths, oedd mewn hwyl yn sôn am gynllun newydd i godi bywyd a brwdfrydedd yn y Coleg yma er daioni a rhinwedd. Hoffwn iddo gael ei sylweddoli, a bydd fy holl sêl i o'i ddeutu.

Wedi myned i'r tŷ darllen llyfr Keynes ar ganlyniadau'r Rhyfel. Y mae'n ddigon i beri i ddyn gasáu gwleidyddwyr am byth. O'r twyll; o'r cythreuldeb!

Dydd Llun, 5 Ebrill 1920

. . . Hanner dydd daeth imi bapur oddi wrth gyfaill i mi – D.J. Williams – o'r Iwerddon. Papur y Sinn Fein ydyw a'i enw *Eire Og* neu *Young Ireland*. Ceir ynddo yr agwedd a gymer y Gwyddyl at eu cyflwr, ac at eu gwleidyddiaeth. Y mae sŵn gobaith ynddo, er bod yn amlwg lawer o eithafion ynddo hefyd. Ar y cyfan papur da ydyw – ac y mae llawer o wirionedd tu mewn iddo. Pob hwyl Iwerddon! Mynned annibyniaeth! Gwyn fyd Sinn Fein pan fynno.

Dydd Mercher, 7 Ebrill 1920

. . . Danfonais hefyd at fy nghyfaill D.J. Williams i'w hysbysu y deuwn i Lanbedr i'w gyfarfod i drin a thrafod pethau o bwys i ni, ac mi gredaf, i Gymru hefyd.

Dydd Sadwrn, 10 Ebrill 1920

Yr oeddwn wedi arfaethu myned i Lanbedr y prynhawn heddiw i gyfarfod â'm cyfeillion D.J. Williams a G.J. Williams.

. . . cyfarfûm a G.J. Williams yn cerdded o Gellan i'm cyfarfod. Fel oedd gwaethaf y modd ni ddaeth D.J. Hwyrach ei fod heb ddyfod adref o Iwerddon oblegid cafodd Griffith John bapur oddi wrtho heddiw o'r wlad honno. Buaswn yn falch pe bawn wedi ei weled. Ofni am ei lwyddiant ei hun, holi am rywbeth all fod yn dramgwydd iddo ydyw holl destun y llall. Nid ydyw cymaint dyn â D.J. – ond fel storïwr y mae'n benigamp.

Dydd Mercher, 14 Ebrill 1920

. . . Yn y Llyfrgell gwelais G.J. Williams – a buom yn siarad tipyn â'n gilydd. Yr oedd yno y prynhawn hefyd ac yn adrodd ambell stori wyllt a charlamus. Bu agos i geffyl gydio yn ei ysgwydd ar y ffordd adref – parodd ofn iddo ef a chwerthin i minnau.

Dydd Iau, 15 Ebrill 1920

. . . Wedi brecwast i'r Llyfrgell y cyfeiriais fy nghamre, ac yno y gweithiais yn ddiwyd hyd ginio, gan godi fy mhen yn awr ac eilwaith i siarad gwleidyddiaeth a phethau tebyg â G.J. Williams oedd yntau yn eistedd wrth yr un bwrdd. Daeth ein hymgom i ddaioni yn y diwedd oblegid ychydig cyn dyfod allan daeth inni yr awgrym y dylem fel myfyrwyr yn gwneud ymchwil i hanes a llenyddiaeth gyhoeddi'r llyfrau ar y gwahanol destunau a changhennau a astudir gennym. Pe'i dygid i weithrediad, byddai i bedwar neu bump ohonom ymuno i ffurfio pwyllgor i gyhoeddi llyfrau Cymreig yn cynnwys casgliadau ein hymchwil, ambell gywydd a cherdd dda na chyhoeddwyd eisoes, a phopeth a all fod o bwys a diddordeb i ieuenctid Cymru. O'i ddwyn allan, byddai yn odidog. Penderfynasom siarad ymhellach ar y peth a datblygu y bwriad. Gallai fod yn gam pwysig yn hanes Cymru. A ydym â digon o frwdfrydedd a chariad at lenyddiaeth i gadw at ein penderfyniad? Gobeithiaf hynny ar bob rheswm.

Dydd Sadwrn, 17 Ebrill 1920

. . . Galwais yn ôl heibio i Gwynn Jones gan orfod aros am beth amser iddo godi. Edrychai fel arfer yn gul a gwyn, yn dreiddgar ac yn addfwyn. Yr oeddwn eisiau baled Sion Gruffudd ynglŷn â'r Cymry oedd yn Fflandrys yn amser y Frenhines Elizabeth. Wedi ymgomio ychydig ymhellach gadewais ef gan lywio fy nghamre i'r Llyfrgell.

Dydd Mercher, 21 Ebrill 1920

. . . myned i fyny i'r Llyfrgell. Yno y bûm heddiw wedyn yn crynhoi fy nefnyddiau ynghyd ag enwau llyfrau a'r awduron. Yr oedd G.J.Williams yntau yno, ac yn ôl ei arfer, yn fywiog a siaradus. Ni orffennais y gwaith, ac nid euthum yn ôl yno ar ôl cinio . . . Yr oedd Jack fy nghyd-letywr gennyf, ac ar y bont olaf cyfarfuom â Tom Hughes Griffiths o Forgannwg. Glöwr yn y Coleg. Daeth ef oddi yno yn ôl gennym bob cam i'r dref. Y mae'n werth bod yn ei gwmni a gwrando arno'n siarad. Ychydig ydyw'r rhai y medrir eu cymharu ag ef o ran gallu ac ysgolheictod, heb sôn am ddigrifwch a delfrydau. Wedi te ysgrifennais lythyr i David Davies i Landinam ynghylch cael gwaith dan Gynghrair y Cenhedloedd.

Dydd Mercher, 19 Mai 1920

. . . darllenais dipyn yn ystafell Zimmern. Nid ydyw efe ar hyn o bryd yma. Y mae, y mae'n debyg, wedi ymadael am wyliau i'r Ysbaen, ac yno y bydd hyd tua chanol mis Mehefin. Hoffwn innau gael ymweled â'r wlad boeth, dlos ac ardderchog honno – gwlad yr Eglwys Lân Gatholig, gwlad yr haul a'r gwres, a gwlad y cyfoeth a'r cyflawnder.

Dydd Mawrth, 1 Mehefin 1920

. . . Darllenais yn brysur o hynny hyd de. Llyfr Dr Sarolea ar Gynghrair y
Cenhedloedd a aeth â'm sylw, a ddarllenais i'w orffen, wedi dirfawr fwynhau
ei gynnwys. Y gwaethaf ydyw bod dynion mor anwybodus ar y pwnc, a bod
galluoedd nerthol yn ymladd yn erbyn y peth. Ond tra bo Duw yn y Nen y
da a orfydd – a thra credaf mewn rheswm ac enaid a meddwl daliaf mai
rhinwedd fydd yn orchfygol. Araf y daw'r fuddugoliaeth – ond gogoneddus
fydd pan ddelo. Gwyn fy myd pe cawn gan Dduw ddigon o angerdd
argyhoeddiad i weithio drosto a gwneud y byd yn lle gwell a rhagorach. Ar fy
nhaith allan heno cyfarfûm â G.J. Williams, a chafwyd dadl boeth ryfeddol ar
y pwnc hwn nes bod yr ardal yn seinio gan adlais ein twrw. Yr oedd ef yn
credu Dean Inge ac yn dadlau mai ofer y Gynghrair ac y delai Ewrop i
ddinistr a thranc. Mynnwn innau mai i'r gwrthwyneb a fyddai gwir.
Methwyd â chytuno – ac aethpwyd i drin testun arall.

Dydd Mawrth, 8 Mehefin 1920

. . . Arglwydd Robert Cecil, yr unig ŵr ym Mhrydain o leiaf a llygad ganddo
i weled y byd fel y mae ac fel y dylai fod. Ymddengys fod ei holl galon ar
dân, a'i awydd am heddwch a syched am dangnefedd yn angerddol.
Dymunwn innau gael gweithio i'r un cyfeiriad. Ni fu fy awydd am bregethu
yn fwy erioed, na'm dyhead i weithio dros ddaioni'n gadarnach. Ond y mae
drysau'r capelau ynghaead imi ac nid oedd eglwys a chaniatâd imi bregethu
ynddi.

Dydd Sadwrn, 19 Mehefin 1920

. . . cyfarfûm â'm cyfaill annwyl Tom Hughes Griffiths heddiw eto a buom
am ddwyawr gyfan yn cerdded gyda'n gilydd ac yn mwynhau ein hunain
gyda sôn am egwyddorion ac am droi'r gymdeithas fel y mae heddiw
drwyddi, am weddnewid a chyfnewid gwedd bywyd yn y dyddiau hyn.
Meddylia Tom a minnau wneuthur llawer a chyflawni gwyrthiau a
rhyfeddodau cyn myned oddi yma. Daw trigain mlynedd megis awr – a pha
faint o waith a fydd wedi ei wneuthur gennym yr adeg honno? Y mae'r
weledigaeth gyda Tom, ac y mae bob amser yn ei dilyn. Cefais innau'r
weledigaeth ganwaith ond nid effeithiodd ryw lawer eto. Fy mherygl i ydyw
ei gadael yn angof a pheidio ei chadw'n fyw yn fy meddwl yn wastadol. Ond
y nefoedd a'm hachubo, canys gŵyr Duw mai gwella cyflwr fy nghydd-
ddynion ydyw fy amcan pennaf; a gŵyr hefyd nad oes dim yn apelio ataf yn
fwy na hynny! Ond nid ydyw'r weledigaeth gennyf bob amser.

Dydd Llun, 21 Mehefin 1920

. . . Bûm gyda'r Dr T.H. Parry-Williams i gael llythyr cymeradwyaeth oddi wrtho, ac un ardderchog ydoedd, chwarae teg iddo . . . Gwelais Edward Edwards ac addawodd yntau imi lythyr cymeradwyaeth gyferbyn â'r cynnig a wnaf am le yng Ngholeg Lerpwl.

Dydd Mawrth, 22 Mehefin 1920

Codais yn weddol fore i gael amser i ymbaratoi gyferbyn â myned ar fy nhaith i Fangor i wynebu Pwyllgor y Dewis i fod yn athro yno mewn economeg . . . Gwelais y Prifathro cyn cychwyn a sicrhaodd fi y cawn orchwyl arall ganddo pe na bai i mi gael hon ym Mangor. Gwelais Dr Lewis yntau a buom yn siarad am gael Fellowship imi. Gallwn feddwl ei fod ef i'r carn o'm plaid. Am hanner awr wedi deuddeg yr âi'r trên ac yr oedd Tom Hughes Griffiths, Tudor Williams a minnau yno mewn amser da. Wedi i'r trên symud, aethpwyd ar unwaith bron i ddadlau ynghylch Wilson a'r Telerau Heddwch, myfi am y tro o'i blaid, a'r ddau arall yn ei erbyn. Siarad ac ymgomio, chwerthin a chanu, dadlau a pharablu a dyna oedd cynnwys ein gwaith ar y daith.

Dydd Gwener, 30 Gorffennaf 1920

. . . Yr oedd llyfr King ar Mazzini gennyf hefyd wrth law, ac wrth hwnnw y bûm yn brysur y prynhawn. Daeth Auntie hithau ag amryw hen lythyrau yn perthyn i'r teulu i mi i'w gweled. Yr oedd un mor hen â 1812, a dau neu dri o rai eraill oddeutu 1846-1856. Wedi eu hysgrifennu yr oeddynt gan berthynas o'r teulu a ymfudodd i America tua 1795. Cyfeiriai'r cyntaf at y rhyfel rhyngom ac America yn y flwyddyn honno (i.e. 1812), gan hysbysu bod byddin o filwyr wedi eu danfon i 'Canida'. Cyfeiriai llythyr 1856 at y gaethfasnach yn America. Dywedai yr awdur y byddai'n hoffach ganddo fyned i wlad babaidd nac i'r rhannau caeth o America. Soniai y cosbid pregethwyr rhyddid yn arw; cyfeiriai at S.R. a'r Cymry oedd i ymfudo yr un pryd ag ef. Denu'r teuluoedd oedd yma yng Nghilywinllan a wnâi'r llythyrau eraill i ymadael am y wlad tu draw i'r Atlantic, gan fawr bwysleisio mantais newid cartref am wlad well ac arian mwy, a llog helaethach. Cyfeiriai'r cyntaf – a'r rhan fwyaf o'r llythyrau o ran hynny – at y tirfeddianwyr gwancus yng Nghymru a gwnânt yn amlwg bod y gorthrwm hwnnw yn effeithio'n gynnar iawn.

Dydd Gwener, 6 Awst 1920

. . . ysgrifennais gais am safle fel darlithydd mewn hanes yng Ngholeg Caerdydd. Gwaith digon diflas a dienaid ydyw hynny i mi; a byddai'n dda

gennyf pe na bai raid gwneud hynny o gwbl. Buom wrth y gwair wedi te a
thua chwech gadewais i fyned i'r cyfarfod oedd gennyf heno. Am hanner awr
wedi saith y cychwynnwyd, a D.J. Morgan a etholwyd i'r gadair. Siaradais am
y Gynhadledd Heddwch fel yr effeithiai ar yr Almaen, Awstria, Twrci a
gwledydd eraill canol Ewrop i gyd. Tri chwarter awr union y parhaodd fy
araith. Yna rhoid cyfle i hawl ac ateb. Lewis Ifans holodd gyntaf ac atebais.
Yna cododd un Morgan Morgans, brawd i ŵr y Talbot gynt, ac mewn
brwdfrydedd selog, chwipiodd y Bolsieficiaid, yr Almaenwyr, a chanmol
Prydain a'i llynges etc a Lloyd George. Yna rhoes J. Rowlands MVO hawl
neu ddau. Ac yna codais i ateb y cwbl, gan lwyr lorio mewn tegwch a
mwynder efe a Mr Morgans.

Dydd Sul, 8 Awst 1920

. . . euthum i lawr i gyfarfod y rhai sydd â llaw ganddynt ym mater y ddadl
nos Sadwrn nesaf. Penderfynasom wedi ymddiddan tipyn – J. Rowlands
MVO, D.J. Morgan, Walter Morgan, W.J. George, Ifan Ifans etc – o flaen
Siop Dafydd Thomas, mai myfi oedd i ddwyn mesur o annibyniaeth
Iwerddon i mewn a bod Ifan Ifans i arwain yr wrthblaid . . . Joseph Jenkins –
o'r Cei Newydd gynt – oedd yn pregethu yma heddiw, ac i'w wrando ef y
bûm y nos. Cymerodd vii; xliv o Luc yn destun a phregethodd yn gryf a
nerthol anarferol. Pregeth ryfeddol ydoedd, wedi ei britho â brawddegau
tlysion llawn meddwl, a'i chynysgaeddu â meddwl dwfn. Cyfrifaf ef yn un o'r
galluocaf yn ein pulpud, a chredaf y bydd ei enw fyw pan fo enw y gweddill
ohonynt wedi marw o bob atgof.

Dydd Mawrth, 17 Awst 1920

. . . Wedi te paratoais i fyned i'r Cwrt Mawr i ymweled â'r Prifathro J.H.
Davies ynghylch fy nyfodol. A mi'n nesu at y plas, deuai mewn cot laes fawr
a phastwn yn ei law i'm cyfarfod. Wedi rhoddi'r ferlen yn y stabl a chael
golwg ar y tarw a'r lloi, aethom am dro gan aros i siarad wrth lidiart a phwyso
arno. Yr oedd yn daer am imi fyned ymlaen gyda'm gwaith yn Rhydychen
neu Lundain – ond yn fwyaf arbennig y cyntaf. Awgrymais innau brif-
ysgolion yr Almaen a Ffrainc a chydolygai, gan gyfaddef y byddai y rheiny
gystal ag unman. Troesom yn ôl ymhen amser ac yn ystafelloedd y plas llawn
llyfrau y buom yn ymddiddan am bynciau lawer. Fe gymer ef ddiddordeb
arbennig iawn yn llenyddiaeth Cymru, ac nid oes neb a fedd gynifer o lyfrau
Cymraeg ag efe. Ni chyfrifaf yn ysgolhaig gwych, ond fe gâr ein llenyddiaeth
yn wironeddol. Dangosodd imi ddau lythyr Cymraeg oddi wrth A.C.
Zimmern, wedi eu hysgrifennu'n hynod dda. Bu raid imi aros i swpera gydag
ef a'i nai, Tom Iorwerth Ellis. Wedi gorffen hynny o orchwyl a siarad yn
gyffredinol yr oedd yn ddeg o'r gloch. A dyna'r amser y cychwynnais oddi
yno ar gefn fy merlen dryw dlos ar ffordd ddieithr tua chartref lle roedd pawb

yn y gwely. Wedi gosod y ferlen yn ei lle, a myned i'r tŷ, a thua'r gwely, yn y tywyllwch darfu imi dorri llestr ar y ffordd i'r llofft!

Dydd Mercher, 18 Awst 1920

. . . Ysgrifennais lythyrau at Dr Parry-Williams, a Zimmern ac i Rydychen – a'r cwbl ynglŷn â'm penderfyniad i fyned ymlaen â'm gwaith.

Dydd Gwener, 20 Awst 1920

. . . Daeth imi lythyr cymeradwyaeth dda oddi wrth Gwynn Jones; a danfonais innau lythyr i Dr Parry-Williams i Ryd-ddu yn gofyn ei farn ar y cwrs y dylwn ei ddewis yn y dyfodol.

Dydd Iau, 2 Medi 1920

. . . Yr oeddwn newydd dderbyn llythyr oddi wrth olygydd *Y Faner* yn gofyn am erthyglau a ysgrifennais flwyddyn yn ôl ar Undeb yng Nghymru. Cymerais y rheiny i'm dwylo, a darllenais gan eu cywiro a'u cyfnewid lle y tybiwn fod angen am hynny.

Dydd Sul, 5 Medi 1920

. . . ysgrifennu oedd yn fy mryd ac, ymysg pethau eraill, gynnig am swydd Trefnydd Dosbarthiadau Tutorial yn y sir hon.

Dydd Mercher, 8 Medi 1920

. . . Daeth imi lythyr o Rydychen oddi wrth yr Athro Egerton – dywedai nad lle da fyddai Rhydychen i wneuthur ymchwil mewn ymfudo o Gymru – ychydig o ddefnyddiau sydd yno y mae'n debyg.

Dydd Gwener, 10 Medi 1920

. . . Daeth dau gopi o'r *Faner* am yr wythnos imi hefyd, ac ynddynt yr ysgrif gyntaf o'm heiddo ar 'Gweledigaeth yr Ieuainc – Cymru'n Un'.

Dydd Iau, 16 Medi 1920

. . . Yr ydoedd llyfr Kropotkin [gennyf] ac yn hwnnw yr oeddwn yn berffaith gysurus ac yn gyflawn fy hedd. Edrychais arno yn gadael ei wlad ei hun am y tro cyntaf i Orllewin Ewrop, i Brwsia a'i theiau gwynion bychain, i Ffrainc a'i thyddynnod, ac i'r Yswistir a'i mynyddoedd mawrion.

Dydd Gwener, 17 Medi 1920

Cerddais wrthyf fy hun am amser y bore heddiw i fyny i gyfeiriad Rhydfendigaid, gan synfyfyrio ac adrodd y rhifau o un i gant yn y Ffrangeg.

Dydd Sadwrn, 18 Medi 1920

. . . Gan imi benderfynu myned i Brifysgol Rennes yn Ffrainc rhaid wrth Ffrangeg, a defnyddiais gyfran o'r bore ac ychydig funudau cyn myned i'r gwely i ddysgu ychydig o'r iaith honno. Cefais afael ar yr hen ramadeg bychan hwnnw oedd gennyf gynt yn Ysgol Sir Tregaron, a threuliais amser difyr yn ei gwmni yn ceisio dysgu ychydig.

Dydd Mawrth, 21 Medi 1920

. . . Y mae'r Ffrangeg wedi fy nenu'n weddol lân, a chaf ddiddordeb a phleser nid bychan wrth weithio arni. Ni chaf hi'n rhy anodd chwaith, a byddaf cyn bod wrthi am wythnos yn gwybod mwy ohoni nag wedi dwy flynedd o'i hastudio yn Ysgol y Sir gynt.

Dydd Gwener, 1 Hydref 1920

. . . Bwriadwn ers dyddiau fyned i Aberystwyth i ymweled â Dr T.H. Parry-Williams a Mr T. Gwynn Jones ynghylch Rennes, ac i gael rhai llyfrau bychain o hanes yn y Ffrangeg . . . Yna at Gwynn Jones – cael ymgom ag ef – y wraig wedi gwella – yntau'n addo ysgrifennu i Rennes. Yna Dr Parry-Williams – a chael ganddo air cyn ymadael ar y trên.

Dydd Iau, 7 Hydref 1920

. . . Wedi dychwelyd yn ôl yr oedd imi lythyr o Aberystwyth oddi wrth un Thomas, myfyriwr o'r Coleg, yn dywedyd iddo glywed fy mod yn croesi i Rennes. Hysbysodd fi ei fod yn ei fryd yntau i fyned yno, a holai a oedd dichon inni fyned allan efo'n gilydd. Newydd da – hoffai Mami o'n ddirfawr.

Dydd Llun, 18 Hydref 1920

. . . Yn ystod y dydd ni chefais nemor funud imi fy hun. Bûm yn ymweled â Gwynn Jones, Dr Parry-Williams, y Prifathro Davies, Stanley Roberts a'r Athro Barbier ynghylch materion cysylltiedig â'm myned i Rennes.

Dydd Iau, 21 Hydref 1920

. . . Daeth y drwydded, ac ar unwaith yr oedd yn rhaid paratoi i gychwyn fy nhaith i wlad bell. Yr oedd Mami a Laura a Rose a Daniel hwythau bob un ohonynt ar ei ddeng ewin yn gwneuthur eu gorau. Daeth Daniel â'r cerbyd i'm hebrwng i'r stesion. Methai Mami wrth ymadael â mi ddywedyd dim byd – ond gwyddwn beth oedd yn ddiogel yn y galon. Anodd ydoedd iddi fy ngweled yn cychwyn am daith mor bell. Ni bu i un ohonom o'r blaen groesi'r môr, a hwn oedd yn bwys ar ei chalon.

Dydd Llun, 25 Hydref 1920

Codi cyn chwech, Maggie a minnau, ac aethom gynted ag y gellid i orsaf White House Lane, a chafwyd yn fuan drên i Liverpool Street. Yna, myned ymlaen am Victoria. Dangoswyd imi yno'r trên, a chefais gerbyd imi fy hun. Eisteddodd fy chwaer a minnau ynddo am ryw chwarter awr cyn iddo gychwyn, ac yna dechreuodd pellter tir a daear fod rhwng ein dau gorff – a chwith ydoedd ymadael. Unpeth a wnâi imi ei anghofio ydoedd hud a lledrith y wlad yr awn trwyddi o Lundain i Ddofer. Ni welais ei gwell erioed, yn gyforiog fel yr oedd o dlysni a phrydferthwch, yn gymhleth o erddi gleision a pherllannoedd coed o ffrwythau amryfal, o feysydd gwastad ag ambell bren deiliog . . . Ni wyddwn pa ochr i edrych allan gan ragored golygfa o'r naill ffenestr a'r llall. Hyfrytach fyth ydoedd bod ar y môr glas, anfeidrol ei natur, diderfyn ei lesni – gyda'r llong fel Olwen gynt yn gadael ôl gwyn arno ac ambell wylan olau yn dilyn y llong fel pe i'n gwylio, a dwyn yn ôl hanes ein mordaith. Am ddeuddeg yng Nghalais ac yna taith eto drwy wlad dlysaf a mwyaf ei thoreth i Baris. Yno'n unig yn gweled ei moeth a'i rhodres a'i goleuni llachar. Wedi ei adael cael dau o Lydaw yn y trên i gyd-ymddiddan â mi yn y Ffrangeg. Amser difyr yn ceisio ein deall ein gilydd gyda'r geiriadur wrth law. Gwnawn fy ngorau ond yn amherffaith ryfeddol, ac yn destun difyrrwch iddynt. Cyrraedd Rennes cyn pedwar a noswylio yn yr Hôtel Continental.

Dydd Mawrth, 26 Hydref 1920

Wedi cyrraedd y Continental bu'n ymdrech deg arnaf i geisio cael gan fy nghyfaill newydd fy neall, ond gwnaeth imi wybod mai 140 o ffranciau ydoedd i dalu am ystafell gysgu. Er myned i'r gwely, ac er cymaint o eisiau cysgu oedd arnaf gorweddais am ysbaid cyn i gwsg gymryd yr allweddi i gau fy amrantau. Ond pan afaelodd nid yn llac y gwnaeth hynny, ac ychydig cyn deuddeg y gollyngwyd ei afael. Codi a myned ar fy union tua'r Coleg ac wedi cael o hyd iddo trwy help y bobl garedig, aros tu allan yna gan eistedd tan wres a thes yr haul. O'r diwedd gwelais G. Thomas, a buom gyda'n gilydd wedyn yn ymddiddan â'r awdurdodau ond gan mwyaf â M. Dottin. Gŵr byr iawn o gorff, ond cyflym ei ffordd a'i siarad, ac un agos a charedig iawn. Rhoes inni bob help a oedd yn ddichon, a'r cyfarwydd gorau a allai. Cawsom ganddo enwau lleoedd i ymofyn â'u ceidwaid am lety neu ystafell.

Dyna'r gwaith y buom ni ein dau wrtho am y gweddill o'r prynhawn, a cherddasom filltiroedd rai – ond heb gael yr unlle. Gan hynny symudais i fy hun a'm pethau o'r Hôtel Continental i'r lle oedd Thomas, sef i'r Hôtel de Nemours yn y Rue de Nemours. Cawsom yno swper – cinio fel y gelwir – ac euthum wedi cerdded ychydig wedyn i'm hystafell – un fawr a braf, ac wedi ysgrifennu llythyr i Mami ac i Maggie, noswyliais.

Dydd Mercher, 27 Hydref 1920

Deffrodd twrf a dwndwr ofnadwy'r heol gyferbyn fi'n fore heddiw, a chan nad oedd yn bryd codi darllenais amryw o fân bethau Ffrengig am gwrs y Coleg, hanes Rennes a phethau tebyg. Caed bwyd ardderchog wedi codi; ac ar ein myned allan yr oedd haul cynnes i'n gwahodd a ffurfafen heb drymerwydd cwmwl yn unman. Aethom i'r Coleg tua deg, ac wedi hysbysu'r ysgrifennydd mai ofer fu ein chwilio am lety, bu mor garedig â dyfod allan yn gwmni i ni. Buom yn ffodus: cymerwyd ni yn y lle cyntaf inni holi. Aethom ein tri ynghyd â gwraig y tŷ i'r llofft, ac wedi dringo tipyn dangoswyd inni ddwy ystafell. . . . ac y mae'n debyg mai yno y byddwn am dymor o leiaf – sef yn 21 Place Hoche . . . Ni fedrwn fyned i'r llety newydd am heno, awn yno yfory.

Dydd Iau, 28 Hydref 1920

Bore godidog – ac euthum allan ar unwaith . . . ac i fyny i ganol y dref, gan gyrraedd yn y diwedd hyd ardd ardderchog – Y Jardin de Bretagne rwy'n meddwl – a lle godidog i'w ryfeddu . . . Yr oedd yma flodau o bob math a choed o wahanol natur a llun a phrydferthwch. Yr oedd y cwbl at ei gilydd y tu hwnt i ddirnad dyn. Ar fy ngwaith yno deuthum i gyfarfod â dau o'r garddwyr, ac wedi cyfarch y naill y llall, buwyd am amser mawr yn ymddiddan â'n gilydd. Gwneuthum fy rhan orau medrwn – ond yn wael iawn er hynny. Caent beth blas gennyf, a buont garedig wrthyf. Wedi troi oddi wrthynt a'u diolch, eisteddais yno dan fwynder a thegwch gwres haul y bore. Gadewais ychydig cyn cinio, ac yna symud fy mhethau o'r Hôtel de Nemours i'r llety newydd – y Place Hoche sydd yn union gyferbyn â'r Faculté des Lettres. Buwyd gyda'r awdurdodau y prynhawn ac yn tynnu ein lluniau. Wedyn yn y Bibliothèque a chael cyfaill i'n helpu gyda'r Ffrangeg. Yna cerdded gyda'r afon ymhell ac yn ôl i swper. Ac ar ôl hynny gyda Madame Marce a'i merch yn siarad a chwarae.

Dydd Gwener, 29 Hydref 1920

. . . Cerddais trwy feysydd a thros ffyrdd culion, gan fwynhau'r olygfa'n ardderchog, a cheisio sylwi'n weddol fanwl ar dai'r ffermydd, ac ar eu ffrwythau. Gwelais amryw yn ddiwyd yn hau gwenith a'i rowlio, a bûm yn y maes yn siarad ag un bachgen. Gwnaethom ein hunain yn ddealladwy i'n gilydd, a buom am amser yn ymdrechu i ymddiddan. Methwn yn fynych â dywedyd fy meddwl, ond gwn mai ymdrech a bair i mi lwyddo. Aml gnoc a dyr y garreg. Ar fy ffordd yn ôl cyfarfûm ag un arall i siarad ag ef. Gwyddai Frythoneg – a chan hynny gallem ddeall ein gilydd yn hynod dda. Gŵr mwyn ydoedd hefyd.

Dydd Sadwrn, 30 Hydref 1920

. . . Yna gadewais am y wlad, ac wedi cerdded tipyn, yr oeddwn ymhlith y meysydd. Mewn un sylwn fod hadau gleision o ryw ffrwyth nas gwn amdano yn cuddio'r holl faes. Gyferbyn yr oedd dau ŵr gyda'r we geffylau yn aredig, ac yn un maes ddwsin o rai eraill, gan mwyaf yn rhai ifanc yn tynnu maip â'u traed – sef drwy eu cicio'n rhydd . . . Yn ôl i ardd y planhigion i eistedd yng ngwres yr haul a chael amryw i siarad â mi.

Dydd Sul, 31 Hydref 1920

. . . Yna myned i'r unig gapel, neu yn hytrach, eglwys Brotestant yn y ddinas; ac wedi disgwyl am Madame Arquint a'r ferch, myned i mewn. Aed trwy'r offeren fel arfer, ac yna bregeth i orffen. Deallwn y *Cantiques* yn gyfan gwbl bron, ynghyd â'r darnau eraill a ddarllenid ac a welwn mewn du a gwyn. Ond am y bregeth, ni ddeallais ond ambell air yma a thraw. Gŵr mewn oedran oedd y pregethwr, neu'r offeiriad, a bu'n ddiwyd ddigon yn siarad yn gyflym, ac yn fynych mewn tôn uchel iawn, ac yn gwneud ystum lawer ar y corff. Hoff fyddai gennyf ei ddilyn a'i ddeall . . . Ychydig cyn tri, myned yn ôl ein haddewid at Madame Arquint, a bod yno drwy'r prynhawn yn darllen, edrych lluniau a cherfluniau ardderchog, a chael y cwpanaid te cyntaf wedi gadael Llundain – ac ardderchog ydoedd. Buont yn garedig ddigon wrthym – a chefais ddau lyfr darllen a Beibl Ffrangeg hefyd. Gadael ac wedi swpera darllen y bennod gyntaf o efengyl Ioan yn yr iaith newydd.

Dydd Gwener, 5 Tachwedd 1920

. . . cael llythyr oddi wrth Ifor Davies o Baris yn mynegi bod Vendryes – athro mewn Celteg yn y Sorbonne – ag arno eisiau Cymro, a fedrai Gymraeg, i'w gynorthwyo gyda'i waith, ac yn cynnig yn ôl y llythyr 15,000 o ffranciau – ond camsyniad ydyw hyn mi dybiaf. Beth bynnag, ysgrifennais yn ôl gan hysbysu y buaswn i'n fodlon cymryd at y gwaith, ac yn gofyn am wybod rhywbeth eto. Ysgrifennais hefyd at Dr Parry-Williams a T.G. Jones i Aberystwyth ynghylch yr un peth.

Dydd Mawrth, 9 Tachwedd 1920

. . . cael llythyr oddi wrth Vendryes ei hun, yn derbyn fy nghymryd i'w gynorthwyo gyda rhai o'r dosbarthiadau, ac yn disgwyl fy ngweled ym Mharis ddechrau'r wythnos. Minnau yn ei ateb, ac yn cymryd at y gwaith yn derfynol. Yna gweled Mme Arquint ynghylch cael llety gweddol rad yn y brifddinas, ac yn gweled Dottin yntau – a oedd yn chwith ganddo fy myned oddi yma, ond a'm cynghorodd i gymryd y swydd gan ei chanmol yn ddirfawr. Darllen ychydig yn y llyfrgell, ac yna allan am filltir a mwy i'r wlad a siarad â'r amaethwyr. Hau gwenith oedd rhai – eraill â'u certi maip. Gwlad ffrwythlonach a welais o ddigon. O na bai Cymru mor ffrwythlon a chystal ei thywydd!

Dydd Mercher, 10 Tachwedd 1920

Bore oer iawn gyda niwl a barrug yn amdo diflas dros bobman. Wedi bwyta, myned allan, a cherdded heolydd diflas y dref. Gweled y ceidwad hedd hefyd, a siarad â pherchenogion y tŷ hwn ynghylch fy myned i Baris. Heb le i droi i mewn iddo, heb dân yn fy ystafell fy hun, pob lle'n gaead yn fy erbyn, yn unig wrthyf fy hun, a gwacter ofnadwy yn fy nghalon, fy mynwes yn oer. Oerfel traed a dwylo, er yn ddirfawr – ond beth oedd at y llall mewn cymhariaeth! Gweled drysau'r Palais de Justice yn agored, a myned i mewn a threulio yno hanner awr ddiflasaf erioed, i wrando ar ddau gorpws o gyfreithwyr dienaid. O fywyd diflas! Cael peth cysur wrth ginio a chael ymgom â chyfeillion – na phrin y gellir eu galw felly . . . Yna i'm hystafell – ond yn oer ac yn anferth o drist. Myned allan a chwilio am gyfaill imi y gwyddwn fod ganddo dân yn ei ystafell – y brodor Collins o Ogledd Lloegr. Cael coffi yna, a chroeso a thân – a phob un yn nerth fawr. Cael dwy awr gysurus – ond yna i nos adfyd â mi. Wedi swpera, cerdded yr heolydd a gweled y dathliad o ddegfed flynedd a deugain y Werinlywodraeth Ffrengig – diddim a dieffaith er yr holl saethu a'r pethau tebyg. Yna i'm llofft – ond heb dân, na golau – i'r gwely, a da ei gael wedi dydd diflas.

Dydd Iau, 11 Tachwedd 1920

Deffro a chodi a'm meddwl tan len o dristwch – ond yn ceisio fy ngorau i'w daflu ymaith. Myned wedi bwyta i weled yr orymdaith a'r arddangosfa filwrol yn y Champ de Mars yn ymyl yr orsaf. Yr oedd fy nhraed yn oer, a cherddwn ôl a blaen er mwyn eu cynhesu. Ni welwn nemor werth yn yr arddangosfa – er amled rif y milwyr, er eu gwisgoedd gleision, er pwysiced golwg ambell awdurdod o swyddog, er y cerbydau amrywiol, a'r tanciau, a'r gwŷr traed a'r marchogion a gwŷr y ceffylau-haearn. Yr oedd yno flodau tlysion rhyfeddol – a dyna'r cwbl a hoffais yn yr holl wastraff ar egni a nerth – ac yr oedd yn fore oer barugog tywyll a niwlog. Wrth droi fy nghefn daeth ataf fachgen ieuanc, hardd ei olwg, yn fwynaidd ond pwysig ei ddull, gan ofyn imi ai Cymro oeddwn. Gwnaeth hyn yn y Ffrangeg wrth gwrs, a deallais yn y man mai Maurice Marchal – golygydd y *Breiz Atao* ydoedd. Yn ei gwmni y bûm y gweddill o'r bore. Ni buom nemor funudau ynghyd cyn ymuno i ganu 'Hen Wlad fy Nhadau' ar yr heol – a gwyddai hi gystal â minnau. Cenedlaetholdeb ydoedd yr ymgom. Cyfarfûm ag ef a chyfeillion iddo y prynhawn, a buom ymhob lle o bwys yn Rennes – yr eglwysi, hen dai, hen furiau, y Musée etc. Daeth ef ac un arall i'm hystafell – lle bu canu lawer, efe a'i gyfaill yn y Ffrangeg, Thomas a minnau yn y Gymraeg. Amser go dda ydoedd hwn, ac y mae gennyf olwg fawr ar Marchal. Wedi swpera, yn ymweled â Collins, a gweled ysgolfeistres yn y tŷ ag asthma arni, peswch yn ofnadwy, ond yn rhy gynnil i gael yr un tamaid o dân.

Dydd Gwener, 12 Tachwedd 1920

. . . am un daeth Marchal i'm cyfarfod yn ôl ei addewid. Dyfod fi i'w dŷ, i'w ystafell. Yno y gweithiai, y mae'n debyg, ac yno y cysgai. Buom ynghyd am oriau, ac yntau yn dangos imi amryw o'i lyfrau, ac yn rhoddi imi dri – *Teatr Breizonek Poblur, Kenteliou-Labour-Douar*, a phamffledyn bychan ar debygrwydd geiriau Cymraeg a Llydaweg. Dangosodd imi y rhifynnau cyflawn o'r *Breiz Atao*, sef y papur y mae ef yn ei olygu – er nad ond yn ugain oed. Cyfarfod â dau o'i gyfeillion, a deall bod rhyw bapur yn eu herlid. Gweled ei fam a siarad â hi orau y medrwn – a chael cwpanaid o de ardderchog a chacennau bychan ganddo – ond heb laeth arno, a heb fara ymenyn. Ni welais dân yno, ac yr oedd yn oer iawn ond ni feddylient hwy am y fath beth!

Dydd Sadwrn, 13 Tachwedd 1920

Wedi codi, clywed bod rhan o Neuadd y Dref ar dân, yna'n myned heibio ar fy ffordd i'r farchnad wythnosol. Gweled y gwragedd heb gapiau na hetiau ond â rhyw liain gwynion bychain am eu pennau, yn dyfod i mewn i'r dref yn y trenau araf araf. Yn y farchnad gweled pob math o ffrwythau – afalau, perennau, wynwyn, bresych, tatw, carots, maip a llawer o bethau eraill nas gwyddwn eu henwau, na dim arall yn eu cylch. Cerdded yn araf a myfyrgar trwy'r bobl; holi pris y peth hwn a'r peth arall er mwyn siarad â hwy; edrych ar y pentwr ffrwythau rhyfeddol; synnu a llawenychu yn yr olygfa arnynt; cael y bobl yn ddiddorol ac yn hynod debyg i'r Cymry yn eu ffordd a'u hosgo, yn eu hedrychiad ambell dro yn holl olwg yr wyneb bryd arall; un funud y dillad yn union yr un fath (er mai gwahanol hollol gan mwyaf ydynt); a'r pryd arall y mwstas yn hollol fel y gwelais gan ambell Gymro. Prynais beren er mwyn fy modloni fy hun. Yna i'r Coleg ac yno yn arllwys fy meddwl mewn llythyr i Mami . . . Dagrau'n hidl wrth bacio, ac atgofion am gartref yn fwy na'm llethu. Wrth symud y got, y wasgod, y coler, yr hosan, wrth osod y llyfr yma neu'r llall, cael mwy nag a ddalwn. Ni theimlais fwy loes nemor. Nid anghofiaf.

Dydd Sul, 14 Tachwedd 1920

. . . aeth Thomas a minnau i'r orsaf. Yno am ddeuddeg, a chyn hir daeth Marchal a'i gyfaill a'i frawd i'm gweled i ffwrdd. Buom yn siarad ynghyd am ychydig ac yna i ffwrdd â mi gan eu gadael ar fy ôl. Ar y cychwyn edrych allan mewn perffaith syndod ar brydferthwch, ffrwythlonder, amled goed o bob math a gorlanw'r meysydd a'r perllannoedd gan afalau, a channoedd ar lawr . . . Gwaethygai'r wlad fel y pellhaem o Lydaw, ond eto'n ffrwythlon. Taith ddiflas. Da gweled Paris. D.J. Davies a chyfaill i Marchal yn fy nghyfarfod. Myned i'r Hôtel Britannique ac wedi cymryd cinio allan a cherdded a siarad, yn ôl, ac i'r gwely.

Dydd Llun, 15 Tachwedd 1920

. . . Cyn imi orffen (fy morefwyd,) daeth Olier Mordrel – cyfaill Marchal – i 'mofyn amdanaf yn ôl ei addewid imi neithiwr. Wedi imi dynnu fy llyfrau a'm dillad allan o'm bocs, aethom allan ein dau ynghyd i rodio ystrydoedd y brifddinas. Deallais neithiwr oddi wrtho fod Mordrel yn fachgen ieuanc (19 oed), cyflym a galluog ond bod arno ormod o awydd siarad, a hoffter o wasgu rhyw syniadau arbennig. Am ei feddwl cyflym a chraff er hwyrach heb fod yn hollol wreiddiol â dwfn, y mae yn sicr â galluoedd gwerthfawr ganddo.

Dydd Mawrth, 16 Tachwedd 1920

. . . i orsaf Montparnasse, ac oddi yno at O. Mordrel i 9 Avenue Constant Coquelin. Wedi cyrraedd, cael cyfarfod â chefnder iddo, ac yna ein tri yn edrych llyfrau ar Lydaw – yr iaith, y wlad a'r hanes, a bod yn brysur drwy'r amser, Mordrel yn siaradwr diddiwedd, ond ei gefnder yn ddistawach. Cael te a bara ymenyn, ac ar ei ôl canu alawon Cymru, Llydaw, Iwerddon a'r Alban gan ddirfawr fwynhau'r cwbl. Synnu at ardderchogrwydd cerddi'r Llydawiaid – a hefyd at rai'r Alban yn arbennig – 'The Campbells are Coming'. Ni chlywais well canu'r 'Marseillaise' hefyd. Yna myned adref. (Ffair Calangaeaf yn Nhregaron heddiw.)

Dydd Mercher, 17 Tachwedd 1920

. . . Wedi cinio myned gyda D.J. Davies i weled Vendryes. Ei gael yn ŵr mwyn, tyner, caredig, bywiog a brwdfrydig, ond yn amlwg â meddwl mawr ganddo ohono ei hun ac o Ffrainc a'r Ffrancod. Golwg ddeniadol iawn ar ei wyneb, gyda phob aelod ohono wedi ei osod yn gadarn a phrydferth – gyda thrwyn cymharol hir, llygaid gleision chwim a'r gwallt yntau yn las. Dyn yr hoffai pawb ef yn union wedi ei weled. Dangosodd imi ei lyfrgell ac wedi siarad am y gwaith aeth â mi i'r Coleg i ddangos ei ystafell yno a'r Llyfrgell.

Edrych yn debyg mai ei gynorthwyo gyda deall llyfrau Cymraeg fydd fy ngwaith mwyaf – a hwyrach helpu myfyrwyr eraill. Beth bynnag, ni allaf lai na dywedyd imi weled rhywbeth dymunol yn Vendryes. Caf weled. Myned i'r tŷ ac ysgrifennu i Rennes ac i Aberystwyth at y Prifathro ynghylch fy nyfod yma ac esbonio iddo fy sefyllfa.

Dydd Iau, 18 Tachwedd 1920

. . . Yna dyfod i'r tŷ i ysgrifennu i Gwynn Jones. Cyn hir Mordrel yn dyfod yma ac yma am beth amser. Wedi'r cinio olaf cerdded i Montparnasse i'w gyfarfod ag oddi yno myned ynghyd at un Mr Weisse, cyfaill iddo, lle buwyd yn dysgu'r Llydaweg.

Dydd Gwener, 19 Tachwedd 1920

. . . troi allan i gyfarfod Vendryes. Yr oedd pymtheg ohonom ynghyd, a rhai mewn oedran ymhell. Yn ein plith hefyd yr oedd tair merch. Wedi fy ngosod i allan iddynt fel y Lecteur en Gallois, a sôn am fy enw droeon lawer, aeth Vendryes rhagddo â'i araith. Wedi gorffen rhois iddo fy enw ac ychydig ffeithiau o'm hanes – fel y gofynnid imi.

Dydd Sul, 21 Tachwedd 1920

. . . daeth Mordrel yma â chyfaill iddo, Llydawr hefyd, ac yn un a siaradai Gymraeg yn hynod dda. Buasai'r gŵr hwn yn Llundain ddeng mlynedd yn ôl a dysgodd Gymraeg yno. Er na chlybu air o'r iaith wedi hynny, fe'i sieryd yn hynod o dda. Aethom ein dau i lawr i gyfeiriad y Bastille gan siarad yn brysur ar y ffordd, a sylwi ar bopeth o ddiddordeb ac edrych tipyn ar y twr sydd yn lle'r hen garchar.

Dydd Sadwrn, 4 Rhagfyr 1920

. . . i'r Bibliothèque Nationale. Cefais hwyl led dda ar fy ngwaith a bwriais arno yn weddol ddiwyd hyd amser cinio. Erbyn dyfod i'm llety beth oedd yno i'm disgwyl ond Testament Ffrangeg a Llydaweg ochr yn ochr oddi wrth M. Weisse – y bûm ddwywaith yn ei ddosbarth ar y Llydaweg. Cyfrifais hyn yn rhodd werthfawr iawn er bod M. Weisse yn cwyno ar bapur ñad ydyw y Llydaweg sydd yn yr argraffiad yma yn dda iawn. Beth bynnag, y mae'n beth da i mi.

Dydd Iau, 9 Rhagfyr 1920

. . . wedi darllen darn o Efengyl Ioan, yn ôl drachefn i'r llyfrgell. Yr ydoedd fel pob prynhawn arall, braidd yn dywyll ond ymroddais ati er gwaethaf y cwbl, hyd onid oedd yn ymyl pedwar a'r ceidwad wrth y drws wedi mynegi ei offeren – canys ni chlywais ddim tebycach erioed i'm syniad cyntaf a'r mwyaf gwreiddiol am offeren Eglwys Rhufain – yn ei ffordd offeiriadol a dieithr. Er pob ymgais nid oes ond y gair olaf – *fermé* (caead) a ddeallaf bob tro!

Dydd Sadwrn, 11 Rhagfyr 1920

. . . Yr oeddwn am dri i gyfarfod Vendryes a'r Athro Poirot yn y Laboratoire de Phonétique yn y Sorbonne. Yr oeddwn yno o flaen Vendryes a gwelais Poirot. Yr oedd yn ddiwyd wrthi ag offer a thaclau gwaith o'i flaen ar fwrdd bychan cryf ac uchel wrth ymyl ffenestr. Yna daeth, ac aethpwyd at y gwaith – sef rhudd o bapur o gylch dysgl gramoffon ac wedi gosod y cwbl yn eu lle, y nodwyddau a'r tiwbiau llefarais innau droeon y geiriau – agos, gobaith, blino . . .

Dydd Sadwrn, 25 Rhagfyr 1920 [*Lloegr*]

. . . Yna'n ôl a chael cinio, a gweled llyfr un Dr Owen o farddoniaeth Gymraeg, gydag ambell ddarn da iawn ynddo. Mynegodd fy ewythr y dylwn weled Owen, a chychwynasom yno, a minnau heb got fawr. Yn Walthamslow yr erys, a chyraeddasom yno wedi gwlychu tipyn. I mewn i'w ystafell ac yntau yn edrych yn greadur tenau, eiddil ddigon ar ei orwedd ar soffa yno. Dyn heb ddim o arferion a defodau dynion yn ei amharu; yn tyngu a rhegi'n rhwydd; yn ddi-ofn yn ei natur ac yn sefyll yn erbyn y llif; gydag aeliau duon cryfion a blew'n gnwd tew tan ei drwyn a'i wallt byr anystwyth wedi gwynnu tipyn a heb ei droi a'i drwsio lawer. Hoffais ei arfer a'i ymddangosiad agored, naturiol. Buom yno amser, ac yntau yn darllen inni ei farddoniaeth – a honno'n dda hefyd, ac i Gymru gan mwyaf, a'i dad, a natur. Dyna ddyn heb ei ddistrywio gan ystrywiau cymdeithas a heb ei wanychu gan foethau dynion. Cynhyrfodd fi drwof, ac edmygaf yn fawr.

1921

Darllenais wedi myned i'r gwely'r bore heddiw, ac yr ydoedd yn ddau cyn imi gysgu – ac yn ddeg cyn codi. Er hynny, un yn unig yma oedd wedi codi o'm blaen. Nid ydoedd y borefwyd yn barod, a darllenais ychydig cyn ei gael. Yna, darllenais y papur am y dydd, gan gymryd sylw arbennig o'r sefyllfa rhwng Ffrainc a'r Almaen, yr Unol Daleithiau a Japan, Groeg a Rwsia, a'r si bod galw cynhadledd o'r byd ynglŷn â diarfogi.

Dydd Llun, 3 Ionawr 1921

. . . Dechreuais fy ngwaith am ychydig wedi deg. Cefais ddyddlyfr John Kelsall i'w edrych. Clywswn amdano o'r blaen ond ni bu yn fy llaw cyn heddiw. Y mae yn rhyw ddwsin o gyfrolau, a chydiais yn y gyntaf. Gwelais ar unwaith fod ynddo lawer ar fy mhwnc. Yr oedd Kelsall wedi dyfod o Loegr i fyw yng Nghymru yn Nolobran, a cheir ganddo, yn hynod, gyflawn hanes gweithredau y cyfarfodydd â phopeth ynglŷn â'r Crynwyr yno. Yr ydoedd ef ei hun yn un ohonynt, ac yn mynychu'r cyfarfodydd yn gyson. Rhydd inni ddisgrifiad o'u gwaith, enwau'r aelodau gan amlaf, enwau'r dieithriaid a ddeuai yno o dro i dro, gwaith y gwahanol gyfarfodydd a chynadleddau. Gweithiais arno gyda blas a diwydrwydd, heb feddwl am ginio hyd wedi dau. Yna hanner awr o gerdded a bwyta'r tocyn bara ymenyn, ac yn ôl drachefn, ac at y gwaith hyd bump, a cherdded hanner y ffordd i'm llety. Wedi ciniawa ac eillio, myned i dŷ fy ewythr a chael siarad a dadlau ar bynciau gwleidyddiaeth a'r rhyfel, a bod y llysiau yn dioddef wrth gael eu torri – peth na chredai efe o gwbl. Gorfod swpera yno, yna i'r tŷ, a throi i'r gwely.

Dydd Mawrth, 4 Ionawr 1921

Darllenais ychydig ar fy ngwely cyn cysgu neithiwr, ac yna, wedi rhoddi'r gannwyll allan, yr oeddwn ar daith wyllt i wlad gwsg. Galwyd arnaf a chodais am wyth . . . cerdded dipyn y tu hwnt i Stoke Newington a chymryd tram wedyn gan ddarllen Renan ar Iesu Grist fel bore ddoe. Aeth yr amser yn fuan ac mi orffennais y bennod gyntaf. Yna myned allan, a throi i mewn at y Crynwyr.

Dydd Gwener, 7 Ionawr 1921

. . . cymerais dro allan a heibio tŷ fy ewythr i Barc Pym. Yr oeddwn yno ar unwaith yn fy nghynefin ymhlith y coed a'r prennau. Canai'r adar fel pe bai fore o wanwyn ac âi eu hacen yn ddwfn i'm calon. Teimlwn fôr o gydym-deimlad yn eu chwibaniad bach, a chyflawnder o gariad yn eu siarad addfwyn. Nid oes yn Llundain imi, ar wahân i'm chwaer, y cymaint cyfoeth ag sydd ym miri aderyn bach. Dyna angel tyner o'r byd arall a Duw ynddo yn llefaru yn ei drugaredd. Nid oes hafal iddynt a gwellhaodd eu llef glwyfau un claf. Hoff oedd gennyf hefyd olwg y glaswellt a'i liw fel ym Mai. Nid munudau anfoddlawn oeddynt imi – a hardd ydoedd darllen wedi dod i'm llety.

Dydd Sul, 9 Ionawr 1921

. . . Cael cinio tua dau a chychwyn fy ffordd i'r Ysgol Sul, gan gerdded ychydig ond gorfod cymryd tram gan ei bod mor ddiweddar. Darllenais un o bamffledi'r Crynwyr ar fy ffordd i fyny. Cyrhaeddais mewn pryd ac wedi darllen, gweddïo a chanu, aeth pedwar ohonom i ystafell fechan y pen pellaf i'r Capel. Daeth y gweinidog atom cyn hir â'i got hirddu laes, a'i wallt cyrliog du a golwg benywaidd ar ei wyneb. Darllenasom y drydedd bennod a deugain o Esaia, ac yna cymryd yn bwnc siarad – Personoliaeth Duw.

Lled farw ar y cyntaf, a gormod o Saesneg drwyddi. Y mae Owen yn fachgen lled dda – yn weinidog gweddol ac yn bregethwr cymedrol. Cafwyd te gydag un Morgan Jones a'i chwaer a daeth fy chwaer hefyd yno. Yna, yn ôl i'r bregeth a chymuno'n ddigon diystyr. Gweled amryw o'm cyfeillion.

Dydd Mercher, 12 Ionawr 1921

. . . Yr oeddwn yn y llyfrgell yn union wedi deg a chychwynnais yn ddiymdroi ar wythfed gyfrol J. Kelsall. Gweithiais arni yn ddiwyd, ac yr oeddwn wedi ei orffen cyn deuddeg. Gwelais rai pethau diddorol ynddi ac ambell gyfeiriad pwysig. Ceid rhywfaint am y cyfarfodydd blynyddol bron bob blwyddyn ac, yn fynych, sôn am y cyfarfodydd llai a gynhelid a'r Cyfeillion a fyddai yn cymryd rhan ynddynt. Eithr yn llai mynych na chynt, gan fod J.K. y blynyddoedd diwethaf yng Nghaer. Yno y bu farw, yn gymharol ieuanc, yn y flwyddyn 1743. Gwnaeth wasanaeth mawr i Gymru.

Dydd Iau, 13 Ionawr 1921

. . . Gadewais am bump a cherddais i lawr i ymyl St Paul's, i Siep, heibio'r

City Temple, a Holborn. Yng ngorsaf Tottenham Court Road cyfarfûm â Dr Owen a Charadar a Dolennog, Gwynfardd a Chymro. Aethom ynghyd i'r Rendez vous, Dean St, Soho i giniawa. Amser braf a dedwydd adrodd ystorïau ac ymddiddan. Yna i'r Hotel y Regents Park. Adref erbyn unarddeg.

Dydd Gwener, 14 Ionawr 1921

Cafwyd noson ardderchog neithiwr . . . a dynion iawn a chysurus oeddynt oll. Bachgen tua phymtheg ar hugain ydyw Caradar, ac yn raddedig o Gaergrawnt. Siaradai'r lleill Saesneg beth ambell dro, ond ni wnâi ef na minnau. Yn Ninbych yn athro mewn Cymraeg yr ydoedd. Eithr gadawodd am na châi gymryd y pwnc trwy'r holl ysgol. Dirmyga'r drefn addysg sy'n gosod y Gymraeg yn iaith y gellir peidio ei dysgu yn ei thir ei hun. Gwych pe credem hynny oll trwy Gymru benbaladr. Ni chysgais am amser wedi myned i'r gwely gan fel yr ehedai fy meddwl yn ôl at y cyfeillion hyn.

Dydd Sadwrn, 15 Ionawr 1921

. . . Wedi codi, ymolchi, gwisgo a bwyta, euthum allan gyda'm chwaer hyd at le ei gwaith hi, ac yna myned yn fy mlaen ac i Barc Pym. Cerddais trwy hwnnw ac allan i'r meysydd cyfagos. Er oered y bore, canai'r adar yn felys fel mewn ffydd bod yr haf yn agos, ac edrychai'r prennau cadeiriawg o dan bwys gwyn y barrug. Canu yn brydferth a swynol iawn. Daeth penillion Eifion Wyn i Ionawr i'm cof, ac adroddwn wrth gerdded yn fy mlaen. Yr ydoedd yn amser da arnaf, a nwyd pur ar ei gorau. Wedi dyfod i mewn, cydiais yn llyfr Braithwaite ar hanes y Crynwyr. Darllenais lawer ohono, bob yn ail â chael golwg ar y papurau a rhedeg trwy erthygl Shankland ar John ap John yn y *Cymru*. Darllen ychydig ac ysgrifennu a wneuthum wedi cinio. Yna ymolchi drachefn a pharatoi gyferbyn â thaith at bobl o'r enw Coles yn ymyl Holloway. Yr oedd yn drwch o grwybr bellach ond aed yno. Digon o wychter a braster o ferched arwynebol a siarad diddim, chwarae a chanu. Gadael cyn deuddeg a gorfod cerdded rhan o'r ffordd yn ôl. O'r braidd y gwelwn y palmantau.

Dydd Sul, 16 Ionawr 1921

Yr oedd yn ymyl dau arnaf yn gweled gwely neithiwr ac yn ddeg arnaf yn ei adael y bore heddiw, a pheth cysgadrwydd er hynny. Wedi bwyta, darllenais ychydig o'r *Round Table*, ac adrodd dyrys-bynciau i'r ddau fachgen yma. Cydiais yn fy mhin wedi hynny, ac ysgrifennais dri neu bedwar o lythyrau – i'm brawd ac i'r Cofrestrydd i Aberystwyth, ac i'r Athro Vendryes i Baris. Gofynnais gan yr olaf ganiatáu imi fod yma am ryw bythefnos eto. Erbyn gorffen y rhain, yr ydoedd yn bryd paratoi gyferbyn â myned i'r Ysgol Sul. Daeth cinio yn y man a dechreuais fy ngherdded. Aethai'r niwl i ffwrdd o'r braidd a cherddais i Stamford Hill. Yna cymerais y tram am Goswell Road, gan gerdded oddi yno i'r Capel. Yr ydoedd y lle'n llawn a'r canu, i'w glywed wrth ddynesu, yn gyrru calon dyn i guro gan ysbrydoliaeth. Darllenodd a gweddïodd y gweinidog yn effeithiol. Siaradodd Vinsent yn Saesneg a chan mwyaf oddi ar bapur. Yna wedi diolch am ei dyfod yno, cododd Mrs Lloyd George, siaradodd yn fyr a swynol yng Nghymraeg melys y Gogledd. Yna, gair gan Brynsiencyn a'r Arglwydd Clwyd. Myned i de at Morgan Jones a'i chwaer yn ymyl, ac yn ôl i'r bregeth. Y lle'n llawn eto ond y Dr yn ddiog braidd. Cyfle iawn i broffwyd, ond nid proffwyd efe. Gallai'n well.

Dydd Llun, 17 Ionawr 1921

. . . Yna gadewais y tŷ, a cherddais hyd Stamford Hill trwy ganol yr awyr dew afiach, a thros y pelmynt pydewog a gwlyb. Yna, cymryd y tram hyd ben fy nhaith. Yr ydoedd unarddeg arnaf yn cychwyn fy ngwaith. Yr oedd yno ŵr newydd heddiw yn dechrau ei waith fel llyfrgellydd. Bachgen o Brifysgol Rhydychen o'r enw Smith 'rwy'n meddwl. Daethpwyd a llaw-ysgrifen Kelsall imi heddiw eto, a gorffennais gyfrolau'r llythyrau'n fuan. Copïais ddarnau diddorol o lythyrau Rowland Ellis, Robert Lewis ato o Bennsylvania, ond nid oedd ynddynt gymaint ag y disgwyliwn. Ysgrifennant gan mwyaf am eu profiadau eu hunain gan ddiolch i Dduw amdanynt. Amlwg iawn ydyw eu gonestrwydd a'u purdeb, a sicr eu hymchwil am ddaioni. Yr oedd ynddynt un llythyr ardderchog oddi wrth Amos Davies, yn cynghori J.K. ar bwnc ei briodi. Daeth Davies wedi hynny yn dad yng nghyfraith iddo. Gwelais y llawysgrifau eraill o'i eiddo, ei farddoniaeth a'i ganeuon ond nid yn eithriadol.

Dydd Mercher, 19 Ionawr 1921

. . . yna gweithio ar ras. Daethpwyd â'r llythyrau a ddanfonwyd o'r cyfarfodydd blynyddol yng Nghymru i Lundain; ynghyd â'r llythyrau a ysgrifennwyd yn ôl yn ateb iddynt o'r brifddinas. Yr oedd tipyn o ddiddordeb yn perthyn iddynt, yn arbennig i'r rhai o Gymru. Rhoent yn fyr ychydig o hanes pethau yng Nghymru. Nid oeddynt yn hirwyntog iawn ar y cyfan, ac ambell dro yr oeddynt yn dda odiaeth. Euthum trwy gymaint ag a allwn ohonynt. Ni chefais gymaint o bwys yn y lleill.

Dydd Iau, 20 Ionawr 1921

. . . Y llythyrau o Gymru i Lundain y bûm yn eu darllen gan mwyaf. Yr oeddynt oll yn bwysig. Ceid enwau wrthynt, a gweled oddi wrthynt y sefyllfa yr oedd y Crynwyr ynddi ar hynny o bryd yng Nghymru. Wedi chwarter cyntaf yr ail ganrif ar bymtheg, yr oedd yn amlwg bod eu dylanwad yn lleihau'n barhaus. Ni ddywedwyd hynny bob blwyddyn ar y cyntaf, ond ymhen amser cyfaddefid yn agored. Gwelid bod eu nifer yn lleihau o flwyddyn i flwyddyn. Er hynny yr oedd y cyfarfodydd blynyddol mor llewyrchus â chynt; a'u nifer yn lluosog. Methent ddeall hynny, yn arbennig gan fod y Cyfeillion eu hunain yn fychan. Dyna'r dryswch i'w ddatrys heddiw hefyd. Anodd ei benderfynu; beth am Harris a Rowlands. A oedd Cymru'n gweled y ddau hyn yn ddigon gwell na'r Crynwyr? Eithaf tebyg.

Hanner dydd yn Lombard Street yn ceisio symud fy chwaer i Baris, ond methu.

Dydd Iau, 27 Ionawr 1921

Er na chysgais yn dda neithiwr, codais yn union wedi fy ngalw ac yr oeddwn yn barod, wedi gwisgo ac ymolchi cyn wyth. Wedi bwyta a gorffen pacio a diolch i Mrs Bradley a rhoi deuswllt i'r plant, ffarwelio tan gnwd o ddymuniadau da fy chwaer a minnau. Cymerasom y bws i Victoria, a chawsom awr a mwy o amser i siarad yn brysur ar y ffordd a pheth yn yr orsaf cyn ymadael. Yr oeddem tan deimlad a minnau na chollwn ddagrau o hiraeth ac alaeth. Ond gorfod gwahanu a gweled y trên yn gwneud pellter mawr rhwng ein dau gorff – ac yna bob un i'w ffordd canys dyna ddull y byd hwn.

Dydd Gwener, 28 Ionawr 1921 [Ffrainc]

Yn hwyr y gwelais y gwely neithiwr, a chymerodd imi amser cyn cysgu. Yna yn llwyr yn ei freichiau, ond deffro'n rhy fore. O'r diwedd, codi ac ymolchi trosof a dyfod i lawr a bwyta. Yna gadewais am dŷ Vendryes, gan gerdded tuag yno trwy ardd Luxembourg. Gwelais, a'i gael mewn hwyl dda. Yr oedd yn garedigrwydd a thynerwch drwyddi yn esbonio ei sefyllfa'n gywir, ac yn ymddiheuro am beri fy nyfod yn ôl yn gynt nag y bwriadais. Wedi ymadael ag ef, euthum yn fy mlaen i ben eithaf y gerddi. Daethai'r haul allan bellach a rhoes olwg arall ar Baris. Yr oedd yn hyfryd cerdded erbyn hyn, a swyn ddigon a mwynder hyfryd yn y gerddi tlysion. Cerddais yn araf, gan sylwi ar goed a glaswellt a gwrando ar fiwsig dwyfol côr y nefoedd. Nid oedd daw ar yr adar bach, a llifai cariad yn afonydd o'u mynwes. O'r diwedd, ciliodd yr haul a'u cân hwythau a'm diddanwch innau. Myned i'r Brifysgol a chael enw lletry y tu allan i Baris. Yna, yn ôl i ginio ac ysgrifennu dau lythyr ynghylch cael lle i Maggie yma. Allan i'r Brifysgol drachefn i gyfarfod Vendryes a darllen Dafydd ap Gwilym ynghyd, ac aros i'r dosbarth ar ôl hynny. Yna, cyfeiriais fy nghamre yn ôl i'm lletry'n ddigon di-galon. Yr oedd fy mhen yn ddolurus ofnadwy; ond wedi swpera, ysgrifennais yr uchod, gan fyned ar unwaith wedyn i orffwys i'r gwely.

Dydd Sadwrn, 29 Ionawr 1921

Bwriodd law ychydig yn ystod y nos, ond ni wnâi ond ei bigo erbyn y bore a chadwodd yn sych drwy'r dydd. Teimlwn innau lawer yn well er nad yn rhy dda. Yr ydoedd yn ymyl naw arnaf yn gorffen fy morefwyd. Yna cerddais allan ac i'r Sorbonne lle y bûm am ychydig funudau cyn ymadael am y Gare du Luxembourg. Cawswn ddoe hanes llety mewn teulu dipyn tu allan i Baris, sef yn Sceaux-Robinson, ac yno y cychwynnwn fy nhaith yn awr. Wedi cael tocyn, a disgyn a chael trên, yr oeddem yn union tu allan i'r brifddinas. Fel yr ymbellhaem, rhagorai'r golygfeydd a datguddiai natur ei hun yn wellwell. Gwelais un ardd brydferth ragorol ac o faint go dda a'i chyrrau yn cyrraedd bob ochr i'r ffordd. Cymerodd hanner awr a mwy i ddyfod i Sceaux-Robinson; wedi disgyn, cefais fy nghyfeirio i'r rue Champin, lle y deuthum, ar ôl chwilio a cherdded, ac i'r nawfed tŷ. Cnocio a merch ieuanc yn fy ngwahodd i mewn. Esgyn grisiau ac i ystafell lân lle y daeth Madame cyn hir. Yna, dangos ystafell gysgu i mi a phenderfynu'r pris a phopeth, a chytuno i mi fyned yno y Sadwrn nesaf.

Dydd Sul, 30 Ionawr 1921

Ni chysgais yn dda wedi gorwedd neithiwr, ac aeth yn ddeg o'r gloch arnaf cyn codi heddiw; ac erbyn ymolchi trosof a gwisgo, yr ydoedd yn rhy hwyr i gael borefwyd. Ond rhoddwyd imi afal ac oraits, oedd cystal bob mymryn â dim. Trois allan wedyn a cherddais hyd y Boulevard de Sébastopol am ysbaid, gan droi ar y chwith yn y diwedd a myned hyd y Bourse. Yr oedd cerdded prysur ar yr heolydd, a dwyn pethau a brynasid, a chario bagiau a chodau i brynu. Nid oes, mewn gwirionedd, fwy prysurdeb mewn prynu a gwerthu yma yr un dydd na'r Sul. Yr oedd yn bennaf diddordeb imi edrych a sylwi ar y bobl yn eu helyntion pwysig, a bûm mewn un lle marchnad mawr ond yn annymunol braidd ei arogl. Wedi cinio, cerddais hyd at Palais Royal, gan droi yno at y Bibliothèque Nationale, a heibio'r Bourse i'r rue de la Bourse at un M. Ogereau, cyfreithiwr a ysgrifennodd ataf i'm gwahodd yno. Nid oedd i mewn; yna myned i'r Boulevard Montmartre oedd yn un cwmwl tew o bobl ac i'r rue Provence i edrych amdano – ond nid oedd i mewn. Wedi cymryd te cerddais hyd y rue Provence ac i'r Boulevard des Italiens, heibio i'r Opéra ac i mewn ychydig i'r Eglwys Madelaine, ac ymlaen i'r Concorde ac i'r American Legion.

Dydd Llun, 31 Ionawr 1921

Cysgu'n rhagorol neithiwr, a heb ddeffro fawr cyn naw. Yna, codi a throchi o'm pen i'm traed, a dyfod a chael fy morefwyd. Yna, wedi myned i fyny i'm llofft a thaclu a threfnu ychydig ar fy ystafell, myned allan a cherdded ar hyd y Boulevard St Michel, ac yn fy mlaen i'r Sorbonne. Ni bûm yno'n hir, a darllen tipyn ar fy nodiadau o lyfr Rufus Jones a fûm tra yno. Wedi dyfod yn fy ôl a chiniawa, darllen y *Daily News* am ysbaid, ac yna myned i'r Sorbonne drachefn. Paratoi ar gyfer ysgrifennu ychydig ar John ap John, ac yna myned ynghyd â gwneuthur hynny. Cefais beth hwyl a blas arno ac ysgrifennais ddwy dudalen. Yr oedd hyn o waith yn fy nghadw'n gysurus ac ymhell o bob gofid a thristwch. Eithr wedi gadael a chyrraedd y llety, a theimlo'n unig a heb gyfaill na chydymdeimlad, daeth rhyw ias oer trosof a rhyw ymdeimlad dyrys o wagle yn fy mynwes, a rhyw ddyhead dwfn am fod eto'n ôl gyda'm chwaer, neu gartref yng Nghymru. Ysgrifennais ynghylch fy ngwaith at T. Shankland, i Fangor, a George Eyre Evans i Aber. Yna ysgrifennu'r uchod, a llythyr arall, a darllen. Cael ymgom hefyd ag un Cymro, Jones o Sir Fôn, efe'n un o'r rhai a ddwg blant bach Awstria i Brydain.

Dydd Mercher, 2 Chwefror 1921

. . . darllenais hanes etholiad Sir Aberteifi yn y *Welsh Gazette*, a llawer o'r *Daily News*. Y mae hiraeth a thristwch yn don trosof, ac yn nyfnder fy ngwae. Mynnaf gredu weithiau bod daioni yn y cwbl. Ond tybed? A oes dichon?

Dydd Iau, 3 Chwefror 1921

. . . i'r llyfrgell, a chychwynnais fy ngwaith yn ebrwydd. Yr un testun oedd gennyf heddiw eto, sef parhau i ysgrifennu hanes proffwyd y Crynwyr yng Nghymru. Yn bwyllog yr awn yn fy mlaen, canys gwaith anodd ydyw gosod ffeithiau a digwyddiadau wrth ei gilydd yn y drefn iawn. Y mae'r anhawster yn fwy oherwydd ansicrwydd amser a dyddiad yr ychydig ddeunydd sydd ar gael. Er enghraifft, y mae llythyrau Tomos Holme yn bwysig ar bwnc bywyd John ap John, ond ni ellir dibynnu bob amser ar y flwyddyn a ysgrifennwyd gyferbyn â'i lythyrau. Pe gellir penderfynu hynny, diflannai llawer o'm penbleth. Beth bynnag, ysgrifennais ychydig y bore, a mwy na hynny yn y prynhawn. Yr ydwyf gystal â bod ar benderfynu'r pethau anoddaf yn hanes bywyd John ap John.

Dydd Sadwrn, 5 Chwefror 1921

Bore campus a diwrnod campus ar ei hyd. Galwyd fi, a chodais cyn naw. Yna, wedi bwyta, myned yn ôl i'm hystafell, a gorffen gosod fy eiddo yn fy mhaciau a'u dwyn i lawr i'r ystafell isaf. Gofyn am bennaeth y sefydliad a chael ganddo wybod fy nyled am yr wythnos; 142 o ffranciau. Wedi ei dalu, rhoddi chwe ffranc i'r forwyn, canys telais y gwas ystafell yn ystod yr wythnos. Gwelais Mrs Beck hithau cyn ymadael a rhois iddi fy nghyfeiriad newydd fel y cawn fy llyfrau oddi wrth y Crynwyr yn Llundain pan ddelont. Yna, gan ddymuno hawddamor, gadael a'm dau becyn trwm hyd ysgwâr Chatelet. Cael tram oddi yno am orsaf Luxembourg; ac yna i'r trên am Sceaux-Robinson. Wedi iddo gyrraedd allan o dduwch a thywyllwch y brifddinas yr oedd popeth ag ôl haul arno, a natur yn un crynswth o brydferthwch, er yn fis Chwefror: ardderchog o daith ydoedd hi i Sceaux. Yna myned, gan adael y paciau yn yr orsaf, am 9 rue Champin. Yno ychydig cyn un, a phawb yn fy nisgwyl a'r tŷ'n orlawn o bobl. Cael cinio yn y man, a chinio ardderchog. Yno bachgen o Siam sydd yma, Chin wrth ei enw, a minnau'n troi yn ôl i'r orsaf a dwyn y paciau yma. Yna eu gosod yn eu lle, a myned allan gyda'n gilydd a cherdded llawer gan weled pethau tlysion a golygfeydd rhyfeddol.

Dydd Sul, 6 Chwefror 1921

Codi, ymolchi a gwisgo, ac yna myned i lawr a chymryd tro i'r wlad oddi amgylch. Wrth fy hun yr oeddwn canys heb godi yr oedd Chin; ac am y mab Jean, y mae annwyd arno. Cyn dyfod yn fy ôl, gwelais geidwad hedd ac aethpwyd yn ebrwydd i gael ymgom. Llydawr ydoedd, er na wyddai ddim o'i iaith. Dangosodd imi y papur am y dydd, gan bwyntio gydag afiaith at y llinellau oedd ynddo yn sôn am araith Lloyd George ym Mirmingham y ddoe. Yna, yn fy ôl ac ysgrifennu ychydig. Wedi cinio, aeth peth o'm hamser i ddifyrru dau blentyn sydd yma, a diniweidrwydd yn ei llond.

Dydd Llun, 7 Chwefror 1921

. . . darllen llyfr Gwynn Jones ar *Lenyddiaeth Gymraeg y Bedwaredd Ganrif ar Bymtheg*, gan deimlo bod llawer o athrylith yr awdur ynddo, a'i annibyniaeth meddwl arno. Y mae ei ddadansoddiad o farddoniaeth dechrau'r ganrif yn gampus, er yn fyr. Ysgrifenna hefyd lawn gwell na'r arfer oblegid ei fod yn symlach.

Dydd Mawrth, 8 Chwefror 1921

Deffroais ychydig cyn clywed y gnoc wrth fy nrws. Yna bwyteais fy morefwyd, ac wedi darllen ychydig o hanes William Penn, codais, ymolchais ac eilliais. Yna, deuthum i lawr y grisiau, ac ymhen ychydig aeth y bachgen o Siam a minnau allan i gerdded. Cerddasom yn brysur, daith weddol faith, a thrwy olygfeydd rhyfeddol, gan weled percydd a gerddi tlysion iawn. Nid ydoedd yn rhyw fore gwych, canys yr oedd yn oer a niwlog a thywyll. Ond yr oedd gweled y fath bethau ardderchog yn gosod llawer o bleser ac o wir fwynhad yng nghalon dyn. Nid ystrydoedd hirion neu heolydd liaws ydoedd i'w hedrych yma fel ym Mharis, ond gwrthrychau byw ac ôl llaw Duw arnynt a phob un megis yn traethu ei neges ei hun. Difywyd y cerrig a mud y tai yn y brifddinas, ond llawn bywyd ydoedd popeth i'w weled yn y wlad. Dyfod yn ôl ar ôl cael ysbrydoliaeth a chydio mewn llyfrau a'u darllen hyd ginio. Yna darllen *Tir na n-Óg* Gwynn Jones ynghyd â'r caneuon eraill sydd ynddo. Wedyn, cydio yn llyfr Wilson Harris ar y Gynhadledd a fu yn Geneva ddiwedd y flwyddyn.

Dydd Iau, 10 Chwefror 1921

. . . Wedi cinio, trois allan drachefn i'r wlad. Cerdded ymhell ac i ganol gwlad; gweled y gwŷr a'r gwragedd yn gweithio yn y meysydd; y merched a'r bechgyn yn y gerddi a'r percydd; a phawb wrthi'n ddiwyd ryfeddol wrth eu gwahanol orchwylion. Myned i mewn i barc y gwaharddid hynny. Cael fy holi paham gan un a weithiai ynddo. A minnau'n ateb y meddyliwn mai gwlad y rhyddid a'r brawdgarwch a'r cyfle cyfartal i bawb ydoedd Ffrainc. Daeth yr ateb buan – Ie, – ar bapur!

Dydd Gwener, 11 Chwefror 1921

. . . Cymerais dro i berfedd y wlad ar fy union. Yr ydoedd wedi rhewi'n galed yn ystod y nos, ac yr oedd yn fore oer. Ond hyfryd o beth ydoedd cael enaid mewn cydymdeimlad ag enaid. Natur yn siarad wrth galon. Dyna fendith fwy y lle hwn ac un hollol amhrisiadwy. Ni ddeil Paris a'i holl oludoedd ac er ei gwychderau a'i rhwysg ddim i'w chymharu â symlrwydd a phertrwydd gwlad, hyd yn oed yn ei noethni canol gaeaf. Gwell i mi ydyw maes a dôl ym mis Chwefror na heolydd hirion, llydain ac aml-liwiog dinas. Yn llawn ysbrydoliaeth, deuthum yn ôl ac ysgrifennu llythyr gartref.

Dydd Mawrth, 15 Chwefror 1921

O fwynaf fore a'r haul yn deyrn yn y nen. Yr oedd yr olwg hyfrytaf ar yr wybren pan agorais fy llygaid, ac nid oedd amser i'w golli cyn myned allan i ganol y gwynfyd hwn a bod yn rhan ohono. Godidocach yr ydoedd ef ei hun na'r olwg arno o'm hystafell. Cerddais yn weddol gyflym ar y cyntaf, ond wedi llwyr gynhesu fy ngwaed, arafais. Cymerais bwyll i wrando ar gyfrinachau bywyd, i glustfeinio ar geinciau gwin yr adar a gadael i felyster a swyn eu canu ddylifo i mewn i'm mynwes. Nid mud a distaw y coed hwythau chwaith. Yr oeddynt oll yn eu sidan glas ac yn cystadlu mewn prydferthwch a gogoneiddrwydd â'r feinwen dlosaf. Gwelais ddafad hefyd a'i hoen rai wythnosau oed yn ymlawenhau yn eu hymyl. Cerddai'r gweithiwr yntau yn araf yn ei ardd a'i faes, a theimlai lawenydd yn codi iddo o'r pridd. Llais ac adlais diddanwch oedd yn y fro, a chwyrnai ambell *aeroplane* uwchben ryw eiriau o fwynhad. Yn ben ar bopeth ydoedd yr haul mawr a'i wres nerthol yn llanw popeth a diolch iddo. Yr oedd y cwbl megis breuddwyd, ac yn un rhamant berffaith . . . Diwrnod campus, llawn daioni.

Dydd Mercher, 16 Chwefror 1921

. . . Yr ydoedd wedi tri ar Vendryes yn dyfod i'm cyfarfod, ac yr oedd yn bump arnom yn gorffen dau o gywyddau Ap Gwilym, sef y XII a'r nesaf yn

llyfr Ifor Williams. Wedi gadael y Sorbonne cerddais trwy'r Boulevard St
Michel ac ymlaen heibio'r Bibliothèque Nationale a'r Bourse at M. Ogenon
i'r rue de Provence. Aros yno tua dwy awr mewn ymgom a chael dangos
inni luniau o hen wisgoedd y Llydawiaid. Gadael a galw'n ôl heibio'r Hôtel
Britannique. Pecyn oddi wrth Maggie a llawer llythyrau. Gorfod aros yn yr
orsaf yn Luxembourg i ddisgwyl y trên. Agor y parsel – ac ynddo dri afal, dau
Swiss Rôl Chocolate. Hyfrydwch digymysg ydoedd cael y pecyn a'i gynnwys
– a minnau bron cwympo o eisiau bwyd.

Dydd Iau, 17 Chwefror 1921

. . . Darllenais y *Gazette* bron trwyddo cyn gorffen â'm borefwyd. Yr oedd
blas arbennig arno, canys adroddai'n hynod gyflawn hanes yr etholiad yn Sir
Aberteifi. Rhwng y llythyrau ac yntau, poethai fy ngwaed yn fy ngwyth-
iennau, a llenwai fy mynwes o awydd gwneuthur rhywbeth mawr, a bod yn
cymryd rhan yn y gweithrediadau yno. Dyheadau a delfrydau ydyw'r pethau
cryfaf yn y byd, a theimlwn dan eu harweiniad yn barod am unrhyw orchwyl
mawr a da. O pe bai modd croesi'r moroedd am ychydig a rhoi'r hen Sir ar
dân. Llosgaf oddi mewn gan angerdd am wneuthur daioni a chyflawni gwyrth.
Poen ofnadwy ydyw gorfod bod yn gaeth megis yma, a'm cyfeillion yn y
frwydr. Myned allan a'r syniadau hyn yn byrlymu i fyny trwy fy holl
gyfansoddiad, a'r greadigaeth hithau yn gyrru'r nwyd yn wenfflam. Ysbryd ar
dân – a chorff yng nghlwm yma. Yr ydwyf fel yr asyn a osodwyd wrth y pawl
– eisiau rhyddid ac ehangder, a chael fy hun yn methu symud oddi yma!

Dydd Sul, 20 Chwefror 1921

Cysgaswn yn ardderchog, a phan welais trwy fy ffenest oleuni braf y dydd
newydd, ni allwn lai na chodi ar unwaith. Yr ydoedd wedi wyth o'r gloch, ac
wedi imi wisgo ac ymolchi, nid ydoedd ymhell o naw. Euthum allan, gan
gerdded bob yn ail a rhedeg tua Sceaux. Yr ydoedd braidd yn oer, a
llwydrew'r nos yn drwm ar bren a phridd. Ond yr oedd sicrwydd gwres yn
yr haul a wyliai trosom a gobaith dydd campus yng ngoleuni tanbaid y
ffurfafen. Deuthum yn ôl i'r tŷ, a chefais fy morefwyd yn union. Bwyteais a
darllen y papur yr un pryd a chymryd y mwyaf diddordeb yn llythyr De
Valera i Seneddwyr Prydain.

Dydd Mawrth, 22 Chwefror 1921

. . . Wedi gorffen fy mhryd bwyd euthum allan a'r papur dan fy nghesail.
Daeth y ferch fach, Jeannette, gennyf a mwynhau'r daith, a gwenu a
chwerthin ar bob ci bach, a bod am amser yn chwarae â gafr. Darllenwn
innau, gan edrych arni yn awr ac eilwaith, a mwynhau ac edmygu diniweid-
rwydd plentyn. Yr oedd yn rhaid imi ei chario ambell waith. Darllenais y

papur drwyddo. Yr oedd ynddo erthygl ragorol ar yr Arglwydd Curzon, a blas ei ddarllen. Rhwng y cwbl, yr ydoedd yn amser braf arnaf.

Dydd Mercher, 23 Chwefror 1921

Y bore godidocaf oll heddiw a goleuni tanbaid yr haul wedi treiddio'n gynnar i'm hystafell. Daeth fy morefwyd imi cyn imi fyned allan a dechreuais ei fwyta gan ddarllen Dafydd ap Gwilym a'i baratoi erbyn y prynhawn. Cyn gorffen daeth y papur imi, a chydiais yn hwnnw, gan ei agor mewn brys. Yr oedd arnaf eisiau gwybod hanes yr etholiad – ac er dirfawr siom imi methodd Llywelyn Williams â myned i mewn. Gwn fod hynny'n golled i Sir Aberteifi, i Gymru ac i Senedd Prydain. Does ond dymuno i ryw ddaioni ddyfod o bethau fel y maent.

Dydd Iau, 24 Chwefror 1921

. . . Euthum allan i'r awyr iach a'r papur yn fy llaw a Jeannette yn gwmni imi. Cerdded i lawr heibio gerddi Croux, a mwynhau gwychder y bore a newyddion y papur bob yn ail. Hanes y Prif Gyngor yn Llundain a Chynghrair y Cenhedloedd ym Mharis ydoedd y deubeth pwysicaf yn y papur. Darllenais yn fanwl gan chwenychu mwy o ffeithiau ar y ddau bwnc pwysig. Yna, wedi llwyr fwynhau'r cerdded, yn ôl i'r tŷ a darllen *Le Journal* yn yr ardd tan wres yr haul.

Dydd Sul, 27 Chwefror 1921

. . . rhedeg tipyn cyn fy mwyd. Daeth hwnnw'n fuan wedi imi ddod yn fy ôl, a dysgais ychydig o'm gramadeg yr un pryd; a deliais at hynny o waith hyd wedi unarddeg. Yna daeth imi Iddew o Romania i alw amdanaf, a bûm beth o'm hamser gydag ef, gan ddyfod yn ôl a gwneuthur ychydig wedyn cyn cinio. Wedi ciniawa, yr oedd yn rhaid imi fyned i gyfarfod Celtaidd, a chan fod y trên wedi myned, cymerais y tram. Araf y teithiai ond caed golwg dda ar y wlad, a chan fod yr haul yntau'n desog, yr oedd yn bleserus. Disgyn yn y Quay D'Orléans ac yna cymryd trên a dod i lawr yn Châtelet a cherdded oddi yno heibio'r Palais Royal a'r Bibliothèque Nationale, ac i 88 rue de Richelieu, i glywed fy nghyfaill M. Weisse yn traddodi ar Iwerddon. Tua thrigain yno, a chael canu. Gweled gŵr talgryf coch a welais mewn Eisteddfod yng Nghymru. Cael fy ngwahodd gan M. Ogerau i'w dŷ am de – a myned. Cael te ardderchog; yna'r tair merch yn canu cerddi Llydaweg a'r tad a'r fam weithiau'n ymuno.

Dydd Llun, 28 Chwefror 1921

Bore eglur, clir, ond â barrug gwyn yn gaenen dew ar y ddaear. Minnau'n

codi'n union wedi wyth a myned i lawr er mwyn ymdrochi. Nid oeddwn
wedi paratoi dwfr neithiwr – am ei bod yn rhy hwyr arnaf yn dyfod gartref.
Felly bu raid imi droi olwyn am amser, a chludo dwfr i'r bath. Yr ydoedd yn
ymarferiad ardderchog yng nglas y dydd ac enillais wres ddigon. Yna myned
i'r dwfr, a chael trochiad da; ac wedi gwisgo myned allan drachefn a rhedeg
cyn cymryd fy morefwyd. Wedi dyfod yn fy ôl, bwyta hwnnw, a darllen fy
ngramadeg yr un pryd. Yna, troi allan a cherdded trwy ganol meysydd a
choedydd a gerddi o brennau gleision, tlysion, a chael yn helaeth o'u bywyd.
I'r tŷ drachefn, ac erbyn hyn yr oedd imi lythyr oddi wrth Mami, a'r *Gazette*,
a'r papur dyddiol. Danfonais y *Gazette* i'm chwaer i Lundain; a chefais gysur
lawer a melyster a dedwyddwch yn llythyr addfwyn fy Mam. Nid oes neb a
fedr gyffwrdd â'm calon fel hyhi, na'r un a'm câr gymaint. Anweledig ac
annirnadwy ydyw golud mam a diddiwedd ei chariad a'i gofal. Y mae'n fwy
na hanner fy mywyd er pan ddeuthum i Ffrainc; a gwerthfawrogaf hi fwy
beunydd.

Dydd Mawrth, 1 Mawrth 1921

. . . gorffennais ddarllen fy erthygl ar Ap John. Bellach y mae'n barod i'w
theipio. Cofiaf heno mai chwe blynedd union i chwech o'r gloch y bu farw
Lili. Tybed a wylia fi? A wêl fi? A gymer ddiddordeb yn fy ngwaith? A
amddiffynna fi? A'm cadw'n lân?

Dydd Mercher, 2 Mawrth 1921

. . . Yr oeddwn wedi cerdded i ben clap o fryn bychan, ac yno, yng nghysgod
y coed a than ddylanwad mwyn gwres yr haul y bûm am awr a mwy yn
darllen. Ni adewais ddim o bwys heb fyned trosto'n fanwl, yn arbennig
popeth o fewn cysylltiad i Gynghrair y Cenhedloedd, a hanes ymwneud y
gwahanol wledydd â'i gilydd – ac yn enwedig y Gynhadledd sydd newydd ei
hagor yn Llundain. Yna'n ôl, a pharatoi D. ap Gwilym yn yr ardd; a darllen
ychydig o'r *Temps*. Cyn cinio Mme Barde – sy'n aros yma – yn dod yn ôl o
brynu papur. Yn welw ei gwedd yn dywedyd wrthyf na wnâi'r Ellmyn dalu.
Ailadrodd yr un peth ar ginio; ac wedi awgrymu iddi na ellid, aeth yn
wenfflam, gan godi ei llef a thraddodi'n ddychrynllyd, mewn tymer ofnadwy.

Dydd Iau, 3 Mawrth 1921

. . . darllen yn yr ardd hyd ginio. Penderfynu myned i Baris i weled
seremoni'r breninesau. Cerdded o Luxembourg, drwy'r Boulevard St
Michel, y Boulevard Sébastopol, y Boulevard St Denis. Yr oedd yr holl
heolydd yn orlawn o bobl. Ni fedrid symud ar y palmant gan y tewed yr
oeddynt. O'r braidd y gellid myned ar ganol yr heolydd. Ni welais gynifer
erioed yn Llundain. Yr oedd y tai uchel, y restaurants a'r cinemas a phob lle'n

orlawn o bobl yn ei ffenestr. Yr oedd y tai yn ddu gan ddillad y bobl a edrychai allan o'u ffenestri a'u balconïau. Dringid y coed hefyd ac yr oedd ysgolion yn cael gwneud defnydd ohonynt. Yn y Boulevard des Italiens y cyfarfûm â'r orymdaith am bedwar o'r gloch. Cymerth hanner awr i fyned heibio – gyda'r lluoedd cerbydau gwychaf, y meirch a'r marchogion aml, y merched tlysion, a'r llawer eraill yn eu gwisgoedd rhyfedd. Hoffais fod yno'n sylwi ar arferion y bobl, a gweled llawer o debygrwydd i'r Cymry – yn arbennig yn null y bechgyn a'r merched o chwarae â'i gilydd megis yng Nghymru ar ddydd ffair.

Dydd Gwener, 4 Mawrth 1921

. . . gan ddanfon fy erthygl ar John ap John i'w theipio.

Dydd Sadwrn, 5 Mawrth 1921

. . . Wedi ciniawa, darllen fy nhestament Ffrengig yn yr ardd am awr a mwy. Yna i'm llofft, ac yno'n dechrau ysgrifennu hanes y Crynwyr yng Nghymru – tua phedair dalen cyn swper.

Dydd Sul, 6 Mawrth 1921

. . . Ciniawa a myned gyda'r tram i Baris . . . clywed canu yr Eglwys St François Xavier a myned i mewn a gweled y golau llachar a'r bechgyn a llieiniau'n llenni tros eu hwynebau ac i lawr yn llaes hyd at eu traed. Yna, ar eu hôl, blant bychain a chanhwyllau goleuedig; yna rhai hŷn ac o bob oedran gan ddwyn bob un pren tua llathen a golau ar ei ben. Cerddent felly'n araf mewn cylch ar gyntedd yr eglwys; ac yr oedd rhyw bedair baner o frenin a'i addolwyr a Christ ar ysgwyddau rhai – ac un arbennig yn cael y bobl i blygu iddo. Yna, at Mordrel a Marchal, a chael te â dwy Wyddeles yno hefyd.

Dydd Mawrth, 8 Mawrth 1921

. . . Cerddais ymhell i'r ffordd fawr sydd yn rhedeg i Versailles – ffordd o waith 'Louis Quatorze' fel y'i gelwir yma. Yr oeddwn â gwlad hyfryd o bob ochr imi a swyn yr hen gartref yng Nghymru i'w deimlo. Ond eto i gyd, nid oeddwn lawen. Cefais hen freuddwyd ddigon hyll yn ystod y nos a daeth hyn yn fynych iawn trwy gydol y dydd, i beri tristwch imi. Fy rhybuddio a wnâi nad oedd pethau'n rhy dda gartref; a deuai hynny byth a hefyd i'm poeni. Gobeithiaf nad oes dim sail iddi. Darllenais beth o'r papur wedi dyfod yn ôl y bore, a deall oddi wrth y papurau Ffrengig bod y milwyr wedi eu danfon i gymryd tair tref yn yr Almaen. O ragrith a ffolineb, a chreulondeb – heb un angen yn y byd amdano.

Dydd Iau, 10 Mawrth 1921

. . . Cyn hir daeth y papur ynghyd â'r *Round Table* am fis Mawrth. Edrych y penodau yn yr olaf, ond heb ddarllen dim ohono. Myned allan a'r papur gennyf. Galw yn yr orsaf i bostio'r llythyrau i D.J. Morgan a G. Eyre Evans; a cherdded gan aros yn awr ac eilwaith i ddarllen y papur yn arbennig hanes yr ymryson rhwng y Cynghreiriaid a'r Ellmyn. Gweled yr olaf ar y cyfan yn ddigon teg, a'r blaenaf yn nwydwyllt a ffôl. Gwrthod telerau Versailles eu hunain bron? A dewis ffordd yr arf a'r cledd? Y mae eisiau deffro'r byd o'i gwsg.

Dydd Sul, 12 Mawrth 1921

. . . Cyn gorffen bwyta, imi lythyr oddi wrth Norman Penney yn mynegi na fedrai fy nghynorthwyo gyda chyhoeddi fy ysgrif ar John ap John . . . cael ymgom â Ffrancwr a fu'n garcharor yn yr Almaen ac a'u casâi'n wironeddol.

Dydd Mercher, 16 Mawrth 1921

. . . ar draws y Boulevard Montparnasse ac at Mordrel i'w gartref. Cael te yno – te cryf a bara a jam – ac ymddiddan ynghylch Cymru a Llydaw. Gadael a dal y trên saith. Wedi cyrraedd, gweled Mlle yn gorfoleddu bod y cariad i ddyfod yma dydd Gwener.

Dydd Gwener, 18 Mawrth 1921

. . . Dyna'r amser y gwelais Mininco = cariad y ferch – am y tro cyntaf. Bachgen main, tal a gweddol alluog yr olwg arno. Wedi cinio, caed ymgom ddiddorol eithriadol ar safle pethau yn Ewrop a thu hwnt i hynny. Dywedid bod diwydiannau'r Almaen yn gwbl gyfan; mai Ffrainc oedd yn gymdeithasol y dlotaf o wledydd Ewrop; cydnabyddid bod Lenin a Trotski yn rhai o'r gwŷr mwyaf cywrain a medrus y gwŷr amdanynt; eu bod yn dewis y gŵr gorau i bob swydd. Cailloux, meddai un, ydoedd gwleidydd galluocaf Ffrainc. Triniwyd pwnc y diarfogi, ond delid na wnâi Japan na'r Unol Daleithiau na'r Almaen hynny fyth. Diddorol iawn – canys yr oeddem yn Brydeiniwr un, yn Serbiad un, ac yn Ffrancod ddwy neu dair.

Dydd Sul, 20 Mawrth 1921

. . . Cael ein borefwyd, Mininco a minnau, ac yn siarad am y safle yn Serbia, a'r Eidal, a Rwsia a Chanol Ewrop yn gyffredinol ac am bob pwnc a ddeil gysylltiad â hynny. Y mae efe'n fachgen go lew; ond nid oes ganddo fawr ffydd yng Nghynghrair y Cenhedloedd. Ar wahân i hynny y mae ganddo syniadau eang a charedig yn erbyn rhyfel ac yn groes i genedlaetholdeb eithafol. Ni chefais fawr le i feio arno.

Dydd Llun, 21 Mawrth 1921

. . . Esgyn i'm hystafell yna, a cheisio gweithio ychydig ar hanes y Crynwyr yng Nghymru − ac yn bennaf y rhagymadrodd. Araf iawn yr awn yn fy mlaen, canys yr oedd poen yn fy mhen o hyd, ac oerfel y dydd yn fy nghadw rhag cael hwyl anarferol. Ysgrifennais at Ifan ab Owen Edwards, ac at olygydd *Y Genedl* hefyd.

Dydd Mawrth, 22 Mawrth 1921

. . . a llythyr oddi wrth W. Smith − gohebydd y *Daily News* − ynglŷn â myned i Senedd Ffrainc a hefyd ar y pwnc o fyned i'r Almaen. Ni fedrai fy nghynorthwyo gyda'r naill na'r llall.

Dydd Mercher, 23 Mawrth 1921

. . . Myned yn y diwedd i Barc Croux, ac edrych ar y llafurwyr yn gweithio gyda'r coed, yn eu tynnu o'r ddaear a gosod gwellt ceirch a gwenith yn gywrain am eu gwreiddiau, ac yna eu danfon ymaith. Bûm yn siarad ychydig â thri ohonynt ac yn holi pa nifer o oriau a weithient. Deallais mai deg awr a weithiai pob un ohonynt. Am y tâl, dywedodd y cyntaf, oedd heibio'i drigain oed, pymtheg ffranc, a'r ail, oedd tua phymtheg-ar-hugain, pedair ffranc ar bymtheg; a'r trydydd, yntau heibio'i drigain, deuddeg ffranc. Felly yr oedd gwahaniaeth dirfawr yn eu cyflogau, ac ni chanmolai'r un ei dâl; ond dywedyd mai pedair ffranc ydoedd y tâl cyn y rhyfel. Nid ydyw'r gwaith yn galed. Gweithiant o chwech i chwech, gan gael bwyd am wyth ac am unarddeg.

Dydd Iau, 24 Mawrth 1921

. . . ar geffyl haearn Chin, am daith i gyfeiriad y Bois de Verrière, ac edrych yn fanwl ar arferion y bobl a chynnyrch y tir. Cyfarfûm ag amryw gerbydau, rhai a cheffylau ynddynt, eraill a mulod yn eu tynnu. Gwelwn hefyd aml afr yma a thraw − canys y maent yn bethau cyffredin. Wedi myned ymhell, deuthum i lecyn tlws o lannerch ynghanol y coed − a phentref digon salw yno; a thefyrn gwin a gwŷr y cerbydau a'r ceffylau haearn yn aros yno i yfed gwin. Yna'n ôl ac i mewn i gae ac at weithiwr oedd yno'n claddu tatw â chaib ddwy big. Gweithiai ddeuddeg awr y dydd am bymtheg ffranc. Nid oedd aradr i gladdu'r tatw a byddai efe ac un arall wrth y gwaith hwnnw am chwe wythnos. Yr oedd i'r fferm gannoedd lawer o erwau, a heibio ugain o wasaneithyddion. Gŵr o Felgium ydoedd efe, ac yn byw mewn caban yn gyfagos; ond cysgai amryw o weision ar y fferm.

Dydd Gwener, 25 Mawrth 1921

. . . Yr ydoedd yn Ddydd Gwener y Groglith yma hefyd, ond nid oedd dim yma i'm hatgofio. Yr unig wahaniaeth ydoedd na chawsom gig hanner dydd, ond pysg; a'r nos, *chocolate* ydoedd ein cinio yn unol â thraddodiad y teulu. Bu rhai ohonynt yn yr Eglwys y prynhawn. Oni bai am hynny, yr oedd y dydd, os rhywbeth, yn llawer mwy digrefydd na'r lleill. Hoff imi fyddai Cymru wen.

Dydd Sadwrn, 26 Mawrth 1921

. . . Yr oedd y bore yn ogoneddus yn ei afiaith, a chyda'r haul melyngoch mawr, a'r ffurfafen ddigwmwl, a gwres mwynaidd yn disgyn yn drymach drymach ar y greadigaeth. Darllen yr *Humanité* a'r *Journal* a rhai o'r penodau olaf o Efengyl Mathew.

Dydd Sul, 27 Mawrth 1921

. . . galwodd y dyn o Holland y cyfarfûm ag ef wythnos i heddiw amdanaf. Aethom allan am dro gan alw am gyfeillion eraill iddo o Holland. Yna, aethpwyd yn ein blaen i Robinson lle'r oedd sain canu a sŵn symbolau a thympanau yn tincian. Yr oedd, mewn rhywbeth tebyg i babell fawr, gannoedd ynghyd — rhai yn canu â'u hoffer cerdd; bechgyn a'r merched o'u cylch yn dawnsio gan fyned oddi amgylch; a thu allan iddynt, y dorf yn eistedd ar fyrddau bychain crynion a'r gwinoedd o bob lliw o'u blaen. Dyna ffordd y mwyafrif o dreulio'r Sul. Ond yr oedd rhai'n gweithio yn eu gerddi, ac eraill yn swingo a gwneuthur llawer o gampau. Gadael fy nghyfeillion tua phedwar; ac yn ysgrifennu y bûm gan mwyaf o hynny hyd y nos. Ysgrifennais lythyr gweddol faith gartref, gan gynnwys ynddo ddisgrifiad o fywyd y wlad hon.

Dydd Llun, 28 Mawrth 1921

. . . Y peth salaf o bopeth a ddarllenais ydoedd un o areithiau ffôl Lloyd George ar y Blaid Llafur, gan ei disgrifio yn bopeth gwyllt a pheryglus. Beth sydd, tybed, yng nghudd yn ei feddwl, a pha beth y ceisiai ei baratoi? Nid heb ryw amcanion personol y gwna efe'r areithiau ofer hyn gyda'u cyhuddiadau celwyddog a'u haeriadau di-sail. Gobeithio bod y werin yn gallach nag ef; ond gresyn iddo erioed fyned i'r sefyllfa y mae ynddi'n awr.

Dydd Iau, 31 Mawrth 1921

. . . Oddi wrth Ifan ab Owen Edwards yr oedd y llythyr arall, ac ynghylch fy erthyglau ar John ap John yr holai. Y mae'n barod i'w cymryd gynted ag y gallaf eu danfon iddo.

Dydd Gwener, 1 Ebrill 1921

. . . Chin, Isaac, Raphael a minnau i Versailles ar bob un ei geffyl haearn.
Wedi taith felys o tua awr, a dotio ar olygfeydd rai, ac edrych ar yr
amaethwyr yn troi, llyfnu a rowlo, daethpwyd at borth y dref; myned i
mewn ac ymlaen at byrth heyrn melyn-aur eu brig a du eu gwaelod, a
rhoddi'r ceffylau i fyny yno. Yna i'r cwrt agored o flaen y castell, ac yno y
gwelir colofnau mawrion . . . La Salle de Congrès ydoedd yr ystafell gyntaf i
fyned i mewn iddi – un gymharol fechan a chlyd. Cael dangos inni lle'r
eisteddai Millerand, Poincaré, Deschanel etc. – canys defnyddir weithiau fel
Chambre des Députés . . . Buom yn sylwi'n fanwl ar y Galerie des Glaces lle
y coronwyd Ymerawdwr yr Almaen 1871, a lle y ganed Cynghrair y
Cenhedloedd i'r byd. Gwelsom lle'r eisteddai Wilson, Lloyd George a'r
Clemenceau.

Dydd Sadwrn, 2 Ebrill 1921

. . . Heddiw y gwelais y bicwarch yn cael ei defnyddio wrth hynny o waith
am y tro cyntaf – a hynny mewn daear las neu wndwn. Siarad ag un arall a fu
yng Nghaerdydd, Abertawe a lleoedd eraill yn Neheudir Cymru. Gweithio
gyda'r glo y bu yno, a hoffai Gymru'n well na Ffrainc.

Dydd Llun, 4 Ebrill 1921

. . . siarad â'r llafurwyr yn awr ac eilwaith, a'u holi am eu gwaith ac oriau eu
llafur beunyddiol a'u tâl. Y maent yn ddigon gostyngedig yn ddieithriad, er
nad mor hoff â hynny o fynegi perfeddion eu hanes. Gwelaf rywbeth newydd
ganddynt beunydd a dysgaf lawer oddi wrthynt. Nid oedd well i gael na sylwi
ar ŵr a gwraig yn hau tatw heddiw – y gŵr yn tyllu â'i gaib, a'r wraig yn
taflu'r tatw bob yn un ac un o'r fasged oedd am ei braich. Y mae pob un
ohonynt yn gryn lawer o awdurdod ar y tywydd, a chan amlaf yn ei ddeall yn
dda.

Dydd Sul, 10 Ebrill 1921

Ni chysgaswn yn rhy wych yn ystod y nos, ond pan ddaeth y bore a'r haul
i'm deffro, ni fedrwn aros yn hir yn fy ngwely. Yr oedd y ffurfafen yn lân a
gloyw a'r haul yn marchogaeth yn ogoneddus uwchben . . . myned allan am
dro i lawr i'r dyffryn cyfagos lle'r oedd pob un â'i gaib ddwybig neu deirbig
yn ddiwyd yn ei ardd. Bûm yn siarad am amser â dau ohonynt a'u holi
ynghylch yr Eglwys a'u crefydd. Dywedodd y cyntaf na allai fforddio myned
yno pan fyddai'n deg yr hin a sych. Rhaid oedd gweithio y seibiau sych ac
ymweled â'r Eglwys y gwlybion. Er hynny carai'r Eglwys yn ddirfawr, ond
oni weithiai meddai ni fedrai fwyta. Yr oedd hwn yn ŵr heibio'i drigain, a'r

llall oedd yn fwy materol fyth, heibio'r hanner cant. Gŵr o Boland ydoedd yr olaf ar ei ddechrau, ond buasai yn Ffrainc ddeng mlynedd ar hugain a mwy. Amheuai efe fodolaeth Duw yn ddifrifol gan ddywedyd mai dyna ydoedd syniadau'r mwyafrif yn Ffrainc. Ychydig fenywod yn unig oedd yn cymryd diddordeb mewn crefydd. Nid oedd efe fyth yn ymweled â'r Eglwys ac ni fwriadai wneuthur hynny. Am y myned i gyffesu pechodau, dwywaith yn unig mewn bywyd y gwnâi dynion hynny'n gyffredin – adeg priodas ac o flaen marw . . . Nid oes eisiau profion mwy pendant bod Ffrainc yn baganaidd. Deallais oddi wrth y teulu yna adeg cinio bod llawer yn cyffesu unwaith yr wythnos ac mai dyna'r rheol. Yn y prynhawn daeth M. Weisse yma i edrych amdanaf, a buom ddwy awr neu dair mewn ymgom ddifyr. Ni chred yntau bod fawr grefydda yn Ffrainc. Sicrhâi'r gŵr o Boland fi'r bore bod trigolion y wlad honno yn llawer mwy duwiolfrydig.

Dydd Mercher, 13 Ebrill 1921

. . . Daeth imi gerdyn oddi wrth Ab Owen a llythyr oddi wrth D.J. Davies o'r ysbyty, a'r papur. Wedi myned trwyddynt, cyfeiriais fy hun allan a heibio'r orsedd, ac i'r wlad lle yr oedd mwyniant a thynerwch yn eiddo imi. Cyfarfod â bachgen ieuanc o Ffrancwr a glwyfasid yn y rhyfel, ac y peryglwyd ei fywyd yn ddirfawr oblegid hynny. Ymddiddanom ynghyd am amser ac ar amryw bynciau, ond yn fwyaf neilltuol ar wleidyddiaeth. Aethpwyd i sôn am bwnc y rhyfel a'r Almaen, a chredai'r cyfaill y dylai ac y medrai dalu a ofynnir oddi arni. Y rheswm ydoedd bod yr Almaen, meddai, yn gyfoethocach na Ffrainc, yn gryfach ac yn amlach ei phobl. Wedi dywedyd wrtho, os gwir a ddywedai nad oedd amcan na phwrpas mewn rhyfel oherwydd mai'r sawl a gollodd a enillodd, daeth i weled a chydnabod hynny. Nid oedd filwraidd, a chredai yng Nghynghrair y Cenhedloedd. Wedi'r cyfan nid ydyw militariaeth yn ddwfn yn natur y Ffrancwr. Arwynebol ydyw fel popeth yn ei hanes.

Dydd Sul, 17 Ebrill 1921

. . . Yna daeth M. Weisse a Mordrel yma, a buom ynghyd yma am heibio awr yn ymgomio ar amryw bethau – bywyd Ffrainc, ei hysbryd, ei militariaeth, ei phaganiaeth, ei thwyll a'i ffug, ei hanfoesoldeb. Synnwn i ddim na phrawf ei anfoesoldeb yn ddinistr iddi yn weddol fuan. Myned allan a chymryd te yn Robinson, lle y cyfarfuom â dwy Lydawes. Eithr ychydig o'r iaith a wyddent. Weisse yn prynu llawer o flodau; ymadael.

Dydd Mawrth, 19 Ebrill 1921

. . . i'r Sorbonne i gwrdd â Vendryes a'r Proffeswr Poirot. Fy neges yno ydoedd helpu'r olaf gyda chofnodion o bethau Cymraeg. Adroddais 'Nant y

Mynydd' Ceiriog i ddechrau ac yna adroddai'r gramaffon ar fy ôl. Yna, aethpwyd trwy'r un driniaeth ag Eifion Wyn ac englynion Syr John Morris Jones i Gymru ac englynion Williams Parry i Hedd Wyn, a rhai Robert ap Gwilym i'r Bedd. Adroddai'r offeryn ar fy ôl bob tro a chawn felly glywed ar unwaith fy hun yn cael fy ailadrodd.

Dydd Mercher, 20 Ebrill 1921

. . . Yr oedd Vendryes fel arfer tua ugain munud yn hwyr. Chwilio ac edrych am ddarnau dymunol i'w hadrodd i Athro'r Phonetics y bûm ar y dechrau – a hynny o'r Bardd Cwsg a Daniel Owen. Yna, gweithiwyd ar Ddafydd ap Gwilym am ryw awr . . . nes dyfod i dŷ Mordrel yn y Boulevard des Invalides. Yr ydoedd efe yn ôl ei arfer yn siarad llawn gormod a chyda pheth gwirionedd ambell dro. Daeth ei gefnder i mewn cyn hir ac aethom allan ynghyd a gweled Tŵr Eiffel.

Dydd Iau, 21 Ebrill 1921

. . . Wedi cinio, teipio llythyr i Aberystwyth yn gofyn am ysgoloriaeth i deithio y bûm. Dechreuais ar ôl hynny deipio fy narlith ar hanes y Crynwyr. Wedi te, euthum yn ôl at hwnnw ond buan daeth M. Jaquenot ataf a chawsom ddadlau brwd ar wleidyddiaeth. Cred y gall Ffrainc fod yn ben y byd pan fynno; bod milwyr ac arfau'n anhepgor; bod yr heddwch yn rhy dda i'r Almaen a rhy sâl i Ffrainc. Buwyd yn frwd anarferol am tua dwy awr.

Dydd Sul, 24 Ebrill 1921

. . . Wrth ginio, buwyd yn ymddiddan ar agweddau o grefydd. Buasai Madame yn yr Eglwys am hanner awr wedi wyth ac meddai ei bod yn llawen a chysurus o'r herwydd hynny. Gallwn feddwl iddi gymuno a'i bod yn gwneuthur hynny'n rheolaidd bob rhyw fis neu bythefnos fel y bo. Y mae amryw yn gwneud hynny'n beunydd er cael sicrwydd mynediad i mewn i'r ochr draw. Synnai glywed na weddïwn ni ym Mhrydain tros eneidiau'r meirw – gan ofyn mewn rhyfeddod dirfawr ai am na chredwn mewn tragwyddoldeb yr oeddem felly. Y mae yn rhan bwysig o'i chrefydd hi y mae'n debyg.

Dydd Llun, 25 Ebrill 1921

. . . Euthum allan yn ôl deddf fy arfer bellach i ymdrochi. Yna wedi sychu fy hun a chanu rhai emynau Cymru yr un pryd, dyfod yn fy ôl i'm hystafell. Daeth fy morefwyd imi gyda imi orffen gwisgo a chydio yn fy ngramadeg a rhoddi tro trosto. Edrych arno y bûm am ryw hanner awr a mwy. Yna daeth imi garnedd o bethau – dau bapur a dau lythyr . . . Clywais oddi wrth

Ysgrifennydd Cynghrair y Myfyrwyr yn y gwahanol genhedloedd a rhoes imi daflen gyflawn yn disgrifio'r gweithredoedd yn Prague tua phythefnos yn ôl. Gwna ei orau i gael cwmni imi fyned i Ganolbarth Ewrop ym mis Mehefin, ac fe'm cynorthwya i gael llety a gwahoddiad yn y gwledydd.

Dydd Mawrth, 26 Ebrill 1921

Y mae'r hin weithian yn dechrau mwyneiddio a chân aderyn a chwcw'r gwcw a leinw'n llef nefol yr holl greadigaeth; a sawr y blodau a phersawr dail a choed a anadla dyn beunydd. Deuaf finnau bob dydd yn gyfran o natur, gan sugno i mewn o'i holl fywyd. Wedi cysgu yn lled dda yn ystod y nos y deffrois heddiw. Yna, fel pysgodyn chwiliaswn am y dwfr gan fyned iddo tros fy mhen. Ymarferais ychydig o'm corff cyn dyfod yn ôl i'm hystafell ac eilliais cyn bwyta. Ni bûm yn hir wrth fy morefwyd gan fod galw amdanaf ym Mharis. Wedi cyrraedd hyd at ystafell yr Athro Poirot, gwelais Vendryes a daeth Miss O'Byrne, y ferch a ddarlithia yma o'r Ynys Werdd i'm clywed yn adrodd wrth y gramoffon. Ond cyn gwneuthur hynny, cawsom glywed dernyn mewn Chinois yn cael ei adrodd. Yr oedd yno bedwar o wŷr bonheddig a gosgeiddig o China, sef y genhadaeth o'r wlad honno sydd yn Ffrainc ar hyn o bryd. Wedi iddynt gael darn o'u hiaith wedi ei adrodd wrthynt, aethpwyd at y gwaith. Adroddais i ddechrau ddarn o araith Lloyd George ddechrau'r rhyfel ar ddyled y byd i'r cenhedloedd bychain – a'r Wyddeles (a Sinn Fein hefyd) yn honni iddo newid tipyn wedi hynny. Yr oedd balchder yn y llys wrth glywed enw'r Gŵr o Griccieth a chaiff ef glywed ei araith pan ddelo nesaf i Baris.

Dydd Mercher, 27 Ebrill 1921

. . . Y mae Vendryes yn frwdfrydedd i gyd tros y gwaith hwn ac yn arbennig gyda chael Lloyd George i'w wrando ar ei araith ei hun. Rhoeswn iddo fenthyg *Tir na n-Óg* Gwynn Jones; a chefais yn ôl heddiw, a chanmolai'n ddirfawr. Gofyn am ragor o'i weithiau.

Dydd Gwener, 29 Ebrill 1921

. . . disgwyliwn am lythyr oddi cartref. Ond er dirfawr siom imi, ni ddaeth, na'r un o unman arall. Y mae heibio wythnos bellach er pan glywais oddi wrth fy chwaer ac ni wn sut y mae pethau gartref. Y mae rhyw don barhaus yn rhedeg yn lladradaidd yn haenen isel tan fy ymwybyddiaeth. Daw i'r amlwg yn y nos weithiau ac yn y dydd bryd arall. Y don hon sydd beunydd yn cuddio fy mywyd yn barhaus a rhyw gwmwl du o hiraeth am fam a brawd a chwaer, am ddarn o wlad a elwir Cymru; am gyfran o'r byd a elwir yn Sir Aberteifi; am Dregaron annwyl a'i hwynebau hoff. O Dduw na chawn fyned yno gorff ag enaid – canys yno beunydd y mae fy enaid.

Dydd Mercher, 4 Mai 1921

Yr oedd heddiw yn ganmlwyddiant marw Napoléon yn St Héléna a dathlwyd hynny yn Eglwys Notre Dame lle y coronasid ef yn ymerawdwr. Bydd Foch a'r milwyr eraill yn canu ei glodydd yfory eto. Yn y cyfamser, y mae'r diniwed yn dioddef heddiw. Yr oedd yn Sceaux angladd bachgen ugain oed yn y fyddin – ac yfory bydd raid i frawd iddo ymadael am yr Almaen . . . Rhois fenthyg *Llenyddiaeth y Cymry* gan Gwynn Jones i Vendryes.

Dydd Mawrth, 10 Mai 1921

Ar y daith wedi te y gwelais grwydryn yn eistedd ar ochr y ffordd heb na hosan nac esgid am ei draed – er bod ganddo esgidiau. Buasai yn y rhyfel ond methu'n lân gael gwaith. Dywedai fod llu fel efe.

Dydd Llun, 23 Mai 1921

. . . a cherdyn oddi wrth Ysgrifennydd Eisteddfod Genedlaethol Caernarfon yn mynegi i'm traethawd gyrraedd yn ddiogel . . . yn fy ystafell y bûm yn cyfieithu Kolstov yn un o'i gerddi byrion a ddanfonais i Gymru yn fy llythyr i'm chwaer.

Dydd Iau, 26 Mai 1921

. . . Bûm y prynhawn yn y Lycée, lle y caed dipyn o ganu a pherfformio drama neu ddwy – *Le Misanthrope* a *Le Baiser*. Yr oedd y canu yn wirioneddol ddyrchafol ac ehedodd fy meddwl i freuddwydio am Gymru'n fôr o gân ac am ei bywyd yn amddifad o ymrannu ac ymbleidio. Dychmygu – cannu'n lân ei bywyd oll a dwyn ei phobl i gyd i'w charu a gweithio trosti ac anghofio'n llwyr bob un ei dda a'i amcan ei hun. Cymru'n lân. Cymru'n gref – mewn meddwl a chân. Cymru'n arwain byd – dyna fy mreuddwyd.

Dydd Llun, 30 Mai 1921

. . . Ni chodais hyd onid ydoedd yn naw o'r gloch, ac yr oeddwn yn ddolurus iawn. Prin y gadawsai'r dolur mi i fwyta fy morefwyd ac eistedd i lawr wrth hynny. Penderfynais fyned i ymweled â meddyg i Sceaux. Cerddais yno gynted ag y gellais ond er galw yn nhŷ dau ohonynt ni bûm fawr gwell. Nid oedd obaith i weled un ohonynt o gwbl heddiw. Am y llall, yr oedd yn rhaid aros hyd un o'r gloch cyn y cawn ei weled yntau. Yn fy nolur a'm poenau bu raid dyfod yn ôl i'r tŷ a gorwedd ar fy ngwely gan geisio darllen ychydig yr un pryd. Yn union wedi cinio, euthum drachefn at y meddyg, ac wedi gorfod aros rhyw hanner awr, daeth fy nhro innau i fyned ato. Edrychodd yn fanwl gan ddywedyd mai *hémorragie* oedd arnaf fel y gwyddwn.

Telais wyth ffranc iddo, ac euthum at y fferyllydd. Talu naw ffranc iddo yntau.

Dydd Mercher, 1 Mehefin 1921

. . . Yr oedd imi gerdyn oddi wrth Ifan ab Owen – yn mynegi ei fwriad i fyned draws Cymru i werthu llyfrau!

Dydd Sul, 5 Mehefin 1921

. . . cydiais mewn llyfr – *The Soul of France* – wedi ei ysgrifennu gan Ffrancwr a Phrotestant. Dechreuais ei ddarllen er ys dyddiau, ond nid ydyw ei ysbryd yn apelio'n rhyw gryf iawn ataf; ac ychydig ohono a allwn ddarllen ar y tro. Ni chytunaf ag opiniwn yr awdur ar hanner yr hyn a ddywed – yn enwedig wrth honni dro ar ôl tro bod delfrydau'n annwyl i'r Ffrancod, a bod diwygiad crefyddol dylanwadol i ddilyn y rhyfel yma. Caf fi'r bobl yn ddieithriad yn faterol a hoff o ddigrifwch, yn ddewisach ganddynt ymddiddan mwyn na phregeth, ac yn gryf mewn logic ond gwan mewn delfrydau. Ni welaf ond ychydig o'r delfrydau yn eu llenyddiaeth. Yn y prynhawn, darllenais un neu ddwy o bregethau Bossuet a'u cael yn ddiddorol iawn er nad mor ddyrchafol. Yr oedd yn bregethwr huawdl, ond credaf i Gymru godi amryw rhagorach.

Dydd Llun, 6 Mehefin 1921

. . . Yna cerddais allan trwy'r parc ac ymlaen heibio Châtenay hyd at y ffordd fawr at Versailles. Taith ardderchog ydyw hi oddi yma yno, a dyffryn gweddeiddfwyn teg yn dilyn i fyny, a'r olygfa o'r naill du iddo yn odidog. Gwelais lwybr bychan cul yn rhedeg ymlaen trwy ganol prennau gleision a chaeai eu dail gleision yn dew amdano. Yna, cerddais yn ôl i'r ffordd fawr trwy ganol maes o wair, oedd hefyd â phrennau afalau a pherennau a cheirios amryw yn tyfu ynddo. Chwiliais lwybr arall i ddyfod yn fy ôl un â chefais a cheirios a mefus cochion mawrion yn gnwd tew bob ochr iddo. Darllen Hugo, ac yn arbennig André Chenier y bûm drwy'r prynhawn, gan hoffi'n fawr amryw o ganeuon yr olaf – megis 'Le Malade', 'L'Aveugle' a rhai o'i farwnadau. Ar y cyfan, nid ydyw barddoniaeth Ffrainc yn fawr wrth fy modd. Y mae eu ffurf yn dda, ond eu syniadau yn ddiffygiol. Nid oes rhamant a hud yn perthyn iddynt; na delfrydau, na dim a gynhyrfa yr holl enaid. Wedi swpera, darllen Kolstov ac eraill o feirdd Rwsia – ac yr oeddwn mewn byd gwahanol – byd mwyneiddiach, purach; byd yn dân o gariad, yn fflam o nwyd nefol. O ddedwyddach eu darllen yn nhawelwch y nos a'm ffenestr ledled agored. Hedd yn fôr a ddaw imi o ddarllen beirdd Rwsia yn ymyl fy ffenestr agored a gwrando ar dawelwch huawdl y nos.

Dydd Mawrth, 7 Mehefin 1921

. . . ysgrifennu llythyr at fy nghyfaill annwyl – Parry-Williams i Aberystwyth. Derbyniaswn lythyr oddi wrtho ers wythnosau rai, a bûm yn arofun ysgrifennu'n ôl o hyd er hynny. Gwneuthum hynny y bore heddiw ac ysgrifennais gerdyn at gyfaill annwyl arall – Gwynn Jones.

Dydd Mercher, 8 Mehefin 1921

. . . Wedi myned i Baris y prynhawn, deallais i Vendryes gael ei lestair i ddyfod i'm cyfarfod y ddoe. Heddiw yr oedd gŵr o Sweden – un Sommerfelt yno yn ei ddisgwyl – a chyflwynwyd ef imi. Yr oedd am fyned i Gymru'r haf yma. Buasai eisoes yn Iwerddon a Llydaw, ac yr oedd am ddysgu'r Gymraeg. Daw yma i'm gweled ddydd Llun nesaf . . . Darllenais yn nhangnefedd y nos amryw o delynegion Polonski, gan eu dirfawr fwynhau.

Dydd Iau, 9 Mehefin 1921

. . . Daeth imi freuddwyd eithaf trist am Mami nes fy llwyr annhangnefeddu.

Dydd Gwener, 10 Mehefin 1921

. . . darllen hefyd *Les Grandes Légendes de France* – neu'n hytrach y rhan honno o'r llyfr a ymdrin â chwedlau Llydaw. Ysgrifennais hefyd lythyr at F. Vallée i Sant Brieuc. Allan am gerdded a siarad â gwraig a helai fefus. Lladdwyd ei gŵr yn y rhyfel ac o'i thri phlentyn yr oedd un â dolur ar ei droed. Yr oedd y ddau arall – ieuanc – yn ei helpu. Cwynai o golli ei gŵr gan ddywedyd nad oedd na blas na diddordeb iddi hi yn y gwaith wedi ei golli ef. Druan ohoni, wraig lafurus! Daeth llythyrau y Llydawr Jean Calloc'h cyn cysgu.

Dydd Llun, 13 Mehefin 1921

. . . Yn y prynhawn daeth M. Sommerfelt, y gŵr o Norwy i edrych amdanaf; a threuliwyd prynhawn difyrrus yn siarad am Gymru a Chymry, a'u câr ar y cyfandir; am fywyd a byw a meddwl yn Norwy, Sweden, Iwerddon a Llydaw – a'r Eidal o'r hon yr oedd ef newydd ddyfod.

Dydd Mawrth, 14 Mehefin 1921

Cefais y cymaint blas wrth ddarllen Lermontov neithiwr nes cadw ato yn rhy hwyr – a chysgu'n ôl llaw hyd yn ymyl naw y bore. Wrth fwyta, daeth imi wahoddiad nos Sadwrn nesaf i gynhadledd Geltaidd ym Mharis . . . Darllen beirdd Romania y bûm o hynny hyd ginio a'u hoffi'n ddirfawr . . . Yn y prynhawn gadael am ddau am Baris a chyfarfod â'm cyfaill Sommerfelt a'r Athro Poirot a chael fy nghyflwyno i offeiriad o'r Ysbaen yn ei glogyn du llaes a hir. Yna bûm yn llefaru geiriau Cymraeg i mewn i'r peiriant pwrpasol a hwnnw yn eu hadrodd ar fy ôl. Wedi gorffen â'r gorchwyl hwn, euthum gyda'm cyfaill i'w ystafell yn 19 rue des Prêtres, St Germain l'Auxerrois. Wedi cael fy nghyflwyno i'w wraig, sydd yn ferch ieuanc dalentog a doeth, ac i ferch arall o Norwy – hithau yn eithriadol o brydferth a swynol, eisteddais i lawr i ymddiddan. Yn ymddiddan am amrywiol bynciau o Gymru i Rwsia, o'r Eidal i Norwy; o feirdd Cymru hyd lenyddiaeth Iwerddon, Llydaw a Rwsia; ac am bersonau fel Syr John Morris Jones, Gwynn Jones, i Loth a Meillet. Caed te yno ac ymdrin am eu dyfod i Gymru yr haf nesaf. Arhosais yno hyd saith wedi treulio prynhawn difyr a dedwydd.

Dydd Iau, 16 Mehefin 1921

. . . ysgrifennais lythyr i'r Prifathro J.H. Davies i Aberystwyth i'w hysbysu am fy llafur yma, a'i holi am ysgoloriaeth am y flwyddyn nesaf.

Dydd Sadwrn, 18 Mehefin 1921

. . . dechreuais ddarllen *Paroles d'un Croyant* o waith Lamennais ag ôl enaid y Celt ar bob tudalen ohono . . . Darllen Lamennais y bûm trwy'r gweddill o'r prynhawn, a gorffennais ei *Paroles d'un Croyant* gyda'r ysbryd tyner ddigyffelyb. Darllenais Pascal ar *Le Mystère de Jesus*, ond heb ei hoffi.

Dydd Mawrth, 21 Mehefin 1921

Bore trist – y dydd duaf yn fy hanes. Disgwyliwn am lythyr fel arfer a daeth imi ergyd llymach na saeth yn ffurf telegram. Munud a channoedd o elfennau galar yn treiddio corff a meddwl. Bysedd crynedig yn ymdrafferthu i agor yr hen bapur glas a chalon yn neidio ac fel pe'n sefyll wedyn o weled y geiriau trist, a holl ireidd-dra corff fel yn dadfeilio ar foment, a chryndod yn cydio ym mhob aelod. Ni allwn fwyta'r bwyd oedd o fy mlaen, na darllen y papur oedd gynt yn fy llaw. Yr oeddwn yn gaeth. Rhedai'r dagrau'n dalpiau un munud a sychu hwy i ddarllen wedyn. Methwn gredu galeted fy nhynged na chredu bod gwir y geiriau a ddarllenaswn. Cawod arall o ddagrau a dyna gnoc ar y drws a Madame i mewn yn wlyb ei llygaid. 'Je suis triste Madame,' meddwn innau, mewn gwae; 'Oui mon pauvre enfant,' meddai hithau a byddin o ddagrau gloywon yn tasgu o'i llygaid. A thawelwch – ac ymryson, dagrau – a phenderfynu pacio.

Dydd Llun, 27 Mehefin 1921 [Cymru]

. . . Darllenais innau ambell Salm iddi o dro i dro; ac ymddiddanasom am odidoced y Beibl. Canmolodd Mami yr hen Bantycelyn fel yn gyfaill ym mhob sefyllfa, ac adroddodd ystori am Twm o'r Nant gyda'r gneuen euraidd wisgi nad oedd ddim o'i mewn. Bryd arall, cysgai'n dawel a darllenwn innau rai o gerddi Gwynn Jones, sydd, meddai Mami – 'braidd yn benrheffyn' – a chwarddai'n dyner gan ddywedyd bod yn rhyfedd i wraig ddi-addysg fel hyhi feirniadu un o'r athrawon dysgedicaf! Ond rhyfeddod mwy, meddai, ydoedd dawn dda ac ysbrydoliaeth yr hen feirdd a'r pregethwyr gynt . . . Ni chysgais lawer yn ystod y nos, ond ymwelodd cwsg â hi heddiw. Ac ni bu fawr ymddiddan y bore. Darllenais innau ychwaneg o gerddi Gwynn Jones – ac yn bennaf oll, ei *Ymadawiad Arthur*, a'i chael hi yn anfarwol, yn arbennig yr ail hanner ohoni. Y mae'n orlawn o ddychymyg byw, yn dwyn ôl pensaer drwyddi, ac wedi ei thrwytho'n gyfan gwbl ag ysbryd y Celt.

Dydd Gwener, 1 Gorffennaf 1921

Bore gwych a niwlen amryliw dlos yn orlliw teg ar ddôl a chors, ac adar y fign yn canu'n fwyn eu hawdlau melys. Canent fel pe i fodloni Mam annwyl ar ei gwely cystudd. Yr oedd hithau'n wên i gyd pan drois i mewn ati wedi codi a'i holi am ei hiechyd. Cawsai nos go dda ar y cyfan, a theimlo'n wych y bore. Cymerais innau hynt fechan drachefn i fro fy nghysegredicaf, i ben y bryn yn ymyl, ac edrych oddi yno ar dlysni mwyn a chadernid digyffelyb y wlad a droai'n gymysgedd odidog o brydferthwch hudol o'm cylch. Codai niwlen fechan dlos o'r ddaear a dangosai'r Brenin unllygeidiog ei hun trwy res o gymylau tenau goleddu, a gosod lliwiau tlysach byth ar y niwlen deneuach, ysgafnach rhwng cymylau'r nen a niwlen dewach y ddaear. Yn ôl i'r ystafell at Mami o hynny hyd ginio . . . Pan gysgai ei hunyn fer, darllenwn innau Lamennais ar *L'Esclavage moderne*, a theimlo bod gormod o wirionedd yn ei gyhuddiadau yn erbyn ein cymdeithas a chael gwres o dân ei eiriau eirias.

Dydd Mawrth, 5 Gorffennaf 1921

Arhosais i lawr gyda Mami, canys fy nhro i ydoedd. Wedi ymadael o bawb i'r gwely, yr oedd y lle'n ddistaw a thawel. Bu dawel ac esmwyth Mami hithau hyd tua un o'r gloch. Darllenwn innau *Une voix de prison* gan Lamennais a'i gael yn fwynaidd ryfeddol, ac yn ysbrydoledig. Darllenwn wrth ymyl y ffenestr a gwrando ar yn ail ar anadl fy Mam . . . Gorffennais *Une voix de prison* wedi fy nghwbl foddio ynddo a dymuno cyfieithu rhannau ohono. Cyfieithais ychydig o'r *Paroles d'un croyant* gan feddwl ei argraffu.

Dydd Mercher, 13 Gorffennaf 1921

. . . Cawn gyfle lawer a hamdden rhwng yr adegau y gwasanaethwn arni i ddarllen ychydig *Souvenirs de jeunesse* gan Renan oedd yn fy nwylo, a bwriais yn brysur arno bob munud oedd yn rhydd imi gan godi'n fynych i ofyn i Mami pa beth a fynnai hi. Gan ei bod hi'n llonydd, cefais amser ddigon i ddarllen llawer ohono. Gorffennais cyn y nos a darllen y llythyrau sydd ar ei ddiwedd. Wedi darllen hwn, fe ymddengys imi fod Renan yn gwbl onest yn ei holl ymchwil ac mai awydd am y Gwir a chariad ato a'i gyrrodd i amau cymaint. Yr oedd ganddo ddelfryd o'i flaen, a byw'r delfryd hwnnw'n sicr a wnaeth. Diau imi nad oedd ei ddelfryd cystal ag eiddo Lamennais, ond gŵr da oedd ef yr un pryd. Ni chredaf fod iddo enaid mor fawr â Lamennais ond bywyd o hunaniaeth oedd ei fywyd yntau. Gwasanaethodd Lamennais ddyn yn uniongyrchol a phregethodd ddelfryd uchel iddo. Gwnaeth Renan hynny hefyd mewn ffordd arall.

Dydd Iau, 14 Gorffennaf 1921

. . . Yn y cyfamser, *Livre d'un peuple*, Lamennais, a theimlo ynddo ysbryd addfwyn a melys fel yn y cwbl a ddarllenais eto gan y gŵr da hwnnw. Ni allaf lai na chael heddwch cwbl yn ei weithiau. Hoffwn gyfieithu'r cwbl i Gymraeg pur a da. Cefais gyfle i wneuthur ychydig cyn hir. Myfi oedd yn aros i lawr gyda Mami heno ac yn ôl hamdden gweithiwn ar y cyfieithiad.

Dydd Llun, 1 Awst 1921

Digalon oeddwn i yn gweled Awst yn dyfod i mewn eleni. Y mae marw fy annwyl Fam wedi amddifadu fy mywyd am dymor o leiaf o'i holl ynni gynt a'i sychu o'i nodd a'i irder. Y mae fy awydd am ddarllen ac ysgrifennu y nesaf peth i ddim bron. Y mae fy nghorff a'm meddwl y ddau ohonynt yn dioddef oherwydd diffyg egni a gobaith a brwdfrydedd.

Dydd Mawrth, 2 Awst 1921

Daethai dau rifyn o *Cymru* yma cyn y nos neithiwr, ac edrychais trostynt a darllen dwy erthygl oedd gennyf fi ynddynt. Yr oedd hynny bron yr unig ddarllen a wnaethwn er y dydd y gwahanwyd fy annwyl Fam oddi wrthyf. Yr oedd yn fore gwlyb iawn heddiw eto, ac wedi codi ac ymweled ag ystafell Mami, deuthum i lawr. Darllenais ychydig yn ychwaneg o *Cymru* a chael ynddo rai pethau dymunol. Hoff gennyf fi ymdrech fy nghyfaill Ab Owen i ymdrechu tros ein gwlad – a'i hiaith a'i delfryd. Diau bod ystyr lawer yn ei gŵynion yn erbyn y cenedlaetholwyr ffug sydd yn britho ein gwlad. Ychydig iawn ydyw'r bobl hynny a ddarllen ond y nesaf peth i ddim o Gymraeg; a rhy anaml hefyd y rhai na sieryd hi ar bob cyfle, ac na wna ddefnydd ohoni wrth ohebu ac ysgrifennu. Nid oes reswm o gwbl nad oes gennym bapurau dyddiol ac wythnosol da yn y Gymraeg. Y mae yn rhaid hefyd gyhoeddi llyfrau newyddion ac amlhau eu darllenwyr a thrwytho'r ieuenctid â dyhead felly. Bwriadaf fi roddi fy einioes a'm bywyd, fy egni a'm brwdfrydedd i hyrwyddo achos yr iaith oedd yn bur ar enau fy mam annwyl. I'r amcan hynny y ceisiaf gyfieithu Lamennais. Yn ei hystafell annwyl hi y bûm yn gweithio orau y medrwn heddiw eto. Yma y caf yr ynni mwyaf a heddiw y gwneuthum fwyaf er ys dyddiau lawer.

Dydd Mercher, 3 Awst 1921

Deffrois heddiw eto a'm meddwl yn ddiflas, a'm holl bersonoliaeth yn wan a diegni. Rhedai fy meddwl yn union i gyfeiriad Mam a'm gadawodd ychydig ddyddiau yn ôl. Nid oes amheuaeth gennyf nad ydyw ei marw hi yn ddiwedd pennod yn fy hanes, ac yn dechrau un arall. Hyd yn hyn, cyfnod i ddibynnu arni'n gyfan gwbl ac o gael fy ysbrydoli ganddi a fu; cyfnod cael fy magu ganddi a'm hamddiffyn ganddi. Bu'n bopeth imi − yn gysgod fy mywyd, yn Fam ac yn Dad, yn dywysydd ac arweinydd . . . Yr anhawster yn awr ydyw cychwyn y cyfnod newydd, canys digalon a gwan ydwyf, a ffynhonnell fy holl ddaioni mewn bedd. Gwn nad yno y mae ei henaid hi, ond methais eto â'i deimlo mor agos ag o'r blaen . . . O Dduw, dwg hi'n nes i mi a llanw fi ag angerdd tros ddaioni. Pâr gysegru i mi farw fy Annwyl Fam.

Dydd Iau, 4 Awst 1921

Methu cychwyn y cyfnod newydd yn fy hanes yr ydwyf o hyd. Ceisiais fy ngorau ddoe a gweithiais dipyn o amser wrth Lamennais. Ond, ryw ffordd neu'i gilydd, ni ddaeth yr ynni oedd eiddo imi gynt yn ôl o gwbl. Yr un fath yn union heddiw eto. Bûm rai oriau yn cyfieithu Lamennais ond ni chododd fy mrwdfrydedd i'r un tir ag o'r blaen. Disgwyliwn hefyd glywed newydd o'r Eisteddfod. Danfonaswn i mewn traethawd ar hanes y Crynwyr yng Nghymru, a disgwyl am newydd da yr oeddwn bob tro y cofiwn amdano. O'r diwedd daeth Albert â'r papur adref o'r dref, ac yr oedd yr hanes ynddo a'r feirniadaeth. Nid myfi a wobrwywyd ond un arall − un T. Richards, Maesteg. Gweithiasai flynyddoedd lawer ar ei draethawd a gwnaethai'n dda. Darllenais y feirniadaeth oll, ac am fy ngwaith yn gyntaf oll, a gweled ei bod yn weddol hir. Gwelswn yn dda i ddisgrifio'n fynych ac i athronyddu ambell dro, a chondemniwyd hynny. Oddieithr yr oedd ganddynt air da iddo. Yr oedd fy siom yn ddirfawr canys gweithiaswn yn galed arno. Eithr rheolais fy hun, a deuthum i fyny i'r llofft ac i ystafell Mami. Gadewais fy siom o'm tu cefn ac euthum ymlaen gyda'm cyfieithiad o Lamennais. Penderfynaf fyned yn fy mlaen a chyfansoddi a chynhyrchu, a chyfrannu orau y medraf i fywyd fy ngwlad a'r byd. Addewais hynny lawer tro i Mami annwyl ac yn olaf pan fu farw ac ar ei bedd. O Dduw, cadw fi rhag bod yn ôl.

Dydd Mawrth, 9 Awst 1921

Yr oedd yn fore cymharol addfwyn heddiw a minnau heb fod gwbl dristed.

Nid ydyw fy hiraeth am Mami yr un gronyn llai, na'm meddwl yr un mymryn yn llai hoff o grwydro i'w chyfeiriad hi. Canys gwna hynny o ganol gwaith y cynhaeaf yn ogystal ag o ganol darllen neu ysgrifennu. Hofran i'r un mangre y myn o hyd, ac wedi cyrraedd, yna myn sefyll yn hir yn yr unfan. Nid ychydig o gymorth imi ydyw cael cydymdeimlad cyfeillion ar lafar a thrwy lythyrau. Cefais yn helaeth o hynny yn y ddwy ffordd yr wythnosau diwethaf. Ac yn olaf oll heddiw, cefais lythyr teimladwy iawn oddi wrth Ifan ab Owen Edwards; un a wyddai gydymdeimlo'n ddwys â mi. Danfonai John Lloyd MA yntau ei gydymdeimlad â ni yn yr un llythyr. Caed yr un cydymdeimlad mewn llythyr oddi wrth Henry Lewis Athro Cymraeg yn Abertawe. Ac at hynny, atebai ef i gais o'm heiddo am gael argraffu fy nghyfieithiad o Lamennais yng Nghyfres y Werin. Yr oedd yn ffafriol ac yn barod i'w dderbyn yn union wedi ei gael oddi wrthyf. Gwelaf finnau fod yn rhaid brysio arno.

Dydd Mercher, 10 Awst 1921

. . . Y mae'r hiraeth am Mami erbyn hyn wedi effeithio'n ddwfn ar fy nghorff, a hynny drachefn ar fy holl gyfansoddiad, nes bod pob ynni cystal â bod wedi fy ngadael. Ymdrech galed ydyw bwyta ychydig ac ymdrech fawr ydyw gweithio.

Dydd Llun, 15 Awst 1921

Buaswn yn y capel deirgwaith ddoe nes blino ychydig erbyn y nos. Dr Philips o'r Deheudir oedd yma yn pregethu a gwnaeth ei waith yn hynod dda. Pregethodd yn dda y bore, ond nid oedd cystal y nos. Yn lle canmol yr Hwn y'i cyflogwyd i'w ganmol, canmolodd brif weinidog Prydain Fawr, gan ei alw y prifweinidog mwyaf a welodd y byd, a dawnsio yn y pulpud wrth ddywedyd hynny – canys anghofiai ei hun yn llwyr.

Dydd Mercher, 17 Awst 1921

. . . Yn gweithio ar fy nghyfieithiad o Lamennais y bûm felly. Gweithiais arno orau y medrwn. Yr ydwyf bellach wedi gorffen ei gyfieithu, ac yr wyf am edrych trosto er mwyn sicrhau rhyw gymaint o gywirdeb cyn ei ddanfon i ffwrdd i'w gyhoeddi. Prin y rhaid imi ddywedyd nad ydyw wrth fy modd. Ni allai lai na bod felly, canys medraf gyfieithu yn rhagorach yn awr nac ar y dechrau. Rhagorais ychydig wrth fyned yn y blaen â'r gwaith, ac nid ydyw weithian fy ngwaith ar y dechrau yn gystal ag y dymunwn iddo fod. Ni chedwais yn ddigon agos at y gwreiddiol bob amser ac nid ysgrifennais yn ddigon rhwydd ac ystwyth bob cynnig. Anffodus yr oedd ac y mae fy ysgrifen yn ddrwg iawn, a bydd raid ailysgrifennu rhai darnau o leiaf.

Dydd Mercher, 24 Awst 1921

Yr oedd cyfarfod cyhoeddus ynglŷn â chynnal Eisteddfod fawr yn Nhregaron ym mis Awst nesaf, ac euthum iddo ar ôl gorffen gweithio gyda'r cynhaeaf. Yn anffodus yr oedd yn amlwg bod ysbryd annheilwng yn teyrnasu yno. Yr oedd amryw bethau wedi eu penderfynu cyn dyfod yno, a gwrthodid rhoddi'r sylw priodol i awgrymiadau a fyddai yn wrthwyneb iddynt boent ardderchoced ag oedd modd. Yn waeth na dim ydyw'r ymraniadau sydd yn llywodraethu yma, a'r gelyniaethau a'r genfigen a ffynna'n fynych. Yr elfennau hyn sydd yn dinistrio pob amcan da yn Nhregaron fel ym mhobman arall. Ac y mae ymdrech yr ieuainc er lles a daioni Cymru yn cael ei ystyried yn ddieithriad fel yn ennill personol. Disgwylir bod popeth a wneir yn cael ei wneuthur gan y gwŷr oedrannus a fu'n awdurdodi am amser da. Y mae'r gwrthwynebiad i aberth a brwdfrydedd bachgen ieuanc yn ddigon i dorri unrhyw galon. Yr un peth yn union y mae yn yr Ysgol Sul, canys tybir mai Anghristionogol ydyw ceisio deall ac esbonio'r Beibl yn unol â beirniadaeth a syniadau diweddar. Gwn beth ydyw dyfod adref yn fynych oddi yno a'm calon yn glwyfedig. Felly hefyd neithiwr – ac felly pan geisiais bregethu yn erbyn rhyfel a chulni enwadol a llawer o feiau amlycaf yr oes hon. Eithr yr oedd yn waeth neithiwr nag erioed am nad oedd Mami Annwyl yma i'm disgwyl yn ôl, a rhoddi i mi ei haden i'm cysgodi. Duw a'm nertho i beidio â suro na thorri fy nghalon. Ond y mae eisiau gweledigaeth fwy pendant arnaf – dyma'n ddiau fy angen pennaf.

Dydd Iau, 25 Awst 1921

Wrth y cynhaeaf y bûm gan mwyaf ddoe; ac yn darllen *La Vie de Jésus* (Renan) bob tro y cawn gyfle arno yn y munudau hamdden. Ymddengys i mi fod Renan yn deall natur pethau yn o dda ac iddo dreiddio i mewn i'w hanfod. Y mae ei ddadansoddiad o hanes Canaan ychydig cyn geni'r Iesu, a'i ddisgrifiad o'r cyffro a gyniweiriai trwy'r wlad yn ddwfn a manwl. Hoff gennyf ei adroddiad o hanes y dyheadau a lenwai eneidiau'r bobl ag awydd am ryddid.

Dydd Gwener, 26 Awst 1921

Yn mynnu meddwl am Grist y bûm yn hwyr neithiwr wrth gerdded y bryniau a chofio fel y cerddai yntau i'w pennau ac fel y câi nerth yno a gweledigaeth. Fy amcan wrth godi yno oedd cael yr un peth fy hun, neu o leiaf cael rhywbeth cyffelyb i hynny – cael rhyw weledigaeth a droai'n fendith i mi . . . Ystyriaf y pethau hyn o dro i dro a gweddïaf beunydd am weledigaeth tra'r ydwyf yn ieuanc. A gwn nad ydyw gweddïo yn ddigon. A ydwyf yn fy mharatoi fy hun i fod yn offeryn teilwng? Nid ydwyf ar hyn o bryd. Y mae hunan yn rhy fynych yn fy nghalon.

Dydd Sadwrn, 27 Awst 1921

Nid ydoedd yn fore at yr ŷd bore ddoe a defnyddiais [yr amser] i orffen y cyfieithiad, sef i ysgrifennu rhagymadrodd byr iddo, ac i'w gyflwyno i fy Mam Annwyl. Yna yn y prynhawn aeth Albert ag ef i'r dref a'i ddanfon i ffwrdd i'r Athro Henry Lewis. Yr oeddwn yn falch o'i orffen a'i weled yn myned i ffwrdd. Weithiau erfyniaf fendith y nefoedd arno, a dymunaf iddo fod yn lles a daioni i lawer. Y mae rhyw elfen o hunan ynglŷn â pheth fel hwn, ond y peth pennaf mewn golwg gennyf fi ydyw daioni fy nghenedl. Er ei mwyn hi y gwneuthum y gwaith, a'm dyhead pennaf – os nad fy unig ddymuniad – ydyw am iddo fod yn foddion nerthol i lanhau a phuro ei bywyd hi ac i godi ynddi blant a'u hawydd am ddaioni yn anhraethadwy. Diau y cyfrifir bod gwallau lawer yn y cyfieithiad, a gwn yn burion fod – ond tybiaf fod yn aros ynddo ddigon o ardderchogrwydd i beri bendith i bawb a'i darlleno. Nid heb ddymuno'n ddirfawr iddo gael gyrfa o efengyleiddio niferoedd y gadewais ef o'm dwylo. Y tâl mwyaf i mi, a'r unig dâl, fydd gwybod iddo fod yn ddylanwad ar godi safle byw a meddwl, gweithredu a breuddwydio yng Nghymru. Ac os gweithreda felly ar Gymru, gwna yr un fath i ryw raddau ar y byd oddi allan. Dyma fy rhodd gyntaf i'm cenedl, a'm rhodd gyntaf i Mami. Gwn y bydd yn ddiogel o dan ei gofal hi. Iddi hi y cyflwynais, canys hebddi hi ni buasai o gwbl.

Dydd Llun, 29 Awst 1921

Cefais lythyr heddiw yn fore oddi wrth Henry Lewis yn sôn am fy nhraethawd o'r *Paroles d'un croyant*. Darllenasai drwyddo ddydd Sadwrn, yn union wedi ei derbyn a'i hoffodd yn ddirfawr. Sylwai'n fanwl ar y cwbl wrth fyned yn y blaen, ac yn ei lythyr tynnodd fy sylw at ddau neu dri o bethau a welai â lle i wella arnynt . . . Wedi dyfod yn ôl, cydiais ym mhapur dydd Sadwrn oedd newydd ddyfod i mewn a darllen llythyrau De Valera a Lloyd George. Annwyl i mi y Gwyddyl, a phleidiaf ryddid llwyr iddynt. Er hynny mynnaf iddynt gladdu eu dicter.

Dydd Gwener, 2 Medi 1921

Mwyn yw ymddiddan teulu y nos yng Nghymru. Yno ar yr aelwyd y mae pawb yn gydradd, yn gyfartal. Cymer pob un ran yn yr ymddiddan a dywed a fynno. Y mae'r mab a'r gwas ar yr un safle yn union a phob un o'r ddau yn teimlo ei hun yn berffaith rydd i ddywedyd a ddewiso. Os digwydd i'r gwas fod yn well ymddiddanwr, yna fe gymer ran fwy na'r mab yn yr ymgom a gwrendy pawb arno fel pe bai frenin yr aelwyd am y tro. Yr un modd gyda phawb. Byddys yn bwyta y swper gyda'n gilydd a dechreuir ymddiddan yn rhydd. Fe dynna rhyw bwnc arbennig ein sylw ar y dechrau a datblygir arno gan ei ddilyn yn ofalus a symud yn ddilyffethair i bwnc arall. Felly neithiwr.

Dechreuasom sôn am Mami, canys yr oeddwn i yn darllen eu llythyrau olaf ataf – oedd yn dwyn dagrau heb yn wybod i'm llygad. Yr oedd y llythyrau – eu cynnwys a'u hysgrifen – yn destun syndod i bawb. Wedi darllen o'r rheiny droeon, a sôn llawer am Mami oedd y pwnc wrth ein bodd, daeth amryw destunau eraill i dynnu ein bryd – bywyd Ffrainc, dioddef Rwsia, y rhyfel a'r Kaiser, Lloyd George a'i dwyll a'i fedr, Cromwell fel gwleidydd a chymeriad, ysbryd Cymreig Lloyd George, bywyd Cymru – a gorffen gyda dyfynnu dwy linell anfarwol Emrys:

> Segurdod yw clod y cledd
> A rhwd yw ei anrhydedd.

Yr oedd y ddau was yn cymryd cymaint o ran a diddordeb yn yr ymgom â neb, ac yn cyfrannu llawn cymaint.

Dydd Mawrth, 6 Medi 1921

. . . Fy amcan ydoedd ysgrifennu rhyw gymaint o ragymadrodd i'm cyfieithiad o'r *Paroles d'un croyant* yn ffurf hanes byr o fywyd Lamennais ac o'i gynnwys, ei ddysgeidiaeth. Wedi bod wrthi am beth amser a'i orffen, teimlwn nad oedd ond annheilwng iawn o ŵr mor ardderchog – gŵr oedd yn Apostol cyfnod newydd, yn broffwyd dyfodol gwych, yn wleidydd dinas Santaidd. Bûm wrth y gwaith hyd amser te – bob yn ail â thorri coed etc.

Dydd Iau, 8 Medi 1921

Wedi cyrraedd Aber prynhawn ddoe, gwelais Jack Bowen – un o'm cyfeillion yn y Coleg, a buom ynghyd am dipyn o amser yn ein difyrru ein hunain wrth adrodd hanes a helyntion y dyddiau o'r blaen – y dysgu a'r chwarae, y dadlau a'r ymryson, helynt *Y Wawr* a helynt y rhyfel. A balch oeddwn hefyd o'i glywed yn sôn amdano yn dysgu Cymraeg i'r plant oll yn yr ysgol yn Aberdâr. Deuthum i ers blynyddoedd bellach i'r casgliad y dylid ei ddysgu i bawb trwy bob rhan o Gymru a daliaf i gredu hynny eto – er mor anodd gennyf ydyw gorfodi unrhyw blentyn. Ond y mae'r amcan yn odidog, ac nid ydyw'r modd heb fod felly yn arbennig yn nwylo dynion da. Tybiaf y gwna Jack waith fel hwn yn hynod dda, a llawenydd digymysg i mi ydoedd ei glywed yn sôn am ei ymdrechion gyda'r plant a chyda dosbarthiadau hŷn. Disgwyliaf eto sylweddoli fy mreuddwyd o weled y Gymraeg yn cael ei siarad a'i medru gan bawb yn y wlad. Nid ydyw hynny yn ormod i'w ofyn oddi wrth bawb a ddêl yma mwy nag oedd dysgu Ffrangeg i mi yn Ffrainc.

Dydd Sadwrn, 10 Medi 1921

. . . Y mae hanes O.M.E. yn yr Eidal yn flasus iawn, a'i ddisgrifiadau'n fyw.

Ei unig fai hwyrach ydyw adrodd gormod am a ddarllenodd, a rhy fach am a wybu ac a welodd. Ond nid oes onid lle dirfawr i ymhyfrydu ynddo.

Dydd Llun, 12 Medi 1921

Darllen *Tro yn yr Eidal* gan O.M. Edwards a'i orffen y bûm heddiw. Y mae yn llyfr ardderchog a pherthyn iddo swyn arbennig o'r dechrau i'r diwedd. Y mae ynddo ddarnau gwych o ddisgrifiadau byw yn fynych a darnau tlysion o frawddegau ceinion. Y mae dychymyg llygad-agored i'w weled ar ei aden trwy'r rhan fwyaf o'r llyfr. Y mae meddwl agored a theg mor amlwg ynddo ag ysbryd llednais a mwyn. Hanesydd ydyw'r awdur a gwelir hynny yn amlwg dro ar ôl tro. Y mae yn ei afiaith wrth ddisgrifio hanes yn cael ei ysgrifennu ar ganfas yr oesoedd ar draws yr Eidal. Y mae moesoldeb hefyd yn rhan o hanes iddo a gweled dwylo a bysedd Duw a wna efe beunydd. Nid ydyw cyfnodau dynoliaeth heb eu gwersi iddo; er nad ydyw yn rhy barod i neidio i gasgliadau. Y mae'n hawdd deall mai gwŷr Duw ydyw ei wŷr ef – Dante, Savonarola, Ariosto, Mazzini; a gwêl yn rhwydd ragoriaeth y rhain ar ddynion da fel Michael Angelo, Cavour, Garibaldi a Victor Emanuel. Ni phetrusa gondemnio cnafiaid megis y Pab Alecsander y Chweched, a Cesar Borgia – na diystyru castiau anwar gwleidyddion a llywodraethwyr. Gŵyr ym mhle i fod yn llawdrwm, a phle i chwilio am rinwedd. Ac y mae cystal gyda'r hyn a welodd ag ydyw gyda hanes; ac â medr eithriadol y disgrifia'r bywyd a welodd, a'r dinasoedd yr ymwelodd â hwy. Tybiaf, wedi ystyried popeth, fod i Rufain le rhy bwysig yn ei syniad ef am hanes y byd. Y mae'n rhy barod i anghofio nad iddi hi y mae ein dyled am lywodraeth a deddf. Yn hynny ni chofia ddim am China, heb sôn am yr un wlad arall.

Dydd Mawrth, 13 Medi 1921

. . . Cydiais yn y *Round Table* gan ddechrau darllen ynddo hanes y gynhadledd o gynrychiolwyr yr Ymerodraeth a fu yn Llundain beth amser yn ôl. Wedi hynny, daeth pynciau eraill i dynnu fy sylw ynddo – megis Iwerddon, America, y sefyllfa gyffredinol ym Mhrydain ac ar gyfandir Ewrop. Nid ydwyf yn medru cytuno ag awduron y gwahanol ysgrifau yn rhy fynych ac nid ydyw hynny ond peth naturiol iawn. Profiad ac amgylchiadau yn fynych a bair wahaniaeth ym marn a delfryd llawer o ddynion. Ac nid yr unrhyw fy mhrofiad i a'm hamgylchiadau ag eiddo ysgrifenwyr y *Round Table*. Nid oes gennyf, er hynny, le i dybio nad ydynt yn hynod deg yn eu barn nac yn gam eu syniadau. Yr oedd yr ysgrif ar Iwerddon yn weddol glir a diragfarn, mor bell ag yr âi. Nid bodlon ydynt er hynny i gydnabod yn hael y diffyg a'r gormes y bu raid i'r Gwyddyl ddioddef o'i blegid. A'r unig ystyriaeth sydd yn penderfynu cyfiawnder neu anghyfiawnder ymddygiad y Gwyddyl yn eu golwg hwy ydyw a ydynt yn fodlon i aros yn un â Phrydain. Gwn yn burion y byddant; ond gwn gystal â hynny mai annoethineb ydyw ceisio eu gorfodi yn gyntaf dim i gydnabod peth felly cyn datrys ymhellach yr anawsterau filoedd. Gyda chalon gywir a dyhead dwfn y mae'r Iwerddon yn sicr o dderbyn heddwch.

Dydd Mercher, 14 Medi 1921

Buaswn neithiwr efo'm hewythr yn Llwyngronfa a chefais ganddo fenthyg y *Cymru* cyntaf o'r flwyddyn hon, sef y rhifyn coffa i O.M. Yn darllen hwnnw y bûm drwy'r dydd heddiw, a bûm yn weddol brysur – canys rhifyn o heibio trigain tudalen ydoedd. Erbyn hyn darllenais yr holl erthyglau, a dyfod i wybod peth yn ychwaneg am O.M. Yr oedd efe eisoes i mi yn arwr mewn ystyr aruchel ryfeddol, oblegid ei freuddwydion ef a fu fy mreuddwydion innau hyd yn hyn – a'm gobaith ydyw mai hwynt-hwy fydd fy mreuddwydion tra bo anadl yn y corff brau hwn. Nid oes amheuaeth am fedr a champau O.M. fel ysgolhaig, na chwaith am ddawn eithriadol at hanes oedd ganddo. Ond ei brif nodwedd ef ydoedd ei enaid mawr – ei gariad at Gymru, ei ddyhead am lanhau ei bywyd a'i buro, ei aberth er mwyn y gorau ynddi er mwyn ei llên gain a thlos, a'i ynni tros lanw bywyd ei phlant bach – ei gobaith hi – â fflamau cariad at bosibilrwydd diddiwedd daioni sydd ynddi hi. Yn hyn yr oedd efe yn union yr un fath ag Esaia a Mazzini a De Valera etc. Diflannodd ef weithian ond erys ei waith i'w wneuthur, a'i faner i'w dwyn ymlaen. Y mae mwy'n ôl i'w wneuthur, nid oes ddiwedd arno. Y mae'n ddydd barn heddiw, a ninnau, fel cenedl, yn feius. Nid oes gennym amcan digon uchel a santaidd, na phenderfyniad digon cysegredig. Y mae posibilrwydd pob daioni yn ein gwlad. Fy mreuddwyd i ydyw iddi fod yn Feseia dynion, yn wlad y mynnwn roddi i ddynoliaeth ei gwinoedd pereiddiaf ohoni.

Dydd Iau, 15 Medi 1921

Wedi darllen hanes O.M. drwy'r dydd ddoe, bu efe yn llanw fy meddwl cyn cysgu, ac yn destun fy mreuddwyd y nos. Gwn mai yn anfynych iawn y cyfyd cenedl wr cyffelyb iddo o ran gallu a medr, ond yn bennaf dim o ran ysbryd ac enaid – neu athrylith i wybod yr anweledig a byw yn ei gyfrinach. Y mae'n rhaid mai proffwyd ydoedd O.M., ac nid ysgolor na gwladweinydd, na dim arall yn y pen draw. Ei gryfder ef ydoedd ei bersonoliaeth – y gyfaredd honno oedd wedi ei gweu ynghylch ei bersonoliaeth a chreu hudoliaeth i'w enw. Rhyw berson llawn lledrith ydoedd i bawb; ac wrth gofio a fedraf amdano, neu am swyn a dybiaf i mi weled iddo osod ar y rhai a soniai amdano pan nad oeddwn i onid plentyn, casglaf mai felly yr oedd. Rhyw berson yn gyfaredd trwyddo ydoedd i'r hen ysgolfeistr a glywais yn sôn amdano gyntaf – a pharodd ei eiriau i mi hoffi hwnnw a ddisgrifient, a phenderfynu ei ddilyn orau y medrwn. Nid oeddwn ddeuddeg oed yr adeg honno. Cofiaf yn ddiweddarach glywed ei fod yn y dref, ac am yr anrhydedd a deimlwn o dynnu cap iddo wedi deall mai efe ydoedd. Yna yn yr Ysgol Sir, gwelais a gwrandewais ar ei eiriau mwyn ac ateb ychydig o'r gofyniadau a roes inni. Yna yn Aber, ddiwedydd ym Mehefin, cofiaf i H. Jones a minnau ei weled o hirbell, a'i ddilyn am ysbaid ar yr heolydd mudion, gan ddalu gwrogaeth iddo yn ei hanner addoli. Ni welodd efe nyni – ond ni bu neb balchach na ni o gael y gipolwg arno. Yna'n olaf, gwelais yn disgyn, ŵr mwyn, yn Nhywyn bore Llun, yn ymgnawdoliad pur o orau Cymru.

Dydd Sadwrn, 17 Medi 1921

Wrth fyned i fyny i dŷ bychan tlawd ac isel – a'i do trwchus tew o frwyn a gwellt y mynydd – myned a wnâi fy meddwl i'w gynefin. Yr oedd y mynyddoedd yn fawreddog a'r olygfa oddi arnynt yn llanw calon ac enaid â dyhead i ddwyn clodydd a chyfoeth i'r wlad a'u meddai. Tybiwn weled y wlad yn wlad yr Arglwydd a'i ddinasoedd yn codi'n aml ar bennau'r mynyddoedd, a'i bobl yn eu mynychu a myned allan ohonynt a'i ysbryd yn eu calon. Gwelwn hwy'n lân eu buchedd, yn moliannu Duw mewn gair a gweithred, yn llafurio er ei glod ac er da'r wlad a roes fynwes y mynyddoedd yn obennydd iddynt, ac yn parablu un ac oll yr iaith anwylaf gan gyfrif glanhau a phuro honno yn rhan o'u gwasanaeth i'w Duw. Nid oedd yno gynnen na gelynion yn eu plith – gynnen o gyni na gelyniaeth oherwydd crefydd. Yr oedd pawb yn caru ei gilydd a gofal pawb am y plant. Yr oedd llais llawenydd yn lleferydd y rheiny a newyddion da Efengyl yn eu chwarae. Yr oedd Cymru'n fam gariadlawn, glòs iddynt, wedi ei phriodi â Duw a'i huno â holl genhedloedd y ddaear. Yr oedd ei hundeb hi â'r gwledydd megis cwlwm y cariad a lynai ei phlant ei hun wrth ei gilydd. Cariad ydoedd y gyfrinach a thybiwn ei gweled yn fodrwy fawr yn uno Cymru a Duw. Nid oedd Cymru onid y bys yr oedd y fodrwy arno – un bys o'r bysedd lawer oedd ar y llaw nad oedd na gwahanu nac ysgar yn ei hanes.

Dydd Llun, 19 Medi 1921

Bûm deirgwaith yn y Capel ddoe yn gwrando ar weinidog newydd y Cemaes fore a hwyr, ac yn yr Ysgol Sul y prynhawn. Yn niwedd yr ail bennod o Farc y darllenem, yn ddosbarth o chwech ohonom, yn weithwyr y maes oll ond myfi. Yr oeddwn yn fy elfen ac megis yn sylweddoli rhyw gymaint o'm delfryd. Canys hyfryd oedd clywed pob un yn ymdrechu i esbonio'r adnodau a gweled y cymaint medr a chywreinrwydd ac argyhoeddiad yn y gwaith. Nid oedd yno'r un nad oedd ganddo ddiwylliant dwfn a da, yr un heb ryw ddelfryd uchel yn cyniwair yn ei galon fawr. Pan ddêl Cymru i gael ei phlant oll megis y llafurwyr caled hyn, fe ellir dywedyd amdani bod pob cartref ynddi yn goleg, a phob gŵr yn deml Duw. Y mae'r Ysgol Sul yn gwneuthur gwaith ardderchog ac y mae ei phosibilrwydd hi yn anhraethadwy. Ac am y Colegau y mae yn rhaid iddynt ddatblygu eu gwaith ymysg gwerin Cymru ar linellau'r Ysgol Sul – yn hollol ddemocrataidd yn addysg yn ffurf ymddiddanion personol rhwng athro a disgybl ar delerau dim is na chariad a thrwy gyfrwng yr iaith anwylaf. Ac yna fe ddaw fy ngweledigaeth i ben a bydd Cymru yn Feseia Duw i ddynoliaeth, a'i phlant yn broffwydi crefydd newydd. Trist i mi yw'r papurau Seisnig a gyhoeddir yng Nghymru heb y gronyn lleiaf o ddelfryd nac ysbrydoliaeth ar un golofn ohonynt. Y mae'n rhaid wrth athrawon delfrydol yn caru'r plant – eu caru megis Crist – a charu Cymru a'r byd.

Dydd Mercher, 21 Medi 1921

Wedi bod yn Nhalywern yn cael y papur ac yn ei ddarllen ar fy ffordd yn ôl, dechreuais ddarllen *Hanes Gladstone a'r Ganrif* gan Tomos Gee. Dechreuais ddarllen y llyfr hwn ers dydd neu ddau ac fe'i darllenais unwaith o'r blaen. Llyfr da ydyw ac ar y cyfan wedi ei ysgrifennu'n swynol a phert – yn arbennig pan gofiom y Gymraeg a ysgrifennid mynychaf yn y ganrif o'r blaen. Am Gladstone nid ydwyf yn un o'r rheiny sydd yn gweled pob rhinwedd a daioni ynddo. I mi y mae hyn yn gwbl afresymol. Nid amheuaf nad oedd ganddo alluoedd lawer a gwybodaeth eang ar amryfal bynciau. Ond ymddengys mai yn ofer y defnyddiodd hwy. Afradlonodd y mwyafrif ohonynt i ddadleuon grymus yn Nhŷ'r Cyffredin, tra oedd pobloedd lawer yn dioddef oherwydd ei hoffter ef at ddadlau ac areithio yn hytrach nag at weithredu. Am fwy na hanner canrif bu'n cael ei hanner addoli gan gynffonwyr a dilynwyr, ac ni erys un golofn amlwg mewn gweithred eithriadol yn ei enw. Yr oedd yn rhyw hanner pob peth, heb fod nac yn frwd nac yn oer ar ddim ond anwadalwch. I mi, y mae yn enghraifft arbennig o'r modd y geill dyn hynod o ddawnus ac athrylithgar wastraffu ei ddaioni heb gyrraedd yr un amcan rhyfedd. Cafodd well cyfle na Disraeli, ond prin y mae iddo le amlycach yn hanes y ganrif. Ac ni ddeil i'w gystadlu â Lincoln nac yn yr hyn a wnaeth nac yn symlrwydd a godidowgrwydd cymeriad. Anffawd i'r Cymry ydoedd glynu'n rhy wasaidd wrtho heb dybio bod iddo yntau ei wendidau.

Dydd Gwener, 23 Medi 1921

. . . gorffen darllen hanes bywyd Gladstone gan Gee . . . Da ydyw symud o gyfnod ei areithiau ef a'i aneffeithioldeb gwleidyddol i oes lai o siarad a mwy o wneuthur. Ac am hyn y mae'n rhaid cydnabod bod Lloyd George yn ei holl gastiau a'i dwyll a'i ddiffyg argyhoeddiad yn rhagorach gwleidydd. Ped enillai hwnnw serch Iwerddon, fel y gallai'n rhwydd pe mynnai gydnabod egwyddorion, byddai hynny yn goron gogoniant iddo. Y mae cyfle ardderchog yn ei ddwylo ac odid na fydd yn ddigon doeth a da i'w ddefnyddio er daioni i'r byd. Bydd hynny yn dwyn amcan a delfryd y Cymry yn nes. Yn y cyfamser, rhaid inni baratoi ar gyfer hunanlywodraeth trwy gysegru ein hunain i weithio a gweddïo bob un yn ei ffordd ei hun. Dylid chwilio i mewn a gwylied yn fanwl bopeth am ganlyniad Senedd i Gymru ar holl fywyd y wlad. Y mae dadlau ynghylch cyfansoddiad yn beth pwysig. Nid oes ormod ofal ac egni gyda gwaith fel hwn.

Dydd Mawrth, 27 Medi 1921

Yn hwyr neithiwr gwelais Hugh Rees Rhiwgoch a gwahoddodd fi i ddyfod yn gwmni i ffair y Drenewydd heddiw. Gwelwyd y byddai hynny yn gyfle iawn i mi weled y lle hwnnw ac i alw gyda pherthnasau i mi yn Llanbrynmair. A bodlonwyd . . . Yna cawsom drên, a myned yn gyflym i Lanbrynmair, heb gael fawr gyfle i syllu ar y prydferthwch dihafal a ordoa bob tu i'r ffordd am ysbaid da. Yn olaf cael cenllif o Saeson i'r trên – dynion di-genedl, di-etifeddiaeth a chyrraedd y Drenewydd a myned i mewn iddi yng nghanol tyrfa dda o amaethwyr Sir Drefaldwyn.

Dydd Mercher, 28 Medi 1921

. . . felly daeth fy hwyr gyntaf yn Llanbrynmair i derfyn. Pan godais y bore heddiw, yr oedd haul tesog a gwresog yn codi'n goch tros drumell bell, gan wenu'n fwynaidd. Myned allan a holi am y Diosg a chael cwmni gŵr a defaid am ysbaid da. Siarad ag ef am y Gymraeg yn yr ardal etc, a phasio'r ysgol lle'r adroddai'r plant 'Gwyn eu byd y rhai pur o galon' etc. Ofnai'r Saesneg yn enwedig yn y Carno. Gadewais ef braidd yn bruddaidd, er nad heb geisio ei godi i gredu mwy yn nyfodol yr iaith eto.

Dydd Sadwrn, 1 Hydref 1921

. . . Gwelsom Iorwerth Peate a'i dad a buom yn siarad ychydig â hwy. Cawsom amser llawen a difyr ryfeddol.

Dydd Llun, 17 Hydref 1921

. . . cydiais yn fy mhin ysgrifennu gan adrodd hanes deuddydd neu dri o'm hynt yn Llanbrynmair. Yr oeddwn yno heb fy nyddlyfr ac y mae gennyf ysgrifennu hanes rhyw bymtheg dydd neu fwy.

Dydd Iau, 20 Hydref 1921

Ysgrifennais amryw o lythyrau ddoe – i'm cyfaill, Ifan ab Owen Edwards, i Vendryes ac i'r Bwrdd Addysg. Heddiw, y bore daeth i mi lythyr oddi wrth Henry Lewis, Abertawe ynghylch proflenni *Geiriau Credadun*. Y mae rheiny yn ei law ers dydd neu ddau, ac y mae am eu danfon i mi yn fuan. Dywedai iddo ddarllen darnau ohonynt i gyd-athro ag ef yn y Brifysgol, ac i hwnnw yntau ei ganmol yn anarferol. Ac yn niwedd ei lythyr dywedai y byddai yn gyfrol odidog. Ysgrifennais innau yn ôl ato yn y prynhawn yn diolch iddo am ei lythyr, ac yn gofyn ganddo ddanfon y proflenni imi ar unwaith. Dechreuais y bore ysgrifennu peth o'm hanes yn Llanbrynmair ar ffurf ysgrif i'r *Faner* neu i ryw bapur neu gylchgrawn arall. Y mae gennyf amcan arbennig wrth wneuthur hyn o waith. Efallai y bydd yn gyfle imi ddywedyd rhywbeth o'r newydd am S.R. ac am Fynyddog. Ond y peth sydd gennyf fwyaf mewn golwg ydyw cyfeirio at bwnc yr iaith Gymraeg. Nid ydyw'r hyn a welais i yn Llanbrynmair ond yr un fath â'r peth a geir yn rhy aml trwy rannau helaeth o Gymru. Y mae gennyf finnau fy marn ar y pwnc, ac ar hwnnw yn fwyaf neilltuol y mynnaf draethu.

Dydd Mawrth, 25 Hydref 1921

. . . Daeth i mi gerdyn byr oddi wrth Ifan ab Owen Edwards ac yn sôn mi dybiwn i braidd yn ormod am y *Cymru* etc. yn ei lethu. Gobaith ydyw gennyf y ceidw ef ei enaid yn rhydd yn ddilyffethair gan ei gysegru ei hun i wasanaethu ei genhedlaeth. Dyna hefyd yw fy nghred a wna.

Dydd Llun, 31 Hydref 1921

. . . cydiais yn yr *Efrydydd* gan ddarllen tipyn ohono. Y mae hwnnw yn gylchgrawn da – yn dod allan dan nawdd Undeb Cristionogol y Myfyrwyr yng Nghymru, ac yn dwyn delw ieuenctid o hyder hyd yn hyn. Prawf y golygydd ei hun yn ŵr go dda, a cheir rhai o lenorion ac o wyrda meddyliol gorau Cymru yn ysgrifennu iddo. Yr oedd yn hyfryd cael darllen ysgrif gan Herbert Morgan, a honno yn gymhleth o feddyliau gwychion, da, wedi ei hysgrifennu mewn Cymraeg da a graenus. Dadleua ef ynddi tros gael undeb rhwng cyn-fyfyrwyr y Brifysgol a'r bobl ieuanc eraill na fu erioed mewn Coleg. Yr amcan fydd creu rhyw ymwybyddiaeth Gristionogol yn ieuenctid Cymru – a'u trwytho ag ysbryd gweithio yn yr Eglwysi wedi cael creu ynddynt ddiddordeb yng ngwaith yr Eglwysi. Iawn o beth ydyw os medrir ei weithio allan. Ar bapur yn unig y mae eto, ac yn rhy annelwig o lawer. Bydd yn anodd cael gosod bywyd ac egni yn y syniad mewn gweithred. Y mae'r myfyrwyr gynt ar wasgar, ac yn fynych, heb gydymdeimlad â'r bobl na bu mewn Coleg. Ac ond odid na bydd yr Eglwysi yn hwyrfrydig i wneud dim a ymddengys iddynt fel yn rhoddi lle rhy flaenllaw i ieuenctid.

Dydd Llun, 7 Tachwedd 1921

. . . Codais yn fore heddiw, am feddwl ohonof gychwyn fy nhaith. A chychwyn a wneuthum a Maggie gennyf. Ond wedi myned i'r bŷs ac eistedd yno a gorffen troi fy llaw ar fy chwaer dechreuais feddwl – am fy arian, ac am fy nhrwydded. Nid oedd yr un o'r ddau gennyf a bu raid disgyn a throi fy wyneb yn ôl – er syndod i bawb. Syndod mawr a dychryn ydoedd i Maggie fy ngweled wrth ddrws y Banc, mor fuan wedi gwahanu! . . . Danfon hanes fy nhro yn Llanbrynmair i olygydd *Y Faner.*

Dydd Gwener, 11 Tachwedd 1921 [*Ffrainc*]

Yn union wedi codi a bwyta heddiw, cerddais allan i Fontenay a chyrraedd yno ymhen rhyw hanner awr. Eisiau gweled yr Athro Lot – athro hanes yn y Sorbonne – yr oeddwn i. Fe'm derbyniodd i mewn yn garedig, a nesu ataf yn fwy wedi deall mai Cymro oeddwn. Buasai efe yng Nghymru, ym Mangor, Y Bala, Aberystwyth etc. heibio ugain mlynedd yn ôl. Bu iddo gyfeillion rai yno hefyd megis Hudson Williams ac adwaenai eraill. Cofiai am ferched o Gymru yn fyfyrwyr iddo yma, ac am eu dawn dysgu Ffrangeg a'i siarad – mor wahanol i'r Saeson, fel y dywedai. Dysgasai ychydig Gymraeg a gwybod darllen y Mabinogion ac efrydu tan Gaidoz, Jubainville ac eraill. A phoen iddo ydoedd nad oedd gwell gwedd ar efrydiaeth Gelteg yn Ffrainc heddiw. Bai yr athrawon ydoedd – Gaidoz yn ddall bellach, ac yn hen a phob amser yn un anodd i weithio efo. Loth yn ysgolhaig Cymraeg a Llydaw da, ac yn Wyddelwr difai, ond ddim yn dymuno gweithio a chael myfyrwyr. Felly cyhoedda gynnal dosbarthiadau ar Ogamiaid, a phethau rhy anodd i neb gymryd diddordeb ynddynt a dyfod ato. Ac y mae hynny wrth ei fodd, y peth y mae ei eisiau. Y mae athro Cymraeg a Llydaweg yn Rennes ond ychydig o Gymraeg a ŵyr hwnnw. Nid oes gan Gaidoz yr un myfyriwr na chan Loth chwaith, a hynny o'u diffyg hwy! – 'Mais nous avons Vendryes' – meddai, ac ni ddywedais innau ddim. Yr oedd Jubainville yn athro gwell na Loth a Gaidoz, ond eto heb fod yn wych.

Dydd Sadwrn, 12 Tachwedd 1921

Un o'r pethau digrifaf a ddywedodd Lot wrthyf ydoedd wrth sôn am Loth heb fyfyrwyr ganddo. Yr oedd un ganddo – meddai – a Saesnes ydoedd. Ac yr oedd hi yn credu mai Bergson ydoedd! – a chwarddai'n braf.

Dydd Mawrth, 15 Tachwedd 1921

Y dydd o'r blaen rhoes Lot fenthyg imi gyfrol gyflawn o holl waith Mynyddog. A dechreuais innau heddiw ar ddarllen y cwbl. Erbyn amser te, aethwn trwy'r ddwy ran gyntaf o'r llyfr. Yna, dechreuais ysgrifennu ychydig ar Fynyddog a'i waith. Bwriadaf felly ychwanegu pennod arno ef, fel diweddglo i'm hysgrifau ar hanes fy ymweliad â Llanbrynmair.

Dydd Mercher, 16 Tachwedd 1921

. . . dyfod yn ôl i weithio ar y Mynegair. Chwiliais ynddo bob gair a glywswn yn ardaloedd Rhydyfelin a Llanbrynmair. Nid ydynt yn rhy fynych ond yn ddigon mynych i wneud yr ymchwil yn ddiddorol imi. Yna, yn y prynhawn, dechreuais ysgrifennu rhyw gymaint ar y geiriau, gan weithio ar y peth hyd amser te.

Dydd Iau, 17 Tachwedd 1921

. . . ysgrifennu ar y geiriau a grynhoais yn Rhydyfelin a Llanbrynmair. Cymerwn air, ac yna rhoddi'r ystyr a ddygai yno, a'r gair cyfatebol iddo gyda'r Cardi, neu fel y digwyddai weithiau, ffurf arall ar yr un gair a thro arall ystyr wahanol iddo.

Dydd Sadwrn, 26 Tachwedd 1921

. . . Daeth *Y Faner* imi, a'm hysgrif gyntaf i ar dro i Lanbrynmair ynddi â gwallau orgraff.

Dydd Iau, 1 Rhagfyr 1921

. . . Cefais lythyr oddi wrth fy nghyfaill y Dr Parry-Williams – o Aberystwyth yn fy hysbysu am le rhydd i ddarlithiwr yng Ngholeg Bangor. Nid oedd yn ei fryd i'm hargyhoeddi y naill ffordd na'r llall ond yn unig fy hysbysu o'r peth. Daeth *Breiz Atao* hefyd ohono erbyn cinio – ei gyhuddiadau garw yn erbyn Ffrainc, ei gydymdeimlad dwfn â'r mudiad cenedlaethol yn Ynys Corsica, a'i bleidio cyson tros hawliau Llydaw.

Dydd Sadwrn, 3 Rhagfyr 1921

. . . Cawswn lythyr ychydig cyn gadael y tŷ, ond yn y trên y cefais hamdden i'w agor a'i ddarllen. Oddi wrth Iorwerth Peate yr oedd a gofyn imi ydoedd am ei gynorthwyo gydag enwau lleoedd yn Llydaw. A'm hen athro hoff, Timothy Lewis, a'i cynghorodd i ysgrifennu ataf.

Dydd Iau, 8 Rhagfyr 1921

Gweithio ar y Llydaweg y bûm neithiwr hyd ddeuddeg o'r gloch; ac ar yr un llafurwaith y bûm y bore heddiw, a gwneuthur rhyw gymaint, o leiaf, o gynnydd. Gollwng gafael arno amser cinio a myned i Baris. Yr oedd yn brynhawn niwlog ond heb fod yn oer . . . i ddosbarth Loth erbyn pedwar. Yr oeddwn ryw ychydig yn ddiweddar a dechreuai ar ei ddarlith. O edrych i mewn, fe'i gwelwn yn eistedd o flaen bwrdd bychan a'i bapurau yn ei law; ac un myfyriwr a rhyw bedwar hynafgwr yn eistedd o'i flaen. Eisteddais innau ar fwrdd yn ymyl y myfyriwr hwnnw, a chymryd ambell nodyn i lawr yn awr ac eilwaith. Parhâi Loth i ddarllen ac edrych arnaf yn fynych a chodi ddwywaith neu dair i ysgrifennu ar y ford. Oni bai am ei iaith, ni ellid tybio nad Cymro yr oedd – yn fyr o gorff, yn llydan a choch ei wyneb ac yn disgleirio â gwisg dywyll lanwaith amdano. Y mae yn rhwydd-dew, a braidd yn araf a difywyd y symuda. Ond ar ei eistedd ac wrth ei waith, edrychai fel cyn meistr ar hwnnw. Gorffennodd cyn pen yr awr, ac euthum i ymddiddan ag ef. Wedi gofyn fy enw ac i minnau ei roddi iddo, dywedodd ddarfod i Vendryes sôn wrtho amdanaf. Siaradais yn Gymraeg ag ef er na fedrai yn dda yn awr wedi llawer o flynyddoedd. Dywedodd mai Cymraes o Gaernarfon ydoedd ei wraig, iddo ef unwaith fedru'r Gymraeg yn hwylus, ac i'w fab a'i ferch ei dysgu. Ni wyddai lawer am Gwynn Jones, a Pharry-Williams – er iddo weled yr olaf ym Mharis, nac am Timothy Lewis onid trwy lythyrau. Am Syr John Morris Jones, y bai mawr arno ydoedd na wyddai na'r Llydaweg, na'r Wyddeleg, na'r Gernyweg, a hynny wedi tynnu llawer oddi wrth werth ei ramadeg. Cerddasom allan gyda'n gilydd am ysbaid go lew a Llydaw a'r iaith yn destun ein siarad. Siglo dwylo yn y diwedd, ac ymadael, ac yntau yn mynegi ei ddymuniad i'm helpu gydag unrhyw beth. Dyn caredig addfwyn, hollol lariaidd, heb ddim uchder ynddo, na theimlo dim pellter rhyngddo a neb. Nid ydyw mor fywiog â Vendryes, ond y mae ynteu yn llawn bywyd ac yn feistr ei waith.

Dydd Iau, 15 Rhagfyr 1921

Yn blygeiniol heddiw fe ddaeth imi lythyr caredig oddi wrth Ifor Williams, Bangor yn gofyn imi ddanfon fy rhestr geiriau Maldwyn iddo. Disgrifiodd hefyd imi sut y bu pethau gyda'm cais am le fel athro ym Mangor. Oni bai na allwn ddechrau ar y gwaith yno am rai misoedd, nid ydyw'n annhebyg nad myfi a ddewisid. Eithr Williams Parry – y bardd – ac nid ydwyf i am gwyno dim yn erbyn hynny. Gwn yn burion mai perffaith deilwng o'i swydd ydyw; ac fe'i lleinw'n gampus. Danfonodd Ifor Williams at Gwynn Jones i holi fy hanes i a chafodd ateb yn ôl. Danfonodd hwnnw imi rhag ei ragored. Dyfynnaf yma am yr un rheswm:

F'annwyl Gyfaill,

Yr oedd W. Ambrose Bebb yn un o'm disgyblion hoffusaf a gorau i. Bachgen hael ei galon, caredig a chywir fel y dur. Dau lygad yn goleuo fel mellt yn ei ben. Gweithiwr caled a'i ddiddordeb ym mhopeth Cymraeg fel crefydd iddo. Wrth gwrs, Cymraeg yw ei iaith o'i febyd, ac y mae'n siaradwr huawdl. Byddai yn gwbl abl i ddarlithio ar Lenyddiaeth. Medrai waith y Cynfeirdd a'r Gogynfeirdd ar dafod leferydd bron, a chawn bapurau ardderchog ganddo ar ei orau. Un tanbaid yw ond hael a chywir i'r bôn. Gwelais ef cyn ei ddychwelyd i Ffrainc ddechrau'r Sesiwn hwn. Sieryd Ffrangeg yn llithrig ddigon a chredaf bod ei brofiad ehangach wedi dysgu llawer iddo. Y mae ganddo wybodaeth ehangach na neb a adwaen i am y Crynwyr Cymraeg a'u hysgrifeniadau a'u cysylltiadau, a gall wneuthur eu hanes hwy a hanes y diwygiadau cynharaf fel rhamant. Y mae gan Vendryes feddwl uchel ohono, mi wn. Daw ei gyfieithiad o *Paroles d'un croyant* Lamennais allan yng Nghyfres y Werin cyn hir, un campus medd Ifor L. Evans wrthyf. Dyna fy marn.

Dyna'r cyfan oedd ar yr wyneb-ddalen gyntaf, a diau i'r llall fyned ar goll neu i Ifor Williams anghofio ei gosod i mewn. Balchder o'r mwyaf imi ydoedd darllen geiriau caredig Gwynn amdanaf a'r unig siom ydyw gwybod nad oeddwn deilwng ohonynt. Nid rhyfedd gennyf i Ifor ddywedyd yn ei lythyr wrthyf:

Amgaeaf air Gwynn i chwi weled fod gennych gyfaill ffyddlon ynddo ef. Buaswn i yn falch pe gwyddwn fod neb yn fy nghanmol fel hyn yn fy nghefn.

Felly finnau.

Dydd Mawrth, 20 Rhagfyr 1921

. . . Wedi cerdded allan, dyfod i mewn i blith y geiriau, a chadw'n ddiwyd arnynt hyd cinio, a hyd de. Gorffennais y rhestr a baratois i Loth ar gyfer y *Revue Celtique*.

Dydd Iau, 22 Rhagfyr 1921

Ni bûm heb weithio rhyw gymaint wedi dyfod adref neithiwr, er cymaint fy mlinder. Ac yn y gwely darllenais rai penodau yn y Llydaweg a'r Ffrangeg. Codi heddiw yn llawn bywyd ac yn dechrau fy nydd gyda darllen llyfr bychan o ymadroddion Llydaweg a Ffrengig ac, wrth fwyta fy mhryd cyntaf, darllen un o benodau olaf Ioan yn yr unrhyw ddwy iaith. Nid oes pythefnos er pan ddechreuais ddarllen rhyw bennod nos a bore ac nid oes onid pennod ar ôl. Nid oes ragorach camp i ddysgu iaith newydd i rywun a ŵyr ei Feibl yn dda, na chymryd cyfieithiad yr iaith honno ohono. O wybod beth ydyw'r gwreiddiol, a bod bob amser yn medru amcanu pa beth a all fod cynnwys a rhediad pob adnod, gellir yn fuan ddyfod i gael synnwyr ohonynt yn yr iaith newydd. Ac yn y modd hwn, nid oes raid rhedeg yn rhy fynych i eiriadur, a da hynny. Amau ystyr gair dieithr a gohirio uwch ei ben ydyw'r ffordd orau i'w gofio a'i drysori ar femrwn y cof.

1922

Dydd Sul, 1 Ionawr 1922 [Cymru]

Daeth bellach flwyddyn newydd i mewn, a'i dydd cyntaf yn ddydd Sul, yn ddydd moli'r Arglwydd. Trist ydyw diwedd un, llawen ydyw dechrau arall. Colli gafael ar flwyddyn ac amser yr ydys ddydd olaf y flwyddyn, a'r meddwl hwnnw sydd yn llanw'r bryd. Y mae fel dyfod y nos arnom yn feunyddiol. Derbyniwn y nos weithiau os wedi blino'n arw a phryderu, er nad fyth heb deimlad o golled. Colli amser, colli posibilrwydd diddiwedd ydyw a cholli gafael ar ddoniau ac egni bywyd. Ni ellir llai nag edrych yn ôl ar waith blwyddyn wrth ddechrau un arall – ond hynt y nesaf, ei throeon a'i hirffyrdd, ei swyn a'i hud, dyna a fwrw'n drymaf ar y meddwl. Ni wn i beth fydd inni yng nghesail y flwyddyn y gwelais ei dechrau yn ffafriol ddigon heddiw.

Dydd Mawrth, 3 Ionawr 1922

Cymysgedd o oerfel a glaw hindda a chawod ydyw hi bob dydd braidd. Ac nid ydyw mor eithriadol o oer chwaith, nac mor wlyb â hynny. Digon ydyw o bob un o'r ddau i beri swyn i bawb yn y tân a'r aelwyd gynnes. At y tân y codaf bob bore a'i gael yn gwmni gwresog gyda'i fflamiau a'i lewych a'i luchedennau. A thra bo Rose a Laura yn godro'r da gwartheg, a Daniel a'r bechgyn yn rhoddi eu pryd cyntaf i'r buchod a'r ceffylau, gan eu glanhau a'u hymborthi wedi gorwedd y nos – yr ydwyf i yn troi dail fy ngramadeg ac yn trysori ei reolau a'i liaws pethau dyrys ac anodd ar fy nghof. Ac yn union daw Daniel i mewn i eistedd yn ymyl y tân ar y sgiw fach yr oedd Mami mor hoff ohoni. Edrych ef ar y tân a meddwl am hyn ac arall wrth ei ymyl yn ôl dyfod i mewn o wynt a glaw. Ac yna daw'r merched i mewn, a'r llaeth, a'r separeto; ac i mewn y bechgyn i fwyta eu borefwyd – a minnau'n gwrando ar eu hymddiddanion melysion, a'u geiriau dawnus, a'u hanesion difyr. Ac yna i'r meysydd neu i'r beudy â hwy – a minnau'n parhau i ddarllen a gweithio yn gydymaith ffyddlon i'r tanllwyth tân.

Dydd Sul, 8 Ionawr 1922

. . . cymerais lyfr, a darllen cyfieithiad Moelona o Alphonse Daudet – *Y Wers Olaf* – oedd y waith hon, ac yn darllen yn drylen a diddan. Campwr am ystori ydoedd Daudet, a chyfieithodd Moelona heb amddifadu'r gwreiddiol o'i wychder a'i geinder. I'm tyb i, gwell ydyw ei chyfrol hi nag un o'r ddau arall a gyhoeddwyd yr un pryd – eiddo Parry-Williams ar 'Storïau' Bohemiaid ac eiddo Henry Lewis a Gwilym Davies ar Gogol. Yn wir, cyfrol ardderchog ydyw, yn werth ei darllen ac yn ddiddorol. Ac am y gyfres i gyd, y mae yn dda, a'i hamcan yn rhagorol. Nid oes onid gobeithio y bydd ei heffaith ar Gymru yn peri chwyldroad meddwl a bywyd – ac y bydd i'm *Geiriau Credadun* innau drwytho a'i darlleno â meddwl mwyn a melyster a gobaith am Gymru loywach, lanach.

Dydd Llun, 9 Ionawr 1922

Y Sul ydoedd hi ddoe – ac yn dyfod fel arfer yn ei fwyneidd-dra a'i feddyliau fyn farweiddio'r drwg. Ac yr oedd yn wyth arnaf yn codi – yn ôl bod yn hwyr neithiwr yn darllen *Y Wers Olaf*, ac yna *Y Faner* a'm herthyglau i ynddi. Clywaf beth canmol i'r rheiny yn awr ac eilwaith – ac nid ydwyf heb falchïo yn herwydd hynny. Diau mai di-sail fy ngobaith am iddynt greu'r gorau ym mywyd Cymru. Eithr dichon y bydd iddynt wneuthur rhyw gymaint yn y cyfeiriad hynny. Gwn yn burion fod yn rhaid gwneuthur rhywbeth mawr i ddeffro enaid Cymru. Y mae ei rhieni yn fynych mor ddiofal, mor ddifeddwl, a'i phlant yn ddiduedd at greu Cymru well a rhagorach. Nid ydyw Cymru yn enaid byw, yn eiddo dwyfol, i'r naill nac i'r llall gan amlaf. Diolch am y nifer bach hwnnw y mae datblygu Cymru fel cenedl santaidd i Dduw yn dôn boeth yn y galon bob amser – ac am yr ychydig a fydd byw a marw er mwyn ei gwasanaethu â gwaed y galon. Geilw hithau'r wlad megis mam ar y naill a'r llall, i weithio ynghyd i fwrw'r treuliau, gyda'i gilydd, ac i fynnu puro Gwalia Wen a'i channu'n lanach na'r eira gwynnaf a gwympodd o'r nefoedd erioed.

Dydd Mawrth, 10 Ionawr 1922

Codi bore a gweithio'n gynnar – dyna'r deubeth gorau i gorff ac enaid dyn. Llawer o ganmol y sydd ac a fu am ddarllen hirnos gaeaf yn ymyl tanllwyth o dôn a rhu gwynt ac oerfel a glaw oddi allan. Gwell na hwn ar ei orau ydyw yr un tân ben bore, a'r un golau yn goleuo'r aelwyd, ac â naws ieuanc wanwynol dechrau dydd yn llanw mynwes ac ymennydd. Y mae'r aelwyd hithau'n lanach a'i lludw wedi ei gludo'n gyfan i ffwrdd, a'r tân yntau yn llosgi fel gŵr wedi penderfynu o'r newydd i gadw a gwneuthur ei addewidion, a'i addunedau. Mewn cegin felly ac â'r un hoywder arbennig yn fy llanw innau, y dechreuaf fy llafur bob dydd. A phan fo'r tŷ yn ddistaw, a neb ond myfi oddi mewn iddi, a'r meddwl yn fywiog a'r cof yn barod i gymryd o'r newydd, cadwaf innau fy llygaid ar fy ngramadeg Llydaweg, a gweithio arno yn brysur. Ac yn niwedd y bore, caf hamdden i ddarllen fy nhestament yn y Llydaweg a'r Ffrangeg. A chaf fyned i ben y banc a chodi i edrych ar y tiroedd oddi amgylch a mwynhau golygfeydd sydd yn wych ryfeddol – y caeau bychain gleision a gwyn dwn, y gors undonog lwydaidd a thrist a'i llynnoedd bychain a'i hafon lonydd dawel ddifywyd, ddibryder yn gwasgar ei dyfroedd drosti. Ac ym mhellach bellach fe gyfyd mynydd ar fynydd a rhyngddynt fryn a'i dyddynnod bychain a muriau gwynion amaethdai a phentrefydd. Ac yn fy ymyl yr oedd noethder creigiau a chribell a chlogwyn. Ac yr oedd lawn o lawenydd fy enaid i, a 'llawn o haul hirfryn a phant', – a'r ddau yn gweithio y naill ar y llall. Distaw oedd y wlad oddi tanaf, a thawel a thyner, a than des haul i'w ryfeddu. Yr oedd fy meddwl innau yn ei afiaith yn crwydro o le i le, ac nid heb gymryd y byd oll i mewn i'w gof, a meddwl am dragwyddoldeb, am ddynoliaeth ac am Gymru. Dichon y dywedir wrthyf y meddyliaf ormod am Gymru a dyfodol dynoliaeth, a thragwyddoldeb. Nid ydwyf heb gofio'n fynych am fywyd un y dywedwyd amdano iddo sôn 'gormod am Gymru a thragwyddoldeb'. Yr un ydyw fy nghreadigaeth innau, nes peri na allaf lai na breuddwydio beunydd am ddyfodol gwych i Gymru fach, a chyfnodau diddiwedd o lwydd ysbrydol a moesol iddi. Clywaf naid fy nghalon a gwresogi gwaed fy ngwythiennau pan feddyliwyf am Gymru fy nelfryd. A gwn gasáu fy nghri a'm delfryd gan rai na ŵyr godi eu meddwl oddi ar eu bod a'u hanes bach eu hunain.

Dydd Sadwrn, 14 Ionawr 1922

. . . Cydiais yn un o weithiau gorau Lamennais – ei *Paroles d'un croyant*, a'i ddarllen gan mwyaf ohono cyn yr hwyr. I mi, y mae yn hwn ryw swyn anarferol a mwynder meddwl, a dyhead a delfryd. Fe ddarllen rhai darnau ohono yn union fel pe baent ddarn o ramant, a chyfyd eraill feddwl dyn i dir na ŵyr ei droedio a'i rodio yn hanner digon mynych. Arbenigrwydd ar y *Geiriau* ydyw eu cyffwrdd cyson â gorau dyn, a'i ddwyn i ddeall cyfrinion byd anweledig. Dydd dedwydd imi ydoedd hwnnw, darllen y llyfr drwyddo am y waith gyntaf, a dedwydd a digrif a fu ei ddarllen heddiw eto gyda'i frawddegau'n troi'n falm i enaid yn fwyneidd-dra i feddwl. Yr oedd Lamennais yn un o eneidiau puraf a glanaf a gododd y ganrif ddiwethaf, ac yn ymyl â bod y mwyaf a'r melysaf. Gwelodd Mazzini y daioni oedd ynddo, a mynnai wneuthur ohono broffwyd crefydd newydd.

Dydd Sul, 15 Ionawr 1922

. . . A chawsom *Y Faner* a dyfod yn ôl a'i darllen lawer ohoni cyn myned i'r gwely. Darllenais fy ysgrif i am y *Tro i Lanbrynmair* er nad heb gael fy anfodloni ynddi mewn rhyw bethau. Ac yr oedd ynddi ambell wall orgraff –

er nad cynddrwg â'r troeon o'r blaen. Rhedais olwg tros bethau eraill a darllen ambell erthygl yn fanwl. Ysgrifennydd da a meistrolgar ydyw Llew G. Williams, a chaf fudd bob tro yn darllen y peth a fo wedi ei ysgrifennu ganddo.

. . . Ac yna yn hwyr trodd y Ffrancwr a minnau allan a mentro i'r Eglwys. Ac am y bwrw a wnâi ar y ffordd, nid yn fynych y gwelir ei gyffelyb. A chwythai gwynt cryf ef yn arw i'n herbyn nes gwlychu ohonom yn ddrwg iawn y rhan isaf o'n dillad. Ni fu hynny yn ddigrifwch inni gan ein hoered i aros yno. Drwg mawr ydoedd hynny ac yn tynnu llawer oddi wrth werth a diddordeb y gwasanaeth. Adnabûm yn fuan iawn bod y Ffrancwr fwy yn ei elfen yno nag yn y Capel. Yr oedd llun yr Eglwys a'i harddull a'i hadeiladwaith oll yn ymdebygu i eglwysi Ffrainc. Gwelai gyffelybrwydd hefyd yn y canu a'r cerddi. Ac yn wir nid oedd y rhan gyntaf o'r gwasanaeth heb apelio'n ddirfawr ataf innau chwaith. Oerach na hi, a llai prydferth a moelach gwasanaeth y Capel. Pe gellid ei huno at ragoriaethau honno byddai'r effaith yn well. Nid anobeithiaf eto weled yr Eglwys yn allu cryf ac iach yng Nghymru fach lân fy nelfryd i.

Dydd Mawrth, 17 Ionawr 1922

Rhyfedd fel y glŷn dyn wrth yr hyn sydd yn eiddo iddo – ei feddwl, ei dda, ei fywyd. Ac felly minnau. Y mae adeg symud o Gymru fach yn nesáu a minnau'n glynu fwyfwy wrthi. Yr oedd y meddwl â mwynder ei lond wrth godi heddiw a melyster bywyd Camer a Chymru yn rhagorach nag erioed. Yr oedd y tân wedi dyfod i'w ymyl yn brydferthach, yn loywach, ac anwylach na phob dydd. A thinc a thon llef fy mrawd a'm chwiorydd yn bereiddiach, a'm mynwes innau yn egnïo breuddwydion dedwyddwch. Y mae gwybod nad erys onid yr atgofion am y rhain ymhen ychydig amser yn peri hiraeth dwysach amdanynt. Dydd eto – a bydd y cwbl wedi diflannu megis breuddwyd y bore. Felly yr â fy amser heibio – oriau dedwydd ac annedwydd, oriau hiraeth ac alaeth, oriau'r breuddwydion gloywon ac oriau'r ffeithiau noethion! Ac â dydd ymaith, ac un arall ar ei ôl, gan adael imi yr atgofion yn unig amdanynt a hiraeth. A daw henaint yn nes a niwloedd y bedd yn agosach. Heno'r hwyr bûm yn y dref yn annerch pobl ieuainc Tregaron. Anogais hwy i weithio, meddwl, dysgu, aberthu, caru a dioddef a'u dysgu i garu pawb o'r dynion ac i garu Cymru fach a gosod eu hunain a'u holl egni i buro ei bywyd.

Dydd Mercher, 18 Ionawr 1922

. . . A chyn hir wedyn yr oeddem yn ymadael . . . Yr oedd cwmni eraill gennym hyd Gaerfyrddin, a rhai eraill drachefn oddi yno, ac un ohonynt yn ŵr braf, trefnus, yn darllen *Y Traethodydd* bob yn ail â syrthio i drwmgwsg. Yna Saeson o Gaerdydd, a chael dadl â hwy ynghylch cenedl y Cymry, ac annhegwch y Saeson yn myned i Gymru i farnu'r bobl a pheidio â dysgu eu hiaith.

Dydd Iau, 19 Ionawr 1922 [Lloegr]

. . . i mewn i dŷ fy ewythr. Buom yno am awr a mwy ac amryw o bynciau yn cael eu trin gennym. Dadl a gyfyd yno bob amser ydyw honno ynglŷn â gwerth y Saeson. Fe dybir yno mai hwynt-hwy ydyw'r pennaf a'r gwychaf o'r holl genhedloedd. A chollir tymer a defnyddio geiriau cas am amau. Mynnaf innau fod i bob cenedl ei gwendid a'i godidogrwydd, a bod Cymru i lanw lle aruthr o fawr a da yn hanes y byd.

Dydd Sul, 22 Ionawr 1922 [Ffrainc]

Tristwch imi ben bore ydyw codi yma am gofio ohonof am y tân oedd yn fy nisgwyl bob bore yn fy nghartref yng Nghymru. Heddiw a phob dydd, codi yr ydwyf i ystafell oer a digysur, heb oleuni tân, heb sôn am ei wres a'r mil meddyliau sy'n ymgordeddu trwy ei gilydd yn fy mynwes wrth eistedd yn ei ymyl. A bore Sul ydoedd, a minnau na chawn i mo gerdded y filltir fwyn o Gamer i Dregaron; a gwrando yno ar bregeth a fyddai'n fendith imi heddiw hyd yn oed, a chael pregethwr di-rym di-ddawn i'w thraethu. Yno yng Nghamer a Thregaron, ar yr aelwyd ac yn y gegin wag, ar y llofft ac yn y fynwent, yr oedd fy enaid glân, chwedl Dafydd ap Gwilym, a'm corff yma mewn loes, yn gwingo mewn amgylchedd nad ydyw yn hoff ohono. Ni chwynaf am y borefwyd a'r prydiau eraill, er nad cyffelyb ydynt i'r prydau sydd yn hoff gennyf yng Nghymru Wen. A cherddais i'r Eglwys y bore ac ni wn yn wir i ba beth yr euthum yno, rhaid a osodir arnaf i fod yn rhywle a hynny yn fwy na dim pendant a'm gyrrodd i'r Eglwys. Nid oedd yno ddim a dangnefeddai drueni fy enaid i na dim i eneinio fy mynwes. Pregeth gŵr caled na wyddai galedi, offeren ffeiradon a chynnau canhwyllau a chanu clychau – beth oedd hynny i enaid a wyddai hiraeth a thor-calon ac alaeth a phob cyfyngder.

Dydd Mawrth, 24 Ionawr 1922

Darllenais cyn swper neithiwr y gyfrol gyntaf o'r llyfrau Hanes Prydain. Gwaith J.E. Lloyd, Bangor, sydd ynddi, a darllenais gyda blas er gwaethaf fy hiraeth. Ac yna, yn ddiweddarach darllenais benodau cyntaf Gwynn Jones ar lenyddiaeth y ganrif ddiwethaf, a dyfod ar draws geiriau godidog John Jones Glanygors pan oedd corgwn dienw'r wasg, chwedl Gwynn, yn ei annos. A gwych ofnadwy ydynt:

> Am y gwŷr croesion sydd yn sôn y dylid fy ngharcharu bydded hysbys iddynt hwy a phawb o'u math fod yn well gennyf fi farw yn ddyn rhydd

na byw yn gaeth mewn gwlad lle cyfrifir cwyno yn amyneddgar am ychydig ryddid yn drosedd.

Yr oedd gwlith gorwyn Duw ar y rhain, a gwaed calon Glanygors hefyd. Ac yn eu tinc hwy, a rhai o linellau gorau Victor Hugo yr euthum i'r gwely. Ac yn ôl deffro heddiw, codais i ddarllen y Beibl yn y Llydaweg a'r Ffrangeg, a gweithio ar y Llydaweg o hynny hyd ginio, ac yn ddiweddarach. Am bedwar euthum i Baris i gynhadledd ar Iwerddon. Ac ar ôl honno cefais fy nghyflwyno i'r Arglwydd Ashbourne ac i M. Goblet, a rhai o'm hen gyfeillion. A bu'r ddau a enwais a M. Weisse a minnau yn ymgynghori ynghyd ynghylch cael dosbarth Cymraeg ac i minnau ei gynnal dan nawdd yr École Interalliée des Hautes Études Sociales. Yr anhawster ydyw cael ystafell; ond bwriedir symud hwnnw. Ac yna fe gaf gyfle i weithio o'r newydd dros iaith Cymru fach yn y brifddinas hon. Yr oedd M. Goblet a'r Arglwydd Ashbourne yn llawn brwdfrydedd. Felly M. Weisse yntau. Enwais iddo ef y llyfr, ac aros yr wyf bellach i weithredu'r cynllun sydd gennyf. Pa un sydd lawenaf heno – M. Poincaré yn brif weinidog Ffrainc, neu myfi yn cynllunio codi Cymru ac anrhydeddu ei hiaith?

Dydd Iau, 26 Ionawr 1922

Bu Victor Hugo dan fy sylw eto neithiwr cyn myned i'r gwely, a rhai o'i linellau gorau yn glynu'n lud wrthyf. A darllenais yn helaeth o *Lenyddiaeth Gymraeg* Gwynn Jones gan gael nid ychydig o adfywiad ynddo. Ni chwsg neb wrth ddarllen Gwynn gan mor effro y mae, a chan amled y brawddegau gwaraidd a gwreiddiol a geir ganddo. A phan fyddaf dristaf, fe gaf ynddo ef rywbeth bob cynnig a bair imi chwerthin a llawenychu. Nid unwaith na dwy y bu ei ryddiaith yn peri dedwyddwch imi llynedd wrth fynd gyda'r trên araf, oer, blin oddi yma i Baris.

Dydd Gwener, 27 Ionawr 1922

. . . Bûm awr yn nosbarth Loth, ac yna yn ymddiddan ag ef wrth gerdded o'r Coleg i'r Boulevard St Michel. Bu dyfodol Cymru, Iwerddon a Llydaw yn cael eu trin gennym; a deallaf y byddai'n dda ganddo weled Cymru a Llydaw yn annibynnol fel Iwerddon. Ond y mae yn amheus iawn am Lydaw – gyda hanner da ohoni yn Ffrengig, a'r gweddill na fedrir eu huno er dim. Cred y ceir Cymru'n annibynnol pan fynner; ac aeth tinc pendant ei air i lenwi fy nghalon â gobaith a'm cadarnhau.

Dydd Sul, 29 Ionawr 1922

. . . A chodi heddiw i ddarllen y bennod gyntaf o Iago yn y Llydaweg a'r Ffrangeg. Ac wrth wneuthur hynny bob yn ail â bwyta fy mhryd boreaf, yr oedd yr Athro yn dysgu'r Armeniad yn y Ffrangeg. A daeth un o'r ddau Seiamead i lawr yn ei wisg nos brydferth. Ac yna'r ddau fachgen o Bersia – a chwarae Persiad â Seiamead a syllu yr Armeniad a'i chwaer fach. Y mae'r ddau yma yn fwy diddorol na neb braidd – gyda'u seiniau celyd a'u haflonyddwch a'u hafiaith, a'u canu a'u cwerylon diniwed, a'u gwallt duach a gloywach na gwallt y gwŷr o Seiam. Rhyw gymysgedd ryfedd ydym ni – y teulu'n Ffrancod a'r gweddill yn Bersiaid wedi eu geni yng Ngroeg a'u gwaed yn Iddewig; a'r ddau Seiamead; a'r ddau Armeniad – hwythau wedi eu geni yn Rwsia a dysgu'r iaith honno a'u dwyn i fyny yn nysg ac iaith Ffrainc, a minnau yn Gymro o fynyddoedd Gwalia fach. Un yn Brotestant, teulu'n Babyddion, dau'n perthyn i Eglwys Rwsia, dau'n Iddewon a dau'n ddilynwyr Bwda. Babel ryfeddol. Cymdeithas gampus!

Dydd Mawrth, 31 Ionawr 1922

. . . Ac felly yr oeddem o gylch y bwrdd – yn Ffrancod, Armeniaid, Persiaid, Seiameaid ac un Cymro; a phob un â'i stori wahanol, a'r naill a'r llall â rhyw brofiad newydd a rhyw feddwl arall neu ddychymyg dieithr – y cyfan yn ffrwyth amryfal ffeithiau bywyd a helynt hanes. Fe gais pob un ddywedyd rhyw gymaint o Gymraeg ac nid oes yma yr un tafod na ddaw 'nos da', 'bore da', 'prynhawn da', 'da fachgen i', 'diolch' etc. trosti, pa mor swynol neu anghywrain bynnag y bo – a bydd yn fynych yn bob un o'r ddau. A phrawf geiriau Rwsia gyda'u S, a'u SK, STKI etc yn anodd i bawb. Ond iaith Seiam ydyw'r rhyfeddaf, a digrifaf o beth imi ydyw clywed ei llefaru bob dydd. Ni chaeir y geg o gwbl, ac ni chyffwrdd y naill en â'r llall fyth ond chwarae a siglo yn ôl a blaen. Dysg i'w rhyfeddu ydyw.

Dydd Gwener, 3 Chwefror 1922

Darllenais nid ychydig o'r beirdd Ffrengig neithiwr wedyn, a gorfod troi oddi wrthynt i'r gwely i feddwl a breuddwydio am wên annwyl Mami yn fy nisgwyl adref o bobman ar garreg y drws; a'r un wên oedd fel haf imi, a heddiw fel nef, ar ei hwyneb wrth edrych arnaf yn troi oddi wrthi – i Aberystwyth a lleoedd eraill droeon lawer, ac i Ffrainc am y waith olaf. Mynnai'r wên honno sefyll yn effeithiol arnaf neithiwr a'r meddwl amdani yn gwneuthur peth anhraethol ddyfnach na dwyn deigryn i'm llygad. Fy holl galon oedd yn wylo gyda hyn, a'm henaid i gyd yn fflam dân, yn nwyd annioddefol, a phur fel y dim puraf. Gwybûm brofi fy holl fod yn hiraethu – yn hiraethu hyd fêr yr ysbryd – am gael gweled gwên na welaf eto'n fuan. Ni ddaeth imi erioed awydd mwy, ie, dyhead tanllyd, am fyned i'r tir sydd tu hwnt i'r marw. Yno yn unig y gwelaf y wên honno mwy; ac fe ddylai meddwl amdani hi yn unig droi'n ennaint i bob clwyf a gaffwyf ar daith bywyd. Dyna'r gwahoddiad gorau i mi, i mewn i deyrnas nef – gwên glòs fy Mam yn haul ar ei hwyneb, ac yn fwy na gwyrth hyd graidd fy nghalon i.

Dydd Sadwrn, 4 Chwefror 1922

. . . Myned trwy y rhain, a'r *Faner* y bûm hyd yn hwyr neithiwr. Yr oedd yn honno fy ysgrif olaf i ar S.R., a hefyd lythyr oddi wrth rywun na ddatguddiai ei hun, yn fy nghyhuddo o ormod sêl tros y Gymraeg, ac o ddywedyd nad ysgol dda i'r Gymraeg mo Fachynlleth. A gofynnai am imi ei ateb, ac ni fynnwn, am nad oedd gennyf ryw ddaioni lawer i'w ddraethu ar yr ysgol honno. Ond dyna a wneuthum y bore heddiw, a danfon fy ateb i olygydd *Y Faner* . . . Ac yna cydio yn *Les Apôtres* Renan. Ac o bob llyfr a fu yn fy llaw yn ddiweddar, diau gennyf mai dyma'r gorau o ddigon. Y mae ynddo wreiddioldeb yn gymysg â chariad, deall a dawn. Dyn a wybu garu'n anhraethol a byw'n dda a fedrodd ysgrifennu fel ef. O mi hoffwn ei gyfieithu i'r Gymraeg!

Dydd Llun, 6 Chwefror 1922

. . . Ym Mharis y prynhawn yn cyfarfod Poirot a Sommerfelt – ond ni weithiodd pethau. Eithr gwelais Mr Marstrander – Athro'r Ieithoedd Celtaidd yn ninas Christiania – a chael fy nghyflwyno iddo a chael siarad ag ef am ysbaid bach. Gŵyr ef y Llydaweg a'r Wyddeleg yn dda, a daw i Gymru yr haf nesaf.

Dydd Mawrth, 7 Chwefror 1922

Yn ystod y prynhawn ddoe, yn ôl bod gyda Sommerfelt am amser go faith yn trin amryw bynciau – Cymru a'i llenyddiaeth, y Llydawiaid a'u cyfraniad i lenyddiaeth Ffrainc yn y ganrif ddiwethaf, gyda Chateaubriand, Lamennais a Renan, astudiaeth yr ieithoedd Celtaidd a'r dyfodol sydd iddynt a'r sefyllfa yn Iwerddon, ac effaith hynny ar iaith y wlad honno etc. – cerddais yr heolydd llawn eu miri a'u twrf; eu cerbydau a'u ding-dong; eu cerbydau ceffylau a 'ii' y gyrwyr, a'r gwragedd gwerthu yn dew a llydain a budr, a'u llais yn arwach na melin goffi; a'r stondinau papurau hwythau â'u gwragedd gwerthu yn fudr fel y lleill ond yn rhywiog a thyner yn eu ffordd syml; a'r tefyrn coffi gyda'u mynychwyr mynych a'u dynion yn gweini yn lle gwragedd; a hagrwch y cwbl er y sŵn a'r siarad, a'r awyr yn drwch o aflendid.

Dydd Sadwrn, 11 Chwefror 1922

Ni ddiweddodd fy ngwaith y ddoe gyda dyfod yn ôl o Baris yn y prynhawn. Y nos gynt cawswn lythyr yn gofyn gennyf ddechrau rhoddi darlithiau ar ramadeg Cymraeg yn yr École des Hautes Études Sociales am hanner awr wedi naw o'r gloch. Ac yn ôl swpera'n frysiog, yn ôl â mi eilwaith i'r brifddinas. Wedi cyrraedd gwelais fod gan yr Arglwydd Ashbourne ddarlith ar yr Wyddeleg. Gorffennodd ac yna dechreuais innau. Yr oedd gennyf chwech o ddisgyblion – Weisse a'i gefnder, offeiriad canol oed, gwraig ieuanc a'r

Arglwydd Ashbourne ei hun. Danfonasid am y *Guides to Welsh* gan T. Jones, ac yn honno y cymerwn fy arwain. Rhoed un imi hefyd. Cefais flas na wn pa fodd i'w ddisgrifio yn y gwaith a'r blas hwnnw yn cael ei swyno a'i ddyfnhau gan frwdfrydedd fy nisgyblion. Deallais yn fuan nad ychydig o Gymraeg a ŵyr Ashbourne a'i fod yn gwybod llawer iawn am reolau ei gramadeg a'i chystrawen. Aeth yr awr heibio megis dim, a minnau na wyddwn dreulio ei llawenach yr un waith er pan ddeuthum yma – ac yn fy llawenydd yn dymuno ei pharhad. Ymadawyd yn gyfeillion garw; a daeth Weisse, Mordrel a'i gefnder i'r orsaf i Luxembourg. Adref cyn deuddeg ac i'r gwely, a'm henaid yn aflonydd gan ei ddychmygion am ddaioni a lles Cymru annwyl.

Dydd Sul, 12 Chwefror 1922

Codi heddiw a darllen pennod o Fathew, *Y Faner*, a *Le Temps*, a llyfr newydd J.M. Keynes ar y telerau heddwch. A'r prynhawn myned i Baris i ddarlith Loth ac ymddiddan ag ef a Sommerfelt ar ôl hynny.

Dydd Mawrth, 14 Chwefror 1922

. . . ac yna cyfieithu un o straeon Daudet – sef *Jarjaille chez le Bon Dieu*. Dechreuaswn y gwaith neithiwr, ac yn wir ei orffen fel cyfieithiad cyntaf. Cywiro hwnnw a'i ysgrifennu o'r newydd y bûm yn ei wneuthur neithiwr. Collais lawer o'm hamser o orfod myned at y tynnwr dannedd. Ac yr oedd wedi unarddeg o'r gloch arnaf yn diwedd y stori ddigrif-bert hon. Mi fynnwn, pe medrwn gyfieithu pethau gorau Daudet i gyd i Gymraeg gloyw glân. Ac yn wir nid oes yr un awdur mawr, bydded Ffranc, Almaenwr, Rwsiad, Indian neu Siapanead neu ryw genedl-ddyn arall na fynnwn gyfieithu eu goreuon i'm cydwladwyr innau. Y mae fy nghynlluniau i'r cyfeiriad yma yn dlysion digymar, ac yn afrifed yn mwydro yn fy meddwl. Mynnwn hefyd gyhoeddi gramadegau Ffrengig, Almaenaidd etc. yn y Gymraeg cywrain, fel na fyddai raid i blant Cymru fod yn amddifad o ddim a fo o fudd i feddwl, o ennill, i enaid. Felly yn unig y codir hwy i wybod eu hiaith fel y dylent, ac i'w hysgrifennu fel y byddai yn addurn i ddiwylliant y byd. Ni fynnwn farw heb weled dim llai na chwyldroad tebyg i hyn ym mywyd Cymru fach. Ac oni ddaw i hyn, trist o beth a thruan fydd fy mywyd i. Rhoed Duw imi galon gref, ysbryd byw, obaith beunydd – ac i'm cenedl y doniau gorau a roed i genedl erioed. Gwych gennyf fyddai gweled fy ngwlad yn ei datguddio ei hun i'r byd fel Rwsia yn y ganrif ddiwethaf ac felly yn datguddio dyn iddo ei hun – y byd i'w breswylwyr. Bwriaded Duw na lwyddo fy mreuddwyd yn ddim ond breuddwyd.

Dydd Iau, 16 Chwefror 1922

Treuliais ddoe yn darllen Anatole France, Maxim Gorki, *Hanes Llenyddiaeth*

Ffrainc, y *Journal des Débats*; yn ysgrifennu ychydig; ac yn meddwl mwy na byddai'n ddoeth efallai i mi gyfaddef am Gymru. Pe sylweddolwn i fy holl ddyheadau ynglŷn â Chymru, ei hiaith a'i llenyddiaeth, ei bywyd a'i dyfodol, ni byddai a dywedyd y lleiaf, yn ôl i'r un genedl, mewn dim a fo'n bwysig, yn hanfod twf cenedl bur lân, oleuedig, yn dwyn gweledigaeth yn hanes pob un o'i dinasyddion ac â defosiwn i godi dyn i oleuo ei lwybrau yn anial y byd, ac i gadw'n loyw fellt gobaith uwch ei ben, a gwneuthur defosiwn i Dduw a daioni, a chariad a pherffeithrwydd yn dân yng nghalon pob bachgen a merch. Hoff gennyf i fyddai gweled yn llygad pob mam seren olau cariad yn llefaru'n amlwg; ac ar dalcen y tadau leferydd dynion yn gwybod eu rhodio tan lygad Duw a'u dewisodd i achub byd iddo. Ac yn y Gymru annwyl honno ni byddai fab heb garu tad, mam heb garu merch, tad heb garu tad, na merch heb garu merch. Un teulu fyddai'r cyfan, a'r teulu a'r aelwyd yn fan cyniweirio, a dysgu, a thrwytho y meddyliau swynol a nefol hyn. Cymru felly fydd Cymru fy nelfryd i – cenedl o weithwyr diflino o lafurwyr dilech eu henaid a'u hawydd, yn gweithio yng ngwinllan dedwyddwch dynoliaeth; yn canu cân gorfoledd wrth godi'r bore, yn canu cân gobaith wrth fyned adref y nos o lafur a fuasai a'i ludded, hyd yn oed, yn llawenydd iddynt.

Dydd Gwener, 17 Chwefror 1922

Bûm ym Mharis y prynhawn ddoe, ac yn nosbarth Loth. Cafodd ef well hwyl heddiw o beth difesur na'r hyn a gaiff yn gyffredin. Aeth i hwyl a brwdfrydedd teilwng o Gymro wrth sôn am lenyddiaeth Cymru yng nghyfnod y *Mabinogion* a Dafydd ap Gwilym. Yr oedd, meddai, yn wareiddiad cwbl eithriadol – arbennig, barddonol, llenyddol, gwleidyddol a meddyliol. Yr oedd ysgolion ar ysgolion o feirdd a'u gwaith a'u meddwl yn dwyn ym mhob tipyn ohono ôl sicr ac aml fireinder a melyster, dwyster a digrifwch, dawn ac awen. Yr oedd yn beth na cheid ei gyffelyb yn unman arall. Yr oedd, meddai wrth gau pen ei sopyn, yn drueni ac yn golled nad oedd llên y Cymry yn fwy adnabyddus. Ond bai y Cymry, i raddau helaeth! Ni ddywed yn dda nad oes yr un argraffiad da o weithiau Ap Gwilym. A theimlwn mai gwir a ddywedai – er bod pob gewyn a phob darn lleiaf ohonof yn cynhesu drwyddo gan falchder o glywed canmol llên fy ngwlad – a gwyddwn yr haeddai y cwbl o'r canmol. Balchïais hyd at gochi yn fy wyneb, aflonyddu yn fy sedd a chwysu chwys cariad. Nid oedd fod llawenach. Ymddiddanais â Loth am dipyn wedyn a cherdded gyda'n gilydd i fyny hyd at orsaf Port Royal. Ni chyfrifai'n fawr o beth waith Ifor Williams yn cyhoeddi ei lyfryn. Dylasai'n gyntaf brintio y llawysgrifau hynaf, a gweithio yn y blaen felly. Dywedais fod yn drueni o leiaf, nad oedd yr un cyfieithiad i'r Ffrangeg o ddim o lên Cymru – ac eithrio'r *Mabinogion*. Deallaf na wnaiff ef ddim cyfieithu Dafydd ap Gwilym. Dywed wrthyf ei fod yn un anodd ei ryfeddu i'w gyfieithu, gyda'i luniau byw, ei ddychymyg hedegog, a'i frawddegau cynhwysfawr, a gwn yn burion mai gwir hynny. Nid gorchwyl bychan a fyddai o gwbl. Ni fedrai esbonio imi paham yr oedd cyn lleied yn gweithio ar yr ieithoedd Celtaidd yma – ond ofnaf i mai am y rheswm a nododd Lot (Ferdinand) imi ddechrau'r tymor. Nid athro gwych oedd Jubainville, na llai gwych fyth Geddoes gyda'i glefydau a'i glewni, ei dymer a'i wylltineb. Ac yn wir nid athro da mo Loth chwaith – pell o hynny. Ymddengys weithiau yn ddifater, fel pe na bai'n wahaniaeth ganddo a fyddai gydag ef efrydwyr neu beidio. Y mae'n fynych mor sych ag ysglodyn; a chofiaf am y dosbarth cyntaf fod yno ryw saith neu wyth i gyd. Aeth rhai allan yn ystod y dosbarth hwnnw; a gofalodd y mwyafrif o'r lleill beidio â dyfod yno fyth wedyn. Ac nid oedd siom o gwbl iddo eu gweled yn codi allan – nid oedd o ddim pwys yn ei olwg. Y mae diffyg ar yr athrawon Celtaidd. Cyn ymadael â'n gilydd buom yn sôn am Syr John Morris Jones – nid oedd gan Loth fawr feddwl ohono; am Fraser sydd yn Rhydychen; am Gwynn Jones, na ŵyr ef lawer amdano; am Parry-Williams (cefnder Williams Parry) nad oes ganddo onid peth bychan iawn o barch iddo. Ni weithiodd yn dda yma, meddai ef, nac aros yma'n hir. Ac o ddywedyd hyn aeth i sôn am ysgrif a fu ganddo yn y *Revue Celtique*. Ni ddylai fod yno o gwbl. Thurneysen a ysgrifennodd lythyr at Vendryes yn ei chylch, ac yn awgrymu cael ei chynnwys. Addawodd hwnnw ynteu ac, ar ôl addo, nid oedd dim i'w wneuthur ond cadw ato. Ni ddylasai o gwbl meddai; ar ôl gweld y gwaith y mae'n bwnc o addo. Nid oedd dim newydd nac adnabyddus ynddi dim – dim diben. Deallais ei anfodloni'n ddiogel; ond hwyrach ei fod ef â thuedd i gamfarnu Parry-Williams am na bu hwnnw fawr nemor dro yn dilyn ei ddarlithiau. Canmolodd Dr Mary Williams a Morgan Watkin – yr olaf yn arbennig. Ymadael.

Dydd Gwener buom drachefn ym Mharis. Cyn dechrau bu Vendryes yn sôn am y llythyrau canmol a dderbyniai am ei lyfr newydd – *Le Langage*, ac am y diffyg deall ohono yn amryw ohonynt. Y mae Sommerfelt i'w adolygu. Yna aethom trwy'r gwaith . . . A'r nos bûm yn ôl drachefn yn y brifddinas yn dysgu Cymraeg i eraill a siarad â'r Arglwydd Ashbourne, a'i fochau cochion a'i lygaid llonydd, marw, gleision, a'i wallt yntau'n las.

Dydd Mawrth, 21 Chwefror 1922

Heddiw daeth imi dri chopi o'm cyfieithiad o *Les Paroles d'un croyant*. Balch iawn a dedwydd, ond nid heb eu trwytho ag anesmwythder pryder. Darllen y cyflwyno i Mami annwyl, darllen y rhagymadrodd, a dechrau darllen y *Geiriau*. Darllen y cyflwyno drachefn a'r rhagymadrodd drachefn ac esmwytho a bodloni. Darllenais yna y *Geiriau* o un pen i'r llall erbyn cinio, a chael fy modloni ar y cyfan, er chwilio rhyw hanner dwsin a mwy o wallau. Nid oes arnaf ddim cywilydd ohono. Y mae'n waith go lew, ac ystyried popeth; a diau y buasai'n llawer mwy fy nghanmol pe buasai'n waith arall. Canmoled arall hwn yntau, nid myfi. Un peth a ddeisyfaf i ar ei ran –

gweddïaf iddo fendith Duw. Gobeithiaf y bydd yn lles i enaid Cymru a'r byd; yn addfwynder ac yn ddedwyddwch i galon y gormeswyr sydd yno; yn ddysg ac yn weledigaeth i'r rhai a fyn fod yn ddiwygwyr cymdeithas; yn obaith ac yn gariad i galonnau mamau a merched; yn lledaenu'r Gymraeg ac yn peri ei darllen a'i dysgu fwyfwy; yn creu ac yn cynhyrfu bywyd newydd, glân, trwy Gymru achlân; yn wir yn ddim llai na hudlath gweddnewid a gwella holl agweddau bywyd.

Dydd Iau, 23 Chwefror 1922

Daeth imi *Y Geninen* heddiw gydag erthygl imi ynddi – 'Yr Ymherodraeth Brydeinig ym Marddoniaeth Cymru'. Ceir gwallau ynddi, am na chefais ei chywiro. Danfonasid imi broflen i Aber, i Dregaron ac yna yma – ond printiwyd cyn derbyn y broflen yn ôl. Cefais hefyd lythyr bach mwyn iawn a melys a hael oddi wrth Laura. Canmol yr ysgrif oedd hi a'r rhai sydd yn *Y Faner*. Yna dyfynnodd eiriau gŵr sydd yn gweithio yno ar hyn o bryd. Wedi darllen yr ysgrifau yn *Y Faner*, a hon yn *Y Geninen*, y mae'n debyg; a dyma a ddywedodd :

Y mae yn sicr o ddyfod yn ysgrifennwr mawr; y mae ei waith yn fy neffro drwyddaf ac yr wyf yn ei gyfrif yn nesaf peth at foddion gras!

– ie, yn nesaf peth at foddion gras! – go lew wir. Gobeithiaf hynny, a mwy.

Dydd Gwener, 24 Chwefror 1922

. . . Darllenaswn lawer ar y *Journal des Débats*, hefyd, yn ystod y prynhawn. Y mae hwnnw yn dda odiaeth ambell dro, ac felly heddiw – gydag ysgrifau medrus ar y sefyllfa wleidyddol, a thaflu golwg gywir, hael dros genhedloedd lawer. Ef a *Le Temps* ydyw'r ddau orau yma – er eu bod hwythau yn eithriadol o eithafol a militaraidd, yn drwm lwythog o elyniaeth at yr Ellmyn, ac yn gweiddi fel plentyn am gael eu talu ganddynt. Ni chofiant na meddwl bod y swm a geisiant yn fwy nag y gallai holl genhedloedd y byd, o arllwys eu coffrau gyda'i gilydd, ei ddangos. Ac am *Le Journal* a'r *Matin*, a'r giwed yna, nid oes, yn fynych y mymryn lleiaf o ddoethineb, chwaethach mwyneidd-dra, ar eu cyfyl . . . Codi wedi ciniawa a chael *Y Faner* – a'm hysgrif olaf ynddi ar y *Tro i Lanbrynmair*. Ac mewn lle arall, yr oedd geiriau canmol imi y tybiaf yn orau eu dyfynnu yma:

Ymddengys yr olaf o ysgrifau campus Mr Ambrose Bebb, M.A., Prifysgol Paris, tan y pennawd *Tro i Lanbrynmair* yn y *Faner* yr wythnos hon. Y mae wedi tynnu sylw mawr ac anaml, meddai llenor hysbys, y cyhoeddwyd yn y Wasg Gymreig ysgrifau o gyffelyb deilyngdod llenyddol. Un o blant Tregaron yw Mr Bebb, a diau y bydd darllenwyr

Y Faner yn falch o gael ei argraffiadau o Baris ped ysgrifenna ef hwy iddynt.

Da iawn, ond dymunwn fod yn llawer teilyngach ohonynt nag yr wyf i.

Dydd Sadwrn, 25 Chwefror 1922

. . . Wedi swpera, daeth Monsieur Jaquenot ataf yn flinedig a llwythog, i waredu ei faich wrth ymddiddan â mi, a chael cydymdeimlad yn ei ddioddef oherwydd camddeall y wraig, a diffyg meddwl y plant.

Dydd Llun, 27 Chwefror 1922

. . . Gweithio'n weddol ddiwyd o hynny hyd yr hwyr, a myned i'r gwely, yn ôl ymgom bybyr â Monsieur Jaquenot a gwynai yn herwydd amlder ieithoedd dieithr ac estroniaid ym Mharis, ac am y pydredd y maent yn ei ddwyn, eb ef, i mewn i fywyd Ffrainc. Achwyn yn enbyd ar y cenhedloedd duon a melynion, a hyd yn oed ar bobl Swistir – sydd iddo ef yn rhai diddim, a'r Iddewon y genedl fwyaf melltigedig a welodd hanes. Ac fe gwyna rhag difrawder ei blant a'i wraig, a'u myned i'r ddawnsfa neithiwr eto heb gymaint â dywedyd nos da.

Dydd Iau, 2 Mawrth 1922

. . . Ac wedi swpera, daeth M. Jaquenot ataf, ac esgyn stôl at ymyl fy ngwely a dechrau ymddiddan . . . Yr ydym yn dechrau ein hadnabod ein gilydd bellach . . . Adroddai hanes ei orffennol, a'r fel y bu hi arno na ddaeth yn Athro yn y Brifysgol ym Mharis. Ffôl o beth a direswm, eb ef, ydyw diffyg uchelgais; a'r diffyg hwnnw a barodd iddo ei gadw ei hun o'r golwg, a'i guddio o'r golau. A bu ar drothwy cael ei ddyrchafu yn herwydd y geirda a ddaeth iddo o bapurau gwychion un o'i fyfyrwyr. Bu sôn am ei ddyrchafu, a chyfaill yn ei gynghori i ymegnïo a threisio. Ond ni wnaeth, er bod y cyfaill hwnnw â dylanwad ganddo. Nid erys weithiau onid canmol uchelgais.

Dydd Gwener, 3 Mawrth 1922

. . . Yna aros i ddosbarth Vendryes; a gweled Mordrel ar ôl hynny, a chydfwyta a chydymddiddan am Gymru, am Lydaw, am Iwerddon am Ffrancod a Saeson. Ac yna, wedi naw dipyn, yr oedd fy nosbarth innau a bu yno weithio go dda am awr o amser. Ac yn ôl cyrraedd adref yr oedd yn ymyl deuddeg o'r gloch. Yr oedd Madame a'r ferch heb fyned i'w gwelâu, a chefais gwpanaid difai o de, ac ychydig gacenni bychain ganddi. Yfed ar fyrder, a throi i'm hystafell. Daethai'r *Faner* yma yn ystod y dydd. Fe'i hagorais gyda brwdfrydedd yn nyfnder fy mlinder. Ac i'm syndod, yr oedd yno lythyr arall ynddi, yn fy meio am eiriau a ddefnyddiais i sôn am Ysgol Machynlleth. Yr oedd yn un llym braidd, a garw a gerwin. Darllenais amryw o bethau eraill, ond yn ôl at y llythyr y mynnai fy meddwl foidro. Nid oeddwn o gwbl wrth fy modd o weled ysgrifennu'r pethau oedd yn y llythyr. Ac yn waeth na dim a ddywedid amdanaf i oedd y syniad a dreiddiai drwyddo ynghylch y Gymraeg, a'r cyn lleied o le a dybiai'r llythyrwr roddi iddi yng nghyfundrefn ein haddysg. Meddwl llawer am y peth, a methu â chysgu hyd yn oed wedi dau o'r gloch. A chodais ddwywaith i ysgrifennu'r rhan o'r ateb a ddaeth imi wrth ddwysáu a myfyrio.

Dydd Sul, 5 Mawrth 1922

Trois yn ôl i'r gwely cyn swpera neithiwr a darllen *La Vie universitaire* cyn cysgu. Ac yr oedd angen cysgu arnaf hefyd, wedi bod fawr ohono neithiwr. Ac yn ôl deffro heddiw, gafael yn llyfr Romain Rolland ar hanes bywyd Mihangel Angelo. Yr oedd yn fy mryd i gael ei hanes bywyd Mazzini a Beethoven, neu ei lyfr *Au-dessus de la mêlée*, ond nid oedd yr un o'r rhain i'w cael yn llyfrgell y Sorbonne. Gofynnais paham, ond ni chefais fawr o ateb. Bid a fynno, darllen hanes y cerflunydd o'r Eidal y bûm i drwy gydol y bore. Ac y mae yn un gwych, wedi ei ysgrifennu yn rhagorach na'i lyfr ar Tolstoi – o leiaf y cymaint ohono ag a ddarllenais heddiw . . . yna ysgrifennais fy llythyr i olygydd *Y Faner*. Aeth hwnnw â chryn lawer o'm hamser. Allan drachefn, am dro byr wedi te, ac ymddiddan â gwraig a balai ei gardd. Un gref, iach, groengoch, weithgar ydyw. Gweithia heibio ddwsin o oriau bob dydd, a heb gwyno dim – naw awr a hanner gyda Croux, a'r lleill gartref y bore, gartref fin nos: 'Blinder, iechyd ydyw' – ebr hi, ac eto 'Gweithio, iechyd ydyw', a dywedyd nad oedd gwaith yn un baich arni. Yn unig nid oedd ei chyflwr cystal â chyn y rhyfel. Tair ffranc yr adeg honno – neu dair ffranc a hanner – ond yr oedd yn anhraethol well iddi na'r wyth a gaf heddiw. Gorwedd chwe awr a hanner haf a gaeaf, a dim hwy. Ni wyddai orwedd ddydd yn y gwely, na gweled angen am hynny – hyd yn oed ambell Sul. Ni wnâi ond ei gyrru'n sâl pe gwnâi. Ni ddarllenai – ond gwnâi ei merch, adeg bwyta bwyd. Ni ddarllenodd ddim o'r Beibl, ac wedi fy nywedyd fel y darllenid ef yng Nghymru, ychwanegodd: 'Fe ddylai'r llyfr yna fod yn un diddorol'. Âi i'r Eglwys bob dydd – am chwech o'r gloch, er mwyn defnyddio gweddill y dydd at ei gwaith. Dyna'i bywyd hi, mor syml, mor bur, mor ddiddan, mor ddiragrith. Gŵyr, yn ddiau, brofi gorfoledd rhyfeddol er gwaethaf ei gweithio caled.

Dydd Llun, 6 Mawrth 1922

Myned i'r gwely'n gynnar neithiwr, a chysgu'n lled wych. Yn ôl deffro heddiw, darllen *La Vie de Michel Ange* gan R. Rolland, ac nid heb ennill rhyw dangnefedd di-ail yn hanes, helynt a thristwch a hiraeth ac ing bywyd yr hen gerflunydd hwnnw. Ac o bu iddo brofi chwerwedd bywyd a'i droeon duaf, ni bu hynny heb ei buro – a byrlymai ei fuchedd yn fynych o gariad na wyddai'n aml gael ei dalu'n ôl. Hen fachgen go lew ydoedd er yr ychydig wendidau a berthynai iddo.

Dydd Mawrth, 7 Mawrth 1922

Dechreuais y prynhawn ddoe a chrynhoi fy nghasgliad o eiriau Sir Aberteifi ynghyd, a'u gosod wrth ei gilydd, a'u hesbonio. Gorffennais â'r holl rai a dechrau gydag A, a gwneuthum y mwyafrif o'r rhai gyda B. Gorffennais hyn oll erbyn amser swpera ac yna ysgrifennu fy nyddlyfr. Ac yr oedd yn rhy hwyr i ddarllen dim mwy.

Heddiw, deffro cyn wyth, a gafael yn *La Vie de Michel Ange*, a darllen arno hyd adeg borefwyd, ac ar ôl hynny, nes ei orffen. Llyfr bychan campus ydyw, yn llawn gemau o feddyliau mwyn, a hanes da helyntion gŵr y bu ei fywyd, fel bywyd Eidal ei gyfnod, yn orlawn o lawenydd a thristwch, o ryfel a heddwch, o gyfeillion a gelynion, o binacl mawredd ac o ddyfnder y gwrthwyneb ambell dro. Dyn ydoedd â chalon fawr – fel Garibaldi, ond â meddwl llawer mwy nag athrylith ryfeddol gydag ewyllys wan. Ewyllys wan oedd yn ei rwydo ac yn ei faglu yn ei holl freuddwydion disglair, yn ei holl gynlluniau godidog, ac yn ei ymwneuthur â phawb – â phab ac â ffalstyn. Ond dyn da ydoedd, a wybu ddioddef a galaru a hiraethu, a garai'r tlodion a gweini arnynt. Ac yn ffodus, fe ysgrifennodd R. Rolland ei hanes gyda dwyster un yn deall, a chalon un yn caru. Ymddengys imi yn well o lawer na'i eiddo ar Tolstoi – yn fwy bywiog, yn burach ac yn bertach ei iaith. Cyfieithais ei ragymadrodd yn ystod y prynhawn.

Dydd Mercher, 8 Mawrth 1922

. . . Prynu *Le Temps* hefyd a'i ddarllen drwyddo bron erbyn cinio. Ysgrifennu y bûm bennaf yn y prynhawn – ysgrifennu gartref i Albert i Gaergrawnt, ac i'r Athro Miall Edwards. Danfonwn i'r olaf fy nghyfieithiad o Ragair R. Rolland i'w hanes bywyd Mihangel Angelo. Yr oedd y cyfieithiad ymhell o fod y peth ddylai fod, ac ni'm bodlonai o gwbl. Ond yr oedd y gorau y gallwn i ei wneuthur heddiw. Y godidogrwydd a welais i ynddo wrth ei ddarllen a barodd imi ei gyfieithu, a thlawd o beth oedd fy ngwaith os na chynnwys gyfran go helaeth o'r un mawredd.

Dydd Sadwrn, 11 Mawrth 1922

. . . Adref yna a darllen *Y Faner* a ddaethai imi yn ystod y prynhawn. Yr oedd fy nghyfieithiad o stori ddigrif Daudet – *Jarjaille chez le bon Dieu* – ynddi; a chymerasid darn o'm herthygl yn *Y Geninen* i'w dodi yn *Y Faner*. Yn ôl darllen drwy rannau go helaeth ohoni ac ysgrifennu peth, troi'n eilwaith i'r brifddinas i roddi darlith arall. Prynais lyfr R. Rolland – *Au-dessus de la mêlée* – ar y ffordd yno, a *Le Temps* hefyd. Darllen yr olaf am ychydig, ac yna daeth

Mordrel ataf, ac ar ei ôl, M. Weisse. Yr oedd dwy ferch o'r newydd yn fy nosbarth heno – un yn Wyddeles, wedi bod droeon yng Nghymru, yn deall llawer o Gymraeg ac yn ei ddarllen yn odiaeth o dlws. Ni wyddai'r llall ddim Cymraeg o'r blaen. Yr oedd hwyl ardderchog ar y dosbarth, o gael ennill felly eto. Bûm yn ymddiddan peth â'r Arglwydd Ashbourne, a rhoes imi rifyn Mawrth yr ail o'r *Darian* a dywedyd y derbyn ef y papur hwnnw bob wythnos. Yn ôl gorffen y dosbarth ac ysgwyd llaw â phawb, a chael cwmni Weisse a Mordrel hyd orsaf Luxembourg, myned i'r trên, ac agor *Y Darian*. A chyn taro amrant ar y llall, gwelais adolygiad ar *Eiriau Credadun* – gan ryw un Pat Mc Mon. Fe ganmol lawer, ond nid ydyw'n ddim o feirniad. Dyma'r adolygiad cyntaf a welais i eto – a balch oeddwn.

Dydd Iau, 16 Mawrth 1922

Heddiw cael llythyr oddi wrth olygydd *Y Faner* yn sôn am y bygwth a wnaed arno gan dwrne prifathro Ysgol Sir Machynlleth oherwydd y cwyn a osodais i yn ei erbyn. Myned allan dro i blith y bobl yn hau ceirch llwyd – heuir y ceirch gwyn ym mis Hydref – yn llyfnu ac yn troi yr hau pys etc. Ac yn ôl i'r tŷ i ateb llythyr y golygydd – ac yn ei gynghori i ymddiheuro drosto ei hun a dim mwy.

Dydd Sadwrn, 18 Mawrth 1922

. . . Darllen Ap Gwilym o hynny hyd ginio – a myned i Baris ac esbonio Cywydd Gruffydd Grug i Ferch, ac arall ganddo i'r Lleuad i Vendryes. Nid oedd Sommerfelt wedi gallu dyfod. Gweled Trefor Ifans – Cymro o Gaerdydd sydd yma – ac ymddiddan ag yntau ynglŷn â myned adref.

Yn ôl i Baris drachefn i gynnal fy nosbarth Cymraeg. Y mae hwn y peth gorau a ddigwydd imi yn yr wythnos, ac yn fy llanw drwof ag afiaith ac ynni a brwdfrydedd. Ac y mae fy nisgyblion yn rhai gwychion anarferol, a hwythau yn frwdfrydig i'w ryfeddu gyda'u dysgu'r Gymraeg. Ac yr oedd un ferch newydd yn y dosbarth heno. Rhoes Ashbourne imi *Y Darian* a'r *Brython*, a rhifyn cyntaf *Y Cerddor Newydd*. O'r braidd nad anghofiais fy hun yn y trên wrth eu darllen.

Heddiw'r bore myned allan i'r wlad i Malabry, ac i bentref hynafol. Myned i ffald ffarm yno – y Ferme de Plessis-Piquet, gyda'r llidiart uchel, mawr a'i gylch sgwâr o dai hen – a siarad â'r amaethwr. Yna i'r pentref – Plessis-Robinson – a gweled cofgolofn i'r bechgyn a myfyrwyr yr École Horticole; ac i'r Eglwys, yr hynaf yr olwg arni ar a welais. Un fechan ydoedd a deuddeg llath o'r drws i'r gangell a llai o led. Yn brydferth oddi mewn, gyda'i brodwaith a'i chelf a'i lluniau, a'r colofnau Mair a Christ, a'i phulpud bychan, cul a'r grisiau culion i fyny iddo. Yr oedd y wraig yn golchi'r gangell neu'r *Autel*; a gwelais offeiriad yno yntau. Wedi edrych yn fanwl a cherdded y llawr yn ddistaw, myned allan. Ac yn ymyl y drws gwelwn ysgrifen. Sef oedd honno:

Offrandes de Carême
1re Quête: Dispense du jeûne.
2me Quête: Permission de servir du lait et du beurre à la collation.

Islaw'r ysgrifen yr oedd blwch, a deallais yr ystyr: rhyddhad oddi wrth orchmynion yr Eglwys ynglŷn â pheidio â bwyta na'r bore na'r prynhawn (sef borefwyd a the) adeg y Pasg, trwy dalu arian. Holais Madame J. amser cinio, a chyfaddefodd mai un o wendidau – 'Notre religion' – ydoedd. Gan amlaf, nid ysgrifennir y peth i fyny mewn eglwysi; ond myned yn ddistaw bach at offeiriad, a chael rhyddhad personol ganddo ef.

Dydd Iau, 23 Mawrth 1922

Yn malu eira mân y bu hi ddoe drwy'r dydd, gyda diwydrwydd a thaerineb anghyffredin. Ac felly neithiwr, hyd onid oedd yr holl ardaloedd yn eu gwyn, a'r plu eira wedi troi yn edyn i'r wlad i gyd. Rhewodd hefyd yn ystod y nos ac oeri i raddau rhyfeddol, nes bod yn berygl i'r prennau a'u dail a'u blodau grino a pheidio â rhoddi o'u cynnyrch a'u cynnydd i'r gwyrda diwyd a weithia mor gyson wrthynt. Er tlysed gwisg haenen o eira, nid hoff y blodau ohoni. Sylwais ar rai coed, a'u blodau yn dal llwyth o'r eira gwynnaf. Ond ei ddal er eu gwaethaf yr oeddynt, a'i ddal megis angylion tlysion a ddelid yn gaeth ganddo. Ni sibrydant yr un gair, ac ni pharant glywed yr un o'u cwynion. Ond, megis calon yr alltud a dawa yn herwydd methu a dechrau adrodd y môr ing, y tonnau hiraeth a ŵyr, tewi a wnaent hwythau, a pheidio â llefaru rhag cael eu camddeall. Myned finnau a gadael cyfeillion fy hiraeth, a throi i'm hystafell. Daeth imi lythyr caredig, calonogol, oddi wrth fy modryb o Lanbrynmair y bore. A'r un pryd, *Y Darian* o rywle – o Lanelli i ddechrau, ac o Aberystwyth yna. Ac yn ôl ei hagor, gweled marciau cochion gyferbyn â darn arbennig. A pha beth oedd yn y darn hwnnw ond Cymro yn cwyno rhag yr erlid a wnaed ar y Gymraeg gan athro yn Aberdâr. Ac am yr angel a ddanfonodd *Y Darian* imi, fe welodd ynof amddiffynnydd y Gymraeg! Ond pa beth a allaf ei wneuthur? Peri galw sylw at yr athro, a chael llythyr twrnai? Pleidio'r Gymraeg, a chael fy ngalw yn ŵr penboeth? Na, pa beth? Mewn difrif, beth? Deffro Cymru? Ie – pa fodd? Creu ysbryd cenedlaethol? Ie – gwaith go anodd, nid gwaith un dydd. Cymru Annwyl – pe gallwn i'th alw di a'th blant at ei gilydd, megis rhai bychain rhai annwyl i mi. Gymru! Ai rhaid yw i hiraeth dy blant, eu dyhead am y delfryd a'r gorau, eu dychymyg a'u hathrylith, droi yn fedd i'm delfryd? Deffro Cymru! Defnyddia'r doniau a roid i'th feibion yn dŵr eu hiechydwriaeth! Dwg hwy oll i anghofio bodolaeth aur ac arian – pe na bai onid am wythnos – a digon yw. Ac nid anghofir y pethau a welwyd yn ystod yr wythnos honno. Ac felly yr achubir ni.

Darllen Renan ar Bawl yn ddiwyd drwy'r dydd. A heno daeth *Breiz Atao* imi, a rhoddi imi ddeunydd meddwl a myfyrio yn nyfnder loes y wlad fechan honno – Llydaw – a chreulondeb ei chymdoges gref, anfoesol.

Dydd Sadwrn, 25 Mawrth 1922

. . . Darllen pennod am Ibsen, ac wedi swpera, troi eilwaith yn ôl i Baris. Prynu un arall o weithiau Tolstoi ar fy ffordd; a chael gan Weisse un o'm disgyblion, lyfr Llydaweg – *Breiziz*. Ymddiddan am amser go dda â'r Arglwydd Ashbourne am Iwerddon ac Arthur Griffith – na ddysgodd yr Wyddeleg hyd yn hyn. Rhoes imi y ddwy *Darian* ddiwethaf . . .

Daeth imi ddau lythyr heddiw – y naill oddi cartref ac ugain punt ynddo, a'r llall oddi wrth yr Athro Miall Edwards yn diolch imi am fy nghyfieithiad o ddarn o waith Romain Rolland, ac yn gofyn gennyf ysgrifennu erthygl i'r *Efrydydd* cyn bo hir. Danfonodd *Yr Efrydydd* diwethaf imi, yntau, a daeth hwnnw i law yr un pryd. Darllenais drwyddo erbyn cinio – a da o rifyn ydoedd hefyd. Diddorol a dywenydd ydoedd y nodion o'r Colegau, ac wedi eu hysgrifennu'n gampus bob un. Erthygl dda ydyw honno gan y golygydd ar Henry Jones; eiddo Pulston oedd y salaf i'm tyb i o'r cyfan – a hwyrach mai ei destun a gyfrif am hynny.

Dydd Sul, 26 Mawrth 1922

. . . Yna troi allan a cherdded i fyny drwy Robinson, a chyfarfod â'r Cavalcade – gorymdaith gerbydau a gyrwyr a gwŷr wedi eu gwisgo a'u gweddnewid, a genethod glân, goleuig yn eu gwyn, ac amryw o grytsach a mygydau o bob lliw a llun ar eu hwynebau, a chanu cyrn a thrwmpedau. Dyfod yn ôl ac ysgrifennu dau lythyr . . . a cherdyn i Iorwerth Peate, yn ei longyfarch ar ei lwydd diwethaf.

Dydd Llun, 27 Mawrth 1922

Aeth pawb bron oddi yma i'r sinema neithiwr – a Madame hithau, er yr holl gwyno afiechyd a gwendid y bu yn ystod yr wythnos ddiwethaf. A chwynai rhag yr un peth heddiw ddiweddaf adeg y cinio cyntaf. Ond wedi dyfod y nos a'r sôn am sinema, fe anghofiwyd yr afiechyd i gyd, a gwisgo i fyny yn ladi ryfeddol, a myned yn goc 'i chlust – ys dywed Cardi – i'r wledd luniau a chanu. Ac i mi, fe'i hesgusodai ei hun – heb ofyn hynny iddi – gyda dywedyd mai o'i gwaethaf yr âi, nad âi neb o'r plant pe nad âi hi, ac yn olaf, nad oedd hi yn ddifrifol fel myfi. Ac yna myned. Cerddais innau dro a dyfod yn ôl i ysgrifennu llythyr i'm cyfaill – Parry-Williams, Aberystwyth. Ac nid oedd fawr fy hwyl, ac nid da o lythyr a ysgrifennais. Yna i'r gwely. Ond gan oerfel a chan feddwl am Gymru a gweithio drosti, ni chysgais fawr drwy'r nos. Codi felly a phen tost, a chalon drist, doredig.

. . . Gweithio gyda Sommerfelt a chael benthyg Bwletin y Brifysgol ganddo. Prynu gweithiau Lamartine, a llyfr Emile Faguet ar lenyddiaeth Ffrainc. Darllen y rheiny ar y ffordd adref, ac yn fy ystafell ar ôl hynny. Darllen *Bwletin Prifysgol Cymru* gyda diddordeb, taerineb a brwdfrydedd, onid oedd yn hwyr iawn. Ac nid anwych o gylchgrawn ydyw – ond bod eisiau Cymreigeiddio cryn lawer arno. Diddorol iawn ydyw erthyglau Gwynn Jones, Ifor Williams, Henry Lewis a J. Lloyd Jones ar eiriau a'u hesbonio.

Dydd Mercher, 29 Mawrth 1922.

Wedi cerdded yn ôl swpera neithiwr a dyfod yn ôl i'm hystafell, ysgrifennu crefhteiriau Sir Ddinbych, fel y'u ceir gan Gwynn Jones yn y *Bulletin* y bûm – i'w cymharu â geiriau Ceredigion.

Codi heddiw, a gorffen darllen Mathew gyda bwyta fy morefwyd. Daeth imi Raglen Eisteddfod Tregaron a darllen honno drwyddi – a chael fy nirfawr siomi yn y cymaint Saesneg sydd ynddo. Ynfyd hefyd ydyw rhoddi *Craig yr Oesoedd* yn destun pryddest; ond disgwyl, yn ddiau am bryddest ddiwinyddol ar lun traethawd. Da ydyw traethawd ar Henry Richard. Nid ydyw'r gerddoriaeth ar ei gorau chwaith, er bod rhai darnau da i'w canu, a bod un o weithiau Bach yn eu plith. Ond gellid cael geiriau Cymraeg i'r cwbl bron.

Dydd Iau, 30 Mawrth 1922

Yn y prynhawn, ysgrifennu llythyr i Wilym Davies, Caerdydd, ynglŷn â chystadlu am swydd Trefnydd i Gyngor Cymru o Gynghrair y Cenhedloedd.

Dydd Llun, 3 Ebrill 1922

. . . Bu Poirot a Sommerfelt a minnau amser da gyda'n gilydd heddiw a gweithio hyd bump. Ac weithiau, âi amser heibio mewn ymddiddan â'r Athro Poirot yn adrodd peth o'i hanes yn Helsingfors, ac am helynt gwrthryfel Rwsia fel y gwelodd hi pan oedd yno. A sôn hefyd fel y bu iddo weled gwŷr llengar a dysgedig Finland yn dadlau'r naill â'r llall ac yn ymryson ynghylch pwyntiau anodd eu hiaith; a'r goreuwyr gorau yn anghytuno a methu. Felly ninnau gyda'n meddalu a phynciau eraill ein hiaith ninnau yng Nghymru.

Dydd Iau, 6 Ebrill 1922

A mi allan yn cymryd fy nhro olaf, ac yn bwrw peth o'm hiraeth tan sêr tanbaid a dirifedi, a chethlydd yr wybren a'r lloer yn eneinio peth o'm calon yn nyfnder gwae a thristwch a wyddai neithiwr fel yn rhy fynych yma. Fe gyfarfûm â Weisse. Daeth yma o Baris i'm gweled, i gael goleuni ar gerdd neu ddwy y myn eu cyfieithu o'r Gymraeg i'r Llydaweg . . . Daeth i'm hystafell, ac yno y buom yn ymddiddan a chyfieithu a thaflu trem tros Ffrainc, a bywyd a bryd ei phobl. Ac yr oeddem yn unfarn am amryw bwnc – y llenyddiaeth dda, ond yn annemocrataidd ac yn fynych yn anfoesol; balchder y bobl, a'u bryntni a'u gorhoffedd am y gwragedd; eu hanwybodaeth yn gyffredin, a'u hofn rhag yr Ellmyn a rhag eu diflannu eu hunain a'u hiaith.

Dydd Sadwrn, 8 Ebrill 1922

Gadael Paris yn union wedi naw, ac agor *Le Temps* oeddwn newydd ei brynu, ac ar ei ôl y *Daily News.* Yna, *Y Faner,* a myned drwyddi hi'n fanylach. Yr oedd ynddi un dudalen gyfan i gynhadledd Pengwern. Yno y cyfarfuasai rai dyddiau cyn hynny, nifer o gynrychiolwyr Senedd a chynghorau Sirol Cymru, ac ymreolaeth i Gymru yn destun eu diwydrwydd. Nid oedd le nac achos gorfoleddu mewn dim ar a ddywedwyd yno; yn unig, da ddyfod dynion ynghyd a bwrw gyda'i gilydd drem dros bwnc ymreolaeth. Nid oedd yn araith nemor un ohonynt ddim a brofai brofiad gwleidydd, na dangos dysg myfyriwr cyfansoddiadau. Ond nid ydyw'n annhebyg nad oedd bwriad amryw yn bur, a bod cariad at Gymru a'i hiaith a'i gorau yn ennyn rhai ohonynt o leiaf. Rhoddwyd lle mawr a gormod o lawer ohono i'r ofn na byddai ymreolaeth yn talu ar ei ôl. Fel pe bai i ymreolaeth ddwyn rhyw gyfoeth ac aur ac arian i'n wlad fechan! Neu fel pe bai arni hi nodwedd na pherthyn i'r un gwlad, na roed iddi gyfoeth ddigon i gaffael ei llywodraeth ei hun. Ac am y sôn a'r siarad am y Tŷ Uchaf, ni bu mewn na chyngor na synagog ei dlotach erioed. Nid ydyw'n debyg i'r mwyafrif o'r bobl hyn weled unwaith lyfr ar gyfranroddiadau'r gwledydd. Boed a fynno, testun balchïo yn hytrach na'r gwrthwyneb ydoedd y cyfan imi. Y mae'r garreg weithiau yn treiglo; fe gyfyd bennau'r defaid o'r borfa a thynnu eu sylw ati. Llawenheais innau yn y trên.

Dydd Sul, 9 Ebrill 1922

Cyrraedd Dieppe yn ymyl un fore ddoe, a chroesi yn ystod y pedair awr nesaf, a'r môr heb aflonyddu rhyw ormodedd ar ei donnau, a'm llygad innau heb fedru eu cloi eu hunain unwaith, a'm bryd a'm meddwl yn crwydro a chrwydro i Gymru, i Gamer, i gynhadledd Pengwern, ac ar gyfansoddi cyfansoddiad. Cyrraedd Newhaven yn oer wedi dioddef saldra'r môr yn eithaf drwg, a blino a lluddedu. Cyfarfod â dau Sais ar wahân, a siarad â hwy; y naill yn byw ym Mharis er 1906, ond heb fedru siarad dim o'r iaith na deall a ddywedid ynddi, ond yn unig deall a ysgrifennid ynddi. Am y llall, gŵr ydoedd a groesa'n fynych, fynych, yno, a byw y rhan fwyaf o'i amser ym Mharis. Ond ni fedrai yntau'r iaith, er deall peth ohoni, a gallu darllen rhai o'r papurau yn weddol. Saeson.

Dydd Llun, 10 Ebrill 1922 [*Cymru*]

Aeth y nos Sadwrn heibio i ymddiddan ac adrodd, a chael fy holi ac ateb. Ac yna fore'r Sul, ni chodais fawr iawn cyn hanner dydd, a myned yn ôl fy arfer i'r Ysgol Sul y prynhawn. Sul newid yr athrawon ydoedd hi, a'm dosbarth i yn cael Morgan Morgans, Y Neuadd, yn athro arno. Cymhellwyd finnau i fyned at ddosbarth am y prynhawn; a myned. Ac ni wn i osod geiriau wrth ei gilydd na'u dewino fel y byddo iddynt adrodd hanner y tangnefedd a wybûm gyda gweithio unwaith eto yn yr Ysgol Sul annwyl – ysgol nad oes un arall yn unlle ar ei chyfyl mewn teilyngdod a daioni. A bu ymddiddanwyr lawer yn ymddiddan â mi ar ôl hynny; ac adroddais iddynt hanes bywyd a helynt Ffrainc. Myned i'r Capel y nos hefyd, a chael yn wych bregeth nad oedd â llawer o ragoriaeth yn perthyn iddi. Dywenydd a bendith imi yn Ffrainc fyddai ei chlywed – hyd yn oed yr un bob Sul! Ac am y canu, yr oedd yn wych fel na wn i ba beth. O'r gorfoledd a gannai fy nghalon pe clywswn ei gyffelyb bob Sul yn fy alltudiaeth. Ba les sôn am fawredd gwlad a'i grym a'i gallu, ei baneri, a'i chonglau a'i chestyll, a hithau heb bregeth fwyn, ac Ysgol Sul ddofn, ddifyrrus? Dewisach imi a rhagorach Gymru fach a'i hysgol Sul, a'i phregeth a'i hemyn, a'i cherddi a'i chethlydd a'i hawel iach a'i rhosydd a'i chorsydd, a'i chornicyll a'i mynyddoedd na'r dewisaf o geinderau Paris a'r prifddinasoedd gwneuthur, gyda'u heolydd sythion, a'u muriau mawr a'u gerddi heirddion a'u prennau yn gaeth mewn heyrn.

Dydd Llun, 17 Ebrill 1922

Ni bûm yn y Capel bore ddoe yn herwydd cynddeirioced yr hin, a'i chethined. Gyda'i gwynt cryf a'i glaw cyson, aflawen anghyffredin o ddiwrnod ydoedd. Yn darllen Victor Hugo, a darnau o'r Testament Newydd ac esboniad ar yr Actau y bûm gydol yr amser. A myned y prynhawngwaith i'r Ysgol. Yn y bennod gyntaf o'r Actau y llafuriwn, a llafurio'n daer, a llafurio'n frwd. A chodai ambell bwnc dyrys, pigog, i fyny, nes peri dadlau lawer ac ymryson. Ac am fwyafrif aelodau'r Ysgol, y maent yn iach yn y ffydd, yn gaeth o iach. Neu, a dywedyd yn well, caethion ydynt, caethion i athrawiaethau – caethion i'r drindod, i lyfrau'r Dr Lewis Edwards a'i ddamcaniaethau. Yr anffawd ydyw, nid eu bod yn gwybod yr athrawiaethau cynefin hyn, ac yn gwlwm wrthynt; ond bod y rhain yn eiddew caeth amdanynt, onid yw yn amhosibl iddynt dderbyn yr un syniad newydd, na'i wrando. Fe'u clywant, pe na bai ond gennyf i, ond eu gwrando a'u hystyried ni wnânt ar un cyfrif. Colled anghyffredin ydyw mai dyna'r math ar bobl a gododd yr Ysgol Sul hyd yn hyn. Nid ydynt, bid sicr, heb eu rhagoriaethau, rhai gwerthfawr a drud lawer ohonynt. Codi rhai gwell a godidocach – dyna waith yr Ysgol Sul yn y dyfodol, dyna ei chenhadaeth, ei neges. Fe wn i yn burion y gwna hyn o feithrin ffydd ynddi ei hun a thorri tir newydd, ac ymuno brwdfrydedd a dychymyg yr ieuainc at brofiad ac arafwch yr hen. Dyna gyfle Cymru, ei phyrth aur. Wele paham y rhagora ar Ffrainc a Lloegr.

Dydd Iau, 20 Ebrill 1922

A'r dydd yn ieuanc ac oer ddoe, codais o'm gwely a gwisgo, a myned i Aberystwyth. Yr oedd Hen Fyfyrwyr y Coleg yn dyfod ynghyd yno yr wythnos hon. Ac yr oedd yno gyfarfod Cymraeg ddoe – y cyntaf er y dechrau – a chan na fedrwn i fyned i fwy nag un, na hepgor rhagor nag undydd, fe ddewisais ymweled â'r hen fangre ddoe. Cyrraedd yno cyn naw, a gweled cefnder imi o ardal Swyddffynnon yn troi i ffwrdd am Ganada. Dyfod ar draws Iorwerth Peate ar unwaith, ac ymddiddan ag ef am y ddadl a fuasai rhwng ei dad a minnau. Galw yn swyddfa'r *Faner* a deall nad ffynnu cystal a wna'r *Faner* wedi'r symud o Ddinbych. Yno cyfeirio at y Coleg ac yn cyfarfod â llu o gyfeillion hen a newydd – Ifan ab Owen Edwards; T. Hughes Jones; Parch. J.H. Jones; Jack Edwards, AS; y Prifathro Davies; yr Athro Edward Edwards; Dr E.C. Lewis; Morgan Rees; yr Athro John Hughes; Dewi Morgan a llawer iawn yn ychwaneg. Bu gennym gyfarfod y bore, nid un rhy lewyrchus, yn wir ond un â llawer o ysbryd da ynddo. Y Prifathro yn Gadeirydd ac Edward Edwards yn fynych yn ddigrif-ddoniol a Bryan yn Gymro trwyadl. Yr oedd Mr Jenkin James i agor ar bwnc addysg, a gwnaeth hynny yn ddeheuig a meistrolgar. Bu ysbaid hir cyn i ŵr arall – dieithr imi o ran ei enw er iddo ddyfod ataf yn y diwedd, efe a'i wraig, a diolch imi am araith a draddodais yn ddigon trwstan ar ei ôl, a dywedyd yr adnebydd ef Febbiaid Meifod – Meifod Wen y bardd. Daethai'r Prifathro Davies ac Ifan ab Owen ataf eu dau cyn hynny i erfyn arnaf ddywedyd gair; ond y gŵr o Feifod a gododd. Ac ar ei ôl ef, fe gododd y Llywydd ar ei draed a dywedyd: 'Feallai y cawn ni air o Ffrainc yn awr'. Ac yna nid oedd imi i'w wneuthur ond codi – â'm corff yn crynu megis deilen yn hydref, a'm coesau'n eiddil fel eiddo maharen. Dadlau dros hawliau'r Gymraeg fel iaith dysg a diwylliant yng Nghymru a wneuthum, a galw sylw at yr angen am lyfrau Cymraeg, am nofelau i blant, am gadw dyddlyfrau yn Gymraeg; am ysgrifennu hanes Cymru'n gyflawn yn y Gymraeg (fel Lavisse yn Ffrainc) bob yn gyfnod, gyda meistr i ysgrifennu ar bob cyfnod. Cwyno beth yn erbyn y cymaint cyfyngu ar y Gymraeg i ysgrifennu esboniadau – a'r rheiny mor rhyfeddol o iach yn y Ffydd nes bod yn afiach o beth i'w ddarllen. Wrth gwrs yr oedd amryw bethau eraill y cyfeiriais atynt, canys siaradais yn faith ddigon – er nad gyda dim byd o'r drefn a'r deheurwydd y dylaswn. Nid oedd gennyf na sill na nodyn i'm cynorthwyo – dim i gyfeirio fy nghwch. Mewn teimlad o gywilydd ohonof fy hun y cefais fy hun yn fuan ar ôl hynny – er i amryw ddiolch imi am yr araith, ac i eraill rai, fy llongyfarch arni. Un peth a wn i – lle methais i yn fy ymadrodd, yr oedd fy nghalon yn ei lle, fy ysbryd yn y cywair.

Dydd Sadwrn, 22 Ebrill 1922

Dydd prysur iawn a fu'r Gwener imi, gyda chart o dom a'i gywain i'r cae tatw. Ni bu nac egwyl na hoe yn ystod y dydd, ac eithrio ysbaid byr i fwyta'n prydau bwyd. Ac adeg cinio, cefais y naw llyfr a ddaethai imi y bore – wyth cyfrol o'r *Geiriau Credadun*, ac un *Y Cybydd* yn yr un gyfres. Oddi wrth Ifor Evans, un o'r ddau olygydd y daeth saith ohonynt, ac oddi wrth Henry Lewis y rhelyw. Cefais hefyd lythyr oddi wrth y naill a'r llall – y cyntaf yn fy 'llongyfarch ar eich gwaith godidog', dyna ei eiriau. Dywedai bod yn well ganddo ddarllen fy nghyfieithiad na'r gwreiddiol ei hun. Ysgrifennodd glywed dywedyd imi roddi Beibl newydd i'r genedl Gymreig. Ni wn ai gwir hyn; fe wn iddo, yn y geiriau hyn, roddi mynegiant i beth a fu ganwaith yn fy meddwl wrth gyfieithu, ac wedi hynny. Ei waith ef ydyw'r gyfrol nesaf, sef yw honno Y Cybydd. Sôn am yr adolygu a fuasai ar y Geiriau a wna Henry Lewis, a dymuno cael fy ngweled ar fy ffordd yn ôl i Baris. Daeth imi hefyd lythyr oddi wrth olygydd Y Faner yn dywedyd y bydd gan un Ithel Davies lythyr yn Y Faner nesaf yn dadlau cydgenedlaetholdeb, ac yn bwrw yn erbyn cenedlaetholdeb a chadw'r iaith Gymraeg. Gofynnai imi ei ateb y waith nesaf, a danfon fy mil am hynny – a rhoi gwybod yn ddisyfyd. Gwell gennyf i beidio ag ysgrifennu'n ôl yr union. Caf weled pa beth a ddywed Ithel Davies; digoned dewis ysgrifennu yn ei ateb ar ôl hynny. Ni ddadlaf er mwyn dadlau – fe ofalaf rhag i hynny ddigwydd.

Dydd Llun, 24 Ebrill 1922

Neithiwr, wedi fy nyfod adref o'r capel a bwyta, fe gydeisteddem bawb wrth y tân, yn adrodd helynt y dydd a'i ddigwyddiadau, yn ymdrin â phynciau'r Ysgol y prynhawn, yn ymhél â phregeth yr hwyr. Ac yr oedd yn wynt garw oddi allan, a'i ru'n enfawr. Ac o'n blaen ni yr oedd tân coch yn cynnau'n oddaith, yn cynhesu pob cwr o'r gegin fawr, yn tynnu gwên ar wyneb pawb a eisteddai o'i gylch. Ac fel yr ymddiddanem felly ac adrodd a gwrando, yr oedd symud ysgafn y tu allan i'r drws, a chur isel, ysgafn. Myned finnau i'r drws, a dyfod D.J. Morgan i mewn. A newidiodd yr ymddiddan ryw gymaint canys yr oedd ganddo ef ei bynciau ei hun i'w trafod, a'i holion ei hun i'w gofyn. I ddechrau, bu sôn am Eiriau Credadun, a bu yna fawr holi ar Ffrainc. – Beth sydd yn bod arni? Paham y mae hi mor ddig wrth yr Almaen? wrth Rwsia? wrth Brydain? Beth a gyfrif am ei haflonyddwch? ei hanfodlonrwydd? A ydyw hi'n filitaraidd? yn paratoi rhyfel? Dyna rai o'r amryw gwestiynau a roes imi i'w hateb ar Ffrainc, a gwleidyddiaeth y Cyfandir. Fe'i bodlonais gyda'r cyfan ohonynt, a newid ein hymddiddan. Cenedlaetholdeb a Senedd Cymru a fu'r testun wedyn. Ni welai angen am Senedd a ninnau â phob rhyddid efo ni eisoes, ac yn berchen pob dim y mae'n rhaid wrtho er datblygu ein nodweddion, ein delfrydau etc. Fe ddeil mai ysbrydol ydyw doniau cenedl – delfryd, dihewyd, dyhead, crefydd, rhyddid, iaith – ac nad oes alw am lywodraeth a Senedd, bethau materol. I mi, pethau ydyw'r rhai olaf hyn y mae'n rhaid wrthynt er datblygu'r blaenaf. Nid ydyw Senedd yn amcan ynddi ei hun – moddion ydyw i gyrraedd yr amcan. O'r braidd y medr Cymru ddatblygu ei haddysg, berffeithio ei diwylliant, a chwblhau ei dihewyd Cymreig heb Senedd. Rhaid wrth arian Senedd Gymreig i gyhoeddi llyfrau Cymraeg, i brintio papurau Cymreig bob dydd, i ddysgu Cymraeg yn iaith pob dysg yn ein hysgolion a'n prifysgolion. Fe saif Senedd i Gymru dros genedl gyfan – nid oes inni heddiw ddim a wna hynny. Fe fag ei dadleuon a'i gweithrediadau ddiddordeb ym mhawb drwy'r wlad – Senedd

Lloegr sy'n tynnu sylw pawb yma heddiw, ac i Lundain yr edrych y mwyafrif o'n pobl bennaf am arweiniad. Nid felly y dylai fod, ac nid felly y bydd mi dybiaf ymhen rhai blynyddoedd. Fe fydd Senedd yn uno Cymru bob darn ohoni, bob sir a chantref, wrth ei gilydd. Cofiaf i bob gwlad fechan braidd gynyddu ei greddfau, ddatblygu ei bywyd cenedlaethol, yn y cwbl ohono wedi caffael Senedd. Cafodd Norwy ddiwygiad mewn llên a dysg yn ôl cael ei Senedd iddi ei hun, a chododd lenorion ac ysgolheigion na bu eu gwell yn unman. Nid amheuaf na bydd i ninnau weled peth cyffelyb.

Dydd Llun, 1 Mai 1922

. . . Ar fy ffordd adref, dyfod ar draws Walter Morgan – y gŵr a fu oddi yma i garchar adeg y rhyfel am ei wrthwynebu – ac ymddiddan ag ef. Ac ar drawiad amrant aeth i sôn am *Eiriau Credadun*, a welsai ddydd neu ddau yn ôl, a darllen ychydig ohono. Gan fachgen ieuanc y'i gwelodd a mynnodd dddywedyd wrthyf fel y canmolai hwnnw y llyfr, gan ddyfynnu rhyw frawddeg yn y cyflwyno a dywedyd na welsai erioed ei chyffelyb. Ac yna eb ef, 'Yr ych chi wedi cael rhyw ddylanwad rhyfedd ar y bobl ifenc yma.' A soniodd lawer am yr 'edmygedd sydd gyda nhw atoch chi', a'i fod yn dywedyd hynny wrthyf fel cysur imi wrth droi'n ôl i Ffrainc. Celwydd ynof fyddai dywedyd na fodlonai hynny fi'n ofnadwy iawn. Gwyddwn ryw deimlad rhyfedd o falchder wrth gerdded fy hun tuag adref, er nad yn gymysg o deimlad cwbl wahanol – mor annheilwng oeddwn i fel yr edmygai neb fi! Pa beth sydd yn fy mywyd i, gyda'i holl ddiffygion o bob math, i ennill edmygedd ieuenctid iau na minnau? Onid bod fy meiau, a'm gwendidau oll ynghyd? Yn y meddwl hwn yr euthum i gysgu ac aflonyddodd beth ohonof heddiw eto.

Dydd Sul, 7 Mai 1922 [Ffrainc]

Gwelais Vendryes dydd Gwener, ac ymgomio'n ddiddig ag ef ac yntau'n afiaith i gyd gyda dangos llyfr newydd W.J. Gruffydd imi, a llyfr newydd ar Lamennais – llyfr y mae am imi ei ddarllen yn ôl iddo ef ei orffen. Yna i ymyl yr Opéra i ymweled ag un Mr Dowle – Cymro – nad oedd yno ar y pryd. Y mae yn ei fryd ef i godi cymdeithas Gymraeg yma – ac fe'i gellir ac i ddiben da. Ddoe crwydro ymhell i Fontenay des Roses, ac i'r Bourg la Reine – tref yn ymyl, ac yn llawer glanach a thlysach na Sceaux. Gweled Eglwys Brotestant ac un Gatholig yno – y naill yn llwm fel ysgubor, a moel a mws, y llall a cholofnau cedyrn, celfydd iddi a ffylacterau a phrydferthwch. Myned heddiw i'r gyntaf – L'Eglise Evangélique – cyn i'r Ysgol Sul orffen – canys dyna'r peth boreaf yno . . . Capel noeth – a noethed oddi mewn ag oddi allan. Ystafell hir, gul a muriau meirwon uchel a moelion bob ochr; ystolion bychain diaddurn; perdoneg pwysfawr ei don, a phulpud bychan crwn a phen crwn oddi arno, ac yna groes – dyna'r cwbl! Ond er ei waced a'i lymed, fe deimlwn fy hun mewn awyrgylch well nag yn yr un Eglwys y bûm ynddi yma. At hyn, rhyw drigain o bobl a phregethwr a chanu tlawd a darllen deirgwaith a phregeth ar 'Dilyn fi'. Awr go ddiddan ar y cyfan.

Dydd Llun, 8 Mai 1922

Codi'n fore heddiw a darllen llawer ar *Le Temps* cyn bwyta. Y mae ei ergyd yn ofnadwy ar Lloyd George. Felly'r Ffrancod oll, a M. Jaquenot a'i geilw'n gref 'Canaille!' Darllen hanes Beethoven gan R. Rolland, a myned i'r tristwch hwnnw sydd â thangnefedd a gorfoledd yn rhyfedd o agos iddo. Bywyd o frwydro, o dristwch ac o'r dioddef dwysaf. Bu dy enaid glân yn berarogl imi heno, a'th fywyd pur a'th dristwch yn ennaint yn ireiddio perfeddion fy enaid innau. Fe fynnwn undydd ysgrifennu dy hanes, a chodi colofn i dy enw ym mysg fy mhobl. Y peth lleiaf ydyw cofnodi yma fy nyled iti am hwyrddydd haf dihafal a blodau dy dyfiant di yn taenu persawr pur ar lwybr un sydd fel tithau yn gwybod ing a loes a thor-calon a hiraeth. Gwylia nad â'n goll y golau oedd gennyt ti.

Heddiw, wedi darllen *Le Temps* a *Breiz Atao*, cerdded allan i'r llannerch rhyngom a Chatenay; gweled deulwyth glas o ryg (*seigle*), a gofyn yr hanes i'r ddeuwr – un ohonynt heb sanau am ei draed yn y clocs trymion trystfawr. Eu dilyn a dyfod yn y diwedd drwy bentref Chatenay i'r ffarm. Ffold fechan; 34 o wartheg lliwiog, tewion, ieir a chŵn; gŵr ifanc yn taclu indsian ladd gwair newydd; gwraig letach a thewach na'r un y sylwodd fy llygaid arni erioed o'r blaen, yn bwhwman o gylch a golwg bwysig arni, er nad awdurdodol ormod; dau blentyn rhadlon yn cusanu cyn gadael am yr ysgol yn ymyl; y gweision yn gysurus a rhyddion; gŵr o Baris yn ei ddu, newydd ddechrau yno yn lle'r gŵr a aethai i gladdu perthynas. Ymddiddan â phob un yn ei dro . . . Cyfieithu meddyliau Beethoven fwyn wedi cinio.

Dydd Mercher, 17 Mai 1922

. . . gorffen erthygl i'r *Faner*.

Dydd Gwener, 19 Mai 1922

. . . I Baris i roddi *Geiriau Credadun* i Vendryes. Yr oedd yn falch iawn, ac yn amlwg wrtho yn dda anghyffredin ganddo ei gael. Sonia am ei ddarllen, a'i adolygu yn y *Revue Celtique*.

Dydd Sadwrn, 20 Mai 1922

. . . dechrau fy ysgrif ar Sceaux . . . gorffen cyfieithu rhai o feddyliau Beethoven. Y mae rheiny weithian gystal â bod yn barod i'w danfon i olygydd *Y Cerddor Newydd*.

Dydd Mawrth, 23 Mai 1922

Treulio'r Llun bron yn gyfan gwbl gydag ysgrifennu. A'r pwnc yr ysgrifennwn arno ydoedd y taeog yn Ffrainc, ei hanes yn y canrifoedd canol. Yr oedd hynny yn fy mryd ers tro maith, a darllenais ddau lyfr yn ddiweddar ar y peth: *Les Populations Agricoles de la France* gan Baudrillart; a *The Fields of France* gan Mme Duclaux. Yn yr olaf y cefais y blas mwyaf, a bu'n symbyliad imi gychwyn ar fy ysgrifennu. Gweithiais yn galed y Llun heb fod allan ddim braidd ond i brynu'r papur a danfon llythyron i ffwrdd.

Dydd Llun, 29 Mai 1922

Y Sul: Ysgrifennu hanes y daith i Chatenay y bûm trwy'r dydd; ac nid oedd gennyf grys i fyned i'r Capel. Y mae un ar goll, a chollwyd y llall heddiw, ond fe'i cefais wedi ei sychu erbyn yr hwyr . . . Llun: Gorffen hanes y daith.

Dydd Mawrth, 30 Mai 1922

. . . gorffen yr ysgrif ar y gweithiwr yn Ffrainc; a'i darllen drwyddi – heb ei chael yn fy modloni rhyw ormod.

Dydd Iau, 1 Mehefin 1922

. . . Ac yna'n ôl i ddarllen Tolstoi, a'm traed yn noeth gydag awel dyner yn sibrwd i mewn i'm hystafell arnynt. *Après le bal*; – dyna'r stori, un fechan, dlos a swynol. Henafgwr yn adrodd fel y carai ferch ieuanc brydferth, ac fel y peidiodd yn ôl gweled ei thad yn ffrewyllu milwyr. Fe hoffwn ei chyfieithu.

Dydd Llun, 5 Mehefin 1922

Codi'n fore, a pharatoi i fyned i Versailles . . .
    Yn ôl drwy'r parc a'r goedwig; at y llyn ac i fyny'n ôl at y plas gyda'i gerddi mân o'i flaen ac o'r ochr. Yr oedd bwthyn Marie Antoinette mor hoff gennyf i â dim a welais yno. Gwelais yn y llyn o'i flaen gorsennau, a meddwl am eiriau Pascal:

L'homme est un roseau, le plus faible de la Nature, mais c'est un roseau pensant.

Canys megis corsen y diweddwyd y frenhines honno.

Dydd Mawrth, 6 Mehefin 1922

Heddiw, codi'n weddol fore, a dechrau â'm gwaith o ysgrifennu. Ysgrifennu hanes y daith ddoe y bûm drwy'r dydd gyda dyfalwch go dda, ond heb fawr o frwdfrydedd. Ryw ffordd neu gilydd, y mae rhyw dristwch rhyfedd wedi dyfod drosof yn gawod drom, ac y mae yn andwyo y brwdfrydedd sydd yn rhaid wrtho er mwyn cyfansoddi rhywbeth fyddo â dim o werth ynddo. Codaf yn y bore, a'm teimlo fy hun yn drist heb wybod paham. A thristwch ydyw nid fel hwnnw a ddaw o brofiad trist, ond tristwch megis hwnnw oedd yn fy ngorllwyn y llynedd pan ddywedai breuddwyd a phopeth tebyg wrthyf bod Mami'n dioddef – er bod pob llythyr yn dywedyd y gwrthwyneb.

Dydd Sadwrn, 10 Mehefin 1922

A mi'n gweithio neithiwr, daeth M. Weisse yma yn ofyn gennyf gyfieithu cynifer o frawddegau. Ac yna buom yn ymddiddan am y Ffrancod. Meddwl gwael sydd ganddo ef amdanynt. Y maent yn anfoesol ac yn anniwair ryfeddol ebr ef. Dangosais iddo y clod a roddai rhyw ŵr o Sweden iddynt; ac atebodd – parch i wragedd, nad oes dim. Y gwragedd sydd bob amser ar gam; dygnwch a dyfalwch, nad oes fawr iawn; syniad uchel am fywyd teulu – llai fyth, gyda'r anniweirdeb sydd yn cymryd ei le. Hoffach gan ferch ebr ef, briodi gŵr a fu gynt gydag un arall – dyna gyfansoddiad meddwl y Ffrancod, er mor anhygoel y gall fod i Gymro. Mynnu innau iddynt ddangos nodweddion ardderchog yn ystod y rhyfel. Do, mewn ystyr, meddai yntau, fe gadwyd y gelyn yn ôl nes dyfod eraill i'w cynorthwyo. Ond at hynny, gorfod myned â phawb bron a gadael yr hen a'r methedig yn unig ar ôl. Cenedl wedi ei bwyta ei hun allan ydoedd. Fel arall yr Ellmyn, oedd â'u miliynau'n ymladd ond â miliynau hefyd yn gweithio. Na, y mae ei phoblogaeth yn lleihau o hyder cael Alsas a Lorraine. Cenedl ydynt a gred fod eu hiaith a'u dysg a'u syniadau yn bennaf dim, ac y dylid eu gwasgu ar bawb yn Ffrainc – ar y Llydawiaid hyd yn oed. Cenedl yn gwastraffu da ar briodi a chladdu er twyllo ei gilydd eu bod yn gyfoethog; cenedl gybyddlyd hefyd. Rhoddai'r cyfoethogion eu plant yn haws na'u harian yn y rhyfel; ac y mae cyfoeth yn ddiogelach na bywyd yn Ffrainc. Er enghraifft, os lleddir rhywun er mwyn bodloni dicter neu falais, cewch eich rhyddhau'n fynych; lladd er mwyn dwyn arian – nid oes ryddhad o gwbl! Prawf arall meddai ydyw'r holl ddwyn yn y trenau – dwyn gan y teithwyr cyffredin.

Dydd Llun, 12 Mehefin 1922

Darllenais lawer o chwedlau Tolstoi cyn cinio ac ar ôl hynny; ac y mae fy mryd ar gyfieithu rhai ohonynt . . . Cael llythyr heddiw oddi wrth W.J. Gruffydd yn mynegi ei fod am gael fy erthygl ar y gweithiwr yn Ffrainc i'w chynnwys yn ail rifyn *Y Llenor* . . . Danfon yr ysgrif ar y gweithiwr yn Ffrainc i W.J. Gruffydd.

Dydd Sadwrn, 17 Mehefin 1922

. . . ysgrifennu llythyr i Ifor Williams Bangor a danfon iddo gyfieithiad o un o chwedlau Tolstoi ar gyfer rhifyn cyntaf *Y Tyddynnwr*.

Dydd Sul, 18 Mehefin 1922

. . . i Baris, yn gyntaf heibio i Vendryes a cherdded gyda'n gilydd dipyn, a sôn am fy ysgrifau ar Ffrainc, ac am gyfieithu. Ymadael . . . i dŷ Mordrel a'i gefnder yn Avenue Constant-Coquelin. Siarad am amryw bynciau o bwys i Gymru a Llydaw a gwahanu, – cyfieithais faled hefyd . . . Wedi swpera, daeth Weisse yma yn drwm lwythog o ddefnyddiau ar gyfer fy nhaith i Lydaw. Arhosodd yma hyd wedi unarddeg, a chael ymgom felys iawn. Cyfaill cywir iawn ydyw, un hael a charedig hefyd. Ni wn am gystal cyfaill ag ef o gwbl yn Ffrainc.

Dydd Gwener, 23 Mehefin 1922

Cerdded, cerdded, cerdded – dyna fy hanes i drwy'r dydd y dydd Mercher yn Reims. Cerddais y ddinas o un pen i'r llall fwy nag unwaith, a chrwydro trwy ei lleoedd anghyfannedd . . . rhodio yn unigedd y ddinas. Y waith hon y gwelais ei thrueni a'i dioddef. Nid oedd nemor neb, a theimlwn megis yn rhodio ym mysg beddau. Mynwent ydoedd Reims yr adeg hon a dim gwell na hynny. Cefais gwmni diddorol dyn a fuasai'n fyfyriwr yn y Sorbonne i ymddiddan ag ef ar fy nhaith. Yr oedd yn erbyn yr Ellmyn, ac yn trin Lloyd George yn arwr. 'Cofiwch mai gelyn Ffrainc fu Lloegr erioed', meddai, 'Ac efallai os deil hi i weithio'n unig er ei lles ei hun, y cyfyd Ffrainc a'r Almaen gyda'i gilydd yn ei brig', a dyna'i diwedd hi.

A gŵr hyddysg ydoedd, yn ddoethur y Brifysgol. Ond hoff ganddo fywyd ysgafn Paris, a darllen llyfrau: 'Y mae pawb yn ei ddarllen', meddai ef.

Dydd Sadwrn, 24 Mehefin 1922

Ysgrifennu tipyn o hanes y daith i Reims y bûm y deuddydd diwethaf . . . Ond y prynhawn cerddais allan i gyfeiriad Robinson, ac i ganol coed y dyffryn. Buaswn ym mhlas Chateaubriand sydd yma unwaith neu ddwy o'r blaen, a'r tro diwethaf, gwahoddwyd fi i fyned yno i weled y perchennog. Heddiw y daeth hynny i ben, ac yn ddigon gwylaidd y rhodiais hyd ato. Wedi curo droeon lawer ar ddeuddor yn wynebu'r parc, euthum i ddrws yn y cefn a chael ateb yn fuan. Gwelais yr un wraig ag o'r blaen, a gwahoddodd fi i mewn i'r tŷ i ystafell fechan ddestlus. Ymhen tipyn daeth gŵr y tŷ yma, yn ŵr bonheddig, taclus a digon hawddgar. Wedi ysgwyd dwylo, a'n cyfarch ein gilydd, ac imi roddi iddo ryw gymaint o'm hanes, aeth i ddechrau sôn am Chateaubriand a fu byw yno o 1809–1817. Yr oedd yntau, fel

Chateaubriand, yn Llydawr, er na wyddai'r iaith. Dangosodd amryw luniau o'r bardd yn yr ystafell honno – lluniau ohono'n ifanc, delwau bach, a llun y lle y ganed yn ymyl St Malo, a llun y bedd ar y graig o flaen y môr garw. Yn yr ystafell yr eisteddwn ynddi y gweithiai Chateaubriand, ac nid oedd onid y darn hwnnw o'r plas yno yr adeg honno. Yma yr ysgrifennodd amryw o'i lyfrau, ac yn arbennig ei *Atgofion*, a'i hanes digrif am droeon doniol. Yna cerddasom o gwmpas y parc, a dangosodd imi goed a ddug y llenor o'r Dwyrain – dwy neu dair o gedrwydd Libanus, poplysen neu ddwy, palalwyf ganghennog. Ymddiddanasom lawer am sefyllfa Ffrainc a'i chysylltiad ag America a Phrydain ac â'r Almaen. Cyfaddefai yr edrychai Ffrainc yn rhyfedd yng ngolwg y cenhedloedd. Yr oeddynt hwy eisiau symud gydag atgyweirio bywyd y Cyfandir; a phallai Ffrainc â symud, ond mynnu i'r Almaen ei thalu. Ond tybiai y dylai dalu; ac os na fedr hi heddiw, y mae'r dyfodol o'i blaen hi, a chanrifoedd. Ni fedr weled modd i ddiweddu helynt Iwerddon, ac achwynai rhag y drwg o ladd y Cadfridog Henry Wilson. Lle gwych ydoedd y parc, gyda'i fragwair hirdal, a gwychaf wedyn y llwybr trwy ganol trwch coed o'i gwmpas, a helaethrwydd coed eraill y tu hwnt. Dangosodd imi y porth yr arferid dyfod i mewn at y plas – o brifordd Versailles, am fod popeth yn cyfeirio yno yr adeg honno. Daeth Marie Antoinette i'r plas am brynhawn a chododd perchennog y lle y pryd hwnnw ddarn o dŷ ymhen tridiau. Hen a gwlyb ydoedd heddiw – ac aethom i mewn iddo. Yma y gweithiai Chateaubriand lawer iawn. Yn ôl i'r plas, ac i mewn trwyddo, gyda'i neuaddau hen, a'i ystafelloedd dodrefnlawn. Bwriada wneuthur tŷ cleifion ohono. Rhoes imi ei enw, a llun y plas. Treuliais brynhawn melys yn ei gwmni – a chefais fy ngwahodd i gerdded yno pan fynnwn.

Dydd Sul, 25 Mehefin 1922

Bore heddiw – Y Sul – ysgrifennu llythyr i Maggie, ac yna myned i'r Deml i dref Bourg la Reine a gwrando pregeth. Rhoes y gweinidog imi fenthyg llyfr ar hanes y Protestaniaid yn Ffrainc a'r llyfr emynau. Gweled un o orymdeithiau'r Eglwys Gatholig ar fy ffordd yn ôl, a'i dilyn i'r Eglwys. Rhyfedd imi rwysg yr Eglwys a'i phrydferthwch, ei rhesi gloyw o oleuadau gwawrgoch, ei hallor yn bentwr o dlysni drud, a'i hofferen gyfoethog, a'i hoffeiriaid yn eu gynau gwynion a'i gorymdeithiau a'i phererindodau, ei darluniau a'i delwau, ei pherarogl a'i harogldarth, y canhwyllau a'r croesau a'r calonnau, clych y clychau, cân y côr a thôn yr offeiriad. Ni ellir llai nag edmygu y prydferthwch gwir sydd yn y pethau hyn. A gwych gennyf innau droi i mewn i Eglwys Pabydd o Ysgubor Protestant.

Dydd Llun, 26 Mehefin 1922

Heddiw – ddydd Llun – cael llythyr diddorol oddi wrth fy nghyfaill G.J. Williams o Gaerdydd yn trin amryw bynciau ac yn gwasgu arnaf i gyhoeddi llyfr o ysgrifau ar Ffrainc . . . Ni chefais hwyl i gydio yn fy mhlufyn i orffen y daith i Reims.

Dydd Mawrth. 27 Mehefin 1922

Codi am bump a gwisgo a pharatoi ar gyfer myned i Fontainebleau.

Dydd Gwener, 30 Mehefin 1922

Dydd Iau: . . . Yna cymryd tro wedi te i'r cae mawr wrth gefn Robinson. At fab a gwas y ffarm Plessis-Piquet, oedd yn dyfod â rhyw fath ar gambo i gywain gwair oedd mewn mydylau mawr. Nid ei godi'n union a wnânt, ond eu glynu â rheffynnau hirion, cryfion, megis y gwneir â gwellt gwenith yng Nghymru . . . Cerdded ymhellach heibio ŵr â chambo llawn ysgubau gwair. Eisteddais i lawr i ymddiddan ag ef. Nid oedd iddo ddim o ddiddordeb yn yr Eglwys. Nid oedd na Duw nac enaid na bywyd arall. Duw – a chreulondeb rhyfel? Amhosibl. Lladdwyd tri o'i fechgyn, a thasgai dagrau o'i lygaid, er ei waethaf. Yna daeth yr amaethwr yno. Duw – arian ydyw meddai; a gwn yn sicr mai gwir hynny amdano ef. Cwynai rhag y tywydd a melltithio Duw amdano, am wlychu'r gwair, am beidio â rhoddi arian iddo. Arian – dyna'r cwbl. Bolsefist oeddwn i am faeddu dywedyd nage. Aeth o'i gof, a'm gorchymyn oddi yna. Pagan perffaith, calon graig. Enaid – wedi darfod amdano. Ni welais ei dlotach erioed.

Mis Gorffennaf 1922

[*Trwy wythnosau cyntaf mis Gorffennaf bu Bebb ar daith yn Llydaw. Adroddir hanes y daith hon yma a thraw yn* Llydaw a Pererindodau.]

Dydd Llun, 31 Gorffennaf 1922 [Cymru]

. . . am yr eilwaith . . . Bwriais ar y *Tro yn Llydaw*, onis gorffennais ef. Llyfr da ydyw, un doniol a diddorol. Ond nid ydyw'n wir yn fynych. Ni ddeallodd Owen Edwards y Llydawiaid yn rhy dda; deallodd Ffrancod yn waeth na hynny. Y mae yn rhy greulon o lawer wrthynt. Y mae ei frawddeg yn dywedyd iddo fwynhau edrych ar Ffrancwyr bonheddig yn glaf o saldra'r môr yn ddybryd a chreulon, ac ymhell o fod yn deilwng o'r awdur. Pan gofnoda ymddiddan â'r Llydawiaid y mae, mi dybiaf, yn berffaith gywir. Ond fe wna gam mawr â hwy ar dudalen 36 a 77. Ni wyddai ef fel y dioddefodd Llydaw oddi ar law y Ffrancwyr; ac ni chydnebydd y dioddef fwy nag a ddioddefwn ni ar law Lloegr. Nid ydyw'r Llydawr mor ddiog ag yr awgrymai ef, nid yw'n anfoesol – myned o Baris i Lydaw a agorai lygaid unrhyw ddyn. Meddwdod – dyna wendid mwyaf Llydaw; ac aflendid a difaterwch ydyw'r gwendidau nesaf. Ond ar lawer cyfrif y mae'r Llydawr yn frawd cyfan gwbl i'r Cymro, yn grefyddol fel efô, yn bur, yn santaidd, yn drist a phruddglwyfus. Enaid â thragwyddoldeb – dyna ydyw Llydawr.

Dydd Mawrth, 1 Awst 1922

. . . Meddyliwn droeon am fy nhro yn Llydaw, ac am lyfr Owen M. Edwards. Tybiwn iddo ef gamddeall y bobl yno, a'u camfarnu. Protestant ydoedd ef, ac nid dyn, a thrwy lygaid lliwiog gŵr felly y gwelodd efô Babyddion Llydaw. Ni welodd y wlad chwaith yn brydferth; cwynai na welodd ddwfr rhedegog, ac ni soniai unwaith am y coed a'r coedwigoedd rhamantus.

Dydd Mercher, 2 Awst 1922

Codi'n fore heddiw, ac ymolchi allan fel arfer ac ysgrifennu ychydig cyn bwyta fy mhryd cyntaf. Cerdded tro yna, a dyfod yn ôl i ysgrifennu llythyron i gyfeillion ym Mharis a Llydaw – diolch i rai am eu caredigrwydd imi wrth dramwyo drwy Lydaw, ac annog eraill i gadw ymlaen eu gwaith tros eu gwlad. Ysgrifennais i ddau olygydd *Breiz Atao* gan sôn wrthynt am y casgliadau y deuthum iddynt am fywyd Llydaw, hynt yr iaith a syniad y bobl am eu cenedl. Ysgrifennu hefyd lythyron i Gwynn Jones ac i Parry-Williams, ac i'm modryb i Lanbrynmair. Ychydig cyn cinio bu Daniel, ac Albert a minnau yn gwasgar olion gwair neu grafion Cae Pistyll. Yna, yn union wedi cinio, gwasgar a thrin gwair y Cae Tasau Mawr. Cawn innau hamdden yn awr ac eilwaith a'i ddefnyddio i ddarllen *Mémoires d'outre tombe* Chateaubriand. Caf flas odiaeth wrtho. Y mae rhyw hud trosto, rhyw swyn sydd gynefin imi, a hoff gennyf. Y mae dewisach gennyf ei naws na'r *Tro yn Llydaw* – Chateaubriand ydyw'r Cymro, neu o leiaf y Celt gorau o lawer. Renan a Chateaubriand – dyna'r ddau a geidw ysbryd a lledrith y *Mabinogion* mewn llenyddiaeth ddiweddar. Darllen *Cymru* lawer ohono, a gweled ynddo ganmoliaeth i'm cyfieithiad o'r *Geiriau Credadun*.

Dydd Iau, 3 Awst 1922

. . . Ysgrifennu cais am swydd darlithydd yn y Coleg yn Abertawe. Gwaith diflas imi hynny, y diflasaf o bob gorchwyl braidd a'r lleiaf ei ddiddordeb. Ysgrifennu hefyd lythyr i Henry Lewis a sôn wrtho am fy nhaith yn Llydaw, ac am yr ysgrifau sydd gennyf wedi eu hysgrifennu am Ffrainc.

Dydd Sadwrn, 5 Awst 1922

. . . Myned heno wedi pedwar gryn dipyn, ar gefn y ferlen las i Gellan. Yr oedd gennyf ryw ddeng milltir i fyned a brysio y ferlen yn gampus. Cyrraedd i lawr erbyn chwech, a gweled Gruffydd John a'i frawd Mathew a'i fam.

Myned i'r tŷ, a rhoddi iddo y *Chrestomathie*. Ni buom ynghyd am gymaint o dro ers amser maith, ac yr oedd yn dda iawn gennym gael ein gweled ein gilydd. Sôn am fywyd y Coleg yng Nghaerdydd, am fywyd Ffrainc, ei llên a'i hanes, ei henaid a'i gogwydd, ei phobl a'i phethau. Sôn am Lydaw a'i hanes hithau, am arferion y bobl, eu crefydd a'u defosiwn, eu Pabyddiaeth a'u hofergoel: sôn am Daldir, Ar Moal, Vallée, Gourvil, Picquenard, William Jones a llawer yn ychwaneg. Cerddasom yn fras dros bynciau o natur hollol wahanol. Arllwysais o ystôr fy mhrofiad yn helaeth. Buom gyda'n gilydd hyd wedi deg; yna dechrau'r ffordd yn ôl, a'm cyfaill ofnus bron marw gan ofn wedi imi ei osod ar gefn y ferlen.

Dydd Sul, 6 Awst 1922

. . . *Y Geninen* am Orffennaf – gydag erthygl o'm gwaith i ynddi . . . darllen *Y Llenor* – ysgrif gampus Saunders Lewis, un eithafol Gruffydd John . . . darllen drama J.T. Davies – *Y Dieithryn* – un wir dda, gynnil, gywir a da.

Dydd Mawrth, 8 Awst 1922

Neithiwr darllen hyd hanner nos; a chodi'n fore heddiw. Gorffen y rhagymadrodd i'r *Barzaz Breiz*. Darllen Chateaubriand hefyd, a dilyn gyda blas hanes dechrau ei fywyd. Allan am dro i blith y dail a'r blodau i fyfyrio gyda'r gwrychoedd a'r gweirgloddiau. Bwriai law ysgafn tyner, a chwythu awel fwynaidd, yn dwyn mwynder a melyster ar ei hedyn. Y mae'n brydferth ryfeddol y caeau a'u cloddiau gleision, y banc a'i weirdwf cwta, gyda'r ŵyn yn pori arno. Gwelaf innau Natur a Chreadur a'u caru a chalon yn eu deall, neu o leiaf yn rhyfeddu atynt. A dyfod yn ôl oddi wrthi i blith fy llyfrau, gyda'm calon wedi ei chynhesu, a'm mynwes wedi ei chynysgaeddu gan ddyhead a delfryd. Yr anhawster ydyw dyfod â thân y dyhead i flaen y pin ysgrifennu, ac enaid y delfryd i'r geiriau a dorrir ar bapur. Nid ysgrifennais erioed ddim i'w gyffelybu â'r peth a brofais ac a deimlais yn weddol fynych y bore ar ben mynydd, yn hwyr dan hwyl pregeth o enau glân, y nos yn y cysgodion, yn sylwi ar y lloer, yn gweu lliwiau ac arlliw a champwaith yn yr wybren, ar len niwlen olau, ar ddaear a chae ac afon a chraig. Y gamp ydyw dwyn yr arddunedd hwnnw i fyd llên a chyfansoddi. Parod ydyw'r weledigaeth i ddianc cyn ei hanfarwoli ar ddu a gwyn; anodd dal ar yr ysbrydoliaeth a luniodd breuddwydion tlysaf a disgrifio darn bach ohoni. Dyna paham y mae y cwbl a ysgrifennais i mor ddiafael o'i gymharu â'r pethau a brofais. Daw i ddyn ei ddelfryd, ond ni ddaw iddo ei anfarwoli ond trwy arfer llawer, trwy ei gysylltu ei hun â Duw, â Nefoedd, â Daioni, â Phrydferthwch. Nid oes undyn na chynhyrfir weithiau; ac nid oes onid un neu ddau yn unig a eill fyw i fyny â'r delfryd a ddaw mewn gweledigaeth, a byw i greu eraill, gloywach a disgleiriach.

Aeth gweddill y dydd arnaf i ddarllen ac ysgrifennu; ac edrychais dros y pethau a ysgrifenaswn yn Ffrainc – ymddiddanion a dadleuon, a cherdded i'r lle hwn a'r lle arall etc. Ni fodlonai yr un ohonynt fi, a theimlwn weithiau gael fy anfodloni'n ddigon i beidio â'u cyhoeddi. Gwell er hynny eu cyhoeddi, a gobeithio gallu gwell llawer eto. Efallai y byddant er eu diffygion yn symbyliad i eraill gynhyrchu eu rhagorach. Ni fynnaf innau ddymuno dim llai na hynny – a byddaf fodlon ar hynny.

Codi'n fore heddiw a darllen erthygl gampus R.T. Jenkins ar feirdd yr adwaith yn Ffrainc; un faith, gryno, feistrolgar a chywir. Darllen hefyd *Dygwyl y Meirw* gan W.J. Gruffydd – stori fyw a llawn dychymyg. Dadl o blaid gwrthod credu mewn atgyfodiad – ac yna yn dangos ofn arddel y syniad gyda dwy linell ar y dechrau yn dywedyd na chynrychiolai'r ystori farn neb ond yr awdur!

Dydd Iau, 10 Awst 1922

Darllenais yn y prynhawn ddoe amryw o'r erthyglau ar Ffrainc a ysgrifennais cyn cychwyn o Sceaux – hanes tro i Versailles, i Chatenay, i Blessis-Piquet, i Reims etc. Y mae yr un ddiwethaf ar hanes fy ymweled â Reims heb ei dibennu. Ni chefais amser i gychwyn hanes tro i Fontainebleau, na'r ysgrif a fwriadaf ysgrifennu ar Sceaux, a'i heolydd. Cefais beth blas i edrych drostynt ddoe, ond gofid imi oedd cael nad oedd yn hanner i fyny â'r hyn y dymunwn iddynt fod.

Dydd Sadwrn, 12 Awst 1922

. . . a phenodau lawer o *Mémoires d'Outre Tombe* Chateaubriand. Y mae'n deg iawn at elyn a châr, ac yn wir gyda Napoléon. Pennod anfarwol ydyw honno'n sôn am farw Madame de Duras, ac yn diweddu gyda geiriau anghyffredin. Da hefyd hanes brwydr Waterloo a diwedd Napoléon. Teimlaf fod gwead meddwl Chateaubriand yn hynod o debyg i minnau – o leiaf ar amryw o ysgrifau.

Dydd Sul, 13 Awst 1922

Daeth imi ddau neu dri o bapurau neithiwr, a darllen hanes yr Eisteddfod ynddynt y bûm hyd yn hwyr. A hanes arwrol ydoedd, a hanes diddorol. Llenwai fy nghalon i â balchder a gobaith ac â phenderfyniad newydd i lafurio tros Gymru a'i phobl, ei hiaith a'i llên. Dyweder a fynner am yr Eisteddfod, nid oes gennyf i yr un amheuaeth nad ydyw yn un o'r ddau sefydliad gorau yng Nghymru. Yr Ysgol Sul ydyw'r llall: y Brifysgol fydd y trydydd – maes o law, yn ôl Cymreigeiddio cryn lawer arni. Am yr Eisteddfod, y mae eisoes wedi cyfoethogi llawer ar fywyd ein gwlad. Y mae weithian yn fyd-enwog, ac yn rhinwedd ei henw a'i henwogrwydd, yn gwneuthur nid ychydig i ddwyn bywyd Cymru, ei hiaith a'i llên, ei beirdd a'i llenorion, i sylw'r holl genhedloedd. Nid ydyw popeth a gynhyrchodd yn dda, ond y mae llawer o'r pethau gorau a gaed yng Nghymru wedi ei gael trwy yr Eisteddfod. Faint o lenyddiaeth wirioneddol werthfawr a gyfansoddwyd ar gyfer Eisteddfod Rhydaman? Anodd gwybod. Faint o lenyddiaeth werthfawr a ysgrifennwyd yn unrhyw wlad? Nid ydyw yn gyfanswm mawr iawn. Wrth reswm y mae diffygion ar yr Eisteddfod yr un fel ag y mae brychau ar yr haul. Fe ellir ei gwella, ei Chymreigeiddio a'i gwerineiddio. Ei phuro sydd eisiau, ac nid ei dinistrio. Edrychaf i ymlaen gyda gobaith yn y galon hon at ddydd gwych yn ei hanes, ac un gwych yn hanes Cymru Fach.

Dydd Mercher, 16 Awst 1922

. . . ac i mewn i babell yr Eisteddfod . . . ar y cyfan nid oedd le i gwyno rhag dim yn y canu na'r adrodd. Yn unig, yr oedd gormod o lawer o Saesneg. Yr oedd amryw o'r caneuon yn rhai Seisnig a beirniadu'r beirniaid canu yn rhy fynych ynddi. Am un Sais, uniaith ydoedd, ac felly, yn amhosibl iddo feirniadu'n deg. Ynfydrwydd ydyw gweled galw pobl felly i feirniadu yn yr eisteddfodau. Peth a achubodd yr Eisteddfod ydoedd dawn disglair Dyfnallt, yr arweinydd. Bûm yn siarad ag ef, gan ddwyn iddo atgofion Taldir, a'i gofio ato. Ac yn ôl dywedyd mai myfi ydoedd cyfieithydd *Geiriau Credadun*, dywedodd: 'Bachgen, bachgen, r'own i eisieu'ch gweld chi.' Cydiodd ynof, a gosod ei fraich am fy mraich innau. Gwedi diwedd yr Eisteddfod, cawsom amser i ymddiddan drachefn. Nid oedd yno le wedi ei baratoi iddo yn Nhregaron, a gwahoddwyd ef i fyny yma. Yr oedd wrth ei fodd a dyfod yma mewn hwyl fawr, gan ymddiddan yn gyson, a siarad yn hwyliog. Wedi ei ddyfod i'r tŷ, bu'n ymddiddan maith iawn am Lydaw, a'i bywyd a'i hiaith, ei beirdd a'i hanes. Gŵyr ef gryn lawer am y wlad, ac fe edwyn amryw o'r beirdd – Taldir, Berthou a Vallée. Fe gymer lawer iawn o ddiddordeb yn y genedl honno, a'i charu'n fawr. Fy nghyngor i iddo ydoedd myned yno ar bob cyfrif. Holai fi dro ar ôl tro, am y bywyd yno, ac adroddais innau'n helaeth – am y bobl, eu caredigrwydd a'u dychymyg, eu moesoldeb a'u doniau, eu crefydd a'u cynnydd, eu dioddef oddi wrth Ffrainc, diffyg syniad ac ysbryd cenedlaethol, a lliaws o bethau eraill. Nid oedd nemor agwedd ar fywyd y wlad na bûm yn sôn amdano, ac yn siarad yn ei gylch. Ac yn ôl hynny, bu taflu golwg dros fywyd Cymru, a sôn am na wn i ba gynifer o'n prifwyr – Gwynn Jones, J.M. Jones, Ifor Williams, W.J. Gruffydd, Henry Lewis, Parry-Williams, Tim Lewis a llawer iawn yn ychwaneg. Cenedlaethol ydyw ef a chywir i'w ddelfryd mi dybiaf. Yr oedd yn amheuthun imi ymddiddan ag ef a gweled ynddo gystal ysbryd. Yr oedd yn un o'r gloch arnom yn gallu ymadael a throi i'r gwely. Codi'n fore ddydd Mercher i ddarllen yn ôl tros rai darnau hoff o Chateaubriand.

Dydd Gwener, 18 Awst 1922

. . . codi'n fore heddiw i ddarllen *Y Tyddynnwr*, y cylchgrawn y mae Ifor Williams a Bob Richards newydd ddechrau ei ddwyn allan. Erthygl dda gan

Morgan Rees, wedi ei hysgrifennu'n hynod o ddifai. Nid drwg ychwaith honno gan Gwynn Jones ar safle Llydaw ond mai tenau iawn yr wybodaeth sydd y tu ôl iddi. Y mae ysgrif ar y *Gwas Ffarm* sydd gystal â dim sydd ynddi. Heblaw bod yn llawn teimlad da, y mae'n gywir, yn gyfiawn drwyddi. Darllen Lanson hefyd ar Chateaubriand.

. . . Ysgrifennodd Morgan Rees yn eithriadol o wych ar fyd arian, a'i ddryswch, gan ddisgrifio yn ddigon effeithiol lle arian a'i ddiben mewn cymdeithas. Nid ydyw honno ar Descartes yn rhyw lwyddiant mawr. Ond y mae ysgrif un gŵr – Bob Richards – ar broblemau economeg Ewrop wedi'r Rhyfel yn ddiddorol iawn. Ceir ynddi wall yma a thraw, megis dywedyd mai Nitti oedd cynrychiolydd yr Eidal yn y gynhadledd yn Versailles. Ar wahân i hynny, ni haedda ond ei chanmol yn ddirfawr. Da eto yr erthygl ar athroniaeth y Dadeni, ond ni roddir enw neb wrthi. I ddiweddu, cylchgrawn campus ydyw, a eill wneuthur cryn lawer o ddaioni. Prawf ffolineb tybio nad ellir ysgrifennu gwyddoniaeth a'i ddysgu mewn Cymraeg. Agored y diffydd ei lygaid. Daw'r Gymraeg fwyfwy i'w lle. Deled yn fuan!

Dydd Gwener, 25 Awst 1922

. . . Wedi te bûm yn ysgrifennu rhyw gymaint, ac yn darllen – am Collins o Iwerddon, yn cael ei ladd yn fachgen ieuanc addawol. Tristeais innau, a thristáu'n enfawr – am na allwn beidio. Hoff gennyf i y wlad honno; a drwg gennyf ei bod megis pe mynasai tynged glymu anffawd a thrychineb wrth ei bywyd, a'u gweu i mewn i'w hanes. A chlywaf y bobl a'u cyfrif eu hunain yn ddoeth – blaenoriaid a gweinidogion efengyl – yn llefaru'n groyw 'eitha reit â nhw. Ma ise'u lladd nhw i gyd. Gadewch iddyn nhw ladd 'i gilydd i gyd, ac yna pan fydd yr unig un ar ôl, dalwch e, a chrogwch e.' Ac y mae bron yn ofer dadlau â phobl felly, gan eu rhagfarn a'u hanwybodaeth. Rhagfarn ac anwybodaeth – dyna'r ddau elyn mawr i Iwerddon yma, ac nid oes dim teimlad o gariad at y Gwyddyl.

Dydd Mawrth, 29 Awst 1922

. . . cyfarfu dyn o'r De â mi. Aros ac ymddiddan: 'Bebbs onide? Nid wyf i yn eich 'nabod chi, ond fe gwrddais â'ch Mam amryw droeon, ac yr oedd gennyf syniad uchel iawn amdani. Nid un ohonoch chwi sydd yn Ffrainc? Rhowch eich llaw imi, (ei chymryd a gafael ynddi). Diolch yn fawr ichi am eich llyfr. Fe ddarllenais i ef drwyddo. Yr wyf yn codi'n hat i chwi. Nid rhagrithio yr wyf. Fy mab prynodd ef ac fe fu'n fendith imi. Ydw, yr wyf yn tynnu fy het i chwi. Diolch yn fawr i chwi. Llwyddiant i bob un ohonoch' – ac ymaith ag ef.

Dydd Iau, 31 Awst 1922

Cerdded y dref wedi cyrraedd yna, a myned ymhen tipyn i swyddfa'r Faner.

Yr oedd un Myrddin Ifans o Aberarth yno ac fe'm gwahoddwyd i mewn i'r ystafell a'm cyflwyno iddo ef fel Emrys ab Iwan Cymru. Dyma fe Emrys ab Iwan heddiw. Sôn am ysgrifau ar Ffrainc a ddanfonaswn i fyny wythnos yn ôl, a'm canmol yn ddiddiwedd braidd. Yr oeddent yn frwdfrydedd i gyd: am eu cyhoeddi ar unwaith. Rwy'n teimlo ei fod yn drueni mawr na baech yn cael eich talu amdanynt, meddid wrthyf. Eisiau imi ysgrifennu rhagarweiniad iddynt, a chael copi o'r ysgrifau sydd ar gyfer *Y Llenor.* Allan yna, yn ôl dywedyd cwyn pobl rhag *Y Faner,* a chael addewid ei bod i wella, ac i ddyblu ei maint. Cyfarfod â Tom Hughes Jones MA, a bod yn ei gwmni ef weddill y dydd, a chyd-yfed te. Ni bu inni arbed nemor agwedd ar fywyd Cymru, a bu sôn am bawb a weithia er ei godi.

Dydd Gwener, 1 Medi 1922

Darllen llyfr Wendell y bûm neithiwr am oriau; canys wedi gorffen cywain y gwair a'i osod yng ngolew uchaf y tŷ gwair, daeth yn law arnom. Ac nid oedd gorchwylion lawer i'w gwneuthur oddi allan. Ysgrifennais hefyd lythyr neu ddau a gosod i lawr eraill o'r geiriau llafar a gasglaf. Y mae hynny yn beth diddorol iawn. Ei wneuthur yr wyf wrth fy ngwaith arall pan fyddom wrth y gwair ac yn cydymddiddan pan fyddom wrth y bwrdd yn cydfwyta, a phan fyddo'n tywyllu fin nos, a'r golau heb ei gynnau. Clywaf beunydd air newydd ar enau rhywun neu'i gilydd a'i ysgrifennu ar ddarn o bapur. Ac felly beunydd a beunoeth, a'u trefnu pan gaffwyf amser yr hwyr i ysgrifennu. Y mae gennyf eisoes rai cannoedd ohonynt. Iawn o beth ydyw, a dysg fi i gadw fy meddwl ar waith yn gyson, a defnyddio pob munud er lles nid i mi yn unig, ond i Gymru rwy'n meddwl, ac i ddysg.

Dydd Sadwrn, 2 Medi 1922

. . . Daeth *Y Faner* yma yn ddiweddarach a bwriais olwg drosti hithau. Nid ydyw cystal ag y bu. Gwaethygodd lawer yn ystod y gaeaf diwethaf, ac aeth i lawr i hanner ei maint. Nid ysgrifennodd Anthropos iddi ers talm go dda; ac er nad campus efô bob gafael, y mae'n golled heb ei ysgrif bob wythnos. Ysgrifenna Llew G. Williams yn dda iawn weithiau o leiaf pan ysgrifenno tan ei enw ei hun. Ar wahân i hynny, nid ydyw yntau ŵr y gellir dibynnu arno. Anfynych iawn y bydd ysgrif y golygydd a dim o fawr o werth ynddi. Yr unig fawredd a berthyn felly i'r *Faner* ydyw hwnnw a ddaw iddi oddi wrth ysgrifenwyr achlysurol. Ni fedd yr un Dyfnallt i'w thanio bob cynnig, yr un Gee i'w bathu â medr gwleidydd.

Dydd Sul, 3 Medi 1922

. . . rhaid paratoi i fyned i'r Capel. Canys rhaid oedd arnaf i fyned yno heddiw am fod yno un o bregethwyr gorau Cymru yn ôl fy nhyb i – Joseph

Jenkins, o'r Cei Newydd gynt. Tröedigaeth Saul oedd ei destun, neu fel y galwai efe'r peth, yn llawn gwell, cwymp Saul. Dangosodd fedr a darfelydd cwbl ar ei ben ei hun wrth ddisgrifio bywyd Saul, ei feddwl, ei ddyhead a'i frwdfrydedd. Ac yna gwelodd fod Iddewiaeth yn y dafl, ac ymladd yn daerach ac erlid yn rymusach. A daw'r cwymp. A bu disgrifio penigamp ar y cwbl. Meistr ydoedd J. Jenkins, meistr yn meddwl, meistr yn llunio a meistr yn creu. Ni wn i am neb yng Nghymru a wnâi ddim cyffelyb iddo. Synnu ato yn hytrach na'i ganmol yr oeddwn i . . .

A'r hwyr myned eilwaith am bregeth. Marw Lasarus ydoedd ei thestun. Ac am ei gwychder ni chlywais lefaru ei debyg erioed. Yr oedd yn dygyfor o athrylith drwyddi, yn gyforiog o frawddegau oedd braidd bob un ohonynt ar unwaith yn dlws, yn effeithiol ac yn berlau meddwl. Yr oeddwn wedi fy llwyr gyfareddu ganddi, nes colli'n lân mewn rhyfeddod at ei hawdur. Ni chlywais i eto neb a ddeil gannwyll iddo. Fel y dywedai Mme de Sévigny am M. Bourdaloue, o'r braidd y gallwn innau anadlu gan fel y mynnwn grynhoi fy holl fryd a'm nerthoedd i wrando. Ni chofiwn fy mod yn anadlu onid oedd wedi gorffen. O'm rhan i fy hun, y mae'n gryfach ei feddwl na Bossuet, er nad mor huawdl. I mi y mae ei ddychymyg yn llawer mwy nag eiddo Brynsiencyn neu Charles Williams Gwalchmai; ac yn llawer mwy nerthol. Efallai y byddai Daniel Rowlands a John Jones Talysarn, ac ond odid John Elias lawn mor effeithiol a mwy; ond nid oes heddiw yr un yn aros y gellir yn deg ei gymharu â Joseph Jenkins. Wedi'r cwrdd bûm yn siarad ag ef; a gwahoddwyd fi i'r tŷ – tŷ Mr Howells – y cafodd ei swper ynddo. Synnai fy mod yn dysgu Cymraeg ym Mharis, a dywedyd, gan osod ei law ar fy ysgwydd 'Byddwch Gymro da machgen i.' Siarad am Ffrainc wedyn, a Llydaw a Chymru ac America a'r Crynwyr.

Dydd Mawrth, 5 Medi 1922

Codi'n fore ddydd Llun i fwrw golwg eang tros lyfr Faguet, a darllen llawer o bethau eraill. Yr oedd yn ddiwrnod godidog, a buom yn dechrau lladd llafur â'r peiriant sydd hefyd yn ei glymu. Fe arbed hwnnw lawer o waith. Yr arfer yma hyd y tair blynedd diwethaf ydoedd torri â'r peiriant lladd gwair ac yna rhwymo saith neu wyth ohonom ar ei ôl. A gwaith caled ydoedd, dreng, diwyd a dolurus. Byddai ein dwylo yn fynych yn gwaedu cyn min y nos, yn enwedig o byddai ysgall lawer yn yr ŷd. Bûm i wrth y gorchwyl hwnnw bob blwyddyn er pan oeddwn ryw naw oed. Weithian, nid erys i'w wneuthur onid stacio'r ysgubau, a'u gosod yn fychod. Y mae dau yn ddigon i ddilyn y peiriant. Yr oeddem yn dri dydd Llun, a chawn egwyl i ddarllen hwnt ac yma. A'r llyfr a ddarllenwn i ydoedd *La France d'aujourd'hui*. Ymgais deg ydyw hwnnw i esbonio yr anfoesoldeb sydd mor amlwg yn llên Ffrainc. Y mae'n helaeth hefyd ar grefydd ym mywyd y Ffrancwr, ar y Chwyldro ac ar agweddau eraill ar ei fywyd a'i hanes. Llyfr da ydyw, ond nad ydyw bob amser yn gywir, na phob tro yn argyhoeddi.

Dydd Mercher, 6 Medi 1922

Dydd Mawrth yr oedd yn farchnad fisol yn Nhregaron, a bu Daniel ac Albert
â dwy anner i lawr yno – ond nis gwerthwyd. Minnau, darllen ac ysgrifennu
yr oeddwn. Ac wedi te, myned gyda'r ddau was i ddechrau agor Cae Camer
Fach. Wedi gorffen ac yn ôl bwyta'n swper, cofio am y medelwyr gynt ac am
eu gweithio drigain weithian yn yr un cae. Cofio hefyd am eu myned i fedi
oddi yma i Sir Henffordd. Myned yr oeddynt yn gwmnïoedd o tua ugain
medelwr ym mhob un, gydag un yn arweinydd – Dai Trewern, Siaci
Bwlchffin. Adroddai John y gwas pennaf amdanynt, ac am yr ychydig o
Saesneg a wyddent. Aeth Dai meddai, un tro yn rhy gynnar, a churo wrth
ddrws ffarm yno. Ac meddai'r amaethwr wrtho: 'But you have come too
soon.' A Dai wrth ei gwmni: 'Ust, fechgyn, ma fe'n dweyd ych bod chi'n
cadw gormod o swn!' Ac eb yr amaethwr wedyn: 'It is green yet. But
perhaps you can go and cut the headlands.' Eb Dai yntau wrth ei gyfeillion:
'Ma fe'n dweyd fod y llafur yn grîn oifed, ma fe ise inni fynd i dorri'r ydlan.'
Dyna ddwy stori y clywai John eu dywedyd gynt. Clywsai hefyd y byddai'r
Saeson yn fynych yn ddig wrth y Cymry. Digwyddai ymryson hyd at y dwrn
ambell waith. Adroddai amdani yn digwydd felly ryw dro. Ac yna, ebr
arweinydd y Saeson wrth y ddwyblaid, 'Remember the long knives', a bu
dawelwch. Dyna'r stori fel y cofiai John hi.

Dydd Iau, 7 Medi 1922

Dydd Mercher buwyd yn torri ŷd a gorffen un cae. Gorffen agor Cae Camer
Fach hefyd. Yn y cyfamser, pan fai egwyl i hynny, darllenwn *La France
d'aujourd'hui*, nes bod yn ymyl ei ddiwedd. Heddiw, codi a darllen ei hanner
cyn bwyta. Yn ôl hynny, dechrau gweithio – cerdded, tynnu tatw, torri
brigau. Yna myned i dorri'r llafur i Gae Camer Fach. Albert a minnau oedd
yn stacano'r cwbl; a phan fyddai egwyl, darllen *La France d'aujourd'hui*, onis
gorffennais. Darllen dechrau ail gyfrol hanes H.G. Wells yn ystod yr awr
ginio; ac yna eilwaith i'r cae, ac yn fy egwyl. Difyrru fy hun gyda cherddi
gorau Alfred de Vigny, *Yr Iesu ar Fynydd yr Olewydd*, a rhai byrrach.
Gweithio hyd oni thywyllodd, a darllen ychydig wedyn o hanes H.G. Wells
cyn cysgu.

Dydd Gwener, 8 Medi 1922

Codi'n fore i ddydd tlws i ddarllen drama dlos y *Cid*. Euthum drwy ei hanner
fore ddoe. Cydiais ynddi o ddifrif heddiw eto a dilyn arni'n ddiwyd yn
ddiatreg, onis diweddais. Ac un dda ydyw – un berffaith gwbl, un brydferth
yn dygyfor o fywyd a meddwl. Y mae'r cymeriadau yn hynod o effeithiol, yn
arbennig Rodrigue a Chimène. Anrhydedd, dyletswydd – dyna'r ddwy
egwyddor fawr sydd yn llywodraethu'r ddrama. Ac y mae geiriau Rodrigue

yn angerddol iawn, a rhai Chimène yn disgrifio merch yn ei chyflwr i'r dim. Disgrifio dynion fel y dylent fod y mae Corneille gan amlaf; ond fe ŵyr hefyd ddisgrifio dynoliaeth fel y mae. Felly Rodrigue; felly Chimène. Gwych iawn ydyw'r llinellau:

> Je suis jeune, il est vrai; mais aux âmes bien nées
> La valeur n'attend point le nombre des années.

> A vaincre sans péril on triomphe sans gloire.

> Ma plus douce espérance est de perdre l'espoir.

> Dans le bonheur d'autrui je cherche mon bonheur.

A geiriau'r Comte – geiriau Anrhydedd:

> Et l'on peut me réduire à vivre sans bonheur
> Mais non pas me resoudre à vivre sans honneur.

Dilynais hi i'r diwedd heb bwyllo gan fel yr oedd dlos a phert. Pa ryfedd dywedyd am y dim prydferthaf: 'Cela est beau comme le Cid'?

Am weddill y dydd, bod yn stacano ar ôl y peiriant torri ŷd, a'i glymu. Ac yna, pan ddeuai seibiant byr i'n rhan, myned finnau i gornel i ddarllen Alfred de Vigny – i ddarllen ei *Fynydd yr Olewydd*, gyda'i Dduw yn 'muet, aveugle et sourd au cri des créatures' – hyd yn oed i'w fab Iesu. A dyma iddo felly ydyw'r dyn da:

> Le juste opposera le dédain à l'absence
> Et ne répondra plus que par un froid silence
> Au silence éternel de la Divinité.

Mae rhywbeth yn oer ynddo, a rhywbeth yn ddychrynllyd. Meddyliwr ydyw – ac yn ddwfn a galluog hefyd, y meddyliwr gorau o holl feirdd Ffrainc y ganrif ddiwethaf. Y mae'n anodd ei hoffi, ac yn anodd ei gasáu. Y mae cymaint o wir ynddo, a bywyd yn gyforiog o gas. Darllen Hanes y Byd H.G. Wells am awr adeg cinio a bwrw eilchwyl ar yr ŷd drwy'r prynhawn.

Dydd Sadwrn, 16 Medi 1922

. . . Darllen yn ôl hynny amryw o bapurau – y *Manchester Guardian* a'r *Western Mail*, ac yn arbenicaf dim, *Y Faner*. Y mae ynddi hi ail ran o'm hysgrif ar Versailles – gyda gwallau lawer wrth reswm.

Dydd Sul, 17 Medi 1922

. . . Myned y prynhawn i'r Ysgol Sul, gan gael hwyl hynod dda yn y dosbarth, ac yn yr holi cyhoeddus. Yr oedd araith gyntaf Paul yn destun iawn i'w fyfyrio. I mi dyn ydyw Paul na ddeallodd Grist yn ormodol. Nis gwelodd, a nis clywodd yn o debyg. Ni chafodd ei eiriau eu darllen efallai fel y maent gennym ni. I ddyn felly yr oedd deall Crist bron yn amhosibl. Os deallodd ef o gwbl, efallai mai cyn ei droi ar y ffordd i Ddamascus y deallodd ef orau. Tybiai yr adeg honno bod Crist i roddi terfyn ar Iddewiaeth. Ac nid hwyrach am beth amser wedi hynny. Yna dyfod y gwrthwynebiadau o du'r Eglwys ei hun, o du disgyblion Crist, a rhwng y rhain i gyd bu galed arno, a'i wasgu i mewn i gyfundrefn gul, greulon – nad oedd ysbryd Crist yn cyfrif fawr iawn ynddi. I'm tyb i cyfrifodd Paul yn llawn mwy na Christ yn hanes yr Eglwys. Dyna paham y methodd hi – a Phaul ar ei waelaf, ar ei waethaf, ydyw'r Paul y bu'r Eglwys hyd yn hyn yn byw yn ôl ei ddysgeidiaeth. Diwinyddiaeth sydd wedi damnio'r Eglwys, ac wedi dwyn bywyd glân Iesu Grist a'i eiriau gloywon, llachar, allan ohoni. Wele paham na lwydda'r Eglwys heddiw, ac nad ydyw fawr yng ngolwg neb dynion eithriadol dda. Caseir hi – a cherir Crist a'i ddelfryd gan bob pobl ym mhob gwlad. I'r Capel yr hwyr i wrando pregeth rymus gan y Dr Phillips, Tylorstown.

[Ymylnod Awst 1925]
Digwydd edrych ar y ddalen hon. Ofnaf imi gamgymryd yn ddirfawr wrth ysgrifennu na welodd Paul mo Grist. Canys, os oes ystyr o gwbl i'w weledigaeth ar y ffordd i Ddamascus – ac y mae – yna, y mae'n rhaid iddo fod wedi gweled Crist, a'i weled a derbyn yn uniongyrchol ganddo air ei wirionedd. Digonol hynny i ddangos fel y cyfeiliornais.

Dydd Llun, 18 Medi 1922

Paratoi yna i fyned i Aberystwyth ar gefn y ceffyl haearn. Buan fel yr awel am y darn cyntaf o'r daith oddi yma i Bontrhydfendigaid. Yna cael y gwynt i'm herbyn hyd Ystrad Meurig – a gwella eilchwyl. Gwelwn bobl yn arwain eu ceffylau yn y certi, ambell un yn agor cae ŷd, deuoedd yn cydymddiddan ar groesffordd, deuddyn ar eu cluniau'n cnocio ar y cerrig i'w torri, arall yn gwrboneddigo yn ei gotiau goludog, a chardotyn mynych hwnt ac yma. Dyfod i ben Rhiw Trefiw, a'm cael fy hun ar y gwaered yn ddiarwybod bron. Ac yr oedd y gwynt o'r tu ôl imi. Yr oedd fy ngheffyl innau heb ddim i'w arafu, dim i'w frecio. Nid oedd dim amdani ond dal arno orau fyth y medrwn. Ac ymaith ag ef. Yn gyflym, yn gyflymach. A throi am yr ail dro, ac yntau'n myned fel yr awel. Troi'r trydydd tro, un byr, cwta, a'r ceffyl megis oddi ar y ddaear. Ac yna, er dyfal ddal arno, nid oedd modd ei droi – ac, i'r clawdd yn bendramwnwgl onid oeddwn yn soba marw yn y gwter – yn swrth, yn ddiffrwyth, yn ddall bron. Codi o'r diwedd i eistedd, a theimlo fy

nghoesau'n ddolurus iawn. Felly fy nwyfraich hefyd, ac yn bridd coch trosof.
Cael cwmni o'r cae llafur i'm codi i ac i gyweirio'r ceffyl – ac yng ngodre'r
tyle, [cefais] dŷ a tho. Myned wedyn yn fy mlaen a chyrraedd Aber ymhell
wedi dau. Gweled Dewi Morgan, y Prifathro J.H. Davies, Williams y
llyfrgellydd, T.E. Nicholas – ac yn ei dŷ ef y cefais de. Dyfod adref gyda'r
trên.

Dydd Llun, 25 Medi 1922

Codi heddiw i ailgydio yn y *Les Dieux ont soif*. Y mae honno bellach yn fwy
diddorol, yn fyw ac angerddol. Gwelir y Chwyldro Ffrengig yn blaen o flaen y
llygaid – y gwragedd a'u cynddaredd, y torfeydd a'u mympwy munud, y tlodi
a'r trueni, y twyllo a'r prynu, y mudiadau ar unwaith yn dymhestlog ac yn
dawel, yn bechadurus ac yn hunanymwadol, yn grefyddol ac yn casáu crefydd.
Cyfnod rhyfedd ydoedd, un truenus ac un gogoneddus, un gwych a gwael. Y
mae'n fyw iawn yn nhudalennau Anatole France. Wedi darllen a bwyta bore-
fwyd, paratoi ar gyfer diwydwaith gwahanol, diwydwaith y cae ŷd.

. . . Darllen finnau Tagore ar genedlaetholdeb, ac ennill cryn dipyn o fudd
oddi wrtho. Dyn mawr iawn ydyw, enaid eang difrifol, angerddol. Nid oes
ddwywaith nad ydyw llawer o'r pethau a ddywed efô am genedlaetholdeb,
fel y sylweddolwyd hynny hyd heddiw, yn eithaf gwir. Aeth yn faterol, yn
hunanol ac yn greulon. Cyfundrefn ydyw yng ngolwg llawer ac nid delfryd a
dihewyd. Ac nid hynny a fyn efô i'w India, na minnau i Gymru.

. . . Ysgrifennu i lawr ar fy nyddlyfr am y pedwar dydd diwethaf –
Gwener, Sadwrn, Sul a Llun – am nad ysgrifenaswn cyn hyn. Gwedi cinio,
arfaethu myned at yr ŷd, ond daeth cawod o law i'n rhwystro. Yna myned i'r
dre a gweled gŵr o Lydaw a llond cerbyd ganddo o wynwyn o Rydaman –
lle yr erys efô. O Gastell Paol y daethai. Yno y mae yn byw yn union o flaen
yr Eglwys Gadeiriol. Y mae'n berthynas i hwnnw y bûm i yn siarad ag ef un
noson ar frig y dref. Bu hwnnw yn sôn wrtho iddo fy ngweled i. Da ganddo
ydoedd fy nghyfarfod, a buom ynghyd amser go lew. Sôn am Lydaw y buom,
am fy nhro i drwyddi, ac yn arbennig am Gastell Paol a'i heglwysi, Rosco a'r
cylch. Daeth tyrfa ryfedd o blant yr Ysgol Sir atom i wrando arnom, ac i
ryfeddu atom. Ond medrai'r Llydawr siarad Cymraeg yn benigamp: yr oedd
gŵr yn ymyl newydd ddywedyd wrtho mai Cymro ydoedd ac nid Llydawr.
Yr oedd yn dyfod i Gymru er pan oedd yn ddeg oed – ond iddo golli cyfnod
y rhyfel, ac ymladd yn y brwydrau drwy'r cyfnod hwnnw. Gwahoddodd fi
i'w dŷ o byddai imi fyned eto i Gastell Paol. Yn y Llydaweg a'r Ffrangeg yr
ymddiddanasom bob yn ail. Yr oedd yntau, meddai ef yn darllen *Buhez ar
zent* bob nos yn ôl yr arfer yn y rhan honno o Lydaw. Oddi wrtho â mi i
dorri fy ngwallt; ac yna adref i ddarllen y papur a chwedlau anfarwol Tolstoi.
Pe caffwn amser, fe fynnwn gyfieithu'r rhain rhag eu rhagored.

Dydd Sul, 1 Hydref 1922

Darllenais hefyd ddarnau o awdl odidog Cynan ar y Tannau Coll. Ac un fawreddog ydyw, yn llawn tân angerdd, yn llawn lliw teimlad a nwyd. Teimlodd bethau, ac nid bai ynddo ydoedd gadael inni wybod hynny. Yn nydd rhyfel y gwelir ei gythreuldeb, ac y teimlir y twmpathau pechodau sydd yn ei afael. Dyna, felly, yr adeg i sôn amdano – pan fo'r atgofion yn fyw, a'r teimladau'n cyffroi eto yn y meddwl am y drygioni. Onid y bydd yn ddigon i nifer mawr gasáu rhyfel yn gymaint fel na bydd iddynt wneuthur dim ag ef mwy. A dyna sydd eisiau. Dylai bardd fod yn broffwyd . . .

Codi'n gymharol fore i barhau ar gerddi poblogaidd Llydaw, i ddilyn mwy ar ddatblygiad enaid y genedl glòs honno. Y mae creulonder lawer ynddo, yn ei gyfnodau cyntaf, fel y mae yn yr Hen Destament – ac yng ngherddi'r Gogynfeirdd yng Nghymru. Pa ryfedd? Onid felly heddiw yn hanes y mwyafrif ohonom? Ond cenedl wedi'r cyfan ydyw'r Llydawiaid na fedraf i yn fy myw lai na'i hoffi, a'i charu. Caraf ei thristwch a'i thawelwch; teimlaf ddyfnder a daioni yn ei thywydd garw a'i melancoli. Y mae rhamant hefyd wedi ei blethu fel eiddew o gylch ei bodlonrwydd yn ei thynged. Pan ddeffro enaid y Llydawiaid, bydd enaid mawr iawn yn wir, wedi ei gyffroi. Y mae pob un o elfennau mawredd – meddwl, melancoli, tristwch, ysbryd, anfeidroldeb – yn amlwg iawn yng nghreadigaeth y Llydawiaid.

Dydd Sul, 8 Hydref 1922

Wedi dyfod i'r tŷ oddi wrth ein diwydwaith daeth Mrs Howells yma, a'r *South Wales Daily News* ganddi. Daethai ag ef i fyny am fod yno yn y golofn – Welsh Gossips – eirda i mi. Soniai hwnnw i'm hysgrifau yn *Y Faner* dynnu sylw mawr iawn, a dywedyd fy mod a'm bryd ar gyhoeddi llyfr o ysgrifau ar Ffrainc. At hyn, ychwanegai fod gennyf ddawn ryfeddol i ysgrifennu Cymraeg – ond gormodiaith o lawer.

Dydd Mercher, 11 Hydref 1922

Neithiwr, gwedi'r dydd olaf gyda'r llafur a gweithio diwyd i'w gael i'r tŷ, myned i'r dref. Bu un o aelodau pwyllgor Rhyddfrydwyr Tregaron yma yn gofyn imi ddoe am eu hannerch heno. Yr oedd Hopkin Morris, yn ymgeisydd am y sir, i siarad yno a mynnid i minnau siarad gydag ef. Ni chefais innau fawr o amser i baratoi gan fel y buwyd prysur i ddiwedd y cynhaeaf. Meddwl am dipyn i'w ddywedyd yr oeddwn y munudau na byddai'r ddwy gambo yn y cae.

. . . Cyflwynwyd fi iddo, a dywedodd yntau: 'O wir. Rwy'n gyfarwydd â'ch gwaith chi: neu rwy'n gyfarwydd â pheth ohono o leiaf.' Ac ymlaen i'r llwyfan. Siarad yna myfi'n gyntaf, ac ar sefyllfa Ewrop, effaith telerau Versailles, cysylltiad Ffrainc â Phrydain, Cynghrair y Cenhedloedd, addysg, a

Senedd i Gymru. Tua hanner awr y bûm wrthi, ac yn galw am ddifrifoldeb a moesoldeb i wleidyddiaeth, am wŷr fel S.R., Mazzini, ac am gyfundrefn sydd o addysg y Brifysgol i Bawb o Bobl y Byd. Yna Hopkin Morris am awr ar y sefyllfa yn y Dwyrain, ac am yr helynt rhwng y Groegiaid a'r Tyrciaid. Ofni yr oeddwn i nad ydyw o ddifrif. Cawn weled.

Dydd Llun, 23 Hydref 1922

. . . Araith Lloyd George ydoedd prif fater y papur. Darllenais i drwyddi, ond ni fodlonodd fi er imi fod yn onest hollol. Pam? Canmol ei hun yr oedd; sôn am y gorffennol. Nid oedd air pendant am y dyfodol. Hwnnw sydd bellach yn bwysig – a hwnnw yn unig. Onid oes ganddo yntau weledigaeth a chynllun a chenhadaeth, yna ni ddaw dim o'i barablu. Gweledydd sydd eisiau arnom ni, dyn yn deall angen y dydd a'r dyddiau dilynol. Heb hynny, ofer i Lloyd George fydd disgwyl cael ei bleidio am blannu yn y gorffennol.

Dydd Mawrth, 24 Hydref 1922

. . . cael y papur gydag araith Bonar Law ynddo – arlliw anghytundeb rhyngddo a Lloyd George. Diflas o ddarllen ydyw hanes y gwleidyddion a'u helyntion. Hanes cynllun a brad ydyw'r rhan fwyaf ohono.
. . . Ac yna darllen pregeth Emrys ap Iwan ar Y Ddau Win – pregeth gampus, raenus, rywiog, gyda'i brawddegau yn dilyn yn dyn wrth ei gilydd. Cymraeg glân gloyw, cynnil, yn rhoddi camp iawn ar y cwbl a ddywed. At hyn fe ymresyma'n afaelgar heb golli i haeru'n llac a digyswllt. Yr unig bregethau a fwynheais erioed eu darllen.

Dydd Mawrth, 31 Hydref 1922

. . . Bwyta a cherdded allan i'r pentref am bapur. Ac am hwnnw, yr oedd wrth gwrs yn llawn hanes am yr etholiad, ac am wŷr yn eiddigus wrth ŵr, a phlaid wrth blaid – a hynny'n fynych iawn heb y rhithyn lleiaf o wahaniaeth mewn daliadau. Yr oedd hefyd hanes helaeth am yr Eidal a'r Fascisti, ac am lwyddiant y blaid eithafol hon. Diau y bydd iddi hithau bellach wedi dyfod i gyfrifoldeb dyfu'n ddoethach ddoethach. Nid ydynt hwy na'u harweinwyr yn bobl deilwng o wrda fel Mazzini lân.

Dydd Sadwrn, 11 Tachwedd 1922

Cynllunio yr oeddwn erbyn hyn i fyned i dŷ Dewi Morgan. A myned. Cefais fy nerbyn megis tywysog gan y gwrda ffyddlon hwnnw. Tynnu fy esgidiau, a'm hosanau, a gwisgo rhai eraill, sychion – dyna a fynnodd imi ei wneuthur. Yna ymddiddan a fuom am wleidyddiaeth a sefyllfa'r pleidiau yng Ngheredigion. Y mae efô'n siarad o blaid Hopkin Morris o le i le; ond nid ydyw yn ddall i wendidau hwnnw a'i blaid. Ni synnai felly imi honni nad oedd fawr o wahaniaeth rhwng y ddwyblaid yn y sir. Meddwl a wnawn i mai gelyniaeth Asquith a Lloyd George am ei gilydd ydoedd y gwahaniaeth mwyaf. Hyd y gwelaf i, dyna'r unig wahaniaeth bron rhwng Hopkin Morris ac Ernest Evans. A chyfreithiwr ydyw'r ddau, a phob un ohonynt heb fod yn rhyw o ddifrif yn eu gwleidyddiaeth. Ac os felly – pa ddiben ymhelyntu am ddim yn y byd? Nid oedd Dewi Morgan fawr o ffordd oddi wrthyf.

Dydd Llun, 13 Tachwedd 1922

A daeth yr awr i droi ymaith yn gloi iawn. Un drist ydyw honno, un dorcalonnus bob amser. Chwithig ysgwyd llaw â brawd a chwaer a chyfaill na wyddom pa ddydd y gwelir hwy nesaf. A'r troi oddi cartref? Y mae cartref megis person byw, a'i ddwylo ym mhleth am fy ngwddf. Gollwng y dwylo hynny'n rhydd ydyw un o'r profiadau caletaf. A gadael Daniel yn unig ar yr orsaf, a minnau'n unig hefyd, yn fwy unig, yn y trên. Ni wn i ba fodd i sôn am y symud o sŵn sancteiddrwydd cartref a'i swynion – a'i seiniau, o'r bedd ac o'r ddaear, o'r caeau ac o'r gors a'r banc – a gweled colli golwg ar Daniel a'i law uchel fawr, ac ar y bedd y gwelais osod Mami fach ynddi bymtheg mis yn ôl.

Dydd Mawrth, 14 Tachwedd 1922

Cefais ddiwrnod nad oedd eisiau ei well i deithio. Diwrnod sych ydoedd, golau a glân, gyda haul go lew weithiau. Yr oedd gŵr o'r India yn gwmni imi. Gŵr da ydoedd, ar unwaith yn ddysgedig ac yn ostyngedig, yn ysgolhaig ac yn feddyliwr. Siarad am y sefyllfa y buom yn gyson hyd oni ddaethom i Gaerfyrddin. Yr oedd meddai efô, yn adnabod Gandhi, er nad oedd yn cydfyned ag ef. Un bach ydyw, meddai, heb ddim personoliaeth yn ystyr Prydeinwyr i'r gair hwnnw. Bywyd caled, ascetig ydyw ei fywyd ef; ac i'r Indiaid Sant ydyw ef, ac nid arweinydd gwleidyddol. O hynny ei nerth a'i ddylanwad. Geiriau un yn llefaru dros Dduw ydyw ei eiddo ef i bobl yr India – geiriau Sant, geiriau proffwyd Duw. O dywed ef arnynt rywbeth, fe'i gwrandewir yn ebrwydd, gan ufuddhau iddo. Amdano yntau, y mae ganddo lygad i weled tlysni'r India a'i chenhadaeth, a'i rhagor ar wareiddiad Ewrop. Hagr yw'r trên yn ei olwg; ac felly'r gweithfeydd a'r pyllau glo a chant a mil o elfennau eraill ein gwareiddiad. Ac felly ni fyn eu gweled yn yr India, ond cymell pawb i'w cadw draw. Ond y drwg ydyw na fedr gwlad fel India, gyda'i miloedd pobl yn cenhedlu gyda chynnydd cyson, gynnal ei thrigolion heb ddatblygu ei daear a dwyn peiriannau a chyfalaf a diwydiant at hynny. Rhaid ydyw dwyn y drygau hyn i mewn i arbed drwg mwy – newynu'r bobl. Yr angen ydyw cymryd dysg oddi wrth wledydd eraill, ac osgoi cymaint fyth a fedrir o'r drygau eraill – a'r aflendid a'r budreddi a'r hagrwch – wrth ddatblygu'r ddaear a defnyddio ei hadnoddau a'i chyfoeth. Gwêl

Tagore hynny a gŵyr ef wrthsefyll y drwg heb wrthwynebu ei bethau gorau. Dyna'r ymddiddan a fu rhwng yr Indiad a minnau. Buom brysur gyda'n hymgom a gwahanu'n gyfeillion garw.

Dydd Gwener, 17 Tachwedd 1922 [*Ffrainc*]

Deuthum o hyd i'm llety newydd yn y Rue de l'Estrade, yn ymyl y Panthéon, yn weddol rwydd. Ac yn ôl cyrraedd yno, cefais groeso iawn. Y mae'r feistres yn ddynes gymharol ifanc, er wedi bod yn briod, ac ysgaru hefyd. Syniadau cyffredin y merched yn Ffrainc ydyw ei rhai hi, a rhai go ysgafn ydynt a hawdd eu dwyn. Yr oeddwn tan orfod ei thalu ym mlaen llaw, a ffawd fawr ydoedd honno a'm galluogodd i wneuthur hynny. Nos Sul diwethaf, a'r merched yn godro, nid oedd ond Daniel a minnau yn y tŷ. Aethpwyd i sôn am fy nhaith i drannoeth. A dywedodd Daniel nad oedd ganddo ond pedair punt i'w rhoddi o gwbl. Synnais innau a chael fy siomi'n aruthr. Ni fedrwn lai nad wylwn yn hidl, canys ni byddai'n fwy na digon i'm dwyn i ben y daith. A pha fodd y gallwn fyw yma heb yr un ddimai yn fy mhoced, heb fedru talu am na bwyd na lety? Teimlwn gyfyngder mawr, ac ni wyddwn pa beth a allai ddigwydd. Yn unig, gobeithiwn, hyderwn. Cysgu y nos honno, a chodi fore Llun. Ac ymhen tipyn, wele'r cludydd llythyron yn dyfod gan ddwyn gydag ef lythyr o Gaergrawnt. Balchïais ar unwaith; gwyddwn oddi wrth bwy y daethai. Oddi wrth Ifor Evans, un o ddau olygydd Cyfres y Werin. A pha beth oedd yn y llythyr ond £10-10 o arian imi, yn dâl am gyfieithu *Geiriau Credadun*. Yr oeddwn wrth fy modd; yr oedd gennyf bellach ddigon i'm cadw ym Mharis am fis o leiaf. Diolchais, ganwaith – do, fwy. A diolch ydoedd a ddeuai o'r dyfnderoedd o waelod fy mod. Ac yr oedd Daniel a'm dwy chwaer mor falch â minnau, rwy'n meddwl. Ac yn y balchder hwnnw, a'r bodlonrwydd, y gadawsom ein gilydd. Dyna'r geiniog gyntaf a gefais i am ysgrifennu, ac yr oedd yn llawn gwerthfawrocach am hynny.

Aeth dyddiau cyntaf fy aros ym Mharis heibio gyda myned o le i le, ac ymweled â Vendryes. Penderfynodd efô a minnau ar ddarllen *Gweled-igaethau'r Bardd Cwsg* am y flwyddyn hon; ond nid oeddem i ddechrau y ddoe, eithr dydd Gwener nesaf. Gwelais yr Arglwydd Ashbourne heddiw yn ôl cael gair yn gofyn imi gyfarfod ag ef yn ymyl y Coleg. Yr oedd M. Regnier a Jean Carhoff hwythau gydag ef, ac aethom ynghyd i chwilio'r Coleg (y Sorbonne) am ystafell i ddysgu ynddi yr Wyddeleg, y Llydaweg a'r Gymraeg – yr Arglwydd A. i ddysgu'r Wyddeleg, J. Carhoff at y Llydaweg a minnau at y Gymraeg. A chafwyd yr Amphithéâtre Michelet yn lled ddidrafferth. Fe ddechreuir ar y gwaith wythnos i heno.

Dydd Llun, 20 Tachwedd 1922

. . . Gorffennais *Y Faner* hithau, ac nid ydyw hi y peth y bu, o beth difesur. Y mae fy ysgrifau i ar Ffrainc yn parhau i ymddangos ynddi ac yn ôl fel y dywedir yn tynnu sylw mawr, ac yn bodloni'r bobl yn dda.

Dydd Mawrth, 21 Tachwedd 1922

Cefais lawn gwell nos neithiwr, a dechreuais ddarllen yn foreach heddiw. *Y Llenor* oedd gennyf fwyaf mewn llaw. Ynddo y mae stori gampus iawn Parry-Williams – 'Oedfa'r P'nhawn', ac un ddiddorol ryfeddol ydyw a thlos a swynol. Nid oes a'i guro efô am ysgrifennu Cymraeg melys, cryno, cynnil. Da hefyd ydyw stori Llynfi Davies – 'Mic a Moc'. Nid hoff gennyf i ysgrif y golygydd ar 'Chwyldro ac Adwaith', ac y mae ei adolygiad o Nedw yn benigamp.

Dydd Llun, 27 Tachwedd 1922

Myned finnau i mewn i'r Écoles des Hautes Études Sociales. Yno yr oedd darlith, y gyntaf o gyfres ar Gynghrair y Cenhedloedd o dan lywyddiaeth Monsieur Léon Bourgeois. Un François Albert, aelod o'r Senedd, ydoedd y darlithydd, ac yn ŵr da ei air, ffraeth ar ei dafod. Er wedi arfer amau'r Gynghrair, daethai o'r diwedd i weled ei gwerth, ac i werthfawrogi ei daioni i Ffrainc a'r byd. Credai y gellid gwneuthur ohoni offeryn cryf iawn i wrthweithio rhyfel, ac i ledaenu heddwch. Siaradwr rhwydd, huawdl a brwdfrydig. Darlith i'r dim.

Dydd Mawrth, 28 Tachwedd 1922

Codais yn union wedi saith a darllen pennod o'm Testament ar unwaith a bwyta fy morefwyd. Buaswn yn hwyr iawn yn myned i'r gwely y nos cynt. Yr oedd dosbarth ar y Llydaweg yn y Brifysgol hyd wedi deg o'r gloch. Jean Carhoff oedd yr athro a siaradodd yn y Llydaweg cyn dechrau ar ein gwaith. Yna darllen un o gerddi Luzel yn y *Breiziz* ac ar ôl hynny gerddi eraill o'r un casgliad. Darllen y naill ar ôl y llall a chyfieithu gyda hynny. Yr oedd yr Arglwydd Ashbourne yno, a bu efô a minnau yn cydymddiddan llawer – am Gymru, am Lydaw, am Ffrainc. Hoff yw ef o'r Ffrancod, ac yn honni mai Celtiaid ydynt. Dysgu hynny iddynt sydd raid, ac fe fyddant yn fwynach wrth y Llydawiaid, ac fe weithiant o'n hochr ni yn erbyn Lloegr. Awgrymais iddo yr hoffwn wisgo'r unwisg ag yntau, ac yr oedd yn falch iawn, gan geisio gwasgu hynny arnaf. Ymadael yn hwyr.

Dydd Mercher, 29 Tachwedd 1922

. . . Gweled yr Arglwydd Ashbourne. Sôn llawer am Iwerddon, ac am y gobaith sydd ganddo i gael ei ddewis yn y llywodraeth yno. 'Ac yna fe ofalaf i fod yr iaith Saesneg yn cael ei gosod tu allan i'r drws.' Fe'i gwêl yn gyfle ardderchog, a da ganddo fyddai cael ei ddewis. Gwnâi wedyn waith De Valera, ond mewn ffordd arall – addfwynach, distawach. Sôn am Lloyd George a'i ganmol am ei hoffter o'r Gymraeg; am E.T. John, a'i blant na siaradant Gymraeg.

. . . Yna i'r llyfrgell ac yn ôl am ginio. A bu dadl fawr ar bwnc dyled yr Ellmyn, onid oedd Madame yn goch a gwyllt.

Dydd Iau, 30 Tachwedd 1922

. . . Cerdded yna, ac i fyny i'm llety i ddarllen a chiniawa. Ac wrth giniawa, dadlau – dadlau am y sefyllfa yn Ewrop, yn yr Almaen a'r Eidal a Phrydain – dadlau dros y rhai a wrthododd ymladd yn y rhyfel oherwydd eu cydwybod.

Dydd Mawrth, 5 Rhagfyr 1922

. . . oddi yno i ddosbarth Gaidoz ar lenyddiaeth y Celt. Gaidoz, ŵr hen a musgrell, druan ag ef. Ac at ei henaint y mae afiechyd a dallni, dau o anffodion gwaethaf y ddaear, wedi ei oddiweddyd. Siaradodd lawer â mi wedi fy myned i'r dosbarth, a theimlai'n falch y mae'n amlwg. Gofyn o ba ran yr oeddwn, beth oedd fy amcan? Ac yn ôl gorffen ei ddosbarth, codai i fyny yn ŵr uchel anferth, a'i olwg yn aruthr a rhyfedd, a sôn amdano unwaith yn darllen *Gweledigaethau'r Bardd Cwsg*. Gadewais yn dalp o drueni drosto – ond ni wn a af i'w ddosbarth eto ai peidio.

Dydd Sadwrn, 9 Rhagfyr 1922

. . . Wrth ginio bu dadl wresog ynghylch Trefedigaethau Ffrainc, a'r rheswm am eu lleied. Mynnai'r Ffrancwr mai cyfraith y Chwyldro yn rhannu cyfoeth a bair y cwbl. Disgybl ydyw ef i Valois a Maurras, yn credu mewn brenin i Ffrainc. Y 'Chwyldro' a'i chanlyniadau, yn ei dyb ef, a gyfrif am bob aflwydd a ddaeth ar ei wlad. Nid oes synnwyr yn Rousseau a Diderot, na barddoniaeth na dim yn Chateaubriand, Hugo, Lamartine a Musset. Ni chredent mewn brenin!

Dydd Iau, 14 Rhagfyr 1922

. . . Ni allaf lai na sylwi mor debyg yw'r Ffrancod i'r Cymry – mor awyddus am addysg, mor ddiolchgar i'w gwŷr dysgedig, mor eiddgar am chwarae teg iddynt, mor frwdfrydig, mor wyllt a thanllyd. Ie: Celtiaid ydynt yn eu gwraidd, gydag iaith Ladinaidd ac enaid y Celt a'i ramant a'i ddychymyg.

Dydd Sadwrn, 16 Rhagfyr 1922

. . . Yn hwyr, bu gennyf innau fy nosbarth Cymraeg yn y Sorbonne, a chyda

Jean Carhoff yn ddisgybl newydd. Yno hyd ddeg, ac yna'n cynllunio dyfodol gwell i Gymru a Llydaw ar balmant y Boulevard St Michel. Bachgen iawn ydyw Carhoff, tad y Kelc'h Kelteg, a breuddwydiwr, a bardd.

Dydd Mawrth, 19 Rhagfyr 1922

Mynych y byddwn yn trin nodweddion y Ffrancod, eu moesau a'u harferion, ac yna yn eu cyferbynnu ag eiddo cenhedloedd eraill. Yn ffodus, byddant yn fodlon cydnabod eu gwendidau. Yr un fel hefyd yn pwyntio allan wendid Almaenwr ac Eidalwr, Cymro a Sais, Ysbaenwr ac Americanwr. Yn unig, ym myd gwleidyddiaeth y codir y gloch, ac y dadleuir yn fyrbwyll a chrac. Cyfyd weithio i frwdfrydedd wrth ddadlau am lenyddiaeth hithau, yn arbennig wrth ymryson yng nghylch Hugo a Lamartine, de Vigny a Verlaine a Sully Prudhomme, Renan ac Anatole France, Bergson a Phascal a Chomte, Voltaire a Rousseau. Disgybl i Maurras, Valois a Bainville ydyw'r dadleuydd, a gŵr craff iawn, manwl ei ddysg, annibynnol a gwreiddiol. Dadlau fel brodyr yr ydym – yn frwd fel dau frawd, ac yn gadael pob teimlad o ddiclonedd a chwerwder yn bell o'n cyfyl. Ni ddeuthum llynedd ar draws neb o ysgol Maurras, ac y mae'n amheuthun imi gael fy ngwrthwynebu gan un ohonynt. Gwna ymryson felly funudau mynych i hedeg heibio'n gyflym, a melys amser y bwyta ganol dydd a'r hwyr.

Dydd Gwener, 22 Rhagfyr 1922

Neithiwr, a mi'n swpera, dywedwyd wrthyf fod cyfarfod gan blaid y brenin yn yr Institut Français yn ymyl y Place St Michel. Ac yno yr euthum yn syth o giniawa; a chyrraedd yr heol gul, ac esgyn i fyny i ystafell weddol fawr, yn llawn braidd o bobl. Bachgen ieuanc oedd wrthi'n brysio'n gyflym iawn drwy hanes ymwneuthur â brenhinoedd gynt a'r taleithiau – Llydaw, Normandi, Provence etc. Sôn am y llywodraethwr a'r *intendant*, ac am y cynrychioli oedd ar bob talaith yng ngŵydd y brenin, a phwysleisio'r rhyddid a adewid i bob goror. Ac yn eistedd yn ei ymyl, o'r dde iddo, yr oedd gŵr yn troi'r dail iddo – gŵr bychan bywiog, o wyneb tenau, cul, a gwallt du a'r godreon yn gwynnu, yn gwingo yn ei gadair, yn bwrw'i ddwylo trwy ei gilydd. Un rhyfedd ydoedd, a golwg un a rhyw fethiant arno. Ac yn ôl diwedd darlith yr iaugwr, cododd yntau ei lef, a gwingo mwy nag o'r blaen, a bwrw'n gyflymach ei ddwylo trwy ei gilydd. Rhywbeth yn rhyfedd ydoedd ei holl olwg, a'i lygaid yn arbennig, ac, er yn ddoniol imi, eto'n swynol. Anodd iawn y llefarai, ac, ar ddechrau, braidd yn annealladwy. Yr oedd y bywyd a ferwai oddi mewn iddo yn ormod i'w dafod ei draethu. A thraethai ei holl osgo, ei wyneb aflonydd, a'i lygaid hudol, bob un ei gyfran o'r berw oedd yn byrlymu oddi mewn. Athrylith ydoedd, ac un o'r rhai cryfaf, treiddgaraf a welais er fy myw. Ychwanegu yr oedd at ddarlith y cyfaill, gan gywiro arni, a'i gwella lle'r oedd angen. Ac ni bu neb erioed yn gymaint meistr ar ei bwnc. Yr oedd y ffeithiau i gyd, a'i manylion hwythau, ar flaen ei fysedd. Ac at hynny, yr oedd craffter – y craffter hwnnw a ddêl yn unig i'r cawr a ŵyr fyfyrio ac ailfeddwl ei gasgliadau, a'u hystyried drosodd a throsodd – a gloywder yn y cwbl a ddywedai. Gwrandawn innau fy ngorau arno, a symud mor agos ato ag oedd modd. Nesu pawb hwythau, ac ymegnïo bob un i ddal pob gair o'i enau, a'i dderbyn yn gwbl. Hawdd imi ddeall mai gŵr ydoedd y perchid fel athro gan bawb; ac wedi holi, deallais mai iawn fy rhagdyb i, ac mai Charles Maurras yr oeddwn yn ei wrando. Dyn yn gwybod ei feddwl, yn cysegru ei oes i'w ddatblygu a'i gyflawni, yn byw bywyd caled y gwir fyfyriwr, yn gweithio'i bymtheg awr bob dydd, yn aros hyd dri a phedwar y bore i weled rhifyn olaf yr *Action Française* yn myned allan o'r swyddfa; yn cysgu o hynny hyd naw neu ddeg – dyna fo Maurras. Dyn ydyw, ar unwaith yr enaid mwyaf diymhongar a thyner, a'r athrylith fwyaf gofalus a chywir yn Ffrainc. Yn ôl siarad, gofyn am hawl. Nid oedd gan neb. O'r diwedd, holais i ei farn ar y mudiad cenedlaethol yn Llydaw. Yr oedd yn falch ohono, ac atebodd yn faith, yn dechrau trwy ei gymharu â'r mudiad Fflamand ym Melgiwm ac awgrymu ei fod yn rhy eithafol. Yno holais a oedd dros ganiatáu dysgu'r Llydaweg yn yr ysgolion. Ac, yn ateb, cefais sicrwydd ei fod. Cwyno rhag y *Breiz Atao*. Dywedyd finnau fod hwnnw'n eithafol yn herwydd gorthrwm Ffrainc, ac mai dysgu'r iaith ydyw amcan pennaf pob Llydawr. Ac felly ei dyb yntau. Ni welais ŵr mwynach, tynerach a mwy gostyngedig erioed. Yr oedd yn unarddeg arno'n gorffen. Dyfod finnau i'r tŷ, yn falch o weled enaid mor fawr ar lawer cyfrif, o leiaf, ac yn falchach oherwydd gwybod bod i Lydaw hithau ei gobaith. Ac ar hynny y cysgais.

Dydd Iau, 28 Rhagfyr 1922 [Cymru]

Cefais fenthyg llyfr Jacques Bainville ar effeithiau gwleidyddol Heddwch Versailles; a chydiwn ynddo mor aml ag oedd modd, a dal fy mhen ynddo mor gyson ag y gallwn. A llyfr campus ydyw, wedi ei ysgrifennu gan ŵr a ŵyr weled ymhell, ac a ddeall gyfrinach y gwleidydd a'n llywodraeth i'r dim manylaf. Iddo ef, nid ydyw'r heddwch a wnaed yn Versailles yn ddim angen na melltith – melltith i'r byd a melltith i Ffrainc. I'r byd, yn herwydd gadael yr Almaen yn un a chref i aflonyddu ar dangnefedd dynoliaeth. I Ffrainc, am ei gadael hi heb sicrwydd yn wyneb cenedl ugain miliwn mwy ei phobl na hi. Dylai'r Almaen fod wedi ei gwanhau'n fwy, a'i rhannu yn amryw o wledydd bychain, gyda phob un ohonynt yn dymuno ei lles ei hun, ac yn brwydro amdano yn erbyn un gallu mawr. Am Ffrainc nid oes ganddi'r ffin y dylai ei chael. Y mae'r Ellmyn yn ddyledus iddi am swm na fedr ei dalu am genhedlaeth a dwy; ac yn sicr o wneuthur y cwbl a fedr i osgoi'r talu, a'i rhyddhau ei hun rywfodd neu'i gilydd. Fe â'r awdur yn ei flaen i ddangos gwendidau eraill yr Heddwch. Sôn y mae am ddiffygion Poland, a'r rhaid y bydd iddi hithau syrthio eto i gynllwyn Ellmyn a Rwsiaid; am Seco-Slofacia, gyda'i gwahanol genhedloedd yn ei chyfansoddi, a thair miliwn o Ellmyn yn eu plith; am Awstria a'r chwe miliwn yn Ellmyn y bydd yr Almaen yn cynllwyn am eu cael i'w gafael; am Iwgo-Slafia fel gelyn yr Eidal, ac yn berygl mawr iddi. Yn fyr, achos rhyfel a wêl efô o bob cyfeiriad; ac y mae ei ddadl bron yn anwrthwynebol. Ni rydd destun llawenydd i neb a freuddwydia'n syml am ddatblygiad buan yn hanes dynoliaeth. Unwaith eto yr ydym yn union yn y lle yr oedd ein teidiau ganrifoedd yn ôl, a'u sefydliadau mor frau â'u rhai hwythau, a natur dyn mor aflan ag erioed a'i nwydau mor ddilywodraeth ag un amser. Hanes trist ydyw; ond ein dyletswydd ydyw edrych arno yn ei wyneb, a chydnabod y ffeithiau fel y maent. Achos mwy brwydro a gweithio.

1923

Hoff gan ddyn feddwl am amser yn ei dermau bach ei hun – dydd, mis, blwyddyn. Ac iddo ef yn ei eiddilwch, y mae diwedd blwyddyn megis marw amser, megis awr i'w gwylio. Felly yma neithiwr, nos Sul ydoedd, ac ni fynnai yr un droi i'r gwely onid aethai'n hanner nos. Eistedd y buwyd yn deulu dedwydd o gylch tân bonheddig, hael, ac ymddiddan â'n gilydd am bwnc ar ôl pwnc. Daeth ein hofergoeledd yn fynych i'r golwg ac yn enwedig yn y sôn am beth oedd yn arwydd da ddechrau blwyddyn nesaf – a pha beth nad oedd felly. Da a dedwydd gweled gwryw fore cyntaf y flwyddyn newydd, ac anffawd codi llygad ar wraig. Twmpath o ofergoelion felly ydyw dyn – a'r rheiny sydd yn ei lywodraethu, yn cadw cadwyn amdano, ac yn ei ddychrynu weithiau, neu yn ei symbylu bryd arall. O ddyn felly, pa fudd sydd? a pha ddiben? a pha amcan i'w hynt? a pha ddiwedd i'w holl helyntion? Ynfyd yw dyn ac ynfytach ei ddiwedd. Eiddil a phitw ydyw, yn anghofio profiadau ei dadau heb gymryd dysg oddi wrthynt, ac yn gwastraffu ei adnoddau ddydd ei ieuenctid i chwilio gem na bu ac na bydd, i gredu gwir sy'n gelwydd, i wawdio doethineb traddodiad a sefydliad. Yr adyn bach, pa mor falch ydyw! A balch am ei fawed! A thrahaus am ei goegni a'i wegi! Ni ŵyr ddoethineb, na'i hadnabod hi.

Cefais ddiwrnod ddoe bron ar ei hyd i ddarllen. Aeth rhannau ohono, wrth reswm, i gerdded a rhedeg, i ddysgu Edgar yn y Ffrangeg. Ond ar y cyfan, bu'n ddydd gweddol lwyr o ddarllen. Llyfr Jacques Bainville ar hanes dwy genedl oedd gennyf, a darllenai'n gampus iawn. Dilynai ef i lawr o ddyddiau'r Capetiaid hyd y Rhyfel Mawr. Dangos yr oedd doethineb brenhinoedd Ffrainc, yn cadarnhau eu gwlad eu hun trwy wanhau'r Almaen a'i thorri i fyny. Llwyddent bron yn ddieithriad yn y ddau amcan; a llwyddo hefyd yn weddol dda i gadw heddwch ar y Cyfandir. A phan fu i Louis XV dorri ar y traddodiad o sefyll yn erbyn Awstria, aeth y bobl i'w erbyn. Gwelodd ef i oruchafiaeth

Awstria, a'i pherygl, ddiflannu – a mynnai gyfathrach â hi yn erbyn Prwsia oedd hithau weithian yn cymryd lle Awstria ac yn tyfu'n llawer mwy peryglus. Ond methodd Louis â chael y werin o'i blaid. Cychwyn camddeall a fu'n farw i'r orsedd ac yn niwed mawr i Ewrop. Ni bu llyfr mwy diddorol erioed, ac y mae'r wedd newydd a ddyry ar bethau yn goleuo llawer ar hanes Ffrainc.

Darllen yn yr un modd heddiw eto a chael blas digymysg yn *Hanes Dwy Genedl*. Bûm mewn dawnsfa neithiwr, ond heb fwynhau rhyw lawer ohoni.

Dydd Mercher, 3 Ionawr 1923

Bore diguro heddiw yn sych a golau a glân. Codi finnau o'm gwely i gymryd golwg ar y gwrid ar yr haul ben bore. A throi allan ysbaid byr cyn cymryd fy mhryd bwyd boreaf. Câi Maggie a finnau funudau hoff gennym felly, ac ennill serch a gobaith wrth ddechrau dydd o waith. Wrth fwyta, bydd fy ewythr a minnau yn trin y sefyllfa wleidyddol oni ddaw arall i dorri arnom gyda sôn am y drygwaith diweddaraf, y dynleiddiad a'r dwyn. Yna cymryd amser go lew i ddarllen y papur tra bo fy ewythr yn troi i'w ystafell arbennig i wasanaethu ar y cleifion, i'w cynghori a'u cysuro. Hanner awr felys yn y Parc yn rhedeg drwyddo o ben i ben, ac edrych ar y plant yn cicio'r bêl droed a gwrando ar yr adar yn llwyr ymgolli mewn cân o fawl i haul a golau, i hwyl a bore. Canu finnau yn ôl iddynt, a diolch am eu clodydd a theimlo'n fodlon wrth roi clust iddynt. A myned â'r ysbryd hwnnw, y tangnefedd a'r asbri, i ddysgu'r Ffrangeg i Edgar. Ciniawa am un, a gadael y tŷ am ganol Llundain a gweithio dwyawr brysur yn y Devonshire House, Bishopsgate.

Dydd Sadwrn, 6 Ionawr 1923

Gwych o beth ben bore, pan agoro'r llygaid, ac edrych allan drwy'r ffenestr, ydyw gweled yr wybren yn goch a'r haul yn un darn gwaed. Felly heddiw. Ac aeth yr un gwres, a'r goleuni i mewn i'm gwaed innau ac i'm hymennydd, ac i'm holl feddwl. Bywyd, egni, brwdfrydedd, gobaith – yr oedd pob un ohonynt yn byrlymu trwodd, ac yn llenwi hyd geulannau fy mod. Yn y cyflawnder asbri hwnnw, yr oedd popeth yn rhwydd imi – gweithio, dychmygu, breuddwydio, barddoni, brwydro. Delw gorchfygwr oedd arnaf, a gwên gobaith yn harddu fy wyneb, ac yn ei orliwio a'i harddu.

Dydd Sul, 7 Ionawr 1923

. . . Ac nid fi oedd y cyntaf ar fy nhraed. Yr oedd fy ewythr a'm modryb, y ddau eisoes ar lawr, ac yn bwyta'u borefwyd. Ymuno finnau â hwy, ac ymddiddan uwch pynciau y dydd. Dadlau ar Ffrainc a'r llwybr y mae hi yn ei dorri allan iddi ei hun. Ni wêl fy ewythr ond cam a drwg yn ei gweithred – dyna, wrth reswm a ddywed pob papur a wêl. Ceisiaf innau sylweddoli mai cael ei gwthio er ei gwaethaf y mae. Heddwch Versailles a bair iddi ofni'r

Almaen, ac ymfyddino a gofyn sicrwydd am lonyddwch yn y dyfodol. Gweled y ffeithiau y maent a'u darllen yn gywir a'u hystyried yn bwyllog ond yn dreiddiol iawn. Oni thelir hi, y perygl ydyw iddi fyned i fethu talu ei ffordd ei hun. Gwaeth na'r cwbl ydyw gweled yr Almaen yn fwy unedig nag o'r blaen; ei baich yn drwm, a Ffrainc yn cael y bai am hynny, ei thir wedi myned i Boland a Seco-Slofacia, a hithau'n sicr o'u ceisio'n ôl oddi ar y gwledydd hynny pan godo'n gryf a gallu hynny.

Dydd Llun, 8 Ionawr 1923

. . . Darllen yno bapurau'r dydd a'u gweled yn ymuno â'i gilydd i farnu Ffrainc, a'i chondemnio. Yr oedd yn y *Daily Chronicle* ysgrif o waith Lloyd George, ysgrif ddarllenadwy hefyd, a rhwydd a rhugl. Ond nid un i'w chymryd yn llythrennol ydoedd. Ei hamau y dylid gwneuthur a meddwl ddwywaith cyn rhoi ffydd ynddi. Ac yn ôl meddwl felly, ac ystyried yn ofalus, nid yn hir y byddid yn casglu mai annheg ydoedd ac anghywir. Nid ymddengys imi fod yr hen brif weinidog yn dangos fawr o allu'r gwleidydd yn ei ysgrifau. Nodwedd plentyn ysgol neu siaradwr pen ffordd a welaf i arnynt. Arwynebol ryfeddol ydynt. Profant yn bendant nad ydyw eu hawdur gip o gwbl i ddeall gwleidyddiaeth y cyfandir. Ac yn wir, yr ysgrifau hyn ydyw'r condemnio mwyaf y gellir ei wneuthur ar y Telerau Heddwch. Y mae rhagolwg pethau'n waeth heddiw nag yn y flwyddyn cyn i'r rhyfel dorri allan. A Lloyd George ydyw un o'r rhai sydd fwyaf eu cyfrifoldeb o'i blegid.

Dydd Mawrth, 9 Ionawr 1923

. . . Darllen y *Daily Chronicle* a'r *Daily Dispatch*, a'u hedrych drwyddynt yn weddol fanwl. Nid ydwyf yn sicr iawn bod rhai o'r papurau yn onest wrth weiddi'n groch bod yr Almaen na fedr hi dalu, a Ffrainc yn filitaraidd. Amser a ddengys. Yn y cyfamser ofni yr wyf i fod Prydain yn chwarae ei champau ei hun. Y mae hi wedi cael y cwbl a allai oddi wrth yr Ellmyn. Y gamp yn awr, efallai, ydyw gofalu na chaiff Ffrainc ddim cyffelyb. Gobeithiaf mai camgymryd yr wyf. Amser a ddengys. Wedi bwyta a ffarwelio â phawb yn y tŷ, myned a Maggie hithau wedi cerdded i'm gweled i ymofyn am y bŷs. Ymadael â Maggie yn y diwedd a throi llygaid hiraethlon yn ôl arni, ac ysgwyd braich onid euthum o'i golwg.

Dydd Mercher, 10 Ionawr 1923 [Ffrainc]

. . . Codi heddiw, nid i'r gegin ginio lanwedd wych yn Russell House, gyda pherthnasau a chyfeillion yn fy nghwmpasu o bob tu, ond i ystafell ddigon da hithau, ond unig a thrist heb na chwaer na chefnder i ymddiddan â mi, na neb i wenu'n dyner. Ceisio teimlo'n ddewr er hynny ac wedi bwyta a darllen troi allan i'r byd. Ac i ddosbarth Vendryes yn yr École Normale Supérieure.

Darllen yr *Action Française* a'r *Faner* a wneuthum ddechrau'r prynhawn. Yna i ddosbarth ar Diderot a'i amserau. Yn ôl i'm llety i ysgrifennu a darllen. Ac wedi swpera yr oeddwn allan drachefn – y waith hon i'r Sorbonne i gynnal fy nosbarth ar y Gymraeg, a daeth fy nisgyblion yno braidd bob un – M. a Mme Regnier, Weisse, J. Bricler, Nemo a'r offeiriad. Ond ni fedrodd Ashbourne fod yno, na chwaeth Jean Carhoff. Cawsom awr a hanner o weithio, ac yna daeth Bricler a Nemo i'm llety. Rhoes iddynt bob un gyfrol o eiriadur Cymraeg-Saesneg, Saesneg-Cymraeg.

. . . Darllen *Y Darian*, ac yn ddisyfyd, gwelais gyfeiriad at bedwerydd rhifyn *Y Llenor* a sôn am fy erthygl i ynddi. A dyma'r sôn hwnnw:

Daeth rhifyn 4 o'r *Llenor* i law. Nid oes amser i'w adolygu heddiw ond carem alw sylw arbennig at erthygl W. Ambrose Bebb ar 'Y Gweithiwr yn Ffrainc'. Ceir ynddi gip gyda llaw ar y gweithiwr yng Nghymru hefyd. Cymer yr ysgrif hon ei lle gyda goreuon yr ysgrifau godidog a gafwyd yn y *Llenor* er y cychwyn. Mae'n flasus i'w darllen ac yr ydym wedi i wybod rhywbeth wrth ei darllen.

Dydd Gwener, 12 Ionawr 1923

. . . Am bedwar myned i ddosbarth Loth; a diflas o beth ydoedd bod yno'n gwrando arno'n oer ar yr Wyddeleg fel y siaredir hi heddiw. Cerddasom gyda'n gilydd i fyny'r Boulevard St Michel ac ymddiddan am Gymru ac Iwerddon. Condemnia'r gwŷr eithafol yn Iwerddon yn arw iawn, a'u galw'n ynfyd. Sôn am fyned y Ffrancod i'r Ruhr – peth a dybia efô sydd yn berffaith iawn – ac am Charles Maurras a'i gyfeillion. Gweithiais yn y Sorbonne hyd chwech, ac ysgrifennu yn y tŷ hyd awr swpera. Ac yn fuan wedyn euthum i ystafell yr Action Française i wrando darlith ddiddorol ar dir y Rhein a'i thrigolion, ac awgrymu y dylai fod yn berffaith annibynnol ar yr Almaen a chael sicrwydd o hynny ar law Ffrainc. Wedi gorffen, cododd merch o'r fro i fyny i brofi hoffter y Rheiniaid o Ffrainc, ei phobl a'i phethau, a chafodd wrandawiad da.

Dydd Sadwrn, 13 Ionawr 1923

. . . dechrau ar lyfr Maurras *L'Avenir de l'intelligence*. Ysgrifennu llythyr adref wedi cinio, a darllen fy ysgrif ar 'Reims' a'm taith yno fis Mehefin diwethaf, gan feddwl ei gorffen, ond ni ellais.

Dydd Sul, 14 Ionawr 1923

. . . Yna drwy'r Boulevard Montparnasse ac ymhellach i'r Avenue Coquelin i dŷ Mordrel. Yr oedd adref am dro o'r fyddin a daethai Bricler yntau yno. Ymddiddan difyr iawn a brwd. Holid fi'n fanwl am fy nhyb am Lydaw a'r

Llydawiaid, fy marn am amcan y *Breiz Atao* o'i gymharu ag eiddo gwŷr y Régionalisme Breton. Sôn am ddysgu Cymraeg fwy iddynt, am uno'r gwledydd Celtaidd; am y Ffrancod a'r Saeson.

Dydd Mawrth, 16 Ionawr 1923

Yn hwyr neithiwr cerddais allan i ddosbarth Jean Carhoff ar y Llydaweg. Darllen o'r llyfr *Breiziz* y buom; darllen darnau o ganeuon Souvestre ac eraill, ac o ryddiaith hefyd. Yna ymddiddan ynghyd – a myned Nemo a minnau hyd yr afon, ac ymlaen gyda'r lan, gan droi i fyny at yr Odéon, ac yn ôl i'r Boulevard St Michel. Siarad yr oeddem ac yn brysur ryfeddol. Trin yn arbennig sefyllfa Ffrainc, ei chyflwr heddiw, ac amcanu ei dyfodol. A rydd hi annibyniaeth i Lydaw? A ddeil hi i gynorthwyo Poland, Seco-Slofacia? Neu a orfodir hi i'w gadael i'w tynged? A fedr hi gadw byddin o filiwn i chwarae rhan flaenllaw ar y cyfandir? Hi a ddioddefodd o ryfeloedd y Chwyldro, rhyfeloedd Napoléon, a'r lleill hyd yr olaf? A fedr hi? – gyda'i phobl yn lleihau o ddydd i ddydd? Felly'r siarad o du dde a thu chwith a gwylio, fel doethion, rhag casgliadau pendant.

Dydd Mercher, 17 Ionawr 1923

Heddiw codi i ddarllen ysgrif Chas Duffy ar lenyddiaeth Iwerddon. Ac wrth fwyta, daeth llythyr caredig imi oddi wrth Ifor Williams Bangor yn danfon rhifyn o'r *Tyddynnwr* ac o'r *Bulletin* imi am fod gennyf rywbeth ym mhob un ohonynt. Darllen drwyddynt hyd unarddeg.

Dydd Iau, 18 Ionawr 1923

Caed hwyl fawr yn y dosbarth Cymraeg neithiwr; ac aethom rhagom i ddarllen yr ystorïau bychain, byrion sydd ar ddiwedd y llyfr. Medr Weisse, Bricler a Nemo bob un ohonynt eisoes lawer o Gymraeg; ac ychydig o anawsterau a gaent gyda'r darnau hyn. Wedi'r dosbarth siarad llawer ac ymddiddan diwyd ar y ffordd i fyny at y Panthéon. A mynnai Bricler – yn ôl gorchymyn Mordrel – iddo gael gennyf ysgrifennu hanes yr ymddiddan fu rhyngof a Maurras ynghylch Llydaw ddiwedd Rhagfyr, gan fwriadu i'm cronicl ohono ymddangos yn y *Breiz Atao*. Yn lle hynny adroddais yr hanes iddo ef yn weddol fanwl, fel y gallo ei adrodd ei hun a'i ysgrifennu.

Darllen fore heddiw ysgrif Douglas Hyde ar ddadseisnigeiddio Iwerddon – gyda chadw'r enwau priod, dysgu'r Wyddeleg a'i gorfodi, darllen hanes y wlad a gwrhydri ei gwŷr, a doniau ei llenyddiaeth, cadw at hen gampau'r Gwyddyl gynt a'u chwaraeon, eu gwisg etc. Yna i ddosbarth M. Hubert yn yr École des Hautes Études ar ddeddfau'r hen Geltiaid yng Nghymru, Gâl ac Iwerddon.

Dydd Gwener, 19 Ionawr 1923

. . . Darllen hefyd gryn lawer o *Cymru* - a chofio droeon eiriau M. Hubert wrthyf y ddoe am y *Mabinogion*. Wedi eu canmol lawer iawn, ychwanegu:

Y *Mabinogion* ydyw llyfr y byddaf bob amser yn ei ddwyn gennyf pan yn myned am wyliau, neu'n teithio am dro.

Camp ein llên gynnar ydoedd cynhyrchu'r rhain. Y gamp bellach ydyw cyfansoddi rhywbeth arall – cystal â hwythau o leiaf – rhywbeth a fo'n symbyliad i holl bobl ein cenedl ac yn gyfraniad sicr a gwerthfawr i lên pob gwlad. A ydyw Cymru ar godi gŵr a allo'r gamp honno? Ar hynny, i raddau helaeth, y dibynna ei dyfodol. Eisiau sydd arni ddyn ag athrylith Charles Maurras i ddyfnhau ein llên, i'w chyfeirio i hynt ddiddiwedd, ac i'w chodi a'i lledu.

Dydd Sadwrn, 20 Ionawr 1923

. . .Y prynhawn, darllen mwy ar yr *Action Française*, a gwylio'n fanwl oddi wrtho weithredoedd y Ffrancod yn y Ruhr. Ac er anodded gennyf i hynny, nid allaf bellach lai na thybio mai hwy sydd iawn, eu bod yn symud yn ofalus a digon didraha, yn cymryd gofal rhag myned ar draws teimladau'r bobl. Deil yr Ellmyn hwythau yn drahaus a brolgar, gan ddangos trwstaneiddiwch rhyfedd ar bob llaw. Amlwg hyd yn oed i mi, erbyn hyn, nad ydyw yn eu bryd a'u bwriad i dalu. Prawf: eu boddi'r llongau, gwrthod y llumanau o'r blaen; ac yr awrhon, ymystyfnigo fwyfwy er gwybod y canlyniadau. Ac felly bwrw eu gwlad i gawdel yn bendramwnwgl; gwneuthur eu harian yn ddiwerth a dadansoddi yr Almaen.

Dydd Sul, 21 Ionawr 1923

Codi heddiw i ddirwyn meddwl Maurras yn ei *Avenir de l'intelligence*. Nid ychydig o ragoriaeth a berthyn i'r llyfr hwn, er mor groes yn aml iawn i'm syniadau i a'm credo a'm gobeithion ydyw ei gynnwys. Cydnabyddaf yn hawdd amryw o'i gwynion yn erbyn gweriniaeth a llywodraeth werinol. Y mae eraill y mae'n anos gennyf eu coleddu – eto, o leiaf. Tristaf weithiau wrth feddwl am y diffygion hyn, ac yna cofio:

En politique, le désespoir est une erreur profonde.

Dal ato, oni ddaeth Bricler ataf i gael gwers ar y Gymraeg. Darllen 'Hen Wlad fy Nhadau' a'i chyfieithu. Felly hefyd 'Mewn bwthyn diaddurn', 'Y Fenyw fach a'r Beibl Mawr', dwy emyn neu dair, a darnau o'r *Brython*. Bricler ydyw un o ddau gynrychiolydd Llydaw i Aberystwyth Ddydd Gŵyl Dewi; ac am hynny, y mae'n frwdfrydedd drwyddo i'w berffeithio ei hun yn y Gymraeg.

Dydd Mercher, 24 Ionawr 1923

. . . darllen ail rifyn *Y Tyddynnwr*. Darllen y cwbl ohono ac eithrio dwy erthygl – y naill ar 'Descartes', a'r llall ar 'fyd yr arian'. Ardderchog, yn wir, ond gwelais wall neu ddau yn yr ysgrif ar gynhadledd Genoa. A gwahaniaeth barn wrth reswm. Rhifyn campus! A hyfryd meddwl y cyhoeddir llyfrau dibrin a difai yn y Gymraeg. A rhagor ohonynt sydd eisiau a gorchymyn i'w darllen. Rhaid i'n plant gael eu myfyrio a'u hefrydu yn yr holl ysgolion a'r Colegau. Y mae eisiau creu ynddynt deimlad o falchder yn eu hiaith, eu gwlad, eu hanes a'u llenyddiaeth: cam cyntaf achub y Gymraeg a'u lledaenu. Wedi swpera, myned i gynnal y dosbarth Cymraeg, a chael fy nisgyblion braidd bob un yno. Ac yn ôl hynny, trin pynciau'r dydd. Ac er yn Llydawiaid digymysg penboeth, y maent yn cymeradwyo myned Ffrainc i Ddyffryn y Ruhr.

Dydd Gwener, 26 Ionawr 1923

. . . Gorffen gwisgo a bwyta; a dechrau darllen Maurras yn dirwyn pellen ei ysgrifau ar Auguste Comte. Ni honnaf fy mod yn deall y cyfan. Ond deallaf ddigon i weled y ddysgeidiaeth braidd yn niwlog a chymylog, yn aneglur a diafael. Eithaf peth sôn am reol, ac am drefn. Y mae'n rhaid wrthynt. A da pwysleisio dyled dyn i'w gyd-ddyn, a'i raid i'w ddarostwng i wasanaethu cymdeithas. Campus. Ond yna y daw'r gredo a'r grefydd; ac, ar unwaith bron, llamu i blanhigfa syniadau rhyfedd annelwig, ansicr.

. . . galw'n ôl trwy'r Jardin du Luxembourg ar fy ffordd i'r tŷ. Nefoedd fach yno; hafan dawel, lonydd, sŵn tramwy a thram. Ac uwchben, haul lliwdlws bonheddig yn peri disgleirio'r colofnau, a glasu glesni'r borfa islaw.

Dydd Sadwrn, 27 Ionawr 1923

Fin nos neithiwr, daeth *Y Faner* i law, ac yn ei dan hi y bûm oni orffennais hi – tuag unarddeg o'r gloch. Nid oedd ynddi ddim newyddion o ddim o bwys arbennig. Beirniedid Ffrainc ynddi yn ddidrugaredd: ond beirniadaeth papurau Lloegr ydoedd, heb ddim Cymreig yn perthyn o gwbl iddo. Gwelais ddyfynnu geiriau gan Gwynn Jones, yn dadlau dros un iaith i holl genhedloedd Ewrop; a thros osod y Gymraeg a'r Saesneg ar yr un tir yn hollol yng Nghymru. A dyna ei syniadau diwethaf ef! Ef y clywais ef ddengwaith yn taranu'n gynddeiriog yn erbyn y cam a wneir â'r Gymraeg! Tybed ei bod yn rhy hwyr i fynnu i'r Gymraeg y lle blaenaf? I'r Cymry, y Gymraeg. I'r Saeson, Saesneg! Y peth gorau yn *Y Faner* ydoedd stori gampus 'Y Gath Ddu' gan R. Hughes Williams, ŵr digrif doniol. Colled ei golli ef.

. . . Allan am yr *Action Française*, i'w darllen hithau drwyddi. Ar ginio, sôn am Anatole France, Bourget, Barrès, Maurras, Gouhier; eu mesur a phwyso eu dylanwad. Y tri chanol ydyw'r tri sydd fwyaf eu dylanwad heddiw o ddigon. Ac at y rhain, daw Moreau a Mme de Noailles fel beirdd. Cyfaddefiad y blaenorion ieuainc eu hunain ydyw hynny.

Dydd Sul, 28 Ionawr 1923

. . . Allan dro i'r heolydd a chyrchu'r *Action Française* i'w edrych yn ofalus am awr arall neu fwy. Hanes claddu Marius Plateau oedd ynddo fwyaf; a sôn am ystyfnigrwydd yr Ellmyn, a'u gorchymyn i wrthwynebu Ffrainc. Gorchest galed ydyw hi. Y mae gwlad Louis, druan, ar ei thranc; a thranc y mae arnaf ofn y bu hi ei hun yn gweithio amdano ac yn ei ddwyn oddi amgylch.

Dydd Mercher, 31 Ionawr 1923

. . . darllen yr *Avenir de l'intelligence.* Codi heddiw eto i ddirwyn ymlaen yn yr un llyfr a dilyn Maurras yn beirniadu y Comtesse de Noailles, Renée Vivien a Mme de Regnier. Beirniadaeth onest dyn galluog yn gweled yn glir, yn teimlo'n ddwfn, yn gwybod am y teimladau, gan fedru gosod pwyslais ar y gwir yn rhagor y gau. Sôn am eu hawen fenywaidd, eu hanhrefn, eu hysbrydiaeth estronol, eu caethiwed i eiriau a bod yn arbennig a mympwyol, personol a direol.

A chododd *Cymru* ryw wanc arnaf am freuddwydio, am weithredu, am beri rhyw gampwaith. Ar ddu a gwyn? Ai mewn rhyw fodd arall? Ni wn. Yn unig, codi fy mhen oddi ar *Cymru* a theimlo fy meddwl a'm henaid y ddau fel yn cyniwair oddi mewn imi, ac yn gyrru fy nghorff i weithred. Ac nid oedd ddim neilltuol yn y peth a ddarllenwn. Dim namyn croniclo bore ei oes gan Feirion. Dyna'r cyfan. Ond paham y cyniwair? Nid oedd yno feddyliau dyfnion. Na delfrydau, na galw i'r gad. Beth ynteu? Iaith? Hanes a wyddwn? Gwlad a garwn? Bywyd a ddeallwn? Tybed? A ddichon hynny fod? Ac eto y mae'n rhaid mai ie. Pethau bychain fel y rhain sydd yn cyfeirio bywyd, ac yn gafael ynddo yn ei ysgwyd a'i ysbrydoli. Y cyfan hyn efo'i gilydd – iaith, bro, bywyd, brodyr, – mewn gair, cenedl, traddodiad. Dyna'r unig bethau a eill ddylanwadu'n ddwfn ar ddyn, ar wlad, ar hanes. Torri i lawr a dinistrio dyn ydyw ei gymryd ymaith oddi wrth ei ddylwyth, ei dŷ, ei dadau a'i draddodiadau. Llabyddio a lladd. Beth ydyw dyn onid ffrwyth olaf ei deulu a'i draddodiadau? A heb y rhain nid oes iddo onid diffrwytho, sychu a gwywo. A'r un fath am genedl. Dilëir ei thraddodiadau a bydd hynny gystal â thorri ei phen. Un peth yn unig fydd yn aros i'w hamddiffyn; ac fel y mae'n orau'r modd, nid oes lladd ar hwnnw, na'i wanychu. Sef yw ef – effaith fyw a chryf enaid ei meirw. Corff mawr bywyd a phrofiad y rhai fu hwythau yn ymladd ei brwydrau – hwnnw fydd yn gwylio o hyd, ac yn ei hanwesu a'i hamddiffyn.

Dydd Gwener, 2 Chwefror 1923

. . . ac ysgrifennu llythyr cymharol faith i'm cyfaill G.J. Williams, Penarth, yn diolch iddo am ddanfon imi *Ynys yr Hud,* yn sôn cryn lawer am Gymru, ei bywyd, ei llên a'i thraddodiadau, gan bwysleisio'r rheidrwydd o'u cadw a'u diogelu trwy rym a nerth – gan na thala'r un ffordd arall yn yr oes haearn hon.

Dydd Sul, 4 Chwefror 1923

. . . dyfod Bricler yma i gael ei wersi Cymraeg. Darllen darnau o'r *Darian* yn uchel, a minnau yn ei gywiro, a'i egluro iddo. Ymddiddan llawer am ei fyned ef a Marchal i Gymru erbyn Gŵyl Dewi – peth newydd yn hanes Cymru a Llydaw, peth hefyd a leinw fy nghalon o obeithion am y dyfodol. Wedi ei fyned, parhau ar fy narllen, ac aros yn hwy yn fy ngwely. Bwrw ar *Y Darian,* a'i hedrych drwyddi'n fanwl fanwl oni orffennais hi. Yna yr *Enquête sur la monarchie.* Darllen ymddiddanion Maurras a M. Buffet a'u cael nid yn unig yn eithriadol o ddiddorol, ond mor gywir â hynny, mor glir, mor ddiamwys. Yn wir, onid erioed y gwelais ddim gwell ar wleidyddiaeth. Y mae eu dadl yn erbyn y gwrthryfel – o leiaf fel y gweithiodd yn Ffrainc – yn anwrthwynebol. A bod yn onest yn gyson ag egwyddor datblygiad a datguddiadau hanes a gwyddoniaeth, rhaid i Ffrainc frenin – gŵr yn annibynnol ar blaid a bloedd, yn parchu gwreng a gwrda, yn anrhydeddu teulu, bywyd lleol, a rhinweddau taleithiau a'u traddodiadau, ac yn gweithio er daioni pob dosbarth, er lles y llaweroedd, er ffyniant Ffrainc.

Ni welaf ddim arall amdani – i Ffrainc beth bynnag. I'r Almaen? Efallai. A'r Eidal? Efallai hefyd. A Rwsia? Ie'n ddiau. Ac i Brydain? Nid wyf yn sicr. Nid pethau benthyg ydyw pleidiau a seneddau yno. Ffrwyth datblygiad, a diwedd traddodiad. Dyna'r gwahaniaeth. Llyfr ardderchog.

Dydd Mercher, 7 Chwefror 1923

. . . Yna ar yr *Enquête* hyd weddill y bore a dilyn atebion Vaugeois, Lucien Moreau, Charles le Goffic (y deallwn ei wrthwynebiad i frenin i'r dim, yn herwydd teimlo'n gyffelyb ganwaith fy hun) a Henry Bordeaux. A chystal â dim ohonynt – ac yn ddiogelach bid sicr a chraffach – ateb Maurras ei hun bob tro. Ardderchog o lyfr ar wleidyddiaeth bur ymarferol! Ar y cyfan, cydolygaf. Ond? Rhyw ofn y sydd na byddai'r brenin i fyny o bell ffordd â damcaniaeth Maurras a Buffet. A menter ydyw symud heb sicrwydd. A sicrwydd? Pwy a'i dyry? Ac yna, pwy a'i derbyn?

Dydd Sul, 11 Chwefror 1923

. . . Ysgrifennu – ysgrifennu bron trwy gydol y prynhawn. Un llythyr i'm chwaer i Lundain; un arall i'm cefnder Edgar yno. A thrydydd i'r *Darian* i ddadlau tros orfodi'r Gymraeg yn yr ysgolion; a phedwerydd i'r golygydd yn hawlio i Gymru annibyniaeth yn ei hymwneuthur â gwleidyddiaeth. Edryched ar y Cyfandir trwy ei llygaid ei hun, ac nid ar draws Lloegr a'i lled. Barned

Ffrainc drosti ei hun heddiw. Efallai y gwêl ynddi gyfeilles. O leiaf cofied iddo fod felly gynt. Ffrainc, ffrind Cymru yn erbyn Lloegr – a ffrind yr Alban hefyd.

Dydd Mawrth, 13 Chwefror 1923

. . . yn ôl cyrraedd y tŷ, cydied yn yr *Enquête* a gweithio arno am ddwyawr gyfan onid oedd ganol nos. Cystal â'r un braidd ydyw llythyr Copin-Albancelli, yn dangos medr lawer, cywreinrwydd teg, a gofal a gochelgarwch. A'i ddau ofn ydyw brenin drwg ac uchelwyr didda. A'r feddyginiaeth? Ebr Maurras: cymharu brenin da â Senedd dda, brenin cyffredin â Senedd gyffredin, brenin drwg â Senedd ddrwg. Ac efô sydd orau bob cynnig. Ac am un gwael, gwna ddaioni lawer er ei waethaf – am mai hynny ydyw'r llwybr hawsaf. Ac am yr uchelwyr, ni byddant yn ôl etifeddiaeth, ond yn ôl teilyngdod, yn ôl eu gwasanaeth i'w gwlad.

Dydd Mercher, 14 Chwefror 1923

Codi heddiw at yr Wyddeleg: allan am yr *Action Française* a'i ddarllen drwyddo a geirda Maurras i Renan y *Réforme intellectuelle et morale*. Eilwaith at yr *Enquête* a hoffi'n eiddgar lythyr Albert Amaville, cydwladwr Mistral fawr, a rhagair hael Maurras gyda geiriau eirias imi:

> Peut-être ne serais-je ni royaliste, ni traditionnaliste, ni nationaliste, ni même patriote sans les enseignements donnés dans cette langue par le chant divin de Mistral.

A churai fy nghalon lawen megis tan ddylanwad hudoliaeth dewin o Gymru Wen! A gorfoledd! A gobaith! Ie: llond y galon. A deallwn feddwl Maurras ac Amaville i'r dim. Yr oedd mor debyg i feddwl Cymro – mor hael, mor syml, mor wir, mor ddidwyll! Ac am fywyd Cymru, ei beirdd o blith y bobl, ei llenorion yn amaethwyr, gweision, a llafurwyr o bob math. Ac felly Amaville: At *Cymru*, a'r *Cerddor Newydd* y prynhawn – a gorffen â hwy. Ac yna *Ynys yr Hud* a'i symud rhwydd soniarus; ac 'Ymadawiad Goronwy' ac amryw eraill o gerddi W.J.
Wedi swpera, dyfod yma Bricler ag araith fawr ganddo erbyn myned i Aberystwyth. Ac wedi cryn ddadlau ag ef yn ei chylch, darllenais hi drwyddo. Yr wyf i i'w chyfieithu i'r Gymraeg, ac y mae hynny'n gamp go lew am ei bod yn faith. Ymddiddan llawer a chwblhau trefniadau, onid oedd ym mhell wedi unarddeg.

Dydd Iau, 15 Chwefror 1923

. . . Ac yn ôl hynny, ysgrifennu llythyr i Aberystwyth at olygydd *Y Faner*, yn sôn wrtho am ddyfod y Llydawiaid i Aber, am y bwriad o grynhoi'r Cymry yma at ei gilydd, a sôn am ddyled pob Cymro i'w wlad. Dadlau dros fyned at ffynhonnell ein bywyd – ein hanes hen, ein llên, ein hiaith, ein tueddiadau a'n moesau.

Am bump i ddosbarth Loth, a chael ymddiddan diddorol am Lydaw a Ffrainc. Sôn wrtho am fyned y ddau Lydawr i Gymru, ac am bynciau'r dydd. Ac am y brenhinwyr! Ac nid oes ganddo ef fawr o olwg arnynt. 'Ac ni ddaw dim ohonynt' meddai, 'gellwch gymryd hynny oddi wrthyf i.' Ond amheus braidd oeddwn i. Ac ymadael i ddosbarth yn Institut de l'Action Française, ar lên yr ugain mlynedd diwethaf. Canmol yr Ysgol Glasurol oeddid yno wrth reswm, ac erlid ar yr Ysgol Ramantaidd!

Dydd Sadwrn, 17 Chwefror 1923

. . . Cofiais droeon heddiw am yr ymddiddan fu rhwng Vendryes a minnau rai dyddiau'n ôl. A ni'n sôn am Eifion Wyn, ac yn canmol ei delynegion – dywedwyd mai iawn o beth a fyddai eu cyfieithu i'r Ffrangeg. Gofyn finnau iddo a wnâi efô hynny. A'r ateb iddo fod a'i fryd ar hynny droeon. Pwysais innau arno i wneuthur – a nodi y byddai'r bardd ei hun a phawb yng Nghymru yn ddiolchgar iawn iddo. Byddai'n wasanaeth dirfawr inni, a byddai'n foddion i ddwyn ein llên yn hysbys i Ffrainc. Byddai i Ffrainc hithau yn ennill, ac yn agored ei llygaid i gyfoeth gwir awen a phrydyddiaeth Cymru. Oni allai esgor ar ddylanwad cyffelyb i eiddo'r *Mabinogion* gynt? Ac yn ffynhonnell ysbrydoliaeth newydd iddi, yn lle'r Almaen a Lloegr? Ac o ganlyniad, yn foddion datblygu cerdd newydd, yn cyfeirio i gathl burach, huotlach, gywirach? 'Gobeithiaw a ddaw ydd wyf!'

Dydd Sul, 18 Chwefror 1923

. . . daeth Bricler yma ac efo fo Mordrel yntau yn ei ddillad milwr. A bu ymddiddan lawer, a dadlau a thrin a thrafod pethau, – o Gymru a Llydaw i Ffrainc a'i helyntion hithau, moesau ei phobl a'u harferion. A llwyddais i argyhoeddi Bricler i siarad yn y Gymdeithas Geltaidd yn Aber am ddeng munud yn unig. Ac am ei araith fawr, fe'i gosodir yn un o'r papurau. O'r gorau! Aros y ddau yma hyd hanner dydd, a myned Bricler i ddechrau, ac yna Mordrel.

Dydd Llun, 19 Chwefror 1923

Prynhawn ddoe, wedi ysgrifennu llythyr cymharol bwysig at Ddyfnallt, yn gosod o'i flaen yr unig feddyginiaeth at achub y Gymraeg, a'i hyrwyddo.

. . . Wedi yfed te, cymerais at edrych ail ran araith Mordrel, a'i throsi i'r Gymraeg. Gorffennais hi; a myned wedi wyth, am y Brifysgol i'r dosbarth Llydawaidd. Ac, a mi yn cyrraedd yno, pwy oedd yn chwilio amdanaf ac yn fy ngheisio'n awyddus iawn onid Bricler. Cawsai lythyr o Aberystwyth yn pwyso arno i ddarllen ei araith yn Saesneg. O'r braidd y cedwais i rhag cynddeiriogi. A dadlau'n daer hefyd yn erbyn hynny – nes ei argyhoeddi, rwy'n gobeithio. Ac nid dyna'r cyfan. Yr oedd yn anghyffredin o daer am imi fyned gydag ef i dafarn gwin yn ymyl i edrych dros yr araith, i'w darllen, ei chwilio, a'i chyfnewid a'i chwtogi. A cholli dosbarth y Llydaweg? Ie, ysywaeth. A bodlonais o'r diwedd. Myned yno, cymryd bob un ei gwpanaid o goffi, a gweithio hyd wedi deg.

Dydd Mercher, 21 Chwefror 1923

. . . Aeth fy mhrynhawn braidd i gyd ar yr araith – yn ei chywiro a'i thrafod, ac yna, yn ei throsi i'r Gymraeg. Ac, am bump, daeth Bricler yma, ac, yn union ar ei ôl, Mordrel – y ddau i ymddiddan ymhellach am yr ymadael i Aber, y trefnu a'r paratoi gogyfer â hynny. Ac yr oedd gan Bricler lythyr a gawsai oddi wrth Ddyfnallt – llythyr a'm llawenychodd lawer, oherwydd bod D. ar ei orau ynddo. A Chymru hithau!

Dydd Iau, 22 Chwefror 1923

. . . am bedwar i ddosbarth Loth. Digon didda y dosbarth: ond iawn o beth ymddiddan â'r hen Loth ar ôl y dosbarth. Y mae'n galon i gyd, yn garedig a hawddgar. Y mae wrth ei fodd yn fy ngweled yn holi am Lydaw, ac am ei llên heddiw. Hoff ganddo'r gweithio sydd yno i godi'r iaith, i gynhyrchu llên, ac i achub y genedl. Canys, achub iaith, achub cenedl ydyw – fel y dywedai Maurras. Ar Moal, am a wn i, ydyw'r gŵr gorau yn Llydaw yn ôl meddwl Loth. Fe'i hedmyga'n fawr, a'i ddisgrifio'n gymeriad godidog. Felly finnau: canys nid anghofiaf fyth ei eiriau mwyn, ei olygon tyner, ei ddwyster a'i felyster. Y nos honno yn ei dŷ! A'r bore hyfryd hwnnw yr oedd yn ei elfen yn gweithio gyda'r plant yng Ngwengamp! Atgofion nad â o'm meddwl byth! Dydi y Moal mwyn!

Dydd Gwener, 23 Chwefror 1923

Neithiwr, yn hwyr y nos, y galon yn dwyn amdo prudd amdani, daeth gwên ar yr wyneb o gael llythyr o Gymru. O Gymru yr henwlad, y fro gysegredig! Ie gwir a ddywedodd Auguste Comte – teulu, henfro, dynoliaeth. Dyna dri pheth yn hanes dyn sydd gysegredig iddo. Y mae profiad, a hanes, a thraddodiad y tu ôl i'r gwirionedd a guddir ganddynt, ynddynt. Ac o hynny, y daeth gwên i'r wyneb, goleuni i'r galon. Golygydd *Y Darian* oedd wedi danfon y llythyr – i ddiolch imi am fy llythyr i'r papur hwnnw, ac yn mynegi iddo gyhoeddi hefyd, heb enw wrtho, fy llythyr iddo ef.

. . . Buaswn neithiwr i weled Maurras a gwrando arno. Yr oedd y lle'n llawn o ieuenctid nwyfus. O'r diwedd agor y drws, a dyfod dyn tenau, cyflym i mewn, yn cerdded yn gyflym fel yr awel, gan ddal ei ben yn uchel i fyny. Ac o'r golwg ag ef i ystafell arall. Curo dwylo bawb, a throi pob pen i'w gyfeiriad. Munud wedyn yr oedd yn brysio tua'r llwyfan bychan. A chodi pawb ar eu traed, onid oedd efô yn ei le, ac yn eistedd. A sylwi arno, a gwrando, gyda phawb ar flaenau eu traed a'u dwylo. Ni ddywedodd ddim. Gadawodd i'r darlithydd ddarlithio. Eisteddai ynteu yn ei ymyl. Eistedd? Na: nid eistedd mohono, symud parhaus. Un funud, cydio yn ei bin, ac ysgrifennu. Yna edrych ar bapurau'r cyfaill a'u darllen. A'i holl ewynnau ar waith! Wedi'r diwedd, codi ei hun. Ac yr oedd dyn yn glust o glust i glust, o'r pen i'r traed. Ac o'n blaen yr oedd y dyn mwyaf diddorol a welodd Ffrainc ers hanner canrif. Mistral arall, a galluocach efallai. Ac mor ddiniwed, mor hawddgar a mwyn ag yntau. Gostyngeiddrwydd ei hun! Ei gorff bach eiddil, y breichiau culion tenau, y dwylo aflonydd, yr wyneb rhyfedd gwyllt, y llais aflafar, cras – a dyna efô yr athrylith fwyaf yn Ffrainc. Pentwr o wylltineb mynydd, ac o wtra bugail a bastwn, y mwyaf 'cymreigaidd' ei olwg, fel y dywed y Cymry gwylaidd, o neb a fu. Byr. Bwrlwm bywyd gyda hynny. Nid oedd na bys na bawd, na llaw na throed, na gwefus nag wyneb yn llonydd. Troi'r wyneb fel mellten, bwrw'r dwylo yn ei gilydd, ac ar y bwrdd, eistedd a chodi, aflonyddu ac anesmwytho – gorlif bywyd yn dygyfor drwyddo. Siarad, ac nid oedd fodd gorffen, – ac yn y siarad, ar unwaith doethineb a dysg, meddwl a moes, ehangder a dyfnder. A gadael ar y diwedd, am ei lyfr a'i lafur.

Ddoe a heddiw, darllen ei ysgrifau ar Auguste Comte. Mistral fwyn yn cyfieithu'r llyfr Genesis am hanner canrif, bennod bob blwyddyn, a chyhoeddi llyfr bob saith mlynedd. Ardderchog!

Ddoe o ddosbarth i ddosbarth, a heddiw'n gwbl dros fy mhen a'm clustiau yn darllen Maurras.

Dydd Sul, 25 Chwefror 1923

Neithiwr yn ôl treulio prynhawn ardderchog yng nghwmni Mistral ddoeth, myned i ddosbarth Ashbourne, lle bu cryn ymddiddan am ddyfodol y gwledydd Celtaidd a'u cenhadaeth. Y mae'n amlwg bod y Cymry a'r Gwyddyl yn teimlo'r Sais fel eu gelyn, y Ffrancwr eu ffrind. Ac am y Llydawiaid, y gwrthwyneb ydyw hi, a rhyw dybio bod y Sais yn llai na gelyn. Eisiau cyd-ddeall y sydd a chydweled a chydsymud.

. . . daeth Mordrel yma yn llawn bywyd a brwdfrydedd. Yr oedd gweddill yr araith ganddo, a buom yn ei darllen a'i hystyried, gan grwydro cryn lawer yn fynych. Myned i Gymru; gwibio i Lydaw; hedeg i Iwerddon; ac eilwaith yn ôl at yr araith a'r dadlau. Sôn llawer am Maurras, gan bod Mordrel yntau yn meddwl llawer ohono, ac yn ddisgybl iddo; sôn am y gwrda Mistral, ac am y mudiad a gododd ym Mhrofens. Wedi awr dda o ymddiddan oedd ar unwaith yn ddiddorol ac yn ddefnyddiol, myned allan gyda'n gilydd heibio'r Panthéon.

Dydd Llun, 26 Chwefror 1923

A dyfod Bricler yma am weddill yr araith, ac i ofyn gennyf fyned i'w dŷ efô yn y prynhawn. Ymgom hir ac ymadael. Finnau i fynnu eilwaith o fêl meddwl Maurras – o'i ddwyster a'i fwynder, efô sydd yn diriondeb i gyd er y geiriau cryfion yn yr *Action Française* ddydd ar ôl dydd. Am y papur hwnnw, a'i ddarllen; ysgrifennu llythyr i Ddyfnallt i'w ddwyn iddo gan Bricler. Troi allan i dŷ hwnnw i weled araith Marchal a'i chywiro. Adref erbyn cinio i gael *Y Geninen* yn disgwyl amdanaf – gyda'r golygydd newydd yn gofyn am ysgrif ar gynllun efo'r Gymraeg; ac yn ymwyleiddio am ddyfynnu o'm llythyr yn *Y Darian* yn ei bapur yntau – yr *Herald*.

Dydd Mawrth, 27 Chwefror 1923

. . . yn ôl i'r tŷ a chydied yn *Y Geninen*. A darllen arni onid oeddwn wedi ei diweddu hyd at un ysgrif. Yr oedd yn dda iawn, yn ddigon da i ddangos y gall y golygydd newydd ei gyrru gystal â'r hen. Am ei gwedd a'i gwisg, y mae'n well o lawer. Gwell y papur yntau, a'r print. Ysgrif faith gan Shankland ar Goronwy Owen oedd yr un bennaf ynddi. Digon diddorol, er nad yw ei Chymraeg yn rhyw ry wych. Dyna effaith ein dysg Seisnigaidd arnom bawb! Darllen ysgrif Morgan Watkin ar yr iaith Gymraeg. Maith hithau, a chymysg a chawdelog. Gwelai'r drwg yn burion, ond ni wyddai pa fodd i'w feddyginiaeth. Ac o hynny, ei wendid. Rhuai'n gynddeiriog, ond nid oedd dim dewrder yn y cynllun. Na sicrwydd na diben.

Dydd Mercher, 28 Chwefror 1923

. . . Ac am weddill y bore, fe'i cysegrais yn gyfan gwbl i barhau ar fy ysgrif i'r *Geninen*. Y mae, bellach, a chryn ddigon o hyd ynddi. Ond nid iddi unoliaeth; nid ydyw'n dirwyn o'm meddwl fel edau o bellen. Bydd raid imi ei hailysgrifennu a gosod trefn arni wrth hynny. Wedi ciniawa, aeth fy nghyfaill o Ynys yr Iâ – bachgen pump ar hugain oed sydd yn gweithio yntau'n galed i gyfoethogi llên ei fro fechan – a minnau i'r Sorbonne i ddathlu canmlwyddiant Renan. Yr oedd y neuadd fawr yn orlawn, bob cwr ohoni, ac o'r braidd y cawsom le. A lle i aros ein traed, gan y llawnder. Dechrau gyda chanu'r *Marseillaise*, a chodi bawb. Yna, Millerand, a gadeiriai, yn galw ar M. Maurice Croiset i lefaru ar ran y Collège de France. A lled dda gyda'i lais eglur yn cyrraedd ymhell. Canu rhai o gerddi Llydawaidd wedyn, a myned fy meddwl i, yn ei afiaith a'i elfen, i ddymuno'n dda i Gymru. Oni losgai fy mynwes gan awydd ei gwasanaethu? Ysgrifennu; cyfansoddi; codi ei bywyd; ei harwain a'i phuro. Onid oeddwn am wneuthur y cyfan hyn? A'i wneuthur yn benigamp. Yn well nag y bu gwneuthur arnynt erioed. A phe bai'r meddwl hwnnw, a'i gloywder a'r disgleirder, y tân a'r angerdd, y cwbl, yn eiddo imi beunydd beunos! Mor ardderchog fyddai hynny! Mor fendigedig.

Gymaint oedd hud y gân arnaf onid anghofiais fy hun yn llwyr. Ac anghofio'r
lle'r oeddwn; a'r torfeydd pobloedd; a'r rhif a'r rhwysg. Dod yn ôl wedi'r
canu i wrando gŵr o Felgiwm, ac un arall o'r Eidal yn siarad – a'r olaf yn ei
iaith swynol ei hun. Yn nesaf Maurice Barrès, yr oeddwn wedi disgwyl
cymaint amdano. Gŵr go dal, hirfain, ond bod y pellter yn lluddias fy llygaid
gweiniaid i'w ganfod yn graff iawn. Llais amlwg, braidd yn gras, ond hawdd
ei ddeall a'i ddilyn. Sôn yr oedd am Renan fel y cofiai ef ei weled, yn
cerdded heolydd y ddinas ac yn bennaf o enwogion y dydd. Iddo ef yr
oeddwn yn y cyfan a berthynai iddo, ei lyfrau a'i fywyd. Arweinydd ydoedd,
a dysgawdr maes ac egwyddor. Dyn glân ei gymeriad, a di-lwch.

Yr oedd camp ar araith Barrès, a phrydferthwch a gloywder. A swyn
gweled un o'r goreuon o lenorion y dydd yn canmol cymrawd. Er bod
blinder wedi dyfod trosof, mwynheais yn wych.

Dydd Iau, 1 Mawrth 1923

. . . Allan am saith i ginio Gŵyl Dewi yn yr ystafelloedd tŷ gwin yng ngorsaf
Lyon. Yr oeddynt yno, y rhan fwyaf, cyn inni gyrraedd, tua deuddeg ar
hugain ohonynt. Ymddiddan Ashbourne a minnau am bwnc y Gymraeg a'r
Saesneg yng Nghymru. Yr oedd yn hollol yr un farn â mi. Myned i'r gegin
ginio, gydag Ashbourne yn gadeirydd a minnau'n eistedd yn union ar y dde
iddo. A'r lleill tu hwnt, ar ymyl bwrdd hirlân, glanwaith. Parhau ar ein
parablu bob yn ail â bwyta cinio campus. Yna araith Ashbourne, yn dechrau
gydag ychydig o eiriau trwstan yn y Gymraeg, yna'r Wyddeleg, ac yn olaf y
Ffrangeg, gydag amddiffyn arni yn erbyn y Saesneg – peth a wylltiodd un
bagad bach yn arw iawn. Codi finnau a siarad yn Gymraeg. Yr oeddid
newydd ganu 'Hen Wlad fy Nhadau' yn ardderchog. A chodasai fi i hwyl, a
pheri llosgi fy mynwes gynnes. Sôn am y fraint o ymgynnull; am y llawenydd
o barablu'r brifiaith – prifiaith inni Gymry; am ei phwysigrwydd hi inni, a'n
dyletswydd ninnau i'w dysgu, ei siarad, ei gorfodi yng Nghymru. Gwisgwn y
geninen, nid yn y golwg, ond yn y galon. Dydd Gŵyl Dewi yn ddydd
cysegredig – dydd i ddathlu ein cenedlaetholdeb, i'w ddiffinio, ac wynebu
ein cyflwr. Diweddu gyda'r llinellau ardderchog – 'Cymru fach imi'. A
chymeradwyaeth ddigon. Yna penderfynu ffurfio Cymdeithas y Cymm-
rodorion yma, gyda Hughes yn ysgrifennydd. Symud i ystafell arall i yfed
coffi a gwin. Ac aeth yn fôr o gân. Canu calonnog, canu'n orlawn o eneidiau
nefol. Canu cerddi gwerin; canu ar y crwth; canu efo'n gilydd; canu amryw o
emynau – Aberystwyth, Yn y dyfroedd mawr a'r tonnau etc. Ac ymddiddan
wrth gwrs. Canys cyfarfod yr oeddem â Chymry o bob rhan o'r henwlad.
Gwelais un ferch oedd yn Ysgol y Sir, Tregaron, tua'r adeg yr oeddwn i ar
ddiweddu yno. Ni bu noswaith fwynach er pan wyf ym Mharis. Mwyn a
melys. Ac am oriau, hyd hanner nos.

Dydd Sadwrn, 3 Mawrth 1923

. . . Dyfod imi y *Breiz Atao* diwethaf, *Y Faner* a'r *Y Llenor*. Darllen y *Faner* drwyddi – gyda'r darn cyntaf o'm hysgrif ar Reims; a'm llythyr i'r golygydd yn hawlio Cymraeg gorfod ac annibyniaeth wrth ystyried gwleidyddiaeth y gwledydd, llên a chelfyddyd. Yna'r *Llenor*. Ac ynddo ddarn cyntaf o'm hysgrif ar y gweithiwr yn Ffrainc. Darllenai'n hynod o rugl a rhwydd, ac nid oeddwn heb deimlo rhyw gymaint wrth ailedrych drosti. Ysgrif dda gan Saunders Lewis, a da honno gan W.J. Gruffydd hithau.

Dydd Llun, 5 Mawrth 1923

. . . Gorffen fy llythyr i'r *Faner* mewn ateb i sylw'r golygydd ar lythyr blaenorol yn disgrifio sefyllfa Ffrainc – ac yn cyfiawnhau ei myned i'r Ruhr.

Dydd Mawrth, 6 Mawrth 1923

. . . troi allan i ddosbarth Charles Cocquelle ar ddigwyddiadau cymdeithasol yn Ffrainc. Sôn am y teulu, ac am ei berygl gyda'r lleihau ofnadwy yn nifer y geni. Amryw resymau. 1) Anhawster byw wedi'r rhyfel. 2) Lladd tair miliwn o Ffrancod yn ystod y ganrif. 3) Deddfau'r wlad – y *Code Civil* – a'r rhannu ar y ddaear nes eu gwneuthur yn ddarnau diwerth. 4) Yr ymbellhau oddi wrth yr Eglwys Gatholig. Y rhannau mwyaf crefyddol o Ffrainc sy'n cadw eu geni i fyny – Llydaw. Siarad yn gampus; a thrin wedyn ar amaethyddiaeth, sydd anhepgor i fywyd pob gwlad. Onide – perygl. Wele Brydain yn dibynnu ar yr America am seithran o ddeg o'i deunydd byw! Mor anniogel ei bywyd. Felly'r Almaen. A gwledydd Protestannaidd ydynt!

Dydd Iau, 8 Mawrth 1923

. . . Darllen yr *Action Française* bron hyd weddill y bore. Yr oedd camp i'w ryfeddu ar ysgrif fechan J. Bainville; a medr meistr ar un Maurras. Am Léon Daudet, nid yw efô ryw lawer wrth fy modd. Ni fedraf ei ddarllen yn fy myw. Ond does dim raid.

. . . Yna ysgrifennu diwedd fy ysgrif i'r *Geninen*. Gorffennais hi cyn swper. A boddhad lawer. Yna allan i neuadd yr Action Française i wrando darlith ddiddorol ar y gwersi gwleidyddol yn llyfrau Renan. Ac, yn gadeirydd, yr oedd y gŵr bach, diolwg – fel y dywedir yng Ngheredigion – rhyfedd, a gwyllt – Charles Maurras. Aflonydd fel arfer yn byrlymu bywyd a brwdfrydedd. Aeth yntau i sôn am Renan. A'i doreth wybodaeth! Nid oedd ei holl aelodau gyda'i gilydd – y genau, yr wyneb, y dwylo, a'r corff – yn medru llefaru'r llawnder oedd yn dygyfor drwyddo. Pwysleisiai yr agwedd fanwl, deg oedd i feddwl Renan. Dyna'i brif nodwedd, meddai efô. Ei goll ydoedd ei golli gydag ymresymu. Yr oedd yn aristocrataidd ei holl ysbryd.

Ac, yn rhyfedd iawn, ym myd crefydd a moes, yr oedd yn anarchist. Rhoes Maurras brofion ddigon; a dangos doethineb lawer, athrylith ryfeddol, a chymeriad moesol, cadarn, aruthrol.

Dydd Sadwrn, 10 Mawrth 1923

Cyn ciniawa neithiwr, edrychais dros fy ysgrif ar 'Achub Cymru'. Y mae yn llawn rhy faith; ac eto, byr iawn i ryfygu trin â phwnc sydd ar unwaith mor eang ac mor anodd. Y mae bellach wedi ei danfon ymaith, ac nid oes gennyf onid gobeithio y try yn ddylanwad cryf er daioni i Gymru. Oblegid, er ei gwaeled, fe gynnwys gynllun i'w ryfeddu o'i ddefnyddio'n feistrolgar. Dyna'r pwynt. Nid siarad, eithr gweithredu. Ofer y cwbl arall. Gweithred! Y mae un weithred gyfwerth â mil geiriau.

. . . darllen *Y Darian* a'r *Brython* drwyddynt. Y mae'r *Darian* braidd bob amser yn dda; ond am *Y Brython*, y mae'n gaeth i Lloyd George, ac y mae y cenedlaetholdeb a ddysgir ynddo yn eiddil iawn, a gormod o sawr crefydd a rhagrith arno.

Dydd Mawrth, 13 Mawrth 1923

. . . Darllen yr *Economie nouvelle*, a'i ddarllen hyd hanner nos gan ei ragored. Fe fwrw'n gryf iawn yn erbyn Marx a'i frwydr dosbarth â dosbarth. Cryf hefyd yn wrthwyneb i'r syniad o berffeithio dynion. Y maent bron yn anwrthwynebol. Eto, yn gwbl groes weithiau i'm syniadau i fy hun. Oni fynnwn i fod dyn yn datblygu ac yn ymberffeithio? Ac onid ar syniad felly y barnwn i bopeth mewn hanes? Ai ar gam yr oeddwn? Ar gam? Tybed? Efallai. Y gwir! A ydwyf yn fodlon i chwilio am hwnnw, ac efô yn unig? Y gwir! Dyna'r peth y bûm yn chwilio beunydd amdano? A heb ei gael? Ie; yn ddiamau. Ai o gyfeiriad na ddisgwyliwn amdano y daw? Paratoed y Nef fi iddo – canys ni ddylai dim arall gyfrif. Rhagfarn? Ymaith ag ef, er ei daered. A'r un peth â dallineb, a phob drwg arall. Y gwir yn gywir!

Dydd Iau, 15 Mawrth 1923

. . . Dyfod Bricler yno cyn y diwedd a dwyn imi ei newyddion o Gymru. Fe'u bodlonodd yn llwyr a gwelodd arwyddion gwladgarwch ddigon. Gwelodd Dyfnallt, Syr John Morris Jones, Henry Lewis a Morgan Watkin, – gyda'r olaf yn dadlau'n gryf o blaid cyfartaledd y ddwy iaith.

Dydd Gwener, 16 Mawrth 1923

. . . Cael *Y Faner* heno, a'r *Herald Gymreig* gyda llythyr hynod o frwd oddi wrth y golygydd. Canmolai fy ysgrif i'r *Geninen* yn ddirfawr, a dywedyd iddo gael ei argyhoeddi ganddi oddi wrth gynllun yr Athro Morgan Watkin.

Dydd Sul, 18 Mawrth 1923

. . . Yna myned ynghyd ag ysgrifennu llythyr i Ifor Williams i'r Menai. Ac efo'r llythyr, gyfieithiad o ddernyn byr gan Mickiewicz, a nodion byrion ar bedwar o eiriau Sir Drefaldwyn.

. . . Cyn pump dyfod Mordrel a Bricler yma i ymgynghori â mi am ddyfodol y *Breiz Atao*. Buasai Mordrel yma am beth amser y bore. Y mae'r *Breiz Atao* i'w lledu, ac i gynnwys ysgrifau o Gymru. Byddaf innau yn olygydd y wedd honno arni. Bu ymddiddan maith rhyngom, hamddenol a gwresog a thrin y pwnc o amryw gyfeiriadau. Sôn hefyd am Gymru, ac am Morgan Watkin. Ac mor flin y ddadl ofer rhyngddo ef a Henry Lewis. Y mae'n annheilwng o bob un ohonynt. Ac y mae'r bai ar bob un.

Dydd Llun, 19 Mawrth 1923

. . . ac awr neu fwy at yr *Economie nouvelle*. Llyfr penigamp ydyw, wedi ei ysgrifennu'n feistrolgar ac eglur i brofi ffaeleddau yr hen syniadau economaidd. Ac efô sydd iawn, heb ddim dwywaith! Nid iawn na moesol yr hen dyb am werth na honno am ddeddf cyflenwi a galw. Yr un fel am ryfel dosbarth, am ryddid dosbarthu a phrynu a gwerthu, am gystadlu yn gymaint â dim. Y mae dysg Valois wrth fy modd. Cofiaf fynegi rhai cyffelyb yn fy mhapurau arholiad lawer gwaith. 'Da ware' Dr Lewis hefyd: cofiaf iddo ganmol hynny droeon. Yr oedd rhyw gymaint o gnewyllyn yr athrawiaeth yn eiddo i'r Athro Stanley Roberts. Nid dwl i gyd efô chwaith.

Dydd Mawrth, 20 Mawrth 1923

. . . Eilwaith at lyfr Valois; a'i gael wrth fy modd. Pe gallwn, fe ddarllenwn ei lyfrau bob un cyn cysgu heno. Odid na bydd modd diwygio Cymru yn ôl ei drefn ef. Daw syniad felly'n fynych iawn i'm meddwl. Ac, efallai, i gymryd lle ymreolaeth? Hynny yw – pe daliai'r Senedd i ohirio rhoddi hwnnw inni. Rhaid defnyddio pob arf ac offeryn i drefnu Cymru yn genedlaethol, a'i huno, bob darn ohoni. Cas gennyf i feddwl am weithwyr y De yn ymuno â gweithwyr Lloegr. Yn herwydd buddiannau gŵyr y geiniog! Neu ddallineb arweinwyr! Y canlyniad ydyw colli pob ymdeimlad cenedlaethol, anghofio eu hiaith, a dirywio'n greaduriaid diddyhead, ac annaturiol. Ymaith â'r ffiloreg ffôl!

Am yr Eidal a Mussolini, am ad-drefnu Ewrop, ac ar economeg y darllenais neithiwr hyd hanner nos.

Dydd Mercher, 21 Mawrth 1923

. . . dechrau ysgrif ar y 'Deffro yn Llydaw'.

. . . daeth Mordrel yma i ofyn fy marn am rywbeth i'r *Breiz Atao*, ac i geisio ysgrif gennyf.

Dydd Iau, 22 Mawrth 1923

. . . Edrych dros fy ysgrif yn union wedi cinio, a'i danfon ymaith i Ifor Williams. Yna llythyr i olygydd *Y Geninen*, a throi allan i ddosbarth Loth. Gweithio ynghyd am awr ac ymddiddan wedyn am Brosper Proux, am Ch. Rolland, na feddwl Loth ddim ohono, am Quellien, oedd heb egwyddor sefydlog i'w arwain, am Daldir, y mynnai Loth na wnaeth dda erioed, ac na wna.

. . . dyfod *Y Faner* yma, a darllenais hithau drwyddi. Cynhwysai ddiwedd fy ysgrif ar Reims, a llythyr o'm heiddo ar ymddygiad Ffrainc yn Llydaw ac yn Nyffryn y Ruhr. At hyn hefyd, ffiloreg ffôl am y Blaid Ryddfrydol a'r Blaid Lafur – fel y pe baent yn amddiffynwyr rhyddid, rhag ei elyn cyson y Torïaid! O drueni! Mor ddiflas meddwl bod cymaint o afradloni ar nerthoedd yng Nghymru i ddilyn helynt hunanol y pleidiau am berchenogi awdurdod!

Dydd Iau, 29 Mawrth 1923 [*Cymru*]

. . . darllen *L'Homme qui vient*. Yr oedd yn llyfr wrth fy modd. O leiaf, y rhan gyntaf ohono. Y mae yn un cymharol fawr, a'i ddysgeidiaeth yn un nad oeddwn i wedi arfer ei choleddu. Eto i gyd, y mae yn y can tudalen gyntaf lawer o ddysg nad oedd eisoes yn gas gennyf amdani. Iawn cydnabod y gwir. Drwg ydyw dyn ar y cyfan a diog. Gan hynny y mae'n rhaid iddo wrth rywbeth i'w wasgu i weithio. I ddechrau, ffrewyll ei gyd-ddyn. Heddiw, angen bywyd, a rheidrwydd byw. Felly, yr angenrheidrwydd am sefydliadau, am draddodiadau, am grefydd, am ysgol ac eglwys. Fy nghryfhau yn y syniadau hyn y gwnâi *L'Homme qui vient*. Dangos y mae y rhaid am awdurdod. Wrth weithio i amddiffyn ei fywyd y bydd byw dyn a gwareiddiad. Iddo yntau, anodd gweithio; casbeth ydyw. Felly'r anhepgor – ei orfodi. Athroniaeth gorfodi – dyna wir gnewyllyn y llyfr.

Dydd Sul, 1 Ebrill 1923

. . . fe ddarllenwn yr *L'Homme qui vient*. Llyfr rhagorol ydyw, er bod cryn lawer o greulondeb cignoeth yn ei ddysgeidiaeth, fel y datblygir hi yn ail ran y llyfr. Athroniaeth awdurdod ydyw, ac yn cael ei datblygu i'w heithaf. Cytunwn yn hawdd ag ef yn ei wrthddadl yn erbyn sosialaeth ac anarchiaeth; ond pan fynno ryfel fel arwydd o ddaioni, o ragoriaeth y gwir, y mae'n rhyfeddol o raddol i'w gydnabod. Nid hawdd imi gymryd y ddysg mai'r cryfaf ei ddwrn yw'r gorau, mai'r cadarnaf yw'r cyfiawnaf o bawb. Ond dyna ei ddysg ef, ac nid ydyw yn ôl o'i dysgu gyda grym anarferol ac ymresymiad oer. Ai gwir mai'r gwan a fyn heddwch, ac a bregetha hynny? A'r cryf yn ei ddysgu iddo er mwyn ei wanychu, er myned â'i le a'i luoedd? Efallai. Onid felly Lloegr yng Nghymru?

Dydd Llun, 2 Ebrill 1923

. . . Daeth D.J. Morgan yma fin nos, a buwyd yn ymddiddan llawer, ac yn dadlau – ar genedlaetholdeb, ar drefnu bywyd Cymru, ar Ffrainc a'r Almaen.

Dydd Mercher, 4 Ebrill 1923

. . . Yn ôl ciniawa, camais i fyny i'r bryn i gael golwg eang ar y greadigaeth. Meddwl, a myfyrio a chynllunio. Cynllunio trefnu bywyd Cymru fel y byddo'n hollol ar wahân i Loegr. Ymaith â'r pleidiau, sydd, bob un, yn weision i sefydliadau nad ydynt Gymreig yn y mymryn lleiaf. Caethion Llundain ydynt. Eraill yn eu lle, ynteu. Pa rai? Nid pleidiau o gwbl. Yn hytrach, trefnu Cymru yn ôl crefft a masnach. Trefnu'r amaethwyr a'u gweision, nid yn ddwy fyddin i ymfyddino â'i gilydd, ond yn un i weled amaethyddiaeth yn gyfan gwbl, yn genedlaethol, o du'r gwas ac o du'r meistr. Felly am bawb a weithia ar haearn, ar y glo, ar lyfrau, ar ddillad. Dyna'r trefnu yr wyf i am ei weled, a meddwl amdano yr wyf yn gyson y dyddiau hyn. Tybiaf ei ddyfod yn ddaioni i Gymru benbaladr, yn achub i bob agwedd ar ei bywyd. Cawn weled.

Dydd Iau, 5 Ebrill 1923

. . . Myned i Dregaron. Yr oedd yno gyfres o gyfarfodydd i sôn am Henry Richard, a'i gysylltiad â Chynghrair y Cenhedloedd. Ni bûm i yno na'r bore, na'r prynhawn. Eithr myned yr hwyr. Y siaradwyr oedd Ernest Hughes, Caerdydd, Tom Hughes Davies gol. y *Welsh Outlook* a Hopkin Morris. Y cyntaf oedd y callaf a'r diogelaf, yr ail yr huotlaf, a'r trydydd y mwyaf ehud. Nid oedd yr un yn deall hanes; nid oedd yr un yn gwybod yn gywir am galon Cymru. Yr oedd y tri yn honni bod yn basiffistiaid – am fod hynny'n boblogaidd! Nid oes dim yn fwy poblogaidd heddiw. Ac os honni bod yn Sosialydd wedyn – a dyna'ch poblogrwydd yn gyflawn! O ysgrifenyddion a deillion. Oes ddibrofiad! Pobl oedd y rheiny neithiwr heb ddysgu dim oddi wrth hanes a phrofiad y rhyfel diwethaf. A Chymru, druan, yn aberth i'w dysg benwag. Gwelwn innau guro dwylo o fodlonrwydd ar ben y pethau salaf a ddywedid. Yr unig gamp ydoedd bod yn huawdl. Ac am hynny, dal ddigon mewn gweiddi cymeradwyaeth! Gwerin ddifeddwl! Yn cael ei thwyllo, ac yn ei thwyllo ei hun!

Dydd Gwener, 6 Ebrill 1923

Codi heddiw i godi i'r bryniau i feddwl am y cynlluniau sydd gennyf i godi Cymru, i'w hachub a'i hamddiffyn. Trefnu ei bywyd, ymladd â'r pleidiau, lladd sosialaeth a dysg y rhyfel dosbarth – dyna gyfran o'r gorchwyl. Ei sylweddoli yw'r gamp, a champ anodd – anos nag eiddo Mussolini yn yr

Eidal. Eisiau ei Mussolini sydd ar Gymru. Bûm heddiw yn darllen llawer iawn o lyfr Gorgolini. A llyfr hynod o dda ydyw, er ei fod yn gymysgedd o ysgrifau, ac, o ganlyniad, yn ailadrodd yr un peth. Trwy'r cwbl daw gwaith Mussolini yn amlwg i'r golwg. Yr oedd sefyllfa'r Eidal yn beryglus. Y Comiwnistiaid oedd piau hi, ac erlid ar bawb nad oeddynt o'u plaid, oedd y rheol. Anhrefn a rhyfel cartref. Gwaedai'r Eidal, a syrthio yn is yn gyson. Hi oedd y gelyn yn cael ei gosbi fwyfwy. Pa ryfedd bod adwaith? Pa ryfedd gynhyrchu Annunzio a Mussolini? I bobl yn llawn bywyd, a gobaith, ac yn penderfynu byw, nid oedd onid adweithio amdani. Meddwl yr wyf am gyflwr Cymru. Mor debyg! Tair neu bedair o bleidiau yn ymryson am yr awenau, a phob un yn ddieithr i Gymru, ac yn pregethu cydgenedlaetholdeb annelwig er mwyn esgusodi eu bradychu ar Gymru! Eisiau Mussolini y sydd. Gwynfyd inni pan ddelo. Ac yn fuan.

Heno yr oedd cyfarfod gan y Rhyddfrydwyr yn Nhregaron. A bu gwasgu taer imi fyned yno. Ond, i ba ddiben? Pa les? Dim. Dim o gwbl! Ofer y pleidiau bob un, yn enwedig yng Nghymru. Canys dieithriaid ydynt, ac yn gaeth i Lundain. Nid ydynt Gymry. Lloegr a Llundain yw eu cartref. Pe byddai'n gynrychiolwyr ni yn onest ni byddai ennill o'u danfon i'r Senedd. Canys ni bydd i awdurdodau'r pleidiau ganiatáu colli eu gafael ar y cyfundrefnau lleol yng Nghymru. O'u gwaetha y ceir ymreolaeth o Gymru. Ac nid yn fuan. Brwydr fyddai beth bynnag. Ymaith â hwy yntau! Ymaith yn gyfan gwbl! Felly nid ydynt o ddim daioni, hyd yn oed a'u cymryd ar eu gorau. Ar eu cyffredin y maent yn peryglu bywyd Cymru. Twyll ydyw'r cyfan. Twyllo'r werin â geiriau a wneir. Addo popeth, a rhoddi dim. Porthi mwynder – a disgyblu dim! Honni gwynfyd ac ennyn i ddiogi, ac i ymryson a helynt. Difa gwlad! Y mae hanes a thystiolaeth Cymru, a gwyddoniaeth ei hun – y cyfan yn ei herbyn. Gan hynny, pa dda imi fyned i lawr atynt. Yr wyf yn rhy werinol i gredu dim yn y weriniaeth y maent yn ei phregethu. Gwell lawer gerdded o gae i gae yn myfyrio am gynllun i gael gwared ohonynt. Gwell ganwaith gynllunio gwaredigaeth i Gymru. Gwell hefyd ddarllen Gorgolini yn disgrifio'r gwaith y bu'n rhaid i'r Ffasgiaid ei wneuthur yn yr Eidal. Mudiad cyffelyb iddo o ran ysbrydoliaeth a gweithred sydd eisiau arnom ni yng Nghymru. Suddo, suddo y mae ein gwlad bob dydd, yn colli rhyw gymaint o'i nodweddion cynt beunydd, – colli'r annibyniaeth, mewn gwleidyddiaeth, mewn llên a moes, mewn celfyddyd a phrydyddiaeth, mewn gair ac iaith. Gwaredigaeth! Gwaredigaeth! Ei Mussolini sydd eisiau ar Gymru. Yn fuan hefyd! Gorau po gyntaf!

Cefais hwyl dda ar ddarllen llyfr Gorgolini ac fe'i gorffennais cyn myned i'r gwely. Y mae wedi gadael argraff ddofn arnaf. Ar y cyfan y mae'r Ffasgiaid yn iawn, eu damcaniaeth yn iawn, eu daliadau gwleidyddol yn iawn, a'u dysg economaidd yn iawn. Iddynt hwy, y mae pob dosbarth a phawb oll yn ddarostyngedig i'r Eidal. Yr Eidal yn gyntaf – dyna eu safbwynt. Y mae ar unwaith yn gywir ac yn onest. Nid ffugio rhyw gydgenedlaetholdeb annelwig y maent, ond gwasanaethu syniad diamwys o genedl, y gellir gorfodi pawb i'w gwasanaethu. Nid ydyw cydgenedlaetholdeb heddiw yn ddim angen nag offeryn yn nwylo cenedlaetholdeb ambell bobl fel y Saeson a'r Ellmyn.

Dydd Sul, 8 Ebrill 1923

Codi'n fore ddoe i gerdded allan tan wybren olau lân. Cerdded y caeau y gweunydd a'r gors; yna dringo i'r ffriddoedd ac i'r banc. Gwylio'r defaid oedd fy ngwaith, ond yn fynych gyda chynllunio bywyd newydd i Gymru yr oedd fy meddwl. A heb yn wybod ambell dro yn pregethu fy athrawiaeth yn uchel o glogwyn i glogwyn, o graig i graig! Yna, cofio, a thewi.

Dydd Llun, 9 Ebrill 1923

Dechrau'r dydd ddoe gyda darllen *Y Faner.* Nid oedd hi nac yn wych iawn, nac yn dlawd; ac yr oedd ynddi lythyr oddi wrth rywun yn cwyno rhag amlder geiriau anghynefin a ddefnyddiaf i wrth ysgrifennu. Druan ag efô! Ni ddefnyddiaf i eiriau na ddylai pawb sydd yn eu cyfrif eu hunain yn ysgrifenwyr y Gymraeg wybod amdanynt, a'u deall. Os bydd gennyf ambell air hen o'r *Mabinogion,* neu o Feirdd y Tywysogion neu o'r Pedwar Hen Lyfr, y mae am ei ragored. Un o'r moddion gorau i adfywio iaith ydyw defnyddio hen eiriau clasurol. Felly Barrès ac eraill yn Ffrainc. Pa ddim mwy naturiol?

. . . Yna awr o ddarllen ar *Y Llenor* – ac yn arbennig, ysgrif R.T. Jenkins ar yr 'Adwaith yn llenyddiaeth y dydd yn Ffrainc'. Ysgrif benigamp! Er nad heb ambell wall megis y brychau ar yr haul. Fe ymdrin yn dda iawn ag Anatole France, Bourget a Barrès. Ond ychydig iawn am Maurras – y mwyaf, o ddigon o lenorion yr Adwaith. Fe awgryma ei fawredd ond cydnabod na ddarllenodd nemor ddim o'i waith. Trueni mawr – canys Maurras yn wir ydyw'r beirniad gorau a welodd Ffrainc er dyddiau Sainte Beuve.

. . . allan at y praidd. I fyny o'r diwedd i'r banc, ac oddi yno gweled golygfeydd ardderchog o gwmpas. Golygfeydd rhyfeddol! Y caeau twf a'r caeau tro, y tir glas a'r tir coch yn cyfrodeddu am ei gilydd. Cymysgedd o fryniau bychain, o greigiau, o glogwyni. Amlder y coed a'u hamrywiaeth, perthen dlos a pherllan – prydferthwch ei hun. Ac yng nghanol y cyfan, yr hen gors a'i phyllau mawr a'i grug a'i chamlesydd a'i bragwair! I mi yr oedd hithau'n odidog; ac yn odidocach na'r cwbl, yr afon las-las yn ymdroelli drwy'r gors. Yr oedd ei glas mor berffaith, ei disgleirdeb mor llachar! A hithau a phorfa gochelwr'r gors oddi amgylch iddi. A fu dim prydferthach. Tlysni ei hun. Yr amlder amrywiol oedd yn ei gynhyrchu. A ellir cael harddwch heb amrywiaeth? Na – byth! Felly mewn cymdeithas, felly ym myd dynion, felly yn y teulu. Onid ein gwahaniaethau sydd yn nodwedd bennaf dynoliaeth. Cydraddoldeb? Nage! Bod yn gyfwerth? Nage! Bod yn unwedd â'n gilydd? Nage! Y mae dysg y Sosialwyr yn brwydro yn erbyn natur ei hun, yn erbyn hanfod y prydferth. O bydd gan ddyn reddf am y tlws ni bydd yn Sosialydd. Nid wyf innau. Gwelaf hynny fwyfwy bob dydd. Ymbellhaf yn gyson.

. . . Darllen *Cymru*, ynteu, – oedd newydd gyrraedd yma. Yr oedd yn dda iawn, yn well nag arfer. Ysgrif ardderchog honno ar Emrys ap Iwan, a da iawn yr ysgrifau ar ddosbarthiadau'r Brifysgol yn y wlad. Mae gobaith i Gymru ohonynt. Byddant yn werthfawr i'w rhyfeddu gyda'r mudiad i achub y Gymraeg ac i drefnu bywyd Cymru, a'i wneuthur yn hollol Gymraeg.

Dydd Mercher, 11 Ebrill 1923

. . . Bu ail rifyn *Y Llenor* yntau yn cael ei ddarllen gennyf – yn arbennig ysgrif Saunders Lewis ar farddoniaeth Williams Parry – ysgrif dlos hefyd, un firain ei hiaith, un aeddfed ei meddwl. Darllen wedyn ysgrif G.J. Williams ar yr Orsedd a'r Eisteddfod, a myned i fyd gwahanol. Y gelfyddyd yn llai, y meddwl yn fwy amrwd, yr ymresymu yn honni, y dadlau yn eithafol, a'r iaith yn ddibrin a gormodol. Nid oedd ynddi gynildeb, na dim o'r ysbryd. Nid hoff gennyf i 'ffolineb noeth', 'ffwlbri', a lliaws o eiriau cyffelyb. Iawn i gloddiwr, ond anwych i lenor. Eithr rhyw dduedd debyg sydd yn rhy fynych o lawer yn ysgrifau fy nghyfaill.

Dydd Llun, 16 Ebrill 1923

Myned i'r capel neithiwr i wrando pregeth dda ar genedlaetholdeb a chrefydd. Sonnid yn fynych ynddi am Gymru, oni theimlwn fod y pregethwr yn gwneuthur rhan o'i ddyletswydd yng Nghymru. Duw, Cymru, tragwyddoldeb ydyw'r pethau y dylid eu pregethu yn ein pulpudau. Ardderchog y geiriau:

soniodd ormod am Gymru a Thragwyddoldeb!

Dyna'r geiriau y mynnwn innau eu haeddu. Ardderchog! Beth fu'n well erioed? Wedi'r bregeth bûm yn ymddiddan â'r pregethwr. R.R. Williams, gweinidog newydd Aberteifi ydoedd, ac un o'm cydefrydwyr yn Aber. Bachgen da, ac os datblyga ei ddysg ar linellau cenedlaethol, fe fydd o les ofnadwy i'w genedl, ac i'r byd. Adref i swper, ac i ddarllen amryw o areithiau Tom Ellis cyn cysgu. Nid anwych yr un ohonynt; er nad oedd wedi ei ryddhau ei hun o syniadau yr oes o'i flaen. Gwêl hefyd y rhaid sydd arnom i gael llywodraeth i Gymru. Ei gam ydoedd tybio y gallai un neu'i gilydd o'r pleidiau fod o fendith inni. Gelyn yw'r cwbl.

. . . allan i ganol bore rhadlawn, yr ymafiaethwn innau yn ei elfennau da – yn ei haul a'i liwiau, yn ei gymylau a'u cyfnewid lle a'u cyfrodeddu am ei gilydd. Odidoced cerdded y bryniau a gweled eangderau'r clogwyni a'r creigiau i dde, i aswy, i ddwyrain, i orllewin. Gogonedd ydoedd! A minnau a fynnwn olchi fy enaid yn y cyfan, a mynegi fy ngwynfyd ryw ffordd neu'i gilydd. Breuddwydiwn am Gymru, soniwn amdani, a llefaru'n uchel wrth droedio mwswm y mynydd, a meddaldir y gweunydd. Cymru a thragwyddoldeb!

Dydd Mawrth, 17 Ebrill 1923

. . . Yna, myned hanner dydd i Aberystwyth. Yr oedd D.J. Davies, sydd weithian yn ysgolfeistr yn Ystrad Meurig, yn myned i fyny gyda mi. Bu ymddiddan diddan rhyngom, am yr hen amseroedd pan oeddem yn y Coleg. Yna hefyd am Ffrainc a'i gwleidyddiaeth, ei llên a'i llywodraeth. Wedi cyrraedd y dref, myned fi i Swyddfa'r Faner. Gweled Prosser Rhys yno, a siarad ag ef am Gwynn Jones, Parry-Williams, W.J. Gruffydd, a Henry Lewis ac am eu barn ar ddysgu'r Gymraeg. Allan oddi yno, a hwylio i lety'r Dr Parry-Williams. Yr oedd efô'n falch i'w ryfeddu o'm gweled; felly finnau. Buom ynghyd ysbaid go dda yn ymdrin ar amryw bynciau. Holai fi'n daer am fy ngwaith ym Mharis a chanmol fy ysgrifau yn *Y Llenor.* Sôn wedyn am Loth a Vendryes a Meillet. Ac am Gymru a'r Gymraeg. Cyfaddefodd y dylid gwneuthur y Gymraeg yn iaith diwylliant, ac y dylid gwneuthur popeth o'i phlaid, ei gorfodi hefyd. Gweled yr Athro Stanley Roberts yn ôl hynny, a chytgan am arwyddion yr amserau – am Ffrainc a'r Almaen, am weriniaeth, economeg a hanes. Hydera ef y llwydda Ffrainc, a thybio bod yr Almaen yn paratoi rhyfel. Yr un fel am y wlad hon, ebr efô. Nid yw efô gredwr mewn gweriniaeth a diau ei fodloni nad ydwyf innau'n gryf fy nghred ynddi. Holai am Ffrainc ac a oedd obaith i'r brenin ddyfod yn ei ôl yno. Pwy oedd yn arwain? Pa fath ŵr a pha faint y dylanwad? Un diddorol yw Stanley Roberts i fod yn ei gwmni. Y mae ei wybodaeth mor eang a'i ddoethineb mor gyffredinol. Efô ydyw'r ysgolhaig gorau yn y Coleg o ddigon. Ei adael, i ymorol am Robert Morgan a'r Prifathro. Eithr ni welais na'r naill na'r llall. Yn lle hynny, gweled Gwynn Jones yn ei dŷ. Da imi ei weled ef bob amser. Buom yn barnu pethau'n unwedd am flynyddoedd. Y mae'n gystal gweithiwr, ac yn caru Cymru mor fawr! Ei ddrwg ydyw ei fympwy gwyllt, ei natur ddilywodraeth. Ar ragfarn y bydd efô byw, ac nid oes droi arno. Aethom heddiw i gyffwrdd â gorfodi'r Gymraeg. Ei gynllun ef ydyw gosod y ddwy ar dir cyffelyb. Heb orfodi? Nid oes sicr o hynny. Bu dadlau brwd rhyngom, ond dadl rhwng dau'n caru Cymru'n daer ydoedd hi. Rhuthro wedyn am y trên, i gael cwmni D.J. Davies yn ôl i Ystrad Meurig.

Dydd Gwener, 20 Ebrill 1923

. . . I'r dref, a gweled Mr Herbert Morgan yn y Coleg. Nis gwelswn o'r blaen, a bu ymddiddan diddorol rhyngom am awr a hanner. Siarad am Gymru a nodweddion y Cymry. Ymddiddan am Ffrainc a'r Almaen, gan ddadlau'n fynych. Canys y mae efô'n un o'r gwŷr sydd dda ganddynt yr

Almaen. Wedi i Ffrainc beidio â bod yn wrthrych tosturi iddynt, aeth ar unwaith yn wrthrych cenfigen wrthi. Gwêl efô unwedd â'r Sosialwyr, ac y mae ei galon yn ymresymu yn lle ei ben. Dyn da er hynny, a thyner hefyd. Yn unig y mae'n barod i gael ei dwyllo gan eiriau – gweriniaeth, rhyddid, Cynghrair y Cenhedloedd. Y mae iddo ei ragfarnau a'r rheiny'n gryfion. Dadlau am helyntion y dydd y buom ysbaid da, a dadlau wedyn am weriniaeth a'i gwerth. Ymadael yn gyfeillion da, wedi ein bodloni o gyfarfod â'n gilydd. Myned finnau â'm barn ar yr Orsedd i Swyddfa'r Faner. Gweled y Dr Parry-Williams wedyn ac ymgomio ychydig.

Dydd Sul, 22 Ebrill 1923

. . . Troi'n ôl wedyn i fyfyrio uwchben geiriau W.J. Gruffydd yn *Y Llenor* diwethaf. Nid oes fawr fudd mewn dim o'r pethau a ddywed W.J. Y maent yn wir braidd i gyd, ac yn wir y dylai pawb ohonom eu cydnabod. Y drwg ydyw ei fod wrth eu mynegi yn lladd ar hwn ac yn lladd ar arall, ac yn melltithio pawb yn ei dro. Nid synnwyr hanes a doethineb wedi ei dynnu o'r gorffennol, sydd y tu ôl i hyn. Ac ni arwain y cyfan efô i ddim pendant. Nid oes ganddo gynllun i achub y Gymraeg rhag y drygau y sonia amdanynt, na chynllun i'w gwneuthur yn iaith diwylliant. Dyna'r pwnc. Y gamp fydd ei ddatrys.

Dydd Llun, 30 Ebrill 1923 [Ffrainc]

. . . Am chwech myned i Baris, ac yn ôl gwneuthur amryw o negeseuon, myned i ddosbarth Valois. Yr oedd yr ystafell yn orlawn pan euthum i mewn. Ac yn eistedd, gan ddarlithio, ydoedd dyn melynddu ei wyneb, llawn egni a brwdfrydedd. Hawdd oedd canfod mai efô ydoedd awdur *L'Homme qui vient*. Yr oedd y ffydd gref ynddo ei hun, yr hunanhyder, a'r nwyd gweithio yn amlwg yn yr wyneb hoyw. Traethai'n gyflym a meistrolgar megis gŵr ag awdurdod ganddo. Deddf galw a chyflenwad ydoedd ei bwnc, a darlithiai'n dreiddgar. Wedi gorffen bu holi arno, a dadlau ag ef. A dadlau medrus hefyd, gan wŷr fel Constans ac eraill.

Dydd Mercher, 2 Mai 1923

. . . Cerdded finnau a llyfr Le Goffic yn fy llaw, oni ddeuthum hyd borth y ffordd hyd blas Chateaubriand. Onid oedd wych? A fu gerdded dedwyddach? droedio llawenach? – Onid oedd megis pe daethai wybren nef i lawr hyd y ddaear? I mewn i'r fforest, heibio'r plas, ac i eistedd ar fainc yn y parc. Tan bren deiliog yr oeddwn, hwnnw â'i frigau union yn ymestyn i lawr hyd y ddaear welltog. Dedwyddwch ei hun! A darllen y Goffic yn sôn am y Pardon yn Llydaw. Yr oedd afiaith Llydaw, ei hwyl, a hiraeth amdani yn eiddo finnau. Ym mhlanhigfa Chateaubriand! Beth oedd fwy naturiol?

Dydd Iau, 3 Mai 1923

Codi heddiw i ddarllen yr *Action Française* Hynny hyd wedi deg, ac yna
gorffen yr ysgrif ar Maurras ac ysgrifennu pedwar o lythyron – i W.J.
Gruffydd a Prosser Rhys.

Dydd Sadwrn, 5 Mai 1923

. . . dechreuais ysgrif ar wleidyddiaeth yng Nghymru, yn beirniadu'r pleidiau
ac yn galw am undeb i gydweithio am lywodraeth i Gymru.

Dydd Mawrth, 8 Mai 1923

. . . dechrau ysgrif ar ddinas Sceaux.

Dydd Iau, 10 Mai 1923

. . . llyfr W.J. Gruffydd ar *Llên Cymru yn yr 16eg ganrif*, a darllen hwnnw y
bûm yn y trên. Fe'i darllenaswn unwaith o leiaf drwyddo flwyddyn yn ôl.
Nid drwg, ond fe dybiaf fod gwallau yn ei syniadau'n fynych. Er enghraifft, y
mae'n amhosibl mai ffrwyth y werin ddiddysg fel yr awgryma ef ydoedd y
Mabinogion. Dim o'r fath beth! Yr oedd eu hawduron yn bobl wedi dwyn
disgyblaeth hir a manwl. Diau fod rhagflaenwyr iddynt, er na wyddys fawr
amdanynt. Nid yr un oedd eu traddodiad hwy ag eiddo'r beirdd. Ond y
mae'n rhaid bod traddodiad ganddynt.
. . . dyfod *Y Faner* yma, ac ynddi farn nifer o wŷr ieuanc am yr Orsedd. Ar
y cyfan nid ydynt annoeth nac ehud. Rhy hoff y maent o bwysleisio ei
ffaeleddau; ac ambell un yn gweled dim ond y rheiny.

Dydd Gwener, 11 Mai 1923

. . . daeth imi lythyr oddi wrth olygydd *Y Geninen* yn hysbysu cyrraedd fy
ysgrif olaf, a'i chanmol yn hael iawn – a sôn am ganmol ar y cyntaf yn y
Western Mail. Yn anffawd iddi gael ei hargraffu cyn i'r proflenni ddyfod yn ôl
oddi wrthyf. Gyda'r llythyr daeth y papur imi, a'r *Faner.*

Dydd Sadwrn, 12 Mai 1923

. . . darllen *Y Darian* a'r *Faner* bob yn ail â bwyta fy morefwyd. Gweled yn *Y
Darian* – er ei bod gennyf ers dydd neu ddau – sôn am fy ysgrif yn *Y Geninen,*
a'i chanmol.

Y mae hon yn ysgrif a dynn gryn sylw, ac y mae'n amlwg y bydd W.
Ambrose Bebb yn un o'r galluoedd cryfaf o blaid cenedlaetholdeb
Cymru yn y dyfodol.

Dydd Mercher, 16 Mai 1923

. . . troi i ddarllen yr *Herald Gymreig* oedd newydd gyrraedd yma. Ei darllen drwyddi, ac ym mhlith pethau eraill, darn helaeth a ddyfynnwyd o'm hysgrif i yng *Ngheninen* mis Mai . . . Wedi ciniawa a cherdded ysbaid byr, darllen *Breiz Atao*, ac ysgrifennu. Yn fuan wedyn daeth Mordrel yma, a chydag ef Debauvais. Cofiwn ar unwaith y bachgen meindal, wynebwelw a welswn gynt yn Rennes. Yr un yn union, heb fawr o gyfnewid. Ymddiddan am ddyfodol *Breiz Atao,* ac am gynllunio i'w lwyddo. Y mae'n rhaid imi ysgrifennu ysgrif neu ddwy o leiaf bob mis. Efallai y bydd imi gyhoeddi hanes fy nhaith yn Llydaw y llynedd. Canys gwasgent yn daer am hynny. Cawn weled.

Dydd Iau, 17 Mai 1923

Codi am wyth heddiw, a dechrau ar yr Wyddeleg yn union wedi gwisgo amdanaf ac ymolchi. Yn fuan wedyn, daeth y papur imi, a'r *Geninen*. Fy ysgrif i sydd gyntaf ynddi, ac ymhen tipyn, fe'i darllenais drwyddi. Yn anffodus, y mae amryw o wallau ynddi, ac y mae Maurras wedi ei argraffu – Maumas!

Dydd Sadwrn, 19 Mai 1923

. . . edrych yn fanwl ar *Y Faner* a ddaethai yma yn ystod y prynhawn. Yn ei darllen hi y bûm wedi swpera, a'i darllen onid oeddwn wedi gorffen popeth o bwys ynddi. Cysur mawr imi oedd gweled i'r Parch. Fred Jones – ni wn i ddim amdano – yn siarad yn agored yn Undeb y Cymdeithasau Cymraeg ar ei ddyletswydd i sefyll i fyny'n ddi-ofn dros yr iaith Gymraeg a phopeth sydd o fydd inni fel cenedl. Rhagor o'r dywedyd plaen hwn sydd eisiau arnom; a throi'r dywedyd yn wneuthur. Yna llwyddiant. Yn ddiamau! . . . dyfod yma lythyr oddi wrth y Dr Parry-Williams a geirda oddi wrtho yn ategu fy nghais am Gymrodoriaeth y Brifysgol.

Dydd Llun, 21 Mai 1923

. . . ysgrifennais erthygl ar gyfer *Breiz Atao* ar y frwydr yng Nghymru o blaid ein bywyd cenedlaethol – brwydr yr iaith, brwydr llywodraeth, brwydr dysg a diwylliant . . . darllen y *Revue Universelle* wedi hynny am drigolion Acadia a aethai allan yno o Ffrainc, ac a syrthiodd yn ddiweddarach i ddwylo'r Saeson . . . diwedd creulon, eu llusgo o'u gwlad, dan eu gwasgar tros y taleithiau Prydeinig. Felly y gofalodd y Sais amdano ei hun erioed. Yr un fel heddiw, yn pregethu democratiaeth oddi allan i Brydain, ac yn llygadu ar bob mantais a eill ddwyn iddo ef o hynny. Dyma'r ffordd yn y Gynhadledd Heddwch yma ym Mharis a Versailles. Yr un fel heddiw yn pleidio Cynghrair y Cenhedloedd a heddwch ac ar yr un pryd yn gwario deng miliwn o bunnau i amddiffyn Singapore. Yn y môr lle nad oes i'r Sais yr un gelyn, efallai mai da y gwna a diogel. O'r gorau. Ond gwneled hynny'n agored, ac nid yn gudd fel rhagrithiwr, yn honni'r gwrthwyneb. Dylem ni yng Nghymru weled ei ffordd, a deall ei ddichell. Nid digio wrtho, nid ei feio – ei ddeall, ei gymryd am y peth ydyw. Dyna'r cwbl!

Dydd Mawrth, 22 Mai 1923

Codi heddiw i weithio'n ddiwyd ar yr Wyddeleg ac wedi hynny ar y Llydaweg. Yna dyfod imi lythyr diddorol iawn oddi wrth fy nghyfaill hoff – Griffith J. Williams. Cydolyga ef â mi ynglŷn â gorfodi'r Gymraeg, a gadael y pleidiau iddynt eu hunain. Yn lle hynny, ffurfio plaid genedlaethol i edrych ar ôl buddiannau Cymru. Ni ddaw dim daioni oddi wrth yr un o'r lleill. Nid yw'r Blaid Lafur yr un gronyn yn well nag un o'r lleill. Addewidion – dyna'r cwbl a geir gan bob un ohonynt. Hynny hefyd yw barn Griffith John.

Dydd Mercher, 23 Mai 1923

Codi'n fore heddiw a chael yr *Herald Gymreig* a'r papur yn fuan ar ôl hynny. Darllen yr *Herald* ar unwaith, a gweled ynddi adolygiad ar *Y Geninen* ddiwethaf gan y Parch. D. Tecwyn Evans. Am fy ysgrif i y sonia fwyaf, gan ei chanmol yn fawr. Dywed y dylai 'gynhyrfu Cymru benbaladr'. Wedi enwi ei phwnc, ychwanegai:

> ac o'm rhan i ni allaf lai nag ochri'n gryf o blaid athrawiaeth Mr Bebb, yn hytrach nag o blaid yr Athro Morgan Watkin.

Ac felly yn y blaen, gan fanylu peth ar ei chynnwys a gorffen fel hyn:

> Yn wyneb y sefyllfa bresennol, y mae cenadwri'r ysgrif hon gan Mr Bebb yn un anhraethol werthfawr. A wrendy Cymru ar y llais cyn iddi fynd yn rhy ddiweddar. Oni wna, fe ddaw'r 'rhy ddiweddar hwnnw' ar ein gwaethaf yn fuan.

Eithaf gwir. Da iawn gennyf weled Tecwyn o'r un farn â mi. Y daioni mawr fyddai cael pawb ohonom i dybied yn debyg. Y mae'n rhaid iddi ddod i hyn cyn bo hir. Gorau po gyntaf.

Dydd Gwener, 25 Mai 1923

Codi heddiw at yr Wyddeleg. Yn fuan daeth *Y Faner* yma, ac fe'i darllenais hithau. *Y Geninen* oedd testun 'Led-led' Cymru heddiw, a'm hysgrif i yn fwy na dim. Sôn i ddechrau am y Cenedlaetholwyr yn mynnu llafar. Enghraifft: *Y Geninen* am fis Mai.

Y mae yn y rhifyn bedair ysgrif ar bynciau y sydd a wnelont â'n cenedlaetholdeb, ac y mae un ohonynt, o leiaf, yn rhwym o beri cyffro, a rhywbeth mwy efallai, ymhlith Cymry. Yr ysgrif hon yw eiddo Mr Ambrose Bebb ar 'Achub y Gymraeg: Achub Cymru'. Nid yw'n bosibl gwneuthur chwarae teg â hon drwy ei dyfynnu a chredwn nad yw ond y gwir syml y dylai pob Cymro drwy'r byd brynu'r *Geninen* yma, pe ond er mwyn darllen ysgrif Ambrose Bebb.

Yna myned ymlaen i roddi ei chynnwys, a gorffen gyda dywedyd:

Diolch i Mr Bebb am ei ysgrif huawdl. Y mae ef yn weledydd, a geill mudiad y cenedlaetholwyr ddisgwyl llawer ganddo.

Gwelaf fod *Y Faner* eto o'm plaid i yn hytrach nag o blaid Morgan Watkin.

Dydd Sul, 3 Mehefin 1923

. . . daeth y papur yma, a llythyr, hwnnw oddi wrth fy athro annwyl a'm cyfaill – Gwynn Jones. Da imi gael llythyr oddi wrtho ef a minnau'n meddwl cymaint ohono, er gwahaniaeth lawer yn ein syniadau. Dyn mawr ydyw Gwynn ar bob cyfrif; a balchder gwirioneddol oedd fy eiddo i o dderbyn ei lythyr. Yn anffodus, aethai llythyr blaenorol oddi wrtho ar goll a hwnnw yn dwyn ynddo eirda imi gyfer â'm cais am Gymrodoriaeth y Brifysgol. Trueni mawr.

Dydd Gwener, 8 Mehefin 1923

Wedi darllen y Testament heddiw daeth *Y Faner* imi, a'm hysgrif i'r *Geninen* i'w chywiro. Yn *Y Faner* yr oedd ail ran fy ysgrif – 'Tro trwy Sceaux' – ac yn y 'Led-led Cymru' – ganmoliaeth fawr iddi. Er enghraifft:

O'r holl ysgrifau gwychion a ysgrifennodd Mr Bebb . . . credwn fod ei 'Dro trwy Sceaux' yn rhagori ar y cwbl. Y mae bywyd yn y dim a ysgrifenna, a chyfoeth iaith eithriadol. At hynny, ceir yn yr ysgrif ddiwethaf hon rhyw agosrwydd, a rhyw gywirdeb mwy nag arfer. Dim ond dyn sy'n gallu teimlo a threiddio hyd waelod pethau a fedrai ysgrifennu fel hyn. Yn rhan gyntaf ei ysgrif, y mae efô'n aristocrat rhonc yng nghwmni pendefigaidd y gwanwyn. Yn ail ran ei ysgrif, bron na ddywedwch fod Mr Bebb yn Sosialydd – eisiau gwastadhau pethau; eisiau codi'r temlau 'hawddion a drudfawr' oedd yn y mynwentydd, a'u rhoddi i drueiniaid aflan a thlawd Sceaux. A yw Mr Bebb yn anghyson ag ef ei hun. Os ydyw, na hitiwch, canys nid ydyw hynny'n amharu dim ar y mwynhad diledryw y sydd o ddarllen ei ysgrif benigamp.

Na: nid wyf i yn anghyson. Nid bod yn Sosialydd ydyw teimlo o weled trueni, cydymdeimlo, a chyd-ddioddef. Gellir bod yn Sosialydd heb deimlo dim oddi wrth y pethau hyn. Felly'n fynych lawer o'u harweinyddion!

. . . i dŷ Nemo, i'w helpu i ddeall ysgrif o'm heiddo i'r *Breiz Atao*, ac i'w hegluro iddo, gan ei fod am ei chyfieithu .

Dydd Mawrth, 12 Mehefin 1923

Codi'n weddol bore y ddoe, a dechrau ar fy narllen yn ddisyfyd. Am naw, dyfod y papur imi, a'r *Tyddynnwr* o Fangor – gyda llythyr caredig fel arfer oddi wrth y golygydd, Ifor Williams. Darllen y rheiny y bûm am y ddwy awr nesaf, ac yn hwylio i baratoi hanes fy nhro yn Llydaw y llynedd. Yr oedd ysgrif o'm heiddo ar 'Y Deffro yn Llydaw' yn *Y Tyddynnwr*, ac wedi ei darllen hi a rhai pethau eraill oedd ynddo, yr oedd fy awydd yn fawr am ddechrau ysgrifennu hanes fy myned i Lydaw. Felly y dechreuais, gan gadw yn y blaen yn weddol gyson drwy'r prynhawn, hyd bryd gosber. Erbyn hynny yr oeddwn wedi ysgrifennu rhyw wyth tudalen, ac wedi blino ychydig.

Dydd Mercher, 13 Mehefin 1923

Codi'n ôl at fy ngwaith heddiw, gan ddechrau gyda dwy bennod o'm Beibl. Yn fuan wedi bwyta, daeth imi lythyr diddorol iawn, a charedig oddi wrth Henry Lewis, golygydd Cyfres y Werin. Un hael yw ef rwy'n meddwl, ac yn rhydd ac agored. Soniai am fy ysgrif yn *Y Geninen*, gan ei chanmol. Dywedai ei fod yn adnabod yr Athro Morgan Watkin, ac yn rhy dda o lawer, meddai, i feddwl fawr ohono. Ni thybia ei fod o ddifrif, ond yn hytrach yn gosod ei hun o flaen popeth. Cyfeiriai wedyn at fy ysgrif ar y 'Deffro yn Llydaw', yn *Y Tyddynnwr*, a dywed yn dda amdani hithau. Tebygai mai da fyddai i arweinwyr y cymdeithasau ei darllen hi, a'r llall, fel yr agorid eu llygaid. Ond ofnai y byddai'n ddigon i beri llewyg iddynt. Condemniai wendidau Cymru'n hael iawn, ac yr oedd rhywbeth yn drist yn ei lythyr. Ysgrifennu yr oedd i ddywedyd iddo ddanfon y nawfed o'r Gyfres imi – sef *Awen y Gwyddyl*.

Dydd Sadwrn, 16 Mehefin 1923 [Llydaw]

. . . Cyrraedd finnau Rennes cyn tro. Myned gyda Debauvais i Swyddfa'r Breiz Atao, a gweithio yno amser maith. Gadael yn y diwedd am unarddeg. Yn y cyfamser, gwelswn Dottin, a chael ymddiddan ag ef.

Dydd Sul, 17 Mehefin 1923

Codi'n fore ddoe yn llety Debauvais, ac yna cyfarfod ag Elies, a myned ein dau i Swyddfa'r Breiz Atao. Am ddeg dyfod Marchal yno, ac ymddiddan diddorol rhyngddo ef a mi. Am yr iaith, am yr arferion a'r moesau, am un genedl, ond dwy iaith. A'r un a'i collodd yn llawn mwy Llydewig na'r llall: e.g. La Borderie, Villemarqué, tra na wnaeth Renan ddim ond darogan diwedd y cwbl. Felly A. le Braz a Ch. le Goffic heddiw. O'r un farn, gweithwyr y *Breiz Atao* – efô, Mordrel, Debauvais – ond bobl *Buhez Breiz* o'r Breiz Izel, am nad oeddynt ar y ffin, yn gwybod am y perygl. Sôn am obaith Llydaw, a hwnnw'n dyfod o anobaith Ffrainc, sydd yn dadfeilio, – mewn nifer, a moes. Oni ddêl brenin iddi – ac yna gam i Lydaw. Bachgen diddorol iawn, ac yn llawn athrylith a meddwl craff, gafaelgar. Cyfaill iawn hefyd, a deallwn ein gilydd yn dda. Gallwn gydweithio'n gampus o blaid Cymru a Llydaw.

    . . . Myned at Vallée a'i gael ef yn ŵr ysig, cam, eiddil, yn wenau i gyd . . . Myned i dŷ Ivonig Picard awdur *Menez Arre ha War ho Moaziou*. Gŵr garw yr olwg, llais cras, tebyg i'r Dr Owen Llundain . . . Cyfyngai ei ganu i'w ardal ei hun, ac yr oedd ei gariad ato'n amlwg. Canmol Vallée, a'i roddi arian at achos Llydaw a'i hiaith. Sant yn wir.

Dydd Llun, 18 Mehefin 1923

Codi am chwech heddiw, cerdded y pedair milltir i Blounerin, a chymryd trên i'r Belle-Ville. Cerdded, M. le Quère a minnau, oddi yno i ben y Menez Bre i'r ffair gyffredin lle'r oedd cannoedd ohonynt a channoedd, miloedd o ddynion, o bob parth o'r wlad, o Leon, ac o Dreguier, o Gastell Paol ac o Wengamp, o St Thegonec ac o Baimpol. Cyrraedd erbyn deg, a chloch y capel yn galw i'r offeren. Y rhes gwragedd, a'r tri dyn neu bedwar ar eu penliniau ar y llawr pridd. Diwedd gyda gosod arian yn y Kef Zent Hervé. Y lluoedd ar y clogwyn gyda gwlad goediog oddi tani. Prynu a gwerthu, taeru ac amau, rhedeg a gyrru, clochdar dyn a gweryru meirch. Ardderchog. Fy nghyfaill innau'n canu cerdd ei dad – *Chanson am Efer Gouin*, a'r ddwy arall *Iez ar Breton, Kantelliou ar Verned* (beddrod), siarad a phregethu, a gwerthu testamentau – 40 Ffrangeg, 5 Llydaweg! Gŵr byr hefyd yn canu cerdd i fachgen a aeth i'r rhyfel, ac y bu orfod arno i ymladd. Gŵr byr ydoedd, o ymyl Carhaix, ac yn grydd wrth ei grefft, ond yn tramwyo'r pardoniou a'r marchnadoedd. Gadael am ddau a cherdded i'r Belle-Ville . . . ac adref i ddarllen *Y Faner*, a'r *Action Française*. Yna, am dipyn, ysgrifennu hanes y dydd.

Dydd Mawrth, 19 Mehefin 1923

Codi heddiw am saith, a hwylio i ysgrifennu ar unwaith. Yr oeddwn ar ddeffro ers ysbaid byr cyn hynny; ac yr oeddwn yn meddwl am y Llydawiaid a welswn ddoe. Yr oeddynt ddiofal, yn ddiddysg ac yn ddifoes. Pam? Onid un o ddamweiniau eu hanes oedd gyfrifol amdano? Onid dyfod y pendefigion yn Ffrancod mewn iaith a meddwl, a'u gwahanu oddi wrth gorff y bobl. Ysgrifennais ysgrif ar y pwnc cyn myned i lawr am fy morefwyd. Yna wedi bwyta, cerdded allan i'r pentref i ymddiddan â hwn ac arall. Canys y maent garuaidd ataf i, ac yn brysio i ben y drws i'm cyfarch. Yr oedd M. Somerville yn dyfod am eu llythyron y funud honno, a bûm yn siarad ychydig ag ef. Yna allan i'r wlad, a chyfarfod ag amryw bobl – menywod fwyaf – yn eu dillad gorau ac yn cyfeirio am Dremel. Pam? I offeren ymhen yr wythnos i un a gleddesid wythnos yn ôl. Felly y cynhelir bob amser offeren ym mhen wythnos wedi'r angladd. A thalu deugain ffranc bob tro. Bydd y cyfoethogion yn mynnu offeren felly bob amser am flwyddyn gyfan, gan dalu chwe ffranc bob tro. A thalu am goffi a gwin i bawb ar a ddaw i'r offeren. Cerdded y pentref o le i le, o dafarn i windy, o gwpan seidr i wydr gwin. Gallwn feddwl bod crefydd yn myned â llawer iawn o'u hamser. Y mae'n rhaid nad oes weithio caled iawn. Na fedrir ymgyfoethogi ychwaith. Ond yr offeiriaid! Dyna grefft dda, meddir wrthyf. Heblaw'r uchod, câi gasgliad ymenyn (fis Mai) a gwenith, a chasgliad y Sul sydd yma yn 300 ffranc bob Sul. Darllen y papur a'r *Faner*, hanes Llydaw a phethau eraill heddiw. Ysgrifennu yn y prynhawn lythyr i'r *Faner*, ynghylch gorfodi'r Gymraeg. Cerdded allan i'r ffermydd i weled y bywyd yno – y chwynnu tatw, y teneuo maip, y llanw tail, y torri meillion a phladuriau. Ac oddi mewn, y palis, a'r bwrdd yn y cysgod o dde (neu o chwith) iddo, a'r dorth yn dwmpath anferth arno. Fin nos, a hi'n tywyllu, bydd y teulu o gylch y bwrdd, a'r ffwrn datw arno, a phob un yn cymryd ohoni yn ôl ei awydd. Bydd y *tad koz* yn eistedd ar stôl isel wrth ymyl y tân – gan dynnu mygyn. A'r tad efallai yn berwi rhywbeth ar y tân brigau, rhag bod y wraig yn sâl yn ei gwely. Finnau'n myned i mewn ac yn peri chwerthin i'r plant wrth siarad y Llydaweg. Eistedd ar fainc y gwely clòs a chael llaeth mewn bowlen.

Dydd Mercher, 20 Mehefin 1923

. . . Gweled cynaeafu'r coed, a chydweithio â hwy. Yna ysgrifennu hyd ginio. Ar ginio, dau arall o Blestin, ac ymgom ddiddorol – yn arbennig pan sonient am eu tadau yn glynu wrth hen ddulliau o amaethyddu, ac am eu hanhawster i ymadael ag anifail – bron hyd wylo.

Heddiw, codi i weled y pobi bara yma. Deuai'r gwragedd yma tua deg, a'r toes ganddynt mewn sachau, y rheiny mewn certi, neu ar gefn ceffylau. Yna gweithio mwy ar y toes, naw ohonynt, dair ar bob bwrdd. Wedyn eu gosod mewn padelli pren i'w gosod yn olaf ar offeryn crwn, coeshir, i'w trefnu i mewn yn y ffwrn oedd yn eirias. Felly rhyw 30 torth. Am y pobi hwn fe delir rhyw ddeg ffranc y flwyddyn, fwy neu lai yn ôl nifer y torthau a ddygir i'w pobi bob wythnos. Fe bobir pedair gwaith yr wythnos, a thua 30 torth bob tro. Am weddill y dydd, fe'i treuliais bron i gyd i ysgrifennu amdanaf yn Llydaw y llynedd. Yn unig, cerdded allan weithiau a myned i ffarm lle y cefais laeth. Yr oedd yno dri chopi o *Bue ar Zent*, ac fe'i darllenid y gaeaf. Medrai y fam ei ddarllen ond ni fedrai'r plant. Felly y mae'r oes nesaf yn

Llydaw i golli dysg eu tadau, ac i fod yn llawer llai eu diwylliant! A minnau'n sôn am ddatblygiad!

Dydd Sul, 1 Gorffennaf 1923

. . . yn fuan gweled Debauvais, a'r Hulen hwnnw a gerddodd gennyf i Goadout at Ar Moal y llynedd. Yr oeddem falch o gydgyfarfod. Gyda hwy yr oedd dau a welswn y llynedd – Jean Sohier, milwr o Lamballe, Moyeas Goulven, Union Agricole Guingamp. Eto un na welswn ddim – Victor Poullouin, Pontrieux. Y prynhawn aethom bob un ond Goulven i Goadout i weled Ar Moal. Yr oedd efô'n falch iawn o'm hailweled. Buom yno fwy nag awr, ac yn ymddiddan o hyd am gyflwr Llydaw – a'r iaith. Deil efô'n gryf ei ffydd, er ei fod yn ostyngedig. Y mae hefyd yn berchen diwylliant uwch nag y tybiais y llynedd. Prynhawn ardderchog!

Dydd Sul, 8 Gorffennaf 1923

[Yn ôl yn Sceaux. Ei chwaer Maggie yn dod i aros. Dangos Paris iddi.]

Dydd Mercher, 11 Gorffennaf 1923

Oddi yno at Nemo i ddwyn iddo ysgrif i'r Breiz Atao iddo ef ei hailysgrifennu â'r peiriant i'w danfon i'r gwŷr yn Rennes na ddeallant y Gymraeg.

Dydd Mercher, 18 Gorffennaf 1923 [Cymru]

Prynhawn ddoe, euthum i Aberystwyth, gan nad ydoedd ddiwrnod sych at y gwair.
. . . Deallais fod y Prifathro adref yn y Cwm, a cherddais yno i'w weled. Yno y bûm weddill y prynhawn, yn ymgomio'n brysur ag ef. Ac y mae cryn lawer o ddaioni yn perthyn iddo. Y mae'n meddwl llawer am Gymru, ac yn cynllunio daioni iddi yn ei ffordd ef. Ar y manion y mae'n dda; ond ni welaf fod ganddo weledigaeth gyfan, gyflawn, genedlaethol. Ni feiaf mohono. Fe'i dygwyd i fyny yn y genhedlaeth o'r blaen pan oedd y Cymry yn llawer llai rhyddion eu syniadau na heddiw. Gwna ddaioni diamheuaeth, ac fe'i gwna eto fwy yn y dyfodol. Y mae Cymru'n nes at ei galon nag y tybiwn i pan oeddwn yn y Coleg. Ni wêl dyn ddaioni pawb ar unwaith.

Dydd Sadwrn, 21 Gorffennaf 1923

. . . Cefais lythyr oddi wrth Gymmrodorion Llanelli yn fy ngwahodd i draddodi darlith o'u blaen fis Ionawr nesaf; a chynnig £3-3 imi am hynny. Daeth y papur imi hefyd, a'r Breiz Atao. Cynhwysai hwnnw ysgrif o'm heiddo – 'Cip ar Hanes Cymru' – yn y Gymraeg a'r Llydaweg. Nemo a'i gosododd yn y Llydaweg.

Dydd Sul, 22 Gorffennaf 1923

. . . a hwylio erbyn myned i'r Ysgol Sul. Darllen y ddwy bennod gyntaf o Jeremiah yr oeddem, a bûm amser yn ymdrin ag ystyr proffwyd. Un yn dysgu egwyddor newydd, ebr un. Newydd? Pa egwyddor sy'n newydd? Nid oes yr un. Ai ei gyfnod sydd yn ei greu, ai efô y cyfnod? Y proffwyd sydd yn creu ei gyfnod. Yr arweinydd sydd yn rhoddi bod i genedl. Heb y naill a'r llall, ni bydd hithau'n bod. Pa un ai gweledigaeth ai arweinydd sydd bwysicaf i genedl? Arweinydd. Canys gydag ef gellir cael y weledigaeth. Hebddo ni fedrir cael gweledigaeth. Nid plentyn ciwed a gwerin ydyw hi ond mab y proffwyd. Hebddo, hebddi hithau. Dyna rai o'r pethau y buwyd yn ymdrin â hwy. Ac nid oedd pawb o'r un farn â mi. Y mae'n haws credu y dyddiau hyn – wn i ddim paham hefyd! – bod dyn yn dda, gwerin yn gywir a datblygiad yn ddeddf anhyblyg.

Dydd Mawrth, 24 Gorffennaf 1923

. . . daeth *Y Faner* yma. Darllen honno ar un tro a gweled ynddi ysgrif gan Iorwerth Peate ar 'Achub Cymru', yn yr hon y dyluniai ar gynllun gorfodi'r Gymraeg, a galw pleidiwr neu bleidwyr y cynllun yn bob enw gwael. Darllenais hi'n fanwl ac yn ddiduedd: eithr heb gael ynddi ddim o bwys ac o werth namyn dywedyd y dylid ysgrifennu llyfrau Cymraeg. Ac ni wnaeth hynny heb sôn am y llawlyfr a ysgrifennodd efô a thri myfyriwr arall. Y mae balchder Peate yn wrthun o amlwg yn yr ysgrif, ac y mae'n annioddefol. Yn hwyrach, euthum ynglŷn ag ysgrifennu ateb iddo gan ddangos eto y bydd raid dyfod yn ôl at orfodi'r Gymraeg. Bydd: ac ni ddaw iechydwriaeth iddi heb hynny. Amdanom ni, rhaid inni feddwl yn ddwys am ein hanes, ac ystyried ein gorffennol a'n dyfodol. Rhaid inni ryddhau ein meddyliau o lawer o syniadau gau, ac o gelwyddau y ganrif ddiwethaf. Yn gymaint â dim, y mae'n rhaid inni wrth ffydd ynom ein hunain fel cenedl a balchder.

Dydd Mercher, 25 Gorffennaf 1923

. . . Cawswn *Y Llenor* diwethaf fore ddoe, ac ni bûm yn hir heddiw cyn ei orffen – canys darllenaswn eisoes lawer ohono cyn gweled y gwely neithiwr. Yr oedd ynddo ysgrifau da gan W.J. Gruffydd, R.T. Jenkins, Henry Lewis, a G.J. Williams, a gwych o beth ydoedd eu darllen – yn arbennig ysgrifau'r ddau gyntaf. Heddiw daeth *Y Geninen* imi, ac ynddi hithau ysgrifau da gan Miall Edwards ar ddiwylliant. Yr oedd ynddi hefyd fy ysgrif i – 'Achub Cymru – Trefnu ei Bywyd', a darllenai'n dda iawn. Sonnid bod yn y rhifyn nesaf ysgrif gan Morgan Watkin yn ateb y gyntaf o'm gwaith i.

Dydd Gwener, 27 Gorffennaf 1923

. . . Daeth y cludydd llythyrau â cherdyn imi oddi wrth Ifor Williams, Y Winllys, Menai Bridge, yn diolch imi am ysgrif i'r *Tyddynnwr*, ac yn gofyn am imi ddyfod i Aberystwyth yr wythnos nesaf. Daeth imi *La Bretagne intégrale* o Lydaw a llawlyfr o Baris. Darllen y rheiny y bûm hyd ginio.

Dydd Sadwrn, 28 Gorffennaf 1923

Darllen *Y Faner* y bûm i neithiwr hyd unarddeg o'r gloch. Yr oedd yn hyfrydwch imi ei gweled yn parhau i bleidio gorfodi'r Gymraeg fel yr unig foddion i gymreigeiddio'r papurau hwythau, a gwneud eu hysbysiadau yn Gymraeg. Ond pan ddarllenais hi ar Ffrainc, ar ddyledion yr Ellmyn, ac ar wleidyddiaeth yn gyffredinol, o'r braidd na yrrodd fi o'm cof.

Dydd Sul, 29 Gorffennaf 1923

. . . yn yr ysgol y prynhawn. Caed hwyl dda yn ein dosbarth ni ar gysylltu Crist â'i genedl. I rai yr oedd yn hollol ar wahân iddi, heb un cysylltiad rhyngddo nac â'i gorffennol nac â'r dydd yr oedd efô'n byw ynddo. Nid gwir hynny. Y mae dyn bob amser yn ffrwyth rhyw ddatblygiadau arbennig yn ei genedl ei hun. Caed dadlau beth yn yr holi cyhoeddus hefyd. Adref i de, ac wedi hynny, i orffen yr ysgrif i'r *Faner* ar wleidyddiaeth Ffrainc a Lloegr.

Dydd Llun, 30 Gorffennaf 1923

. . . Y prynhawn yr oeddwn i fyned i Aberystwyth i gyfarfod eraill ynglŷn â pharatoi ar gyfer y geiriadur Cymraeg. Nid oedd Daniel yn fodlon o gwbl imi fyned rhag iddi godi'n deg at y gwair o hyn i drennydd. Myned er hynny, ac addo dod yn ôl mor fuan ag yr arwyddai dywydd da. Gadael cartref am bedwar a chyrraedd Aber fymryn wedi pump, a myned i'n lleti i neuadd bechgyn y Coleg yn y Plynlymon. Wedi dyfod yno, cyfarfod â'r lleill o'r rhannau eraill — pump o Gaerdydd, a rhyw beth yn debyg yr un nifer o Aber ac o Fangor, gyda thair merch — Miss Davies o Dregaron, merch Syr John Morris Jones, ac un Miss Evans. Yna yn ben ar y cwbl yr athrawon Syr John Morris Jones ac Ifor Williams o Fangor, Parry-Williams o Aber, W.J. Gruffydd o Gaerdydd a Henry Lewis o Abertawe, a Jenkin James. Wedi cinio, cyfarfod ynghyd. Gair gan Jenkin James i ddechrau, ac yna galw ar W.J. Gruffydd ynteu i lefaru brawddeg neu ddwy. Efô, gŵr canol oed ydyw, coch ei wyneb a thenau, a thrwyn hir, a rhywbeth yn wyllt a dieithr yn ei osgo. Yna codi Syr John i lefaru ymhellach. Araf efô, llonydd a breuddwydiol, wyneb trist hir, yn welw a llwyd, llygaid llwyd, heb loywder ynddynt na bywyd, a llais mwyn, melys. 'Bardd Cwsg' ydyw, yn byw ynddo ei hun ac iddo ei hun, yn anebrwydd i lefaru, ac yn anebrwyddach fyth i weithredu. Cymro i'r dim, Celt perffaith. Wrth sylwi arno, gwelwch paham y methodd y Celt ag ennill y byd iddo'i hun. Ni fynnai ei ffrewyllu ei hun i gamp; ni fedrai ei ddisgyblu ei hun, na sylweddoli ei freuddwydion. Ar ei ôl ef, cydymddiddan rhydd a myned wedyn bob un i'w ffordd. Yna i'r llofft, fyfi i ddarllen pennod gyntaf Griffith Jones Llanddowror gan D. Ambrose Jones MA. Gormod o enwau, ac o ffeithiau, heb ddeddf, heb gynllun. Yr oedd J.W. Jones yn gywely imi, ac roedd dda gennyf ei glywed yn sôn am ei waith da efo'r Gymraeg yn yr ysgol yng Nghaerdydd. Efo yw Sam yr Halier sy'n ysgrifennu i'r *Darian*, a hawdd deall ei fod yn fawr ei fryd ar y Gymraeg. Y mae yntau dros orfodi'r Gymraeg a bu'n canmol llawer iawn ar *Geiriau Credadun* a'm hysgrifau i yn y cylchgronau. Cysgu'n dda.

Dydd Mercher, 1 Awst 1923

Codi bore ddoe i fyned i fyny i'r Llyfrgell lle yr anerchodd Bodfan ni, ac y trefnwyd ymhellach ynghylch pa fodd i baratoi ar gyfer y 'Geiriadur'. Siarad â Syr John, Ifor Williams (ganmolodd fy ysgrifau), W.J. Gruffydd a Henry Lewis a Jenkin James. Allan i Swyddfa'r Faner am ymgom, a'm gorfodi i aros yno amser maith gan y glaw. Yn ôl i ysgrifennu a darllen. Treuliwyd yr hwyr mewn dadlau pybyr ar ffurfio plaid genedlaethol, ar genedlaetholdeb, ar ddanfon aelod i'r Senedd na fydd a fynno ddim â'r pleidiau gwleidyddol neu nad â yno o gwbl. Yn gyntaf, dadl rhwng y myfyrwyr, yna caed Herbert Morgan, Jenkin James a W.J. Gruffydd i ddadlau hefyd. Bu dadl daer rhwng Herbert Morgan a minnau ar genedlaetholdeb, ac ar syniadau'r Sosialwyr: hefyd â Jenkin James am orfodi'r Gymraeg, ac am lywodraeth Gymreig. Felly hyd ymhell wedi i'r golau ddiffodd. Cysgu ychydig iawn, a chodi am wyth. I'r Llyfrgell i ddarllen mymryn ar y Bardd Cwsg, ac i nodi paham y dylid dewis gair neu beidio. Y prynhawn, myned i'r Cwm, lle y gwahoddai'r Prifathro a'i chwaer ni i de. Lle ardderchog sydd yno rhwng y coed, a chyda'r llwybrau culion. Mwyn oedd y gymwynas, a dwys ambell ymddiddan weithiau megis rhyngof ac Ifor Williams a'r Prifathro a Jenkin James, a dau o Fôn, un Williams arall, Gwilym Jones, etc. Yn ôl i ginio, ac i ysgrifennu'r uchod, i ddarllen drwy'r ysgrifau a ymddangosodd yn *Y Faner* y llynedd. Allan dro byr, ac i'r tŷ at y Parch. Herbert Morgan, lle bu mawr o ymddiddan am Sosialaeth, am ddamcaniaethau Karl Marx, am y Chwyldro yn Ffrainc a llawer o bethau cyffelyb. Gorffen gyda sôn am y dosbarthiadau allanol a gynhelir gan y Brifysgol. Ni bydd cynyddu arnynt ac ofer gobeithio am gyfle i ddarlithio ynglŷn â hwy ar hyn o bryd. Anffawd imi. Yna i'r llety, lle'r oedd canu mawr ar benillion Cymru am oriau gyda Syr John Morris Jones, W.J. Gruffydd yn fawr iawn eu hwyl, a Henry Lewis yn chwarae'r berdoneg. Wedi'r canu dadl fawr rhwng W.J. Gruffydd a minnau am Ffrainc, yr Eglwys Gatholig, llenyddiaeth yr Adwaith. Dadl dynn iawn, canys gŵr manwl ryfeddol ydyw, yn gyflym ei feddwl, yn eang ei wybod, ac yn hoff o osodiadau pendant o'i eiddo ei hun, a thorri rhai eraill i lawr. Dadleuai'n daer yn erbyn militariaeth Ffrainc, y Babaeth, awdurdod a disgyblaeth.

Cysgu ychydig wedyn a chodi am wyth heddiw. I'r Llyfrgell Genedlaethol i ddewis bob un ei lyfr, a minnau y *Geirgrawn* am 1796. Aeth y prynhawn i ysgrifennu a darllen. Heno daeth un o'r bechgyn, y Parch. Owen o Lanuwchllyn â'r *Darian* i'r tŷ yn unig swydd imi am iddo weled canmol arnaf ynddi. Mewn adolygiad ar *Y Geninen* yr oedd. Dechreuad gyda:

Ai y gŵr hwn yw Ioan Fedyddiwr Cymru? Y mae gwyntyll ofnadwy yn ei law, beth bynnag. Cred ef mewn cael Llywodraeth i Gymru. Ni ellir achub Cymru heb achub y Gymraeg. Ni ellir achub y Gymraeg heb gael Llywodraeth Gymreig.

Yna dyfynnu tipyn i ddangos rhediad yr ysgrif ar y ddadl wleidyddol. Wedyn:

Ar ôl gwleidyddiaeth daw Economeg. Ysgubir ganddo rai o athrawiaethau mwyaf poblogaidd Karl Marx dros y bwrdd yn ddi-seremoni yn arbennig athrawiaeth rhyfel dosbarth. Byddai'n iechyd i weithwyr ddarllen yr hyn a ddywed ar y pen hwn, ac i gyflogwyr hefyd. Fe ddeallent yn well amcan undebau crefft a'r ysbryd a ddylai lywodraethu ynddynt. Teimlwn fod yr ysgrif hon yn cerdded tir ysbrydol a fydd yn rhy uchel i'r lliaws yn yr oes faterol a llwfr hon yng Nghymru, ond fe ragwelai y bydd popeth yn bosibl i'r genedl a gredo. Er na chydolygwn efallai â phopeth a ddywedir, teimlwn yn llawen o gael byw i weled rhai yn ysgrifennu fel hyn yng Nghymru.

Darllen Ambrose Jones ar Griffith Jones Llanddowror y bûm oni ddaeth y bechgyn amdanaf ar gyfer cael ymdrin â'r pwnc cenedlaethol. Ond yr oedd yr athrawon wrthi yn adrodd ystorïau, ac felly y buont onid oedd yn rhy hwyr inni wneuthur dim.

Dydd Llun, 6 Awst 1923

. . . Dechreuais hefyd ysgrif i'r *Breiz Atao* ar Gymru a Llydaw, yn cymharu'r ddwy wlad. O ran eu prydferthwch a'u cyfoeth, eu ffermydd a'u hamaethwyr etc.

Dydd Mawrth, 7 Awst 1923

Bore'r Eisteddfod yn Nhregaron ydoedd hi heddiw.
. . . Yna, ar eu hôl dipyn, myned finnau ac eisteddfota.
. . . Gweled tri Llydawr a'r wynwyn ar eu cefnau. Cael fy nghyfarch ganddynt ac ymddiddan ynghyd dalm o amser.
. . . Gweled Dyfnallt a'i wraig a'r ferch a threfnu ei ddyfod ef yma heno. Gweled Goronwy Owen y bwriedir gwneud Aelod Seneddol ohono. Holais ef yn fanwl, gan ddatgan fy nghas at y tair plaid wleidyddol. Aeth yntau i sôn

amdano'n genedlaetholwr mawr, ac yn gweithio tros Gymru yn Llundain; a'r un funud gwadu posibilrwydd gwleidyddiaeth genedlaethol ac economeg i Gymru! Dywedais wrtho ar unwaith nad oedd efô genedlaethol dim. Er hynny, fe'i cefais yn ddymunol ddigon. Ond nid oes defnydd na dyn mawr na merthyr. Cawn weled. Nid iawn bod yn galed arno – heb braw o gwbl.

Dydd Iau, 9 Awst 1923

. . . dyfod Dyfnallt yn ôl o'i ddarlithio. Yn ymddiddan ag ef, ac â'r lleill yn y tŷ y buwyd o hynny allan. Yr oedd yn ymyl dau o'r gloch arno ef a minnau yn myned i'r gwely. Buwyd yn y cyfamser yn trin pob agwedd braidd ar fywyd Cymru ac yn trafod arno'n ddiwyd a chyson. Y mae yntau'n meddwl bod yn rhaid wrth blaid genedlaethol fydd yn gwbl annibynnol ar y tair sydd eisoes mewn bod. Mor bell ag y gwelaf i y mae'n danbaid iawn dros Gymru, ac yn dân dros ei hawliau. Hen fachgen dawnus, diddan ydyw yn caru Cymru'n drwyadl, yn ei garu ei hun hefyd, gan feddwl yn uchel amdano. Ac nid ar gam ychwaith. Cododd yn fore heddiw a dychwelyd adref oddi yma am wyth. Pob hwyl iddo, a bendith.

Treuliais i weddill y bore yn darllen *La Revue Universelle* a'r prynhawn i ddarllen *Cymru* am fis Awst. Cawswn lythyr oddi wrth Ab Owen ddoe yn crefu am ysgrif ar y Mudiad Cenedlaethol yn Llydaw. Amser sydd eisiau, ac yna fe'i caiff hi. Ysgrifennu fy nyddiadur cyn yr hwyr a bwrw ar yr erthygl i'r *Breiz Atao.*

Dydd Gwener, 10 Awst 1923

Cafwyd y papurau neithiwr, a darllenais innau hanes yr Eisteddfod ynddynt. Yn eu plith yr oedd *Y Faner,* ac ynddi hi farn Cymry adnabyddus ar y symud a ddylid yn y mudiad cenedlaethol. Pleidiant gynhadledd braidd bob un, eithr nid heb fynegi syniadau annhebyg iawn. Yr oedd Saunders Lewis am fataliwn, a'i disgyblaeth, a Miall Edwards am gynhadledd fechan i fyw yn gytûn am dridiau neu bedwar. Yna dadlau'r pynciau yn rhydd rhyngddynt a cheisio cael o hyd i'r hyn y byddai'n iawn gweithio amdano. Nid drwg. Y mae cystal â dim a awgrymwyd. Eisiau cynhadledd felly y sydd, a wynebu'r anawsterau bob un. Yna yn ddioed, myned at y gwaith. Nid da dadlau heb weithredu. Gweithred ddylai goroni pob meddwl mawr, a phob dadl ac ymreswm. Gweithred felly y mae'n rhaid inni wrthi yng Nghymru.

Dydd Sadwrn, 11 Awst 1923

. . .Ysgrifennu dau lythyr neu dri – un i Lydaw at y teulu y lletyais ganddynt yn Nhremel, arall at y Parch. T. Shankland ynghylch fy nhraethawd ar y Crynwyr. Nid imi y daeth y wobr, ond i Mr Mardy Rees. Yr wyf innau am gael beirniadaeth Mr Shankland fel y gwelwyf pa beth i'w wneuthur wedyn.

Gorffen y rhain, a dechrau ysgrifennu ateb i lythyr Peate yn *Y Faner* ddiwethaf. Wrth hwnnw y bûm oni bu rhaid arnaf i fyned allan at y bechgyn. Torri gwair a phladuro oeddynt hwy.

Dydd Sul, 12 Awst 1923

. . . Wedi hynny, rhaid oedd myned i'r Ysgol Sul. Mwy na hynny, rhaid oedd myned yn gynnar heddiw. Myfi oedd i'w dechrau heddiw. Euthum yno mewn pryd a gwneud y gorchwyl hwnnw. Yna, i'r dosbarth am frwdfrydedd a thân. Mawr o ddadlau a fu ar waith proffwyd. Beth oedd y rhagor rhyngddo a'r offeiriaid? A oedd rhyfel rhyngddynt yn anhepgor? Na nid oedd raid wrtho. Gallai offeiriaid fod yn dda, a gweled gwerth y proffwyd. Gallai fod ei hun yn broffwyd. Ceidwadol ydoedd ar y cyfan. Felly y dylai fod. Cadw oedd ei waith ef. Cadw bywyd a'i ddiogelu, ac nid ei ddinistrio. Gallai gymryd dysg newydd a'i geincio i mewn i'r hen gyfundrefn. Rhaid wrth offeiriaid, ynteu.

Dydd Llun, 13 Awst 1923

[*Pregeth William Davies, Bootle*] Digyswllt, difeddwl . . . myned i hwyl a gweiddi . . . Peth hawdd iawn, y mae'n rhaid, ydyw cyfansoddi pregethau fel ei eiddo ef.

Dydd Mercher, 15 Awst 1923

. . . darllen *Hanes Cymru* Syr Owen Edwards hyd ei ddiwedd. Yntau'n ddiddorol o lyfr, ond yn cynnwys damcaniaethau ei gyfnod – hwythau'n rhai gau, y mae arnaf ofn.

Dydd Gwener, 17 Awst 1923

[*Darllen llyfr Llewelyn Williams ar Hanes Cymru*] . . . Gwych ydyw ar y drefn a osododd y Tuduriaid ar Gymru. Ni chytunaf ag ef bob amser. Eithr cydwelaf ag ef mai da oedd y rheolau a osodasant ar Gymru, o'u cymharu â'r anhrefn a ffynnai cyn hynny . . . Eithr drwg i gyd ydoedd gorfodi crefydd Luther arnom. Bu'n ddigon bron i ladd Cymru, ei llên a'i hiaith . . . Aeth ein crefydd wedyn yn beth benthyg oddi yno. Ped arhosai hi'n Gatholig, byddai'n well arnom. Pa wedd bynnag fel yr oedd, colled ydoedd, colled enbyd hefyd.

Dydd Sadwrn, 18 Awst 1923

. . . Darllen finnau'n barhaus ar yr hanes bob hamdden a gawn. Credaf i Harri'r Wythfed fod yn gymharol hael inni – o leiaf o'i gymharu yn

Iwerddon. Eto melltith arno am ddymuno lladd y Gymraeg a'i hen arferion
. . . Diolch eto i Harri am uno Cymru wedi'r torri a fuasai arni wedi
dyddiau'r Llyw Olaf. Gwnaeth ddrwg trwy roddi inni y cynrychiolwyr yn y
Senedd. Rhoes gyfle iddynt i gael eu prynu gan estroniaid, a gwasanaethu
arnynt. Y peth ddylasai'r Tuduriaid ei wneud wedi goresgyn Lloegr ydoedd
troi'n ôl i Gymru, i'w huno'n un wlad gref, gan gynnwys siroedd Lloegr ar y
Gororau i mewn. Yna llywodraethu ar Gymru'n unig, a'i gwneud yn rhan
gref o Brydain, os nad yr un gryfaf oll. Yna gweithredu tros Gymru, ei
datblygu – ym mhob agwedd ar ei bywyd, amddiffyn ei llên a'i dysg, ei
beirdd a'i llenorion, ei gwareiddiad – a'i dihewyd.

Dydd Sul, 19 Awst 1923

Fin nos neithiwr cododd i'm pen syniad i ysgrifennu erthygl ar sylwadau o
eiddo Mr Llew G. Williams yn *Y Faner* ddiwethaf. Honni yr oedd mai dilyn
Lloegr o bell a wnaethom yn ein crefydd a'n gwleidyddiaeth. Er enghraifft, y
Chwyldro Protestannaidd, Ymneilltuaeth, a Rhyddfrydiaeth. Gwir y cyntaf, a
da hynny. Nid mor wir na'r ail na'r trydydd. Heblaw hynny, yr oedd y
syniadau rhyddfrydol hyn yn gynefin i Gymru Arthur a Hywel Dda.

. . . Ni ddaeth yr athro i'n dosbarth ni, a bu raid imi gymryd ei le.
Dosbarth o fechgyn o'r Brifysgol ydyw, yn rhy barod i ddamcaniaethu
eithafol a gwyllt, ond yn hynod o deg at bob rhai. Hwyl dda, ac eto gyda'r
holi cyhoeddus.

. . . A hwylio'n ôl i gyfarfod yr hwyr. Yr oedd Thomas Jones, Rhostyllen
gynt yn pregethu, ac nid drwg o bregeth oedd ganddo. Nid oedd iddi fawr o
gynllun, nac o ymresymu. Ond codai hwyl, a galw'n daer am inni gredu yng
Nghrist.

. . . Wedi'r bregeth dyfod dau o'm cyfeillion i fyny yma – un Jack Bach,
fel y galwem ef. A'r llall D.J. Morgan, mab Rhys Morgan, Llanddewi Brefi.
Yma y buont am amser go lew, yn ymddiddan am aml i bwnc, yn dadlau am
le y Gymraeg yng Nghymru, ac yn sôn am Ffrainc a'r Almaen. Bûm innau yn
eu hebrwng i ymyl Tregaron.

Dydd Llun, 20 Awst 1923

. . . cychwyn ysgrif i'r *Faner* i ateb y gri am achub y byd cyn achub Cymru
. . . Fe'i gorffennais yn y diwedd, ac nid oeddwn yn debyg i fodlon arno.
Tant pis!

Dydd Mercher, 22 Awst 1923

. . . dyfod imi lythyr oddi wrth T. Hughes Jones (y Drenewydd nawr) yn
gofyn am enw gramadeg Llydaweg iddo, ac am y *Breiz Atao* o'r adeg y
dechreuais i ysgrifennu ynddo . . . Yr oedd yn fy mryd i ddechrau ysgrif ar

Lydaw. Mynnwn – ac eto ni fynnwn. Nid oedd y pwnc yn fy meddiannu'n ddigon llwyr. Penderfynu o'r diwedd ysgrifennu, nid yr ysgrif a fwriadwn ar y mudiad cenedlaethol yno, eithr parhad o'u hanes yn Llydaw.

Dydd Sul, 26 Awst 1923

. . . Fin nos, dyfod y *South Wales Daily News* yma, gyda dwy golofn ynddo ar 'Sinn Fein Cymru'. Enwir finnau, ymhlith eraill, er nad i gondemnio dim arnaf nac ar ddim a ysgrifennais ar achub Cymru, nac yn *Y Geninen*, nac yn *Y Llenor*.

Dydd Sadwrn, 1 Medi 1923

. . . a phapur o Ffrainc. Aeth gweddill y bore i fyned trwy'r papur hwnnw, canys nid ar garlam yr af i trosto, a bydd o'i fewn ysgrifau da fel y digwydd yn ddigon aml. Yn anffodus, nid oes ynddo ddim o waith Maurras ers wythnosau bellach. Mae efô yng ngharchar, ac y mae'n fawr y golled ar ei ôl. Ni wn i am un dyn a ddylanwadodd arnaf i gymaint ag efô. Bu ei athrawiaeth yn hir cyn fy hudo i: canys yr oedd bron yn gwbl groes i honno a adeiladaswn imi fy hun. Ei weled ef, ei glywed yn siarad, a syllu ar ei gorff bychan hoyw, yn gadarn yn y ddysg oedd oddi mewn, fu'n dylanwadu llawer hefyd. Erbyn hyn, y mae'n dda gennyf imi ddyfod i wybod amdano.

Dydd Sul, 2 Medi 1923

. . . Darllen eilwaith hyd yn hwyr. *Ffawst* oedd y llyfr y waith hon, ac nid y bychan o hwyl oedd imi wrth ei ddarllen. Y mae cyfieithiad Gwynn Jones mor ardderchog, mor gywir, ac mor llawn cynghanedd a pheroriaeth. Ni bu gyfieithiad gwell erioed. Naddo: o unrhyw lyfr.

. . . i'r Ysgol Sul . . . Ar y diwedd, dangosodd un o'r bechgyn imi ysgrifau yn un o'r papurau Seisnig – y *Courrier*, rwy'n meddwl. Ynddi, gwneid gosod ofnadwy ar Brifysgol Cymru, ar rai o'i hathrawon, ac ar Herbert Morgan yn arbennig. Tybiai rhai o'r bechgyn mai myfi oedd gyfrifol amdani. Eithr ni wyddwn ddim yn ei chylch hyd hynny.

Dydd Gwener, 7 Medi 1923

. . . A'r prynhawn euthum i fyny wrth sgil Daniel ar ei geffyl haearn i Bontrhydygroes. Yr oedd arnaf eisiau gweled Mr Jenkins, gweinidog Ysbyty. Y mae ganddo ef frawd ym Mharis, a gobeithio yr oeddwn allu ei weled, a siarad ag ef. Efallai y gallai gael imi ryw swydd neu'i gilydd yno at honno o ddarlithio yn y Brifysgol. Ond nid oedd ei frawd yno . . . Yno siarad am lawer pwnc arall, canys y mae efô'n fachgen diddorol ddigon. Fe edwyn Gwynn Jones yn dda iawn, a Pharry-Williams, a Jenkin Jones ac amryw eraill.

. . . Wedi myned allan o'r tŷ, daeth Davies, awdur *Maes y Meillion* heibio, ac fe'm cyflwynwyd iddo. Nis gwelswn i ymgomio ag ef erioed o'r blaen. Aeth Mr Jenkins i gerbyd er mwyn ceisio prynu merlen. Siarad Mr Davies a minnau – am y Mudiad Sinn Feinaidd yng Nghymru, ac am gyflwr yr iaith. Dywedai iddo ddilyn fy ysgrifau i ar y pwnc, a'i fod yn union o'r un farn â mi. Ni welai dycio dim arall. Bachgen digon diddorol efo, brwdfrydig a theg.

Dydd Sul, 9 Medi 1923

. . . Dwy awr arall i ddarllen *Y Faner*. Yr oedd ynddo araith a wnaeth Mr Saunders Lewis yn Llandrindod. 'Tueddiadau Cymru 1919–1923' ydoedd y testun, a nis gwelais ddim cyffelyb gan neb sy'n fyw. Fe ddeall efô angen Cymru yn well o ddigon na neb a adwaen i – yn well o lawer na Gwynn Jones, Syr John Morris Jones, W.J. Gruffydd, Henry Lewis, Dr Morgan Watkin. Y mae'n graffach o'r hanner na neb ohonynt. Gwêl yn glir o ba ddrygioni y dioddefwn. Deallai'r drwg a ddaw o lwydd y Blaid Lafur yng Nghymru. A gŵyr yn burion mai cadw'r Gymraeg, amddiffyn ein traddodiadau, glynu wrth ein defodau a'n moesau, parhau cysondeb a llinyn parhad ein hanes, sydd i'n hachub. *Yr araith orau a wnaed ar sefyllfa Cymru ers canrifoedd.* Diolch yn fawr iddo. Gan gymaint y cytunwn ag ef, gan fel yr aeth y sylwadau i'm meddwl, ni bu fodd imi gysgu o gwbl, er iddi fod yn un o'r gloch arnaf yn myned i'r gwely.

Dydd Mawrth, 11 Medi 1923

. . . Myned finnau wedyn i'r Coleg, gan weled y Prifathro yno, ac ymgomio ag yntau ysbaid byr. Yna i Eirlys, cartref Gwynn Jones. Yno yr aeth heibio weddill y dydd arnaf. Oblegid bu'n faith ein hymgom, ac fe'm gwnaed i aros am de. Siarad am Iwerddon ac am yr ysgolion haf yn Nulyn a Chork; am lwydd yr iaith; am lên y dydd; am eu haddewidion gorau, ac am y lle y daw'r ysbrydoliaeth iddynt. Yna sôn am Gymru – a'i helyntion hithau. Caf fod Gwynn, weithian, bron yn llwyr dros yr un drefn â minnau i ddysgu'r Gymraeg. Yn unig, gwell ganddo beidio â sôn am orfodi wrth gyfeirio ati. A fynnai efo fyddai ysgolion yn dysgu'r ddwy iaith, lle byddai pob un yn cael ei orfodi i'w dysgu. Yr unig fodd i osgoi hynny fyddai peidio â danfon y plant yno. Daw i'r un peth yn union â'm cynllun i. I'r dim! Sôn lawer am Emrys ap Iwan, canys efô ydyw'r gair olaf ar lawer gwir i Gwynn. Dadlau am le'r Doctor Lewis Edwards, efô yn ei ddwrdio, minnau yn ei amddiffyn – amddiffyn disgyblaeth ei feddwl, a'i ryddid oddi wrth syniadau chwyldroadol ei oes. Gwedi ymdrin llawer â Llydaw, a sôn am fy mhrofiad yno, ymadael. Ac ymhen dwy awr yr oeddwn gartref. Dylaswn ddywedyd hefyd imi gyfarfod â Prosser Rhys, ac imi fyned ganddo i Swyddfa'r Faner lle bu'n traethu wrthyf y ganmoliaeth gynnes a glywsai Saunders Lewis yn ei rhoddi imi. Yn ôl Rhys, yr oedd hwnnw'n edmygydd llwyr ohonof, ac o'r gwaith a wnaf. Dymunai weled cyhoeddi'n llyfr fy ysgrifau o Ffrainc, gan ddywedyd y byddai'n un clasurol.

Dydd Mercher, 12 Medi 1923

. . . Gweled hefyd yn y papur o'r De ergydio'n ofnadwy ar Dywi Jones am awgrymu y dylid gofalu bod y plant yn cael dysgu'r Gymraeg.

Dydd Iau, 13 Medi 1923

. . . Gwelswn y Prifathro J.H. Davies yn Aberystwyth ddydd Llun, ac fe'm cynghorodd i ysgrifennu iddo, yn gofyn am swm oddi wrth y Coleg i'm cynorthwyo i'm cadw fy hun am y flwyddyn nesaf ym Mharis. Dyna oedd bwrdwn y llythyr a ysgrifennais heddiw. Nid enwais y swm y dymunwn ei chael. Gwell oedd peidio, a challach. Ni ddisgwyliaf ryw lawer ychwaith. Byddwn yn rhyfeddol o falch pe cawn o'r deg ar hugain i'r hanner cant. Pe byddai'n unig yn ugain punt, ni chwynwn ychwaith, ond diolch o galon. Byddai hynny'n ddefnyddiol iawn. Prin £19 a gaf ym Mhrifysgol Paris, ac nid yw ddigon am dri mis, ar y gorau. Gwych o beth fyddai cael swm weddol ato. Gobeithio'r gorau.

Daeth imi *Y Cerddor Newydd* am y ddau fis diwethaf, a llythyr caredig oddi wrth Gwynn Williams. Da y gwna efô a Leigh Henry, a Vaughan Thomas ac eraill yn gweithio tros ddatblygu cerddoriaeth Cymru. Pob hwyl iddynt. Gweithiant yn burion er cenedlaetholi bywyd Cymru ym mhob agwedd arno. Deallant i'r dim y peth y mae'n rhaid ei wneud. Rhaid tyfu o'r gorffennol, datblygu ohono, ac adeiladu arno. Pa un bynnag ai llên a fyddo, ai cân, ai celf, ai gwleidyddiaeth, yr un y wers bob cynnig.

Dydd Gwener, 14 Medi 1923

. . . Wedi cinio gafael yn *The Life and Opinions of Robert Roberts*, llyfr diddorol i'w ryfeddu wedi ei ysgrifennu'n swynol hefyd, gyda dawn dda a rhwyddineb a manyldeb. Melys ei ddarlun yn sôn am fywyd caled yr amaethwr canol y ganrif o'r blaen, am ei fywyd a'i arferion, am ei goel a'i ofergoel, ei gas a'i hoffter, ei ffydd gref a'i ffyddlondeb. Gwaeth na dim ei fod yn ddiymadferth pan ddeuai tro caletach heibio iddo, megis gwerthu ei dir i berchennog gwaelach, a chodi ei bris iddo. Fe edrydd Roberts y cwbl gyda llaw gyfarwydd un yn deall yn dda. Blas iawn ei ddarllen.

Dydd Sadwrn, 15 Medi 1923

. . . daeth *Y Faner* yma. Cefais hwyl dda ar ei darllen hithau. Cyhoeddai hefyd ymddangos erthygl o'm gwaith, y tro nesaf, a dywedyd mai 'campus o ysgrif ydyw', gan ei chymharu ag araith Saunders Lewis yn Llandrindod.

Ychwanegu iddi gael ei hysgrifennu cyn traddodi o'r araith. Yna,

> fe welir felly . . . bod yr un dylanwadau'n gweithio ar Mr Bebb a Mr
> Lewis, a dylanwadau iach ddigon ydynt hefyd.

Y mae'r Llythyr o Lundain yn cyfeirio at fy meirniadaeth ar eiriau ohono,
eithr heb sôn dim am y ffeithiau. Yn unig, ei gosod hi fel hyn:

> Y mae gennyf i ormod o heyrn yn y tân i fynd ati i ddehongli i Mr
> Bebb y ffeithiau y seiliaf i fy marn arnynt, ac er bod Mr Bebb yn ddyn
> ieuanc dysgedig ac addawol, ac yn sicr o wneuthur diwrnod da o waith
> yng ngwasanaeth Cymru, rhaid iddo oddef imi ddywedyd nad wyf yn
> tybied fod ganddo lawer i'w ddysgu imi yn hanes y Diwygiad
> Protestannaidd, nac yn hanes datblygiadau crefyddol a gwleidyddol y
> ddau can mlynedd diweddaf yng Nghymru.

Hael iawn! Cyfeiria Dai yr Hwsmon, Ysgrifennydd Cymdeithas Bob y Gof
ataf unwaith neu ddwy. Untro,

> diolch i'r proffwyd ieuanc o Dregaron am yr Efengyl hon ('Achub
> Cymru'):

ac eto, dro arall:

> Cefais y fraint o dreulio ychydig ddyddiau ym Methesda, Dolgellau,
> Tregaron, ac amryw leoedd eraill, ac y mae'r Cymry ieuainc ymhob lle
> yn hiraethu am arweinwyr fel Bebb.

Rhyfedd iawn! A minnau'n sâl ddigon yn darllen llyfr Robert Roberts wrth y
tân, heb allu gwneud dim. Wrtho y bûm drwy'r dydd, yn ymhoffi yn ei
fanylion am fywyd y Methodistiaid bore, yn eu hanwybodaeth a'u
hannibendod, yn y ddysg yn y Bala, yn haelioni'r Dr Lewis Edwards, ac yn
eu caloni a'u rhagrith. Yna symud i Ynys Môn i gael digon yno'n fuan, ac i
ymfudo i Lerpwl i fysg y twrw a'r sôn am y Siartiaid.

Dydd Llun, 17 Medi 1923

. . . Yr oedd llyfr Roberts o fewn rhyw ugain tudalen i'w ddiwedd, yn swyn
imi, ac yn demtasiwn. Euthum ati i'w ddarllen â'm holl egni. Nid oedd y
penodau olaf gwbl mor ddiddorol â'r rhai cyntaf. Braidd yn llai diddorol i'r
hanesydd hefyd. Er hynny, yr oedd hanes y penderfynu myned i Awstralia, y
paratoi ar gyfer hynny, y myned i Lerpwl, y cwbl yn llawn bywyd a
gwirionedd. Ni ellid llai na theimlo'r cyfan, a'i weled. Yna hwylio dros y
moroedd, a gadael Cymru a'i deulu, a'i gydnabod. Nid diflas hanes yr

ymgomiau yn Lerpwl, y croesi a'r cyrraedd. Ychydig o hanes a geir wedyn. Diwedda'n union wedi ei gyrraedd yno, a phrofi ychydig o fywyd y wlad newydd, yn gyntaf ym Melbourne, ac yna yn y fro oddi amgylch. Dyry'r Prifathro J.H. Davies ychydig nodion am ddiwedd oes Roberts. Darllenais ei ragymadrodd – hwnnw am yr ail waith. Ar y cyfan, llyfr campus, yn ddawnus ac yn dda ei deimlad, yn drysor i'r hanesydd ac yn llewyrch ar rai agweddau ar fywyd Cymru'r ganrif ddiwethaf. Y syndod i gyn lleied o chwerwder yr awdur ddyfod i'r golwg yn y llyfr. Mymryn bach iawn ydyw. Y mae'n deg, hyd yn oed at rai y gallasai gwyno rhagddynt. Fe'i pwysa ei hun yn y glorian hynny, wedyn yn deg a diduedd. Cydymdeimlaf â'i brofedigaeth yn ddwys. Ac â thuedd ei feddwl hefyd. Gwelodd ragoriaeth y Methodistiaid gorau a thlodi y salaf ohonynt. Rhoes inni oleuni ar lawer o hanes, ac awgrymu o ble y daeth eu nerth. Prisiodd onestrwydd Wŷr yr Eglwys, a gwelodd werth ei phwys ar brydferthwch, ar gyfanrwydd, ar hanes, ar draddodiad, ac ar barhad bywyd. Cydymdeimlodd â gwerinwyr goleuedig Bethesda, a chasaodd glebran ofer cynffonwyr y Siartiaid. Gyda blas y dilynais ei hanes i'w derfyn, gyda siom na fyddai penodau eraill yn ôl i'w darllen.

Dydd Mercher, 19 Medi 1923

. . . Daeth imi lythyr oddi wrth Bricler o Lydaw yn esbonio pam y bu'r *Breiz Atao* gyhyd yn ymddangos, ac yn diolch imi am fy ysgrifau iddo. Un arall oddi wrth hen gyfaill annwyl imi, D.J. Williams, sydd, weithian, yn athro yn yr Ysgol Ganol yn Abergwaun. Llythyr yn galon i gyd. Diolch am rai tebyg iddo. Efô, Williams, ydoedd un o'r bechgyn mwyaf 'piwr', ys dyweder, a welais yn Aberystwyth. Cofiaf iddo gynnig arian imi fyned i Rydychen. Dyna'r math ar ddyn! Un felly sydd eisiau ar Gymru. Un hael i'w ddelfryd, ac nid i'w fywyd. Ysgrifennai hefyd dros Gymrodorion Abergwaun yn gofyn imi fyned yno i ddarlithio. Rhaid ymdrechu.

Dydd Iau, 20 Medi 1923

. . . I ddarllen Maurras ac i ysgrifennu yr aeth rhelyw y dydd. Cychwynaswn y dydd cynt ar ysgrif yn dangos newid Undeb Cymru a Lloegr dan Harri'r Wythfed. Ar hanner honno yr oeddwn pan alwyd arnaf i ymweld â Mr Thomas. Bwriais arni heddiw o ddeg i ddeuddeg, ac am ychydig yn y prynhawn. Felly, ei diweddu, a throi'n ôl i ddarllen, – y papur o Ffrainc, y *Revue Universelle*, hanes Llên yr Almaen. Yn ddiweddarach, cydio yn llyfr Tegla Davies – *Gŵr Pen y Bryn* – a darllen arno o flaen y tân gymaint a fedrwn yn sŵn y siarad, ac yn nwndwr yr ymddiddanion yr ymunwn innau â hwy o dro i'w gilydd. Ac am amseroedd wedi myned pawb i'r gwely. Ond nid yw o gwbl wrth fy modd. Y mae'n rhy wasgarog, ei gymeriadau'n rhy aml, a'i benodau'n rhy ddigyswllt. Nid nofel mohono, ond pytiau o straeon, a'r rheiny heb fod yn rhyw wych iawn. Ar wahân i hynny, gormod o sentiment diamcan a rhagrithiol. Daw'r pregethwr yn Nhegla i'r golwg yn rhy amlwg o lawer, a chas gennyf hynny â chas perffaith. Onid oedd weithiau'n anodd ryfeddol gennyf barhau ar y llyfr. Rhagorach o lawer ei *Hunangofiant Tomi a Nedw*. Am y rheiny y maent yn glasuron eisoes yn eu ffordd, ac o'u bath. Troed Tegla eto'n ôl at gyfansoddi cyfneseifiaid iddynt. Darllen pennod neu ddwy o'r un llyfr ddoe wedyn, eithr nid heb deimlo'r un argraff. Am y rhelyw o'r dydd aeth i ddarllen y papur, y *Revue Universelle* yn arbennig, *Y Faner*, oedd hyhi ag ysgrif o'm dwylo i ynddi. Ysgrifennu hefyd i Ifan ab Owen Edwards yn ateb ei ddeisyf am ysgrifau'r *Breiz Atao* i *Cymru*. Canys ni ddaeth y *Breiz Atao* allan eto, ac ni wyddai ynteu ba fodd i gael gafael arnynt. Llythyr wedyn i'm cyfaill hoff D.J. Williams Abergwaun yn atgofio ein cyfeillach gynt, ein cyfarfod â'n gilydd gyda Oswald Williams a G.J. Williams yn Llanbedr i drin agweddau ar fywyd Cymru, ac yn gofyn ganddo ymuno yn y frwydr yr ydym ynddi heddiw o blaid cenedl y Cymry, ei bywyd a'i bod. Ac eilwaith at *Gŵr Pen y Bryn*. Gwellhâi hwnnw lawer wrth fynd yn ei flaen. Deuai rhyw unoliaeth i'r golwg wedi'r cyfan a datblygiad amcan. Rhy fregus ydyw er hynny i gyd. Y mae ynddo, yma a thraw, ambell drawiad campus, ac ambell ddarn o hanes byw, megis hwnnw am ladd y defaid – ac weithiau hefyd, ddisgrifiad gofalus, swynol. Eithr rhy ddigyswllt ydyw fel cyfanwaith. Y mae fel disgrifiadau natur yn ein beirdd, hwythau'n ddiguro weithiau mewn ambell lun cywir byw, ond yn ddiffygiol mewn codi golwg eang, cyfan, gyflawn i'ch meddwl. Gwlyb ddoe wedyn ac aeth rhan dda o'r dydd i ddilyn hynt *Gŵr Pen y Bryn* i'w ddiwedd. Gorwneir yma, a gorwneir draw; perffeithir wedyn a chodi'n uchel. Ond nid yw'n ddigon gwastad drosto. Rhygnir gormod ar ddaioni tlodi, fel na bai rinwedd arall mewn byd; a gorliwir rhyw sentiment meddal, annichon fwy nag unwaith. Dyna rai o wendidau Tegla. Pob clod iddo er hynny. Canys yn unpeth ei ddysgu ei hun a wnaeth heb gael yr un Gamaliel i ddangos ei grefft iddo. Bach hefyd ei egwyl at ysgrifennu, nes mai'r syndod ydyw ei fod cystal. Rhwng popeth, y mae ein dyled iddo'n fawr iawn. Darllen hefyd papur o Ffrainc, a dilyn fy ngorau ar y datblygiadau yn Sbaen. Gwelaf heddiw i'r Primo sôn am barchu'r gwahanol ieithoedd, a rhannu'r wlad yn ôl hawliau hanes a ffeithiau. Y mae'r Belgiad enwog Maeterlinck – efô'n anwesu syniadau Maurras er coelio rhai hollol groes iddynt o'r blaen. Tuedd yr oes ydyw dibynnu fwyfwy ar draddodiad, ac awdurdod, a chydnabod y cenhedloedd fel ffrâm i ddatblygiad y byd.

Dydd Llun, *24 Medi 1923*

. . . Euthum i dŷ Gwynn Jones, gan fyned â llyfr Robert Roberts yn ôl iddo. Aros yno ennyd i sôn am Roberts a'i wendidau meddwl, a'i anwadalwch amdano'n gynnyrch tebyg i'r Cymry eu hunain. Bu dadl rhyngom am dueddiadau'r Cymry. Ni thybiai efô fod anwadalwch yn nodwedd ohonom. Ein deall byw a esbonia ein methu ar hyd y canrifoedd; a da oedd hynny.

Dynion dwl yn unig y gellid eu llywodraethu. Nid oedd raid wrth lywodraeth i amddiffyn na dysg na chelf na gwareiddiad. Ni chytunaf innau. Nid arwain ymresymiad Gwynn ond i anhrefn, ac i fwy ohono, ac i anhrefn o hyd. Ni allaf ei gael nac i'r rhyd nac i'r bont, ys dywedir. A'r gwaethaf ydyw ei fod yn ddyn eithriadol o alluog, yn fyw iawn ei feddwl, ac yn graff ryfeddol yn ei ffordd ei hun. Ac er anghytuno, nid llai cyfeillion nyni. Cofiaf iddo fod yn athro imi; a dysgu ohonof lawer oddi wrtho.

Dydd Mercher, 26 Medi 1923

. . . Y prynhawn myned i lawr i'r Eglwys i wrando'r Doctor Maurice Jones Llanbedr yn traddodi ei bregeth goffa i Edmwnd Prys. Yr oedd yn ddigon diddorol. Eithr i'm bryd i yn rhy lawdrwm ar hanes canrif Prys. Go brin y gellir galw y cyfnod hwnnw yn gyfnod adnewyddu ym mysg Cymru. Ond – iddo ef, yr adnewyddiad ydoedd coleddu'r Diwygiad Mawr(!) Protestannaidd. Y mae'n Gymro cynnes, rwy'n meddwl, a phwysleisiodd yn eglur y dyletswydd o gefnogi'r Gymraeg.

Dydd Gwener, 28 Medi 1923

. . . Yr oeddwn innau i gychwyn fy nhaith i Abergwaun. Paratoi a bwyta, gan ymadael efo'r trên deg. A mi'n yr orsaf, bu farw Mr Thomas, fy hen ysgolfeistr, a thristaodd hynny ran gyntaf fy nhaith. Wedi cyrraedd Caerfyrddin, deall bod gennyf awr o amser cyn cael y trên am Abergwaun. Penderfynais fyned i dŷ Dyfnallt i'w weled ef. Ond nid oedd yno; ac ni welais onid ei wraig a'r forwyn, a'r ferch. Yna'n ôl yn frysiog i'r orsaf eithr nid heb brynu'r *Faner* ar fy ffordd, – a phapur y dydd. Yn darllen y rheiny y bûm i gan mwyaf, yn ystod y daith hyd Abergwaun. Cawn olwg weithiau ar y wlad. Ond bwriai'n gyson ac ni chawn y lliw gorau arni. Prydferth er hynny, ac yn llawer gwell y ddaear nag yng nghanol Sir Aberteifi. Yr oedd yn ymyl pedwar o'r gloch arnaf yn cyrraedd i mewn i dref lanwaith Abergwaun gyda'i thai yn dilyn i fyny'r llechwedd lwyd. Yr oedd D.J. Williams yno'n fy nisgwyl – efô'n delpyn bychan, wyneb heulog, disglair yr un fel ag y gwelais ef ddiwethaf, flynyddau amryw'n ôl. Balch oeddwn o ailgyfarfod a llawen tu hwnt i ddim dywedyd. Yr oeddem yn byw ar unwaith helyntion y gorffennol, gyda'n cofion chwerw a chweg, a llawenydd y funud. Ymaith â ni'n dau, fel dau blentyn, yn afiaith i gyd i fyny o'r orsaf i'r dref, a hyd at yr ysgol. Bu raid imi fyned i mewn i'w ddosbarth, a holi'r plant am ysbaid. Yna cael fy nghyflwyno i'r Prifathro, ac i un Evans o Gwrtnewydd, efô'n gefnder neu gyfyrder i Gleddyn. Gweled hefyd R.A. Thomas, un o'm cyfeillion pan oeddwn yn y Coleg. Yn nhŷ Evans yr oeddwn i'n aros am na fynnai lletywraig D.J. Williams gymryd neb ar ei haelwyd. Am y tŷ â ni yn fawr ein siarad, a chael te ynddo. Cyfnewid meddwl wedyn yn ddiwyd iawn ar Gynghrair y Cenhedloedd, heddwch y byd, achub Cymru, Ffrainc a'r

Almaen, a chant a mil o bethau eraill. Tro bach cyn saith, ac yna i'r cyfarfod. Llenwyd y lle mewn toc o dro, ac euthum innau at fy narlith. Cymerth awr imi fyned trwyddi. Gwahoddais fy holi a'm croes holi, am wybod na ellid cydweled â mi. A holi a wnaed, nes codi hwyl anarferol, a bodloni pawb – yr holwyr yn gystal â'r gwrandawyr, a minnau'n llawn cymaint â neb. Mwynhawyd yn gampus, a bu mawr y diolch imi. Job oedd yn ei gynnig ac yn ddeheuig ddigon. Cefais ymddiddan ag ef ar y diwedd ac â llawer arall. Nid oedd ball ar y brwdfrydedd na diwedd ar y diolch. Yr oedd wedi deg dipyn arnom yn cyrraedd y tŷ. Gwahoddid D.J. Williams a R.A. Thomas hwythau yno i gydswpera. A diwyd o ymddiddan a fu wedyn hyd hanner nos, pan droes y ddau gyfaill i'w ffordd. I'r gwely finnau – yn flinedig ddigon wedi'r awr o ddarlithio a'r awr arall o ateb cyson. Eithr rhy aflonydd oedd fy meddwl, a bûm hir cyn cysgu, er cael lle clyd a glân.

Codais am wyth fore Sadwrn, a chael borefwyd yn iawn. Erbyn hynny yr oedd D.J. Williams yno wedyn. Ac aed i'm talu. Deg swllt ar hugain oedd i fod. Yn lle hynny mynnwyd talu imi ddwy bunt – ac at hynny, dalu'r trên oedd efô'n hanner y bunt bob ffordd.

Yn y prynhawn, yr oedd cyfarfod gydag Undeb y Cymdeithasau Cymreig yng Nghaerfyrddin, ac yr oedd D.J. Williams i siarad yno. Ond ni fynnai, gan daeru nad oedd ganddo weledigaeth eglur. Nid oedd lonydd heb imi addo cymryd ei le. I hynny y daeth hi'n y diwedd. Cyd-deithiasom tua deuddeg. Am y dref â ni a'r farchnad gyda'i ffrwythau o'r wlad yno. A'r diwedd fu awyddu cwpanaid o de, a'u cael â graen arno, i'w yfed gyda bara brown ardderchog. Yna myned am y lle yr oedd cyfarfod yr Undeb i'w gynnal. Gwelsom Ddyfnallt yno'n fuan, ac yna'r cynrychiolwyr eraill – o Landdewi, Llandeilo, Llandysul a lleoedd eraill. Yn eu plith yr oedd Mr Williams, Gweinidog Llanddewi, D. Lloyd Jenkins, Edwards Ysgol Ganol Llandysul. Myned i mewn, a sôn finnau am fy nghynlluniau. Caed ymdrafod â hwy yn hirben ddigon, a gofalus am ysbaid gweddol. Penderfynu hefyd apelio at y cynghorau sir i fynnu dysgu'r Gymraeg yn yr ysgolion, a phethau tebyg. Wedi diweddu, cawsom de iawn, ac ymgom lawer. Yr oedd bechgyn Llandysul yn arw am fy myned yno i draddodi'r un ddarlith iddynt hwy. Aeth D.J. Williams a minnau i ffermdy y gwyddai efô'n dda amdano ddwy filltir i ffwrdd. Cawsom yno ganu mawr a swper. Yn ôl i Gaerfyrddin. Yno am unarddeg y bu inni ollwng ein gilydd yn rhydd. Ac yr oedd wedi hanner nos arnaf yn cyrraedd cartref Dyfnallt lle yr oeddwn i dreulio'r Sul. Iawn o Sul ydoedd hefyd, yn ddydd tesog drwyddo.

Dydd Mawrth, 2 Hydref 1923

. . . darllen *Cofiant Emrys ab Iwan* gan Gwynn Jones. Diddorol o lyfr ydyw a diddorol llythyrau Emrys o'r cyfandir a'i nodion ar bobl a gwlad. Cafodd gyfle iawn i'w addysgu ei hun, a manteisiodd yn dda arno. Dysgodd olwg eang, radlon ar bethau a barnodd yn ddi-ofn. Adeg cinio, cael cerdyn oddi wrth G.J. Williams o Gaerdydd, a'r papur a'r *Revue Universelle* am ddechrau Hydref. Yn darllen y rheiny y bûm gan mwyaf trwy gydol y prynhawn. Darllen hefyd gymaint ag a fedrwn o *Cofiant Emrys ab Iwan.* Gymaint a fedrwn – am nad oedd hwyl arnaf yn y gwendid a syrthiodd arnaf yn ystod y daith i Abergwaun a Chaerfyrddin, a'r darlithio yno. Teimlwn mor wan ac eiddil, nes fy ngorfodi i roddi heibio darllen a myned i'r gwely hyd yn oed.

Dydd Mercher, 3 Hydref 1923

Codi ynteu, ac yn ôl ymolchi a bwyta, cydio yn fy llyfrau. Yn gyntaf oll, *Cofiant Emrys ab Iwan.* Yr oedd wedi ei adael ar ei hanner ddoe. Dilynais arno gyda diwydrwydd mawr drwy gydol y bore, a'i ddilyn hyd ei ddiwedd. Diddorol o lyfr ydyw, yn adrodd yr hanes gan amlaf yng ngeiriau Emrys ei hun. Ond nid yw o'r hanner nac mor ddiddorol nac mor afaelgar â'r hunangofiant gan Robert Roberts. Byddai'n ddiau'n llawer gwell pe Emrys ei hun a'i hysgrifenasai. Nid na wnaeth Gwynn ei waith yn lanwaith a medrus. I'r gwrthwyneb, gweithiodd yn dda ryfeddol, ac yn ddigon cynnil. Eithr nad allai ef roddi inni y manylion diddorol hynny sydd yn britho llyfr Robert Roberts. Gwych i'w ryfeddu y bennod olaf ar feddwl Emrys, ei waith a'i bregethau. Y gwir yw iddo ennill iddo'i hun le amlwg ac arbennig hyd yn oed yn hanes Cymru a'i llên.

Dydd Sadwrn, 6 Hydref 1923

. . . Darllen eto unwaith ragair Miall Edwards i'w gyfieithiad o lyfr Descartes. Yna daeth *Y Faner* yma, ac fe'i darllenais hi o ben bwy'i gilydd cyn ei gadael o'm llaw. Yr oedd Dai'r Hwsmon – pwy bynnag ydyw – yn llawdrwm arnaf i am feiddio ei droi'n ôl ar bwnc achub y byd. Ysgrifennai Saunders Lewis yn rhyfedd o feistrolgar yn ateb Francis Roberts ar bwnc dogma'r Eglwys.

Dydd Mercher, 10 Hydref 1923

. . . Darllenais bapur neu ddau nes cael llythyr yn fy ngwahodd i ddarlithio o flaen Cymdeithas Geltaidd y Brifysgol yn Aberystwyth, a'r *Welshman* gyda'r hanes fy araith i Undeb y Cymdeithasau Cymreig y dydd o'r blaen.

Dydd Iau, 11 Hydref 1923 [Cyfarfod Llandysul]

. . . Cefais wrandawiad astud, a sylw manwl i'm geiriau. Addawswn ymhoffi mewn cael fy holi, ac fe'm bodlonwyd. Er nad i'r graddau ag yn Abergwaun. Ni holwyd fi gymaint ag yno, ac o'r braidd y cododd y brwdfrydedd cyfuwch.

Dydd Gwener, 12 Hydref 1923

. . . Ac yn eu plith *Y Llenor*, a ddaethai, efô, yma ddoe, a mi ar gychwyn ymaith. Yr oedd ynddo ysgrif fer o'm gwaith i – 'Trithro gydag Athrylith' – yn rhoddi mymryn o hanes dosbarthiadau Maurras. A darllenai'n burion. Cynnwys wedyn adolygiadau amryw a rhai ohonynt yn dda. Didda o ysgrif gan y Dr Parry-Williams ar 'Geiliog Pen y Pas'; cymysgedd ryfedd o wir ac o anwir, o ddoethineb ac annoethineb gan W.J. Gruffydd ar 'Y Proffwyd' .

Dydd Sadwrn, 13 Hydref 1923

. . . yr oedd fy mryd i fyned i Aberystwyth yng ngherbyd D.J. Morgan.

. . . Cefais lyfr Syr John Morris Jones ar Daliesin yn ôl gennyf, a gweled Stanley Roberts ac un neu ddau o fechgyn y Coleg. Yna i dŷ Mr T.D. Jenkins, ond ym Mharis yr oedd ef.

. . . i siop Jack Edwards i orchymyn cyfieithiad *Storïau Maupassant* yng Nghyfres y Werin. Hir o ymddiddan yn ôl hynny yn lletý Parry-Williams, am Lydaw, gan mwyaf, ac am fy ysgrifau i ar Ffrainc. Ac i fyny'r Buarth at y Gwynn i gael fy nerbyn ganddo yn nrws y tŷ. Sôn y buom am fy llyfr i ar Lydaw, h.y. y cymaint ohono ag a ysgrifennais eisoes. Yr oedd ganddo ddwy ymyl tudalen wedi eu hysgrifennu arno; ac yn dechrau:

F'annwyl Bebb. Y mae'r ysgrifau'n rhai diddorol dros ben, ac yn cydfyned â'm ffansi i yn llawer gwell na sancteiddrwydd bodlon O.M.E.

Felly ymlaen gan ganmol fy nhegwch, ac awgrymu, er hynny, y gallai imi adael argraff bod Cymru'n well lle na Llydaw, a'i phobl yn fwy rhinweddol a dysgedig, ac yn llai ofergoelus. Efallai'n wir bod argraff felly, ond nid o'm bwriad. Canys yn wir, da y gwn na bu farw ofergoeledd o Gymru o lawer iawn, fel y prawf y ffydd mewn rheibio, toulu, gwella clefyd y galon gyda mesur edafedd etc. Yr oedd yn dda gennyf gael ymgom ganddo ar y pwnc; ac yr oedd yntau mewn hwyl eithriadol o dda. Canmol y llyfrau Cymreig a dywedyd y dylwn gyhoeddi yr ysgrifau hyn yn llyfr. Canmol ein hargraffu, a'r pris – oedd iddo ef, yn rhatach nag yn Lloegr yn ôl y deunydd a'r cynnwys. Felly at Gyfres y Werin. Enwodd fy nghyfieithiad i o Lamennais fel yn rhatach nag y ceid un cyffelyb yn Saesneg, heblaw bod, meddai ef, yn llawer gwell cyfieithiad. Gadael yn fuan a chael te yn nhŷ T.E. Nicholas – ond nid oedd ef gartref.

Dydd Mawrth, 16 Hydref 1923

. . . Yna ysgrifennu llythyr i Maggie ac un arall i D.J. Williams i Abergwaun. Cawswn lythyr oddi wrtho ddiwedd yr wythnos. Ac ynddo ddeg punt. Pam? Am yr ofnai ei bod yn dlawd arnaf, ac am iddo wybod fy hanes. Ond ni bu

anoddach erioed gennyf dderbyn dim. Ac yntau mor hael! Duw a'i cadwo.
Ni bu well bachgen erioed. Yr oedd ei lythyr imi gyda'r un haelaf ei eiriau a
welais erioed. Yr oedd wedi ei argyhoeddi gennyf o dlodi'r pleidiau
gwleidyddol i Gymru. Honnai imi 'symud Abergwaun o ben bwy gilydd' ac
y cawn yno bellach fyddin o:

> Sinn Ffein i'ch dilyn yn syth gan ddiofrydu eu henaid i farw dros
> ddelfrydau eu gwlad. Gallaf eich sicrhau (meddai wedyn) o hyn o leiaf,
> na adawodd yr un cyfarfod ei ôl gymaint ar Abergwaun oddi ar pan wyf
> i yma. Sonnir amdano o hyd, a phawb bron yn cytuno ynghylch y tair
> plaid a'r syniad o gael plaid annibynnol i ddadleu achos Cymru.

A gofyn yn daer am imi fyned yno eto fis Ionawr nesaf.

Dydd Llun, 22 Hydref 1923

. . . amser imi fyned i Aberystwyth. Cyrraedd yno'n union wedi pump, a
chael Ysgrifennydd y Gymdeithas Geltaidd – un Mr Steve Owen – efô a
chyfaill iddo, i'm cyfarfod yn yr orsaf. Yr oeddwn i fyned am y te a
ragbaratoisid yn garedig imi. Ond ni fynnwn innau gan mai newydd gymryd
fy nhe yr oeddwn cyn gadael cartref. Cyfarfod ag Iorwerth Peate, ac eraill
o'm cyfeillion yn y Coleg. Bu Peate a minnau ysbaid hir ynghyd yn
ymddiddan â'n gilydd gyda cherdded yr heolydd. Aethom dros y dadleuon a
fu rhyngom yn ddiweddar ar ddail *Y Faner*. Eu gwyntyllu drwodd a throdd a
dadlau bob un ei ochr ei hun. Daethom felly i ddeall ein gilydd o'r newydd,
ac i weled mor ynfyd ydoedd. Gwelsom mai ofer a fu'r cyfan. A gwaeth nac
ofer. Canys gwnaethai ddrwg yn ddiau i'r achos y gweithiwn drosto. Bûm
hefyd yn cytuno i beidio ag ysgrifennu dim i'n herbyn ein gilydd heb yn
gyntaf ohebu y naill at y llall, fel y delom i ddechrau deall ein gilydd. Da
iawn. Felly y dylai fod. Wedi'r cyfan, y mae Peate yntau am weithio tros
Gymru. Hynny sydd bwysig. Cytunwn ar hynny; ac yna cydweithredu.
. . . daeth yr adeg imi fyned at aelodau Pwyllgor y Gymdeithas Geltaidd
am swper. Yna i'r Coleg ac i mewn i'r Neuadd Fawr – Neuadd yr
Arholiadau, fel yr arferid ei galw. Gwynn Jones oedd y cadeirydd, a dywed-
odd ychydig eiriau dewisedig wrth fy nghyflwyno i i'r gynulleidfa. Yna codi
finnau a myned trwy fy narlith, gan gael gwrandawiad astud. Yna, yr oedd
rhyddid i'r neb a fynnai holi holion imi. A bu gryn ddwsin o'r myfyrwyr yn
holi arnaf – weithiau ar y pleidiau gwleidyddol, weithiau ar Gynghrair y
Cenhedloedd, bryd arall ar genedligrwydd a'i le mewn hanes. Bu un neu
ddau o'r athrawon hwythau yn holi arnaf. Felly yr Athro Morgan Lewis gynt.
Caed brwdfrydedd ddigon ac ysbryd tirion, hygar, i lywyddu'r cwbl.
Mwynheais innau'n gampus. Cael ymddiddan efô John Hughes wedi'r
cyfarfod, ac efô rhai o'r myfyrwyr. Yn y 'Deva', llety da ar lan y môr yr
oeddwn i aros y nos. Daeth mwyafrif aelodau'r Pwyllgor â mi i lawr yno.

Felly Gwynn Jones, efô. Yr oedd ef i gydginiawa â mi yno. A bu melys ymgom rhyngom ar bwnc cenedligrwydd y Cymry, yr iaith, ein hanes a'n llên. Mawr o ymddiddan wedyn ar yr hen gyfundrefn Gymreig, ar yr Eglwys Gatholig, y Catholigion Cymreig fu ar ffo ddyddiau'r Tuduriaid. Ac am y cwymp inni wedi hynny. Sôn am ryddiaith Morgan Llwyd, Ellis Wynne a Theophilus Evans. Ac am safonau beirniadu yn y ganrif ddiwethaf a diffyg Gwallter Mechain a'r Dr Lewis Edwards, a rhagori Stephens a Charnhuanawc arnynt. Cerdded finnau yn gwmni i'r Gwynn at ei dŷ ar y Buarth. A brasgamu'n ôl i'r Deva.

Dydd Sul, 28 Hydref 1923

. . . Daeth imi bapur y dydd cyn hir, a buan o waith imi ydoedd dihysbyddu ei gynnwys. Canys truan iawn ydyw ar wleidyddiaeth, truan fel y glastwr teneuaf. Nid yw gwleidyddiaeth yn gelfyddyd, yn y radd isaf i'r boblach sy'n ysgrifennu iddo. Yn wir, aeth gwleidyddiaeth yn bopeth bellach ond celfyddyd a chrefft fanwl i gymryd trafferth efo hi, ac i feistroli rheolau ei gweithio. Gweriniaeth ydyw gelyn gwleidyddiaeth fel un o'r gwyddorau. I Aristotle ac ambell un arall fel Comte a Maurras, yr oedd yn un o'r pennaf o'r gwyddorau. I arweinyddion pleidiau nid yw namyn cyfle i fyw a gorchwyl i ennill bywyd ac enw wrtho. Perygl gweriniaeth yw ei lladd hi a phob gwyddor arall. Rhaid i weriniaeth ei dadwerino ei hun er mwyn noddi'r gwyddorau a dysg a diwylliant. Rhaid ei gydnabod, er mai o'm gwaethaf y deuthum i weled cymaint â hynny. Ac eto? A oes gennyf air pendant ar y pwnc?

Dydd Mercher, 31 Hydref 1923

. . . Awr o drên a darllen y papur, a dyfod i Aberystwyth. Croesawu'r Tywysog yr oeddid yno gan laweroedd, a gwelais innau'r ffregod i gyd. Yr oeddwn yn neuadd y Brifysgol pan ddaeth i mewn, ac fe'i gwelais yn ei ymyl, efô, greadur eiddil, bach ac ofnus. Dibrofiad ei olwg a phlentynnaidd. Plentyn bach deniadol. Dyn – dim. Felly yr oedd yng nghanol yr athrawon, a'r dysgedigion a'r esgobion a'r offeiriaid. Da imi fyned oddi yno, a chael rhyddid yr awyr agored.

Dydd Iau, 1 Tachwedd 1923

. . . ymweld â'r Llyfrgell Genedlaethol. Aeth y prynhawn heibio ar frys a chyfarfûm i â rhai o'm cyfeillion yn y Coleg ac â golygydd Y Faner – a ddywedodd wrthyf iddo fod ar fai yn ei nodyn oedd yn wir nid yn eiddo iddo ef, ond y gallasai ei ddileu neu ei gyfnewid ar waelod fy ysgrif i ar 'Wleidyddiaeth y Gwledydd' yn Y Faner pythefnos yn ôl. Canys, meddai:

ni welodd *Y Faner* gystal cyfaill â chwi wedi Emrys ab Iwan. Ac ni fynnwn wneuthur cam â chwi, na'ch tramgwyddo.

Dydd Mawrth, 6 Tachwedd 1923

. . . Yna wedi bwyta ac edrych bod popeth wedi ei bacio a'r cwbl yn barod, hawddamor unwaith eto i Gamer. Hawddamor i'r forwyn a'r gweision; hawddamor i Laura fach, ac i'r hen dŷ a'r lle annwyl. Annwyl? Ie. A mwy. Santaidd yw'r gair, cysegredig. Canys felly y gwnaeth calon Mam ef inni. A chwith oedd ymadael.

Dydd Mercher, 7 Tachwedd 1923 [Ffrainc]

. . . Cefais hefyd *Cymru* am y mis hwn, efô ag ysgrif ynddo o'm gwaith i ar 'Gryfder Llydaw'.

Dydd Sadwrn, 10 Tachwedd 1923

. . . i'r Institut D'Action Française i gael dosbarth gwych iawn gan M. Léon Prieur ar L'Administration des Intendants, lle y dangosodd wasanaeth da y rheiny o blaid rhyddid y taleithiau, ac yn erbyn canoli awdurdod ym Mharis. Nid yr un y Préfet heddiw. Gyda'r Chwyldro collodd Ffrainc y sefydliadau lleol a'r traddodiadau a'i chyfundrefn. Anodd i Weriniaeth eu rhoddi'n ôl.

Dydd Llun, 12 Tachwedd 1923

. . . Daeth Nemo yma i'm gweled ac i drefnu ar gyfer cael dysgu Cymraeg yn nosbarthiadau prynhawn Dydd Gwener. Deallaf oddi wrtho fod Mordrel o hyd yn y fyddin, bod Bricler ar fin myned, ac y bydd yn rhaid i Debauvais, yntau, ymuno. Ac am hynny cyfyng ydyw hi ar y *Breiz Atao*, ac anwych y rhagolygon. Go brin y geill ymddangos bellach yn amlach na phob deufis. Gwaetha'r modd.

. . . Dwyawr a mwy o ddarllen *Bismark et la France* a fu hi wedyn a diddorol o lyfr ydyw, yn dangos fel y gweithiai Bismark o blaid sefydlu Gweriniaeth yn Ffrainc. Pam? Am mai felly y cedwid hi'n wan ac yn rhanedig, felly'n ddiofal ac yn ddiuchelgais. O herwydd paham hydera ar Thiers a Gambetta. Onide ar Napoléon y Trydydd. Canys gweithio am ogoniant ydoedd mympwy hwnnw, am ryddid y cenhedloedd hefyd, am genedlaetholdeb, am Undeb yr Eidal ag eiddo'r Almaen. Iddo ef ac i fwyafrif Ffrancod ei gyfnod, sylweddoli'r breuddwydion hyn ydoedd dyletswydd Ffrainc. Hi oedd i lafurio o blaid iawnderau'r bobloedd a'i chenhedloedd, hi i achub y byd, hi'n Grist y Cenhedloedd.

Daliodd Napoléon at y delfryd hyd y diwedd, hyd yn oed wedi ei guro yn 1870 gan yr Almaen. Felly eto lawer o'r Ffrancod, Ollivier, Bourgeois,

Gambetta. Fel arall Thiers, a didwyllwyd Lamartine cyn hynny. Diau mai gwael y gweithiodd Napoléon er lles ei wlad ei hun. Ac am iddo wrthwynebu'r Pab, a chefnu ar Awstria yn 1866, yn ofer y bu ei gais am gynghreiriaid yn 1870. A llwyddodd Bismark ar ei ddiffyg ef, i ennill ei frwydrau ei hun, i sylweddoli ei freuddwydion, ac i uno'r Almaen. Eithr? Am ba hyd? A ydym ar fin gweled diwedd yr Almaen Unedig honno? Efallai. Ac ond odid mai hynny fyddai orau. Cawn weled.

Dydd Iau, 22 Tachwedd 1923

. . . Troi allan i gyfarfod gan bobl yr Action Française yn y Salle des Sociétés Savantes, rue Danton, y tu allan i Afon Seine. Yr oedd y lle'n weddol lawn pan gyrhaeddais yno. Llawnach fyth mewn ennyd. Ac yr oedd yn ystafell fawr. Ychydig iawn oedd ar eu heistedd am nad oedd yno lawer o le eistedd. Ac ar eu traed yr oedd y lliaws, gannoedd ohonynt. Myfyrwyr bron i gyd, ac yn eiddgar am weled Maurras a Valois. O'r diwedd, dyfod Valois, a Henri Massis, a Marie de Roux. Yr olaf ddechreuodd siarad, gan ddywedyd na byddai Maurras yn hir, yntau cyn dyfod. Siarad efô am y symud o blaid awdurdod a disgyblaeth yn y gwledydd. Sôn am Mussolini a Primo de Rivera yn cyfarfod â'i gilydd, ac am eu mawrglod. Ond Maurras oedd tad eu syniadau. Ar hynny, dyfod y gŵr bach eiddil hwnnw i mewn. A gweiddi pawb *Vive Maurras*, a chodi capanau a ffyn, onid oedd yr holl le'n frwdfrydedd tanllyd i gyd. Llonyddu ar air Maurras o'r diwedd, a gadael i de Roux orffen. Yna araith Maurras, a gwrando astud arni. Astud er gwaethaf yr anhawster. Canys ni chyfrif Maurras fel areithiwr. Dim. Ni bu nemor erioed ei dlotach. O'r braidd y gwnâi ei hun yn hyglyw ac yn ddealladwy. Y mae ei gorff diolwg, ei osgo rhyfedd, a'i lais garw, cras – y cyfan yn ei erbyn. Ar ei ôl ef, Henri Massis. Ac areithiwr bob modfedd ohono, yn ddawnus ac yn huawdl, yn rhydd ei lafar, ac yn rhwydd a rhugl ei barabl. Yr oedd ei gorff ef, ei ffurf luniaidd, a'i lais yn mynegi'n wych. Sôn am ddylanwad Maurras ar lên a meddwl ei oes yr oedd a dengys fel yr oedd yn isel a gwael y cyfan cyn ei ddyfod ef. Yna gair neu ddau gan Georges Calzant, pen myfyrwyr y mudiad. Wedyn Valois. Nid yw efô gystal siaradwr â Massis, na chwaith â M. de Roux. Ond da er hynny, a miniog a manwl. Mynnai mai i awdurdod a brenhiniaeth a threfn yr oedd y dydd. Diweddodd gydag adrodd amdano'n ymweled â'r Duc d'Orléans ym Melgiwm ddechrau'r wythnos, a'i gael yn iach ei gorff a'i feddwl. Yn ôl iddo eistedd, ymunwyd i ganu *Vive le Roi*, gydag arddeliad. Yn canu felly yr aed allan, y cannoedd, onid oedd yr heol yn llawn o'u cân. Ac aros yno hyd oni ddaeth Maurras a'r lleill allan. Ac yna – *Vive Maurras!* drachefn. Yn sŵn y canu hwnnw yr hwyliodd efô a'r gweddill ohonynt ymaith yn eu cerbydau a minnau yn fy syndod i'm llety.

Dydd Iau, 29 Tachwedd 1923

Gweithiais yn y Sorbonne y bore heddiw, a gweled un o'r athrawon ynglŷn ag ysgrifennu traethawd ar y Crynwyr Cymreig yn y Ffrangeg. Y pwnc fydd cael amser, ac ysgrifennu mewn iaith dda. Y prynhawn, dosbarth ar seinyddiaeth. Gweled A.B. Thomas, Aberystwyth yno, a bod gyda'n gilydd dipyn. Bachgen iawn ydyw ef, hywedd a thawel a thyner, ac y mae yn ei fwynhau ei hun yn gampus yma. Dyfod allan yn unswydd i astudio seinyddiaeth a'i drwyddedu gan y Brifysgol. Ymadael a myned fyfi i weithio ar y Llydaweg hyd swper. Yna cael llythyr oddi wrth T.D. Jenkins Aberystwyth yn mynegi ei gyrraedd ym Mharis, a'r awydd i'm gweled. Myned finnau, a'i gael yn yr Hôtel Continental, un o'r rhai mwyaf a drutaf ym Mharis.

. . . A chawsom ein bwyd ynghyd a mwynhau ymgom faith, honno i gyd yn y Gymraeg rywiog. Sôn am wleidyddiaeth a hanes, am lên a dysg, Ffrainc a'r Almaen. Isel y meddwl am Lloyd George, ond gwresog oedd ei eiriau am Ellis Griffith. Mawr hefyd ei barch i Tom Ellis, Syr O.M. Edwards ac Anwyl. Syndod imi glywed yn dywedyd iddo weled Mistral a'i adnabod.

. . . Am bump i ddosbarth Vendryes . . . Dywedodd wrthyf iddo lwyddo i godi fy nghyflog o 1500 ffranc i ddwy fil ohonynt. Da er lleied.

Dydd Llun, 3 Rhagfyr 1923

. . . darllen Léon Daudet ar farw trist, alaethus ei fab. Ai ei ladd ei hun a wnaeth? Ai cael ei ladd? Y perygl ydyw mai'r olaf sydd gywir. Ac os ie, bu greulondeb? Pa gythreuldeb? Pa gynllun cudd a ffôl?

Dydd Iau, 6 Rhagfyr 1923

. . . Cefais hwyl fawr ar bennod gyntaf *Quand les Français ne s'aiment pas*. Canys disgrifiai'n wir gyflwr meddwl llaweroedd yng Nghymru. Yr un fath nyni â Ffrancod y ganrif o'r blaen. Hoffwn bopeth ond ar y sydd yn Gymraeg. Edmygwn amryw bob gwlad ond ein heiddo ni. Darllenaswn bob hanes ond hanes Cymru, pob llên ond ein llên ni, bob papur ond y papurau Cymreig, a phob cylchgrawn yn lle ein rhai ni. Y mae eisiau rhyw Maurras arnom ninnau, i'n deffro, i'n harwain, i'n dysgu, ac i'n trwytho mewn ffydd yn ein hanes.

Dydd Gwener, 7 Rhagfyr 1923

. . . Am naw i ddosbarth yn L'Institut de l'Action Française a gweled Maurras yn ei afiaith yn amau'r *Contrat*, ond yn pwysleisio amryw o ddoniau gorau Rousseau. Yn unig, barbariad ydoedd, yn ymresymu'n wael, yn Brotestant ac yn ddisgybl i Galvin, Geneva a'r Diwygiad, a heb fod yn Ffrancwr, nac o fôn, nac o foes. Sôn wedyn am Maurice Barrès fu farw ddoe. Hael iawn ei ddyled ido. Bu'n dda i Ffrainc yn llanw'r adwy, ac yn ddysgawdr. Cwymp colofn ydyw ei gwymp, a cholled aruthr. Gwnaeth i Ffrainc hynny a wnaeth Mistral i Brofens: ac y mae dyled Maurras i'r ddau'n gyffelyb. Hyfryd ei weled ar y diwedd yn ysgrifennu ei enw ar lyfrau'r myfyrwyr. Adref wedi fy llwyr fodloni. Cofiaf eto iddo alw Barrès yn wir dywysog. Ac yna dywedodd iddo rywbryd fod yn edrych ar ddelw o'r Condé fawr. Ac o'i weled, gweled Barrès, hefyd. Yr oedd yr un ffunud meddai. Yr un wyneb, yr un wedd. Yn unig fod un yn ŵr y weithred, yn rhyfelwr, a'r llall yn feddyliwr, ac yn ysgrifennwr a llenor.

Dydd Sadwrn, 8 Rhagfyr 1923

Heddiw gweithio mymryn ar yr Wyddeleg cyn troi allan i angladd Maurice Barrès. A gwlyb o fore ydoedd, a mi'n myned. Eithr yr oedd tyrru at y Notre Dame o bobman a rhedeg a rhuthro. Erbyn imi gyrraedd yno, yr oedd y lle agored mawr o flaen yr Eglwys yn llawn. Yr un pryd, yr oedd gorymdaith y cynhebrwng yn dod. Ac ar ei frig, ddau gerbyd mawr, yn ddim ond amdorchau a blodau, ac yn symud megis pentwr planhigion. Yna yn eu hôl, cerbyd yr elor hwnnw'n cael ei ddwyn gan wedd chwe cheffyl, y cyfan ohonynt mewn du trostynt. A thorf anferth yn dilyn a milwyr a baneri. Cnul cloch yr Eglwys yn canu'n gyson a'r wisg ddu'n hongian o flaen y prif borth. Ond nid oedd yno drefn a'r ddisgyblaeth y dylid ei weled mewn gorymdaith o filwyr. Ni ddeellid un gorchymyn, nac un rheol. Yn lle hynny, gweiddi, rhedeg, a gwylltio. Ond yr oedd y cwbl yn effeithiol wedi'r cyfan; a hawdd oedd deall talu gwrogaeth i un o feibion disgleiriaf y genedl. Canys yn wir, Barrès oedd gŵr mwyaf y genhedlaeth yn union o flaen Maurras.

Dydd Iau, 13 Rhagfyr 1923

. . . Daeth Ashbourne ynteu yma gan ddwyn ganddo *Y Darian* ddiwethaf, a'r *Brython*. A'u rhoddi imi. Brysio i'm llety i'w darllen cyn myned i'r gwely. Mawr o le a roddant − yn enwedig *Y Brython* - i helynt yr etholiad, ac i ganmol gwrhydri tafod Lloyd George. Ac i ba ddiben? Er daioni meddent hwy, a lles dyn, a datblygiad. Bobl annwyl! Y gwrthwyneb yn gywir. Canys ofer yr areithydda gwyllt hwn, a'r manteisio'n hael ar ddiniweidrwydd y dorf, a'r bobl. Cael eu twyllo y maent hwy, a'u harwain gan ddynion sy'n berygl i gymdeithas ei hun ac i wareiddiad. Siom gweled papurau Cymru yn ymgolli'n ddigebystr ym mhranciau twyllodrus y gwleidyddion. Ni ddaw i Gymru onid colled o'r cyfan. Dechreua'r *Darian* ganfod mymryn. A mymryn yn unig fel mae'n waethaf y modd. A hynny drannoeth i'r ffair! Bob amser yr un fath. I'r fath raddau hefyd, nes colli golwg yn lân ar bob agwedd ar fywyd Cymru − yr un peth ddylai gyfrif yn eu golwg. Nid yw'r cyfan onid yn profi mor isel y syrthiasom. Mor gaeth yr aethom! Rhaid i Gymru ei deffro drwyddi. Y mae'n debyg i Ffrainc canol y ganrif ddiwethaf yn ymgolli'n llwyr ym mywyd cenedl arall. Rhaid i ninnau ein Le Maître, ein Barrès, ein Bourget, ein Maurras. Dim heb hynny y bydd gobaith inni. At ein gwaith â ni! I fyny!

Dydd Sadwrn, 15 Rhagfyr 1923

Daeth *Y Faner* imi neithiwr, a'i llond o newyddion o Gymru. Diddorol imi y rheiny bob amser. Ond anniddorol y sôn diddiwedd am helynt etholiad a llanw colofnau â'r hanes annifyr. Af i o'm cof gyda'r colli pen a wna'r Cymry ddyddiau etholiad. Saesneg, byd y Saeson a'u brwydrau a'u pleidio, a'u dadleuon a'u hymrysonau – dyna'r cyfan o hanes etholiad ar ôl etholiad. A'r Cymry'n eu colli eu hunain o draed i ddwylo yn y chwarae ynfyd. Gwerthu'r cwbl a feddant er mwyn cyfarfod neu ddau, huodledd celwyddgwn a chiwed ofer a brwdfrydedd afiach y funud! Ac eraill dim. Dim! Pa ennill a ellir o fod mor wasaidd a ffôl? Pa ennill o anghofio hunan yn llwyr mewn hapchwarae nad oes a fynnom ag ef?

Dydd Sul, 16 Rhagfyr 1923

. . . Yna dosbarth Ashbourne – a chefais innau'r *Darian* ganddo. Adref â minnau i'w darllen. Ynddi yr oedd Dyfnallt yn cwyno rhag marweidd-dra'r Cymry ddydd yr etholiad. Da y dywed. Ond eisiau dywedyd hynny ym mlaen llaw y sydd, ac yn gyson. O hyd ac o hyd. Aml donc a dyr y garreg. Gwaith anodd fydd deffro cenedl a'i chodi'n ôl i'w rhyddid. A gwaith hefyd y mae'n rhaid ei wneud. Yn hwyr neu'n hwyrach.

. . . Allan am dri i gyfarfod gan Gymdeithas Ffrangeg Cynghrair y Cenhedloedd yn yr Institut Océanographique, 195 rue St-Jacques. Yr oedd Albert Lebrun a G. Reynald yn rhoddi cyfrif am eu llafur yn Geneva. Digon digyffro a difywyd oedd y cyfan a dynion canol oed, cysglyd oedd yno fwyaf, a merched yn fodlon ar wrando'n farw neu ddangos deleidrwyddd eu dillad. Ystafell fawr, ddeheuig, ond cyfarfod edlychaidd ddigon.

1924

Dydd Mawrth, 1 Ionawr 1924 [Lloegr]

Blwyddyn newydd! Un dda, ddedwydd? Ai un ddrwg, annedwydd? Mae a
ddywed? Nid oes! Na fedr na dewin na neb arall broffwydo. A diau mai da
yw hynny. Canys pa les gwybod y llawenydd sydd i ddyfod arnom? Pa gysur
deall maint y boen a'r baich, y gofid a'r pryder? Trefnwyd yn ddoeth inni
beidio â dirnad dim am y dyfodol. Na choller amser i feddwl yn ei gylch. Yn
hytrach, byddwn fyw yn y presennol. Gafaelwn yn gadarn yn y munudau
sydd yn eiddo inni. CARPE DIEM. Digon i'r dydd ei boen ei hun.

Eithr mynnu meddwl ychydig am a ddaw yr oedd pawb neithiwr. Yn y tŷ
hwn yr oedd canu'r offeryn diwifrau ac annerch yr Archesgob drwyddo, a
chyngherddau'r Savoy yn difyrru pawb. Cedwid mewn cof ddiweddu
blwyddyn, a'u myned, er ein gwaethaf megis, i mewn i un arall. A daeth
megis lleidr yn y nos. Nid oedd wahaniaeth rhwng heddiw a ddoe. Dim.

Ysgrifennu bûm i fwyaf. Gorffen y ddarlith, a dirfawr fwynhad.

Dydd Mercher, 2 Ionawr 1924 [Cymru]

Codi'n fore heddiw a myned tros fy mhen, ys dywedir, i'r dwfr. Canys yr
oedd dydd maith o'm blaen. Yr oeddwn i fyned i lawr i Lanelli, ac i ddarlithio
heno. Wedi bwyta a thaflu cip tros y papurau gorffen fy mharatoadau. Yn
union wedi deg gadael y tŷ am orsaf Liverpool gan ddarllen darnau yn y
Llydaweg ar y ffordd yna a hyd orsaf Paddington. Gadael Llundain fymryn
bach cyn hanner dydd a darllen papurau De Cymru a'r *Times*. Felly, gyda
mymryn o Wyddeleg hyd Gaerdydd. Edrych y ddarlith drosti hyd Lanelli.
Yno yr oedd Mr Huws Roberts o'r Ysgol Sir yn fy nghyfarfod. Myned i'w dŷ
ef am fwyd a llety nos. Am saith, myned am y cyfarfod. Daethai llawer
ynghyd. Myned drwy'r ddarlith a chael gwrandawiad astud. Yn y diwedd,
bu'r cadeirydd yn rhy deg o lawer ei eiriau mêl. Gofyn am holion ond ni
chefais yr un. Yn unig, awgryma ambell un yn y geiriau gorganmol a lefarwyd
amdanaf. Siomwyd fi na holwyd mawr ddim arnaf. Buasai'n well na'r canmol.
Siarad ag amryw, ac yna i'm llety i ymddiddan ac i gysgu'r nos.

Dydd Iau, 3 Ionawr 1924

Codi'n weddol fore i fyned am dro gyda Huws Roberts i weled y dref. Prynu *Tro yn Llydaw* i Vendryes, ar y ffordd hefyd. Wedi bod yn y tŷ i ddiolch i'r wraig yno ac i roddi ychydig geiniogau i'r ddwy lodes fach, ymadael am yr orsaf. Ymadael am Abertawe yr oeddwn i fod yng nghiniawa Cyfres y Werin yn ôl fel y gwahoddwyd fi. Cyrraedd yno dipyn wedi canol dydd ac wedi cael o hyd i'r Thomas Café myned i mewn. Am un yr oedd y cinio a bu raid imi fod yno wrthyf fy hun am hanner awr yn eu disgwyl ac yn darllen yr Wyddeleg. O dipyn i beth dyfod tri efo'i gilydd a'r tri'n ddieithr imi. Yna eraill, hwythau hefyd yn ddieithr. O'r diwedd dyfod i mewn bachgen ieuanc hardd a golygus, yn weddol dal, yn wenau ei wyneb ac yn lliwgar a graenus ei olwg. Dillad golau oedd amdano ac megis wedi eu tyfu gydag ef. Meddyliais mai Ifor Evans ydoedd. Ac nid colli a wneuthum. Efe ydoedd. Yr oeddwn falch iawn o'i gyfarfod; ac yntau o'm cyfarfod i. Canys nid unwaith y buom yn ysgrifennu at ein gilydd. Ar ei ôl dipyn Henry Lewis efô'n edrych fel arfer, yn fwyn a charedig ond wedi pesgi mymryn er pan welais ef yr haf. Gweithio gormod y mae ef ac yn heneiddio o'r herwydd. Gydag ef, dyfod bachgen arall, ieuanc hwnnw eto ond yn llai o lawer, main hefyd ac ysgafn; bywiog ei osgo a boneddigaidd ei fryd a'i wedd. Wyneb cul, heb fawr wrid arno. Wedi tynnu ei het, gweled ei wallt cyrliog melyn yn denau drosto ac yn colli ar y talcen. Daeth ymlaen ataf gyda'i gam buan, bywiog, ac ysgwyd llaw â mi gyda gafael y teimlwn ynddi ar unwaith egni a theimlad. Gwelwn ar y funud y cyfrifai fy nghyfarfod yn ffawd dda iddo. Ac yn wir fe ddywedodd hynny heb oedi dim. Lawer gwaith y buasai'n dyheu am fy nghyfarfod. Bu, meddai, yn darllen popeth o'm heiddo wedi fy nghyfieithiad o Lamennais. Felly y deuthum ar ei draws ef [Saunders Lewis] am y tro cyntaf erioed. A da inni gyfarfod.

Yn ôl dyfod pawb yno aed i giniawa, gan gydymddiddan, weithiau ag un yna ag arall. Un ochr imi yr oedd Ifor Evans a Henry Lewis, y ddau ar ben y bwrdd. Y llall Dyfnallt. Cofiaf hefyd fod yno ŵr, myfyriwr yr olwg arno, ac yn amlwg yn dioddef oddi wrth ei lygaid, efô yn eistedd gyferbyn â ni. Yr Athro Ernest Hughes ydoedd y gŵr a wnaeth fwy ond odid na neb dros y Gymraeg yn y De. Wedi ciniawa, cododd Ifor Evans i roddi inni gyflwr y Gyfres, ei chyllid a'i chyfrifon. Ar ei ôl ef eraill. Yna gofyn gennyf i siarad. Ac nid oeddwn o gwbl yn barod nac yn fodlon. Ond bu raid a bodlonais innau o'r diwedd gan godi i ddiolch i'r golygyddion am eu llafur, i'r noddwyr am eu harian. Sôn gair hefyd am y golled i'n llên na byddai noddi mwy arni, na'i hamddiffyn fel y dylai gwlad amddiffyn ei llên. A diweddu gyda dadl am Senedd i Gymru a phlaid gwbl rydd ac annibynnol i sicrhau hynny. Yna Dyfnallt yn siarad â Henry Lewis a Saunders Lewis. Gair o siarad hoyw â hwn ac arall cyn ymadael.

Am Abergwaun y cyfeiriwn i o Abertawe, a chefais gwmni Dyfnallt i Gaerfyrddin. Bu ymddiddan cyson rhyngom ar hyd y daith, a'r cwbl am y sefyllfa yng Nghymru. Llawn gobaith yw ef bob amser; ac efallai, yn rhy lawn ohono. Rhaid cydnabod ei danbeidrwydd ef a'i gydymdeimlad â'm syniadau i. Eithr ni ddisgwyliaf iddo ddyfod yr holl ffordd. Rhyddfrydwr yw ef ym mhob ystyr; ac nid athroniaeth gŵr felly sydd i ryddhau Cymru. Ond gwna ef waith da fel y mae. Ac fe wna hynny eto.

Ar ein taith cyfarfod ag un gweinidog o'r Tŷ Gwyn Ar Daf – Morgan Jones wrth ei enw, ac un a ymddangosai'n hynod o selog, yntau, dros y Gymraeg. Wedi colli Dyfnallt yng Nghaerfyrddin, ac yntau yn y Tŷ Gwyn, ni chefais ddim ymddiddan o ddim o beth hyd oni chyrhaeddais Abergwaun. Nid oedd D.J. Williams yn fy nisgwyl ond yr oeddwn yn ei lety mewn byr amser. Aeth yr amser o wyth hyd wedi un, y cyfan heibio mewn ychydig bach o amser, yn ymddiddan, weithiau yn ceisio deall ein gilydd, yn dadlau, ac yn ymresymu. Nid oes neb pybyrach nag ef dros Gymru. Yr anhawster ydyw iddo gael ei ddenu i gofl y Blaid Lafur. Ymhellach, y mae'n ormod ei ffydd mewn cydwladoldeb. Peth anghyffwrdd, annelwig yw hwnnw ar y gorau; a'r gelyn gwaethaf, efallai, ydyw hwnnw sydd â ffydd ddall ynddo ac yn ei fynegi fyth a hefyd. Ofna D.J. hefyd na cha Cymru berffaith ryddid i beidio â gwneuthur dim er enghraifft yn rhyfeloedd Lloegr. Nid hynny'n unig. Fe fynnai i Loegr gydnabod y perffaith ryddid hwnnw pan fyddo yn cydnabod ein hannibyniaeth. Ardderchog. Eithr, a ellir hynny? Ai doeth gwrthod y cwbl a geffid er mwyn ceisio amodau fydd braidd yn annichonadwy? Iawn fyddai cael y cwbl hyd yr eithaf; ac nid yw'n annibynnol y wlad y mae'n rhaid iddi ymladd ym mrwydrau llywodraeth arall.

Bu D.J.Williams a minnau yn trin llawer iawn ar y pwnc cenedlaethol; ac ni bu odid agwedd arno na buom yn ei ystyried. Cafwyd hwyl dda yn y cyfarfod nos Wener a holi llawer arnaf.

Dydd Sadwrn bu raid imi droi oddi wrthyf a gwneuthur am Gaerdydd. Yng Nghaerfyrddin, cyfarfod G.J. Williams yn ôl cynllun a theithio ynghyd tua Chaerdydd. Yr oedd Saunders Lewis yntau i ddod i'r cwmni yn Abertawe, yn ôl y sôn a fu rhyngddo ef a minnau. Ond ni ddaeth cyn inni gyrraedd Caerdydd. Yna, ein tri i Benarth i dreulio'r Sul yn nhŷ G.J. Williams a'r wraig. Trin y pwnc cenedlaethol ydoedd yr amcan mawr ac fe'i gwnaed yn weddol lwyr. Yn ffodus, y mae Lewis yn rhydd oddi wrth y ffydd ryddfrydol a dogmâu gwleidyddol a chrefyddol y dydd yng Nghymru a Lloegr. Y mae'n ddigon gonest i wynebu ffeithiau, ac i aberthu credo er eu mwyn. Yr un fel am G.J. Williams, er i raddau llai.

Wedi'r ymddiddan o bob ochr, cydnabod bod rhaid gweithio'n wleidyddol cyn rhyddhau Cymru. Rhaid hefyd wrth bapur neu gylchgrawn; a phe gellid, y ddau. Hefyd, blaid i weithio allan y cynllun hwn, a chronfa at eu dwylo. A'r blaid? Ni ein tri yw ei dechrau. Ni yw'r cnewyllyn y tyf hi allan ohono; ni y craidd iddi weithio o'i gylch. Mynnai Lewis imi fod yn gadeirydd neu lywydd. Felly G.J. yntau, a bu raid imi fodloni er gwybod maint fy annheilyngdod. Lewis fynnai fod yn ysgrifennydd. Yna'n aros G.J. yn drysorydd. Dyna ddechrau'r Blaid Genedlaethol Gymreig ac annibyniaeth

Cymru. Yr ŷm allan am ddim llai na'r annibyniaeth hon. Ac inni, iawn pob moddion, pob rhai a ffynno. Rhaid bod yn ofalus iawn iawn. I gynyddu rhaid inni wrth eraill atom, y rheiny hwythau i dderbyn eu gorchymyn gennym, ac i ufuddhau'n llwyr inni, ac i dyngu llw inni cyn ymaelodi. Bydd ein henw'n gudd, a'n hamcanion, ac ni bydd dim yn wybyddus i'r aelodau newyddion, ond wedi iddynt ddysgu'r llw o ffyddlondeb. Ni byddys eisiau ond nifer bychan i ddechrau, a'r rheiny'n rhai y byddwn yn weddol sicr ohonynt cyn sôn gair wrthynt. Enwyd llawer – eithr i'w gwrthod. Felly W.J. Gruffydd, Henry Lewis, Gwynn Jones, Parry-Williams, Ifor Williams, Dyfnallt. Bydd eraill i'w gweled cyn gwybod digon amdanynt – D.J. Williams, Lewis Valentine, Fred Jones ac un arall neu ddau. Nid doeth ysgrifennu atynt. Yn hytrach, eu gweled bob yn un ac un. Ni byddys yn rhy wyliadwrus. Wedi gweled y rhain, ac ymddiddan â hwy, cawn wybod ym mhle y safwn ni. Yna symud yn araf wedyn. I hyn y daeth ein cyngor ddydd Sadwrn a Sul a Llun diwethaf. Ein tuedd oedd edrych arno fel y cam pwysicaf yn hanes Cymru er dyddiau Glyndŵr. Cawn weld. O Gaerdydd euthum i Fryste lle y bûm yn darlithio nos Lun gan gael cyfarfod go lewyrchus a holi ddigon. Mynnai rhai fy nilyn ar unwaith, a daeth llawer i ymddiddan â mi wedi'r oedfa. Deallaf y byddant am imi fyned yno eto cyn bo'n hir iawn.

Dydd Mawrth, 8 Ionawr 1924 [Lloegr]

Dydd Mawrth, wedi cerdded dipyn drwy'r dref, gadael Bryste am Lundain i ddod drachefn i dŷ fy ewythr, ac i gael pawb yno'n iach, a'm chwaer hithau. Darllen llawer ac ysgrifennu y bûm o hynny hyd ddoe a heddiw. Wedi dyfod yn ôl o'r daith yr ysgrifennais yr hanes uchod. Yr oedd yn fy mryd i weithio'n galed bob dydd, ond nid mor galed â hynny y gwneuthum. Boregodais bob dydd a dechreuais yn dda beunydd. Af trwy dipyn o waith erbyn cinio. Nid â'r un bore heibio na wnaf fymryn o leiaf o Wyddeleg. Ond, collais y llyfr darllen oedd gennyf; neu ei adael ym Mhenarth. Ni allaf felly ddarllen dim. A cholled hynny. Aiff Edgar â rhyw gymaint o'm hamser gyda gwersi yn y Ffrangeg iddo. Darllenaf y papurau beunydd ond heb fawr o fudd, canys tlodion o bethau ydyw papurau Lloegr, heb ddim dysg ynddynt, na gwersi mewn gwleidyddiaeth. Y mae'r *Action Française* yn fwy o werth na'r cyfan ohonynt.

Dydd Sadwrn, 12 Ionawr 1924

Heddiw codi at weithio ar ychydig Wyddeleg a darllen y ddau bapur sy'n dod yma. Yna myned ymlaen â'r *Conséquences politiques de la paix* gan ddilyn rhai o'i benodau olaf. Llyfr campus ydyw drwyddo, yn dangos craffter rhyfeddol, gwybodaeth fanwl a gwelediad pell. Ni wn i am neb nac yn Lloegr nac yng Nghymru a fedrai ysgrifennu dim i'w gymharu iddo. Un o'r mwyaf dyrys o'r gwyddorau ydyw gwleidyddiaeth ac ni ddysgir mohono yma. Wedi ysgrifennu llythyr at Albert, cefais amser i orffen y llyfr. Y mae ambell lyfr yr ydys yn brysio trwyddo er cael gwared ohono. Y mae eraill sy'n codi awydd arnoch i'w hailddarllen. Un felly ydyw hwn o eiddo Bainville. Yr wyf weithian wedi ei ddarllen ddwywaith drosto. Fe gawn eto gystal blas ag untro i'w ddarllen drachefn. Fel y mae, nodais ynddo amryw fannau i'w hedrych eto, ac i'w hystyried yn fanylach.

Cyn te heddiw myned i lety fy chwaer. Da o beth cael lle felly i fyned iddo ac i'm gosod fy hun yn hollol gartrefol. Yno daw atgofion mwyn am Dad a Mam i'm meddwl ac ymddiddanion am frawd a chwaer a chartref. Yno angof llawer i fyrder byd ac i ofid a phoen. Yno hefyd, mwyn y darllen difyr o flaen y tân a gwrando si'r gwynt oddi allan.

Dydd Llun, 14 Ionawr 1924

Heddiw llafurio mymryn efo'r Wyddeleg a darllen cyfran o'r *Histoire de deux peuples*. Felly'r bore. Wedi cinio myned efo fy chwaer, fy modryb a'm cyfnither a'm dau gefnder i fyny hyd at ddau dŷ'r Senedd. Yno yr oedd un Mr Broad, AS dros y darn hwn o Lundain, i'n cyfarfod ag i fyned â ni drwy'r Senedd-dai. Buom am ddwyawr wrth y gwaith hwnnw yn esgyn hyd risiau ac yn disgyn trostynt, yn myned trwy neuaddau lawer ac ystafelloedd diddiwedd, yn gweled llyfrgelloedd a lleoedd darllen ac yn edrych ar luniau lawer a darluniau ac yn craffu ar gelfyddyd mewn pren ac mewn defnyddiau eraill. Gweled hefyd wrth reswm, man cyfarfod y ddau gynulliad, at eu dadleuon. Yr oeddid yn paratoi gyferbyn â dyfod y brenin yno yfory. Mwynhau fu rhan pawb ohonom er imi flino llawer gyda'r dringo a'r cerdded, a'r sefyll a'r aros. Yna am de mewn lle yn ymyl. Myned wedyn bob un i'w ffordd; a minnau i Regency St i ymweled â Vincent Lloyd Jones. Awr o ymddiddan yn y tŷ ac yna myned i'r Liberal Club lle y cyfarfum hefyd â'i frawd Martin. Buom ynghyd encyd ac yn brysur yn ymdrin â'r sefyllfa yng Nghymru. Bu raid imi ddadlau'n daer â hwy, ac ni wn i eto a lwyddais. Canys Rhyddfrydwyr ydynt hwy, yn gaeth i wleidyddiaeth y Saeson ac i'w dull o'i hystyried. Ond y maent yn fwy gwyliadwrus na'r cyffredin ac yn alluocach hefyd. O hynny – gobaith.

Felly y treuliais y prynhawn Llun. Yna adref i ddarllen llyfr Hilaire Belloc *The House of Commons Monarchy*, ac yn y gwely, cyn cysgu, eto Bainville ar hanes Ffrainc a'r Almaen.

Y ddoe myned i fyny i Lundain i gyfarfod ag un Ithel Morgan y mynnai Weisse a Gros o Baris imi ymweled ag ef. Fe'i cefais yn fachgen ieuanc, hardd, yn siarad Cymraeg yn dda ac yn llawn brwdfrydedd doeth dros Gymru. Cytunai'n hollol â mi, meddai ef; a bu gynt yn weithgar yma gyda dysgu'r Gymraeg i eraill a chodi cylchgrawn o'r enw *Y Wawr*.

Dydd Iau, 17 Ionawr 1924

Heddiw codi'n foreach eto a hwylio'n brysur i ymolchi ac i lawr i fwyta. Ymadael yn fuan ar ôl hynny a dymuno'n dda i bawb, a hwythau i minnau. Awr o fyned yn y bws a chyrraedd Victoria y funud yr oedd y trên yn cychwyn ymaith. Ei ddal a gorfoleddu yn hynny. Awr arall a hanner o ddarllen llyfr Bainville. Yr oedd newydd adael unarddeg o'r gloch a ni'n cyrraedd Newhaven. Ychydig yn ddiweddarach yr oeddem ar y môr yn torri'n ffordd trwyddo ac yn ffurfio rhych y llong. Yr oedd yn oer ond nid oedd nac yn afrosgo iawn nac yn ystormus. Mordaith hwylus ryfeddol ydoedd ac fe'i mwynheais yn iawn gyda darllen llyfr Bainville. Da er hynny gweled Dieppe, a rhyfeddol yr olwg ar y wlad oddi yno hyd berfedd y wlad. Trist imi ydoedd colli golwg ar y wlad pan ddaeth llên dywyll y nos yn orchudd trosto. Darllen wedyn a darllen hyd onid oeddem ar dueddau'r brifddinas. Yno yn union wedi chwech ac yn yr Hôtel Britannique yn ddiweddarach encyd. Ymddiddan â llawer o'm hen gyfeillion a darllen y papurau oedd yma yn fy nisgwyl a'r llythyrau hefyd. Un o'r rheiny ydoedd un oddi wrth Saunders Lewis yn adrodd hanes cynhadledd Amwythig ac yn sôn am ein gwaith ni yn y dyfodol. Wedi gorffen y gwaith hwn a gosod fy llyfrau yn eu lle, myned i'r gwely yn flinedig beth gan y daith ac yn sâl fwy gan annwyd oedd arnaf.

Dydd Gwener, 18 Ionawr 1924 [*Ffrainc*]

Codi heddiw a'r annwyd yn waeth ond heb fod yn ddigon drwg i'm cadw yn y gwely. Codi a myned i'r Sorbonne i gynnal fy nosbarth yno ac i ddarllen *Tro yn Llydaw*. Adref i ginio, ac i ddarllen *L'Action Française*. Yna'n ôl i ddosbarth Rousselot, i un Poirot wedyn, ac yn olaf oll i un Vendryes. Adref wedyn i gael fy nghinio i ysgrifennu yna yng nghanol y sŵn rhyfeddaf, a'r dadlau poethaf. Weithiau rhwng y gwragedd a'i gilydd am Gynghrair y Cenhedloedd na wyddai'r un ddim amdano. Weithiau, hefyd rhwng dau fachgen am y Blaid Lafur a'r ddau yn y pen draw yn dadlau o blaid y gweithiwr. Diwedd y ddwy ddadl ydoedd cynnau, heb ennill neb – a llai iddynt hwy dadleuwyr nag imi gyda fy ysgrifennu. I fyny i'r llofft wedyn i ymddiosg ac i'r gwely i orffwys. Yr oedd yr annwyd oedd arnaf ers dydd neu ddau yn eithaf drwg erbyn hynny. Cysgais yn lled dda, ond tlawd o ddyn oeddwn yn codi heddiw. Yn y Coleg yn paratoi erbyn fy narlith heno y bûm y bore.

Dydd Sul, 20 Ionawr 1924

Bu raid imi golli fy nosbarth Cymraeg neithiwr oherwydd cynddrwg yr annwyd. Aethai yn wir boenus ac yn annioddefol. Collais hefyd ddosbarth Ashbourne. Nid euthum allan o gwbl wedi swpera: a ffôl o beth yn ddiau

fydd myned. Eithr ymdrechais yn hir i ysgrifennu llythyron i'm chwiorydd ac
i bobl eraill. Yna da cael troi i'r gwely. Ac yno y bûm oriau da. Canys
arhosais ynddo y rhan fwyaf o'r dydd heddiw. Yr oedd yn dri o'r gloch arnaf
yn codi. Ond ni bûm heb ddarllen ychydig ar fy ngorwedd. Yr oedd dau ôl-
rifyn o'r *Faner* gennyf heb eu darllen a chefais flas iawn arnynt. Yna pennod
o'r *Histoire de deux peuples*. Wedi codi a bwyta myned allan am dro hyd at yr
Opéra. Bwriadwn fynd ymhellach ond nid oedd modd, a da oedd gennyf
gyrraedd yn ôl gan fel y blinaswn. Yna i'm hystafell i ddarllen ychydig ac i
ysgrifennu. Swpera a darllen y papur a gwrando'r Petit Suisse yn canu'i
gerddi a'i lais soniarus, cerddgar. I'r gwely yn gynnar.

Dydd Llun, 21 Ionawr 1924

Fe'm galwyd am wyth heddiw ond bodlonwyd i ddyfod â'r pryd bore i fyny
imi i'm hystafell. Ni bûm innau'n hir wedi hynny cyn ymysgwyd o'm gwâl a
chodi. Yr oedd gennyf ddosbarth am ychydig wedi deg ac euthum iddo.
Dosbarth yr Wyddeleg ydoedd a gwersi ar swnio geiriau a brawddegau a
gawsom. Yna adref i ginio ac i ddarllen y papur. I lawr wedyn i'r llawr i
wybod hynt y ffranc. Penderfynais fyned i gyfnewid y chwe phunt oedd yn
eiddo imi. Yr oedd y ffranc yn 95 am bunt y bore a thebygwn mai llai y
byddent cyn pen nemor. Ac felly yr oedd. Ar fy myned at Lloyds deallais
iddynt godi ar y bore. Ac 94.10 ac nid 95 a gefais am bob punt a chael da
ydoedd hefyd. Canys nid yw'n debyg y cwymp y ffranc eto fwy ar hyn o
bryd gyda mesurau cryfion y llywodraeth yma a'r streic ym Mhrydain a dod y
Sosialwyr i awdurdod yno. Adref i ddarllen wedyn ac i ysgrifennu at Saunders
Lewis. Yn ystod y prynhawn galwodd Mordrel gennyf a chyfaill iddo. Buont
gennyf am amser go dda yn ymddiddan yn hir am lawer i bwnc. Soniodd
Mordrel lawer am ei gyfarfod â Parry-Williams a'i fyfyrwyr o Aberystwyth yn
Rosco. Canmolai Parry-Williams ond nid oedd ganddo onid gair bach am y
bechgyn. Ni siaradent ddim, ni holent, ni chymerent ddiddordeb yn y bywyd
o'u cwmpas. Allan am dro cyn swper ac ymddiddan wedi hynny ac
ysgrifennu. I'r gwely tua deg o'r gloch i gysgu'n drwm iawn hyd oni
ddeffrowyd fi am wyth heddiw gan ergyd trwm y *garçon*. A digon anodd
ydoedd codi canys nid oedd fy annwyd wedi cilio o dipyn. Codi ac wedi
ymysgwyd ac ymolchi, i lawr am y borefwyd. Yna i'r Coleg i weithio
dwyawr. Ac oddi yno yn ôl i'r tŷ i giniawa ac i ddarllen y papur. Am ddau i
ddarlith ddiddorol ar lenyddiaeth yr Eidal. Dangosai'r darlithiwr fel y bu
cyfoeth Fflorens yn cynhyrchu llên a chân a chelf. Ac eto bywyd cyntefig
ydoedd gyda lle israddol i'r gwragedd a'r merched. Nid oeddynt ond i lafurio
yn y tŷ, ac ni ddysgid iddynt ddarllen gan na chyfrifid bod angen am hynny.
Yr oedd yno gaethion hefyd, hwy'n Slafiaid i ddechrau, am eu perchenogi
gan ŵr y tŷ, efo i'w defnyddio fel y mynnai.

Dydd Mercher, 23 Ionawr 1924

Heddiw codi'n fore, gan deimlo hefyd dipyn yn well. Ymolchi, a myned i lawr am y pryd cyntaf i glywed dadl oedd wedi peidio â bod yn ddadl a datblygu yn ymryson geiriau. Gwneuthur mymryn o'r Wyddeleg hyd y gallwn a darllen yn y papur am farw Lenin, dyfod MacDonald i awdurdod ym Mhrydain – cyd-ddigwyddiad diddorol iawn. I'r Coleg â mi i ddarllen hanes Llydaw hyd hanner dydd. Adref yn ôl am ginio a darllen y papur. Yna i ddosbarth yr Abad Rousselot ac wedi hwnnw i eiddo Loth sydd efô yn traethu eleni ar hanes bore Llydaw. Yna gyda A.B. Thomas o Aberystwyth i'w lety ef. Yno y bûm yn gwrando arno ef yn sôn am helyntion plentynnaidd athrawon y Coleg. Madame Barbier oedd achos y cyfan, gallwn feddwl, a'r helyntion hynny ydoedd rhan o'r pryderon a yrrodd yr hen Brifathro T.J. Roberts i'w fedd. Druan ag ef, ŵr tirion, araf, mwyn!

Dydd Iau, 24 Ionawr 1924

Gweithio yn y Brifysgol y bûm o hynny hyd ei gaead am chwech. Sef y gweithio ydoedd paratoi ysgrif i'r *Breiz Atao* gan gymryd darn cyntaf y ddarlith *Codi Cenedl* yn batrwm.

Dydd Gwener, 25 Ionawr 1924

Heddiw codi'n weddol fore a myned i'm dosbarth Cymraeg. Yr oedd y Dr A.B. Thomas yn un newydd yno heddiw. Yr oedd hwyl go dda ar bethau a mwynheais i'r dosbarth. Canys camp yw cael myfyrwyr sy'n gweithio cystal. Rhyfedd yr ymdrech a wnânt er mwyn gwella eu gwybodaeth. Y mae'n gysur gweithio ganddynt. I'r Llyfrgell i ddiweddu'r bore cyn troi i'm llety i fwyta. Am ddau i ddosbarth diddorol yr Abad Rousselot. Yna i'r brifddinas hyd amser dosbarth Vendryes.

Dydd Sadwrn, 26 Ionawr 1924

Bûm allan neithiwr gyda chyfaill imi yn y Casino de Paris, un o'r rhai gorau o'r math ag y sydd. Er nad yw'r chwarae a geir mewn lle felly yn gwbl wrth fy modd i, tynnir y golled yn ôl gan y canu. Ac am ganu nid oedd eisiau gwell hwnnw neithiwr. Na chwaith gwell y gelfyddyd a'r lliwiau. Nid edifarheais o fyned yno.

Am dri i ddosbarth Loth ac er a ddyweder am ei ddarlithio y mae'n hen greadur ardderchog. Cyfaill iawn agos a thrwyadl. Yr wyf bob amser wrth fy modd yn ei gwmni ef.

Dydd Sul, 27 Ionawr 1924

. . . Am dro hyd yr heol, un Thomas o Lanelli, yntau'n Gymro, â myfi.

Dydd Llun, 28 Ionawr 1924

Codi'n weddol fore i ddydd oedd â'i ieuenctid yn swynol er yn oer, yn hardd er yn aeafaidd. Ymarferiadau corfforol i ddechrau, ac yna ymolchi a disgyn i lawr y grisiau am y pryd bore. Bwyta bob yn ail â rhoi cip ar ramadeg yr Wyddeleg. Allan wedyn i'r Coleg i lafurio mymryn cyn myned i ddosbarth yr Wyddeleg. Dilyn hwnnw eilwaith gan gerdded i mewn i'r Jardin du Luxembourg lle'r oeddwn yn fuan yn llwyr yn fy nghynefin. Melys o brofiad oedd teimlo glas y borfa yn ennyn ei gyfoeth ynof. Coch y pridd ei newydd-deb yntau, a gwên yr haul ei lawenydd efô. Gwnaeth y munudau hynny les i'm pen ac i'm corff, ac i'm henaid.

Dydd Mawrth, 29 Ionawr 1924

. . . Adref i ginio, a darllen y papur oedd efô a'r newydd am gondemnio Maurras i wyth mis o garchar. Druan ag ef. Dyna'r diolch am iddo wylio cystal dros ei wlad a cheisio ei hamddiffyn bob modd a'i gwasanaethu hyd ei eithaf. Diau fod y deillion yn tybio mai hwy sy'n ddoeth ac mai ganddynt hwy'n unig y mae llygaid. Ac ni bydd fawr wahaniaeth gan Maurras amdano'i hun. Ond ei wlad?

Darllen am Ffrainc y ddeunawfed ganrif y bûm i fwyaf y prynhawn ddoe, am J.J. Rousseau a'r Encyclopedistiaid. Yna hefyd am Maurice Barrès a'i waith a'i fywyd. Yr oedd ysgrif gan Saunders Lewis arno yn y *Y Faner* a thueddodd hynny i ailddarllen mwy amdano. Hoffwn eto ddarllen ei lyfrau drwyddynt bob un. Ond? Yr amser?

Dydd Mercher, 30 Ionawr 1924

Gorffen y dydd ddoe gyda darllen mymryn yn yr Wyddeleg cyn cysgu. Codi heddiw cyn wyth, eillio ac ymolchi. I lawr am bryd o fwyd a darllen y papur. O hir i hwyr, gadael am y Sorbonne lle y gweithiais yn gyson hyd ddiwedd y bore ar economeg fel y myn Georges Valois ei dysgu. A diddorol ddigon yw er anodded weithiau. Ei feirniadaeth ar economeg yr Ysgol Ryddfrydig a ddarllenwn a'i dorri i lawr ar eu diffiniad o werth o'u deddf galw a chyflenwad. Yna i giniawa yn fy ystafell fel beunydd, a darllen yr *Action Française* yr un pryd. Yna i ddosbarth yr Abad Rousselot i'w glywed yn trin ar lafariaid ac yn adrodd am blentyn gyda'r A fel y llafariad cyntaf a swniodd a hi'n naw mis oed. Yna E, yn gyntaf E agored, yna E gaead. Yna at Loth a chael ymddiddan ag ef wedi'r ddarlith. I'r Sorbonne i weithio hyd chwech. Yna am ginio ac ysgrifennu. Am naw i ddosbarth y Llydaweg. Ac adref yn ôl i hwylio am y gwely.

Dydd Iau, 31 Ionawr 1924

. . . myned i dorri fy ngwallt ar y ffordd i'r Brifysgol. Yna wedyn yn darllen M. Passy ar seinyddiaeth. Adref i giniawa ar fara du a cheirch, darllen y papur yr un pryd. Treuliais y ddwyawr nesaf yn darllen yn ddiwyd y llyfr diddorol *La Vie de Shelley* a chael blas rhyfeddol arno. Canys iawn o lyfr iawn, yn disgrifio Shelley yn drwyadl iawn ac yn gywir. Gwelwn ynddo finnau fel yr oeddwn flynyddoedd yn ôl yn ddall i natur pethau ac i gyflwr dynion, yn falch yn meddwl mai fy namcaniaethau i oedd iawn, yn anfodlon i gyngor Mam neu gyfaill, yn ddibrofiad yn credu mai fy mhrofiad i a'm coelion oedd yn unig yn gywir. Felly Shelley. A hanes ei weithio yntau yn ôl ei syniadau a geir yn y llyfr. Yn unig yr oedd yn ffolach na mi, yn fwy byrbwyll, yn fwy ehud, ac yn fwy tymhestlog ei holl natur, heblaw bod yn fwy ei ddawn. At hynny yr oedd cyfoeth ddigon at ei wasanaeth, ac enw teulu, a'i gyfeillion. Gadael ei fympwyon a wna yntau – priodi fel Godwin, a chael ei dwyllo gan ei gyfaill Hogg. Ac felly, oni ddaw ar draws Southey yr â i Iwerddon ac y cyferfydd o'r diwedd â Godwin ei hun.

Dydd Sadwrn, 2 Chwefror 1924

. . . cael cip ar y papur cyn llwybreiddio am y l'Opéra. Canys nid myned i'r Coleg yr oeddwn heddiw. Cawsom awgrym oddi wrth D.J. Jenkins i fyned ac ymweled â M. Arditi. Myned finnau a'i weld, ond heb fod ddim yn well. Canys pa ddiben gofyn iddo ef? Pa ddisgwyl iddo ef gael imi gyfle i roddi darlith i rywun neu rywrai o ddosbarthiadau?

Dydd Llun, 4 Chwefror 1924

. . . Yr oedd yn ddifyr gennyf gael golwg ar y Jardin du Luxembourg, a cherdded i mewn i'm hadnewyddu fy hun yng nglas ei phorfa a'i glaswellt ac yng ngloywder ei dwfr a'i llyn, a'i grisiau, a'i llwybrau. Yno yn iau fy ysbryd ac yn fwy chwimwth fy haglau i'm lletty am ginio a darllen y papur. Hanes marw Woodrow Wilson oedd ynddo heddiw. Marw'r gŵr y sibrydais ei enw ganwaith gyda theimlad oedd debycach i addoliad nag i edmygedd. Marw hwnnw y treuliais gymaint o'm hamser yn Aberystwyth i'w foli, y cerddais gyda chyfeillion i sôn amdano ac i glodfori ei eiriau cywir, debygwn i, a'i ddoethineb. Eto y darllenais amdano yn llawn angerdd i gyd yn y papurau ac mewn llyfrau fel eiddo Keynes. Ie. Ei farw ef. A marw ynof innau y damcaniaethau a bregethais. Nid oes gennyf le iddynt fwy. Pam? Nid ydynt wir. Yn waeth. Y maent yn groes iddo. Y maent yn rhai gau, croes ac anfad. Pam eu parchu mwy yn unig am imi fy nwyn i fyny ynddynt a'u coelio i'r carn a'u cymeryd fel y gair diwethaf am athroniaeth? Anodd? Ie, anodd. Canys o'u claddu, claddu dyddiau amlaf fy mywyd yr wyf. Claddu cred dyddiau Ysgol a Choleg. Yr adeg honno yr oeddwn yn rhy ddoeth yn fy meddwl fy hun i dybio y gallai fy syniadau fod yn anghywir. Fel Shelley yr oedd yn rhaid imi eu pregethu – efô yn ei lyfrau, minnau yn y pulpud. A'r cwbl yn y diwedd gyda bod yn y groes i'r gwir? Cofio hynny yr oeddwn heddiw wrth feddwl am farw Wilson. Nid wyf elyn iddo. Pa fodd y gallai hynny fod? Ac eto ni allaf lai na dymuno marw ei ddysgeidiaeth o'r byd a'r drwg a'i dilynodd.

Dydd Mercher, 6 Chwefror 1924

Codi'n fore ddoe i fyned i wrando ar Gilson yn sôn am athroniaeth St Thomas Aquinas, ac yna awr arall am eiddo Descartes. A'r prynhawn wedi bod mewn dosbarth ar lên yr Eidal. Darllen yn y Brifysgol hyd chwech o'r gloch. Hwylio i'r llety am ginio ac i ysgrifennu ar ôl hynny a darllen *Ariel ou la vie de Shelley* a'i ddiweddu. Mwynheais y llyfr drwyddo canys y mae mawr o gamp arno a swyn a gloywder ymadrodd. Diwedda'n drist iawn gyda disgrifio diwedd Shelley. A thrist o fywyd ydoedd ei eiddo ef. Dyn ieuanc swynol ydoedd yn hael ryfeddol ei galon, yn ŵr bonheddig i'r gwaelod, yn dirion ac yn dyner. Ba drueni frychu'r fath gymeriad croyw, gloyw – gan syniadau anghywir, anghyflawn a phlentynnaidd, hyd yn oed. Ni ddeallai fywyd er ei ddoniau, na dynion er eu caru, neu efallai'n well oherwydd hynny. Nid oedd Duw – ac eto gwnâi iddo'i hun dduwiau gyson. Yr oedd perffaith ryddid, ac ni wybu efo ddim amdano. Nid oeddid i briodi, ond efô'i hun yn priodi ddwywaith. Croes i'r gwir ydoedd ei ddirnadaeth ar laweroedd o agweddau bywyd. Ond fe erys efô ei hun yn ymgorfforiad o bopeth sydd rydd, a pharod a phybyr, hawddgar ac ieuanc.

Dydd Gwener, 8 Chwefror 1924

. . . Galw yn yr Institut de l'Action Française ar y ffordd i ginio. Ac yn ôl yna wedyn am naw i glywed darlith ar Rousseau a'r grefydd Gatholig. Darlith dda hefyd, gyflawn a manwl. Ac yr oedd Maurras yno, yn fywyd i gyd fel arfer. Yr oedd y lle'n orlawn yn ei ddisgwyl, a chodi pawb ar ei draed ar ei ddyfod i mewn, a chanu 'Vive Maurras'. Yna cymryd ei le'n ymyl y darlithydd. Y mae'n llawn iechyd, yn ddarlun perffaith ohono. Lliw'r croen, byw'r llygad, symud y corff, y troeon cyflym, y pen cadarn, dechau. Yn olaf y cwbl ohono. Nid yw'n ddim llai nag ymgnawdoliad o ynni meddwl ac egni. Yr un bwrlwm bywyd wrth lefaru. Yr un medr i ddyfynnu ffeithiau ac i'w dosbarthu a'u hegluro. Yr un ymresymu manwl, yr un gonestrwydd cywir, diduedd a chaled hyd yn oed. Anghofiai ei hun yn llwyr pan aeth i sôn fel y mae y gwir fardd a'r llenor yn ei anghofio'i hun yn gyfan gwbl yn ei greadigaeth. Nid felly Rousseau. Na chwaith Hugo a'i ysgol yntau. Ac fe ddadansoddodd Maurras eu meddwl i drwch y blewyn. Awgrymodd un weled yr un diffyg yn Barrès. Ond ni fynnai Maurras mo hynny ac aeth allan o'i ffordd i'w amddiffyn ac i ganu ei glod. Un o'i gyfeillion boreaf. Ac o'r braidd y gŵyr y genhedlaeth hon, meddai, gymaint gwasanaeth Barrès. Dyn mawr, hael, ardderchog. Ni allai efô lai na'i ganmol yn ddiddiwedd. Ac i Maurice Barrès fe faddeuai bopeth – iddo ef fod yn Anarchist hyd yn oed. Pigai rai mân frychau ynddo. Eithr pwy oedd hebddynt? A mân oeddynt. Pan oedd hi'n bwnc o beth mawr pwysig, yr oedd Barrès yntau yn fawr. Campus!

Dydd Sadwrn, 9 Chwefror 1924

Ddoe gweithio'r bore a chynnal fy nosbarth Cymraeg. A'r prynhawn gyda Rousselot un awr, a'r gweddill hyd Sorbonne hyd ddosbarth Vendryes am bump. Cael llythyr oddi wrth Saunders Lewis, ond heb ddim o bwys ynddo. Yn unig y mae D.J. Williams, Abergwaun wedi bodloni i ymuno â'n mudiad.

Dydd Llun, 11 Chwefror 1924

Codi'n fore heddiw i frysio i ffwrdd i ddosbarth J. Bédier. Diddorol o athro ydyw ef a manwl a meistrolgar. Yn hoff o ddyfynnu cerddi beirdd y ddeuddegfed ganrif ac o weled ynddynt hwy, ac yn holl lên bore Ffrainc, le i'r Ffrancod, ac iddynt hwy'n unig ymogoneddu ynddi. Diau i'w awydd Ffrangeg ei arwain weithiau ar gyfeiliorn, a'i ddallu i ddylanwad allanol. Felly, er enghraifft yn ei fynnu gweled yn chwedlau Arthur a'u cymheiriaid gynnyrch y Ffrancod yn unig. Ond nid rhyfedd wedi'r cyfan. Canys gwrthryfel naturiol ydyw wedi hanes Michelet a Thierry, a'r rhes athrawon a welai elfen Almaenaidd ym mhopeth a gododd yn Ffrainc. Yn unig y mae'r rhod yn troi'n rhy bell i'r cyfeiriad arall. Felly y try'r dröell bob amser.

Dydd Mawrth, 12 Chwefror 1924

. . . myned am bedwar i wrando'r hen Gide. Gwyddwn am ei enw ers blynyddoedd a darllenaswn dipyn arno. Ond heddiw yr euthum i'w wrando am y tro cyntaf. A'r tro olaf rwy'n meddwl. Canys y mae gyda'r diflasaf o ddarlithwyr.

Dydd Sadwrn, 16 Chwefror 1924

Codi heddiw i ddydd oedd eto'n oerach na ddoe os oedd modd. Yn wir, y mae ers deuddydd neu dri yn rhyfeddol ei oerfel. Ac wrth reswm y mae'n annioddefol yn fy ystafell i. Heb dân na gwres y peipiau ar dywydd fel hwn! Bendith o'r fwyaf bod y Sorbonne i gilio iddo i dreulio'r dydd yno.

Dydd Llun, 18 Chwefror 1924

Codi heddiw eto i ddydd oer, ac i ffwrdd yn frysiog i ddosbarth diddorol yr Athro J. Bédier. Yn wir, y mae'n gampwr o ddarlithydd, yn draethodwr da,

yn feirniad cywrain ac yn ŵr call ddigon – nodweddion nas caffir yn fynych
mewn athro. Iddo ef, nid datblygiad o gerddi gwerin ydyw prydyddiaeth y
Trwbadwriaid a'u cyfneseifiaid. Nid dechrau mewn dawns ddechrau Mai.
Cerddi bonheddig hwy, dysgedig a chelfydd. Nid iawn ychwaith meddwl
datblygu'r cerddi mwyaf cymhleth o rai llai felly. Yn wir i'r gwrthwyneb, eb
ef.

Dydd Sadwrn, 23 Chwefror 1924

Meddwl am Laura y bûm i neithiwr, am y gweddill o'm chwiorydd ac am fy
mrodyr, am gartref wedi ei chwalu, ac am y teulu oedd gynt mor ddiofal a
diofid yn ddiogel dan gysgod aden Mam. I hyn oll y daw ei cholli hi. Prin
iawn y gwelwn a ddigwyddodd y bore Sul ofnadwy hwnnw y caeodd hi ei
dau lygad glas annwyl arnom. O'r braidd er fy holl dristwch y dyddiau
creulon hynny, y gallwn weled y gwahanu sydd heddiw yn ein hanes. Ac y
mae'r cwbl hyn yn ychwanegu at fy mhryder i yma, a'm hanghysur. Da bod
gwaith i'w gael i anghofio peth o'r gofidiau.

Dydd Mawrth, 26 Chwefror 1924

Codi heddiw heb deimlo'n wych o gwbl. Y mae rhwymedd yn fy mlino'n
gyson gyson gan waethygu'n ofnadwy weithiau. Felly y dyddiau hyn, gan
beri doluriau a phob drwg arall sydd yn dilyn y clefyd hwn. Y mae yn fy
niflasu drwodd, gan beri weithiau dristwch rhyfedd a phruddglwyf anniodd-
efol. Felly heddiw; ond ceisiais ei orchfygu trwy weithio ar a allwn, a rhoi fy
mryd ar fy llyfrau.

Dydd Iau, 28 Chwefror 1924

Wedi cyrraedd adref i'm llety neithiwr, yr oedd y traethawd a ddanfonais i'r
Eisteddfod y llynedd wedi cyrraedd yma. Ac oddi mewn iddo lythyr oddi
wrth yr ysgrifennydd yn dywedyd mai fy nhraethawd i a ystyrid yn orau, ond
imi golli'r wobr oherwydd ei ysgrifennu yn Gymraeg. Testun llawenhau a
thristwch. Ac yn olaf oll bu raid talu tair ffranc ar ddeg am gludo'r traethawd
yma. Newydd gael llythyr yr wyf o Lundain yn gofyn imi gyhoeddi'r
traethawd hwn yn y Saesneg ac addo talu'r gost o'i gyfieithu. Cawn weled.
Ac eto y mae yn fy mryd ei gyfieithu i'r Ffrangeg ar gyfer cael gradd oddi
yma. Ond breuddwydion ydyw'r cyfan i gyd eto.

Dydd Gwener, 29 Chwefror 1924

Am naw neithiwr myned i'r Institut de l'Action Française i wrando ar Georges
Valois yn adrodd hanes tro i Eidal y Ffasciaid. Yr oedd yn rhyfeddol o
ddiddorol. Gwelai'r gwahaniaeth yn union wedi cyrraedd Rhufain – gyda'i

phreswylwyr oll yn llawen, yn arwyddo bod popeth yn myned o'r gorau. Ffydd newydd, hefyd i sôn am fawredd yr Eidal ac am ei lle yn y byd. Ymdeimlad mai Eidalwr oedd pawb – nid Rhufeiniwr, na gŵr o Fflorens neu Naples neu Genoa. Eidalwyr bawb! Peth hollol newydd hynny. Y rhyfel diwethaf yn wir berodd i'r Eidalwyr weled eu gwlad fel mamwlad iddynt o bob rhan ohoni. A'r fuddugoliaeth gysegrodd undeb yr holl wlad. Heddiw breuddwydion llydain am ddyfod yr Eidal. Nid ei gorffennol – ond ei dyfodol. Breuddwydio amdani yn cymryd lle'r Ymerodraeth gynt. A Mussolini? Addfwyn ei olwg a'i lais. Llygaid plentyn a llais gwraig. Eto un y deellid bod cadernid ynddo. Doeth efo a chynnil. Ni ddinistriodd y Senedd am iddo ddewis ei defnyddio i ladd ei gwaith ei hun – gweriniaeth. A chaledu gwaith y Colegau. Pam? I godi dynion cymwys i wasanaethu'r Eidal ac i gymryd ei le ef, ac i ddwyn ymlaen ei waith. Da gan Valois waith Mussolini hyd yn oed pe golygai ryfel â Ffrainc. A'r un fath yr Eidalwyr hwythau. Hoffent weled gorseddu'r brenin yn Ffrainc. Pam? Am na bydd yr Eidal ei hun yn ddigon cryf i gadw i fyny y Chwyldro yr aeth trwyddo. Ni bydd ddigon i gadw trefn a rheol. Dangosai na cherid Prydain yn Rhufain. Na chan y darlithydd ei hun.

Dydd Sadwrn, 1 Mawrth 1924

. . . Adref yn weddol gynnar i newid ac eillio. Canys nos Gŵyl Dewi ydoedd hi. Ac er imi gofio'n fynych yn ystod y dydd am fy chwaer fu farw naw mlynedd yn ôl, yr oeddwn i fyned i ginio'r Cymru yn y Boulevard Bonne Nouvelle. Cerdded i lawr yno a dyfod ar draws amryw o bobl weddol ddiddorol. Hefyd dau neu dri o'r rhai y cyfarfûm â hwy y llynedd. Daethai A.O. Roberts yno o Boitiers ac yr oedd yn syn iawn gennyf ei weled ef. Buom yn hir cyn cael ein cinio ac yn hwy fyth wrthi. Bu raid imi wneud araith fechan yno a bu honno'n ddigon lletchwith. Wedi'r bwyta, canu cerddi Cymru gyda hwyl dda, ac emynau'n aml. Cefais innau gyfle i ymddiddan â hwn a'r llall. Bu un neu ddau yn gofyn am gael dysgu Cymraeg gennyf. Yno hyd wedi hanner nos. Yna cerdded A.O. Roberts a minnau hyd yr Opéra ac ymhellach. Yn cerdded wedyn yn ôl hyd y Bonne Nouvelle. Ymadael. Cerdded finnau i'm llety lle y cyrhaeddais ychydig cyn dau wedi cerdded llawer iawn erbyn hynny.

Dydd Sul, 2 Mawrth 1924

Heddiw codi i gerdded y bore a darllen ychydig hefyd. A'r prynhawn yr un fath. A daeth un o'r bechgyn a welais neithiwr yma imi ddysgu Cymraeg iddo. Da iawn.

Dydd Llun, 3 Mawrth 1924

. . . allan a chymryd y trên am yr Etoile lle yr oeddwn i gyfarfod â F.J.

Thomas, y bachgen a ddaeth ataf. Yr oedd am imi fyned gydag ef am dro i St Cloud a Versailles. Y mae ganddo ef gerbyd modur o'i eiddo ei hun. Un iawn hefyd. Nid yw fawr ond y mae'n newydd, yn gryf ac yn gyflym. Ardderchog ydoedd myned allan i'r Bois de Boulogne. A hi'n brynhawn go dda, go olau a disglair, yr oedd llawer ar y Bois, a swyn a phrydferthwch. Y ffyrdd diddiwedd; y coed diwêdd; y glas oddi isod; y rhedyn rhudd; a'r llyn gloyw, gyda'r cychod arno. Rhyfeddol. Yna St Cloud, ond nid yw hi lân fel tref, ar wahân i'r gerddi. Mynych y coed oddi yno i Versailles, a swynol ryfeddol mewn rhai mannau. Digon budr y trefi weithiau a garw y ffordd ar brydiau. Ond ar y cyfan prynhawn ardderchog.

Dydd Mawrth, 4 Mawrth 1924

. . . darllen y ddau lythyr oedd yma imi, y naill oddi wrth fy modryb Cilwinllan. Y llall oddi wrth G.J. Williams yn rhoddi imi dipyn o'i hanes ef. Y mae Fred Jones, meddai, yn ymuno â ni.

Dydd Mercher, 5 Mawrth 1924

. . . Cawswn ofyn gennyf ysgrifennu i'r *South Wales News* ar amcanion y Mudiad Cenedlaethol. A dyna a wnawn fwyaf.

Dydd Iau, 6 Mawrth 1924

Am naw, neithiwr, yr oedd cyfarfod mawr yn y rue Danton, ac fe euthum innau yno. Lucien Fabre oedd i gadeirio'r cyfarfod, a siom mawr imi ydoedd deall nad oedd ef yno. Y cyntaf i siarad oedd Pierre Dumas, a chondemniodd y Sosialwyr a'u hathrawiaethau yn arw. Yna, Henry Louis, yntau'n parablu rywle i'r un cyfeiriad. Yn nesaf, Pierre Héricourt, efô'n ieuanc iawn ac yn areithiwr penigamp, gyda cholyn yn ei frawddegau a thaerineb yn ei lais. Iddo ef, y Werinlywodraeth oedd gyfrifol am y Rhyfel a'i chanlyniadau. O'r braidd na throesai ei hanfedrusrwydd ennill y rhyfel yn golled. Yn dilyn yr oedd Georges Valois, fel arfer yn egluro ochr economeg y pwnc. I ddiweddu, Henri Massis, hwnnw yntau yn areithiwr da ac yn dangos y cam a ga ysgrifenwyr ac ysgolheigion gan y Werinlywodraeth. Cyfarfod da iawn.

Dydd Gwener, 7 Mawrth 1924

Neithiwr, am naw, myned i wrando darlith ar Romain Rolland yn yr Institut de l'Action Française. Yr oedd Maurras yno yn cadeirio, ac wedi'r ddarlith, aeth efô i siarad. Cyfaddef i ddechrau na wyddai ryw lawer iawn am R.R. O'r a ddarllenodd ohono fe'i cafodd yn wan ei resymeg, yn llac a meddal. Disgybl Jaurès a Tholstoi. Hefyd yn aberthu ei hun i oddeddfau milwrol y cyfnod. Gwnaeth y rheiny liaws o elynion i'r wlad. Troai'r Wladwriaeth gyda'i deddfau dienaid, creulon, ei dinasyddion yn ei herbyn ei hun. Felly gydag R.R. Nid oedd heb rinweddau. Yr oedd yn meddu ar gelfyddyd. Ond heb feddwl. Yr oedd fel afon i ddechrau, ond yna'n colli mewn swnd a thraeth. Eiddil iawn ei ddadlau yn erbyn ei wlad, ac egwyddor cenedlaetholdeb. Y mae pob meistr yn fab ei wlad, hyd yn oed ei ddarn ei hun o'i wlad. Felly Sophocles, Dante, Vergil, Goethe. Oll wedi eu gwreiddio'n ddwfn yn lleol. Yr oedd enaid y genedl a'i thuedd hyd yn oed yn y modd o ddysgu rhifyddiaeth. Yn yr atebion i holwyr, amddiffyn Barrès gydag angerdd ofnadwy. Bwriadai ddefnyddio'r dyddiau a erys iddo i ddangos i'w gydwladwyr wasanaeth aruthrol Barrès. Ym mhob cyfeiriad. Cyn ei ddyddiau ef, nid oedd drefn ar ddim, ac yr oedd llenorion yn ysgrifennu â'u traed! 'Ond ni byddem ni yma heno pe na buasai onid efô.', meddai Constans. 'Na chwaith oni bai amdano', meddai Maurras. Yn ddiweddarach, aeth i sôn am nodweddion y cenhedloedd. Iddo ef, barbariaid y Saeson a'r Ellmyn. A'r Ellmyn yn farbariaid mwy, ac felly yn haws eu gwareiddio. Y mae gan y Sais lên iddo'i hun – Shakespeare a'r Beibl. Ond fe gymer ei lên gwerin – canys dyna yw ei lên – am wareiddiad. Y mae iddo ei fyd cyfyng ei hun, ac anodd iddo amgyffred dim oddi allan iddo. Bydd ambell Sais mwy diwylliedig na'i gilydd yn ymfalchïo dywedyd 'Yr wyf i'n deall Racine' – cystal â chyfaddef nad yw ei gydwladwyr yno eto.

Dydd Gwener, 14 Mawrth 1924

O ddarllen neithiwr [*yn Y Faner*] am lyfr Saunders Lewis [A School of Welsh Augustans], ac am argraffiad y Prifathro J.H. Davies o lythyrau Goronwy Owen, am gyfieithiad Elfed o *Wiliam Tel*, ac am ymddangos pedair nofel newydd yr oedd yn llon iawn fy ngwedd ac yn llawen fy mryd. Mor llon a llawen onid oedd bron yn amhosibl imi gysgu. Crwydro i Gymru y mynnai fy meddwl yn gyson, a chynllunio'n ddyfal ac adeiladu cestyll lawer. Wedi hir bererina y cefais gysgu.

   . . . Min nos cael y papur o Gymru a llythyr o Wrecsam yn diolch imi am fy ysgrifau ar Lydaw yn *Cymru*.

Dydd Sadwrn, 15 Mawrth 1924

Y cyntaf peth wedi codi heddiw a myned i lawr ydoedd cael llythyr arall oddi wrth un a ddarllenasai fy ysgrifau ar Lydaw yn *Cymru*. Gofynnai gael gwybodaeth bellach 'am eich cylchgrawn llydewig *Breiz Atao*'. Ond yn rhyfedd iawn fe'm cymerai i am Ffrancwr, ac ymddiheurai am ysgrifennu ataf yn y Gymraeg! Gorffen gyda brawddeg yn y Ffrangeg yn dywedyd mor anodd ydoedd.

Dydd Sul, 16 Mawrth 1924

Wedi swpera neithiwr daeth imi £1-10 oddi wrth awdurdodau'r *South Wales News*, yn dâl am yr ysgrif ddanfonais iddynt beth amser yn ôl. Dyma'r geiniog gyntaf imi am ysgrifennu i unrhyw bapur. Canys yn anffodus nid yw yr un o'n cylchgronau Cymreig ni, na'n papurau, mewn sefyllfa i allu hynny. Wedi eu gosod yn fy ystafell, brysio allan i'r Sorbonne i ddysgu'r Gymraeg; ac wedi hynny, i gael dysgu'r Wyddeleg imi. Rhoes Ashbourne imi *Y Darian* a'r *Brython*, yr oedd ynddynt y cyntaf, adolygiad ar y *Y Geninen* a dyfyniad o ysgrif Dr Morgan Watkin yn fy ateb i; y llall, hanes cinio Gŵyl Dewi ym Mharis. Nid oedd fel yr ysgrifenaswn i hi; canys gofynasai'r Mr Thomas sy'n byw ym Mharis amdani. A gosododd bwt i mewn yma ac acw, a'i enw ei hun ar y diwedd.

Dydd Mercher, 19 Mawrth 1924

Yr oedd yn anodd gadael llyfr Louis Bertrand (am Louis XIV) neithiwr ar ôl ei gymryd mewn llaw. Y mae mor ddiddorol, ac mor swynol; yn ddeniadol fel nofel, ac yn llawn dysg a gwersi fel hanes. Pa un ai cywir ai peidio yw ei gasgliadau pennaf, y mae'n ennill i'w ddarllen. Canys ceir ynddo y ddadl bwysicaf o blaid gwleidyddiaeth brenin a bywyd cenedl; lle'r llys, a'i ddylanwad ar foes gwlad, ac ar faes y gad. Daw pob agwedd ar fywyd cenedl i gael eu hystyried, i'w trin a'u trosi. Ac nid yw Louis mor ddu ag y lluniwyd ef inni – nac mor anfoesol, nac mor greulon at ei bobl, nac mor awyddus am waed gelyn, nac mor ddiystyr ganddo fywyd y Ffrancod a lywodraethai. Campwr o lyfr .

Dydd Iau, 20 Mawrth 1924

Wedi nosi dydd neithiwr, a'm dyfod innau adref i'm llety, a bwyta, bu farw fy nifyrrwch yn parhau darllen Louis XIV. Fel llyfr hanes y mae'n gampus. Ffawd fawr yw ei ysgrifennu gan ŵr a garai ei destun y tu hwnt. Yn wir, os rhywbeth, ei garu'n ormod a wna. Nid yw'n gweled nemor ddim o wendidau ei wron. Ac yn y pen draw gwell hynny na'r gwrthwyneb. Hanfod ysgrifennu hanes, neu rywbeth o ran hynny, ydyw bod mewn cariad dwfn iawn at y pwnc. Dyna'r paham y methais i yn fy *Hanes y Crynwyr*. Gyda hyn, cofiaf imi gael llythyr heddiw wedyn o Lundain, oddi wrth y Crynwyr, yn cynnig imi £10 at gyfieithu fy nhraethawd.

Dydd Gwener, 21 Mawrth 1924

Wedi'r nos neithiwr myned Mr Viclars a minnau i'r Institut de l'Action Française. Yr oedd yno ddarllen darlith ar yr hanesydd Michelet. Ac yno hefyd Maurras yn cadeirio. Ac yn ôl y ddarlith aeth ef i siarad. Aeth i sôn am wendidau Michelet ac am ei gryfder. Ei nerth ydoedd ei nwyd am hanes; ei wendid ei ddiffyg cydbwysedd, ei ymresymu â'i galon, a'i ollwng ei hun yn llwyr yn ôl a hoffai, ac nid yn ôl y gwirionedd. Âi mor bell nes colli ei synnwyr cyffredin yn gwbl. Y mae llawer o bobl sydd â meddyliau disynnwyr ganddynt, a ffolinebau – ond bod yn rhaid chwilio amdanynt. Am Michelet, nid oes ond y rheiny i'w canfod bron ym mhobman.

Dydd Mawrth, 25 Mawrth 1924

Adref i'm llety neithiwr i daflu cip dros y *Stupide XIXe Siècle* o waith Léon Daudet. Yna myned i gyfarfod gydag Undeb Cynghrair y Cenhedloedd. Yr oedd yr Arglwydd Robert Cecil yn siarad yno. A pha siarad? Heb argyhoeddiad, heb frwdfrydedd, heb huodledd, yn wir heb ddim o wir ddoniau yr areithiwr. Cefais fy siomi'n fawr iawn. Amlwg ei fod yn celu ei ddyb gwael am Ffrainc. Ni ddeall mohoni hi, na'i sefyllfa, na'i pherygl. Y Sais gofalus, hunanol, yn meddwl yn unig am ei ddiogelwch ei hun ydoedd ef, er gwaethaf ei gymylau geiriau, a'r sôn am ddelfrydau. Ac os felly, yma, pa faint mwy yn ei wlad ei hun? A oes ymwared i'r Sais? Ac i'r byd, ymwared oddi wrtho? Oddi wrtho fo a'i lynges a'i nerthoedd, ei gynllunio a'i drefn?

. . . cawswn eto lythyr yn gofyn am *Breiz Atao*, y waith hon oddi wrth Sais o Lundain a ŵyr y Gymraeg yn dda ddiarhebol.

Dydd Mercher, 26 Mawrth 1924

Neithiwr, cefais ddau lythyr arall yn holi am y *Breiz Atao*, y naill oddi wrth Francis Roberts Lerpwl, a'r llall oddi wrth Caredig Davies Llanddewibrefi, hwnnw yn diolch imi am fy ysgrifau yn *Cymru* a'r *Geninen*, ac am fy nghyfieithiad o Lamennais. Dywedai hefyd fod fy nisgrifiad o Lydaw ar unwaith yn dda ac yn gywir. Ond tri mis yn unig y bu efô'n byw yn Llydaw.

Dydd Llun, 31 Mawrth 1924

Heddiw, dydd go brysur; y bore gyda Bricler, a daeth i'm gweled a'r prynhawn gyda darllen i ddechrau ac yna dechrau ysgrif arall ar gyfer y *Breiz Atao*.

Dydd Iau, 3 Ebrill 1924

. . . troi allan i'r Institut de l'Action Française i glywed darlith ar syniadau Jacques Maritain. Un werthfawr iawn ydoedd hi hefyd ac yn cynnwys gwybodaeth lawer a meddwl byw. Wedi'r ddarlith, myned Maurras i siarad. Dyna beth oedd siarad! Siarad gŵr a wyddai ei bwnc hyd ei waelodion. Un funud yn edrych trwy athroniaeth St Thomas, ac yn ei ddisgrifio'n fanwl. Yna, yn ei gymharu ag eiddo Descartes a Bergson, Kant ac eraill. Malebranche, Bossuet, La Fontaine, Maritain, Dimier, ydoedd rhai o'r lleill y soniai amdanynt. A'r cyfan gyda'r manylder na ddisgwylid oddi wrth neb ond a'i cyfyngodd ei hun i'r pwnc. Troi wedyn at ddyled St Thomas i Aristotle, ac at ragor hwnnw ar Blato. Daethai'r olaf i gyffyrddiad agos â delfrydiaeth Asia, ac a niwloedd ei meddwl. Ac felly ei gymharu yntau dipyn. Pam y collodd St Thomas ei le? Am nad oedd ei ddisgyblion yn deilwng ohono; am na wyddent adnewyddu ei athroniaeth yn wyneb cyfnewidiadau'r oes. A oedd Descartes yn ddirywiad o St Thomas? Na: nid dirywiad mohono. Ceidw'n ofalus rhag hynny, a bu graen ac eglurder ar ei drefn. Ond, pam y methodd yntau? Efallai am fod ei athroniaeth yn rhy amlwg. A'r Ffrancod yn ymorol am un anodd, niwlog. Felly, enillodd Kant a'r Ellmyn. Yr oedd yn syndod gweled Maurras yn trin y cyfan hyn gyda gwybodaeth mor drylwyr, a dysg mor enfawr, a meddwl mor dreiddgar.

Dydd Sadwrn, 5 Ebrill 1924

. . . A'r prynhawn gweithio ar lyfr Dottin ar lenyddiaeth y Celtiaid, hwnnw'n llyfr digon gwasgarol, yn fynych yn ddim ond pentwr o ffeithiau neu res o enwau. Nid yw gywir bob amser ychwaith; na nemor fyth yn orddiddorol. Catalog yw yn fwy na hanes. Am dri i ddosbarth Loth, a'i gael yn ddiddorol ryfeddol wedi'r wers. Ei ddarlith olaf am y flwyddyn. Dechrau yn Ionawr, a diweddu yn Ebrill! Rhoes imi ei lyfr ar Sant Samuel, gan ysgrifennu arno 'I'r Cymro Caredig, Bebb', a'i enw yntau oddi tano. Cerdded ynghyd tua'r Boulevard St Michel, yr oedd Loth yn methu â mentro ei chroesi gan amled y cerbydau. Ie, a'i arafwch yntau, a'i bryder, druan yr hen Loth annwyl. Cerdded wedyn hyd y Boulevard St Germain am dipyn, ac ymddiddan yn brysur. Cefais ganddo i sôn tipyn am eiriadur yr ieithoedd Celtaidd y mae efô a Vendryes a Dottin a Meillet wrtho. Sôn wedyn am y gramadeg y mae'r athro o Brague yn ei baratoi. Ac ymadael fi i fynd i'r Sorbonne hyd chwech ac i ddiwedd y dydd gyda'r ddau ddosbarth o wyth i ddeg.

Dydd Sul, 6 Ebrill 1924

Y Sul: codi i ddarllen *Y Darian* a phapurau'r dydd a cherdded gweddill y bore. A'r prynhawn yn ôl ciniawa a darllen, cyfeirio i dŷ M. Brunot, Deon y Sorbonne. Yr oedd M. Sramek a minnau yn myned ynghyd. Cyrraedd a chael M. Brunot a'i wraig i'n derbyn yn groesawgar iawn. Yr oedd dau neu dri o athrawon yno eisoes; a bu Brunot yn siarad tipyn â mi. Am Gymru: yr iaith. Pa faint oedd ei siarad? A ddysgid hi? Felly ymddiddan am y cyflwr yn Ffrainc; a chefais gyfle i ofyn iddo droeon esboniad ar waith y Weriniaeth ym Mhrofens, Llydaw etc. Eisiau i bawb wybod y Ffrangeg fel y deellid y deddfau ynddi a'r gorchmynion. Canys adeg y chwyldro deng miliwn allan o'r ugain a fedrai'r Ffrangeg. Ni ellid myned trwy Marseille heb wybod y dafodiaith. Ni ddylai fod felly. Gwyddai am athrawon a barasai farw'r Fflamand yn llwyr mewn rhai rhannau lle y'i lleferid. Ac ymogoneddu yn hynny! Awgrymu'r ochr arall iddo; ac ni fedrai ateb. Wedyn ymddiddan am Brofens a Mistral. Ond iddo ef nid oedd dim o dda, o ddiddordeb yn y peth. Mistral? Nid oedd fawr o fardd! Gosgeiddig weithiau; ond byth yn dda, yn wreiddiol, yn ddwfn! Nid oedd y Felibriges yn cyfrif dim ychwaith. Wedi sôn wrtho am farn Maurras, Daudet, André Maurois ac eraill, nid oedd y rheiny o un pwys. Maurras – yn gweled popeth trwy wydr glas. A'i wŷr yn beirniadu Brunot mor greulon. Onid oedd yn naturiol iddo eu dibrisio?

Yna cael te, a dyfod yno lu mawr iawn o'r athrawon. Ymadael am chwech – a heb ryw syniad rhy wych am ddoethineb athrawon, a'u gwerth mewn dim ond yn eu pwnc hwy. Efallai mai un o wendidau dyn ydyw hyn. Yr ydym i gyd mor gyfyngedig.

Dydd Mawrth, 8 Ebrill 1924

. . . diweddu'r bore gyda dechrau ysgrif yn ateb i eiddo'r Dr Morgan Watkin yn *Y Geninen* ddiwethaf. Adref i'm llety am ginio a thaflu golwg tros y papur. Cael llythyr oddi wrth Prosser Rhys yn ceisio gennyf ddyfod i gyfarfod nesaf y Gymdeithas Cymru Well. Go brin y gallaf i fod yno. Darllen pamffled Gwenan Jones ar addysg yng Nghymru. Cymylog a geiriog heb fyned i gnewyllyn y pwnc. Yna darllen eiddo Herbert Morgan ar ddiwydiant yng Nghymru, er nad ei orffen. Gadael hynny erbyn amser y borefwyd heddiw, ac ar ôl hynny. Ni chefais fy modloni ynddo, canys ni cheisia'r awdur weled pethau ond o'i safbwynt ef ei hun. Y mae'n gymaint dros y gweithiwr nes methu'n lân â deall pa beth fyddai orau iddynt. Rhoi'r cyfan yn eu dwylo? Na. Ni bydd hynny'n ennill iddynt. Pregethu wrthynt ysgelerder y perchenogion? Nid hwy fydd ar ennill o hynny, ychwaith.

Dydd Sadwrn, 12 Ebrill 1924

Gadael y llety am wyth neithiwr, a dymuno hawddamor i'm cyfeillion, a fu lawer ohonynt yn hynod o garedig tuag ataf. Daeth Thomas gennyf i'r Gare St Lazare, ac yna ymadael. Yn y trên yn teithio'n gyflym tua Dieppe am y teirawr nesaf gan ddarllen weithiau'r *Action Française*, weithiau'r *Nouvelles Litteraires*, ac weithiau hefyd y *Y Llenor* yr oeddwn newydd ei gael. Rhuthro allan wedi cyrraedd Dieppe, a brysio am y cyntaf tua'r llong. Wedi yfed cwpanaid o goffi, myned i'r caban. Yn y drydydd dosbarth y teithiwn a diflas ryfeddol teithio ynddo le bychan, anghysurus, gyda'i feinciau celyd a'u hagennau awelon. A hithau mor ofnadwy o oer. Araf iawn yr âi'r oriau hirion heibio. Gerwino o'r môr hefyd, a dyfod cawodydd trymion o law oer arnom. Cyrraedd Newhaven am bedwar yn ôl amser Prydain – pump yn ôl Ffrainc.

Dydd Sul, 13 Ebrill 1924 [*Lloegr*]

. . . Adref i ginio ac i ddarllen *Y Llenor* ar ei ôl. Nid rhifyn cystal. Meddal y brydyddiaeth, a marw. Ysgrifau hirwyntog rai, a chlogyrnog. Felly eiddo J.H. Morgan a J. Lloyd Thomas. Yr orau, am a wn i, ydyw un Griffith John ar y 'Traddodiad Llenyddol'. Ond y mae ei frawddegau yntau yn aml heb fod o'r deheuaf. Ond digon diddorol.

Dydd Mercher, 16 Ebrill 1924

Iawn o beth codi'n hoyw i fore hyfryd heulog; a theimlo'n ir wrth frysio i lawr am y borefwyd ar ôl ymolchi mewn dwfr oer, glân. Yna bwyta, a darllen newyddion y dydd yn y papurau. A throi allan yn ieuenctid y dydd yn chwimwth fel y dydd ei hun, yn llawn gobaith a llawenydd wrth ymuno â natur a deall ei bywyd a theimlo ei chyneddfau. Adar yn canu'n ddwys; coed yn glasu'n gyflym; dail yn magu lliw a llun a maint; llwyni'n tewhau eu harlliwiau; a changau'n tyfu cnwd o fanddail. Felly'r byd oddi allan. Felly finnau fy hun. Cyd-ddeall, a chyd-deimlo; cydlawenychu a chyd-hyderu. Gwynfyd ei hun. Y gwynfyd a bair lanw'r fron â breuddwydion bore oes a bwriadau brwd ag uchelgais y meddwl heini. Â'r gaeaf heibio, a chydag ef ei law farw, ei oerfel a'i dywyllwch, ei erwinder a'i hylltra. Weithian am waith, a hau a medi, a chynllunio a chyflawni. Troed y gair yn weithred, a'r breuddwyd yn brifwaith. Felly y llefarai fy nghalon i wrth gerdded parc Pym a'm pen yn ymdrochi yn yr awyr a'i gynnwys yn dân dychymyg. Yna'n ôl i ddarllen y *Père* o eiddo Charles Valois.

Dydd Sadwrn, 19 Ebrill 1924

. . . Yn ôl i de cyn myned Laura a Maggie a minnau am dro arall. Diwrnod iawn ydoedd hi, a hwyl ar bopeth, a lliw a bryd ar y wlad oddi amgylch. Gorffen y dydd gyda'r emynau. Emynau Cymru! Lle bu eu gwell? Neu, yn wir, eu cystal? Buom yn canu am a wn i ddeugain ohonynt. Heb lyfr; heb y geiriau; heb y gerddoriaeth. Nid yn un wlad arall y ceir hynny. Melys a dwys yr un pryd. Cof am y gorffennol: meddwl am y dyfodol, a gobaith i'r tu hwnt i'r llên. Yr oedd y cyfan yno, a mwy na hynny. Ni wn innau ba fodd sôn amdano'n deilwng.

Dydd Gwener, 25 Ebrill 1924

. . . darllen Bainville yn torri ei ffordd trwy gyfnodau hanes ei wlad, megis coediwr yn ysgathru ei lwybr trwy goedwig hirfaith, swynol, a dieithr. Yn ei gwmni diddan ef y bûm drwy'r dydd, yn cael fy ngoleuo ganddo, a'm swyno, heblaw cael eglurhad ar lawer pwnc dyrys, a gweithred anodd ei deall.

Yr un fath heddiw eto. Darllen Bainville ar hyd y dydd. Weithiau yr wyf wedi ei ddilyn hyd adeg y Chwyldro Protestannaidd, helyntion y brenhinoedd, a Condé a Coligwy, a'r ddau Guise. Rhyfedd mor ddiddorol ydyw hanes pan adroddir yn gywir; yn gywir, ac yn arbennig, gyda deall a chydymdeimlad. Y mae'r doniau hyn bob un yn eiddo i Bainville. Nid oes dim a'm bodlonai innau'n fwy nag adrodd hanes Cymru mor gryno a chyda'r cymaint deall ag a wnaeth efô hanes Ffrainc. Neu, fe wnelai rhywun arall hynny. Heno, cael *Y Faner* am y pythefnos diwethaf. A llyfr oddi wrth Saunders Lewis.

Dydd Sadwrn, 26 Ebrill 1924

[*Gadael Swydd Warwick am Geredigion.*] . . . Minnau'n darllen *Hanes Ffrainc* yn weddol gyson hyd oni ddaethom i olwg y mynyddoedd mawrion. Y mynyddoedd. Eu copâu uchel. Rhaid eu cymryd fel y maent, a synnwn atynt, a rhyfeddu. Y mae mawredd ynddynt bob amser. Ac, i'r dieithr, aruthredd a dychryn. Cawn innau nerth o edrych arnynt y tu hwnt i'r cawodydd glaw cyflym a redai rhyngom a hwy. Troi hynny'n help i ddarllen ac i ddeall. Cofiwn am golled Cymru wrth feddwl am Richelieu a Mazarin a Louis XIV. Pe câi hithau un ohonynt a gwleidyddiaeth ofalus, barod, ni byddai ei hanes mor ddinod, na'i gweithredoedd mor ddigyfrif.

Dydd Iau, 1 Mai 1924

Yr oedd yn hwyrach beth arnaf yn myned i'r gwely neithiwr. Ac yn hwyrach o dipyn yn codi heddiw. Yna wedi'r pryd bore da, allan â mi i'r meysydd. O'r ffordd fawr i'r Cae Pistyll, o hwnnw i'r Cae Mawr, ac yna i'r Cae Canol a'r Cae Camer Fach. Ac i fyny i'r banc, y ffordd a'r waun. Mymryn bach sydd o waith dringo i fyny hyd atynt. A dyna dalu ar y canfed. Canys y mae ardaloedd a chymdogaethau i lawr wrth eich traed, a brőydd braf, a rhosydd a chorsydd, a dolydd a llechweddau. Ac ymhell, fryniau lawer a chreigiau a chlogwyni. Tai hefyd, tyddynnod, ffermydd, capeli, eglwysi, pentrefi a threfi. I'r Gogledd ac i'r De, yr un yw'r olwg eang, deg. I'r Gorllewin ac i'r Dwyrain, yr un yr eangderau pell. Yno yn edrych i lawr y byddaf innau yn fy elfen, os nad yn curo dwylo o lawenydd, o leiaf yn llawenychu bob cymal ohonof. Canys yr un yw galw'r ddaear a galw'r galon; yr un atgof y gorffennol a breuddwyd y dyfodol. Mam, Tad, Gwlad, Gwareiddiad, Dyn a Duw – y maent yn dirwyn i gyd oddi wrth ei gilydd. Fe'i gwn yn burion. Fe'i gwn pe nas dywedasai Taine, Comte, Barrès, Bossuet a Maurras hynny.

Dydd Gwener, 2 Mai 1924

. . . Yr oedd proflenni fy ysgrif i'r *Breiz Atao* wedi dyfod. Ac yr oedd gwaith wrthi! Yr oedd darnau ben bwygilydd wedi eu torri o'u lle a'u gosod mewn lle arall. Ac at hynny, frychau aml, a gadael ambell frawddeg allan weithiau. Rhwng popeth bu gwaith cywiro arni. Hyderaf y cymer Debauvais drafferth i'w gosod yn gryno wrth ei gilydd. Onide bydd fel cwpwrdd wedi ei gawldian a'i glandro.

Dydd Llun, 5 Mai 1924

Yn union wedi deg heddiw, yr oeddwn yn troi fy wyneb oddi cartref – ac yn gyntaf am Abertawe. Yno yr oedd cyfarfod gan ein Mudiad newydd – Y Mudiad Cymreig fel y galwn ef. Yng Nghaerfyrddin cyfarfûm â D.J. Williams, Abergwaun, efô yn un o'r aelodau newydd o'r Mudiad. Da gennym oedd cyfarfod eto a buom yn brysur ein parabl. 'Y mae'n ddiwrnod mawr yn hanes Cymru heddiw', meddai ef; a hynny oedd fy ngobaith innau. Yn llawn o'r gobaith hwnnw, ac yn uchel ein disgwyliadau y teithiasom i mewn i Abertawe. Daeth Saunders Lewis i'n cyfarfod, fel y gofynaswn ganddo. Yna, i westy. Yn y man yr oedd Griffith John Williams yno o Gaerdydd. Felly wedyn Fred Jones a Ben Bowen Thomas, y ddau aelod newydd arall. Wele ni i gyd, chwech ohonom, pawb yn weddol ifanc, pob un yn iraidd a chwimwth, ac yn llawen fel y gog. I bob un ei gwpanaid o goffi i ddechrau'n union ar ein gwaith. Yn gyntaf, darllen y cofnodion, a hanes y Mudiad cyn belled. Yna y moddion i wasgar ein cenhadaeth, ein dysgeidiaeth. Yr oeddwn i eisoes yn olygydd *Breiz Atao*, ac yr oedd y papur hwnnw at ein gwasanaeth. Y gorau, gan hynny, ydoedd ei ddefnyddio fel ein hofferyn, o leiaf am dymor. Yr oedd yn aros i'w ddefnyddio hyd yr eithaf ac i bob un ohonom ysgrifennu iddo yn gyson gyson. Ac wedyn? Wedi ysgrifennu iddo, yr oedd yn rhaid ei ddwyn i sylw, sôn amdano, a'i adolygu. Felly, penderfynu ymhellach i bob un ddanfon adolygiad o bob rhifyn ohono i un neu'i gilydd o'r papurau Cymreig – *Yr Herald, Y Genedl Gymreig, Y Tyst, Y Seren*, a'r *Dinesydd*. Yr oedd pob un i brynu eto ei ddeg copi o'r *Breiz Atao*, a'u gwasgar a'u gwerthu. At hynny, yr oedd y Parch. Fred Jones i ymladd ei le am sedd ar gyngor ei dref. Efô yw'r unig un a all hynny ar hyn o bryd. Gellir cynorthwyo rhyw gymaint arno gyda llenyddiaeth, ac efallai drwy fyned i siarad o'i blaid.

Dyna gyfran o'r pynciau y buom yn eu trin, ac o'r pethau y penderfynasom arnynt. Aeth dwyawr dda heibio gyda'r gwaith hwn. Cymerth pob un ei lw i fod yn ufudd i'r gwaith, ac i'r Mudiad. Enwi hefyd rai y gellir aelodau newyddion ohonynt. Ceir ymddiddan â'r rheiny cyn y tro nesaf, a chael gweled pa beth a ddigwydd. Y mae'r Mudiad bellach wedi ei ddechrau, a hynny oedd y cam pwysicaf. Dechreuodd yn y digwydd hwnnw i S.L. a minnau gyfarfod y Nadolig diwethaf. I hynny yr oeddwn i'n gweled hynny'n dod ers rhyw flwyddyn. Ond D.J. Williams, rwy'n meddwl oedd y cyntaf i ysgrifennu y dylem ni ein dau gyfarfod â'n gilydd. Weithian y mae yntau yn aelod gennym. A da hynny, a ffodus. Wrth reswm yn y peth hwn y mae ei galon a'i fywyd. Yr anhawster gydag ef oedd cael ganddo i weled bod yn anhepgor gweithio yn y dirgel, yn araf ond yn sicr, yn dawel ond gyda grym a nerth.

Afraid ychwanegu inni dreulio prynhawn hyfryd iawn, a llawen, gyda'n gilydd. Cawsom de tua phump, a llaweroedd o chwedlau difyr yr un pryd. Canys am un o'n cwmni, G.J. Williams, y mae yr adroddwr stori gorau y sydd. Rhwng y cyfan, aeth y prynhawn heibio yn hynod o fuan. Am naw yr oedd Griffith John a minnau yn gadael Abertawe, nyni ein dau i'w dŷ ef ym Mhenarth. Mewn mymryn ar ein hôl byddai'r tri arall yn myned, Hwythau bob un i'w ffordd – gan adael S.L. yno wrth ei hun. Yr oedd yn ymyl unarddeg ar G.J. Williams a minnau yn cyrraedd ei gartref ef ym Mhenarth. Yno y cysgais y nos honno gan ymadael yn fore trannoeth a brysio am Lundain, yno i dreulio'r deuddydd olaf yng nghartref fy ewythr.

Dydd Sul, 11 Mai 1924 [*Etholiadau ym Mharis*]

. . . A pha newyddion? Enillion lawer i'r Sosialwyr; colledion gymaint i Poincaré a'i bobl. A'r Brenhinwyr? Colli'r cwbl. Nid aeth na Daudet na Valois, Pujo na Héricourt, na neb ohonynt i mewn. Diau ei fod yn siom garw iddynt. Bydd raid i'w gwaith gael ei wneuthur o'r newydd eto. Beth yw meddwl Maurras druan, yn ei ystafell weithio? Canys efô wedi'r cyfan ydyw'r holl fudiad. Ei *Enquête sur la monarchie* gychwynnodd y mudiad yn 1900.

Dydd Iau, 15 Mai 1924

. . . Wedi swpera, allan i'r Institut de l'Action Française, lle'r oedd darlith ar helynt Dreyfus. Da hefyd. Ac ar ôl, Maurras, oedd efô, yn egni i gyd, yn byrlymu trosodd gan gyflawnder ei wybod a'i athrylith. Y mae ei glywed a'i weled yn ysbrydiaeth nad oes ail iddi, nac am yrru dyn ar dân ar y pryd, nac am barhau ei dylanwad arno. Gallu, egni, meddwl treiddgar, dwfn, deall di-ail, a gwybod llydan – y mae pob un ohonynt ganddo i'r graddau na bydd dyn, gan amlaf, yn berchen ar ragor nag un o'r doniau hyn. Ac atynt i gyd, rhyw nwyd aruthrol, rhyw fflam anniffodd o danbeidrwydd y mae'n anodd gosod ffin arno. Y mae'n llosgi fel mynydd llosg; yn cynhyrchu egni a bywyd digymar; ac yn tanio'i gyfeillion a'i gynulleidfa â rhywbeth o'i ddawn ei hun. A feddai Napoléon ar egni gymaint? Y mae'n ddigon amheus. Un peth sydd sicr. Ni feddai ddim tebyg i'w feddwl grymus a chyflym. Napoléon meddwl ydyw efô. Ac am ei fuchedd lân, ei fyw'n gwbl i'w syniadau, rhaid rhedeg yn ôl at ddoethion Groeg a Rhufain am ei gymar. Ac nid hawdd fydd ei gael wedyn.

Dydd Sul, 18 Mai 1924

. . . myned i weled gorymdaith Jeanne d'Arc. Ardderchog! Codai'r gorffennol i fyny o'm blaen, ac edmygwn y cyfan. Cân ddwys a gorfoleddus cloch yr Eglwys; peroriaeth y seindorf; lliwiau'r gorymdeithwyr; a Jeanne ar farch canwelw yn codi cydymdeimlad ac angerdd o galonnau'r tyrfaoedd oedd yno – golygfa'n peri imi ddymuno am beth cyffelyb yng Nghymru.

Onid oedd yn fwyn a dwys glywed y mamau a'r plant yn llefaru enw Jeanne mor annwyl a thyner? A oes inni ein Jeanne d'Arc yng Nghymru? Rhyw ferch a dynna ati holl nodweddion ein cenedl? Rhyw Ann Griffiths neu rywun arall?

Dydd Llun, 19 Mai 1924

. . . symud i'r llety newydd yn Maisons Alfort. Taith hyfryd, ac eithrio'r caledwaith o gludo'r llyfrau trymion.

Dydd Mercher, 21 Mai 1924

. . . Allan am gwpanaid o goffi a gweled dau werthwr papurau clochaidd yn gweiddi'n gyson – 'Voilà de quoi rire. Voilà la dernière volonté du Bloc National! Voilà ses dernierès paroles. Car il est bien mort!' Ac felly y gwerthid y ddeilen ymgom ddu; ac y twyllid pobl ddiniwed bod dyddiau gwell ar ddyfod, a llawnder a llawenydd, a bod popeth o'r gorau yn y byd gorau sydd ddichonadwy. Y gwir? Ie, y gwir? Diweddais y dydd yn ddedwydd iawn yng nghwmni Louis Hémon yn dilyn hanes *Maria Chapdelaine*. Llyfr mwyn, dwys, yn wir i natur pethau, yn disgrifio natur yn odiaeth, a dynion, o'r ddau, yn well fyth. Y mae ynddo grefft feistrolgar, gywir a chynnil; a rhed drwyddo swyn digymar megis llinyn aur.

Dydd Sul, 25 Mai 1924

Neithiwr, myned i ginio St Erwan y Llydawiaid, lle y cyfarfûm â Malmanche a Marcel Guieysse a'i ferch ac â llawer arall heb sôn am ailgyfarfod â llu o rai a adwaenwn eisoes. Nos ddiddorol o ddawnsio'n ddeuoedd ac yn gylchoedd yn ôl dull y Llydawiaid ac yn ôl dull y Ffrancod. Wedi hanner nos yn gadael, oni bu raid imi gysgu yn yr Hôtel.

Dydd Mercher, 28 Mai 1924

. . . Aeth oriau heibio y prynhawn i ymddiddan â Marcel Guieysse, ddaeth yma i'm gweled. Am Lydaw y buom yn sôn bron drwy'r amser. Canys y mae hi'n amlwg yn annwyl iddo, er na fyn sôn am ei thorri'n rhydd oddi wrth Ffrainc na chael un math ar lywodraeth iddi. Dyna ei wendid. Oblegid yn wir, pa fodd cadw'r iaith, a chael llên dda, heb lywodraeth. Maecenas? Ond o ble y daw, onid oddi wrth lywodraeth? Cred M. Guieysse ormod yn y Werinlywodraeth, ac yn ei haelioni. Fel Protestant y mae'n eiddigus braidd o'r Eglwys Gatholig. Ond dyn diddorol, da, er y cyfan.

Dydd Gwener, 30 Mai 1924

. . . Yr oedd ailargraffiad *Breiz Atao* gennyf ac yr oeddwn mewn hwyl i'w ddarllen, gymaint ag a fedrwn. Ynddo hefyd yr oedd ysgrif o'm heiddo i ar 'Lydaw: ei hiaith, ei llên a'i heglwys'. Nid drwg. Ac eto, heb fod y peth a allai ac a ddylai fod. Yr oedd amryw o ysgrifau diddorol yn y rhifyn; ac fe'i darllenais gyda blas.

Dydd Sul, 1 Mehefin 1924

. . . dau lythyr: y naill oddi wrth fy modryb Cilwinllan, a'r llall oddi wrth Debauvais, yn diolch imi am yr ysgrif i'r *Breiz Atao* ddiwethaf, ac am gael rhagor o'r Cymry i dderbyn y *Breiz Atao*. Yna i'r Brifysgol i gynnal y dosbarth Cymraeg ac i ddysgu'r Wyddeleg yr awr nesaf. Cael *Y Darian* gan Ashbourne a'i ddarllen drwyddi'n ofalus ar y ffordd adref. Yn enwedig ysgrif Gwynn Jones ar lyfr Saunders Lewis, *A School of Welsh Augustans*. Ac i'r gwesty'n ddisyfyd. Codi'n weddol fore heddiw a darllen y papurau ar ôl dwy bennod o'r Testament Llydaweg. Ar gerdded wedyn am ysbaid, a thrachefn yn ôl i ddarllen. Wedi cinio o ffigys, a thro byr, yn ôl i ysgrifennu. Yr oedd Debauvais wedi pwysleisio am gael ysgrif ar unwaith. Myned ati. Ysgrifennu i ddechrau am yr Eglwys Gatholig a chenedlaetholdeb, a phwyso ar ein capeli ninnau fod yr un mor groyw. Yna am yr athrawon, ac am eu penderfyniadau, rhai o blaid y Cymry, a rhai heb fod. Y cwbl yn galw am offeryn cyffredin i orfodi'r Gymraeg.

Dydd Sul, 8 Mehefin 1924

. . . darllen pennod o'r Testament Llydaweg. A'r funud honno dyfod imi lythyr oddi wrth Saunders Lewis. Ac efo'r llythyr, ysgrif i'r *Breiz Atao*. Un dda hefyd. 'Addysg y Genedl' ydyw ei destun yn hon ac y mae'n traethu'n rhwydd iawn, ac yn ddechrau iawn a chywir. Yr oeddwn innau'n falch nad allaf mo'i ddywedyd – Gwych iawn. Dyna ddechrau go dda.

. . . Daeth bachgen o Aberystwyth i'm gweled. Un o'r cysodyddion yn Swyddfa'r Faner ydoedd, ac y mae newydd ddod allan yma i weithio tan y *Daily Mail*.

Dydd Gwener, 13 Mehefin 1924

. . . Yna i'r dosbarth Cymraeg, i fyned trwy'r un gwaith ag arfer. Y dosbarth olaf! Trist a llawen hynny: trist yn herwydd gadael disgyblion hoff a llafur calon; llawen nad oedd raid hwylio dim mwy i Baris.

Dydd Mawrth, 17 Mehefin 1924

Heddiw, codi'n union wedi saith a myned, heb fwyta, i Baris, yno i'r Hôtel

Continental, i weled T.J. Jenkins, oedd wedi gofyn gennyf ddod yno i gydfwyta ag ef am naw. Llawer o siarad am Gymru ac am Gymry fel Lloyd George, Ellis J. Griffith, Gwynn Jones, J.H. Davies, y Syr E. Anwyl gynt, Dafydd Samuel gynt, y Syr J.M. Jones, W.J. Gruffydd, Ernest Ifans a Hopkin Morris; ac am y papurau a'r cylchgronau. Yna aeth ef i weled M. Guérin, aelod o'r Sénat, ac is-gadeirydd yno. Meddwl yr oedd y gallai hwnnw chwilio imi rywbeth i'w wneud am y gwyliau. Yna, wedi ei ddod yn ôl, myned finnau at y Seneddwr, i gael fy holi ganddo, ac i roddi iddo y ffeithiau yr oedd arno eu heisiau. Eisiau yr oeddwn gael rhywbeth i'w wneud i ennill digon i dreulio'r gwyliau yma, ai fel cyfieithydd ai yn rhyw fel arall. Canys, gan nad yw yn fy mryd i ddod yn ôl y flwyddyn nesaf, byddai'n ddaioni imi aros yma fisoedd yr haf. Wn i ddim a wyf well o ymddiddan â'r Seneddwr. O leiaf, nid wyf ddim yn waeth.

Dydd Mercher, 18 Mehefin 1924

. . . Yna hyd lannau'r Marne i ddarllen Dimier ar huodledd Bossuet. Huodledd? Ie'n ddiau, o bu erioed. Teilwng o Ddemosthenes a Cicero. Ond nid wyf yn sicr ei fod fel pregethwr yn curo dyweder John Elias a John Jones Talysarn. O leiaf, mewn annog a rhybuddio. Yn wir, hwnnw oedd man gwan Bossuet; ac yn ddiamau yr oedd y ddau uchod, a llawer un arall, efallai, yn drech nag ef yma. Darllen llawer, ac ysgrifennu erthygl ar gyfer *Breiz Atao.*

Dydd Gwener, 20 Mehefin 1924

Wedi codi'n fore heddiw a myned allan am y papur a'i ddarllen, yr oedd *Y Llenor* am aeaf 1923 wedi cyrraedd, a llythyr oddi wrth wraig G.J. Williams am ei fod ef â chrydcymlau arno. Darllen *Llais uwch Adlais* gan R.G. Berry a chael fy mlino'n fawr gan ei nodion egluro ar ddiwedd pob pennill. Rhag na thybiai dyn iddo ef weled ei wendidau ei hun! Fel pe nas gwelsai bardd neu lenor ei ddiffygion. Poenus o beth imi. Yna darllen ysgrif R.T. Jenkins ar J. Morley. Diddorol ac yn llawn addysg. Beth arall? Rhy wasgarog a chwmpasog. Y mae fel pe bai am ddangos lled ei ddarllen a maint ei wybod. Ei ddiffyg ydyw dewis, barnu, ethol. Ni wyddoch ym mhle y saif ef. Ni byddai hynny o bwrpas pe egluro Morley a wnaethai. Ond, nid hynny ydoedd hi, ond trin syniadau yn agored heb dynnu casgliad. Myned i'r niwl – ac aros yno. Yn nesaf, *Pryfocio* sef stori gan Kate Roberts, da honno, a gafaelgar a thwt. Fe ellid trwsio peth arni hefyd. Gwych er hynny. Yna dechrau llyfr Marius André ar *La Fin de l'Empire espagnol en Amérique,* a rhagair campus Maurras iddo. Yna cyn cerdded allan, darllen *Y Marwol Hwn,* cymysgedd o gerddi ac o gelwydd gan J.D. Powell. Rhyw bydru barddoni ar ddull sydd hoff i W.J. Gruffydd. Chwaeth? Dim. Dawn – oes, ychydig. Prydyddiaeth heb na theimlad na thanbeidrwydd, na chymedroldeb na chytbwysedd.

Dydd Mercher, 25 Mehefin 1924

Dydd gwych heddiw eto. Gwych? Ie. A gwell na gwych. Dydd perffaith;
wedi darllen y papur, a bwyta ffrwythau, allan â mi trwy'r fforest, gydag ymyl
y ffordd haearn i chwilio am Lyn y Frenhines Wen. Wedi cerdded tros ffordd
oedd yn bopeth dymunol, dyfod i lwybrau croesion, ac, o'r diwedd, o hyd i'r
llyn ei hun. Llyn bychan, tlws yn gorwedd yn dangnefeddus rhwng ei gylch-
au coed, gyda'i westy tlws a'i gapel pert. Eistedd yno beth amser, ac yna
cymryd y ffordd arall tuag yn ôl. Ffordd dwyllodrus honno, am iddi arwain i
gynifer o rai eraill, hwythau wedyn i eraill drachefn; pawb fel ei gilydd heb
ddim i nodi ple'r oedd Chantilly. Cerdded yn daer ac yn gyflym, cymryd un
llwybr weithiau, un arall wedyn. Yna torri i mewn i'r fforest ei hun pan
brofai'r llwybrau i gyd yn gamarweiniol. Yn sŵn y 'gwcw lon' y ceisiais
trwy'r prysgwydd a'r tewder cnwd. Allan eto i lwybr, ac ohono ef i un arall,
a'm dygai i'r trydydd a'r pedwerydd, dro ar ôl tro heb fod yn nes ddim. Dim!
Er gwaethaf yr holl gerdded. Pob llwybr yn ddiddiwedd, gyda'i bennau'n
ymgolli yn yr ehangder coed, a heb ddim i ddangos cyfeiriad Chantilly. A
dim un dyn byw. Na llais un; na llef na chi nac un anifail. O'r diwedd, mainc
neu ddwy. Ond dim mwy. Eistedd i gael anadl. A ddeuai rhywun heibio?
Neb. Ymwregysu eto a galw'r aelodau blinedig i gerdded cyflym eto. Yna!
Yna trymrwydd rhywun yn y pellter. Gobaith! Beth? Dyn? Efallai. Ffydd
ynteu. Ie, dyn. Neu o leiaf gwraig. Gwraig yn rhodio ei phlentyn mewn
cerbyd. 'Chantilly?' 'Gwaith deng munud'. A chyrraedd.

Dydd Gwener, 4 Gorffennaf 1924

[*Gadael Paris am Lydaw*] . . . Yn Rennes yr oedd Debauvais a meddyg o
gyfaill iddo yn fy nerbyn, ac yng ngherbyd yr olaf yr aethom i swyddfa'r
Breiz Atao. Gyda hwy ac Ab Eozen a myfyriwr o St Malo y bûm drwy'r
prynhawn, yn ymddiddan llawer, yn cerdded talm. Ni welais eto na Dottin
na Roux, nac Anatole le Braz na Marchal. Ac ni welais hwy y bore heddiw.
Canys yr oeddwn yn ymadael â Rennes am unarddeg.

Dydd Gwener, 5 Gorffennaf 1924

. . . Cyrraedd Gwengamp gan gael y lle'n llawn pererinion.

Dydd Sul, 7 Gorffennaf 1924

. . . ac yna'n ôl lle y cyfarfûm â Debauvais, â Millardet, â Ian Sohier ac â dau
neu dri arall. Am saith gadael Gwengamp am Baimpol, a Millardet, myfyriwr
o Rennes, yn dod gennyf.

Dydd Mercher, 9 Gorffennaf 1924

[*Gadael Paimpol a chyrraedd Tréguier. Aros gyda Sohier*] . . . y Llydawr eiddgar,
brwdfrydig sy'n byw yma yn athro ysgol.

  . . . Gweled un M. Even, a fu yng Nghymru cyn y rhyfel, ac a lanwyd yno
â syndod at yr Eisteddfodau a'r Corau Mawr.

Dydd Gwener, 11 Gorffennaf 1924

. . . Y prynhawn myned yng ngherbyd modur M. Even i dŷ'r bardd Berthou,
efô'n hen a gwannaidd, yn fywiog ei ddau lygad cyflym, gyda het wellt am ei
ben, a barf hir, lydan, tan ei ên. Efô a'i wraig yn ein croesawu'n gynnes, a'r
Cymro yn fwy na'r un. Gwin i'r bwrdd, a chagau. Dangos hefyd ei wisg fel y
Derwydd, ac, yn arbennig, naill hanner y cleddyf ymuno'r ddwywlad. Sôn
am lên a chân, am Gymru a Llydaw; a dangos inni eiriadur cynghanedd y
mae'n disgwyl ei gyhoeddi. Rhoi imi ddau o'i lyfrau wrth ymadael.

Dydd Sadwrn, 12 Gorffennaf 1924

. . . eistedd i ddarllen drwy gydol y bore. Canys yr oedd Sohier yn dysgu'r
plant yn yr ysgol y bu Renan yntau ynddi. Ciniawa ynghyd, gan barhau ein
sôn am Lydaw, am y Llydaweg, am yr Eglwys Gatholig, ac am hanes Llydaw.
Yna i'r ysgol drachefn ag ef ac i'm llety a minnau i ddechrau ysgrif arall i
Breiz Atao. Am bump, croesi'r afon ac eistedd i lawr i ddarllen Renan ar ei
hanes – a mi'n union o flaen y dref a'r eglwys.

Dydd Sul, 13 Gorffennaf 1924

Darllenais Renan neithiwr wedyn hyd hanner nos. Y mae'n ddiddorol iawn
lle byddai'n sôn am ei fywyd yn Nhreger, am y dref, a'i bywyd, am y tynnwr
llin a'i ferch, am enaid y Llydawr. Yna pan sonio amdano ei hun, y mae'n
gwbl annioddefol. Y mae ei falchder yn troi ar ddyn. Dyna'r gwendid mwyaf
ar draws y llyfr. [*Gadael Tréguier am Port Blanc*]

Dydd Llun, 14 Gorffennaf 1924

[*Gadael Port Blanc am Berroz*] . . . Gweled M. Iann Bouille ar unwaith, ac yn
falch efô a mi o hynny. Canys cyfaill mwyn ydyw, pensaer sy'n ymhoffi
mewn celfyddyd Geltaidd. Gyda'n gilydd am amseroedd. A'r trueni ydyw
bod yn rhaid arno ymadael am saith bore yfory.

Dydd Gwener, 18 Gorffennaf 1924

Ddoe, myned i weled yr Abad Urvoy, a chael ymgom ag ef am ei sefyllfa yn wyneb *Breiz Atao*; a'r perygl i'r *Breiz Atao* golli'r offeiriaid oherwydd tueddu i fod, yn eu barn, yn groes i grefydd. Felly, yn cryfhau M. le Moal, a phleidiau'r *Arvonig*. Yna, i gartref James Bouillé i gael ymgom â'i dad a'i fam, am Berros, a'i lladron, am y brys diamynedd i grynhoi'r geiniog, ac am y morwynion sy'n rhedeg ymaith i Baris yn union wedi dysgu iddynt wneud gwelâu, a chadw tŷ'n gynnes, a gwneud tipyn o fwyd, a bod eu hunain yn lanwaith – yno i syrthio i bechodau'r brifddinas. Sôn am Anatole le Braz a Charles le Goffic sydd yn gyfeillgar iawn â hwy. Am saith, gadael Perros am Lannion – yno i gael llety lled ddechau yn yr Hôtel de Commerce.

Dydd Gwener, 19 Gorffennaf 1924

Heddiw, cerdded y dref y bore, yr Eglwys a'r ystrydoedd culion, a'r tai henafol, y fynwent lanwaith, a'r meysydd yn clymu mor dynn am y dref. Am heolydd y cyrrau, culion iawn ydynt, ac yn ceincio oddi wrth ei gilydd fel cangau cord. Yn y cyrrau, er hynny, y clywir y Llydaweg; ac yn anffodus, mewn hen dyllau budr o dai, gyda'r trigolion, yn rhy aml, yr un mor fudr, ac yn dwyn nam neu'i gilydd yn fynych iawn. Eistedd ar garreg y drws yr hwyr i gydymddiddan neu i fagu plant, neu eto i bwnio ar y gwaith gwnio, neu i weu. 'Tom eo.' 'Ia, fad, tom eo.'

Dydd Sul , 20 Gorffennaf 1924

Darllen neithiwr hyd oni ddiflannodd y golau a diffodd. Codi'n weddol fore heddiw – ond nid yn ddigon bore i glywed y bregeth Lydaweg. Am chwech yr oedd, meddai un. Am wyth, meddai'r llall. Ac ni wyddwn yn iawn, felly, pa bryd. Yn unig, nid oedd ddeg. Yr 'Offeren Fawr' oedd yr adeg honno; ac nid oedd y Llydaweg, y mae'n debyg, yn deilwng. Yr oedd yr Eglwys yn weddol lawn; ac yr oedd yno Ffrancod lawer. Yr oedd yr offeren ei hun yn dlws rhyfeddol, fel arfer, a gwisg yr offeiriaid yn emwaith cyfoethog, na cheir ond yn Llydaw. Swynai'r allor ddyn gyda'i golau a'i lliwiau, a gwisg yr offeiriaid a'r plant; y plygu glin a chodi a phlygu. Ond, dienaid o bregeth ydoedd hi; pregeth yn profi gofal Mair am Ffrainc, o ddyddiau ei Christioneiddio hyd adeg y Chwyldro a Napoléon. Mair fu'n gwaredu bob tro, ai efo Jeanne d'Arc ai efo Napoléon. Gallwn ei dioddef yn Ffrainc; ond yn Llydaw yr oedd yn annioddefol. Wedyn gadael Lannion am Blouarnet.

. . . O Blouarnet i Blounerin, tlotach daear a llymach. Cerdded y pedair milltir o Blounerin yma, a dwyn y god drom o lyfrau hefyd. Cyrraedd a gweled fy nghyfeillion, M. Somerville hefyd a M. le Curé, efô'n dweud mai ef yw'r unig un sy'n canu caneuon Llydewig bellach. Ni welodd yr un ers blwyddyn. Dim cyfnewid arall.

Dydd Llun, 21 Gorffennaf 1924

Allan y bore i'r pentref, i ymweld â'r offeiriad oedd mor falch o'm gweled ag oeddwn i o'i weled ef. Buom ynghyd dymp da yn sôn am grefydd ac athroniaeth. Gweithio yn yr ardd yr oedd ac yn disgwyl dau fochyn bach yn ystod y dydd. Yna i'm hen lety gyda Fustec a'u cael yno bawb yn llawenydd o'm plegid, ac yn cynnig coffi a bara ac ymenyn imi. Darllen ac ysgrifennu y prynhawn. Yr hwyr myned at y crydd, oedd yn llanw ei ffroen unwaith ac eilwaith a 'butun'. Yr un fel yr hen wraig ddaeth yno. Yr oedd y clychau'n canu'n dlws yn Nhremel am fod bedyddio plentyn yno. Yfory bydd claddedigaeth. O ŵyl i'w gilydd y try'r byd yno beunydd, yr un eleni â llynedd. A mi'n dod yn ôl i Uzel, yr oedd y ffordd yn llawn da a cheffylau, ar y ffordd o ffair. Yma ac acw y plant yn chwarae 'keneten' bob yn ail a 'meza ar saont'; un yn 'mesa an denvet' ac amryw o wragedd yn gwneud yn gyffelyb. N.B. un yn perthyn i'r Genhadaeth yma yn dywedyd bod y Llydaweg, fel y Roeg a'r Ladin, yn iaith farw, fel yr ysgol. Yn y ffair gwerthodd M. le Queré ugain o Destamentau, ond dau yn unig yn y Llydaweg! Diflas iawn.

Dydd Mawrth, 22 Gorffennaf 1924

Heddiw darllen Gramadeg Vallée braidd drwy'r bore. Wedi cinio, cael llythyron: un yn gofyn cyfarwyddiadau ar gyfer tro yn Llydaw, arall yn fy ngwahodd i annerch Cymmrodorion Treorci. Ateb y rheiny wedyn ac ysgrifennu llith fras, fras, ar gyfer ymwelwyr felly i'r *Breiz Atao*. Bûm yna â hwy i Dremel i'w gyrru i ffwrdd. Galw hefyd yn fy hen lety wrth reswm. Caredig ac annwyl yw'r hen Fustec fel arfer. 'Ti a zo pod fin.' 'Ti a zo den kapab.' Dyna'i eiriau wrthyf o hyd ac o hyd. Y wraig fel arfer yn brysur gyda'r gwaith yn y tŷ a'i gwerthu yn y siop. Y mae'r tebot coffi, neu'n well ddau ohonynt, − ar y ffwrn bob amser yn barod i'w arllwys i'r cyntaf a ddaw heibio. Ar y bwrdd y dorth fawr gydag arwydd y groes arni a lliain gwlyb amdani. Tu hwnt y blwch mawr lle cedwir yr holl dorthi. Ac i fyny, yr ystlysau cig moch a'r llinynnau selsig. Yr un fath â llynedd. Yna, bod yn ystafell weithio M. le Coat a gweled ei lawysgrif o gyfieithiad y Testament Newydd. Ysgrifen fân, gymen, hawdd ei darllen. Medrai ei fam gannoedd o gerddi ar ei chof; ac yn eu plith gyfieithiad ei thad [*Ricou*] o *L'Avare* Molière. Canmol mawr arni hi a'i mab. Dydd ei angladd daeth Taldir a Ch. Rolland yma i siarad ar lan y bedd.

Dydd Gwener, 25 Gorffennaf 1924

. . . Darllen wedyn dipyn a cherdded y ffordd fawr pan geffid cetyn o hamdden gan y glaw. Ac ymddiddan cryn dipyn â'r bobl. Y maent hwy yn foesgar iawn, yn tynnu eu capanau ichwi, neu'n codi bys at y pen.

Dywedwch 'devez mad' neu 'nosvez vad' a bydd 'merci' yn ôl ichwi ar amrantiad. Y maent yn hoff o fwyta cig moch ac o yfed seidr; o ymgodymu ac o ddawnsio; o gadw gŵyl nos lladd mochyn neu ddydd priodas, drigain ohonynt gyda'i gilydd weithiau yn y lle y lleddir y mochyn. A'r merched o wnïo a gweu, o ymddiddan a chwerthin. Bro lawn o ddiddordeb – gyda'r llynnoedd a droai'r melinau llin gynt, a'r cestyll mân y gweithid er eu mwyn, o gapeli ac o bardynau mân a mawr.

Dydd Sadwrn, 26 Gorffennaf 1924

Heddiw cerdded allan yn union wedi bwyta a chyrraedd Plouegat-Mousen lle y bûm yn siarad â'r ysgolfeistr, hwrswn o ddyn boliog braf yn ffrwnt ei wala ymysg plant oedd ffryntach fyth. Dywedai fod credu o hyd yn lledrith llyfr *Agrippa*, a elwir weithiau hefyd *Allegrou*. Sef i hwnnw a fu'n dysgu myned yn offeiriad. Unwaith iddo yntau, er na fu'n dysgu hynny ddim. Gwraig oedd a ffynnon ddŵr ganddi, ac yn anfodlon iddo ef ac eraill gael dwfr ohoni. Ac yntau – gwyliwch rhag iddi fynd heb ddwfr o gwbl. A hynny a ddigwyddodd mewn deuddydd neu dri – am na roddai lawer o ddwfr o'r blaen. Felly credu bod yntau'n meddu'r ddawn – ac yn arbennig am iddo wybod rhyw gymaint o'r Lladin! Amryw chwedlau cyffelyb. Efallai bod yr offeiriaid yn gwneud defnydd o ryw swyn felly. Neu gredu am eu bod yn ddysgedig. Ond anaml defnyddid ef, meddid, am gredu bod pob defnydd ohono yn gam i uffern. Meddid eto iddo golli peth o'i rym gyda'r Chwyldro. Hawl i alw mellt a sychu ffynnon! Ni thybiai i'r Chwyldro newid llawer yno, ac eithrio gwasanaeth yr Arglwydd a myned i'r naill o'r ffyrnau a'r melinau. Mwy yn y Guerlesquin, a gollodd o'i herwydd. Cyn hynny'n lle pwysig iawn a ffeiriau da – y rheiny wedi cael eu hawlio gan Arglwydd. Collir hawl gyda'r Chwyldro a cholli Guerlesquin ei phwysigrwydd.

Dydd Llun, 28 Gorffennaf 1924

[*Wedi mynd ar y ceffyl haearn i Bardwn Guerlesquin*] Ond nid oedd bardwn ond rhedeg ceffylau a llu go dda o bobl ieuanc gan amlaf. Rhai o Gernyw gyda'i hetiau crynion moelion.

. . . yr oedd y merched ieuanc yn eistedd ar furiau yn y dref, gan ymddiddan â'i gilydd yn llawen oddi tan eu 'coiffes' canwyn. Disgwyl y bechgyn y mae'n debyg. Ond disgwyl am gryn amser y byddid, am nad yno'n arfer cydgerdded gyda bechgyn hyd oni bydd y dydd yn britho ac yn tywyllu.

Dydd Mawrth, 29 Gorffennaf 1924

Newydd fwyta yr oeddwn i, a throi yn ôl i'm hystafell i ddarllen, pan gurwyd ar y ddôr. Pwy? Dewch i mewn. Ac i mewn â hi. Beth? Llythyr? Nage.

Teligram oddi wrth fy nghyfaill D.J. Williams, Abergwaun, yn dweud ei fod yn croesi o Southampton i St Malo, gan gyrraedd y lle olaf yfory – dydd Mercher. Nid oedd amser i oedi. Yr oedd yn rhaid tacluso fy nghelfi a'u gosod i gyd gyda'i gilydd. Hynny ac ysgrifennu dau lythyr ydoedd y cyfan o waith am y bore. Yn union wedi cinio yr oedd yn bryd imi hwylio ymaith. Cerdded y tair milltir i orsaf Plounerin, gan ddwyn fy ysgrifau trwm bob cam hefyd. Bwriai'n o lew yr adeg honno; ac yr oedd yn dda cael cysgod yr orsaf a'r trên.

. . . Yn St Brieuc, myned i weled yr hen dad annwyl Vallée, oedd yn hen fel arfer, a methedig ac eiddil. Ewyllys gref er hynny, a phenderfyniad o ddur. Yr oedd M. le Roux yno hefyd fel y llynedd, canys y maent efo'i gilydd ddeuddydd bob wythnos yn cydweithio. Llai nag awr o ymddiddan prysur, cyson; ac ymadael. Yna am St Malo.

Dydd Mercher, 30 Gorffennaf 1924

Ni bûm o'm llety neithiwr, nac i ymyl y môr, nac i gyrrau'r rhagfur. Yr oedd yn hwyr arnaf yn cyrraedd St Malo ac yn hwyrach fyth erbyn imi fwyta coffi a llaeth a bara ac ymenyn. Chwe awr o gysgu da a chodi. Yr oedd fy nghyfaill, y diguro D.J. Williams, i gyrraedd yma am saith. Fymryn wedi hynny, yr oedd yn gweled ei wyneb croen-glir, iach, yn gwenu'n fuddugoliaethus arnaf o fwrdd y llong. Melys o gyfarfod ag o gydymddiddan, a holi, ac o holi a holi ar draws holi. Am Gymru; am y Mudiad Cenedlaethol; am Saunders Lewis a G.J. Williams; am Fred Jones a Ben Bowen Thomas, ac am gant a mil o bethau eraill. Yna wedi bwyta gyda pharhau'r ymgomion cyson, i mewn i'r dref.

. . . Oddi yno y cawsom yr olwg decaf ar y ddinas, a'r olwg bellaf a phrydferthaf ar y môr mawr aflonydd, a'r graig y naddwyd bedd Chateaubriand ynddi ac ar aml graig arall. [*Gweler* Crwydro'r Cyfandir, *50*]

. . . [*Cerdded ac ymweld â thai Chateaubriand a Lamennais, colofn Jacques Cartier. Ymadael y prynhawn am Ddinard ac am Ddinan.*] Cyrraedd Dinan, a chael ystafell lân, a llety cysurus – y gŵr yn fachgen rhadlon. Ysgrifennu mymryn cyn myned i'r Hôtel d'Angleterre i yfed coffi, i ddarllen ac i ymddiddan â'n gilydd. Ac â'r forwyn ystafell, hi'n ferch wylaidd, hoff a, fel y merched yma i gyd, yn ennill serch D.J.

Dydd Sadwrn, 2 Awst 1924

[*Gadael Paimpol a cherdded ar draws y wlad*] . . . Galw yn y dafarn gwin am seidr, a chael y bobl yn ein cymryd yn Saeson er gwaethaf pob gwrthddadl. I goroni eu hystyfnigrwydd dall, mynnu mai Saeson oeddynt hwythau – wedi hanfod ohonynt a dod i Lydaw. Tystio mai'r hen yn unig a lefarai'r Llydaweg yno – fyth y plant ysgol, fyth y bobl ifainc. 'A chwi?' wrth y ferch. Dim wrth ei chyfeillion na'i chariadon. Gadael – 10 kilomètre am Dreguier.

. . . Ciniawa, a myned am M. Even a Sohier. Gydag Even, dod yn ei gerbyd unwaith eto i dre dlos y Port Blanc.

Dydd Sul, 3 Awst 1924

Heddiw, myned i dŷ Anatole le Braz. [*Gweler* Pererindodau, *174–90*]

Dydd Mercher, 6 Awst 1924

[*Cerdded i lawr i'r orsaf a dal y trên am Fontroulez*] Cyrraedd yma'n rhy hwyr neithiwr i weled neb na dim. Myned i lawr heddiw tan y bont sy'n peri ei hedmygu o hyd, ac i'r Ti Breiz i gael ymddiddan diddorol â Gourvil, hyd ddiwedd y bore. Prynhawn o ddarllen *Le Pays des Pardons* a chywiro proflenni ar gyfer y *Breiz Atao*, ac ysgrifennu.

Dydd Gwener, 8 Awst 1924

[*Cerdded o Roscoff i St Paol, yna'r trên i Fontroulez*] . . . I lawr i'r Ti Breiz i gael llythyr imi oddi wrth Mocaer, yn fy ngwahodd ato, ac yn diolch imi am ysgrifennu ar Lydaw. Am saith gadael am St Jean du Doigt.

Dydd Sadwrn, 9 Awst 1924

Heddiw eto at y môr gyda'r dyffryn sy'n las gan redyn mân ac eithin. Myned D.J. i'r môr, ac aros finnau i ddarllen, tan haul oedd yn bur ei wedd, yn dwym yn don wres.

. . . Heno – fel pob nos Sadwrn yn yr haf – llosgi ysgubau eithin, a dawnsio'n ddwyres gron am y tân hyd unarddeg.

Dydd Sul, 10 Awst 1924

Bore'n odidog, a barhaodd hefyd yn ddydd yr un mor odidog. Y bore, myned i'r Eglwys i wrando'r offeren dlos, i gydaddoli â'r Llydawiaid defosiynol, ac i edmygu tlysni dwys a thyner yr Eglwys fechan. Wedi'r offeren myned allan, i'w gweled yn plygu glin ar gerrig caled y beddau. Yno, i arllwys o'r dwfr swyn ar fedd rhywun a gladdwyd yr wythnos ddiwethaf. Ba ddigrifwch! Ba ddwyster, yn dlws ac yn arw yr un pryd! Paganiaeth a Christionogaeth mewn undeb annatodadwy. Y Llydawiaid i'r dim. Wedi hynny, myned i'r môr â mi i ymdrochi. Yna dringo'r ffordd i fyny, heibio tai newydd mewn gerddi o flodau teg, i Blougasnou.

[*Yr eglwys*] . . . isel a llydan, ffenestri yn wych ryfeddol eu lliwiau. Trysor o Eglwys . . . Yna, cerdded ymlaen i Dregastel . . . Un teulu'n cydeistedd ar y glas oddi allan i'r tŷ ac yn darllen y papurau. Myned atynt i ymddiddan â hwy. *Buez Ar Zent* yno a pheri iddynt ei dwyn allan. Ei ddarllen, fi a hwy.

Medrai pawb ohonynt, ac fe'i darllenant bob nos y gaeaf ac yn aml yr haf. Nid felly bawb – am na fedrant ddarllen ac am nad oes ganddynt y llyfr.

. . . Yn y gwesty, ymddiddan â M. Jenkins, y cenhadwr o Gymru sydd yn llafurio yma ac yn Morlaix. Mor bell ag y gwelaf, gŵr rhadlon iawn, yn hoff o Lydaw, yn caru ei phobl ac yn cymryd diddordeb lawer ynddynt hwy a'u chwedlau.

Dydd Mawrth, 12 Awst 1924

Codi'n fore heddiw, eithr i golli'r trên am Le Folgoet, am ein twyllo gyda'r amser. Yna penderfynu cerdded hyd La Roche. Galw'n gyntaf oll gyda M. Olivier a welswn yng Ngwengamp ddwy flynedd yn ôl. Gŵr main, hir, wyneb gwelw, gyda barf ddu, yn 46 oed, ac yn Llydawr da, ond yn meddwl na bydd byw yr iaith, am iddi golli eisoes y trefydd a'r bourgeois, am nad oes lyfrau ddigon ynddi, na nemor ddim ond ar bynciau crefyddol. Yr ysgolion a'r llywodraeth yn erbyn, y colegau'n ddi-werth, yr Ysgol Rydd weithiau yn elyniaethus; a'r mudiad Llydewig yn rhwygiadau drwyddo.

Dydd Iau, 14 Awst 1924

[*Huelgoat yn y glaw*] . . . Am y daith oddi yno i fyny i'r dref, dyma'r orau yn Llydaw, yn llawn hud a lledrith, yn hardd gan fforest ar ôl fforest, yr ymgollai'r briffordd yn ddisyfyd i mewn iddynt, gan fynd yn fwy swynol o lawer. A! y rhamant! Y llawenydd i ymennydd byw! Y gorfoledd i'r galon! Nid anghofiaf. Y trueni ydoedd i'r glaw ein rhwystro i gerdded y daith ddigymar hon.

Dydd Gwener, 15 Awst 1924

A'r bore heddiw, myned i dŷ Taldir, daeth ataf yn o fuan. Ac aethom ar unwaith i sôn am Lydaw a Chymru. Holais lawer arno am ei dyb am gyflwr yr iaith yn Llydaw. Ond ni feddyliwn fod fawr lun ar ei atebion a'i resymau. Rhyw atebion hawdd heb fod yn gyffes gywir, nac yn ffrwyth meddwl llawer. Tebygwn fod Llydaw a'i phethau megis wedi myned allan o'i feddwl a'i fyfyrdod. Edrychai yntau'n ŵr wedi colli llawer o'i frwdfrydedd gynt, ac o'i ddeall ar gyflwr ei wlad. Yn y man, daeth allan gennyf i chwilio am D.J. Williams; ac ynghyd yn dri y buom hyd ddiwedd y bore yn ymddiddan llawer wrth gerdded, ac yn myned i weled La Tour d'Auvergne a'r Eglwys a losgwyd beth amser yn ôl a'r Eglwys bren sydd yno'n cymryd ei lle. Diwedd y bore gydag eistedd ynghyd i yfed gwin ac i barhau'r ymddiddanion. Wedi ymadael, cael cerbyd i'n dwyn ni'n daer i bardwn Cledan lle'r oedd cannoedd ynghyd a llaweroedd yn ymgynnull tuag yno.

. . . Brysio am y trên i Gemper.

Dydd Sadwrn, Awst 16, 1924

[*Ymweld â Mr Jenkyn Jones. Adroddir haner yr ymweliad yn* Pererindodau, *92–107*]

Dydd Llun, 18 Awst 1924

Codi am chwech heddiw a myned gyda D.J. i'r orsaf, efô'n gadael am Gymru gan fy ngadael eto wrthyf fy hun.

Dydd Gwener, 22 Awst 1924

Cyfarfod Mocaer am dri o'r gloch yn yr Hôtel de l'Epée, yn ôl trefnu yn barod. Bachgen 37 oed, yn gwisgo'n dda, yn edrych yn fochgoch, iach, ond heb fod yn dal nac yn fawr. Y mae ganddo lygaid gweinion eu golwg, ac nid oes dim swynol iawn yn ei bryd. Na dim yn wrthun chwaith. Nid oes ynddo ddeunydd dyn mawr os nad wyf ar gam. Ceisiais siarad Cymraeg ag ef, ond fe'i sieryd mor afrwydd nes bu raid newid yn ôl i'r Ffrangeg. Nid yw hanner cystal ei Gymraeg â Vallée, heb sôn am Daldir a Gourvil. Wedi sôn tipyn am Gymru, aeth i adrodd amdano'n dysgu Llydaweg, er gofid i'w rieni, ac yna'n dod i Forbihan at Louis Herrieu i gyd-weithio yno – Herrieu yntau yn dioddef oherwydd cymryd at y Llydaweg. Yna ymhelaethu am y Gynhadledd Geltaidd ac am yr anhawster a gafodd efo personau a chymdeithasau. Ond tybiaf ei fod yntau'n awyddus am fod yn geffyl blaen, ac ni ddiwedda sôn am ei aberth mewn amser ac arian. Diau hefyd iddo aberthu, canys ar ei draul ei hun y cychwynnodd y *Buhez Breiz*, ac ar ei draul ef ac Olivier o Landerneau y ceidw ef yn ei flaen. Ond mynnai iddo gael digon ar y cyfan, rhoi i fyny y *Buhez Breiz*, ac mai'r Gynhadledd hon ydoedd y peth olaf y gwnâi efo ddim ag ef. Tybiai fod yr offeiriaid, ar y cyfan, a'r rhai ieuengaf ohonynt yn arbennig, yn gwneud eu dyletswydd gyda'r Llydaweg. Yr oedd Esgob Kemper yn Llydawr pybyr ond yr oedd arno ofn W.J. Jones. Ac yna, dilynodd geiriau go galed am hwnnw, am yr hyn a ysgrifenna yng nghylchgronau Cymru, ac am y drwg a wna felly i Lydaw – yr un felly ag a wna'r offeiriad o Lydaw sydd yn Llanrwst yn gweithredu yno yn un mor glogyrnaidd. Ymddiddan am yr yfed sydd yn Llydaw, ac am y drwg a wna'r seidr sydd yn fynych â llawer iawn o alcohol ynddo. Tybiai ef mai peth cymharol ddiweddar yn Llydaw ydyw'r holl yfed y sydd heddiw. Diweddu'r sôn yn llyfrgell Goaziou, ac ymadael.

Dydd Mawrth, 26 Awst 1924

. . . Yn ôl i Bont l'Abbé i giniawa, ac i ymweld â René le Cossec ar ôl hynny – hwnnw'n ddyn diddorol, yn hyddysg yn y Llydaweg, ac yn frwd o'i phlaid. Cwynai'n aruthr am ddrygwaith yr ysgolion a'r Caserne, sydd â'u holl egni'n gweithio yn erbyn crefydd a'r Llydaweg. Efô er hynny heb fod yn darllen llawer efallai am nad oes ganddo lawer o amser, ond yn fwy am ei fod yn ddigalon.

Heddiw, wedi bod yn ysgrifennu drwy'r bore, myned eto i'w weled, ac un M. Ameline oedd yno yntau. Yna at un M. Monot, y mwyaf diddorol ohonynt, a gŵr y treuliais ddwyawr fuddiol yn ei gwmni yn sôn am Lydaw a Llydawiaid. Ei gynllun ef i gyffro Llydaw ydoedd cael arian o'r Amerig i godi tŷ lle y lletyid Llydawiaid, ac yr argreffid pamffledi diri, a'u gwasgar ar draws y wlad. Danfonasai efô unwaith 300 copi o *La Bretagne Intégrale* gyda'i gilydd – ond heb gael un i'w fynnu a'i dderbyn. Sôn wedyn am yr ysgolion a'r drwg a wnânt hwy i Lydaw. Ni ddaw dim ond popeth pwdr o Ffrainc yma – yn erbyn crefydd a moesau da, a'r iaith, ac y mae'r ysgol yn waeth na'r Caserne am fod y plant yna am hwy. Siarad wedyn am Le Goff, o Ddouarnenez, a ganmolai i'r cymylau, am Guilgars a ganmolai hefyd, ac am yr offeiriaid. Yr oedd rhai ohonynt yn dda iawn, a rhai'n ddidda hollol. Ymhlith y da enwyd Jesyou, awdur *Corn An Oaled*: ond dywedodd nad oedd hi'n dda rhyngddo a Mr Jones. Pam? Am fod hwnnw'n brwydro'n daer am ennill tir yn Leconil, Leschiagat, a thueddau Ploubannalec. Yma nid oedd dim gwrthwynebiad rhwng yr offeiriaid a Mr Williams. Yr oedd yn edifar ganddo fod crefydd yn myned yn offeryn rhwng rhyw bobl a garai bob un Llydaw.

Dydd Mercher, 27 Awst 1924

Heddiw cael ymddiddan hir â Mr a Mrs Williams am eu helbulon hwy efo'r offeiriaid sy'n anfodlon iddynt gael dylanwad ar y bobl, i brynu tir at godi capel. Yna gweled Loth a Glanmor a René Largillière, oedd yn falch iawn o'm cwrdd, a minnau yr un fath.

Dydd Sadwrn, 30 Awst 1924

Codi'n fore heddiw a brysio ymaith eto i Gemper, lle y gwelais M. Tassin i gael gair neu ddau ganddo, a Mr a Mrs Jones. Cyfarfod hefyd â'r Marquis d'Estourbillon, yr wyf mor gyfarwydd â'i weled ym Mharis. Yn feichiog gan lythyrau yr oedd ef, ŵr bychan, tirion. Gweithia gystal â neb o blaid y Gynhadledd, ac yn llawn distawach. Ysgrifennodd eisoes tua 600 llythyr ynglŷn â hi, ac nid ychydig o beth ydyw hynny. Am dri gadael Kemper am St Ann de la Palud lle yr oedd pardwn yn y prynhawn.

Dydd Sadwrn, 6 Medi 1924

Heddiw y mae cyniwair. Gwelais E.T. John y bore bach, a Mocaer. Yna Rhys Phillips, Dr Mary Williams, Pol Diverres a'i wraig (honno'n diolch imi am fy ysgrifau ar Lydaw), A.O. Roberts. Yna wedyn Debauvais, Mordrel a Marchal, y tri'n falch iawn o'm gweled ac yn llawn bywyd a brwdfrydedd fel arfer. Wedi'r cyfan y mae'n fendith bod yn eu cwmni ar ôl bod gyda Estourbillon. Heno cael darlith ddiddorol iawn yn llawn afiaith ac arabedd ar Lydaw a'i phobl. Yn rhyfedd iawn, wedi siarad yn dda am awr gan ddangos bob cam o'r daith bod Llydaw'n fywyd ar wahân i Ffrainc, yn athrylith amgen, diweddodd gyda dywedyd mai yr un oeddynt, ac na byddai byth wahanu arnynt. Yna helynt mawr am i fechgyn y *Breiz Atao* wasgar eu pamffledi wrth fyned y gynulleidfa allan.

Dydd Sul, 7 Medi 1924

Ni chysgais i ddim neithiwr hyd wedi dau y bore; ac am naw y codais. Felly colli'r gwasanaeth tlws yn yr Eglwys a'r bregeth Lydaweg gan ewythr i Focaer. . . . i'r Gyngres Geltaidd . . . Campus, gwych ac ysblennydd. Wn i ddim a welais ddim cyffelyb. Wedyn cyfarfod efo'r *Breiz Atao*, hwnnw'n fyw a brwd, gyda channoedd ynghyd. Bu i minnau lefaru yn y Ffrangeg a'r Gymraeg.

Dydd Gwener, 12 Medi 1924

. . . Ysgrifennu wedyn drwy'r prynhawn oni ddaeth Ashbourne i ymyrryd â'm gwaith. Yna dyfod Drezen, Part, mab Jaffrenou a dau neu dri arall o fechgyn y *Breiz Atao*. Rhaid oedd imi fyned ganddynt i gael tynnu fy llun. A buwyd wrth y gwaith hwnnw am ysbaid. Yna, ysgrifennu oni ddaeth y Cymry yn ôl o'u taith. Ymddiddan â John Phillips, Miss O'Farrelly, a'r lleill hyd yn hwyr.

Dydd Sadwrn, 13 Medi 1924

Aeth y Cymry heddiw i Bont l'Abbé.
. . . Aros fi yng Nghemper i ddarllen ychydig, i ymddiddan â John ac â Ashbourne, ac i ysgrifennu. Am dri, cyfarfod eto i barhau'r Gynhadledd. Ymgynnull yr oeddem i glywed Taldir. Ond bu raid disgwyl yn hir am areithiau hirwyntog deuddyn arall. Yna codi Taldir, i draddodi darlith oedd mor nodedig am ei thlysni ymadrodd, ag am nerth ei meddwl. Delfryd y Celtiaid ydoedd y testun, a galw i'r gad yr oedd Taldir. Yr oedd efo ynddo yn arweinydd, yn weledydd, ac yn broffwyd. Wrth ei glywed, llenwyd fi gan lawenydd a balchder ac â gobaith. Ni allwn lai na myned ato wedyn, gan ddiolch iddo o ddifrif calon. Yr un nos, ciniawa a gwledda. Ar ôl y ciniawa yr euthum i yno. Yr oeddid yn siarad un ar ôl y llall – Mocaer, Dr Williams, Dr M.Williams, Beaufrère, Miss O'Farrelly, Le Berre, Taldir. Yna, galw arnaf innau. Siarad i ddechrau yn y Gymraeg gan alw i gof fy mhrofiad yn Llydaw, fy hoffter ohoni, a'm dewis i fyw ynddi pe'm herlidid fi o Gymru. Yna yn y Ffrangeg, gan alw Llydaw yn ail famwlad imi, a chyfrif fy rhesymau dros ei charu. Sôn hefyd am fy llawenydd o glywed M. Gros, Gourvil, Vallée,

Taldir, Mocaer ac eraill yn siarad Cymraeg. Cyfeiriais yn arbennig at Daldir. Awenydd efô. Felly yn ei lyfrau; felly yn ei gartref. Yr un fath y Sul diwethaf a'r prynhawn heddiw. 'Je vous salue comme tel', meddwn a'r llaweroedd yn balchïo. Galw arno'n ôl i'r mudiad, a deisyf arno i'w arwain i fuddugoliaeth. Canys, er ein lleied, fel Celtiaid, y mae llwydd inni os mynnwn, a dyfodol a dylanwad. Diweddu gyda brawddeg neu ddwy yn y Llydaweg, yn cael bonllefau lawer. Ac ar ôl, mynych y rhai a'm canmolodd am araith mor dda. Nid drwg ydoedd, ychwaith. Canys ar y funud y gwneuthum hi, heb baratoi dim ymlaen llaw. Allan i'r Café de Bretagne yno efo eraill i ganu cerddi Cymreig gyda Gourvil hoff. Yr oedd yn ymyl tri y bore arnaf yn myned i'r gwely.

Dydd Llun, 15 Medi 1924

. . . Ymddiddan tipyn hefyd ag E.T. John. Beth amdano? Cymysgedd ydyw o na wn i ba bethau croesion. Nid oes lawer o atyniad ynddo, ond y mae'n onest ddigon, ac yn Gymro da. Fe'i cyfrifa ei hun yn naturiol yn llawer uwch nag y dylai. Canys nid yw'n ddyn mawr o gwbl, nac yn nodedig. Hoff ganddo sôn am rai yn ei adnabod, ai yn Llydaw ai'n rhywle arall; ac arwydd o fychander rhyfedd ydyw tybio hynny a'i adrodd. Hoffai weled rhoddi ei hannibyniaeth i Gymru. Ond ni ŵyr y moddion. Calon dda, pen drwg.

Dydd Sul, 21 Medi 1924

. . . myned i lawr afon Odet yn y bore bach, a hi'n deg ar y pryd. Lledu'r afon gan bwyll a myned ninnau heibio plasau Plouguinau a Lanniron. Glas y glannau gan y twf tlysaf o goed a fu, gan ffurfio clymau glas o hyd ac o hyd, a fforestydd pinwydd a derw a chastan. Am dro aeth yr afon yn llydan fel llyn gyda'r ymylon gleision yn pellhau oddi wrth ei gilydd gan gysgodi oddi mewn iddynt blasau pert gyda'u gerddi'n glasu hyd at y twf coed. O dro cyflym i dro arall wedyn gyda'r afon yn bwrw aberoedd i dde ac i chwith, i ymgolli hwythau rhwng y coedwigoedd tewfrig. Weithiau, creigiau bob tu a rhos yn rhedyn lle torasid y coed. Unwaith ac eilwaith capel bychan neu gadair sant neu'i gilydd. Y daith brydferthaf a wneuthum i ar afon ydoedd. Ni chymhara mo'r Seine na'r Marne â'r Odet swynol.

Dydd Llun, 22 Medi 1924

[*Ymweld â M. Cuillandre 'Glanmor' am ddwyawr a'i ddisgrifio fel gŵr dysgedig a llafurus. Ymweld â Thaldir gan ddefnyddio'r gair Ffrangeg 'funeste' i'w ddisgrifio. Ffarwelio â'r Parch. J. Jones. Yna i Quimperlé gyda Léon le Berre a'i chwaer.*] . . . Nid oedd E.T. John yn neb iddo. Ni chlywsai amdano o'r blaen ac nid oedd deunydd arweinydd ynddo. Allan i'r swyddfa lle y rhoes imi dri o'i lyfrau a rhyddid imi fyned yno i weithio pan fynnwn.

Dydd Mercher, 1 Hydref 1924

. . . Clywswn oddi wrth ysgrifennydd yr Académie de Paris, a chynghori fi i ddanfon at bennaeth pump o golegau ym Mharis i holi a oedd lle'n rhydd i athro ynddynt. Felly yr aeth y bore a chyfran go dda o'r prynhawn wedyn.

Dydd Iau, 2 Hydref 1924

. . . Dwy awr o ymddiddan am grefydd ac am foesau drwg yr Americaniaid. Hoff gan fy nghyfeillion fwrw ar y Saeson oherwydd eu gelyniaeth at Ffrainc. Yna ymddiddan am y *Breiz Atao* sydd heb fodloni'r tad na'r fam am ei fod yn rhy eithafol. Yr un fath yr *Action Française*. *La Croix* ydyw'r papur gorau ganddynt; a'r *Jeune République* bob wythnos a'r *Démocratie* bob mis. Uwchlaw dim y maent yn Gatholig yn ymgroesi wrth fyned at y bwrdd i fwyta ac wrth godi i ffwrdd. Norddman ydyw M. le Part o waed, ond fe gâr Lydaw'n fawr, er nad digon i gael blas ar y *Breiz Atao*. Na'r wraig hithau. Yr oedd yma offeiriad o ymyl Beauvais o'r enw Pelletier, a gymer ddiddordeb eithriadol yn Llydaw er nad ydyw ef Lydawr. Am y mab yma, fy nghyfaill, y mae'n frwd iawn, wedi dysgu'r Llydaweg ei hun a darllen toreth am Lydaw. Y mae'n ddiau yn un o'r bechgyn rhadlonaf a fu, yn dyner iawn a mwyn.

Dydd Sadwrn, 3 Hydref 1924

. . . Yn ôl yma am ein swper ninnau. I'w ddechrau honno, yr oedd uwd gwenith du. Fe wneid yr uwd i ddechrau. Yna ei dorri'n ddarnau ysgwâr a'u gosod ar badell ffrio i'w ffrio dipyn. Yna eu bwyta gyda llaeth. Nid oedd eisiau dim gwell. Yn wir, gellid gwneud swper iawn ohono. Trueni oedd ei ddilyn gan ffa a llysiau, a phwdin a chagen. Ar ddydd Gwener y gwneir yr uwd hwn yn lle'r cig; ac fe ddywedir ei fod yn gyffredin iawn y ffordd yma.

Dydd Llun, 6 Hydref 1924 [*Paris*]

. . . Prynhawn prysur iawn fu hi arnaf i yn myned i'r Brifysgol ac i'r Académie de Paris ac i'r Coleg Ste Barbe. Y mae gofyn imi gael ryw swydd ne'u gilydd yma – neu – !

Dydd Mawrth, 7 Hydref 1924

Diwrnod ar ei hyd i ymorol am rywbeth i'w wneud at y swydd sydd gennyf yn y Sorbonne. Yn gyntaf myned eto i'r Coleg Ste Barbe, gyda chais wedi ei ysgrifennu. Ar hyn o bryd nid oes obaith, gan fod digon o athrawon yno. Yr un fath wedyn yn yr École Normale ac yn y Coleg Stanislas. Yna ymweld â

Vendryes, oedd yn falch iawn imi ddyfod yma, ac addo bod gydag ef y flwyddyn nesaf. Hoffai yntau godi'r cyflog a phe dibynnai arno ef fe'i codai'n ebrwydd. Gwna ei orau eto i ddylanwadu ar y sawl a benderfyna'r pwnc. Ymddiddan am fy nhro yn Llydaw, am Gemper a'r ardaloedd hynny, am y Gynhadledd Geltaidd, am Cuillandre a Loth. Yna am Gymru; a holai a argraffwyd rhyw lyfr arbennig yn ddiweddar. Yna am fy ngwaith innau gan ofidio'n ddirfawr bod fy sefyllfa ariannol yn fy rhwystro i'w wneuthur fel y dymunwn i. Awgryma imi fyned at yr Alliance Française a'r Office National des Universités. Tuag yno yntau. Dim. Yn nesaf at y Société Savante. Dim yno na chwaith. Yn olaf i'r École Massion, yr ysgol honno hithau â'i hathrawon yn gyflawn. Yn flinedig iawn y teithiais yn ôl i'm llety yn y Maisons Alfort am saith o'r gloch. Chwilio gem a chael gwymon.

Dydd Mercher, 8 Hydref 1924

[*Chwilio am waith trwy'r dydd*] . . . Weithiau y mae'n dorcalonnus. Ni wn i beth i'w wneud. Ceisiaf obeithio o hyd, ond digon anodd yw hynny. Rhaid peidio â rhoddi i fyny yr ysbryd ar y cyfan. Deued a ddêl, y mae gwawr yn y blaen, tybed?

Dydd Iau, 9 Hydref 1924

[*Chwilio am waith trwy'r dydd eto*] . . . Penderfynais innau fynd i Lundain i weld fy chwiorydd ac i lawr i Gymru. Meddwl yr oeddwn y gallai rhywbeth ddigwydd yno; neu o leiaf y clywn am rywbeth, neu eto y cawn gymorth i fyw eto flwyddyn arall ym Mharis. Yn anffodus nid yw'n debyg y caf ddim yng Nghymru ei hun. Nid oes yn aros imi ond ceisio ei gwasanaethu o'r tu allan iddi, a meddwl amdani ymhell ohoni. Yn ôl i'r Maisons Alfort am fy nghelfi, fy nillad a'm llyfrau. Am fymryn cyn naw yr oeddwn yn gadael Paris am Lundain.

Dydd Sul, 12 Hydref 1924

[*Lloegr, ar ôl cwymp llywodraeth MacDonald*] . . . Y mae'n etholiad yma ac yn amser hwyliog iawn. Sŵn heb sylwedd. Sŵn! Ni bu fwy ohono erioed. Ac i beth? Yn wir, ie i beth? I ymarfer corn gwddw bobl nad ydynt gyfarwydd â dim gwaith arall. I dwyllo dynion na wyddant pa beth i ddewis, na pha fodd i bleidleisio. Yn olaf, i dlodi'r wlad fwyfwy. Tybed a all droi'n lles i Gymru? Hynny yw'r pwnc pwysig imi. Efallai mai'r gwleidyddion sydd fwyaf dall i ddaioni Lloegr wna fwyaf o ddaioni i Gymru. Anodd gwybod. Cawn weled. Amser yn unig a ddengys.

Dydd Mercher, 15 Hydref 1924

Heddiw cael llythyr yn gofyn imi foddloni i gynorthwyo E.T. John yn ei ymladd am sedd Maesyfed a Brycheiniog. Wedi hir ystyried, ateb. Sef y cynorthwywn ef os deuai allan fel Cenedlaetholwr yn unig i ymladd am lywodraeth i Gymru, ac os y byddai'n gwbl annibynnol ar bleidiau gwleid- yddol Lloegr. Ysgrifennu at Saunders Lewis yntau i'w hysbysu am y cyfan.

Dydd Gwener, 17 Hydref 1924

. . . ac i'r llety i ddisgwyl Albert yn ôl. Gyda'n gilydd wedyn hyd ddiwedd y dydd yn ein mwynhau ein hunain yn ardderchog gyda rhedeg tros atgofion filoedd yn adrodd hen chwedlau annwyl, yn disgrifio cymeriadau gwreiddiol neu ddoniol na welir mohonynt braidd yn unman ond yng Nghymru.

Dydd Sadwrn, 18 Hydref 1924

Buom allan am dro neithiwr fel bob nos hefyd. Cyfle i sôn am hanes hen ac am bethau hoff inni fydd y cyfan. Byddaf innau yn ceisio cael gan Albert ysgrifennu mymryn weithiau, canys y mae'r ddawn yn dda ganddo. Y mae'n wych am englyn, am bennill ac am soned. Gall ddisgrifio cymeriad i drwch y blewyn ac adrodd ystori gyda'r peth mwyaf effeithiol a fu. Trueni fyddai iddynt fyned ar goll. Ni wn i ddim beth a roddwn am ei weled yn cymryd diddordeb mewn ysgrifennu rhyw gyfran bob dydd. Byddai'n golled iddo ef fyned allan o fywyd Cymru ac o'n llên. Gallai wneud daioni lawer. Daliaf i obeithio nad yn ofer y deisyfaf arno weithio felly. Yr oedd yn chwith ymadael ag ef; oedd, yn chwith iawn iawn. Trueni na buom yn nes i'n gilydd a thrueni wedyn na bawn i'n gweddïo fwyfwy amdano ef ac am bob un ohonom. Fel y meddyliaf fwy, credaf fwy mewn gweddi. Ac eto, ni weddïaf fawr iawn, fel y gwnawn gynt, nos a bore gyda phob pryd, ac yn amlach fyth. Dyna ganlyniad colli Mami, a bod ymhell o gartref. Yn hynod iawn, yno y mae hi anoddaf imi beidio â gweddïo: effaith hen atgofion, a lleoedd annwyl daear a gwaed. Dyna ni eto gyda daear a gwaed – enwau eraill ar genedlaetholdeb – yn nerth moesol. Hynny oedd ar fy meddwl wrth droi'n chwithig a hiraethlon oddi wrth Albert.

Yr oedd awr yn ddigon i'm dwyn i Lundain, gydag ymyl yr afon weithiau ac ymhell oddi wrth bryd arall. Yn fy nisgwyl yr oedd amryw lythyron a phapurau. Yr oedd gair ataf oddi wrth E.T. John: ond nid oedd yn hollol foddhaol. Nid oes dewis gennyf bellach. Rhaid imi gadw'n annibynnol ar bob cyfrif. Nid hwyrach wedi'r cyfan, nad yw John dan hualau Plaid Lafur Lloegr. A dyna ddiwedd ar y cwbl.

Wedi te dipyn, myned allan gyda fy ewythr i wrando ar yr areithwyr gwleidyddol sy'n paratoi erbyn yr etholiad. Allan yn yr awyr agored y siaradent. Ni bûm mewn cyfarfod mor ddiflas erioed; na'r un lle'r oedd safon

dysg a gwybodaeth a deall yn is. Nid oedd fy meddwl o dyrfa o bobl gyda'i
gilydd yn uchel o'r blaen. Ond y mae'n is weithiau. Rhaid cyfaddef hefyd
bod tyrfa felly'n dlotach ei meddwl na thyrfa yng Nghymru. A dyna'r bobl
meddir wrthym sydd yn llywodraethu, a sydd i lywodraethu. O'r trueni!
Gyda Horas – *Odi profanum, vulgus et arceo.*

Dydd Sul, 26 Hydref 1924 [Cymru]

Drannoeth, sef ddoe y Sadwrn, gadael y fro am Gymru. A chwith oedd
myned. Oedd: yr oedd hi'n chwith. Chwith troi oddi wrth fy nwy chwaer,
a'r ieuengaf yn enwedig. Buasai mor dda imi! Rhoesai ddwy bunt imi,
heblaw prynu imi hosanau a dillad isaf. Gwelwn y chwithdod yn ei llygaid
hithau. Yr hen groten fach annwyl! Tyngais lw ar farw Mami na châi hi gam.
A ydwyf ffyddlon i hynny? Ond i be dda holi? A minnau hefo dim i'w
wneud iddi, ac yn gorfod cymeryd rhyw gymaint o'i heiddo hi! Cofiwn y
cyfan hwn y funud y trown ymaith. Ond nid oes dim i'w wneud. Gobeithio
y daw rhyw dda i minnau.

. . . Yn Aber gwelais y Prifathro J.H. Davies yn y Brifysgol, a bûm yn
ymddiddan dipyn ag ef. Nid oes addewid imi am ddim o'r Brifysgol. Dim.
Caled yw hi'n ddiau. Ni wn i sut y try pethau. Ni wn i ble i droi, nac o ble i
ddisgwyl ymwared; na wn, yn wir.

Dydd Mawrth, 28 Hydref 1924

. . . y dydd cynt gwelswn olygydd *Y Faner* a dywedodd ef wrthyf fel y
byddai'n falch fy nhalu am ysgrifennu i'r *Faner* yn y dyfodol. O'm gwaethaf y
gofynnais ond tan yr amgylchiadau gofyn oedd raid. Hwn oedd y tro cyntaf
imi ofyn am ddimai am ysgrifennu i gylchgronau Cymru neu i'w phapurau.
Dywedodd y golygydd wrthyf fod yn dda ganddo imi holi hynny, ac iddo ef
fod yn disgwyl am imi ei wneud. Gorau i gyd.

Dydd Gwener, 31 Hydref 1924

. . . Yn y prynhawn hefyd, cefais deligram o Gaerffili yn gofyn imi fyned yno
ddydd Mercher nesaf, i annerch y Cymmrodorion sydd yno. Diau mai felly y
bydd hi. Ac eto, go brin y cefais eto ddim amser i baratoi ar gyfer hynny. Y
tebyg yw y bydd raid imi ysgrifennu rhyw gymaint.

Dydd Sadwrn, 1 Tachwedd 1924

. . . ateb tri theligram a daeth yma o Ddeheudir Cymru. Yno byddaf yn
darlithio yr wythnos nesaf, ac nid wyf yn barod o bell ffordd. Nid ysgrifennais
nemor ddim eto.

Dydd Llun, 3 Tachwedd 1924

Heddiw yr oedd rhaid ymadael eto, er anodded hynny. Yr oedd y cyfarfodydd sydd gennyf yn y De yn galw am imi fyned. Am unarddeg, gadawn Daniel yn y stesion, gan fyned ymlaen i Gaerfyrddin.

Pwy oedd yn y trên o'm blaen ond Dr Diverres: ac yn ymddiddan yn gyson am amryw o bynciau y buom, ond yn fwy na dim am y Mudiad Cenedlaethol yn Llydaw ac yng Nghymru. Felly aeth yr amser yn hynod o gyflym a chyrhaeddwyd Caerfyrddin yn fuan ac Abertawe wedyn. Yno yn fy nisgwyl yn y stesion oedd Saunders Lewis, ffyddlon ac yr oeddwn yn falch iawn o'i ailweled am y tro cyntaf wedi'r Pasg. Myned gyda'n gilydd yn y cerbyd am ysbaid da gan siarad tipyn a sôn am y gyfrol gyntaf o'r geiriadur Beiblaidd newydd oedd gydag ef yn ei law. Yna i barc y Coleg ac i'r Coleg ei hun, lle y gwelsom rai o'r athrawon gydag Emrys Evans yn eu plith. . . . Oddi yna ymlaen â ni gyda glan y môr i gartref newydd Saunders Lewis yn y Newton lle y gwelais ei wraig. Merch dawel, gall, addfwyn. Gwyddeles sy'n dysgu Cymraeg yn dda.

Dydd Mawrth, 4 Tachwedd 1924

Bwyta a wnaethpwyd gyntaf wedi cyrraedd tŷ newydd S.L. neithiwr, a bwyta'n dda hefyd. Canys i ddechrau yr oedd ei angen arnaf i a S.L. ei hun. Yn ail yr oedd yn bryd da am i'r wraig fod yn gystal am wneud bwyd. Ffrwythau ddigon, bara o laeth enwyn, cagau o wenith crwn iach – nid oedd ddiffyg o gwbl. Yn myned dro gyda'n gilydd at y môr ac yn ymddiddan y treuliwyd y nos honno. Ei diweddu gyda dyfalu dyfodol Cymru a chynllunio ei gwella, a'i diogelu.

Wedi codi'r bore heddiw (Mawrth) a bwyta, rhoddi fi wers mewn Cymraeg i Mrs S.L. Diddorol o orchwyl am iddi gymryd at ddysgu o ddifrif. Fe ddarllenai yn dda ryfeddol, gan swnio pob sain yn ddifai, a deall y peth a ddarllena. Yna myned i Abertawe i gartref tad S.L. lle y mynnid imi giniawa. Wedi ciniawa myned S.L. a minnau i'r orsaf ac ymadael fyfi am Ferndale a cholli golwg eto ar fy nghyfaill hoff.

Dydd Mercher, 5 Tachwedd 1924

Yn y cyfarfod yng Nghaerffili, un o feirdd y lle'n darllen hwn imi:

> Eirias bell i Ambrose Bebb – y dyn twym
> Sy'n dân tawdd taerineb.
> Dirwynwr – dewr ei wyneb,
> Fyn ei air heb ofni neb.
> Brasau byd wna Ambrose Bebb,- un a'i ddawn
> A'i ddysg mewn disgleirdeb

Ddaeth ar frys yn hysbys heb
Haen o wên derbyn wyneb.
Iasau byw ry Ambrose Bebb – drwy fyw dorf
Dysg genedlaetholdeb
Tery hwn mewn taerineb
Nodyn hwyl yn anad neb.
Am bris bach bu Ambrose Bebb – yn ein bro
Yn creu brwd ddiddordeb
I glirio hen glaerineb
Oes y byd i Ambrose Bebb.

Caerffili   Celyn.

Dydd Iau, 6 Tachwedd 1924

Heddiw wedi bwyta, myned gyda'r gweinidog ar hyd heolydd glân Caerffili.
Yna i dŷ Megfam. Canys gofynasai gennyf ymweld â'r Ysgol Sir . . . ysgol
newydd helaeth. Yn gyntaf at y prifathro i gael gair gydag ef. Yna trwy bob
dosbarth yn yr ysgol. Adwaenwn eisoes ddau o'r athrawon – Ifor Ifans oedd
ym Mharis ddwy flynedd yn ôl, ac Idris Ifans oedd yn Aber yr un pryd â mi.
Y mae yno un athro brwd iawn – James Davies a ddysgodd y Gymraeg
ohono'i hun, ac sy'n ymdrechu llawer gyda'i dysgu i'r plant. Yr oedd y
rheiny'n gryfion a golygus, yn enwedig y merched. Dywedant mai Cymry
oeddynt i gyd, eu bod yn falch o hynny, ac y dylent wybod y Gymraeg ac y
dysgant hi. Gobeithio hynny'n wir. Canys byddai'n drueni inni eu colli o
fywyd Cymru. Mwynheais fod yn eu plith i'r eithaf. Profiad na chefais o'r
blaen ac ni anghofiaf.

. . . Yna efo'r trên i'r Ton Pentre lle y cyrhaeddais yn union wedi wyth.
Canys am wyth y dywedid bod y cyfarfod. Ond yn y cyfamser newidiwyd y
drefn. Am saith yr oedd. Yr oeddid yna am awr gyfan cyn imi gyrraedd. Ac
nid fy mai i oedd hynny. Yn flinedig iawn y cyrhaeddais yno, wedi rhedeg i
dŷ'r ysgrifennydd ac yna i Gapel Siloh. Hwn oedd y cyfarfod lleiaf a'r
gwaethaf o ddigon. Nid oedd yno frwdfrydedd braidd na hanner digon o
fywyd. Yr oedd yn noson oer ac yr oedd pawb yno'n eistedd yn llonydd ers
awr.

Ni chefais innau'r hwyl orau o gryn lawer. Ar fy ôl cododd Fred Jones i
roddi ychwanegiad. Caed gair twym iawn gan un o'r cyfeillion, a geiriau llai
twym gan amryw eraill. Ond ni bu holi o gwbl. Dyna'r unig gyfarfod na
chefais holion ynddo. A thrueni hynny: er na ddylwn feio'r bobl ddim, wedi
bod yno am ddwy awr a hanner fan lleiaf. Allan i swpera gyda'r Parch. Idris
Davies sy'n fachgen ieuanc da iawn, yn Gymro pybyr ac mor ddeallgar â
hynny. Tybiaf y gwna aelod gwasanaethgar o'n Mudiad Cymreig. Oddi yno
myned i dŷ Fred Jones i gysgu'r nos. Yr oedd yn hwyr iawn erbyn hynny ac
yn rhy hwyr myned i'r gwely.

Dydd Gwener, 7 Tachwedd 1924

[*Fred Jones a Bebb yn ymweld ag ysgol elfennol; y plant yn canu alawon Cymru iddynt yn y neuadd fawr*] . . . a'u canu gyda hwyl ac eneiniad. Yr oedd yn olygfa anghyffredin, ardderchog, yn cyffroi dyn i'w waelodion ac yn ei yrru i deimlo'n falch o'r plant bach ac o'r cerddi a ganent, ac o Gymru, Cymro a Chymraeg. Canwyd 'Myfi'n bugeilio'r gwenith gwyn, – ac arall yn ei fedi', Ie, arall yn ei fedi! Truan o beth. Ond gweled hanes Cymru mewn gair. Ein dyletswydd bellach ydyw medi hefyd. Diweddwyd gyda chydganu 'Hen Wlad fy Nhadau' a dywedodd F. Jones a minnau air i longyfarch y plant ac i'w denu at y Gymraeg. Yna i'r tŷ am de. Am bump yr oeddwn i eilwaith ar fy nhaith i lawr i Bontypridd, ac oddi yno i Aberdâr, lle y cyrhaeddais fymryn cyn amser y cyfarfod. Yr oedd y neuadd yn llawn o bobl, yn hen ac yn ifanc, yn ddynion a merched, yn bregethwyr ac athrawon. Dechreuais gyda'r geiriau 'bugeilio'r gwenith gwyn, ac arall yn ei fedi'. Yna diffinio cenedl a phwysleisio ei anhepgorion – tir, hanes, arferion, crefydd, enaid, iaith. Yna hawliau cenedl, a'n cenedl ni yn arbennig, a'r Gymraeg. Yr oedd ein hetifeddiaeth yn rhy deg i'w hesgeuluso a gwasanaeth ein cenedl a'i hiaith i'r byd yn ormod i'w hanwybyddu. Felly byw a mynnu byw; gorfodi'r Gymraeg. Hwn oedd fy nghyfarfod gorau yn ddiau. Yr oedd y dyrfa'n fwy, ac yr oeddwn innau'n fwy hwyliog. Ar y diwedd holwyd imi hawl neu ddau, gan Ioan Gruffydd, Miss Kate Roberts a rhai eraill. Yna darllen Ap Hefin englynion imi, a diolchodd dau arall. I ddiweddu daeth wn i ddim faint i ysgwyd dwylo â mi ac i ddiolch imi. Ymgom hir wedyn â Miss K. Roberts, am ei bod hi'n amheus iawn am achub y Gymraeg yn Sir Forgannwg. Lletya gydag ysgolfeistr o'r enw D.O. Roberts, bachgen ardderchog sy'n athro digymar y mae'n rhaid gennyf, yn dân dros y Gymraeg, ac yn awyddus i wneud popeth dros Gymru.

Dydd Mawrth, 11 Tachwedd 1924

[*Ymweld ag athrawon, a'r Cyfarwyddwr Addysg, er mwyn eu darbwyllo i ddysgu mwy o'r Gymraeg yn yr ysgolion. Bebb yn canmol D.O. Roberts yn fawr iawn am ei waith fel athro ac am ei agwedd tuag at yr iaith*] . . . Oddi yno i Benarth lle'r oedd croeso iawn imi ar aelwyd lân fy nghyfaill G.J. Williams a'i wraig. Yr oedd ei frawd yno hefyd ac mewn hwyl ac ymddiddan y treuliwyd y noson honno.

Dydd Mercher, 12 Tachwedd 1924 [*Ffrainc*]

. . . Cyrraedd fy hen lety gan gael gŵr y tŷ, druan, yn colli arno ei hun. Gormod yfed fu'r achos, er na welais i mohono'n feddw yr un waith. Ond yfai'n gyson er hynny, ac y mae'r canlyniadau'n amlwg iawn erbyn hyn.

Dydd Iau, 13 Tachwedd 1924

Myned i Baris i'r Brifysgol i ddarllen. Yna i ymorol am lety, ac am gyfle i ddysgu yn rhywle. Gweled Vendryes oedd efô yn garedig fel arfer, ac yn barod i wneuthur popeth a allai ef.

Heddiw eto myned i Baris yn weddol bore . . . yn chwilio am lety. Y mae Maisons Alfort yn rhy bell y gaeaf a rhy anghyfleus . . . Am bump i ddosbarth Vendryes. Ychydig oedd yno. Y mae amryw o'r hen rai heb ddod yn ôl . . . Dydd Gwener nesaf y byddaf i yn dechrau ar fy ngwaith. Ychydig gaf innau at y Gymraeg, fel y mae'n waethaf y modd.

Dydd Sadwrn, 15 Tachwedd 1924

. . . Yr oedd gennyf ddosbarth i'w gynnal yng Ngholeg Ste Barbe o hanner awr wedi wyth hyd ddeg. Addawyd imi ddau ddosbarth yr wythnos yno am ryw gymaint o amser – anodd gwybod am ba hyd. Dysgu Saesneg yr oeddwn i fechgyn o'r deuddeg i'r deunaw oed. Diddorol o waith. Byddai'n well pe ceffid dysgu Cymraeg iddynt. Ond mae hynny allan o'r pwnc yn gyfan gwbl. Trueni. Myned am y gweddill o'r bore i ddarllen *Breuddwyd Macsen* yn y Sorbonne. Hoffwn allu darllen y *Mabinogion* drwyddynt. Dylwn fyned trwyddynt yn wir unwaith bob dwy flynedd. Canys ni allai dim fod yn well er ffurfio deall Cymro a'i drwytho â'r ysbryd Cymreig, ac â'r brawddegau ac â'r geiriau eu hunain. Ciniawa a chwilio am lety, er heb gael yr un. Yna treulio'r prynhawn yn y llyfrgell, yn darllen y *Revue Universelle*. Yr oedd ynddo ddwy ysgrif benigamp, y naill ar Anatole France, a'r llall ar Carlyle a'i wraig.

Dydd Sul, 16 Tachwedd 1924

. . . Cyfeirio erbyn pedwar i'r Avenue Carnot, lle y mae chwaer yng nghyfraith Saunders Lewis yn byw. Cawsom lythyr oddi wrthi y bore, yn gofyn am imi fyned i'w gweled. Disgwyliai hithau ar ben y drws. Yna i fyny i'w hystafell hi lle y buom yn ymddiddan yn hir. Byw ar grwydr yn Ffrainc y mae hi er cyn y rhyfel; byw ar ddamwain a ffawd, weithiau'n rhoddi gwersi mewn Saesneg a Ffrangeg, ac weithiau mewn dawnsio, y cyfan er gallu byw. Gwnaeth y byw hwnnw hi yn wynebgaled, ac nid oes dim braidd na wna er mwyn ennill ei bywoliaeth – myned i dai a thefyrn a gwindai i'w hysbysu ei hun i gyhoeddi ei bod yn dysgu Saesneg a Ffrangeg. Merch iawn, er hynny, yn deilwng o eirda am wybod llafurio mor ddiflino er mwyn byw. Ychydig o ddynion a wŷr, neu'n wir, a amcana gymaint o ddarfelydd a dychymyg a darbodaeth sydd yn rhaid wrthynt er mwyn ymladd brwydr bywyd i'r rheiny a aeth i mewn am addysg. Pob llwydd iddi hi. Ceidw ei chymeriad yn lân er gwaethaf yr holl anawsterau. Yn ôl wedyn am bryd gosber, ac ysgrifennu a darllen hyd unarddeg. Yr helynt wedyn oedd ceisio cynhesu yn y gwely, ac nid hawdd o beth ychwaith, canys yr oedd hi'n oer nad allai hi ddim bod yn oerach, tybed?

Dydd Llun, 17 Tachwedd 1924

Codi heddiw i fyned i Baris gan redeg tua'r Brifysgol o'r oerfel i allu darllen neu ysgrifennu. Ac yr oedd ysgrifennu allan o'r pwnc wedyn hyd yn oed, am fod y grepach ar fy nwylo a'm bysedd mor anystwyth â phriciau . . . Ysgrifennu llythyr maith i S.L.

Dydd Mawrth, 18 Tachwedd 1924

. . . Cefais air oddi wrth fy hen gyfaill Weisse, byr fel arfer, a thrist hefyd er na ddywedai ddim am ei iechyd y tro hwn . . . Daeth imi lythyr oddi wrth K. le Part oedd yn garedigrwydd i gyd, ac yn gysur imi a llawenydd. Calon cyfaill cywir ydyw un o ddoniau gorau'r ddaear.

Dydd Iau, 20 Tachwedd 1924

. . . ysgrifennu dau lythyr, un i G.J. Williams, Coleg Caerdydd; a'r llall i D.J. Williams, Ysgol y Sir Abergwaun . . . Ceisio llety ond methu. Credaf er hynny fod gennyf un o'r diwedd. Bwriadaf fynd iddo yfory . . . yr ystafell ei hun yn 300 ffranc y mis, a minnau i wneud fel y mynnaf am fy mwyd.

Dydd Gwener, 21 Tachwedd 1924

. . . i'r Luna Park lle'r oedd cyfarfod mawr gyda'r Action Française. Yr oedd yno filoedd ar filoedd, a'r neuadd fawr yn dwyn ei llond. Yno y gwelwn bawb bron yn cyfeirio yn yr heolydd yn ymyl. Ac yr oedd y lle'n fwrlwm bywyd yn dwym o frwdfrydedd, rhai'n danbaid ac yn ddefosiynol. Ieuainc gan y mwyaf, er nad heb laweroedd bob oedran. Pan ddaeth Maurras i mewn, yr oedd y lle'n dwymyn dân i gyd. Yr oedd pawb ar eu traed ac yn cydwaeddu: 'Vive Maurras, Vive Maurras'. Codid ffyn i fyny a chapiau a hetiau. Yr oedd yn olygfa i'w chofio, ac na ellir ei hanghofio. Ac nid peth allanol yn unig. Canys fe'ch cynhyrfid er eich bod neu er eich gwaethaf. Gwefreiddid chwi'n gyfan gwbl. Teimlech fyned rhyw ias o rywbeth yn myned trwy eich holl gorff. Y genau a'r gweflau, yr holl wyneb a'r dwylo a'r corff – adroddai'r cyfan gyfran o'r cyffro oedd yn eiddo pawb. Caed amryw o areithiau da – gan Bernard de Vesin, Schwerer, Valois, Marie de Roux, a Léon Daudet. Daudet y dyn aflonydd, llawn egni a bywyd, na arhosai funud yn yr unlle wrth siarad. Cerddai'n gyson gyson ac yn gyflym hefyd o'r naill du i'r llall o'r llwyfan mawr. Chwaraeai ei ddwylo hefyd, yn enwedig y dde o'r ddwy. Y mae egni gwyrthiol ynddo. Iechyd wedi dod yn ddyn ydyw. Areithiwr pur dda hefyd, yn ddoniolach ei hun, yn agored heb gelu dim, ac yn wreiddiol gyda hynny. Byddai'n haws ei ddeall bob gair pe safai yn yr unman. Ond nid yw'n areithiwr fel y dywedid bod Jaurès, er enghraifft; ac nid oes ganddo ddawn swynol Lloyd George na dim o'i lais melys. Yr oeddwn yn falch iawn o'i weled ac o'i glywed. Wedi'r holl areithio, myned allan yn dyrfaoedd onid oedd hi'n anodd cael lle nac ar yr heol nac yn y Metro. Cysgu fi yn fy llety newydd yn y Boulevard de Grenelle am y nos gyntaf.

Dydd Sul, 23 Tachwedd 1924

Heddiw, ddydd Sul, i ginio gyda'r Cercle Celtique gwahoddwyd fi iddo. Wedi'r cinio, dawnsio dawnsfeydd Llydaw, a chanu ddigon . . . Buwyd yn annerch baner Llydaw, a gwnaeth Gros hynny yn ddechrau iawn . . . Yn neuadd y Sociétés Savantes yr oeddem ni ac yn ymyl ar hyd y Boulevard St Germain y dirwynai'r orymdaith fwyaf a welais erioed, a'r fwyaf anhrefnus, rwy'n meddwl, a barnu ar a welais i ohoni, y rhannau diwethaf. Llond y ffordd o bobl o bob oedran o bob rhyw, gyda baneri cochion a phapurau gwynion yn dwyn rhyw ysgrifen neu'i gilydd. Gwaeddant o hyd 'Les Soviets, Les Soviets. En bas la guerre. Paix' a llawer o bethau cyffelyb. Gellid meddwl bod Paris i mewn am chwyldro.

Dydd Iau, 27 Tachwedd 1924

I'm deffro wele gur ar y drws. Pwy? Mordrel. Yr oedd wedi cyrraedd Paris neithiwr, ac am fy ngweld ar unwaith. Eisiau siarad â mi yr oedd am *Breiz Atao* – ei ddyfodol, a'i ddiwyg. A ddylid ei gyfnewid? A ellir ei wella? Pa fodd? A chant a mil o bethau eraill. Cerddasom i faes gyda'n gilydd, heibio'r Trocadero a'r Tŵr Eiffel ymlaen hyd at y Sorbonne. Siarad bob cam o'r ffordd, ac yn ddiwyd hefyd er nad heb fwynhau gwedd bore oedd yn wên i gyd ac a welid ar ei orau yn ymyl gerddi'r Trocadero a'r Tŵr Eiffel. Un peth pendant a ddeilliodd o'n hymddiddan. Gellir rhoddi mwy o lawer o le i'r Gymraeg ynddo. Yn wir os y daw hi i hynny gellir argraffu yn Rennes bob mis bapur fydd yn Gymraeg i gyd, tua chwe thudalen neu wyth fel y mynner. Bydd yn rhatach o lawer nag a ellid ei wneud yng Nghymru. Nid dyna'r unig fantais hefyd.

Dydd Gwener, 5 Rhagfyr 1924

. . . Yr hwyr yr oedd cyfarfod yn neuadd fawr y Sociétés Savantes, ac yno yr euthum innau. Yr oedd yno ymgynnull ymhell cyn yr amser, nes ffurfio cynffon hir oddi allan i'r pyrth. Yr oedd y neuadd yn orlawn erbyn yr amser gyda'r aelydd i gyd yn llawn, a'r ochrau, a'r llofft. Yr oedd wedyn y mae'n debyg tua phum cant o fyfyrwyr y tu allan i'r drws yn ymorol, hwythau, am le, ond yn gorfod troi i ffwrdd am nad oedd. Cyfarfod i fyfyrwyr ydoedd ac wedi ei alw ynghyd gan Gymdeithas Myfyrwyr yr Action Française, i glywed eu meistri – yr admiral Schwerer, Georges Calyant, Henri Massis, Georges Valois, Marie de Roux a Léon Daudet. Sôn a wnaeth yr admiral am ei atgofion ddyddiau ei ieuenctid pan lethid Ffrainc gan ganlyniadau rhyfel

1870. Bellach, wedi ennill rhyfel yr oedd Ffrainc, a'i dyletswydd oedd manteisio ar hynny. Methu oherwydd ei llywodraeth. Rhaid wrth y brenin. Cadeirydd y myfyrwyr ydyw G. Calyant, a siaradwr hawdd, huawdl oedd. Galwai'r myfyrwyr i oleddu syniadau Maurras. Bellach rhaid i'r Quartier Latin fod yn eiddo iddynt ac nid i sosialwyr ac estroniaid. Yna Henri Massis, ŵr main, hir wyneb cul gyda gwallt go ddu, go fawr. Areithiwr yn wir. Y mae'n frwd, yn gyflym, ac mor dynn ei frawddegau, mor llawn ystyr bob brawddeg. A thân! Canys Catholig ydyw yn tywys ei fywyd ag egwyddorion ei grefydd, yn pwysleisio ar foesoldeb a bywyd pur. Wedi colli'r dydd yn y rhyfel yr oedd yr Almaen am bregethu bod diwedd ar wareiddiad y gorllewin, er mwyn i genhedloedd Ewrop gwympo gyda hi! Mynnai mai o'r Dwyrain y deuai'r goleuni. Nage. Yno anhrefn a barbareidd-dra. Felly, rhaid diogelu gwareiddiad Ewrop ym Mharis. Os eir i Fosco am orchmynion barbareidd-dra, i Baris am wareiddiad a diwylliant. Nid cystal areithiwr Valois er iddo siarad yn rhyfeddol dda heno. Gweled yr oedd ef yn Chwyldro Rwsia, duedd y wlad honno i droi at Asia. Felly Lenin yn cael ei ddiogelu gyda phobl o Cheina. Ymladd yn erbyn anhrefn Rwsia yr ydym: ac y mae'n rhaid wrth chwyldro i ateb chwyldro; chwyldro cenedlaethol gyferbyn â chwyldro cydwladol. Gan M. de Roux y mae mwyaf o drueni'r areithiwr canys cyfreithiwr ydyw. Ac y mae'n llai effeithiol am hynny, ac yn llai naturiol. Y mae ei acen yn wrthun braidd ar adegau. Siarad yn dda er hynny. Cyfiawnhau gwyddoniaeth Maurras yr oedd ef, gan egluro tipyn ohono. Yn olaf Léon Daudet, byr, tew, gyda bol mawr a phen hanner fel tarw a hanner fel llew. Llais main yn myned yn ysgrech ar adegau. Ei ragoriaeth fawr ef yw ei fywiogrwydd, ei aflonyddwch, ei iechyd ardderchog. Cerdda'n ôl a blaen yn gyflym weithiau, ac yna'n araf ond heb aros nemor fyth. Y mae ei ddwylo ar gerdded hefyd; a'i geg yn taranu yn erbyn Millerand, Poincaré, Herriot, Blum, Cachin a phob un nad yw'n ddewr fel ef ac yn bygwth aflonyddwyr heddwch. Gyda hynny, nid yw'n ofalus beth i'w ddweud na pha fodd i'w ddweud. Y gair cyntaf, y syniad nesaf a ddefnyddia ef bob cynnig.

Yr oedd yn gyfarfod ardderchog. Ni soniais yr un gair am y brwdfrydedd oedd yno a godai ddyn yn grwn yn awr ac unwaith. Er enghraifft huodledd pur Massis a brawddegau olaf araith Valois. Yna, pan godod Daudet i fyny, neu yn wir pan ddaeth i mewn. Yr unig beth tebyg iddo ydoedd y cyfarch a gafodd Maurras yn yr un lle y llynedd, neu eto yn y Luna Park pythefnos yn ôl. Ond yr oedd hwnnw'n fwy fyth, yn annisgrifiadwy, ac yn cyffroi dyn drwyddo draw, hyd fêr ei esgyrn, ac o'i draed i'w gorun. Methodd ef â dod y tro hwn yn herwydd marw ei frawd yr wythnos gynt. Aed allan gan ganu 'Vive le Roi, Vive Daudet' etc. Noswaith arall na allaf ei hanghofio. Yr oedd yn lles i ben dyn ac i'w galon. Nid oes feth ar apêl Massis, apêl i foesoldeb ac i rinwedd.

Dydd Sul, 14 Rhagfyr 1924

Heddiw dyfod Mr Lloyd, pennaeth Banc Lloyd i edrych amdanaf yn y bore, ac i roddi imi enw teulu arall am ystafell. Allan finnau yn y man. Wedi bwyta, myned i Neuadd Tref y bedwaredd dalaith o Baris. Yr oedd canu gan y Llydawiaid yno, a dawnsio lawer, y dawnsfeydd diwethaf gan amlaf, a rhai Llydewig ar yn ail. A'r Biniou! Yr oeddynt yn ddigon i dynnu clustiau dyn weithiau. Fy mhrif ddiddordeb i ydoedd ymddiddan â rhai o'm cyfeillion yno; â M. a Mme Regnier, Ashbourne, Mordrel ac ambell fyfyriwr o Lydaw na wn ei enw.

Dydd Llun, 15 Rhagfyr 1924

Heddiw ar fy ffordd i'r coleg, galw heibio Vendryes. Ymddiddan y buom am ysgrifennu gramadeg Cymraeg. Y mae ei eisiau – y mae ei eisiau yn ofnadwy. Nid oes yr un yn y Ffrangeg. Dyn a ŵyr mor anodd yw hi i geisio dysgu Cymraeg heb ramadeg Cymraeg. Wel dyna unpeth ydyw siarad, y mae'n wir. Yr ydym wedi gwneud yr unpeth hwnnw. Y gamp bellach fydd gweithio. Trefnasom gyfarfod â'n gilydd unwaith bob wythnos yn union ar ôl y Nadolig yn nhŷ Vendryes. Edrychaf ymlaen gyda hyder a balchder at wneud y gwaith. Bydd mor ardderchog. Y mae'r syniad yn fy mhen ers tro byd. Ond rhaid cyfaddef mai Vendryes a'i hawgrymodd imi heddiw. Ni allai wneud dim oedd fwy wrth fy modd. Campus! Darllen ac ysgrifennu am weddill y dydd.

Dydd Mawrth, 16 Rhagfyr 1924

Heddiw i'r coleg yn y bore gan weithio hyd ddeuddeg. Ysgrifennu gan amlaf. A mi yn Llydaw – dechreuaswn ysgrif ar sefyllfa'r iaith yno a methu â'i gorffen yn niffyg amser y pryd hwnnw – ac yn ddiweddarach yn herwydd gorfod ysgrifennu hanes y Gynhadledd Geltaidd. Heddiw gweithio arni gan ychwanegu cryn dipyn eto, a'i thrwsio beth.

Dydd Gwener, 19 Rhagfyr 1924

. . . Am naw, myned i Adeilad y Myfyrwyr yno i wrando darlith ar farddoniaeth y Mme La Comtesse de Noailles. Tristan Derème oedd y darlithydd, gŵr parod ei air, doniol ei barabl a ffraeth ddigynnig. Y Mme de Noailles oedd yn cadeirio ac, o dro i dro bob yn ail â darlith T.D., darllenai ddarnau o'i cherddi, eu darllen yn rhwydd fel y gweddai i un a'u gwyddai ar gof, yn synhwyrol fel un a'u deallai, er nad mor awgrymiadol ag y dylai'r sawl a'u carodd, ac a'u creodd, ac a wybu'r drafferth o hynny a'r balchder. Y mae llais mwyn ganddi er nad yw gerddgar iawn. Un fechan ydyw hi, heb fod nac yn dew nac yn denau. Wyneb purion hardd, gyda dau lygad gloyw o boptu i drwyn hir. At ei hyd y mae'n gam, a dyna'r drwg. Nid yw'n hollol yn ddodrefn i'w hwyneb. Gwallt du fel y muchudd, wedi ei osod yn dynn am y pen. Moesgar hi, fel y mae ei cherddi. Ond efallai yn annaturiol weithiau. A'i chlywed yn siarad, teimlo nad yr un hi ag awdur ei barddoniaeth dlos ddofn.

Y mae ganddi bob un o wendidau merch, er nad heb feddu eu rhagoriaethau ar eu gorau. A dawn yn fwy na dim. Gwisgai'n gampus gyda'r gwisgoedd drutaf a lliwiau ddigon a pherlau a chadwyni. Yr oedd Paul Fort yno a René Benjamin, y cyntaf heb fod yn dal, a'r llall dipyn yn uwch. Noson iawn, lawen ddigon – yn rhinwedd dawn y Tristan ffraeth – a llawn o wersi.

1925

Dydd Iau, 1 Ionawr 1925

Y mae mwy nag wythnos er pan ysgrifennais ddim o'm hanes yn fy nyddlyfr. Bûm yn teithio cymaint o le i le, yn gorfod treulio fy amser yn siarad â chyfeillion – ac â phobl eraill, nes nad oedd fodd yn hawdd ysgrifennu. Adrodd yr hanes fyddaf yma am y deng niwrnod cyntaf o ddiwedd yr amser hwnnw i'w ddechrau. Nos olaf ond un y flwyddyn o'r blaen y darlithiwn ym Machynlleth ar genedl a gwareiddiad. Cysgu ym Machynlleth a wneuthum y nos honno, a myned i fyny i Gilwinllan y bore drannoeth.

. . . Yna, wedi te, a'r bara gwyn wedi disodli'r bara coch yn y wlad, waetha'r modd, i'r mynydd â mi. Yr oedd yn oer o hyd, ac wedi peidio â bwrw'r cenllysg. Casglasai'n wynder ac yn oerfel ar fynyddoedd y fro hyd at Gader Idris. Yr oedd yn brydferth heb fod yn annwyl, heb fod yn hoff gan ddyn. A phan fyddai cwmwl uwch ei ben, yr oedd ofnadwy hefyd, a dieithr, ac aruthr. Ond yr oedd fy enaid i'n deall bywyd y mynydd. Yr oeddwn megis yn rhwyfo ynddo, ac yn ymdrochi ynddo. Hynny hefyd a geisiwn – sef fy nhrwytho fy hun ag ysbryd y lle, ac â thuedd y ddaear, ac a'r rhywbeth dienw hwnnw, ac annisgrifiol y mae'r meirw'n gyfrifol amdano yno. Ymgolli ynddo ydoedd fy hyfrydwch a'm diddanwch; yn wir, fy iechydwriaeth. Balm oedd i'm henaid am imi doddi fy enaid i yn eneidiau'r rhai fu yno o'm blaen, yn ein cynllunio, yn ein meddwl, yn ein dwyn yn eu cyrff. Nid enaid unig mohonof mwy, ond enaid mewn cymundeb ag eneidiau fy mhobl, fy nghenedl, fy nheulu. I lawr o'r mynydd yn iachach fy meddwl, yn iachach fy nghorff hefyd, ac yn llawenach.

Dydd Llun, 5 Ionawr 1925

Gadael heddiw am Abertawe lle yr oeddwn i gwrdd â S.L., D.J. Williams, G.J. Williams, Fred Jones ac eraill. Daeth D.J. Williams i mewn cyn inni gyrraedd Caerfyrddin; ac ynghyd y teithiasom oddi yno ymlaen. Yno hefyd cyfarfod â Llwyd Ifans, aelod newydd o'r mudiad. O orsaf Abertawe i'r Cartref Restaurant. Yno y cyfarfuom – D.J. Williams, Llwyd Ifans, S.L., Fred Jones,

G.J. Williams, R.A. Thomas Abergwaun a minnau. Methodd B. Bowen Thomas, a rhyw ddau neu dri arall, â bod yno. Ond, fel yr oedd, yr oeddem amlach nag ym Mai. Cynyddodd ein haelodau ychydig yn eu nifer. Casglwyd deg punt. Ysgrifennwyd llawer i'r *Breiz Atao* ac i bapurau eraill. Yr oedd y cydgyfarfod yma eto'n lles. Am ddau reswm o leiaf. Yn gyntaf, derbyniwyd fy nghynnig i o droi *Panceltia* yn bapur cwbl Gymreig, a chenedlaethol i ymddangos bob mis ac i'w ledaenu a'i werthu i bob cyfeiriad. Yr anhawster fydd cael ysgrifau. Cam arall yn y blaen ydoedd awgrymu bod y Mudiad i gadw'n llwyr oddi wrth y tair plaid wleidyddol, i gyfyngu ei faes i Gymru, yn wleidyddol, a defnyddio'r holl gynghorau hyd yr eithaf. Awgrym ydoedd, ac un da, yn dilyn yn naturiol o ysbryd y Mudiad, a thuedd ei feddwl. Ond nid oedd yn air y ddeddf; nid oedd yn llythyren y gyfraith. Pam? Am fod yr aelodau cyntaf oedd gennym mewn golwg – e.e. D.J. Williams, Fred Jones, B.B. Thomas – yn drwm dan ddylanwad y Blaid Lafur. Heddiw, cawsom ganddynt hwy i gydnabod nad oedd iechydwriaeth o'r cyfeiriad hwnnw. Ardderchog! Y mae'n ddiau yn gam – yn gam mawr – yn y blaen. Fe'i penderfynir yn bendant y tro nesaf. Yr ydym eisoes ar ein hennill. Daw ag undeb mwy i'n gweithredoedd, fel y mae undeb yn ein hathroniaeth. Yr wyf fodlon ar y gwaith.

Oddi yno, euthum gyda S.L. i Newton i'w gartref ef, lle y bûm am y ddeuddydd nesaf.

Dydd Mercher, 7 Ionawr 1925

Heddiw, gadael am Dreorci lle yr oeddwn i ddarlithio o flaen y Cymmrodorion. Yr oedd Fred Jones yn fy nghyfarfod yn yr orsaf a Mr Davies Ifans. Efô a'i wraig oedd i'm llety. Fe berthyn Mrs Evans i mi; ac y mae'r ddau yn ddeuddyn hawddgar a rhadlon. Yno yr euthum am de campus. Yna i Gapel yr Annibynwyr. Fy nhestun ydoedd: 'Gwell yr edef yn gyfrodedd nag yn ungor'. Cefais hwyl burion dda, a gwrandawyr lawer – er y gallai fod yno lawer iawn ychwaneg. Y drwg oedd bod yna gyfarfodydd gweddi yn yr holl gapeli. A darlithiau gweddi gyda'r Bedyddwyr. Ond cawsom gyfarfod da er hynny; ac ar y diwedd sawl hawl i'w ateb. Un drwg arall. Dynion wedi eu hargyhoeddi oedd yno, nid y rhai difater na'r rhai diffaith, heb sôn am y gelynion. Ar ôl y cwbl, bûm yn siarad â W.M. Evans, hen gyfaill yn y Coleg a Fred Jones a'i wraig, Teifi Jones, Seymour Rees a'i wraig yntau, a rhai o'r merched sy'n burion danbaid. Ac i'r tŷ i ddiweddu'r dydd.

Dydd Gwener, 9 Ionawr 1925

Drannoeth – ddydd Iau – yr oedd yn wlyb iawn; ac ni bûm allan nemor ddim. Yn unig, y prynhawn bûm yn gweled bedd Ben Bowen ym mynwent Treorci. Yno'n myfyrio am ennyd ac yn crynhoi fy meddyliau. O'm blaen yr oedd y geiriau – *Soniai ormod am Gymru a thragwyddoldeb*. Pa baganiaeth! Pa syniad anwaraidd. Ond dyna Gymru'r oes o'r blaen. Dyna Gymru'r ganrif ddiwethaf. Amser yw hi i ddileu'r ddysg hon, ac i'w bwrw o'r neilltu. Hynny yn un o'r pethau y mae'n rhaid inni ei wneuthur.

Heddiw, i fyny i dŷ Fred Jones, oedd yno yn fy nisgwyl. Gydag ef, un R.R. Williams, Cyfarwyddwr Addysg yr ardal, a bachgen pur dda o leiaf mor bell ag y geill. Ni wn a ydyw'n ddigon ei ddiwylliant, a'i egni meddwl, i lwyddo fel y dymunai. Wedi cinio euthum i fyny gyda Fred Jones i ymweld ag ysgol Blaen Rhondda. Gweled yno yr ymdrechion a wneir i ddysgu'r Gymraeg i Gymry ac i'r Saeson. Nid drwg ar y cyfan, er nad effeithiol iawn bob amser. Dysgid hwy i ddeall yn hytrach nag i siarad. Ond cam yn y blaen er hynny, a cham mawr hefyd. Yn ôl i Gwmparc am de gyda Gwilym K. Jones sy'n weinidog yno. Yna i dŷ Fred Jones am swper, ac i ymddiddan llawer. Yn ddiweddarach daeth y Parch. Ifan Jones yma, a bu dadlau mawr rhyngom weithiau. Yr oedd wedi dau o'r gloch y bore arno'n mynd i ffwrdd.

Dydd Sadwrn, 10 Ionawr 1925

Heddiw, yn y tŷ yn ysgrifennu y bore, ac yn darllen. Allan efô G. Keri Jones y prynhawn, ac i fyny gyda'n gilydd i dŷ W.P.Thomas, gŵr pwysig yn yr ardal yn rhinwedd ei swydd fel arolygydd cwmni glo go fawr. Nid oedd yno, ond dywedai wrthym y byddai yno gyda'r nos. Ac fe'm gwahoddwyd i fyned yno. Bwriadu finnau fyned. Soniasai Gwilym wrthyf gymaint am y dyn, am ei ddoniau llenyddol, ac am ei ysbryd Cymreig. Ac yn ôl a minnau, a'i gael y tro hwn, a gweinidog ei Eglwys gydag ef, a'r organydd, y ddau'n cynffonna'n arw iawn iddo, gan chwerthin am ben pob dim a ddywedai. Yna troi i ffwrdd, a'm gadael innau'n unig gydag ef. Sôn y bu lawer iawn am y gweithwyr yn y gwaith, am y llaweroedd a ddaw o Dregaron a'r cylch. Yna am rai salach o Ffestiniog a'r Gogledd; hen reps o rai yn ei olwg ef. Yn y man cael ein galw i swper; a rhoes y pysgod oedd ar y bwrdd destun siarad iddo am yr holl amser y buom yno. Gorffen – ac i mewn i ystafell arall, lydan a helaeth fel pob un yn y tŷ. Am Ddaniel Dafis y Casïer y clebranodd am ysbaid wedyn, gan ganmol ei haelioni rhyfedd, a'i ddaioni i ddyn ac anifail. Yn y diwedd cefais ganddo ymdrin â sefyllfa'r iaith. Ofni ei bod yn colli tir. Hynny a wnaeth er y cof cyntaf oedd ganddo. Hynny eto a wna heddiw. Ni bydd wahanol yfory. Cwyno rhag hynny yr oedd, ond ymddangosai'n hwyrfrydig i wneuthur yn ei erbyn. Ofnai'r nerthoedd oedd yn erbyn yr iaith – y llanw o 'hen Saeson gwael 'ys dywedai, yn weithwyr ac yn berchenogion. Yr oedd yn drueni meddai, a'r Cymry'n gystal gweithwyr, mor ddehau, mor ofalus, mor fedrus. Yn unig, nid hoff ganddo weithredu er amddiffyn bywyd y Cymry hynny, eu nodweddion, eu crefydd, eu traddodiadau, eu moesau, a'u hiaith. Dyna'r gwendid ofnadwy.

Dydd Mawrth, 13 Ionawr 1925

Fore Llun, troi ymaith o Dreorci a dymuno'n dda i'r deuddyn da a'm lletyodd mor hynaws, ac mor groesawgar. Taith ddwy awr ac i Benarth â mi, i gartref fy nghyfaill G.J. Williams a'i wraig. Disgwylient fi ers dyddiau, a chwynent na ddaethwn yn gynt. Ymddiddan diwyd a diddan, holi ac ateb y buom y prynhawn hwnnw. Yr un peth drannoeth – heddiw – am ysbaid. Eithr bûm yn y Coleg yng Nghaerdydd, yn siarad yno â Mr Brett, yr athro mewn Saesneg yno. Ac â Hubert Morgan. Arferai ef ddod i Dregaron ar ei wyliau pan oeddwn i'n grwt bach. Nid yw fawr fwy eto o faint. Ond chwyddodd yn aflawen! Ni fedrai siarad ond yn araf – araf, fel dyn a bwysai bob gair. Yr oedd yn hyll ryfedd ond fe'i gwnâi'n gyson, hynny wedyn, y mae'n debyg fel arwydd o fawredd. Ar wahân i hynny, yr oedd y bachgen yn burion. Trueni ei niweidio gan wendid mor ddianghenraid, ac mor hawdd ei osgoi.

Dydd Mercher, 14 Ionawr 1925

Heddiw yr oeddwn i ddarlithio o flaen y myfyrwyr. Yr oeddynt hwy ar sefydlu cangen o Gymdeithas Genedlaethol Gymreig Bangor. Ac i mi y rhoddwyd yr anrhydedd o'i hagor. Ar amcanion y gymdeithas newydd felly y siaradais, gan bwysleisio dyletswydd myfyrwyr i gymryd diddordeb ym mudd ein cenedl. Yna rhagddi i sôn am egwyddor cenedlaetholdeb, am ragoriaeth cenedl, am ddyletswydd dyn, ac nid am ei hawliau. Yna, am ddiogelu'r Gymraeg, am ei gorfodi trwy'r holl ysgolion, a rhoddi bywyd newydd iddi. G.J. Williams oedd y cadeirydd, a bu ef yn hael iawn ei eiriau. W.J. Gruffydd ddylai gadeirio, ond fe'i lluddiwyd gan ddyletswyddau eraill. Fe'i gwelsom er hynny cyn y diwedd, canys daeth i mewn. Bu yn fy holi unwaith neu ddwy, ac amryw o'r myfyrwyr hwythau. Yn olaf daeth llawer ohonynt ym mlaen i ymddiddan â mi – dau ohonynt o Dregaron, Ieuan Jones, a Megan Jones. Hynny fu diwedd cyfarfod fu'n burion llwyddiant.

Dydd Iau, 22 Ionawr 1925 [Ffrainc]

Neithiwr yn yr hwyr, bûm yn y dosbarth Llydaweg, yn gweled yr hen gyfeillion, ac yn dysgu mymryn o'r newydd o'r Llydaweg. Gweled Regnier a'i wraig, efô'n eiddil fel arfer, a gwan a chloff, hithau yr un mor eiddil, ac yn welw gyda hynny, ond yn glebranes aflawen. Clebran! Does neb a'i chapo hi, braidd. Ond y mae'n ddiniwed iawn, ac yn ddiddorol ddigon. Yr un rhai ag arfer oedd yn y dosbarth ac yn siarad y Ffrangeg, fel sydd yn arfer ganddynt.

Dydd Gwener, 23 Ionawr 1925

Codi am wyth heddiw, i gyrraedd y Sorbonne erbyn naw, i gynnal fy nosbarth Cymraeg. Sramek . . . sydd ddarlithydd mewn seinyddiaeth yma, ydyw un o'm myfyrwyr, ac y mae'n gymeriad diddorol iawn. Araf iawn y cerdda ef, a rhaid ailrodio'r un tir yn fynych gydag ef. Oddi yno i'r Port Maillot at yr Awstriad i roddi gwersi Saesneg iddo. Ac yn ôl i'r Quartier

Latin am ginio. Yn y Sorbonne hyd bedwar, pryd yr oedd gennyf ddosbarth
arall mewn Cymraeg. Yna, dosbarth Vendryes ac allan. Ciniawa, ac i gaffé, i
ddarllen llawer.

Dydd Sadwrn, 24 Ionawr 1925

. . . Wedi cinio, cynnal y dosbarth Cymraeg, o wyth tan naw, gan gael hwyl
dda. Yr un efrydwyr ag arfer, saith ohonynt, neu wyth – Sramek wrth
reswm, a'r Abad diddorol o Forbihan, gyda'i ryfeddu at bob gair sy'n debyg
i'r Llydaweg; ac Ashbourne. Cefais ymgom hir gydag ef. Newydd ddod yn ôl
o Iwerddon y mae, a sôn yr oedd am ei wyrthiau ef yno. Gwelodd De Valera
a Douglas Hyde, Miss O'Farelly ac eraill. Nis cred ef fod fawr allu yn De
Valera. Penderfynwyd rhoddi bywyd newydd yn y Gaelic League, a'i
defnyddio'n effeithiol i ddysgu'r iaith, a'i diogelu.

Dydd Llun, 26 Ionawr 1925

. . . Gwrando Michart yn darlithio ar La Bruyère yr awr nesaf. Purion
diddorol. Ond, mor anniogel! Tueddai i wneud ohono ragflaenydd y Chwyl-
dro, rhagredegydd Voltaire a Rousseau! Ac ymresymu fel yr oedd, gallai eu
cael o bob cyfnod, o Roeg a Rhufain. Gwendid mawr yw y duedd hon
ynddo ef fel yn holl athrawon y Brifysgol.

Oddi yno i ddarllen hanes ac i ysgrifennu. Am chwech, yr oedd Alf
Sommerfelt yn rhoddi anerchiad byr ar waith sefydliad sydd ganddynt yn
Norwy, newydd ei ffurfio, i astudio dyn, ei fywyd, ei ieithoedd, a'i lên
gwerin. Ciniawa â mi wedyn, a bod awr mewn caffé, cyn gwrando André
Marius yn parhau ei ddarlithoedd ar Fistral. Cyfnod rhyfel 1870–1 oedd
ganddo, a dangos fel y trodd Mistral yn erbyn y Weriniaeth wedi gweled na
roddai ryddid i'w famwlad – Profens.

Dydd Mawrth, 27 Ionawr 1925

. . . mynd i dŷ Vendryes. Canys heddiw y dechreuwn ar y gramadeg
Cymraeg. Buom gyda'n gilydd am ddwyawr. Gweithio ar seiniau'r cytseiniaid
a'r llafariaid oeddem, gan roddi enghreifftiau. Vendryes oedd yn ysgrifennu er
mai fi ddisgrifiai'r seiniau, a roddai'r geiriau, gan edrych eu bod yn cael eu
llythrennu'n gywir. Buom ddiwyd iawn. Yn awr bydd Vendryes yn
ailysgrifennu'r cyfan, inni fyned drosto'r tro nesaf eto mor ofalus ag y gallwn.

Dydd Mercher, 28 Ionawr 1925

Codi'n weddol iach heddiw, a hwylio i'r Sorbonne. Am dri, bûm yn y
Collège de France yn gwrando ar Camille Jullian yn darlithio ar y Galiaid a
Gâl. Darlithia fel pregethwr. Y mae'n werth ei glywed. Sieryd yn gyflym

ryfeddol, gyda hwyl fawr. Y mae'r holl ffeithiau ganddo ar flaen ei fysedd. Cyfyd y cyfan o'r cyfnod o flaen ein llygaid. Yn wir, ardderchog, a dim llai na hynny. Bydd rhaid imi ddilyn mwy o'i ddosbarthiadau ef.

Dydd Iau, 29 Ionawr 1925

. . . Gweithio yn y llyfrgell am y ddwy awr nesaf. Yna cyfarfod â'm hen gyfaill Alf Sommerfelt, y disgybl cyntaf fu gennyf yma. Yr oedd cyfaill o Norwy ganddo, ac aethom ein tri i yfed te gyda'n gilydd, gan ymddiddan am Gymru, am waith Sommerfelt yno, am ei ddarlithio yn Aberystwyth, am Gwynn Jones – 'Un homme tout à fait remarquable', fel y cyfaddefai yntau.

Wedi amser dipyn, ymadael; a throi fyfi eilwaith i'r Brifysgol hyd saith o'r gloch. Wedi swpera, myned i neuadd yr Action Française, i wrando darlith ddiddorol iawn, wir dda hefyd, llawn gallu a dawn a meddwl, ar wleidyddiaeth yn ôl St Thomas o Aquin. Nid Maurras oedd yn cadeirio. Nid yw o fewn cyrraedd oherwydd ei fyned rai ddyddiau'n ôl i'w gartref i'r Deheudir. Yn ei le yr oedd Henri Massis, y cefais gyfle i'w weled yn llawer nes na'r troeon o'r blaen mewn cyfarfodydd mawrion. Cymharol fychan ydyw, ac eiddil. Wyneb cul; wyneb menyw hefyd er bod ôl penderfyniad mawr ynddo ac arwydd o ddyn gwyllt, tymhestlog, yn fawr ei ffydd ynddo ei hun, a hyd yn oed, yn awdurdodol. Pendant hyd yr eithaf, a phybyr, a pharod i'w amddiffyn ei hun, heb fawr wahaniaeth pa fodd. Nid oedd wrth reswm gystal â Maurras, gyda thrin y croesholwyr, ar y diwedd, er bod yn dda iawn, ac yn feistrolgar yn sicr. Yna rhoes annerch fechan i ddiweddu. Annerch ddawnus, a liwid yn dda gan dinc ei lais tanbaid, gafaelgar. Cwrdd ardderchog.

Dydd Sadwrn, 31 Ionawr 1925

. . . Yn ôl i'r Sorbonne i ddarllen *Breuddwyd Macsen* i'r Dr Georges Kurytowicy, dyn ieuanc o Boland y mae'n flasus rhoddi gwersi iddo. Canys y mae'n ysgolhaig ieithyddol ardderchog, ac yn feistr ar darddiad yr ieithoedd.

Dydd Llun, 2 Chwefror 1925

. . . Yna i'r llyfrgell. Ac i ysgrifennu. Addawswn ysgrifau i'r *Faner* ar Lydaw a Ffrainc. Ysgrifennais am Lydaw, yn ddiwyd iawn am awr a hanner – am ddiwedd *Buhez Breiz*, am godi *Gwalarn*, am gyfieithu *Peredur* a'r *Pedair Cainc* ac eto am yr *Atlas Linguistique*. Wedi swpera, edrych dros yr ysgrif a'i gyrru ymaith.

Dydd Mawrth, 3 Chwefror 1925

. . . Ciniawa – a myned i'r Sorbonne i ddechrau adolygiad ar lyfr amrwd W. Watkin Davies, ei *Wales*. Am bump, disgyn i wrando ar Le Breton huawdl yn parhau ei ddarlithiau ar Racine. Yr oedd yr holl le'n llawn fel ysgubor gan ŷd cynhaeaf toreithiog. Aros ar fy nhraed y bûm i drwy'r amser, a llawer un arall, o ran hynny. Yr oedd yn olygfa ardderchog. Pryd y gwelir ei hafal yn un o Golegau Cymru?

Dydd Mercher, 4 Chwefror 1925

Codi'n burion bore heddiw, a hwylio'n fuan tua'r Sorbonne lle y gweithiais am ddwyawr gan barhau fy adolygiad ar lyfr Watkin Davies – llyfr y mae'n anodd iawn cadw o fewn terfynau wrth ei adolygu rhag cymaint ei ddiffygion.

. . . Ciniawa, ac ysgrifennu mymryn cyn myned i glywed Mordrel yn dilyn ei *Hanes Llydaw*. Ac i ffwrdd wedyn i'm llety i ddarllen *Y Darian* oedd newydd gyrraedd, a gorffen *Polyeucte*, oedd yn wir flasus, yn dlws, yn daer, yn danbaid, heblaw cyforio o deimladau tymhestlog, y cyfan mewn gwisg osgeiddig, mewn geiriau cynnil, digonol, gyda chelfyddyd glasurol, ddifai, gymedrol. Campus!

Dydd Gwener, 6 Chwefror 1925

. . .Yn hwyr clywed darlith ar Edward Quinet, Massis yn y gadair. Yr unig beth neilltuol a ddaeth o'r ddarlith ydoedd i E.Q., yn groes i Victor Hugo, yn wrthwyneb i'w gyfaill Michelet, ddrwgdybied yr Ellmyn a chanfod eu perygl i Ffrainc. Yr oedd lle Maurras yn wag iawn. Ond, diweddodd Massis yn dda iawn gyda golwg byr, cywir, a deallgar ar ddiffyg Quinet, ar wendid athroniaeth yr Ellmyn. Y mae gallu lawer ganddo, a gonestrwydd meddwl ddigon, a disgyblaeth fydd yn peri iddo, yn ddiamau, ddylanwadu'n anferth yn y dyfodol. Nid yw, o dipyn, mor alluog â Maurras, nac mor dreiddgar. Ond, y mae'n gall i weled gwerth dysg Maurras, a manteisio arni.

Dydd Iau, 12 Chwefror 1925

. . . Allan cyn naw i wrando darlith ar dreth a threthi. Georges Valois, y gŵr a'i wyneb cadarn, os nad caled, tan y gwallt du a'r talcen llydan, oedd yn cadeirio. Caed ganddo ef eglurhad pellach, a chyfraniad da at astudio'r pwnc. Diweddodd gyda sôn am aflywodraeth ariannol y dydd, ac am y methdaliad y mae Ffrainc ar suddo'n sicr ac yn ddwfn iddo y dyddiau nesaf. Yr oedd wedi unarddeg arnom yn gadael.

Dydd Gwener, 13 Chwefror 1925

. . . myned i'r Llyfrgell i ddarllen fy adolygiad ar lyfr Watkin Davies. Os na ofalaf bydd yr adolygiad cyhyd â'r llyfr. Y mae'n ddeugain tudalen o'm llawysgrifen i.

Dydd Sadwrn, 14 Chwefror 1925

. . .Yn y man diweddais ddarllen yr adolygiad, gan deimlo'n falch o'i ddiweddu. Yna dechrau ysgrif i *Cymru am Byth*, y cylchgrawn newydd a fwriadwn ei gychwyn. Wrthi y bûm hyd chwech o'r gloch.

. . . i'r llety i ddarllen *Y Faner*. Yr oedd ynddi ysgrif o'm gwaith i ar Lydaw – ar ddiwedd *Buhez Breiz* ac ar ddechrau *Gwalarn* - ond yn llawn gwallau sydd yn fy ngofidio'n arw iawn. Yr oedd llythyr oddi wrth Debauvais, y cyntaf er pan ddeuthum yn ôl wedi'r Nadolig. Amlwg na cheir rhifyn o *Cymru am Byth* hyd fis Ebrill. Wedi'r holl feddwl am ei gael erbyn dydd Gŵyl Dewi.

Dydd Llun, 16 Chwefror 1925

. . . Ciniawa, ac yn ôl bod mewn siop lyfrau gampus am rai ail-law, myned i ddosbarth Marius André. Cefais ymgom ag ef am beth amser cyn iddo ddechrau ei ddarlith. Bachgen hawddgar iawn ydyw, yn swil iawn, fel y prawf cryndod ei lais a'i ddwylo wrth ddarllen. Siarad y bûm i ag ef am Fistral. Gofyn a oedd llyfr arno, efô a'i lên a'i waith. Nac ydoedd. Yn unig y mae André ei hun – oedd un o'i ddisgyblion ac o'i gyd-weithwyr – yn ysgrifennu arno yn y *Revue Méridionale* er mis Medi diwethaf. Dywedais wrtho mai Cymro [oeddwn ac] imi gymryd diddordeb mawr iawn ym Mistral. 'Très bien! Très bien!' Y mae Mistral yn sôn am y Cymry. Y mae ganddo ysgrif arnynt. Ac yr wyf i wedi ei ddyfynnu yn fy ysgrifau arno. Ymadael â'n gilydd yna, a myned efô i ddarlithio, a minnau i wrando arno.

Dydd Mercher, 18 Chwefror 1925

. . . I'm llety yn gynnar i ddarllen *Une heure avec . . .*, ail gyfrol Frédéric Lefèvre. Er imi ddarllen yr holl ysgrifau yn y *Nouvelles Littéraires* y mae hwyl iawn ar eu hailddarllen, ac y mae'n gyfrol hwylus i'w ryfeddu.

Dydd Iau, 19 Chwefror 1925

Y peth cyntaf a gefais wedi myned allan heddiw oedd llythyr o Fangor. Ceisid darlithydd mewn hanes a Chymraeg yn y Coleg Normal yno, a chynigiais innau. Y mae pythefnos er hynny bellach. Dyma lythyr o'r diwedd. Beth oedd ynddo? Buan o beth ei agor a gweled ei gynnwys. A dyma fo. Gofyn imi fyned i Fangor i'r pwyllgor dewis gael ymddiddan â mi a chynnig imi bum punt at y draul. Beth i'w wneud? Nid yw pum punt yn ddigon i guddio'r draul. Pa wahaniaeth! Y mae'n gyfle. Rhaid ei ddefnyddio. Felly mynd. Nid oes dim arall amdano. Rhaid imi fod ym Mangor erbyn dydd Mawrth nesaf. Felly rhaid croesi'r môr ddydd Sadwrn i gael treulio'r Sul gyda fy chwiorydd a theulu fy ewythr. Yr oeddwn wedi penderfynu'r cyfan mewn mymryn o dro.

Dydd Mercher, 25 Chwefror 1925 [*Cymru*]

. . . Bu'r pwyllgor yn ddifai tuag ataf. Gofynnwyd imi ddisgrifio'r gwaith a wneuthum yn y Coleg, ac yna ar ôl hynny yn Ffrainc. Holodd y Prifathro dri hawl neu bedwar imi – ac yna ddau neu dri o'r aelodau eraill. Saesneg oedd y siarad fwyaf, er mai 'prynhawn da' ddywedais i wrthynt ar fy myned i mewn. Ond siaradodd rhai ohonynt Gymraeg â mi, a manteisiais innau ar hynny bob tro i ateb yn helaeth yn yr un iaith. Ni ofynnwyd dim imi ynglŷn â'm safbwynt ar wleidyddiaeth Cymru ac ar le'r Gymraeg. Fi fu o'u blaen gyntaf, yna y cyfaill arall. Pan alwyd fi i mewn yr ail dro, gwyddwn mai fi oedd wedi fy newis. Yn Gymraeg y llongyfarchodd y cadeirydd fi yn ei enw ei hun, ac yn enw pawb arall. Ond gofynnodd gennyf ddweud gair yn Saesneg am fod yno aelodau na wyddent ddim Cymraeg. Ufuddheais innau, gan nad onid awr na'r funud i gyndynnu dim. 'Byddwch gall fel y seirff.' Ac yr oedd y cwbl drosodd. Allan â minnau a'm bron yn gymysg o lawenydd ac o fymryn o dristwch – llawenydd yn herwydd cael cyfle i lafurio yng Nghymru o'r diwedd – tristwch am nad yn y Brifysgol y cefais ef, – ac eto oherwydd gadael Paris, gadael ei gwareiddiad gwych, deall a dawn ei phobl. Ar y cyfan, y llawenydd oedd gryfaf. Ac yn naturiol. Ac yn gyfreithlon. Yn awr y mae'r cyfle a ddisgwyliais am achub Cymru, am achub y Gymraeg, am ddylanwadu ar ei meddwl gorau, drwy ei myfyrwyr, a phob dull a modd arall. Arnaf i y bydd y bai os na lwyddaf bellach. Gyda gwaith cyson a phenderfyniad cryf a threfn a chynllun arnynt, dylwn lwyddo. Y mae'r agoriadau wedi eu gosod yn fy nwylo.

Gwelais Mr Thomas Roberts, sydd yn Athro Cymraeg yn yr un Coleg, a bûm yn ymddiddan tipyn ag ef. Bachgen hawddgar, rwy'n meddwl, os nad yw'n rhy hoff o'r Saesneg. Cawn weled.

Dydd Gwener, 27 Chwefror 1925

. . . cymryd y trên am Aberystwyth, lle y gwelais fy hen athro hoff, Gwynn Jones. Yr oedd yr hwyliau gorau arno ef. Y mae ei waith ar Dudur Aled yn y wasg. Sôn am hwnnw y buom fwyaf. Bydd yn waith campus – yn destun dihafal i'r hanesydd ac i'r llenor. Bydd yn ychwanegiad dirfawr iawn at ein gwybodaeth am y cyfnod, am addysg y beirdd, am eu crefft, a'u celfyddyd, am beroriaeth hyd yn oed, ac yn ddiau am lawer peth arall.

Dydd Sadwrn, 28 Chwefror 1925

I lawr i Dregaron yna i gael fy swyno y tu hwnt i ddisgrifio gan adar y gors; y gân sydd fwy cyfarwydd imi o bob un, yr adar a glywais gyntaf ac a ddysgais i garu, i ddechrau ar lan y gors, ac yna yn Ffrainc, ymhell ddigon o'r un gors.

Un noson yn unig y bûm gartref, heb gael amser hyd yn oed i gerdded i'r fynwent am yr ysbrydoliaeth sydd mor anhepgor. Oddi yno i Abertawe, lle y gwelais S.L. a'i wraig. Llawenychai ef yn ddirfawr iawn, gan weled yn fy mhenodi i Fangor ddyfod gobaith i'r Gogledd, ddyfod cyfle i bregethu'r ffydd genedlaethol yno. Oddi wrtho ef i Benarth i dreulio deuddydd gyda'm hen gyfaill Griffith John.

Dydd Mawrth, 3 Mawrth 1925

Yr oedd yn ddiwrnod iawn, yn burion o oer, ond yn dangos haul yn gyson. Yr oedd gwedd iawn ar y wlad o Lundain i Newhaven, yn enwedig mewn ambell fan lle'r oedd dôl fechan yn dlos anferth gan y coed a'i cylchai, a chan fryn a chlogwyn. Ac yna, yng nghanol y cyfan, lyn gloyw o ddwfr. Ar y môr, yr oedd hi wedyn yn oer, yn oerach hefyd am nad oedd cysgod o un tu. Ond yr oedd yn hyfryd er hynny. Nid oedd y môr yn llonydd o gwbl, ond nid oedd yn gynddeiriog ychwaith. Symud cyson tonnau bychain, oedd ei ogoniant. Codent o hyd o le bwy'i gilydd, yn wyn eu huchaf, yn las eu gwaelod. Mor debyg i bethau byw. Yr oedd eu symud fel eiddo creadur, eu hymdaith fel eiddo ceffyl anystywallt, gyda'i fwng tew yn yr awyr. Felly hwythau, ac uwch eu pennau y gwenyg gwynion, y chwythai'r gwynt trwyddynt, y gwenai haul arnynt gan roddi iddynt seithliw enfys. Ac felly o hyd, troi glas y môr a gwyn y gwenyg, yn goch, yn binc ac yn fioled dlos. Edrych arnynt ydoedd fy hoffter ar y llong. Yr oedd yn olwg mor ardderchog.

Dydd Gwener, 6 Mawrth 1925 [Ffrainc]

. . . Cwrdd â'r Thomas hwnnw o Goleg Caerdydd, oedd yn lletya gyda mi llynedd yn yr Hôtel Britannique. Gyda'n gilydd ni i gaffé i gydymddiddan am wleidyddiaeth, economeg a llenyddiaeth. Ar yr olaf y mae ef yn gryf iawn, yn ddeallgar ac wedi darllen yn helaeth. Yn ffodus, y mae wedi newid llawer ar ei syniadau am wleidyddiaeth a sosialaeth er y llynedd. Y mae wedi darllen Maurras, a bu hynny'n dda iddo.

Dydd Sadwrn, 14 Mawrth 1925

Treulio'r prynhawn yn darllen hanes yn y Sorbonne. Ond am dri myned i ddosbarth Loth, gan ymddiddan tipyn ag ef ar ôl y dosbarth. Yr oedd hwyl dda iawn arno, ond iddo gael ei gynhyrfu y dydd cynt. Yn yr Académie des Inscriptions yr oeddynt – a rhywun yn pyncio'n awdurdodol iawn ar bynciau Celtaidd, gan ddywedyd pethau oedd groes i'r gwir. Cododd Loth i fyny i ddywedyd hynny, wrth reswm. Yr ateb a gafodd ydoedd, 'Nid oes llenyddiaeth Gymraeg!' Yr oedd o'i gof yn lân. Codai digofaint i'w wyneb wrth sôn am y peth. Ni welais hynny erioed o'r blaen. Yr oedd yn ddirmyg ar lenyddiaeth Cymru wrth reswm. Ac yn ddirmyg hefyd ar lafur Loth. A dyna aelod o'r Académie yn siarad yn derfynol am bwnc na wyddai ddim amdano. Ni wn ei enw, ond efô sydd yn edrych ar ôl Amgueddfa St Germain.

Dydd Sul, 15 Mawrth 1925

Heddiw myned i wrando'r Tad Sanson i'r Notre Dame. Yr oedd yn olygfa werth ei chofio. O flaen yr Eglwys yr oedd dau linyn hir o bobl yn ymestyn allan oddi wrth y ddau borth. Cawsom – canys yr oedd Reid gyda mi – fyned i mewn cyn bo hir. Aros yno am yn ymyl awr cyn dechrau'r bregeth. Yn y cyfamser, llenwai'r Eglwys ei chyrrau i gyd, nes bod yn orlawn ei chorff a'i hymylon rhwng y colofnau bonheddig a thelaid. Dyfod Sanson yntau am bump a chymryd yn destun 'Aflonyddwch Dyn', gan geisio cyfrif amdano a thynnu gwers. Codai oherwydd mawredd dyn, ac yna oherwydd ei eiddilwch. Y feddyginiaeth ydoedd Bod oedd yn dragwyddol ei hun yn gwbl dda yr un pryd. Gorffennodd gyda galw ar yr anghredinwyr i ddyfod at y Bod hwnnw, at y Duw sydd yn ddaioni perffaith ac yn haelioni pur. Yr oedd yn huawdl. Clywais y Tad Janvier yntau ddwywaith o leiaf. O'r ddau, rwy'n meddwl mai Sanson sydd huotlaf. Nid yw'n ddyfnach efallai; nac yn well meddyliwr. Ond y mae'n dda yma hefyd. Huodledd sydd yn loywder yr un pryd, ac yn ddeallgar a synhwyrol ydyw ei huodledd ef. Yr oedd yn olygfa ardderchog gweled yr holl filoedd yn hoelio eu meddwl a'u golwg a'u llygaid arno ef megis yn disgwyl am air y gwirionedd, am barabl y goleuni. Ar ein traed yr oeddem, ac eto yn mwynhau yn ddirfawr – er mai wrth gefn i un o'r colofnau yr oeddem, ac yn colli llawer o eiriau am y rheswm hwnnw. Allan i dystio i'r gystadlu aeth boeth rhwng gwerthwyr y *Jeune République*, ag eiddo'r *Action Française* – cystadleuaeth na ddiweddai mewn gweiddi, ond a olygai daro hefyd ar dro, a tharo merched hyd yn oed. Felly y gwelais ddigwydd i ferch a gydiodd yn yr *Action Française*. Buan y gafaelodd y gwerthwyr ynddi, gan roddi ergyd digon caled iddi.

Dydd Mawrth, 17 Mawrth 1925

Dydd Llun, y darllen arferol yn y Brifysgol y bore a'r prynhawn. Heddiw – dydd Mawrth – myned i dŷ Vendryes. Yr oedd ef newydd dderbyn llyfr newydd y Syr J. Morris Jones – *Cerdd Dafod* – ac yr oedd yn falch iawn iawn. Gweithio yna am ddwyawr ar wahanol ddefnyddiau, y berfau a'r geiriau a'u dilyn. Buom yn dadlau tipyn unwaith ar 'Hwyr' a 'Rhy Hwyr' mewn brawddegau megis: Y mae'n hwyr gennyf fynd; ac eto: Y mae'n rhywyr imi fynd. Ai yr un fath? Ai nage? Ie meddwn i. Nage meddai yntau. Ac yr wyf yn meddwl mai efô oedd yn iawn. Cyn fy myned allan galw efô ar ei fachgen bach. 'Viens ici. Viens dire bonjour à M. Bebb. Viens!' Dyfod yntau o'r diwedd yn swil braidd. 'Dis bore da.' 'Mais il ne peut pas?' meddwn i. 'Si, si. Il chante aussi très bien. Chante maintenant. Chante. Chante "Gogoniant i Gymru". Il le chante très bien.' Ond ni wnaeth y plentyn mwyn heddiw. Myned oddi yno am fy nghinio.

Dydd Mawrth, 24 Mawrth 1925

. . . i'm llety, yno i ddarllen dau lythyr oedd imi – un oddi wrth Saunders
Lewis – a'r *Breiz Atao* oedd yntau newydd gyrraedd. Yn *Breiz Atao* hefyd yr
oedd *Gwalarn*, y papur newydd Llydewig sydd yn ymddangos am y tro
cyntaf.

Dydd Iau, 26 Mawrth 1925

Heno i Neuadd Fawr y Sociétés Savantes, rue Danton, i glywed Daudet a
Valois. Bu'n rhaid aros am awr yn gynffon hir oddi allan. Yno, llanw'r
neuadd ar unwaith nes nad oedd lle o gwbl i eistedd i lawr, ac eithrio'r rhai a
dalai. Ar fy nhraed y bûm i fel cannoedd eraill, canys lle i ychydig yn unig
oedd i eistedd. Yn fuan, daeth Daudet a Valois yno, ac yr oedd pawb yn
gweiddi yn unllef 'Vive Daudet' gan godi ffyn i fyny, a hatiau a chapanau,
gyda'r brwdfrydedd rhyfeddaf. Y Marquis de La Ferronnays oedd yn cadeirio,
ac yn siarad yn gyntaf gan sôn amdano'n cael ei droi allan o'r Senedd
wythnos yn ôl, am wrthwynebu Herriot yn galw'r Eglwys yn 'Christianisme
de banquiers'. Wedyn Valois, a roes mewn hanner awr, ddisgrifiad clir,
synhwyrol o'r gyfundrefn economig a chymdeithasol y dylai Ffrainc ei chael.
Pwysleisio mai gwleidyddiaeth, ac nid economeg sydd bwysicaf. Yna, trefnu
gweithwyr a meistri yn ôl y gwaith a wnânt, a sicrhau bwyd a gwaith iddynt.
Y peth pwysig i weithiwr ydoedd cyflog blwyddyn, nid cyflog undydd,
cysondeb a sicrwydd, ac nid arian da ar amserau. Heddiw, oherwydd y
perffaith ryddid a adawyd i bawb, gyda dyfod y Chwyldro Diwydiannol, yr
oedd cyflwr y gweithiwr yn druenus. Yna amlinellu cyfundrefn gyflawn
gydag eglurder perffaith a meistrolaeth anaml. Yna Daudet. Yr oedd gweiddi:
'Vive Daudet' am amser gyda'i fod ar ei draed. Wedi llonyddwch,
dechreuodd yntau arni, gyda brwdfrydedd rhyfedd, gan gerdded yn ôl a blaen
y llwyfan yr un pryd, trwy gydol yr amser, yn ddyn bychan hoyw, yn burion
tew, gyda bol mawr, a phen crwn, cryf, mawr. Llais main, er hynny, weithiau
yn ddim ond sgrech, pan godai ef yn rhy uchel. Erlid y llywodraeth ydoedd
ef, ac yna Poincaré a Millerand. 'Poincaré est un lâche', meddai ei lef
dreiddgar. 'Millerand est un lâche', wedyn nes cyffroi pawb o'i blaid. Bob tro
y soniai am y peth a wna ef a Maurras, yr oedd gwaedd yn codi, 'Vive
Daudet'. Ni wn i ba sawl gwaith y digwyddodd, canys nid oedd yn gamp
ganddo gyffroi ei gannoedd gwrandawyr i'w gwaelodion. Yn wir yr oedd, er
troeon, yn olygfa ardderchog. Unwaith, yr oedd y lle'n chwerthin i gyd.
Eilwaith, yn dolefain. A thrachefn yn gynddaredd wyllt. Go brin y gellid
galw Daudet yn meddu ar huodledd rhwydd, geiriog, yr areithiwr yn ôl ei
greddf. Ond byddai bron yn amhosibl cael neb yn teyrnasu'n fwy ar ei oedfa
nag ef. Y dirgelwch? Personoliaeth. Beth bynnag arall ydyw Daudet, mae heb
ddim amheuaeth, yn bersonoliaeth hollol ar ei ben ei hun. Fe ddywed ei
olwg hynny'n amlwg. A phopeth a ysgrifenna, ac a ddywed. Tan ganu 'Vive

Daudet. Vive Maurras. Vive le Roi. Vive la France. A bas la République' yr
aeth yr holl dorf allan yn eu chwys i'r glaw oedd i ddisgyn yn gawodydd am
nos a dydd. Yr oedd un peth yn aros – ysbrydiaeth. Ar fy ffordd adref, yn
cerdded yn y glaw, yn eistedd yn y tram, un peth oedd yn fy meddwl – byw i
syniad, ei bregethu, a'i draethu, a'i ledaenu. Nid unrhyw syniad ychwaith,
ond y cywir, y gorau, y gwir.

Dydd Mawrth, 31 Mawrth 1925

Codi heddiw i ddarllen am wrthryfel y myfyrwyr yn erbyn y llywodraeth.
Pam? Am benodi athro – Scelle – yn erbyn barn ac awgrym yr athrawon
eraill. Dechreuodd yr helynt wythnosau yn ôl. Y mae ar ei waethaf yn awr, a
Scelle am ddechrau darlithio. Ac ni fyn y myfyrwyr mohono. Dydd Sadwrn,
buont yn cerdded yr heolydd tan ganu, cael eu gwrthwynebu gan y ceidwaid
hedd, a syrthio arnynt. Bu brwydro tipyn nes clwyfo amryw o'r ddwy blaid.
Heddiw – dydd Mawrth – buwyd â 16 myfyriwr o flaen y cwrt, a chosbwyd
amryw ohonynt. Bu dadl ar y pwnc yn y Senedd, ac ni ddaeth y llywodraeth
yn wych iawn drwyddi. Amddiffynnwyd y myfyrwyr yn huawdl; ac aeth y
gweinidog addysg – François Albert – allan o'i gof. I ba ddim? Ni thâl namyn
i godi pawb o blaid y myfyrwyr, sydd weithian am godi streic am ddeuddydd
– dydd Iau a dydd Gwener. Gwasgarant bapurau yn annog yr holl fyfyrwyr i
beidio â mynd i'w dosbarthiadau y deuddydd nesaf.

Beth ddaw ohoni yn y diwedd sydd bwnc arall. Y mae'r Deon – M.
Barthélemy – o blaid y myfyrwyr, ac oherwydd hynny, wedi ei ddiswyddo
am y cyfamser o leiaf. Deellir bod yr holl athrawon y tu ôl iddo. Y
llywodraeth sydd ar fai, yn ddiamau. Ei hamcan ydyw penodi'r athrawon, y
rheiny'n unig sydd o'r un daliadau â hi. Felly y gyrrwyd Millerand o'i swydd
fel llywydd, ac yna y llysgenhadon. Helynt gwael iawn, a hollol annheilwng.

Dydd Iau, 2 Ebrill 1925

Myned y bore heddiw, a hi yn deg a mwyn gyda haul a thes, myned i'r Jardin
du Luxembourg i eistedd tan gangau'r gastan fawr i ddarllen *Le Cid*, gan gael
hwyl fawr arni. Yr oedd yr ardd mor deg gwedi glaw mor hir. Nid oedd
eisiau gwell lle i ddarllen. Heblaw hynny, nid oedd diolch imi. Canys yr oedd
y Sorbonne ar gaead. Streic oedd yno. Ni ddylwn ddweud bod y Sorbonne
ar gaead, am nad oedd. Yn unig, datblygodd yr helynt rhwng y myfyrwyr a'r
Gweinidog Addysg oni chyhoeddodd y myfyrwyr ddeuddydd beidio â
myned i'r dosbarthiadau. Yn y prynhawn yr oedd gorymdaith ganddynt, gan
gychwyn yn union o flaen y Faculté du Droit. Buaswn i – a Reid hefyd –
eilwaith yn y Jardin du Luxembourg am y ddwyawr gyntaf wedi cinio, yn
darllen ac yn myfyrio. Felly, yn gyfleus i gyrchfan y myfyrwyr. Am bedwar yr
oedd gorymdeithio i fod ac yr oeddem ninnau yno mewn pryd. Yr oedd yr
holl ffordd o'r ardd i fyny yn llawn o bobl. Ac wedi cyrraedd, llawnder

mwymwy o bobl o bob gradd ac oedran ar y pelmynt. Ac ar yr heol, gannoedd o'r myfyrwyr. Llawn syndod ydoedd pawb, yn disgwyl am yr orymdaith. Ac yn y man, wele'r gorchymyn i orymdeithio. Ac ymaith â hwy fel milwyr, yn rhesi o dri neu bedwar gan ddilyn y gwahanol faneri – eiddo'r Association Fédérale a eiddo'r Facultés de Droit, Sciences, Lettres, Médécine etc., a hir a maith ond yn berffaith reolaidd heb ddim anhrefn, er gwaethaf achos weithiau megis gorchymyn ceidwad i arweinydd cerbyd redeg iddynt. Ar eu hymdaith caent arwydd o gydymdeimlad gweddol gyson gan yr edrychwyr, oedd mewn gwirionedd yn edmygwyr hefyd. Felly i'r Place de Médici, yn rhestr hirfaith. Yna i fyny ac oddi amgylch y Jardin du Luxembourg, ac i lawr yn ôl at yr Odéon, ac ymlaen yn ôl at y Boulevard St Michel, gan ei chroesi ar eu ffordd i'r rue de Bucherie, canolfan yr Association. Dan ganu'n iach a gweiddi 'Gaffino', yr aethant heibio yno gan ddiweddu eu hymdaith ychydig lathenni tu hwnt iddo. Yr oedd brwdfrydedd ardderchog yno, a chymedroldeb perffaith. O'r braidd y gallai fod yn well. Cynffonwyr y llywodraeth yn unig a allai gael bai ynddynt. Gwelais i y cyfan, a'i fwynhau'n gyflawn. Wedi diwedd yr orymdaith yr oedd hi yn ymyl chwech o'r gloch. Cerdded, Reid a minnau, heibio'r Notre Dame gan edmygu ei chelfyddyd fawr fanwl, ar ein ffordd yn ôl i'r Boulevard St Michel oedd o hyd yn orlawn o bobl. Yn y man, clywed cri a rhedeg yno myfyrwyr eraill oedd yno yn cerdded yn ddireol gan weiddi 'Conspuez Daudet. Conspuez Daudet. Conspuez'. Ond llef egwan ydoedd, a nifer bychain oedd yn ei chodi. Cerddasant i fyny hyd at ymyl y Faculté de Droit, a diflannu mewn heddwch. Yr un nos – nos Iau – yr oedd cinio gan yr Action Française yn Neuadd Fawr y Sociétés Savantes. Ac yno â Reid a minnau, gan aros am ryw awr yn y gynffon oedd yn ymestyn am na wn i faint o ffordd oddi wrth y porth. Buan y llanwyd y neuadd, onid oedd hi'n annioddefol o dwym yno, ac yn flinedig oherwydd gorfod sefyll drwy'r amser. Calzart siaradodd gyntaf: ac am helynt Scelle y soniodd ef. Yna Bernard de Vesin ar Ffrainc a heddwch y byd. Dyn mawr hir yn areithio'n huawdl ryfeddol, gydag argyhoeddiad amlwg. Cwynai na chafwyd heddwch iawn am na chafodd Ffrainc ei lle iawn yno: am beidio â rhoddi eu lle i'r gwledydd bychain, am eu bod yn fychain: am i syniadau bydol a daearol y Saeson reoli'r gweithredoedd. Yna Maurras. Gyda'i enwi, yr oedd pawb yn gweiddi 'Vive Maurras' gyda hwyl ryfeddol, a chodi capiau a hetiau a ffyn, oni ddychmygai dyn i'r muriau ddod i lawr. Yr oedd y croeso a gafodd yn fyddarol, yn myned trwy gorff dyn. Yna aeth at ei bwnc, sef *La Méthode politique*, gan feirniadu eiddo'r llywodraeth hon, eiddo'r Rhyddfryd-wyr, ac eiddo'r Sosialwyr. Yr un genedlaethol oedd yr unig un iawn, honno a ystyriai bob pwnc, nid yn ôl chwaeth neu fympwy hwn a'r llall, ond yn ôl ei gysylltiad â'r wlad, â Ffrainc. Datblygodd ei ddadl yn feistrolgar fel arfer. Y diffyg ydoedd nad yw efô areithiwr. Ond fe wrandawyd arno gyda pherffaith ddistawrwydd. Golygfa anodd ei hanghofio! Wedi iddo ddiweddu, gweiddi wedyn 'Vive Maurras. Vive le Roi. A bas la République', – a than ganu hynny – a 'A la France il faut un Roi', yr aed allan yn gannoedd i ganol yr heol, gan godi'r llef yn uchel i'r awyr. Yn y man, yr oedd Maurras ei hun allan. Gweiddi mwy fyth. 'Vive Maurras', ac yntau ar ei ffordd i'w gerbyd. Yr oeddwn i yn union yn ei ymyl, heb ddim modfedd rhyngof ac ef, yn edmygu egni ei gorff iach, ac yn edrych i'w wyneb yn gryf o liw haul y De. Eiliad arall, ac i ffwrdd ag ef a ninnau bawb yn llawen o weled dyn mewn gwirionedd, yn awyddus am ei efelychu, yn aflonydd ein mynwes gan awydd i gysegru bywyd i wasanaeth rhyw wirionedd mawr.

Dydd Mawrth, 14 Ebrill 1925

Drannoeth – y Llun – dydd Llun y Groglith ydoedd hi, ac yn ddydd eithriadol o loyw, heulog a theg. Yr oedd Paris ar ei gorau a'm llygaid innau bron yn ddagrau wrth oedi edrych ar ei phercydd a'i gerddi, a myfyrio am fyned i ffwrdd. Ceisiais weled Loth yn y prynhawn ond nid oedd yn ei dŷ. Wedi methu gydag ef, myned i le arall, i'r 24 rue Meunier i ymweled â Charles le Goffic. Nid oedd i mewn, meddai'r forwyn. Dydd Sul y mae'n derbyn ymwelwyr meddai'r wraig. 'Ond ni fyddaf i yma ddydd Sul,' meddwn innau. Yna fy ngwahodd i mewn, ac i ystafell fechan, gymen. Yn y man yr oedd Le Goffic gennyf, yn ŵr bychan, bywiog, fel y gwelais ef yn y Jardin du Luxembourg ddwy flynedd yn ôl. Yr oedd yn llawn egni fel arfer. Heblaw hynny, agos, rhydd, hawdd i ymddiddan ag ef, a diddorol. Ymddiddan am Lydaw i ddechrau – am ei hiaith, am ei thafodieithoedd, am Dregor, a Morbihan a Chernyw. Yna am Leon ac am ei nodweddion arbennig hi. O Gernyw a Thregor y dynion mawr hyd yn hyn, e.e. Villemarqué, Luzel, Gonidec. Weithian o Forbihan hithau gyda Challoc'h a Loth. Oerach Leon, mwy crefyddol, llai am ganu, ac am ddawnsio. Parhau am yr Eglwys Gatholig ac am rwyg o'r unfed ganrif ar bymtheg ymlaen. Yna sefyllfa'r Eglwys yn Ffrainc heddiw – eiddil gyda'r werin, yn enwedig yn y De; ond yn ennill yr arweinwyr. Ennill wedyn yn Norwy, Sweden, Denmarc a Lloegr, a Chymru – ond yn raddol iawn yng Nghymru yn unig gyda'r cyfoethogion, e.e. Yr Arglwyddes Llanofer a Bute. Cynghrair y Cenhedloedd yn nesaf, a'i gwendid o fod heb y Pab. Dilynwyd hynny gyda geiriau pybyr iawn o ergyd ar yr Americaniaid a'u henw o wareiddiad a dim mwy. Gormeswyr yn Nhaleithiau Deheudir America, fydd yn barod i bleidio Japan yn eu herbyn. Yna y perygl oddi wrth yr Ellmyn, a welai ef yn arglwyddi Ffrainc a Phrydain ymhen pum mlynedd, oherwydd dallineb Lloegr, oedd yn rhwym i'r Iddewon, fel y prawf ei gosod i fyny wlad iddynt a chartref, ym Mhalestinia. Yn ôl yna at lywodraeth Ffrainc, at obaith mudiad Maurras a dyfod y brenin yn ôl. Yna Mistral, a'i syniad o ryddid i'r taleithiau. Felly yn ôl i Gymru, a'r Cenhedloedd Celtaidd. Ei syniad ef yw dwyn gwleidyddiaeth i mewn a dylanwadu ar wleidyddiaeth Ffrainc a Lloegr. Felly rhyw gymaint o ymwahanu, o annibyniaeth? O'r braidd y bodlonai i hynny, er imi ddangos nad oedd modd gwneud dim heb roddi o leiaf ryw gymaint o annibyniaeth i Gymru – fel y cafodd Iwerddon. Yntau syniad mawr Maurras a Mistral sef *fédéralisme.* 'Ond nid yw Ffrainc o'i blaid.' 'Nac ydyw – Jacobiniaid sydd yn ein llywodraethu,' meddai yntau. Gwir.

Dydd Mercher, 15 Ebrill 1925

Drannoeth – dydd Mawrth – myned i weled Loth, yn 130 rue Lecourbe. Yr oedd yn y tŷ, a daeth ataf yn ddiymdroi. Ymddiddan am fy myned ymaith, am fy mhenodi i Fangor. 'Vous êtes content?' 'Ydwyf'. 'Da iawn. Fe ddylech fod hefyd.' Yna am ei ddwy ddarlith olaf ef. 'Gellwch gael y rheiny eto', meddai yntau, 'canys byddaf yn cyhoeddi'r cyfan gan bwyll bach.' Yna am destun y llyfr, ei lafur yng Ngharnac, lle yr â ddiwedd Mehefin eto . . . Dilyn hynny gyda geiriau da i'r Norwegiad, Mastrander, a chyfrif Loth yn un o'r gorau ar Wyddeleg, ac un o'r gweithwyr rhagoraf yn y maes Celtaidd. Gweithiwr da Sommerfelt yntau. Ond nid digon o ddychymyg. Felly yr ysgrifennai Mastrander ei hun at Loth. Dyna wedyn farn Loth, er credu y rhagora fwy fel y mag brofiad mwy a hyder. Oddi yno i wleidyddiaeth, lle yr aethom i sôn am y rhyfel, am yr Almaen a Lloegr. Y mae'r Almaen yn berygl ac ni fyn Lloegr weled hynny. Sôn finnau am yr ymddiddan a gawswn y dydd cynt â Charles le Goffic. Yna am Ogledd Affrica lle y mae mab-yng-nghyfraith Loth ei hun. Ymadael gyda Loth yn dymuno imi lwydd a hwyl ym Mangor. 'Qui pouvez vous rencontrer là? Ifor Williams?' A gair amdano ef ac am ei esbonio geiriau oedd eisoes wedi eu hegluro yn y *Revue Celtique.* 'Et ce pauvre Monsieur Morris Jones? Y mae'n fachgen iawn,' meddai. 'Ond nid yw'n hoff iawn ohonof i. Er hynny ni wneuthum i ddim ond er ei les ef ei hun. Meddyliwch amdano heb wybod na Llydaweg na Chernyweg!' meddai. Finnau 'Na dim Gwyddeleg.' 'Ie,' yntau 'dim gair o Wyddeleg. Yr oedd yn ynfyd ynddo. Canmolais ei ramadeg bychan, canys y mae hwnnw yn dda.' 'A welsoch chwi ei lyfr newydd, ei *Gerdd Dafod*?' 'Do: yr wyf newydd ddechrau ei ddarllen.' 'Dyna lyfr sydd yn dda' meddwn i 'canys y mae yn bwnc y gŵyr ef yn iawn amdano.' Ac ymaith â mi oddi wrth yr hen Loth annwyl hoff.

Dydd Llun, 20 Ebrill 1925 [Lloegr]

. . . paratoi darlith. Canys yr oeddwn i ddarlithio yng nghapel Charing Cross. Ymroddais ati am awr a hanner, ac yr oedd y ddarlith wedi ei diweddu. Nid oedd namyn ei darlithio . . .Wedi te, cychwyn am y man cyfarfod, a bod yno dipyn yn rhy fuan. Daeth rhai yno yn fuan, a mwy o hyd. Ond nid oedd llawnder yno wedi dyfod pawb. Bu rhaid aros am y cadeirydd. Vincent Lloyd Jones oedd ef, a daeth yn ei amser, yn ŵr pwysig i'w ryfeddu. Yna, yn ôl fy nghyflwyno i'r gwrandawyr, codi finnau a siarad ar raglen y Cenedlaetholwyr Cymraeg – yn fyr, ar ddiogelu Cymru a'i gwareiddiad, ar orfodi'r Gymraeg trwy ddefnyddio cynghorau sir; ar gadw rhag pleidiau gwleidyddol Lloegr; meddwl yn genedlaethol ac edrych ar bob pwnc o'r safbwynt cenedlaethol. Diweddu gyda sôn am drefn wleidyddol Cymru rydd, a'i threfn economig hefyd. Wedi fy nhewi, yr oedd y lle'n rhydd i'r sawl a fynnai godi i ddywedyd ei farn. A chodi a wneid – canys nid gostyngeiddrwydd ydyw nodwedd bennaf Cymry Llundain, hyd yn oed pan na wyddent ddim am y ddadl dan sylw. Nid oeddwn ddigon eithafol! Dyna ddywedodd y cyntaf. Cawsai ei siomi oherwydd hynny. Am yr un rheswm yr ail hwnnw wedyn. Yn rhyfedd iawn diweddodd y ddeuddyn rhyfedd hyn gyda dadl yn erbyn gorfodi'r Gymraeg! Digon, meddant, i'r rheini ei dysgu ar yr aelwyd, a'i siarad yno! Math arbennig iawn ar fod yn fwy eithafol na mi y mae'n debyg! Cefais gyfle i'w hateb er hynny, ac ni arbedais lachio arnynt. Wedi imi eistedd i lawr y cododd y cadeirydd i fyny. Gofynnodd imi am ganiatâd i siarad yn Saesneg, a minnau wedi ei rybuddio i beidio ar y dechrau. A'i rybuddio eto. Ond, o'i weld yn siomi hyd at eistedd yn ôl heb ddywedyd dim, rhoddais ganiatâd iddo – os oedd ef yn credu bod hynny'n lles i Gymru. Yr oedd wrth ei fodd o'r diwedd. Y cyfle a geisiai ydoedd. Ni lefarodd air ond i'm herbyn. Rhyfyg oedd dywedyd bod iaith mor bwysig â chrefydd! Rhyfyg dywedyd bod y bardd a'r llenor yn bwysicach na neb braidd mewn cymdeithas. Ac aeth allan i foli'r tyddynnwr a'r llafurwr – y doethion o ddynion, yr elfennau pennaf yn y wlad. Demagogiaeth bur! Ac yng ngenau un na weithiodd ddydd erioed! Diweddodd cyn bo hir a galw ar ddau arall i ddiolch imi – peth a wnaethpwyd yn ddoeth iawn mewn dwy araith fechan nad oedd eisiau eu gwell. Codi finnau i fynnu cyfle i ateb geiriau annheg y cadeirydd – a diolch i'r gwrandawyr. Dyna'r diwedd i gyfarfod oedd yn frwdfrydig ddigon o'i ddechrau i'w ddiwedd. Cyfarfod da, er gwaethaf ambell beth digon diamcan, anniben a gwael.

Dydd Mercher, 29 Ebrill 1925 [*Cymru*]

Y Llun ydoedd y dydd y dylwn gychwyn fy ngwaith newydd ym Mangor. Gadewais gartref yn union wedi deg, yn y cerbyd a ddaethai Dai Morgan i'm dwyn ynddo hyd Aber. Yno, gwelais olygydd *Y Faner*, efô'n edrych yn euog iawn oherwydd gorfod rhoddi imi yn ôl fy adolygiad ar lyfr hanes Cymru Watkin Davies. Ac eto, nid oedd rhaid iddo deimlo mor euog â hynny. Y rheswm ydoedd cyhoeddi o'r blaen ddau adolygiad ar yn un llyfr. Cyfrifai hi'n fai arno gyhoeddi dim arall. Nid oedd gennyf innau lawer i'w edliw, er imi gael fy siomi fymryn – oherwydd cadw'r adolygiad am ddau fis cyfan, heb ddywedyd dim amdano, na'm hysbysu hyd yn oed am ei gyrraedd yno.

Yn nesaf yn Aber, gweled Dr Gwenan Jones, a chael ymgom â hi am sefyllfa Cymru, am y moddion i'w chymreigeiddio'n ôl a'i gwaredu o grafanc y Philistiaid. Gwelai hi anhawster lawer gyda gorfodi'r Gymraeg. Nid oedd yn naturiol! Pethau naturiol oedd i gadw iaith! Buan y profais innau nad felly ddim. Diweddodd drwy gytuno braidd yn gyfan gwbl â'm dadl i, er nad heb gyfaddef mai oddi allan i wleidyddiaeth y gallai hi wneuthur y mwyaf o waith.

Yna cymryd trên am Fangor a'm gosod i lawr yng Nglandyfi am awr a hanner, a'm gorfodi i ludo fy magiau oddi yno hyd yr orsaf nesaf.

Dydd Gwener, 1 Mai 1925

Y bore trannoeth yn ôl cyrraedd Bangor nid oedd gennyf am i'w wneud namyn cerdded o gwmpas a darganfod y fro newydd. Cefais lythyr oddi wrth ysgrifennydd y Blaid Genedlaethol Gymreig o Gaernarfon yn fy ngwahodd i ymuno â hwy, ac i ddyfod yn aelod o'u pwyllgor. Ysgrifennu'n ôl am gael gweled un o'r pwyllgor, ac os oedd modd, Mr Valentine ei hun. Yr un nos daeth Gwilym Williams, gweinidog y Twrgwyn yma i edrych amdanaf, ac i'm gwahodd i'r capel hwnnw.

. . . Prynhawn heddiw (Gwener), fe'm gwahoddwyd i, a Mr Thomas Roberts, a Mr Hughes, i de i un o dai coffi Bangor. Ifor Williams a Williams Parry, Bardd yr Haf, ond methodd Ifor â bod yno. Yr amcan oedd cael rhyw fath o glwb llên, i gyfarfod yn gyson, i sôn am lenyddiaeth ac am bethau eraill. Sôn am gyflwr y Gymraeg a wnaethom yn y cyfarfod cyntaf hwn. Ymddiddan fyddys y waith nesaf – am gynnwys *Y Llenor* diwethaf. Y cwmni eraill ydoedd Cynan, Gwili, Silyn, J.J. Williams (Bethesda), Alun Roberts, heblaw ni ein tri o'r Coleg hwn. Ni ellais i aros hyd ddiwedd yr ymddiddan yn herwydd dosbarth oedd gennyf mewn Cymraeg.

Dydd Sadwrn, 2 Mai 1925

Ysgrifennu llythyrau y bûm drwy gydol y bore. Yn y prynhawn, galwyd Miss Roberts, ysgrifenyddes Mr E.T. John yma, a chefais ymgom â hi am y newyddion o Lundain.

Dydd Sul, 3 Mai 1925

Fore heddiw, myned i Gapel Twrgwyn i glywed y Gwilym Williams o'r Cei Newydd sydd yn weinidog yno. Oer fel arfer, a digon araf a difywyd. Dyn mwyn er hynny a hawddgar a chywir.

. . . Am bedwar yr oedd Miss Evans sy'n brifathrawes yng Ngholeg y Merched yma wedi gofyn gennyf fyned i de ati i gyfarfod â Llydawes sy'n darlithio yn y Brifysgol. Un o Gemper ydyw hi; a chlywsai amdanaf pan oeddwn yno yr haf diwethaf. Adwaenai'r bobl y lletywn i ganddynt; a gofynasai i Miss Evans am fy nghyfarfod pan ddelwn yma. Heddiw y trefnwyd i hynny ddigwydd. Cerdded fi yno a chael y Llydawes yno, yn ymddiddanwraig fel na welir braidd fyth ei hafal. Mewn gair merch ddiddorol iawn, ysbrydol, ddeallgar a dengar er nad hardd. Yr oedd un Gymraes yno, ac un Saesnes. Felly pedair merch a minnau. Â'r Llydawes y bûm i'n ymddiddan mwyaf o ddigon. A chan mai yn Ffrangeg yr ym-ddiddanem fwyaf, ymddiddan rhyngom ni ein dau fu yno braidd drwy'r amser, o bedwar i saith. Sôn yn arbennig am fywyd Ffrainc a Pharis ac eiddo Llydaw a Chemper. Yna lawer iawn am lên Ffrainc y dyddiau hyn. Derbyn hithau y *Nouvelles Littéraires* bob wythnos a dilyn mudiadau llên Ffrainc yn fanwl. Gide ydoedd ei llenor hoff – a sosialydd ydoedd yn ei gwleidyddiaeth. Felly yn cael siom fy mod i'n hoff o genedlaetholwyr fel Barrès, a Maurras a Daudet yn enwedig. Ond hoff hithau o Ffrainc ac o Lydaw. Parhau ein hymgom am lenorion eraill, am y beirdd, am Valéry, Henri de Régnier, Claudel, Romain Rolland a Barbusse. Dadleuem weithiau, a myned i hwyl, fel y gellir yn hawdd efô Ffrances. Y mae'r nwyd hwn am syniadau a dadlau gwironeddau, yn rhan mor ardderchog ar eu cymeriad. Teimlwch ennill rhywbeth o gael cyfarfod â rhai felly. Wedi ein mwynhau ein hunain yn gyflawn yr aethom bob un ein ffordd.

Dydd Llun, 4 Mai 1925

. . . dydd Llun yr oedd gennyf fy narlith i'w wneuthur efo'r myfyrwyr hanes. Hanes y ganrif ddiwethaf a gymeraf ganddynt bob un, ac y mae'n ddifai o ddiddorol. Y drwg ydyw nad oes cymaint ag un yn gwybod Cymraeg yn rhai o'r dosbarthiadau sydd gennyf. Ychydig yn y lleill. Oherwydd paham y mae darlithio'n Gymraeg yn gwbl allan o'r pwnc. Heblaw hynny, ni wnânt ddim â hanes Cymru. Hanes pawb a phopeth ond Cymru a'r Cymry.

Dydd Mercher, 6 Mai 1925

Heddiw, darlith ar hanes gyda'r myfyrwyr hynaf. Yna am unarddeg dosbarth dwyawr gyda'r merched yn y Coleg uchaf – Coleg y Merched. Dosbarth ardderchog o saith ar hugain o ferched ydyw hwn. Dosbarth wrth fodd fy nghalon innau! Canys dosbarth Cymraeg ydyw. Cymraeg yw'r pwnc ac yn y Gymraeg y darlithiaf innau bob gair. Caf y merched yn ufudd iawn, yn barod eu hatebion, yn awyddus i ddysgu. Dwyawr gysurus iawn!

Dydd Gwener, 8 Mai 1925

Heddiw, ddydd Gwener, un dosbarth yn unig yn y bore. Hyd hwnnw, teirawr i ddarllen. Darllen eto yn y prynhawn hyd bedwar. Yna i Fangor i gyfarfod Ifor Williams, Williams Parry a'r cyfeillion eraill. Ond diwerth fu'r cyfan heddiw. Yn lle sôn am gynnwys *Y Llenor* ac am lên yn gyffredin, ni chaed dim namyn chwedlau digon amheus. Te yna sôn am Ffrainc a Llydaw.

Dydd Sadwrn, 9 Mai 1925

Dydd rhydd heddiw, a da ei gael at ddarllen ac ysgrifennu. Yn y prynhawn daeth Valentine yma o Landudno i gael ymddiddan â mi. Yr oedd dau arall ganddo. Cawsom drin â llawer o bynciau Cymreig. Deallais ar unwaith ei fod ef a minnau a'n meddwl yn yr un man ar y pwnc cenedlaethol. Dywedai i'm hysgrifau i yn *Y Geninen* ddylanwadu'n ddwfn iawn arno, a gofyn yn enw ei blaid, am gennad i'w cyhoeddi. Nid yw'r blaid eto wedi ei ffurfio. Ym

Mhwllheli y digwydd hynny – adeg yr Eisteddfod. Dyna'r adeg i'n Mudiad ni, ac eiddo Valentine ymuno i ffurfio'r Blaid Genedlaethol. Bachgen iawn ydyw, rhadlon, mwyn a diddorol. Nid yw efallai yn wleidydd. Ond y mae'n bersonoliaeth. Y mae'n ddylanwad. Yr wyf yn falch iawn o'i gyfarfod a chredaf mai hawdd o beth fydd cydweithio ag ef. Yr oeddem ar unwaith yn gyfeillion; ac felly y tybiaf yr arhoswn. Hynny o leiaf ydyw fy nymuniad dyfnaf i.

Dydd Sul, 10 Mai 1925

Heddiw aros yn y tŷ y bore, a gweithio'n burion gan ddarllen ac ysgrifennu. Wedi cinio, cerdded i'r Ysgol Sul i Gapel Twrgwyn, i gael fy siomi. Canys nid yw yr Ysgol Sul yno yn ddim tebyg i Ysgol yn Nhregaron. Y mae'r aelodau yn anamlach o lawer, er bod mwy o enwau ar y llyfr. Ac nid oedd dim holi cyhoeddus ar y diwedd, peth sydd yn ychwanegu cymaint at werth a budd ac egni yr Ysgol yn Nhregaron. Rhoed imi ddosbarth o ferched; ond nid oeddynt yn ddiddorol o gwbl, ac ni wyddent nemor ddim am hanes yr Efengyl, llai fyth am ddim diwinyddiaeth.

. . .Wedi cerdded felly, myned i lety Mlle Cariou i gyfarfod â Mr Fynes-Clinton, sydd yn fachgen hywedd iawn, a llonydd a thawel. Y mae'n araf fel na wn i ddim ba beth. Gŵr bonheddig yn ddiau. Gŵyr y Gymraeg yn wych, fel y prawf ei lyfr. Fe'i sieryd hefyd yn ardderchog. Buom gyda'n gilydd am ddwyawr yn ymddiddan am bob math ar bwnc, o Gymru a'r Gymraeg, i Iwerddon a Llydaw a Ffrainc. Ymddiddan llawer am lên Ffrainc heddiw, am Anatole France, Barrès, Gide, Maurras, Daudet, Massis a Jules Lemaître. Oddi yno i'r capel.

Dydd Mercher, 13 Mai 1925

Heno am chwech yr oeddwn i annerch y Gymdeithas Genedlaethol Gymraeg o'r Brifysgol. Yn y caffé Westminster y bu hynny. Nid oedd llawer o bobl ynghyd. Canys y mae'r tymor arholiad i ddechrau; a diau fod rhesymau eraill. Cafwyd cyfarfod purion dda, er na theimlwn i ddim mewn peth tebyg i'r hwyl orau. Ond cefais eiriau canmol ddigon, a chroeso cynnes i Fangor. Yna i'm lety i ysgrifennu a darllen.

Dydd Iau, 14 Mai 1925

Wedi cinio, cerdded i fyny i Fangor i gynnal y dosbarth Cymraeg gyda'r merched. Dosbarth dwy awr ydyw, ac un campus ei gyfle nid yn unig i ddysgu Cymraeg iddynt, ond hefyd y ffydd genedlaethol.

Dydd Sadwrn, 23 Mai 1925

Darllen y bûm i ac yn burion prysur am y bore. Yna, yn fuan wedi cinio hwylio i Gaernarfon gydag ymyl y Fenai, a min Ynys Môn yn codi'n las ac yn wyrdd, yn iraidd a newydd y tu hwnt. Pwyllgor o'r Blaid Genedlaethol oedd gennyf yng Nghaernarfon, ac yr oedd Mr Jones ac amryw eraill yn fy nisgwyl yn yr orsaf. Yn fuan, dyfod Valentine yno. Myned yna gyda'n gilydd i dŷ coffi lle oedd y Dr Lloyd Owen, Criccieth. Wedi rhoddi imi groeso cynnes iawn, cychwyn ar y gwaith. Sef oedd hwnnw, penderfynu cynnal dau gyfarfod ym Mhwllheli adeg yr Eisteddfod; condemnio Seneddau Bangor ac Abertawe am benodi athrawon o Saeson. Mynnid myned ymhellach a gorchymyn na ddylid penodi yr un estron fyth i swydd yng Nghymru. Cefais i drafferth braidd i newid hwn i olygu na phenodid neb ond ar amod dysgu Cymraeg ymhen blwyddyn. Y Dr Lloyd Owen oedd bennaf yn erbyn, a thueddai amryw i'w ddilyn. Gwnaeth yn amlwg hefyd ei fod yn ddiamynedd iawn gyda chael Senedd i Gymru cyn ennill sefyllfa ddiogelach i'r iaith Gymraeg. Awgrymodd ef a rhai eraill, y dylem beidio â gwneud dim â'r Pwyllgor sydd ar hyn o bryd yn edrych i mewn i gyflwr y Gymraeg yng Nghymru. Llwyddo i'w ddarbwyllo y gellid da ohono; ac mai ei ddefnyddio oedd orau, ac nid ei wrthwynebu, mewn un modd. Y diwedd ydoedd dewis Valentine a minnau i roddi tystiolaeth ynddo. Swm y cwbl? Cadw rhag bod yn annoeth ac aneffeithiol. Ac anodd hynny. Pwyllgor gorau, pwyllgor bychan.

Dydd Sul, 24 Mai 1925

Darllen yr oeddwn y bore heddiw, pan ddaeth galw amdanaf. Miss O'Farrelly a'i brawd oedd yma o Iwerddon, ac eisiau fy ngweled. Wedi croesi i gartref E.T. John yr oeddynt, a dyfod i'm gweled i, i'm gwahodd i Gynhadledd Geltaidd i Ddulyn. Buont yma beth ysbaid, yn ymddiddan − am ragolygon y Gynhadledd nesaf, am honno yng Nghemper y llynedd, ac am y teithio i Benmarc'h, i Locronan, ac i gartref Taldir. Sôn hefyd am helyntion Iwerddon. Tybiai Miss O'Farrelly fod yr Wyddeleg ar gael ei hachub. Ychydig o obaith sydd i'r genhedlaeth sydd eisoes mewn oedran. Ond, am yr ieuainc, y maent yn ddiogel. Newydd wrth fy modd innau.

Dydd Mawrth, 26 Mai 1925

Neithiwr yn hwyr, yr oeddwn yn ysgrifennu at fy nghyfaill Reid, i Baris. A dechrau meddwl, a myfyrio a breuddwydio. Ac ni fynnwn ddim arall, namyn dianc i freuddwyd, a chodi gorffennol teg i'm bryd, a mynnu barddoni, ac adrodd prydyddiaeth. Euthum yn wrthryfelwr ar unwaith. Eisiau fy hen ryddid yn ôl yr oeddwn; eisiau oriau hamdden i ysgrifennu, i adrodd profiad, i weithredu yn ôl gorchymyn pendant calon oedd yn ei hanian gyda gerddi, a blodau, oriau mwyn a chân adar, canu'r beirdd, a swyn creadigaeth ym Mai. Mor ardderchog fyddai medru ymddianc am nos neu ddwy, dydd neu ddau, a gadael y gwaith, a gadael y pryderon, ac ymfoddi yn noniau dwyfol y cread cyfan. Dianc! Yr wyf wedi dianc. Y mae fy nghalon yn ei hafiaith, ac yn aflonydd o'r herwydd, ac yn cynhesu, ac yn llanw bron â rhyw wres rhyfedd, ac â rhyw anniddigrwydd ofnadwy.

Dydd Mawrth, 9 Mehefin 1925

Un arall o'r dyddiau perffaith ym mhob dim o'r bore bach hyd yr hwyr. Nid oes gwmwl yn unman ers dyddiau, nac arwydd cwmwl, na bygwth un. Dim awel o wynt; dim ias o oerni un amser. Y mae'n berffaith o foreddydd hyd ddiwedydd; ac nid yn ddim llai perffaith am nad yr un yr hin am wyth y bore ag am ddeg; am ddeuddeg ag am dri; am chwech eto ag am naw. Amrywiaeth digon, a pherffeithrwydd mwy am hynny. Amrywiaeth ym mhopeth ond yn y perffeithrwydd ei hun, sydd weithiau'n berffaith oherwydd y tes dihafal, weithiau oherwydd y gwres mwy, weithiau eto oherwydd y gwres llai; weithiau'n wir cyn delo hi'n wres y bore; ac weithiau wedi ei gilio fin nos. Perffaith y cysgod ei hun tan y coed cadeiriog, a'r afiaith yno o olwg haul nid yw'n llai haul ddim am hynny. Perffaith y bywyd prysur, tawel a llafar yn y goedwig a ymestyn oddi yma i Fangor. Ac yn sicr, perffaith mal a fu berffeithiaf yr olwg ar wedd y wlad, y cyfoeth ar dwf a lliw, ar fynydd a dolydd, y doreth cymdogion o flodau ar bren, o laswellt ar fron maes, o wair hadau a meillion ar gae. A'r hwyl yn y cyfan! A'r bywyd. A'r gorlawnder o obaith a chynnydd! Y mae fel gormodedd, fel gwastraff. Mewn gair eto – perffaith. Delfrydol os mynner, ond a defnyddio'r gair yn ei holl ystyr, gan roddi iddo gyflead cyflawn. Gan gystal popeth, y mae dyn ei hun megis yn tyfu, yn magu gobaith a gorfoledd, os nad hefyd, ieuenctid ei hun. Mor hawdd gweithio. Mor hawdd bod yn iach! Mor hawdd bod hawddgar a mwynaidd! Hawdded darlithio, a pharatoi darlithio! Mor hawdd diogi a gorffwys, yn ddiamau. Ond y mae'r awydd am fyw yn gymaint, nes nad o'r cyfeiriad hwn y mae'r gwir anhawster. Moes fwy. Moes fis ohono medd calon dyn! Gyda Dafydd ap Gwilym, moes ddeuddeg mis o'r hin hwn! Hynny fy nymuniad i a dim llai. Efallai y caffwn ddigon arno, yn y diwedd, a mwy na digon. Go brin, hefyd, wedi'r cyfnewid arall, wedi'r oerfel a'r eira, y gwyntoedd a'r glawogydd. Undonog? Eithaf prin y gellid ei ddisgrifio felly. Nid hin fel hwn y gellir ei ddisgrifio yn ddim tebyg i undonog mewn un modd yn y byd.

Dydd Gwener, 12 Mehefin 1925

Wedi cinio i fyny i Fangor am bapurau Ffrainc a'u darllen ar y ffordd yn ôl. Buan, ailgyfeirio'n ôl i Fangor, y waith hon i'r Clwb Llên i gyfarfod Williams Parry, J.J. Williams Bethesda, ac un o'm cyd-athrawon yma – Hughes. Dadlau fuwyd mwyaf, Williams Parry, J.J. Williams a minnau, weithiau am gymeriadau Ffrancwr, Cymro a Sais, gyda mi'n amddiffyn y blaenaf yn erbyn yr olaf – sydd annwyl gan y ddau gyfaill arall. Wynebu yna ddadleuon yn erbyn pleidwyr cenedlaetholdeb Cymru, gyda'm cyfeillion yn codi anhawster ar ôl anhawster o gyfeiriad gwleidyddiaeth un tro, iaith dro arall, ac economeg dro arall fyth. Diddorol o amser, ac un na ddefnyddiwyd yn ofer ddim rwy'n meddwl.

Dydd Mawrth, 16 Mehefin 1925

. . . Darllen finnau weddill y bore weithiau at *Y Llenor* diwethaf, sydd yn rhifyn iawn, ac at hanes. Y mae gennyf i ysgrif yn *Y Llenor* hwn, ar sefyllfa'r Llydaweg. Ond nid yw mor eglur â meistrolgar ag y dymunwn iddi fod o lawer iawn. Chwedl go dda ydyw honno gan Tegla Davies, ond braidd yn gysglyd, braidd yn llaes, ac yn llusgo.

Dydd Mercher, 17 Mehefin 1925

. . . Parhau felly i ddilyn ysgrifau meistrolgar y *Revue Universelle*. Wedi cinio cerdded i fyny i Fangor i ymofyn am yr *Action Française*, sydd o hyd yn amheuthun imi, fel pe bawn yn Ffrainc. Nid hynny'n unig. Y mae'n anhepgor i'r sawl a fynno ddilyn gwleidyddiaeth y gwledydd heddiw, a darogan a ddaw yfory. Am hynny o waith, y mae Jacques Bainville yn gwbl ddigymar. Ac i ddeall pethau yn Ffrainc, rhaid darllen Maurras a Daudet. Rhyngddynt, ffurfiant drindod ddihafal, ac yr wyf i yn ddyledus ryfeddol iddynt am na wn i ddim faint o ddirnad ar wleidyddiaeth a hanes.

Dydd Gwener, 19 Mehefin 1925

. . . Yna, wedi yfed y cwpanaid twym o de a roddir inni am unarddeg, myned i'r ardd i ddarllen llyfr R. Gonnard – *Histoire des doctrines économiques*, a darllen arno am y ddwyawr nesaf. Ysgrifennu mymryn ar ôl hynny, a myned i Fangor tua dau o'r gloch. Yno cael yr *Action Française* ac oedi i ystyried ysgrifau Daudet a Maurras. Nid oedd un gan Bainville heddiw, a digon chwithig hynny. Yn union wedi pedwar cyrraedd y Westminster Caffé, lle yr ymunasom yn bedwar cyn bo hir – Hughes, fy nghyd-athro yma, J.J. Williams, Bethesda, a'r prifardd Williams Parry. Cael te gyda'n gilydd, ac ymgom hir am y papurau Cymraeg, a'u helyntion, am y cylchgronau yna, am Ffrainc a Llydaw, papurau Ffrainc, a'i chylchgronau hithau.

Dydd Sadwrn, 20 Mehefin 1925

. . . Am naw y gadawem Fangor, gan gyfeirio am Fôn. Taith ddiddorol hyd Fodorgan lle y bu'n rhaid cael cerbyd am Newborough. Yna, cerdded y tair milltir arall tros raean a gro hyd le anodd, unig hollol.

. . . Cael cinio newydd gyrraedd, a threulio'r prynhawn yn cerdded y glannau yn darganfod y fangre, yn camu'r creigiau, ac eistedd i ddarllen yn ymyl y môr. Sef a ddarllenwn i *L'Economie Nouvelle,* llyfr campus Georges Valois, a llyfr a ddarllenais ddwywaith neu dair o'r blaen. Ond llyfr ydyw a ddeil i'w ddarllen dro ar ôl tro, ac a egyr ddrws newydd bob tro. Felly hyd amser te.

Dydd Sul, 21 Mehefin 1925

. . . I'r Ysgol Sul am ddau, gan gael blas dirfawr ar gynnal y dosbarth arferol. Sôn am wendidau dyn, ac am ei rinweddau y buom fwyaf, gan gasglu nad oedd efô dda, nac yn sicr o berffeithio. Felly rhaid ei amddiffyn, ei ddiogelu, ei gadarnhau, a'i orfodi gan sefydliadau gwleidyddol, crefyddol, economaidd a chymdeithasol.

Dydd Llun, 22 Mehefin 1925

. . .Ysgrifennu at Saunders Lewis ddiwedd y bore, a cherdded â'r llythyr i Fangor yn union wedi cinio.

Dydd Gwener, 26 Mehefin 1925

. . . Wedi te yr oedd gennyf fy narlith olaf i'r merched yno. Myned tros y gwaith yn fras yr oeddwn, gan bwysleisio hefyd ar iddynt feithrin brwdfrydedd fwyfwy o blaid y Gymraeg, ac ymberffeithio ynddi'n gyson. Addo hefyd eu cynorthwyo yn ystod eu gwyliau, os dewisai rhai ohonynt ysgrifennu traethodau imi, a chyfieithu o Saesneg i Gymraeg. Wedi imi orffen, cododd un ohonynt i fyny i ddiolch imi am fy ngwaith ganddynt, a'r gwersi a roddaswn iddynt, gan fynegi'r modd y gwerthfawrogant fi. Yna codi i gyd, gyda'i gilydd i ben eu meinciau, a chanu cân y Coleg gyda hwyl ryfeddol. Gofyn wedyn am fy nghael i i'w cymryd y flwyddyn nesaf eto, peth na fedraf i ei benderfynu, gan mai Mr Tom Roberts sydd yn arfer cymryd merched yr ail flwyddyn. Heblaw hynny, byddwn innau'n daerach am eu cymryd pe buaswn ganddynt ar hyd y flwyddyn olaf hon, ac nid am dymor yn unig.

Dydd Sadwrn, 27 Mehefin 1925

Heddiw, dydd rhydd ar ei hyd, ond bod yn rhaid codi'n fore ac edrych ar ôl. Canys myfi sydd wrth y dyletswydd honno yr wythnos hon. Newidiais gyfran ohoni y waith hon eto. Yr wythnos gyntaf y bûm yn edrych ar ôl, gwneuthum y gweddïau wrth y bwrdd, efo'r pedwar pryd, bob un yn Gymraeg, yn lle bod yn Saesneg i gyd fel yr oeddynt ac eithrio'r 'A fendigwyd, a fendier' gwedi cinio. Y tro hwn euthum gam ym mhellach. Sef a wneuthum gweddïo'r bore wrth alw enwau'r myfyrwyr allan, yn Gymraeg yn lle darllen y weddi Saesneg. Yr un fath yr hwyr – nes cyfnewid y sefyllfa'n arw iawn. Felly ddydd Sul diwethaf, dydd Llun, a dydd Mawrth. Yna dydd Mercher, wrth forebryd, cwynodd rhai o'r bechgyn, gan alw am y weddi Saesneg, a dywedyd na chawsent yr un. Eithr, cael eu hateb gan eraill a alwai am y darlithiau hefyd yn Gymraeg. Dyna'r cyfan! Cadwais innau at fy rheol o weddïo'n Gymraeg hyd ddiwedd yr wythnos. Y trueni ydyw na wna'r athrawon eraill yn gyffelyb. Mor hawdd fyddai, a hwythau, dri ohonynt, yn gwybod y Gymraeg.

Dydd Sadwrn, 4 Gorffennaf 1925

Yn union wedi canol nos neithiwr, yr oeddwn yn cerdded o'r Neuadd Fenai am orsaf Bangor. Cael yno drên, oedd yn orlawn o bobl, am Gaergybi; yno i ddisgyn am y llong oedd yn llawnach fyth – ac mor llawn yn y trydydd dosbarth oni bu raid imi ei newid am y cyntaf lle'r oedd lle digon, a phob glanweithdra a chymhendod yn lle'r tlodi a'r aflendid oedd yn y llall. Taith ddigon difyr ydoedd, er na chysgais i nemor ddim. Cyrraedd Kingston tua chwech, a gorfod aros am awr a hanner yno cyn i'r trên fodloni symud. Yna i Ddulyn, i sylwi ar yr heolydd a'u pobl, ac yn arbennig y cerbydau Gwyddelig. Cyfeirio at y Trinity Hall, Dartry Rd, lle'r oedd gwahoddiad cynnes imi, ac i Dywi Jones a ddaliaswn ar y ffordd. Bwyta yno a hwylio i'r Brifysgol Genedlaethol, lle y gwelais Syr John Morris Jones a'r wraig, W.J. Gruffydd, Hartwell Jones, E.T. John, Ernest Rhys, Miss O'Farrelly, Taldir a'r wraig, Mordrel, Marchal, Nemo, J. Lloyd Jones, J.T. Jones, Douglas Hyde. Myned oddi yno, bedwar llond cerbyd mawr, i ddyffryn y Boyne, gan gynnwys y New Grange a'r Tara. Diwrnod campus hyd tua phedwar pryd y caed glaw lawer. Tlos y wlad, swynol megis tan hud. Ar y maes gweled De Valera, a chael fy nghyflwyno iddo – efe a het wellt wen fawr am ei ben, a dillad brown amdano, sanau yr un fath, ac esgidiau duon. Dydd i'w gofio, diddorol ym mhob ystyr, ac addysgiadol am i'r Athro Macalister ein cyfarwyddo a'n goleuo. Adref erbyn un y bore, wedi blino nid mymryn.

Dydd Sul, 5 Gorffennaf 1925

Bore Sul. Yn y gwely y bûm i hyd un. Yna, i'r Phoenix Park tlws ac ardderchog i weled areithio i gynulliad enfawr o blant a rhai hŷn gan y Dr Mac Henry, Douglas Hyde, W.J. Gruffydd, Ashbourne, E.T. John. Yna dawnsfeydd Gwyddelig, bonheddig a gosgeiddig gan blant tlysion, ac un dyn. Canu hefyd gyda'r offer cerdd, sydd heb fod yn annhebyg i'r Biniou, ond eu bod yn llawer ceinach a mwy soniarus. Oddi yno i swyddfa De Valera, lle y cafodd Tywi Jones, J.T. Jones a minnau gyfle iawn i siarad â De Valera, a'i holi. I ddechrau, sôn am daith y dydd cynt ac am ddaear Iwerddon a'i hen hanes. Yna am y brwydro rhyngddi a Lloegr. De Valera yn dangos ei fod yn ddyn meddylgar, gofalus, yn ystyried pob cam. Bodlonai i fod mewn heddwch â Lloegr, ac i'w helpu pe anelid ati gan wlad arall. Eisiau byddin er hynny. Aneglur am y llynges. O leiaf perffaith annibyniaeth i ddilyn ei ffordd ei hun, ac nid i fod o dan bawen Lloegr. Diweddodd gydag araith fechan i bawb oedd yno. Wedyn cael ein dwyn mewn cerbyd i dŷ Mr a Mrs McCarville, dau a fu'n garcharor, ac a ddioddefodd lawer er eu ffydd weriniaethol.

(Gyda llaw: nid nos Sul y bu'r cyfarfod â De Valera, a'r gweddill, ond nos Lun.)

Dydd Llun, 6 Gorffennaf 1925

Heddiw, taith arall, y waith hon i'r de, mor bell â Glendalough, trwy wlad gymharol fryniog a thlos. Yno, chwech neu saith o Eglwysi, wedi eu hadeiladu rhwng 900 a 1200, gydag un tŵr crwn, y cyfan yn rhyfeddol o Geltaidd, ac mewn man oedd mor Geltaidd â hynny, yn ddyffryn cul ond tlws, unig ond annwyl, gyda'i lyn bychan, a'i fryniau coediog, a'i gaeau'n llawn gwair. Wedi dod yn ôl i Ddulyn y cawsom weled De Valera a'r lleill.

Dydd Mawrth, 7 Gorffennaf 1925

Bore heddiw, y Dr Vaughan Thomas yn darllen papur gwych i'w ryfeddu ar genedlaetholdeb mewn cerddoriaeth, lle y mynnai fod peroriaeth yn beth cenedlaethol, yn mynegi bob tro nodweddion cenedlaethol. Yn gymysg â'r ddarlith, rhoes inni enghreifftiau lawer o ganu Cymru, yn enwedig y canu penillion, sydd mor drwyadl Gymreig. Ar ei ôl bu amryw eraill yn llefaru.

Y prynhawn, darllen y Dr J.E. Lloyd ei bapur yntau ar Gymru'r Oesoedd Canol. Bu gorfod arnaf innau siarad yn ddifyfyr ar ei ôl, ac yn ddigon ysmala mae arnaf ofn, er i amryw ddod ataf i'm canmol, a hyd yn oed, i ddiolch imi. Yn nesaf Taldir yn sôn am y mudiad yn Llydaw, ac yn cael ei ddilyn gan Nemo. Felly y diweddodd y cyfarfodydd am y dydd. Ond, yr oedd Macalister yn darlithio mewn lle arall ar eglwysi Llydaw, ac yno yr aethom. Ar ôl hynny, myned y Dr Vaughan Thomas, Tywi Jones a minnau i gael te gyda'n gilydd, gan gael o'r herwydd, gyfle iawn i sôn am beroriaeth Cymru, ac agweddau eraill ar fywyd Cymru, a'r modd i'w cadw a'u datblygu. Brwd iawn yw'r Dr Thomas o blaid peroriaeth Gymreig, a daeth i weled mai ar linellau cenedlaethol y gellir ei pherffeithio. Ond ychydig iawn o'n cerddorion sydd mor genedlaethol ag ef. Er hynny, hwynthwy sydd yn y Brifysgol, yn ddiogel eu dyfodol, yn ddibryder eu bywyd. Yntau'n gorfod ymladd, a byw o ddydd i ddydd, heb gael yr hamdden honno, a'r tawelwch, sydd yn anhepgor i'r sawl a fynno gysegru ei fywyd at waith mawr.

Dydd Iau, 9 Gorffennaf 1925

Dydd Mercher ydoedd dydd olaf y Gynhadledd, ac yn y bore yn unig yr oedd cyfarfodydd.

. . . Myned i'r te a roddid yn hael i aelodau'r Gynhadledd gan y Llywydd Cosgrove, yn ei dŷ, ddwy filltir neu fwy oddi allan i Ddulyn. Cerdded rhan o'r daith yno. Heibio inni, gwibio'r degau cerbydau gan godi llwch y ffordd, a brwdfrydedd y plant, a waeddai, rhai ohonynt yn nhraed eu hosanau, neu'n droednoeth, 'De Valera am byth', eraill y gwrthwyneb. Cael ein cludo yn un o'r cerbydau Gwyddelig hyd ddiwedd y daith. Yna, gwedi ysgwyd dwylo â Cosgrove a'i wraig, efô'n ŵr byr, wyneblan, golau a gwinau, i'r maes lle'r oedd y llaweroedd, holl aelodau'r llywodraeth, a mwyafrif aelodau'r Seneddau, ac yn eu plith, enwogion fel Yeats, Hyde a Mac Neill. Yno am ddwyawr yn ymddiddan ag enwogion amryw a chael te iawn. Yna yn ôl i Ddulyn i fyned ar ein hunion i Roebuck House, Co. Dublin, lle y gwahoddasid llawer ohonom gan y Madame Mac Bride a Sian Mac Bride, sydd yn frwd iawn o blaid y Weriniaeth, ac yn gas ganddynt lywodraeth Gwladwriaeth Rydd Iwerddon, a alwant yn fradychwyr.

Dydd Gwener, 10 Gorffennaf 1925

Bore Iau – ysgrifennu mymryn yn y bore, ac yna myned i'r Brifysgol i gyfarfod â Forbes ac â Cilian O'Brolchain. Ciniawa ein tri, gyda'n gilydd a thad Cilian – sef Padraic O'Brolchain – yntau wedyn a Drezen. Wedi bwyta, ymddiddan hir iawn am Iwerddon, ac yn arbennig am hanes y frwydr am annibyniaeth yno o 1916 ymlaen hyd 1922. Gwyddai O'Brolchain am y cyfan i gyd drwyddo draw, ac yr oedd yn ddiddorol iawn ei holi a'i groesholi. Amlwg mai lleiafrif a wnaeth y chwyldro, a hyd yn oed, lleiafrif oddi mewn i leiafrif. Yna, y peth a chwythodd y fflam yn dân, ydoedd rhoddi'r 77 i farwolaeth. Wedi cinio, myned i ymweld ag A.E. – George Russel – a chael ymddiddan diddorol iawn ag ef am y Gynhadledd, am fywyd Iwerddon, am yr Wyddeleg, am syniadau – efô fel Bernard Shaw yn hoff ohonynt – am ddyfodol gwareiddiad Iwerddon, am ei waith ei hun, a'r peidio â chyfieithu arno, am yr *Irish Statesman* a'i ofynion, am Blunkett, am Gymru, a'r bywyd sydd i syniadau yno am gyfieithu ar Dolstoi, Ibsen, Lamennais etc, – am A.E. o blaid yr angylion, er cael ei ergydio am ei gysylltiad ag Ewrop yn enwedig â'r Eidal, ac am James Joyce. Holai hefyd am duedd meddwl myfyrwyr y Brifysgol, – a chwyno na weithiai'r athrawon oddi allan iddi. Hyde ei hun wedi peidio â'i frwdfrydedd, meddai – hen, hŷn nag ef, ac ef yn 60, ond ei wallt yn drwchus, ac yn felyn i gyd. Gyda dau o'r myfyrwyr yr euthum i ymweled ag ef. Yr un dau ddaeth i'm hebrwng innau yr un nos Iau i'r orsaf. Gwahanu yn sŵn 'Cymru am byth'. 'Erin go bragh'. Yna croesi'r nos honno i Gaergybi.

Dydd Mercher, 15 Gorffennaf 1925 [Ffrainc]

Wedi cyrraedd Dieppe y prynhawn ddoe yr oedd yn ddywenydd gennyf weled y bywyd Ffrengig unwaith eto a syllu ar y niferoedd yn eu mwynhau

eu hunain o flaen y caffe ar y pelmynt. Bywyd ydoedd y sychedwn amdano
droeon ym Mangor. Canys y mae mor ddedwydd, ac mor dlws a moethus.
Hyfryd o daith oedd honno ar draws Normandi doreithiog, wyddlawn, hyd y
Pontoise, gyda'i feysydd eang o ŷd a gwair. Yr oedd yno eisoes leiniau o
wenith wedi ei fedi. Oddi yno i Baris, gwlad ffrwythlonach o hyd, yn llawn
gerddi mawr a mân, bob un yn dwyn ei thrwch o bob ffrwythau gerddi, o
bob llysiau a blodau blagur. Yna, y Seine dlos, gyda phrydferthwch o bob
ymyl iddi, a'r brifddinas yn union deg.

. . . Yna cerdded yr heolydd, oedd lawn o arwyddion gwleddoedd a fu ac a
fyddai. Canys y pedwerydd ar ddeg ydoedd hi y nos y cyrhaeddwn (Nos
Fawrth). Yr oedd pobman hefyd yn llawn o ddynion a gerddai'n araf, a
hafaidd o le i le ac yn arbennig at y mannau lle byddid yn saethu. Fymryn
wedi deg y byddai hynny; ac yn nesaf atom ni, o bont Sully a'r Pont Neuf.
Ar bont Châtelet yr oeddwn i wedi cael o'r braidd le i eistedd ar ei chanllaw
gyda'r cannoedd. Eisteddai eraill ar y palmant. Aros a wnâi'r lleill, neu
gerdded yn gannoedd ohonynt ar y ffordd. Yr oedd miloedd i bob cyfeiriad
nes bod canllaw pob pont a chanllaw muriau'r afon hwythau i gyd yn ddu
gan dyrfaoedd. Yna, wedi deg y saethu goleuni i'r awyr, yn brydferth ac
ardderchog. Taranu yna fel trwst taran, a gwahanu yn lliwiau lawer, yn goch
ac yn las, yn wyn a melyn, yn saethu'r enfys ac yn arlliw o bob math. Felly
am ymyl awr, a phawb yn syllu a phawb yn synnu, a phob un yn falch a
llawen.

Yr oedd y mwynhau yn fawr yn ddiamau, ond eto yn llawer iawn llai na
chyn y rhyfel. Gwnaeth ef, a'i wg, ei waith. Ac y mae bywyd mor ddrud
bellach. Nid yw'r ffranc namyn gwerth y bedwaredd ran o'r peth ydoedd
ddeng mlynedd yn ôl. Cyfyd prisiau pethau beunydd. Gwelaf eu codi yn
ystod y tri mis y bûm oddi yma yn awr. Yn wir, y rhyfedd yw bod yma
ymddigrifo gymaint a llawenhau gymaint! Rhaid ei fod yn wreiddiol yng
nghymeriad y Ffrancod. Yr oedd y brifddinas yn oleuni drosti a mi'n mynd
i'r gwely ymhell wedi hanner nos. Ac uwchben y cyfan, cyfodai Tŵr Eiffel ei
big uchel gan ddwyn yntau oleuni arno. A chwaraeai'r goleuni a lliwiau arno
o'i waelod i'w ben uchaf, gan newid lliw'n gyson a swyno pob llygad. Ar fy
ffordd, gweled un o'm cyfeillion sy'n perthyn i'r Action Française.
Drannoeth yr un fath, un arall. A dyna'r cwbl. Canys nid oes yma neb o'r
myfyrwyr bellach. Er myned i'r Sorbonne, nid oedd nemor neb i'w weled ac
eithrio'r swyddogion a'r athrawon. A digon diflas ydyw heb y myfyrwyr. Y
myfyrwyr ydyw ei fod ef.

Dydd Llun, 20 Gorffennaf 1925

Heddiw yr oeddwn i ddechrau fy ngwaith gyda Vendryes, tua deg o'r gloch y
bore. Efô ei hun ddaeth i'r drws, ac yr oedd ei hwyl yn hynod o dda. Mynnu
hanes y gynhadledd yn Nulyn a wnaeth yn gyntaf oll gan gymryd diddordeb
neilltuol yn y cyfan, a holi pwy oedd yno o Gymru, a pha beth oedd testun

eu siarad yno. Yna siarad am Gymru, ac am a ddigwyddai yno. Ar ôl hynny y
dechreuasom ar ein gwaith, gan gydio ynddo yn y lle y gadawsom ef dri mis
yn ôl.

Dydd Gwener, 21 Gorffennaf 1925

Yn y prynhawn, darllen y *Revue Universelle* yn y Sorbonne. Iawn oedd ambell
ysgrif ynddo a diddorol ofnadwy adolygiad Jacques Maritain ar lyfr Pierre
Lasserne ar Renan, ond ei fod yn anferth o lym, hyd yn oed at fod yn
annhrugarog. Yr oedd gan Lasserne ei hun ateb iddo yn y *Nouvelles Littéraires*
heno – ac nid annheg o ateb ychwaith. Cwyno yr oedd yntau rhag llymder
adolygiad Maritain os nad rhag ei annhegwch. Ymddengys imi mai Lasserne
sydd yn denu bryd dyn, am ei fod yn dynerach ac, i ddywedyd y gair, yn fwy
bonheddig. Heblaw hynny y mae yntau'n alluog ryfeddol, ac, heb ddim
amheuaeth, yn ceisio bod yn deg at Renan ac at yr Eglwys Gatholig. Ceisio'r
annichonadwy? Efallai nage. Ond go brin y llwyddodd Lasserne. Gwerthfawr
ei lyfr er hynny, a meistrolgar ar lawer cyfrif.

Dydd Sul, 26 Gorffennaf 1925

Darllen ac ysgrifennu fûm i y bore ddoe. Darllen wedyn wrth fwyta fy mhryd
cyntaf hanner dydd. Yna, i lety Nemo – Roparz Hemon, fel y geilw ei hun –
i'w gynorthwyo i gyfieithu un o chwedlau Kate Roberts i'r Llydaweg. Am
bedwar, at Vendryes i barhau'r gramadeg. Yr un pryd gwnawn ddetholion o
ryddiaith Gymraeg ddiweddar, er enghraifft o *Stên Sioned* o *Straeon y Pentan*
ac o ryddiaith y Syr J.M. Jones, Gwynn Jones a W.J. Gruffydd, gan eu
cyfieithu. Efallai yr ymddengys y detholion hyn mewn llyfr ar wahân i'r
gramadeg. Eu dewis a'u cyfieithu fuom ddoe gan mwyaf. Y mae Vendryes yn
eu deall yn dda iawn ar y cyfan. Ond y mae amryw fannau na ddeall ddim
ohonynt, yn naturiol.

Dydd Gwener, 31 Gorffennaf 1925

. . . ysgrifennu llythyr i Saunders Lewis, yn ei hysbysu na bydd modd imi fod
yn yr Eisteddfod, ac yn gofyn ganddo gymryd fy lle fel cadeirydd ein mudiad
ni.

Dydd Sadwrn, 1 Awst 1925

. . . Yna at Vendryes, am y tro olaf, fel y mae'n waethaf y modd. Canys y
mae ef wedi blino llawer ar weithio mor galed, ac yn awyddus myned at ei
deulu i'r wlad i orffwys. Achwynai'n arw rhag blinder, a phan ddywedais
wrtho ei fod yn gweithio'n galed iawn, meddai 'Il faut bien. C'est encore la
meilleure occupation de la vie.'

Dydd Sadwrn, 22 Awst 1925

Ddoe – dydd Gwener – gadael Chartres am Rennes yng nghwmni tri milwr newynog.

. . . Gweled Marchal ac eraill o fechgyn y *Breiz Atao*.

Dydd Sul, 23 Awst 1925

Gadael am Lamballe. . . ymweld â'm cyfaill Sohier a cherdded y dre gydag ef.
. . . Yna ymlaen i St Brieuc i gael pum munud yn unig gyda Vallée, ac i orfod cymryd ei 'de o'r wlad'. Efô yn hen fel arfer, yn gripil ac yn gam, yn drwm ei glyw ac yn cwyno blinder a lludded, ond yn brysur ac aflonydd, yn hwylio'r llestr te, yn galw ar Mari, ac yn gweithio ar y geiriadur, ac yn paratoi hanes Llydaw yn y Llydaweg. Rhaid arnaf redeg ymaith i ddal y trên am Baimpol.

Dydd Mawrth, 25 Awst 1925

. . . i'r Porz Gwen i gysgu'r nos. Yno ddoe eto, y Llun, a gweled M. Even a bod amser maith gydag ef, a chiniawa ynghyd. Sôn am gyfoeth Llydaw, mewn dynion a rhinweddau, daear a chynnyrch, milwyr a morwyr. Gyferbyn Ffrainc yn lleihau bob dydd, yn myned yn hesb, ac yn bwdr, ac eiddil. O hynny gwaredigaeth i Lydaw. Hefyd o'i phlaid:
1 yr Eglwys Gatholig, a gadwodd y Llydaweg hyd yn hyn;
2 yr ysgolfeistr, sydd yn Gomiwnistaidd, felly yn wrth-Ffrengig; gan hynny yn dadweithio'r syniad Ffrengig a dadwneuthur gwaith eu rhagflaenwyr.
Hyd yn oed pe brwydrai'r Llydawiaid heddiw am eu hannibyniaeth, ni allai'r Ffrancod ddim am na ymladdai Foch yn eu herbyn; nac amryw gadfridogion eraill; nac eto y milwyr eu hunain.

Dydd Mercher, 26 Awst 1925

Heddiw, dod mab y Baron de Bellamy yma i'm hymofyn a myned ein dau i gerdded y Porz Gwen, a'r pentrefydd o gwmpas ar ôl bod yn y Capel gyda'i ddelw o'r Sant Erwan rhwng y tlawd a'r cyfoethog, gan droi at y cyntaf. Isel y Capel, heb nemor ddim muriau yn y pen uchaf. Diogelach felly rhag y gwynt a'r glaw. Yna gyda'r llwybrau a'r ffyrdd culion, meinion, trwy'r pentrefydd sydd ddim namyn tai gwasgarog y pysgotwyr, ac yn unffurf bron, gydag un ffenestr o bob tu i'r drws, y naill i'r gegin a'r llall i'r ystafell gysgu. Ond y mae'r gegin hithau yn cynnwys gwely yn ymyl y tân.

Dydd Iau, 27 Awst 1925

Ddoe, y bore, yn y tŷ yn darllen. Myned at y Manoir du Pellinek, lle y mae'r

teulu Salliou, yn dad, mam, tri o fechgyn talentog, hirben, a merch. Cael
gwin yno, a threulio amser cysurus yn siarad Llydaweg a Ffrangeg. Yr oedd
yn hen deulu yna ers pedair canrif, yn ôl gweithredoedd a welais fy hun, yn
berchen tyddynnod a daear, yn ffermwyr eu hunain, ac yn forwyr yn olaf i
gyd, yn annwyl yn y fro i bawb. Y tŷ yn fawr a helaeth, yn hen a da, yn
llawer iawn gwell na'r tyddynnod yn Llydaw. Hwythau yn bobl fonheddig,
'dyledog', deallgar, ac yn falch iawn o weled Cymro, gan eu bod yn medru'r
Llydaweg yn dda, ac yn ei pharchu. Wedi cinio, dangos yr hen ddodrefn
celfydd, cain, o dderw du; lluniau aelodau o'r teulu, weithiau'n esgobion etc.
Yna i'r neuadd i'r llofft i ganu'r 'Bro Goz' etc. Yna yn chwech ohonom, yn
eu cerbyd i ymweled â Berthou, gan aros ar y ffordd i edrych eglwys
Pleumeur, gyda'i phulpud gwir dda a'i Grist trist. Fy nghwmni defosiynol yn
cyfarch pob Calfaria. Berthou yn falch hyd at ddagrau o'n gweled. Cael gwin
yno a chanu'r 'Bro Goz'. Golygfa deimladwy, a Berthou'n colli dagrau o
lawenydd, a darllen un o'i gerddi gyda hwyl ac angerdd. Ymadael at yr
offeiriad yn y Kerborz, efô, annwyl ac ymroddgar. Synnu at fy Llydaweg.
Myned â ni i'r Eglwys oedd ei falchder, harmoniwm newydd, ei ganu ei hun,
er inni weled, yna yr allor dderw, a baentiwyd wedi iddo ddod yno – wyth
mis sydd er hynny. O'r bachgen annwyl ag ef. O'r galon lwyr, gyfan, lle na
all dichell na thwyll fod! Ei ddefosiwn rhyfedd. Hoffwn ei weled eto – a'r
teulu Salliou hwythau.

Dydd Gwener, 28 Awst 1925

Ddoe: yn y tŷ'n darllen. Nid yw Anatole le Braz yma, oherwydd ei waeled.
Y prynhawn, gweled tatws yn y porthladd bach, yn cael eu hedrych cyn eu
danfon i Blymouth, lle y gyrrir rhai bob wythnos. Y dyn bach byr yn
anfodlon ar y tatws, amryw ohonynt yn dda i ddim ond i'r brain; er mai gyda
chyfaill y prynodd hwy. Efô yn ddyn bach penderfynol yn gwybod pa fodd i
lwyddo yn y byd. Ei ferch wedi bod yn Lloegr yn dysgu Saesneg, nes ei
gwybod; ond wedi priodi'n anffodus ag un na fu'n iach fyth wedyn, na fedr
weithio ddim. Ei thynged, meddai ei thad! Gadael am Berros ar draws y wlad
o feysydd bychain yn gymysg ag eithin a rhedyn. Wedi cyrraedd, myned i
weled fy nghyfaill James Bouillé, a chael ymddiddan diddorol.

Heddiw, darllen y bore. Wedi cinio, myned gyda Bouillé i ffarm yn ymyl,
i gael coffi a bara ymenyn, ac ymgom hir. Sôn am arferion e.e. rhoddi'r
pinnau yn nhrwyn Sant Guirec nes diflannu ei drwyn. Os erys y pin, yna
priodi. Gwledd wedi i un ffarm ddadwneuthur ffridd eithin i wneud cae
ohono; dawnsio ac yfed. Wrth fyned i dŷ newydd ei fendithio. Yna gwledda.

Dydd Sul, 30 Awst 1925

Gadael Lannion am dri, a myned am Blouarel, lle y bu raid imi aros pedair
awr. Felly cerdded i'r dref, at yr Eglwys a myned i mewn iddi hithau, i

edmygu ei gwydrau gwych a llawn gwaith perffaith. At y tri chrydd, i gyweirio fy esgidiau, a chael ymddiddan diddorol â hwy am Lydaw, y Llydaweg, Ffrainc etc. Llydawiaid a fedrai ddarllen y Llydaweg oeddynt, ond y Ffrangeg yn well. Llydawiaid, ond Ffrancod 'quand même!' Dim un syniad eu bod yn bobl ar wahân i'r Ffrancod, gydag iaith, arferion a thraddodiadau y dylent ymfalchïo ynddynt. Eu balchder ydyw bod fel y Ffrancod, yn siarad eu hiaith, yn gwisgo'n hafal iddynt, ac yn meddwl yr un fath. Mwy Ffrengig fyth y wraig a ddaeth i mewn yno i fyrhau sodlau ei hesgidiau. Gwedi fy myned allan, plant y pentre'n gweiddi 'Breiz Atao', am i'r cryddion eu hannog, a hwy wedi casglu fy mod i'n un o'r Breiz Atao.

Dydd Llun, 31 Awst 1925

Ddoe, yn y bore bach, cyrraedd Tremel, gan deimlo'n falch iawn hefyd, yn enwedig wedi dioddef yn ofnadwy oddi wrth y cornwyd sydd ar fy ngwddf. Y mae yma feddyg a gwnaeth ef garedigrwydd dirfawr â mi. Gweled y cyfeillion bob un, a chlywed gweiddi 'C'est Monsieur Bebb' gan y plant, mewn balchder. Myned i wasanaeth y bore, i gael pregeth yn y Ffrangeg ac yn y Llydaweg, yr olaf gan Somerville, a'r llall gan ei fab. Treulio'r gweddill o'r dydd yn yr ardd, yn darllen ac ysgrifennu tan yr haul gorau er pan wyf yn Llydaw. Mwyn oedd ymgom â M. le Queré, a'i fab, a M. Somerville, wedi bod ymaith am flwyddyn gyfan. Ni bu gyfnewid o gwbl ar eu gwaith hwy. Ni bu gynnydd o un math; na cholli ychwaith. Y mae'r ysgol yn parhau fel arfer, bob gaeaf; ac y mae hynny'n gystal gwaith â dim. Yn anffodus imi, y mae'n dymor y cynhaeaf, ac nid â M. le Queré i'r unlle i gludo ei feiblau, ac i'w gwerthu. Ni chaf felly y cyfle a ddymunwn i fyned eto o dŷ i dŷ i weled y bobl, i ysbïo'r wlad, ac i lwyrhau fy ngwybodaeth amdani. Gwaeth na dim, y mae'r dolur aruthr sydd ar fy ngwddf yn fy rhwystro i fyned nemor ddim y tu allan i borfa'r iâr. Y mae'n ddigon anodd cerdded o gwbl. A'r un mor anodd i eistedd ac i ddarllen. Anoddach fyth cysgu, a chollais lawer ohono yn ddiweddar. Fel y myn ffawd iddi fod, y mae yma feddyg medrus iawn yn edrych y clwyf ddwywaith y dydd, gan roddi imi i'w yfed, bob dwyawr, yr Anidol Interne, y dyry ef eirda mawr iddo. Ni allaf ddywedyd y cymaint hyd yn hyn. Ond, rhaid gobeithio. Enw'r meddyg ydyw'r Dr Anderson, ac fe ddywedai ei fod yn perthyn i deulu pur enwog, yn cynnwys marchog neu ddau. Yn Ne Affrica y bu ef am flynyddau, ac y mae'n gymeriad digon diddorol. Ond y mae'n elyn anghymodlawn i'r Catholigion, yn honni eu bod wrth wraidd pob drwg a fu am ganrifoedd, pob helynt, a phob galanas wleidyddol.

Dydd Gwener, 4 Medi 1925

Yr un yw trefn y dydd yma o hyd. Gwasanaeth am saith y bore, i'r plant gan mwyaf, gyda M. Somerville yn darllen iddynt, ac yn gweddïo. Cydganu hefyd. Y cyfan yn y Llydaweg. Yr un fath am wyth yr hwyr, ond bod pawb yno, ac mai yn y Ffrangeg y mae. Am weddill y dydd, darllen ac ysgrifennu fyddaf i, a cherdded i edrych y wlad, i holi'r bobl, ac i ymddiddan â hwy. Felly lawer iawn â mab M. le Queré. Priododd ef er y llynedd, a'r peth cyntaf a wnaeth pan ddeuthum yma ydoedd rhedeg i alw ar y wraig, i'w dangos imi. Un glên ddigon, weithgar a defnyddiol. Wrthynt eu hunain y maent bellach, yn gwneud yr holl waith eu hunain. Nid oes hyd yn oed ferch ifanc at y gwaith. Yn lle hynny, rhaff am ben pob buwch, ac y pen arall haearn i'w osod yn y ddaear. Yn y fel hynny, arbed cyflog o ddeugain ffranc y mis, a bwyd a llety! A byddai'n rhaid iddi hi gysgu yn y tŷ. Am was, yn y stabl y byddai ei wely ef – gwely a ddangoswyd imi – yn union y tu ôl i'r ceffylau. Dyna'r rheol o hyd, yn enwedig efo'r gwas fydd yn trin y ceffylau.

Dydd Sadwrn, 5 Medi 1925

Heddiw, yn union wedi bwyta, a thrin fy ngwddf sydd yn gwella'n rhyfeddol, cerdded i weled Trogoff, lle'r oedd gynt blasdy mwyaf yr ardal. Bore iawn ydoedd, gyda'r haul oedd yn dechrau cynhesu'r awyr lemoer. Ar y ffordd, myned heibio i un yn arwain y gwartheg i'r dwfr wedi godro. Arall, y 'botier koat' yn paratoi ei arfau at daradru'r bedw, neu'r pren cnau, neu'r onnen. Tu hwnt, yr hogyn coesnoeth yn ei glocs trwm, yn eistedd ar y glwyd gan edrych ar ôl y tair buwch yn y cae. Yna, gwraig y tŷ yn dilyn ei buchod hithau i'r maes, gan wenu mymryn yr un pryd. Yn y maip a'r erfin yr oedd y dynion gan amlaf, yn eu chwynnu a'u teneuo. Torrai eraill feillion i'w dwyn yn las i'r anifeiliaid, yn gymysg â dail bresych. Gyda ffyrdd culion yn igam-ogam gyson am gaeau o erfin ac eithin yr awn. Yna heb gaeau o gwbl, i allt dew eang o dderw mân, yn gymysg â chyll a banadl, gyda grug y mynydd a'r llysiau duon bach yn isel wrth eu bôn. Yn y Trogoff, dwy o'r ffermydd oedd eiddo'r plas, ond nid y plas ei hun oherwydd ei ddaearu adeg y Chwyldro. Cadarn y ddau dŷ o gerrig helaeth, mawr – a drws un o'r ddau fel drws maenor. Gweled yr amaethwr a'r wraig – ni ddeallai hi y Ffrangeg – ond ni wyddent ddim am hanes y lle y trigent. Ar y drws yr oedd y flwyddyn 1852.

Dydd Sul, 6 Medi 1925

I'r gwasanaeth Ffrangeg a Llydaweg y bore, ac ysgrifennu mymryn ar ôl hynny. Gweled rhai o bobl Tremel, a ddywedodd wrthyf i un ar hugain o offeiriaid fod yno yn yr offeren bore heddiw, Sul cyntaf yr offeiriad newydd. Dywedent fod yr eglwys yn llawn, yr offeren yn eithriadol o dlos, ac mai amheuthun oedd clywed yr un offeiriad ar hugain yn cydganu.

Wedi cinio, euthum i gyda M. Somerville yn ei gerbyd i Blounerin, a milltir ymhellach, lle'r oedd cyfarfod i fod yn nhŷ gwraig go hen. Yr oedd yno amryw o ferched ieuainc yn eistedd ar y pedair mainc oedd rhwng y gwely a'r drws; ac ymddiddan â hwy y bu M.S. am ysbaid, tra oedd eraill yn dyfod i mewn. O'r diwedd, canu emyn Llydewig, darllen a phregethu, gweddïo a chanu, bob tro yn y Llydaweg. Yr oedd yno tua deg ar hugain cyn inni orffen. Yna myned fyfi i edrych ar y Capel Kermanac'h, sydd yn ymyl, ond a oedd yng nghlo. Pan ddeuthum yn ôl, yr oedd M.S. yn yfed coffi du yn nhŷ'r hen wraig, ac yn siarad â hi a dwy o'r merched oedd heb ymadael. Buasai ef yn tynnu eu lluniau tra bûm i oddi yna. Dywedodd wrthyf mai yr hen wraig yn unig oedd yn Brotestant, ac mai Catholigion oedd y lleill bob un, ond eu bod yn dyfod i'r cyfarfodydd yno weithiau. Ar ein ffordd yn ôl, aros ennyd ym Mhlounerin, lle'r oedd gŵyl neu'i gilydd, a thyrfa o bobl, a rhedeg a chodymu. Myned i'r Eglwys, sydd yn gymharol newydd, ond yn brydferth er hynny, gyda ffenestri'n llawn gwaith a lluniau; oddi allan, colofn i'r milwyr gyda'r geiriau arno i gyd yn Ffrangeg. Oddi mewn, beddrod iddynt, ac uwchben, un frawddeg yn y Llydaweg: 'Da vugale Plounerin, maro evit Doue hag ar Vro.' Ffrangeg y gweddill.

Dydd Llun, 7 Medi 1925

Fore heddiw – Llun – myned am y tro cyntaf i bentref Tremel, ac at fy hen lety yn bennaf dim. Fe'u gwelais bob un ond y mab, ac yr oedd yn wir dda gennyf eu gweled unwaith eto oll yn iach, oll yn llawen fel arfer. Rhaid oedd imi eistedd i lawr wrth fwrdd y gegin ar unwaith ac yfed coffi a roes Mme Fustec yn ddioed ar y tân. Siarad llawer wrth reswm. Am helynt y byd wedi blwyddyn yn ôl, am hanes Tremel, ac am fy nghrwydro innau. Yna, am golli'r hen offeiriad – La Hague – ac am y gwasanaeth anarferol y dydd Sul diwethaf. Chwith iawn oedd ganddynt ei golli, efô oedd fel y dywedent, mor alluog, mor ddysgedig, ac yn bennaf peth, mor ddefosiynol. Ni ddeallent pam y mynnodd ymadael, er mwyn dwyn ei benyd mewn cwfaint, lle y bydd yn yr Eglwys bob bore o ddau i saith, heb symud bron; ac yna'n byw gyda'r brodyr yno, heb lefaru dim, ond arwyddion. Cyn eu gadael rhoesai i bob teulu yn y plwyf – heibio gant ohonynt – gopi newydd o *Fuhe ar Zent*. Dangoswyd imi gyda balchder oedd amlwg ddigon, a dywedyd fel y gofynnodd M. La Hague i bawb ei ddarllen er cof amdano ef. Ni wyddent eto lawer am yr offeiriad newydd, namyn ei fod yn bregethwr iawn – gwell na'r hen, meddai gwraig ar y ffordd wrthyf ddydd Sul. Ond ni thybient ei fod mor ddefosiynol â'r hen. 'Il n'est pas aussi pieux que le vieux'. Yn ôl oddi yno at fy llyfrau, gan ddarllen hyd ginio. Hel mwyar duon gyda'r Dr Anderson wedi hynny; a gorffen y dydd gydag ysgrifennu, am oriau, barhad hanes fy nhro cyntaf yn Llydaw.

Dydd Mercher, 9 Medi 1925

Myned i Dremel y bore heddiw eto, ac yn ôl i Uzel i ddarllen, ac i ysgrifennu mymryn. Ciniawa'n gynharach nag arfer, am fy mod yn myned i Wengamp i wylio'r 'Bleun Blug'. Yr oeddwn yno ychydig cyn dau o'r gloch, a gwelais rai o'm cyfeillion ar unwaith. Gweled eraill yn y Hôtel de Commerce – Millardet, Mordrel, Ab Eosen, ac amryw i gyd. Yna, yn eu cwmni i'r neuadd lle'r oedd y cyfarfodydd, a gweled rhagor o'r cyfeillion – M. le Moal, yr Abad Perrot, Drezen, M. Thieleman a'i wraig, M. Regnier a'i wraig ynteu. Wedi bod yno am ddwyawr yn gwrando areithiau ac yn arbennig eiddo Fflamand ar y mudiad cenedlaethol yno – allan i westy am goffi. Ac ysgrifennu llythyr. Yna'n ôl i'r neuadd, gan gyfarfod â'r Abad Perrot ar y ffordd, a chael fy ngwasgu'n daer ganddo i aros y nos. Clywed canu'r 'Deux Bretagnes'. Yna gweled M. le Berre, Gourvil, Mordrel a'i dad, ac yn arbennig Le Part. Gadael er gwaethaf cymhellion taer, a dod yn ôl i Uzel i gael meddyginiaeth fy ngwddf.

Dydd Sul, 13 Medi 1925

(Hanes fy myned o Lydaw sydd yn y tudalennau nesaf, ac ymhen pythefnos ar ôl hynny yr ysgrifennaf, sef ar y trydydd o Hydref.)

Heddiw oedd dydd troi ymaith o Uzel, ac o Lydaw, ac yr oedd hiraeth arnaf. Canys er cael cornwyd drwg, mwynheais fy hun yn ardderchog, yn enwedig wedi myned i Uzel, lle y mae'r bobl mor garedig, y ddaear mor fras, y gwŷdd mor las, a'r awyr mor iach. Iawn o fore ydoedd hi heddiw, er yn oer ddigon, wedi nos o lwydrewi'n drwm. Codais yn union wedi chwech, a chododd y Mlle le Quéré i wneuthur borefwyd imi. A'r Dr Anderson! Cododd ef i edrych fy ngwddf, ac i'w drin am y tro olaf. Yn y man yr oeddwn ar gychwyn tua'r orsaf ym Mhlounerin. Chwith iawn imi oedd ymadael â lle oedd fel cartref imi, ac â'r Dr Anderson a fu mor dirion, mor dyner, ac mor barod gyda'r feddyginiaeth. Ni ddywedwn yr un gair pe buaswn sicr o'i gyfarfod eto, ac yn fuan. Eithr y chwithdod hwnnw oedd lawnaf yn fy mryd ond dim amgen na thlysni'r bore swynol ond oer. Cydiai'n ddirfawr yng nghalon dyn, gyda gafael finiog. Yr oedd y wlad ar ei gorau, ei gwedd mor wyrdd ac irf a phe bai'n Fai neu Fehefin, a'i thegwch yn newydd ac ieuanc tan y niwlen wenoleu, denau – a godai'n amdo tlws tan haul oedd gynnes yn y gorwel. Dyfod y trên yn y man, a brysio yn ei flaen i gyfeiriad Gwengamp a St Brieuc. Yr oedd yn burion llawn, ac nid anaml oedd merched y cweiff gwynion ynddo. Mewn un cerbyd yr oedd rhywun yn fawr ei sŵn, ac yn union, yn crio, yn llefain, ac yn wir, yn udo. Yr oedd yn arswyd ei glywed, druan. Eisiau myned allan oedd arno, ym mhob gorsaf, ac yn arch-udo bob tro y safai'r trên, fel pe bai loerig. Heb fod yn gwybod ym mhle i ddisgyn yr oedd y mae'n debyg, ac efallai wedi goryfed. Aeth allan yn rhywle, o'r diwedd, a diflannodd ef a'i gri druenus i rywfan neu'i gilydd.

. . . Cyn cyrraedd Chartres gwelwn ddau dŵr ei heglwys fonheddig yn aml am amseroedd, a'u colli wedyn. Ac, wrth nesáu, aml oedd y caeau'n drwch o goed ffrwythau – afalau, perannau, ceirios – lle'r oedd llawer o bobl y ddinas yn bolaheulo'n gwmnïau mynych, dan haul tirion, tanbaid. Perllannoedd

wedyn am fymryn wedi mynd heibio i Chartres. Yna, gwedi amryw o
orsafoedd eraill, Maintenon, hi'n dew o goed amdani. Y mae tai to gwellt –
neu frwyn, neu eto efallai fanadl – yno, ac eraill o hyd ar y ffordd ymlaen.
Gwedd dlawd ac anghymen oedd arnynt, bob un, ac ambell un yn dadfeilio'n
arw gyda thyllau yn ei do, heb neb yn aneddu ynddynt. Diau i'r trigolion eu
gadael am y trefi, yn enwedig am Baris – effaith naturiol, os nad anhepgor,
dysgu yn yr ysgolion nad parchus y wlad, a'r bywyd syml, ac mai'r dref yw'r
lle am fywyd helaethach, am ryddid mwy, ac am gyflogau uwch.

Prydferth eto y fro hyd Versailles gyda'r coedwigoedd yn ymestyn i bob
cyfeiriad. Ac yn enwedig Sèvres, tref swynol, bron o'r golwg yn y coed yng
ngwaelod dyffryn. Tai sydd yna wedyn yr holl ffordd i Baris.

. . . Bore dydd Mawrth, cymryd y trên am Lundain, gan adael Paris
unwaith eto, eithr nid heb feddwl ei gweled eto cyn bo hir iawn. Cefais
ddiwrnod penigamp at y daith, ac yr oedd blas ar fyned trwy Normandi,
gyda'i chaeau mawrion a'i chopiau coed. Cael ei hesgeuluso y mae hithau.
Meddwl yr oeddwn wrth sylwi arni y gallai fod gwedd well arni; y dylai fod
gwedd well arni. Nid oes arni hanner y bobl a ddylai fod. Weithiau yr oedd
tiroedd helaeth heb nemor dŷ neu dyddyn arnynt. Nid niferoedd fel yn
Llydaw, ond eu diffyg. Byddai teuluoedd niferol, mawrion, yn fendith lawer i
Normandi, y mae'n rhaid gennyf, yn enwedig pe cedwid hwy wedyn ar y tir.

Hyfryd wedyn oedd y daith o dir Ffrainc i dir Prydain. Yr oedd y llong – y
Versailles – yn llawn, yn orlawn, a'r prynhawn yn ardderchog. O'r braidd y
gallai fod yn well. Yr oedd y môr mor llyfn ag y gall fod unrhyw amser, yr
wybren yn denau ac eglur, a'r haul yn ddiflino'n llewyrchu i lawr ar yr
ehangder môr glas, mor las â'r Môr Canoldir, efallai. Yr oedd y cyfan yn
ysblennydd, a theithio yn orfoledd pur. Nid oedd disgwyl a hiraethu am dir
fel y gwelais gannoedd o weithiau. Daeth o'r diwedd, yn lannau gwynion o
galch, a gwlad wastad unffurf y tu hwnt. Yn y man, hwylio i mewn i
borthladd Newhaven. Dirfawr y gwahaniaeth rhyngddi a Dieppe. Yno
eglwys yn ymyl y môr, a Chalfaria yn arwydd o grefydd y Crist, ac o'r angau
ar y Groes. Yn Newhaven, tai newyddion o briddfeini cochion, yn lân rai
ohonynt, ond yn anniddorol, yn ddigymeriad. Arwyddion bywyd y byd
hwn, a'i helyntion. Dim o'r byd arall! Dyna un o'r gwahaniaethau rhwng
Ffrainc a Phrydain, rhwng gwlad Gatholig a gwlad Brotestannaidd.

Mwyn wedyn y daith o Newhaven i Lundain, lle'r oedd Maggie yn fy
nisgwyl, er dirfawr lawenydd imi. Cawsom fwyd cyn myned o'r man a'r lle, a
hwyliasom yna i ogledd y ddinas, Maggie am ei llety yn ymyl Bruce Grove,
minnau i dŷ fy ewythr, yn Silver Street, Edmonton. Wedi cyrraedd yno, yr
oedd mawr o holi am fy ngwddw, a mwy na hynny o synnu, ac o
ddychrynu, wedi cael gwybod. Rhaid oedd gorchymyn i bob un a siglodd
law â mi fyned i'w golchi mewn antiseptic. Mwy na hynny rhaid oedd
myned â mi i'r Middlesex Hospital, sydd heb fod nepell oddi yno. Unwaith
yno, ni chawn fy ngollwng ymaith am y nos. Gwaeth fyth, rhoddi ystafell
imi, a'm rhwystro i fyned allan ohoni. Y cyfan oherwydd imi ddywedyd i'r

fferyllydd yn Ffrainc – yn Lannion – alw'r clwyf yn anthrax. Yno wedyn fore trannoeth heb gael rhoddi fy nhrwyn y tu allan i'r ystafell. Yn y prynhawn, dyfod meddyg i dynnu gwaed o'r cornwyd, ac i'w edrych yn ofalus â chwyddwydr, a chasglu nad oedd elfennau'r clwyf du ynddo ar y pryd, os bu o gwbl. Gollyngdod i minnau, a rhyddid. Allan â mi ar unwaith, ac i dŷ fy ewythr, lle'r oedd eto synnu drachefn wrth fy ngweled yn ôl, a hwy yn tybio na byddwn allan am wythnos neu ddeng niwrnod. Yna, ymaith i dŷ Rose a Laura yn ymyl Cheshunt, lle y bûm am ragor na wythnos, yn fy mwynhau fy hun yn rhyfeddol, yn cael trin fy ngwddw yn gampus gan Laura, yn cerdded cwmpasoedd, ac yn mynd i'r brifddinas ambell ddydd.

Dydd Sadwrn, 3 Hydref 1925

. . . i ffwrdd i'r orsaf . . . a myned gyda'r trên buan. Arno hefyd yr oedd y myfyrwyr, yn ddeugain ohonynt. Canasant gerddi Cymreig ar yr orsaf, nes tynnu sylw pawb, o bell ac agos. Rhyfedd mor gadarn ydyw llu wedi ymuno gyda'i gilydd. Gwir iawn y ddihareb mai 'mewn undeb y mae nerth', ac ni ellid ei phrofi'n well. Bob yn un ac un mor ddiymadferth ydynt. Gyda'i gilydd, yn un fyddin, mor gadarn! Taith felys iawn oddi yno i Fangor. O Gaer cefais gwmni T.H. Lewis, yr athro hanes oedd yma o'm blaen i.

Dydd Sul, 4 Hydref 1925

Bore ddoe, cerdded i Fangor trwy'r coed sydd rhyngddi ac yma. Bore campus ydoedd, ac edrychai'r Fenai yn rhyfeddol o swynol, yn llawn cystal â dim ar a welais yn ystod y gwyliau.

Wedi cinio, hwylio i'r Ysgol Sul, a chael yno amser digon diddorol. Yn ôl eilwaith yr hwyr, i'r bregeth, i wrando ar y gweinidog, Mr Gwilym Williams, yn traethu ei lên, nid yn ddrwg, ond yn rhy oer.

Dydd Llun, 5 Hydref 1925

Iawn o fore heddiw eto, yn swynol y tu hwnt i bob dymuniad. Yr oedd rhyw wrid dlos, gain tros bobman pan godais; ac yn yr awyr, ryw hoywder, ryw ysgafnder a oleuai feddwl dyn, ac a'i calonogai.

. . . Yna i Fangor i roddi £48 yn y banc, y peth cyntaf a roddais erioed. Negeseua, a chyfarfod â H.R. Jones, ysgrifennydd y Blaid Genedlaethol, a bod gyfran helaeth o'r prynhawn gydag ef yn sôn am a wnaed yn yr Eisteddfod, ac am a wneir yn y dyfodol. Yna i Neuadd Fenai am de, a gweithio.

Dydd Mercher, 7 Hydref 1925

. . . Ysgrifennu o hynny hyd amser cinio i Saunders Lewis. Bu camddeall rhyngom yn ddiweddar, ac nid da camddeall un amser. Y drwg ydoedd nad oeddwn i ym Mhwllheli adeg yr Eisteddfod. Tybiai S.L. mai dewis bod oddi yno a wneuthum. Ni wyddai fod yn rhaid imi fyned i Baris yn ôl fy addewid i Vendryes cyn dyfod oddi yno y gwanwyn diwethaf, i ddechrau ar fy ngwaith yma. Ac nid oedd fodlon o'r herwydd; ac yn enwedig, am na etholwyd i ar y pwyllgor a ddewiswyd yno i ffurfio rhaglen yr Ysgol Haf am y flwyddyn nesaf. Atebais innau iddo tuag wythnos yn ôl, gan egluro'r sefyllfa'n gyflawn, a'i feio am dynnu casgliadau anghywir. Deuddydd yn ôl, cefais lythyr arall oddi wrtho, yn ymddiheuro am a ysgrifenasai, ac yn gofyn am fy maddeuant. Llythyr ardderchog, lle'r oedd calon bur, fawr, dda, yn dyfod yn amlwg i'r golwg. Gwyleidd-dra hefyd, a gormod o wyleidd-dra. Ni allwn lai na'm cyhuddo fy hun wrth ei ddarllen. Yr oeddwn lawen o gael teimlo'n sicr eto bod gennyf gyfaill mor ardderchog, mor gadarn, mor unplyg, mor gywir. Ateb y llythyr hwnnw yr oeddwn i.

Dydd Sadwrn, 10 Hydref 1925

. . . Wedi cinio, cymryd y trên am Gaernarfon, gan gyfarfod yno â H.R. Jones, Ebenezer, a myned i bwyllgor o Undeb y Cymdeithasau Cymraeg. Yr oedd William George, Cricieth yno, a'r Dr Lloyd Owen, R.E. Jones, ac amryw eraill na wn eu henwau. Yr amcan ydoedd ymuno'r cyfarfodydd llenyddol yn y sir, a'r Undeb ei hun, a daethpwyd yn fuan i gyd-ddeall, a chydweithredu. William George oedd yn cadeirio, a gweithiodd y pwyllgor yn hynod o dda, heb wastraffu nac amser na gorchwydd geiriau.

Dydd Sul, 11 Hydref 1925

. . .Yna wedi cinio, i'r Ysgol Sul, i gynnal dosbarth go fawr o ferched y Coleg. Sôn am fywyd Crist, ac am ei farw; am ddewis ei ddisgyblion, ac am draddodi ei ddysgeidiaeth iddynt, yn olaf am godi Eglwys i sefyll tros ei Wirionedd. Dosbarth diddorol iawn, oherwydd i'r merched gymryd rhan fawr ynddo. Ar y diwedd, gofyn imi siarad ar godi'r Ysgol Sul i'w grym a'i dylanwad cynt. Bodloni, a phwysleisio'n arbennig ei hangen cyntaf am ddiwinyddiaeth, am ffydd, am grefydd, am ddamcaniaeth, am syniad pendant, am y gwirionedd. Nid oes ddiwinyddiaeth yn yr Ysgol heddiw, am na ŵyr yr athrawon amdani, a hefyd am na phregetha'r pregethwyr yr un.

Dydd Gwener, 16 Hydref 1925

Nid dim gwell yr annwyd heddiw eto, er imi orffwyso'n dda, a chysgu'n gampus. Bychan o waith darlithio oedd gennyf heddiw. Am naw, un i'r myfyrwyr hynaf, ac ar wleidyddiaeth. Buasai'n ddadlau rhyngddynt ar y pleidiau gwleidyddol, a mynnent imi, gan hynny siarad ar y pwnc, a thorri'r strîf. Geilw un ohonynt ei hun yn Gomiwnist, ac y mae yn wir, os golygir wrth hynny, gymysgedd, anneall ac anhrefn. Darllen un o lyfrau J. Bainville, yr *Histoire de Trois Générations*, a'i gael, wrth reswm, fel y lleill, yn llawn awgrymiadau, goleuni a threfn. Yn fyr, campus o lyfr. Wedi cinio, i Fangor am y papur, i'r Brifysgol hefyd, a gweled Williams Parry yno, a bod ysbaid da gydag ef, yn siarad am amryw o bethau. Balch efô, yntau, o weled yn y papur heddiw, newid yn ôl borthladd Môn i Gaergybi. Un o arwyddion yr amserau!

Dydd Sadwrn, 17 Hydref 1925

. . . Dechrau darllen yn fuan wedi naw. Sef a ddarllenwn lyfr Bainville, *Histoire de Trois Générations*. Wrtho y bûm braidd drwy'r bore, ar wahân i'r amser a gymerwn i gerdded allan i anadlu awyr iach i'r corff, a meddyliau o hedd i'r ysbryd, wrth edrych ar y Fenai, oddi yma i'r bont a'r Borth. Campus o lyfr ydyw'r llyfr hanes hwn, yn orlawn o eglurhad gwareiddiad, a threiddgar ar y mudiadau o ddechrau'r ganrif hyd heddiw. Y mae'n drysorfa o ddysgeidiaeth ac o wersi mewn gwleidyddiaeth a llywodraeth, yn dryfrith o athroniaeth afaelgar, gywir ar ddyn a'i natur. Ac am yr awdur ei hun, Bainville, rhaid ei alw yn ddoeth o'r doethion, yn ddeallgar ymhlith y deallgar. Pen digymar! Wedi cinio, i Fangor, a'm dal gan gawodydd glaw. Fin nos, i'r Borth, at Ifor Williams i gael ymgom ag ef am helynt y Gymraeg yn y Colegau, ac o flaen dirprwyaeth y llywodraeth. Buasai pwyllgor o Athrawon y Brifysgol yn Llandrindod ddeuddydd yn ôl. Ond ni wnaethpwyd dim eto − ond oedi.

Dydd Mawrth, 20 Hydref 1925

. . . Aeth gweddill y bore i ddarllen, ac i edrych dros fy adroddiad o'r ymgom a gefais â Charles le Goffic fis Ebrill diwethaf. Fe'i caf yn ddiddorol, a phenderfynaf ei pharatoi gyferbyn â'r *Llenor*.

Dydd Mercher, 21 Hydref 1925

. . . Gwedi hynny, eto i Fangor, y waith hon i'r Westminster caffé, i annerch cyfarfod o Gymdeithas Tair G. y Brifysgol. Cydymddiddan yn nesaf, a chyn-llunio rhywbeth i'w wneuthur. Brysio tua thre am swper, ac ysgrifennu hyd yn weddol hwyr.

Dydd Sul, 25 Hydref 1925

. . . Amser te, cyfarfod â George Davies, fu'n Aelod dros y Brifysgol. Gŵr tirion, tyner, glân ei olwg â nodweddion mwynder a gonestrwydd. Sôn wrtho lawer am yr Eglwys Gatholig yn Llydaw, a'i gael ef yn barod ryfedd i gydweled â mi ag apêl yr Eglwys honno at y mawr, yr arwrol. Yna, heno, i Dwrgwyn, i glywed pregeth a ddenai'n hytrach i huno nag i ddihuno.

Dydd Llun, 26 Hydref 1925

. . . Wedi cinio, myned i lyfrgell y Brifysgol, i ddarllen ychydig. Yno, cyfarfod â'r Prifardd – Williams Parry – a threulio ennyd yno go lew yn ei gwmni, yn sôn am lên Cymru – am helynt y Gymraeg. Y mae yntau yn un o'r rheiny, a argyhoeddwyd bod yn rhaid gorfodi'r Gymraeg. Diau ei fod hefyd yn gwneuthur gwaith da iawn. Adref yma am de, gan ddarllen papurau Ffrainc am ddiwedd yr wythnos, a'r *Nouvelles Littéraires*. Yn ymyl saith o'r gloch, cerdded eilwaith yn ôl i Fangor, i ymweled â chyfaill newydd imi sydd yma ers ychydig wythnosau. Sef yw ef, y Parch. Dowell Jones, bachgen ieuanc o Wrecsam, sydd yn gennad yr Esgob yma, ac yn ddyn addawol, yn ddiau. Siarad am ddiwinyddiaeth y buom fwyaf, ac yna am yr Eglwys Gatholig a'r Eglwys Gymreig. Y mae ef yn uchel eglwyswr, ac yn tueddu'n bell iawn i gyfeiriad yr Eglwys Gatholig. Er enghraifft, derbyn y syniad o gyffesu i offeiriaid. Ac nid yw o gwbl ymhell o gredu athrawiaeth yr Eglwys Gatholig am gymuno â Christ yn y corff. Y mae ei uchelgais yn fawr, ac yn dda. Sef yw hi, cael Cymru yn ôl i'r Eglwys, honno wedi ei dwyn yn nes o lawer at yr Eglwys Gatholig. Gobeithia weled, yn fuan, yr enwadau yn dynesu fwyfwy at ei gilydd. O'm rhan i fy hun, gobeithiaf yn unwedd ag ef. Yn wir, cofiaf yn awr mai am weled Cymru'n un a chytûn ar bynciau crefydd yr ysgrifennais fy ysgrifau cyntaf i'r *Faner*.

Dydd Sadwrn, 31 Hydref 1925

. . . Dosbarth wedyn yn union ar ôl te efo'r merched. Trefnaswn iddo fod yn ddadl, a dadl a gafwyd. Sef oedd y testun, 'A ddylid gorfodi'r iaith Gymraeg yn ysgolion Cymru?' Cafwyd dadlau brwd iawn, y brwdfrydedd mwyaf o ddigon o blaid y gorfodi. Y syndod imi ydoedd clywed y merched, ar y cyfan, yn siarad cystal, ac, ar dro, mor llawn rheswm manwl, a deall dwfn. Mwynhawyd y ddadl gan bawb. Y prawf pendant o hynny ydoedd yr awydd i barhau ymhell wedi diwedd yr awr. Pleidleisiwyd, wrth reswm, a chael bod pedair ar ddeg ar hugain o blaid gorfodi, pedair ar ddeg yn unig yn erbyn. Dysgais i unpeth yn y cyfamser, a dyma fo. Y mae calonnau'r merched hyn yn ddiogel. Gydag ychydig yn ychwaneg o brofiad, a chwythu'r fflam, byddant yn fyddin werthfawr ryfeddol i Gymru. Rhaid eu cadw rhag cael eu gorfodi i ymorol am leoedd yn Lloegr. Cenadesau yng Nghymru y dylent fod bob un.

Dydd Sul, 1 Tachwedd 1925

Bore Sadwrn, darllen ac ysgrifennu, gan nad oedd gennyf yr un dosbarth. Wedi cinio, cymryd y trên am Gaernarfon, gan lawn fwynhau'r daith hyd yno. Yr oedd yn brynhawn mwyn, teg, wedi glawogydd y dyddiau cynt. A gwych ryfeddol y wlad gan gyfoeth lliwiau hydref. Untro glas ieuanc yr adladd newydd; eildro ymylon melynion porfa hŷn; unwaith melyn hufen dail y goedwig; eilwaith melyn mêl dail eraill yr un goedwig. Yna yn cyfnewid lliw â'r lluniau hyn, amryfal liwiau eraill, a gorliwiau o'r coch i'r rhudd a'r porffor i'r glas a'r gwyrdd, gyda'r cysgodau lliwiau hwythau yn ymfrodio â'r lleill. Ac uwchlaw'r lliwiau gwahanol, y cyfuniad ohonynt, yn berffaith ac yn amryw, yn ffurfio cyfanwaith. Natur yn glwstwr o'i doniau ei hun ydoedd ac megis yn ymfeddwi yn ei rhagored. Mynnu bod ynddi fyddai fy ewyllys i, a hedeg o'r trên i'r caeau, i'r llwybrau, ac i ganol y coed. Yr ymyl arall yr oedd meysydd gwastad Môn y tu hwnt i Fenai, hwythau yn fy nenu i gyfeiriad arall. Ac er na fedrwn fyned i'r naill le na'r llall, yr oedd fy llawenydd yn gyflawn, o ymgolli, gorff, meddwl ac enaid yn nhlysni fy mro fy hun, yn ysbryd y tadau a warcheidia'r lle i gyd.

Cyrraedd Caernarfon a myned i bwyllgor y Blaid Genedlaethol. Gweled Meuryn am y tro cyntaf, a chael gair ag ef. Ni ddywedaf fod dim llawer o swyn ynddo ond y mae'n ddyn gweddol ddiogel a chryf, rwy'n meddwl. Am waith y pwyllgor, llongyfarch Caergybi, Rhondda a lleoedd eraill oedd llawer ohono. Yna, gofyn gan fannau eraill ddilyn yn eu hôl, ac ysgrifennu at gynghorau sir a thref gadw eu cofnodion yn Gymraeg, a siarad yr un iaith. Yna awgrymu, finnau, ofyn i'r cynghorau sir ystyried eu dyletswydd at y bechgyn a'r merched sy'n myned allan o'r Coleg hwn, o Golegau eraill, ac o'r Brifysgol. Sef yw'r ddyletswydd honno, gofalu bod lle'n agored i bob un ohonynt, o leiaf y rheiny a ddysgodd Gymraeg, yn lle eu gyrru i Loegr. Ac yr oedd pawb o blaid. Yr un noson, myned i gyfarfod Cymdeithas Gymraeg y Coleg hwn a siarad yno o blaid cael cyfarfodydd amlach.

Y Sul, myned i'r Capel y bore a'r prynhawn; a'r hwyr i'r Wenllys i dŷ Ifor Williams yn y Borth, gan dreulio teirawr gysurus iawn yno. Ymddiddan am ei waith ef lawer, ac am ddyfodol yr iaith Gymraeg, ac am lafur y ddirprwyaeth sydd ar hyn o bryd, yn edrych i mewn i'r sefyllfa. Yn y diwedd, y mae Ifor yntau, o blaid gorfodi'r iaith yn yr ysgolion elfennol a chanol.

Dydd Mercher, 4 Tachwedd 1925

. . . Nos Fercher, myned hefyd i gyfarfod cymdeithas y 'G.G.G.'– y tair G – sy'n perthyn i'r Brifysgol. Ychydig, mewn cymhariaeth oedd yno, ac nid llawer o frwdfrydedd ychwaith. Siom ydoedd i mi. Williams Parry oedd wedi ei bennu i siarad, a gwnaeth hynny'n ddeheuig iawn, a medrus gan bwysleisio fel y cyll y Gymraeg ei gafael yn y lleoedd uchaf yn y wlad, yn y cynghorau pennaf, ac yn y llysoedd sydd yn fawr eu dylanwad mewn cyfraith ac addysg. Canlyniad: y dylid rhoddi i'r Gymraeg le yn sefyllfaoedd uchaf Cymdeithas, a'i chael yn iaith boneddigeiddrwydd ac urddas. Iawn bod y werin yn ei defnyddio. Eithr fe'i gadawant hwythau pan welont y cylch uwch o'r bron yn cefnu arni.

Dydd Sadwrn, 7 Tachwedd 1925

Nid oedd gennyf ddarlith y prynhawn ddoe. Y mae'n hanner tymor, ac yr ydym yn rhydd o ginio dydd Gwener hyd fore dydd Mawrth. Aeth fy nghyd-athrawon ymaith yn y bore, dydd Gwener. Yr oeddwn yma'n unig y prynhawn. Canys aethai hanner y myfyrwyr hwythau i ffwrdd. Teimlwn innau wrth fy modd, mewn unigedd oedd yn bob llawenydd imi, i'm corff, yn wir, i'm meddwl ac i'm henaid. Y mae rhyw duedd ynof at fywyd unig. Fe'i cefais y prynhawn ddoe, a'i fwynhau i'r ymylon. Yr oeddwn megis yn fy elfen, yn darllen o flaen y tân, yn meddwl ac yn myfyrio.

Dydd Sul, 8 Tachwedd 1925

Yr oedd y dydd yn agor o'm blaen yn oriau meithion, diddan o lawenydd darllen tawel, a meddwl mwyn. Yr oedd llyfr Bolton King ar hanes bywyd Mazzini gennyf, a mwyniant cyflawn ydoedd ei ddarllen. Canys er nad wyf heb weled llawer o ddiffygion ym meddwl Mazzini, y mae ei fywyd yn rhamant i mi o hyd, a'i aberth yn swyn. Cawn y munudau hudol a gefais lawer gwaith o'r blaen wrth ei ddarllen flynyddoedd yn ôl. Ac am y bywyd o grwydro, o weithio'n unig fel estron, o obeithio ac o dorri calon, o ymladd ac o ymderfysgu, o ddadlau ac o danio'n oddaith, yr oedd yn fy llanw fel cynt ag edmygedd, ag awydd bod yn gyfwerth, am benderfynu gwneuthur yn gyffelyb. Felly yr aeth y dydd heibio.

Dydd Llun, 9 Tachwedd 1925

. . . Yr hwyr euthum yn groes i'r Fenai, i'r Borth, i ymweled â'm cyfaill, Ifor Williams. Yno am deirawr, yn mwynhau ymddiddan diddig am y Brifysgol, a'r dyfodol, am le'r Gymraeg, a hanes Cymru. Tybiaf fod y pethau hyn yn annwyl iawn iddo. Wedi'r siarad, bwyta'r hwyrbryd yno, a brysio'n ôl at fy ngofal yma.

Dydd Sadwrn, 14 Tachwedd 1925

. . . Wedi cinio, hwylio i Gaernarfon gan ymddigrifo yn swynion y daith. Cyrraedd, ac i Bwyllgor y Blaid gan fod yn gadeirydd iddo. Manion o bethau yn unig a benderfynwyd, sef, diolch i'r trefi a newidiodd eu henwau, cymell eraill i ddilyn yn eu hôl, galw am geiniogau oddi wrth yr aelodau, a phenderfynu myned ymlaen yn fwy effeithiol â'r gwaith trwy ysgrifennu i'r papurau, argraffu a threfnu cyfarfodydd. Nid drwg o bwyllgor ar y cyfan. Yn ôl yma am de a threulio'r hwyr i orffen darllen Mazzini ar grefydd ac ar ddyletswyddau dyn. Rhaid cyfaddef ei fod yn wych ac arddunol. Eto ni afael ynof bellach fel cynt. Rhoes ormod o'i ffydd mewn rhyddid a datblygiad, ac yn arbennig mewn gwerin a gweriniaeth. Yno yn ddiamau y collodd fwyaf: a chollodd ymhell.

Dydd Llun, 16 Tachwedd 1925

. . . hwylio'n gyflym i ysgol y plant yng Nglan Adda, i edrych ar ôl y bechgyn
o'r Coleg hwn sydd yna'n dysgu am yr wythnos hon. Gair gyda'r prifathro i
ddechrau, a cheisio ei ennill i weled mor bwysig dysgu'r Gymraeg o ddifrif
yn yr holl ysgolion. Cwyno, yntau, rhag yr anawsterau, a gwneuthur mynydd
o dwmpath. Gwedd ddilewyrch braidd a gawn i ar yr ysgol; a chasglais na
roddir i'r Gymraeg ddim byd tebyg i'r lle a haedda. Oddi yno, brasgamu yma
am de, ac ar ôl hynny i Fangor, gan gymryd bws i Fethesda, lle'r oeddwn i
ddarlithio ar genedlaetholdeb. Cefais gyfarfod go dda, er nad y nifer a hoffwn
o bobl. Tua thrigain oedd yno. Wedi'r ddarlith, diolchwyd imi'n hael ddigon
gan un Dr Gruffydd, ac yna un Mr Parry, athro yn yr Ysgol Sir. Ni chefais fy
nhalu, am nad oedd yno arian at hynny. O'r ddarlith, gyda gwraig y Prifardd
Williams Parry, i gael pryd gosber yno, a munudau llawen ddigon.
Hebryngodd ef fi'n ôl i Fangor.

Dydd Mawrth, 17 Tachwedd 1925

Heddiw, yn union wedi'r pryd bore, cymryd y trên i Gaernarfon. Yn ysgol y
bechgyn yno y bûm drwy'r dydd, wrth yr un gwaith ag yng Nglan Adda
ddoe. Ysgol well o lawer, ac ysgolfeistr rhagorach ganwaith, ac un mewn
cydymdeimlad â'r Gymraeg. Er na roddir iddi yno eto y lle a fynnwn i, fe'i
dysgir yn o dda, a'i defnyddio, ar dro, i ddysgu'r pynciau eraill. Go dda
hynny. Ond nid hanner digon. Drwyddi hi, yn ddiau y dylid gwneuthur y
cyfan yn yr ysgolion elfennol o leiaf. Hi ddylai fod y brifiaith yn yr Ysgolion
Canol wedyn, yn y Colegau a'r Prifysgolion. Diflas o beth oedd gweled
dysgu hanes, rhifyddiaeth, daearyddiaeth a phethau eraill drwy'r Saesneg, i
blant bach Cymru. Nid oedd yn deg â hwy, nac yn gyfiawn. Ni ddylem
fodloni hyd oni newidir yr holl drefn. Gwaith mawr? Aruthrol yn ddiamau.
Dylem ei wneuthur er hynny.

Dydd Mercher, 18 Tachwedd 1925

. . . Wedi te hwylio i fyny i Fangor, i gyfarfod y 'G.G.G.', sydd bellach yn
gymdeithas ddirgel, ac wedi ei sefydlu ar sylfeini diogel. Y mae gobaith iddi,
weithian, wneuthur gwaith da.

Dydd Gwener, 20 Tachwedd 1925

. . . Cawsant (y merched) ddadl nos Wener ar y testun, 'Ai brenhiniaeth ai
gweriniaeth sydd orau fel Llywodraeth'. Dadleuwyd yn dda iawn ar y cyfan,
er nad gyda'r un brwdfrydedd ag ar orfodi'r Gymraeg. Pleidleisiodd deuddeg
ar hugain o blaid gweriniaeth, a deg ar hugain o blaid brenhiniaeth!!

Dydd Llun, 23 Tachwedd 1925

. . . Wedi cinio, myned am yr orsaf. Canys, yr oeddwn i hwylio am yr
Wyddgrug i ddarlithio i'r Cymmrodorion yno. Gadawn Fangor fymryn cyn
tri, gan ddarllen papurau'r dydd, a phapurau Ffrainc am ddiwedd yr wythnos
gynt. Braf o ddiwrnod ydoedd, yn glir ei wybren, yn danbaid ei haul. Cystal
â hynny bob mymryn y golygfeydd ar hyd y daith, weithiau'n fynyddoedd
cedyrn, eildro'n greigiau ysgithrog neu'n glogwyni mwynion, a thrachefn yn
fôr mawr, gweddol lonydd, yn ymestyn i mewn at enau'r afonydd, y dolydd,
a'r dyffrynnoedd. Ond yr oedd yn oer, a'r trên yn araf. Newid yn y Rhyl ac
yn Ninbych, er heb roddi imi na'r amser na'r cyfle i weled dim o'r ddau le.
Yn y diwedd, cyrraedd yr Wyddgrug dipyn cyn chwech. Wedi cael y coffi
oedd yn anhepgor imi, cyfeirio at Neuadd y Dref, lle'r oeddwn i ddarlithio.
Yr oedd yr ystafell, nad oedd fawr iawn, yn llawn. Un Mr Roberts, oedd
ysgrifennydd yr Eisteddfod pan fu yno, ydoedd y cadeirydd. Wedi fy
nghyflwyno ganddo i'r gymdeithas, codi fi i ddarlithio, gan siarad am tua 80
munud, a chael gwrandawiad llawn sylw cyson, a chodi eu brwdfrydedd
hefyd. Ar y diwedd, cododd amryw a dywedyd gair brwd o'm plaid. Mr
Llywelyn Jones, BA, LlB, cyfreithiwr, oedd un ohonynt. Yna un Mr Hughes,
sydd newydd fyned yno yn offeiriad yn yr Eglwys, a thri neu bedwar o rai
eraill o'r garfan yn fawr eu hwyl. Cyfarfod hwylus a hwyliog. Wedi gorffen,
cael bwyd yn nhŷ Mr Roberts, a'm dwyn mewn cerbyd i Dreffynnon. Yno
cymryd trên am Fangor, gan gyrraedd yno am hanner awr wedi unarddeg.

Dydd Mercher, 25 Tachwedd 1925

. . . Wedi cinio, a'r cerdded ysbaid ar ei ôl, cyfeirio yna i ddarllen yr *Action
Française*, a'i ysgrifau diddorol. Syrthio un llywodraeth arall eto, wedi byw yn
unig am dri ar hugain o ddyddiau. Pa ryfedd bod y wlad yn gwanhau, a bod y
ffranc yn gostwng yn ei gwerth. Y mae'r Drydedd Weriniaeth yn ddiamau,
yn llygredig drwyddi, yn ddigon llygredig i syrthio cyn hir iawn. Canys daw'r
Brenhinwyr yn amlach, yn gryfach, ac yn barotach i'w hymladd, ac i'w thaflu
dros y bwrdd. Gweled yr wyf hefyd, os na wnânt, y bydd Ffrainc, oherwydd
ei gwendid mwy, yn denu'r Ellmyn, hwythau, i ruthro arni, a'i hysu.

Dydd Gwener, 27 Tachwedd 1925

Heddiw, darllen am naw i'r bechgyn hynaf, ar hanes Rwsia, gan roddi
iddynt, ar y dechrau, ragair i'w tywys wrth ddarllen am y wlad honno, ac
egluro'r pethau a gyfrifai fod Rwsia y tu ôl i wledydd eraill, bod ei daearydd-
iaeth a'i hanes yn esbonio hynny. Yna, oddi allan y daeth gwareiddiad iddi;
ac oddi uchod y gwasgwyd ef arni. Creadigaeth y Romanoff ydyw, fel
Ffrainc yn greadigaeth y Bourbon, a Phrwsia yr Hohenzollern. Nodweddion
eraill – gwerinol, heddychlon, cynnydd cyflym yn Asia. Am ddeg, darlithio

i'r bechgyn ieuaf ar Ffrainc drannoeth i Chwyldro 1830, a phwysleisio mor dlawd o beth ydoedd y chwyldro fel na phenderfynwyd dim, na gwella dim nac ennill.

Dydd Sul, 29 Tachwedd 1925

. . . I'r Ysgol Sul yna; ac oddi yna i gaffé Wiclow, i gyfarfod y bechgyn sydd bellach wedi ffurfio cymdeithas 'Cymdeithas Min y Fenai'. Bod yno am lai nag awr yn penderfynu pa beth i'w wneud yma fel Cymry: e.e., siarad Cymraeg yn gyson â'n gilydd, â'r lleill a'i gŵyr hi, yn y Coleg, gweiddi'n Gymraeg ar y cae wrth chwarae, ysgrifennu Cymraeg etc. Adref am de, gan ddarllen ac ysgrifennu'n brysur ar ôl hynny.

Dydd Llun, 30 Tachwedd 1925

. . . Wedi cael te ac ymgom â J. Morgan Jones, a ddaw yma i ddarlithio bob Llun ar y Beibl, cymryd at ddarllen ysgrif gan y Dr Gwenan Jones yn *Nhraethodau'r Deyrnas*. Ei phwnc ydyw 'Cymru a'i Chymdogion'. Ymdrin y mae â natur cenedl, ei nodweddion a'i hanfodion, gan arwain i fyny gydag ystyried ai rhaid llywodraeth i genedl. Dadleua'n rhesymol bod rhaid; ac i Gymru hithau. Traethawd da, sylweddol, yn awgrymu llawer mewn ychydig o le, ac yn ddiogel a meistrolgar ar hyd y ffordd. Ni chytunaf â'r cwbl a ddywed. Eithr ni ellir llai na chydnabod ei medr a'i llwyddiant.

Dydd Mercher, 2 Rhagfyr 1925

. . . Wedi te, hwylio ar frys gwyllt eilwaith i Fangor, i gyfarfod y 'G.G.G.' yn y caffé Westminster. Yr oedd yr aelodau yno i gyd, ac yn gynnar. Darllen cofnodion i ddechrau, dewis dau aelod newydd, ac yna cael papur ar Gymru a'i chymdogion, wedi ei seilio ar draethawd y Dr Gwenan Jones, hwnnw a ddarllenais i ddeuddydd neu dri yn ôl. Yr oedd y papur a ddarllenwyd yn dda iawn, yn gymen ac yn gynhwysfawr. Wedi ei ddarllen, cafwyd ymdrafodaeth ddiddorol arno, e.e., am hanfodion cenedl, yr egwyddor genedlaethol, gwrthddadl y Sosialwyr. Felly yr aeth ddwyawr dda heibio yn hynod o gyflym. Rhedeg yn ôl yma am bryd gosber ac at fy ngwaith ar ôl hynny.

Dydd Mercher, 4 Rhagfyr 1925

. . . Wedi cinio, brysio i Fangor, i'r Coleg, am y papurau, yna i'r orsaf. Canys yr oeddwn i ddarlithio yr un nos yn Wrecsam. Yr oedd yn ddydd ardderchog, yn oer yn ddiamau, ond yn odidog yr un pryd. Eithr yr oedd yr annwyd yn ddrwg iawn arnaf i; a hepian a wneuthum bron bob cam o'r daith, ac eithrio'r adeg yr agorwn fy llygaid i edrych ar geinder rhyw ddyffryn tlws neu fawredd copa mynydd, neu wynder eira ar glogwyn. Hepian, meddwn, a pherffaith wir hynny. Ond hepian heb gysgu, er hynny. Cyfle felly i feddwl ac i fyfyrio; a dyna a wneuthum, lawer iawn. Ym mhell cyn cyrraedd Caer, yr oedd y niwl yn amdo tew, tywyll, afiach yn gorwedd yn drwm ar yr holl wlad. Newid yng Nghaer, a gorfod bod ynddo yn ei hanadlu, awyr aflan, am ennyd. Wedi cyrraedd Wrecsam nid gronyn gwell ydoedd hi. Yr oedd ysgrifennydd y Cymmrodorion, Mr D.T. Morgan, un o'm cydfyfyrwyr yn Aberystwyth, yno ar yr orsaf, yn fy nisgwyl. Brysio gyda'n gilydd i windy am de, ac ymddiddanom am hen fywyd y Coleg gynt, am a ddigwyddodd inni wedi hynny, am y cyfeillion oedd yno yr un pryd â ni. Yna, i'r Capel Seion lle yr oeddem i ymgynnull. Ac ychydig oedd yno, ag ystyried bod y dref mor fawr. Digon diflas y teimlwn innau, ar y dechrau. Ond daeth brwdfrydedd yn rhyfedd, a ffydd, a goleuni ar fy mhwnc, ac yn olaf oll, hwyl hefyd. Wedi'r ddarlith, ni chefais fy holi o gwbl, peth na'm bodlonodd ddim. Siaradodd y Parch. Havard yn dda, ond i ganmol yn hytrach nag i awgrymu gwrthddadl. Fe'm talwyd yn dda, £2 2s. a thraul y trên. Wedi gorffen, myned gyda'm cyfaill D.T. Morgan am bryd bychan o fwyd yn y YMCA, gan aros yno hyd amser y trên yn fawr ein llawenydd a'n balchder. Yna i'r orsaf i ddisgwyl y trên. Oer ydoedd, ofnadwy o oer, a gwyn y barrug yn lliwio'r palmant, ac yn gwynio'r bysedd. Wedi hir aros, dyfod y trên, a gadael Wrecsam a'r cyfaill. Aros yng Nghaer, a newid. Bu'n rhaid aros am awr a mwy hyd ymhell wedi hanner nos. Ond yr oedd tân iawn yn yr ystafell fwyta yno, a mwynheais ddarllen o'i flaen yr *Action Française*, a synfyfyrio i'w wres tanbaid, a'i liw deniadol. Darllen *La Revue Universelle* ar y ffordd i Fangor, lle'r oedd yr wybren yn burlan, loyw, a'r lloer yn ddarn golau llachar. Mor wahanol i Gaer! Cyrraedd y tŷ yn union, a brysio i'r gwely. Yr oedd yn ymyl tri o'r gloch y bore.

Dydd Mercher, 20 Rhagfyr 1925 [Lloegr]

. . . Darllen finnau, gymaint ag a fedrwn, bob yn ail â cherdded i'r awyr agored. Sef a ddarllenwn, dwy nofel Gwynn Jones, *John Homer* a *Lona*, y naill yn ddigrif a doniol, er nad yn wreiddiol iawn; y llall yn helaethach, yn rhagorach hefyd, yn wir ddiddorol, yn gampus y disgrifiad o Lona, ac yn gywir iawn y disgrifiad o fywyd crefyddol Cymru. Llawn, er hynny, yma a thraw, o ragfarnau Gwynn, am na allai beidio â bod felly. Ar y cyfan, gwaith da, yn dangos beth a allai pe caffo'r amser a'r hamdden. Gwaith un nid cyfarwydd iawn ag ysgrifennu nofelau; ond gwaith gŵr a llygad ganddo i weled, a dawn dda i'w fynegi.

1926

Blwyddyn newydd eto! Y chweched ar hugain o'r ganrif hon!

Dyfod, fel pob un arall, yn araf, araf, yn dawel, dawel, heb ddywedyd dim byd, na pheri cyffro o gwbl. Dyfod o funud i funud, heb fod yn ddim gwahanol i newid y munudau eraill, a'r symud arferol o ddydd i nos, o nos i ddydd, ac o ddydd i ddydd. I ni, ddaearolion, y gwnaed torri amser i fyny, a'i raniadau, ei oriau a'i ddyddiau. Gweddus i ni ydyw rhannu pethau, a'u nodi'n dameidiau, oherwydd ein bychander. Ac eto, dyn yn dduw bach ydyw'r peth amlycaf ym mhobman, mewn bywyd, mewn llyfr a phapur. O'r braidd nad i hynny y defnyddir papur a llyfrau yn y dyddiau hyn. Mawredd dyn, a'i allu, a'i ddawn a'i ddoethineb a geisiant ei gyhoeddi a'i bwysleisio ddydd ar ôl dydd. Nid yw amser yn ddim bron namyn cyfle i bregethu anfeidroldeb dyn, ei anffaeledigrwydd a'i ddirfawr berffeithrwydd. I genedl felly, i genhedlaeth felly, pa angen sydd am Dduw? Pa angen am arweinydd a thywysogddyn, a wnaed bron yn gyflawn ym mhob daioni a rhinwedd a mawredd, yn rhinwedd trydan a diwifrau a thram a thrên? Onid naturiol, felly, golli o'r pulpud ei ddylanwad, a'r Ysgol Sul ei grym hithau? Gwendidau'r oes yn ddiamau. Gwendidau pob oes yn ddiau. Diau hefyd mai amlycach y nodweddion hyn mewn oes fel hon, pryd, wedi darganfyddiadau lawer, y gosodwyd dyn yn ei feddwl ei hun ar binacl yr holl rinweddau. Cyfreithlon? Nage, ac eto nage, ac o hyd nage. Canys, darganfyddiadau neu beidio, a wellhaodd dyn? A dynerodd ei galon? A lanhaodd ei foesau? A burwyd ein bywyd? Digon gofyn i ateb bob tro yn ddieithriad, yn y nacaol. Yr un yw dyn o hyd, yr un ei nwydau – a'i deimladau, yr un ei rinweddau a'i ffaeleddau. Yn wir, collasom yr arferion mwynion a'r moesau mirain, oedd mor nodweddiadol gyfnodau gynt. Llai ein boneddigeiddrwydd, llai ein gosgeiddrwydd. Llai eto ein defosiwn, ein syched am Dduw, am grefydd, am wyrthiau. Lleiaf fyth ein dyhead am fywyd arwrol y saint gynt yn yr Eglwys Gatholig, a'u heiddigedd am aberth er mwyn y Groes. Dyna nifer o fyfyrdodau ar ddechrau blwyddyn newydd.

Dydd Mawrth, 5 Ionawr 1926

[*Llyfr bychan G.P. Gooch ar hanes y byd o 1885 ymlaen.*] Nid drwg o lyfr o gwbl. Ac, am rai o'i benodau, y maent yn dda. Eithr anwastad. Ceir penodau eraill heb fod o gwbl yn wych. Diflas iawn honno ar Loegr. Ond, o ran hynny, diflas y testun. Helyntion y pleidiau, a dyna'r cwbl.

Dydd Iau, 7 Ionawr 1926

Cael *Cymru* am y mis hwn . . . amryw o ysgrifau hynod o dda . . .Yr oedd ysgrif ynddo gennyf innau, neu'n hytrach un hanner ohoni. Sef un o'r *Breiz Atao* yn dwyn yr enw – 'Gwersi Gofwy'. Y drwg ydoedd ei thorri i fyny. Dylai fod i gyd gyda'i gilydd.

Dydd Gwener, 8 Ionawr 1926

. . . myned i siopa i bentref Goff's Oak, lle y mae tlodi gymaint, a thai aflan, afiach, gyda ffenestri bychain, mor fach, weithiau, nes bod yn anodd eu gweled. Heblaw hynny, rhai ydynt nad agorant o gwbl i adael i'r gronyn lleiaf o olau ac awyr iach i fyned i mewn. Y mae'n destun tristwch ofnadwy eu gweled. Mor ddychrynllyd meddwl bod dynion, gwragedd a phlant yn byw o gwbl yn y fath leoedd, nad ydynt deilwng o'r enw tai. Y mae'n druenus. Digon i wneud gwrthryfelwyr o'u trigolion.

9–11 Ionawr 1926

[*Darllen J.C. Hearnshaw* – Europe in the 19th Century: Henri Ghéon – *Le Comédien et la Grâce*: Etienne Gilson – *La Philosophie au Moyen Age*] . . . llyfr iawn, manwl, a swynol, a rhyfeddol o wych i'r sawl a gredo na bu meddwl dwfn, a deall, yn yr Oesoedd Canol.

Dydd Gwener, 15 Ionawr 1926 [*Cymru*]

. . . dal y trên am Gaerdydd. Teithio ar draws gwlad oedd yn drwch o eira drosti. Wedi cyrraedd Caerdydd, yr oedd fy nghyfaill G.J. Williams o Gellan, yn fy nghyfarfod; ac i'w dŷ ef ym Mhenarth yr aethpwyd yn ebrwydd. Cyrraedd yno a gweled Mrs Williams oedd hithau fel arfer yn groesawgar a charedig. Eistedd i lawr, yna, i lawenychu'r gymdeithas ag ymddiddanion cyson i ddechrau, hyd bryd te, ac yna, drwy gydol yr hwyr, a hyd oriau mân y bore. Yr oedd wedi dau o'r gloch brynhawn dydd Gwener arnaf yn myned oddi yno, gan gyfeirio tua Hirwaun lle'r oeddwn i ddarlithio yr un hwyr. Bu'r daith yno yn hir ddigon, ac yn ddiflas. Myned trwy Hengoed yr oeddwn, gan orfod aros awr gyfan yno. Yr oedd yn chwech o'r gloch a mwy arnaf yn cyrraedd Hirwaun. Yn Aberdâr, daeth Tywi Jones, golygydd *Y*

Darian i mewn ataf. Rhoddi deg swllt iddo, gan ddymuno iddo ef a'r *Darian* flwyddyn newydd dda. Wrth ddisgyn, yr oedd ysgrifennydd y Cymmrodorion, a'r Parch. Teifi Davies, yn fy nghyfarfod. I dŷ Mr Davies am gwpanaid o de, am mai yno yr oeddwn i letya. Amdano ef, o'r Bont, Ceredigion y daw, ac y mae'n gyfyrder imi. Am saith, i'r cyfarfod, lle'r oedd llawer yn fy nisgwyl yn Ysgoldy un o'r capeli. Cenedlaetholdeb, ei amodau, ei nodweddion, ei hanfodion, a'i rinweddau fel egwyddor ydoedd fy nhestun; a siaredais arno yn hynod o rwydd a didrafferth a hwyliog am awr a mwy, heb edrych hefyd ar y mymryn nodiadau oedd gennyf. Cafwyd dadl frwd ar y diwedd, a gwrthwynebiad cyndyn gan un ferch na fynnai imi honni bod anffyddlondeb at iaith yn brawf o ddiffyg, o wendid, ac, yn y diwedd, o anfoesoldeb. Rhoes un o'r tri gweinidog a lefarodd yno ddadl bendant iawn o'm plaid, trwy ddywedyd y gwyddai iddo ef, yn ieuanc, trwy beidio â pharhau i bregethu Cymraeg yn ei eglwys rywle ym Morgannwg, wanhau'r eglwys honno a dylanwad Crist a moesau da.

Dydd Sadwrn, 16 Ionawr 1926

Fore Sadwrn gadael, gan gymryd y trên am Geredigion. Aros yng Nglandŵr awr, gan gerdded i'r dref fudr front sydd tua milltir i ffwrdd. Nid oedd yno ddim deniadol nac yn y tai digymeriad, nac yn yr heolydd aflan, nac yn y gweithwyr, oedd hwythau, gan amlaf yn edrych nid yn unig yn fudr eu gwisg a'u gwedd, ond yn amddifad o swyn, rhai'n hoff o'u gwaith, ac yn ei gyfrif yn deilwng ohonynt. Edrychent imi fel pe'n ystyried eu llafur yn beth gwael, ac fel pe'n tybio mai felly y cyfrifai pobl eraill ef. Ai rhyfedd?

Oddi yno am Gaerfyrddin a Sir Aberteifi gan gyrraedd Tregaron hoff yn ymyl pedwar o'r gloch. Yr oedd y galon fau'n aflonyddu wrth ddynesu tuag yno ac yn enwedig fel yr aem heibio'r fynwent. Yr oeddwn yn rhyw dybied bod ein meirw yno – Dada, Mami a Lili – yn gwybod fy nyfod, yn llawenychu o'r herwydd, ac yn fy nghroesawu fel yr arferent yn eu bywyd. Gwir? Anodd gwybod. Ond melys imi oedd y meddwl hwnnw a thaer y glynai wrthyf. Cyrraedd Camer yn fuan yna, gweled fy mrawd a'i wraig, a theimlo'n llawen o ymweled â'r hen le annwyl, ac eistedd ar yr aelwyd swynol, serchog.

Dydd Mawrth, 19 Ionawr 1926

Heddiw, gadael yr hen ardal fwyn am Fangor. Yn Aberystwyth, gweled y Parch. Herbert Morgan, y Dr Dan Davies o Landysul, a Iorwerth Peate. Yr oedd gan yr olaf lyfr i'w roddi imi oddi wrth fy nghyfaill, a'm disgybl hefyd, Sommerfelt. Sef oedd y llyfr – *Studies in Cyfeiliog Welsh*, h.y. astudiaeth ar yr iaith a leferir yn ardaloedd Llanbrynmair a Darowen. Ni chefais eto hamdden i'w hedrych yn fanwl. Ond ymddangosant yn ofalus a thrwyadl; a diau eu bod. Canys gweithiwr o'r gweithwyr ydyw Sommerfelt. Cefais air neu ddau gan Herbert Morgan a chan fy hen gyfaill Dan Davies. Hynny'n unig, canys yr oedd fy nhrên i'n cychwyn yn fuan iawn.

Dydd Sul, 24 Ionawr 1926

Ni theimlaf o gwbl yn dda heddiw. Y mae fy meddwl yn anniddig iawn. Yr wyf drist a thruan, ac mewn gwrthryfel yn fy erbyn fy hun. Teimlaf yn llawenach beth wedi bod yn y gwasanaeth heno. Ond nid wyf fel arfer, o bell ffordd. Tristwch ydyw na phoenodd lawer ohonof ers ysbaid go lew. Digon diflas ei ddyfod trosof heddiw fel unrhyw amser arall.

Dydd Mercher, 27 Ionawr 1926

. . . Wedi te, cymryd trên am Lanberis, lle'r oeddwn i ddarlithio yn Ysgoldy'r Capel Coch. Nid oedd y lle'n llawn o gryn lawer, ond yr oedd gennyf gynulleidfa burion niferus, er, mi feddyliwn, braidd yn oerach na'r rheiny yn y De. Cefais hwyl go lew wrth draethu ar egwyddorion cenedlaetholdeb, er ei golli weithiau, am ennyd. Un Mr Hughes, Llwyncelyn, oedd y cadeirydd, efô wedi bod yn Ysgol Ardwyn yn Aber pan oedd fy nhad yno. Er diddordeb mawr imi, dangosodd imi ei lun ymysg y bechgyn eraill oedd yno ar y pryd. Wedi fy narlith, diolchwyd imi'n garedig iawn, yn arbennig gan Mr R.E. Jones, aelod o'r Cyngor Sir ac o'r Pwyllgor Addysg . . . Rhoddwyd imi gerbyd i'm dwyn yn ôl, a thâl o ddeg swllt. Mwynheais yn iawn.

Dydd Gwener, 29 Ionawr 1926

. . . Yna, ystyried dyfodol y Coleg. Canys y mae'n edrych yn debyg y bydd yn rhaid inni osod arholiadau diwedd y flwyddyn ein hunain ymhen blwyddyn neu ddwy. Ymddengys fod y Bwrdd Addysg am ei ryddhau ei hun o'r baich hwnnw, a gadael i'r Colegau Normal benderfynu eu tynged eu hunain, a threfnu eu haddysg fel y mynnant. Dyna gyfle! Cyfle i'r Colegau hyn yng Nghymru i ymuno â'i gilydd, yn golegau cenedlaethol, gan drefnu addysg i Gymru ar linellau cenedlaethol. Ardderchog! Cyfle wedyn i'r athrawon hwythau ymuno â'i gilydd i ffurfio undeb iddynt hwy eu hunain yng Nghymru. Llawenhaf i'n fawr o'r herwydd, ac edrych gyda gobaith i'r dyfodol.

Dydd Sadwrn, 30 Ionawr 1926

. . . Wedi cinio i Gaernarfon gyda Valentine a H.R. Jones. Pwyllgor am dri, er na wnaed dim neilltuol iawn. Y mae rhai am ymladd brwydr yn etholiad Sir Gaerfyrddin. Ond diamau mai doethach peidio, a ni eto heb arian lawer, na bri na dylanwad, na rhaglen bendant, ddiymod.

Dydd Sul, 31 Ionawr 1926

. . . Yna cyfarfod dwsin o'r bechgyn yng Ngwesty'r Wiclow, i sôn am Gymru, y Gymraeg, a'r modd i'w cadw. Y maent yn frwdfrydig iawn rai ohonynt, ac yn barod i fynnu cael mwy o'u hemynau Cymreig i'w canu yma yn y dyfodol. Trin hefyd bwnc dod â llywodraeth i Gymru.

Yna brysio'n ôl am de. Ysgrifennu ar ôl hynny hyd wedi saith gan droi allan i Borthaethwy i alw gydag Ifor Williams. Yr oedd adref, ac yr oeddwn yn falch iawn o'i weled. Gweithio yr oedd, fel arfer, ac yn edrych braidd yn flinedig. Ac y mae, yn ddiau, yn gweithio gormod, heb gerdded hanner digon, na chymryd nemor ymarferiad corff. Sôn am hynt y Brifysgol, am y paratoi ar gyfer dewis Prifathro i gymryd lle Reichel pan dderfydd ei dymor ef. Enwir y Syr J.M. Jones, ac y mae'r 'hen ddyn', fel y dywedai Ifor, yn cael ei swyno gan anrhydedd y swydd, er nad gan ei gwaith. Sôn yna am ei waith ei hun. Cyfieithu Ibsen, y Doll's Play, a wnaeth yn ddiweddar, ar gyfer ei chwarae gan fyfyrwyr y Brifysgol. O'r Saesneg, rwy'n meddwl y cyfieithodd. Darllen llawer ohoni imi i gael fy marn. Ystwyth, naturiol, byw. Ond, yn rhy dafodieithol, yn rhy leol. Dyna'r cyfan, ac eithrio gormod defnydd o 'ddaru'. Bodlona, rwy'n credu, i newid ychydig, ac i ddileu'r 'ddaru' – gair a sylwais yn rhy fynych ganddo mewn pethau eraill. Canys nid iaith hoyw, lân, gynnil ydyw ei eiddo ef ar y cyfan.

Dydd Mercher, 3 Chwefror 1926

. . . myned i gyfarfod y 'Tair G', i drefnu'n fwyaf neilltuol ar gyfer darlith Saunders Lewis yma nos Wener nesaf.

Dydd Gwener, 5 Chwefror 1926

. . . Yna, cerdded i Fangor, i gyfarfod Saunders Lewis a Valentine. Daeth y ddau i lawr yma gennyf i, ac yma y buom yn ymddiddan am ddyfodol y Blaid Genedlaethol, ei rhaglen, a'i dull o weithio. Penderfynu peidio ag ymladd yn yr etholiad a fydd yn Sir Gaerfyrddin. Siarad am *Y Llenor*, am W.J. Gruffydd, R.T. Jenkins, am Ffrainc, a'i meddylwyr, Claudel, Jacques Rivière, Maurras, Henri Ghéon – darllenasai S.L. yntau *Le Comédien et la Grâce* – Gide a Marcel Proust, Valois a Charles le Goffic. Nid yw S.L. yn rhy hoff o'r Goffic, a dywedodd mai'r peth gorau a ysgrifennodd Le Goffic bellach ydoedd Awr gydag Ambrose Bebb! Wedi dangos yr ystafelloedd, aethom am de gan gydgerdded i Fangor ar ôl hynny lle'r oedd gennyf i fy nau ddosbarth arferol hyd hanner awr wedi saith. Oddi yno, drwy'r glaw mawr, i Gapel Pendref lle'r oedd S.L. i siarad. Athroniaeth cenedlaetholdeb ydoedd ei bwnc, a siaradodd yn dda ryfeddol, yn araf ac oer, yn hamddenol a digyffro gan ymresymu ar hyd ei daith. Felly iawn ei ddamcaniaeth ef a minnau. Eithr nid ydym unfarn bob amser. Er enghraifft, dywedodd mai dynion sydd bwysicaf o bopeth, ac nid cenedl; ac nid oes gan genedl enaid – nes gorfod ei groesddywedyd ei hun cyn diwedd ei araith. Araith dda, feddylgar, feistrolgar. I mi yr oedd diolch iddo ar y diwedd; ac ategiad gan un o'r myfyrwyr. Yn anffodus, ni roddwyd cyfle i neb holi dim. Trueni mawr yn ddiamau.

Dydd Gwener, 12 Chwefror 1926

. . . Wedi hynny, ymweled ag un o'n myfyrwyr sydd yn yr ysbyty. Oddi yno i lety Mademoiselle Cariou, lle yr oedd amryw o rai wedi eu gwahodd i dreulio diwedydd dedwydd, rhwng ymddiddan, a bwyta ac yfed.

Dydd Sadwrn, 13 Chwefror 1926

[*Darllen Carlo Prati*: Papes et Cardinaux dans la Rome Moderne.] . . . wedi ei gyfieithu i'r Ffrangeg gyda, hefyd, ragymadrodd campus iawn o ddwylo Jean Carrère. Darllen yn hyfryd – ac y mae'n ddiddorol hyd yr eithaf. Melys, mwyn a swynol ei sôn am arferion y Pabau . . .

Dydd Sul, 14 Chwefror 1926

. . . Am y tro cyntaf eto, nid euthum i'r Ysgol Sul, oherwydd y tywydd, a'r annwyd. Gadawswn hi, hefyd, yn rhy ddiweddar yn gadael dadl â'm cyd-athrawon ynghylch rhinwedd yr Eglwys Gatholig. Yn union wedi pedwar, cerdded i Fangor i dŷ'r Prifathro Harries, lle'r oeddwn wedi fy ngwahodd i de. Yno hefyd yr oedd eraill o'm cyd-athrawon, Miss Hall, Miss Drage, Mr Pugh a'i wraig.

[*Disgrifiad manwl wedyn o bregeth Dr Thomas Charles Williams yn y Tŵr Gwyn ar 1 Cron. 14^{14}. Ergyd y bregeth oedd bod yr Eglwys heddiw'n ymladd, megis Dafydd gynt, yn erbyn Philistiaid.*] Iawn o bregeth, yn cael ei thraddodi'n araf, yn bwyllog, yn fedrus a chymen, yn glir a gloyw, yn bendant a chroyw, gyda dawn, swyn a huodledd. Fe'i mwynheais yn llwyr. Ei hunig ddiffyg ydoedd na ddywedid pa fodd ymuno'r Eglwysi, â pha erfyn y dylent ymladd. Eithr amlwg nad oedd am gyfaddawdu ar Berson Crist. Campus! Eithr, a all yr Eglwys Brotestannaidd fyth ymuno i ddatgan hynny'n unfryd?

Dydd Mercher, 17 Chwefror 1926

. . . Yna, am saith cerdded i fyny i Fangor, i ddarlithio i Gymdeithas Lenyddol Tŵr Gwyn. Siarad am awr a chwarter, heb nodyn o ddim o fy mlaen.

Dydd Sadwrn, 20 Chwefror 1926

Heddiw, drwy'r bore, darllen llyfr newydd W.J. Gruffydd, ail gyfrol ei

Lenyddiaeth Cymru. Diddorol o lyfr, yn wir, meddylgar, cytbwys a theg ar y cyfan, llawn bywyd un oedd â'i galon yn cydweithio â'i ben ac â'i bin. Y gorau o ddim ar a ddarllenais ar lên Cymru hyd yn hyn. Cryf ei Gymraeg hefyd, er nad ydyw heb ddiffygion o dro i dro.

Dydd Sul, 21 Chwefror 1926

. . . Yna'n ôl i ddarllen llyfr W.J. Gruffydd a'i gael eto, os rhywbeth, yn fwy diddorol nag yn y penodau cyntaf. Gwych ei ymdrafod â Salesbury, â'r Dr Morgan. Cystal â hynny ei ymdrin â Gruffydd Roberts; ac ardderchog y dyfyniadau. Llyfr byw, twym, llawn angerdd a theimlad, yn ogystal â barn aeddfed, a synnwyr llenyddol gref, chwaethus.

Dydd Llun, 22 Chwefror 1926

. . .Wedi cinio, brysio i lawr yma i ddarllen yr *Action Française*; ac ar ôl hwnnw, lyfr W.J. Gruffydd, gan fod yn ddiwyd wrtho, yn ei fwynhau, ac ymflasu ynddo er gorfod anghytuno ag ef yn llawn amlach nag ar y dechrau. Pery'n dda, er hynny, o hyd. Eithr rhy fynych ei sôn am wrhydri rhai ym mhob oes, ac ysgelerder eu gwrthwynebwyr. Daw gormod hunangyfiawnder yn ôl y pwysleisio hwn beunydd. Ni chytunaf ag ef ar Forgan Llwyd ychwaith. Fe'i gesyd yn rhy uchel, a gostwng gormod ar eraill er mwyn hynny. Gwêl ynddo ef, y mae'n ddiamau, ŵr a roddai goel yn yr un grefydd gyfriniol ag ef ei hun. Naturiol hollol y ganmoliaeth. Ond nid mor gyfreithlon, yn enwedig o'i bwrw hyd eithafion.

Dydd Mercher, 24 Chwefror 1926

. . . Yna'n fuan, yr oedd cerbyd yn galw amdanaf, i'm dwyn i Langefni, lle'r oeddwn i siarad o blaid y Rhaglen Genedlaethol. Yr oedd chwech o fyfyrwyr y Brifysgol yn cyd-deithio â mi, ac un ohonynt – Hywel Jones – i siarad yn y cyfarfod o'm blaen. Yr oedd glaw mawr yn disgyn yn Llangefni erbyn inni gyrraedd yno, a'r lle, oedd yn gwbl ddieithr imi, yn annifyr. I mewn am gwpanaid o goffi i'r Caffé Mona, lle'r oedd ystafell iawn a thân gloyw, cynnes. Mr Rowlands, sydd yn cadw'r tŷ, oedd y cadeirydd. Bychan iawn o gyfarfod a gawsom. Nid drwg ei hwyl er hynny. Ond yr oeddwn i'n flinedig ryfeddol cyn ei ddiwedd, a'm coesau na laesent oddi tanaf.

Dydd Mercher, 10 Mawrth 1926

. . .Wedi cinio, hwylio i'r County Theatre i weled chwarae, gan gwmni'r Brifysgol, un o ddramâu Ibsen – *Tŷ Dol.* Cymerodd deirawr i'w chwarae. Ar y cyfan yr oedd yn dda. Am Nora, yr oedd yn benigamp, yn cynnwys braidd bob dawn ar a allasid ei ddisgwyl – swyn, ysgafnder, gosgeiddrwydd, awgrym llais a llygad, amrywio gyda'r gwahanol sefyllfaoedd, a'r cyfan hyd berffeithrwydd bron. Nid felly ei gŵr, ond araf, oer, anystwyth, ei osgedd a'i lais, undonog hefyd, ac weithiau yn llethol, yn enwedig tua'r diwedd. Nid rhy wych y doctor ychwaith, er nad oedd ef mor anystwyth ar y cyfan. Cyffelyb Mr Praxter, er llwyddo'n well at ei gilydd. Am y ddrama ei hun, rhaid cyfaddef bod iddi nodweddion da iawn. Y mae'n ddiddorol drwyddi, yn cynnwys teimladau amryw ac amrywiol, wedi ei hysgrifennu'n fedrus a nerthol. Nid mor wych ei hathroniaeth. Y mae'n groes i Gristnogaeth, i gymdeithas, ac i deulu. Yn y pen draw, hawl dyn i wrthryfela yn erbyn awdurdod – awdurdod cymdeithas, awdurdod teulu – sydd yn cael ei gyfiawnhau, a'i gyfreithloni, ac yn olaf, ei goroni â llwyddiant. I mi, nid yw'n gyfiawn un amser. Arwydd llwyddiant mympwy ar reswm ydyw, arwydd gorfod nwyd ar bwyll. Ac yn enwedig yn y ddrama. Canys nid oes gronyn o sail gadarn i ddadl Nora. Gallai symud ei holl gwynion, a'i llonyddu ei hun, chwedl y *Mabinogi*, â chyflawni dyletswyddau gwraig a mam. Gwrthryfelaf yn bendant yn erbyn y ddysg sydd, imi, yn anfoesol a drwg. Gresyn gael gwall gymaint mewn drama sydd, ar wahân i hynny, yn meddu cynifer o ddoniau a rhinweddau. Hoffwn weled ei chwarae eto yn y trefi a'r pentrefi oddi amgylch, nid am ei hathroniaeth, ond am ragoriaeth ei chelfyddyd a gwychder ei chrefft. Diau yr agorai lygaid llawer i dlysni'r Gymraeg, ac i bosibilrwydd ei defnydd mewn dramâu da, a mawr.

Dydd Sadwrn, 13 Mawrth 1926

[*Tudalen yn disgrifio noson y ddrama yn y Coleg lle y llwyfannwyd* The Great Broxopp *o waith A.A. Milne.*] . . . yn anffodus noson drama Saesneg yw hynny.

Dydd Sul, 14 Mawrth 1926

[*Crwydro Mynydd Bangor, cerdded y meysydd ac eistedd i ddarllen Daudet a Bainville a Maurras*]

Dydd Mercher, 17 Mawrth 1926

. . . Yna, i lawr yma i ddarllen y papur o Ffrainc. Brysio'n ôl eilwaith i Fangor, i gymryd te yn nhŷ un arall o'm cyd-athrawon yma, Mr Hughes a'i wraig. Oddi yno, i gyfarfod o Gymdeithas y Tair G, lle y bûm awr a hanner. Gweled nad yw pob un o'r bechgyn yn credu mewn ymryddhau'n llwyr oddi wrth hualau pob un o'r tair plaid wleidyddol. Pleidleisio, a deall eu bod yn y mwyafrif.

Dydd Iau, 18 Mawrth 1926

. . . Wedi cinio, cerdded i fyny gyda'm cyd-athrawon, i Fangor. Ymorol am y papur o Ffrainc i ddarllen y manylion am gynllwynion Geneva. Ni ddaw'r Almaen i mewn i'r Gynghrair y tro hwn; a da hynny. Y mae'r diolch i un o wledydd De America, Brazil. Y mae hi'n fwy annibynnol ar Lundain, Paris a Berlin, na gwledydd y Cyfandir. Diamau bod ganddi reswm digonol dros weithredu fel y gwnaeth. Sicr hefyd bod amryw o genhedloedd Ewrop, yn enwedig y rhai bychain, yn falch o'i gweithred. Yn y pen draw, protest y gwledydd bychain yn erbyn awdurdod ac arglwyddiaeth y rhai cryfaf. Beth bynnag, cam i'r iawn gyfeiriad, i ddadrithio pobl o'u hofergoel yn y Gynghrair. Prawf eto mor ddiymadferth ydyw hithau, iddi fyned agos yn deilchion yn unig wrth benderfynu a ddylai'r Almaen ddyfod i mewn. Pa fodd, ynteu, y gallai benderfynu pynciau anos? Pa fodd, pe bai bygwth rhyfel, benderfynu pa genedl a fyddai'n euog o dorri'r heddwch?

Dydd Sadwrn, 20 Mawrth 1926

. . . Cael hefyd y cyfraniad cyntaf i'r cylchgrawn y mae'r Blaid Genedlaethol ar fin ei sefydlu. Cân ydyw oddi wrth Ddyfnallt ac yn dwyn yr enw 'Cwynfan Dewi'. Nid oes dim llawer iawn o deilyngdod ynddi.

Dydd Sul, 21 Mawrth 1926

. . . Brysio allan yna i Windy'r Wiclow, lle'r oedd cyfarfod gyda'n Cymdeithas Gudd ni o'r Coleg hwn – Cymdeithas Min y Fenai. Y peth pwysicaf ar y rhaglen oedd derbyn tri aelod newydd i mewn, a'u hysbysu am ein hamcanion, a'n rheolau. Yna, darllenodd un o'r myfyrwyr hynaf – Mr Mynorydd Jones – bapur ar ymreolaeth i Gymru. Ar y cyfan braidd yn siomedig ydoedd. Ar ei ôl, caed ymdriniaeth ddigon diddorol, ac amryw'n cymryd rhan ynddi. Sylwid ar yr anawsterau, a wynebid y gwrthddadleuon. Diweddu a brysio'n ôl i Neuadd Fenai am de.

Dydd Mercher, 24 Mawrth 1926

Dyna! Y mae'r gwaith drosodd am y tymor hwn eto, ac eithrio edrych dros y papurau, a'u cywiro. A melys o beth yw teimlo'r rhyddid a ddaw o wybod na bydd dim cyfrifoldeb am dymor. A theimlo natur hithau yn ymryddhau o hualau'r gaeaf a'r oerfel! A theimlo'r teimlad hwnnw, i gyd, yn meddiannu pob gronyn o'r gwaed, yn ei lenwi ag egni, â gwres, ac ag awydd nerthol, ieuanc – am ei fynegi ei hun mewn rhyw fodd, mewn modd teilwng, gydag urddas ac anrhydedd. Bywyd felly yw bywyd dyn wedi ei ryddhau oddi wrth iau gwaith beunyddiol. Bywyd felly yw'r un a duedda'r gwanwyn yntau i'w greu a'i gyfeirio. Melys fyddai byw pe cynhyrfid dyn felly beunydd, gan symbyliad natur, neu symbyliad syniad, a dyletswydd, a mawredd cyfle bywyd. Weithiau'n unig y daw'r cynyrfiadau dyfnion, cedyrn hyn i roddi gwir flas ar fyw a syniad a bod. Dyfod ohonynt eu hunain y maent, neu oherwydd eu cyffwrdd gan rywbeth oddi allan i ddyn, weithiau yn olygfa ar faes a dôl, neu fron a bryn, neu goed a gardd. Weithiau wedyn, yr haul fydd yn ei ddangos ei hun neu yn estyn ei gusan gwresog hyd ddwyrudd dyn, ac at ei wallt, ac at ei gnawd gwan. Weithiau yna, ysgrif neu lyfr, neu bennod fydd achos y gwynfyd ennyd hwn; neu eto araith megis gan Charles Maurras, Daudet, Henri Massis, neu bregeth gan yr ychydig a ddeall y gwirionedd, Williams Brynsiencyn, Thomas Charles Williams y Borth, Joseph Jenkins o'r Cei Newydd gynt, neu Foelwyn Hughes neu'r Père Janvier a'r Père Samson Suliau'r Pasg yn y Notre Dame. Rheiny yw rhai o'r gwyrthiau sy'n gweithio'n ddwfn ar galon dyn, a'i ben a'i waed, nes treiddio'n frwdfrydedd hyd ei wythiennau. Y mae eraill hefyd. Gwych ydynt i gyd; a gwych eu campwaith. Yna disgyn dyn yn ôl i'w gyflwr cyntefig, arferol, naturiol, greddfol. Y mae mor wan, mor eiddil, mor ddiymadferth, mor anwadal. A'i falchder mor gryf â hynny. Iddo'i hun, y mae'n Dduw. Gan hynny, ni raid iddo wrth yr un arall.

Dydd Sadwrn, 27 Mawrth 1926

. . . gwelais Mr H.R. Jones, a threfnu ychydig ymhellach ynglŷn â'r papur. Yr wyf gystal â bod yn siwr am ddau beth bellach. Hughes a'i Fab fydd y cyhoeddwyr gorau, ac iddynt hwy y bydd yn rhaid ymddiried i argraffu'r cylchgrawn. Am ei enw, ni wn am yr un mwy cyfaddas na'r *Ddraig Goch.* Enw digon tlws, ac enw'n awgrymu popeth sydd yn eisiau arnom. Disgwyl ysgrifau yr wyf, weithian. Ni ddaeth eto yr un.

Dydd Iau, 1 Ebrill 1926

[*Darllen drama D.T. Davies*, Castell Martin] Y gwaethaf amdani ydyw iddi gael ei hysgrifennu yn nhafodiaith Sir Forgannwg . . . Bai mawr yn ddiau. Cyn cael drama fawr, wych, rhaid iddi fod yn iaith lenyddol y Cymry, fel y dealler hi gan Ogleddwr a Deheuwr fel ei gilydd.

Dydd Llun, 5 Ebrill 1926

[*Darllen drama Saunders Lewis*, Gwaed yr Uchelwyr] . . . Y mae'n anystwyth yr ymadroddion a'r brawddegau weithiau. Ond y mae'r pwnc yn un anodd, diddorol a chywir. Dyma hyd yn hyn y ddrama orau a ddarllenais yn y Gymraeg. Y mae ynddi elfennau mawredd, ac er nad yw'n llwyddiant cyflawn, y mae'n ymdrech ganmoladwy iawn.

Dydd Mawrth, 6 Ebrill 1926

. . . darllen cyfieithiad Mrs W.J. Gruffydd o rai o ystorïau byrion Maupassant – 'Y Marchog', 'Dau Gyfaill', 'Y Diafol', 'Tad Morgan Bach', 'Hen Bethau', a'r 'Llinin'. Campus o ystorïau, ar y cyfan, a digon da i osod Maupassant yn bennaf meistr y gelfyddyd.

Dydd Mercher, 7 Ebrill 1926

. . . darllen llyfr yr Iarlles E.M. Cesaresco ar fywyd a gwaith Cavour. Y mae'n llyfr diddorol iawn a darllenadwy a gwerthfawr . . . Bu fawr iawn effaith y Saeson a'u senedd arno, a syniodd ef yn rhy uchel o lawer amdanynt.

[*Sylwadau pellach dydd Gwener, 9 Ebrill, ar yr un llyfr.*] . . . Ni ddywedaf iddo ychwanegu at fy edmygedd i o Cavour, na'i leihau lawer. Anodd gweld, er hynny, ffurfio'r Eidal yn un genedl fawr, rydd, hebddo ef. Dylai'r Eidalwyr deimlo'n rhyfeddol o falch ohono, efô awdur eu mawredd a'u dylanwad heddiw, dan lywodraeth un cryfach fyth – Mussolini.

Dydd Iau, 8 Ebrill 1926

Gyda'r diwedydd, daeth yma ddeuddyn o ardal Aberystwyth. Ymorol yr oeddynt am ffarm yn y fro hon, oherwydd eu gyrru oddi ar eu heiddo eu hunain, er gwaethaf gweithio'n galed. Gwelwn ynddynt gyflwr ugeiniau cyffelyb, hwythau'n cael eu gorfodi i ymfudo o'u hardal eu hunain i wlad estron. Mor greulon! Mor ynfyd! Bechgyn iawn, hefyd, o'r defnydd i fod yn gefn gwlad, ac yn graig iddi. Yr oeddynt gryfion a dewrion, ac yn rhadlon a chynnil gyda hynny. Pa golled i Gymru ar eu hôl hwy a'u tebyg!

. . . darllen *Tro yn y Gogledd* y Syr O.M. Edwards a chael blas ar ei fyfyrdod ef wrth feddwl am daeogrwydd y Cymry i'r Saeson, a'u hamharch i'w gilydd.

Dydd Gwener, 9 Ebrill 1926

. . . darllen *Tartuffe* o waith Molière . . . Drama benigamp yn ddiamau, yn loyw gan ddoniau disglair athrylith oedd yn etifedd doethineb a dysg ei genedl ei hun, ac eiddo Groeg a Rhufain. Er hynny, hoffach gennyf i rai eraill o'i ddramâu lle y ceir ffraethineb fwy a digrifwch diniweitiach.

Dydd Sadwrn, 10 Ebrill 1926

. . . cychwyn un arall o ddramâu Molière, *Le Misanthrope* . . . Ardderchog o ddrama hon eto, ac, am na wn i na ragora ar y llall. Y mae'n wych, yn fawr, yn rhagorol, ac, ar dro, yn arddunol. Yr oedd gan Molière bron bob dawn, a chalon fawr i goroni'r cwbl. Nid neb fel efô am gelfyddyd ychwaith. Rhwng popeth, ni ellir fyth beidio â'i hoffi, ei edmygu, hyd yn oed ei garu.

Dydd Mercher, 14 Ebrill 1926

. . . darllen llyfr y Syr Henry Jones hyd ei ddiwedd . . . Ni feddyliaf fod

Cymru yn llawer o ddim yn ei fywyd ef. Ymddengys mai llwyddo ydoedd y nod, a myned o un Gadair i'r llall. Purion, ond nid gwych, o beth difesur. Nid yw Syr Henry Jones, o bell ffordd, yn arwr imi. Y mae'r Syr O.M. Edwards yn llawer iawn uwch yn fy nhyb i. Ymddengys y Syr Henry imi yn canolbwyntio popeth ynddo ef ei hun. Heblaw hynny, ni chyfrifaf iddo roddi fawr o'i wasanaeth i Gymru.

Dydd Mercher, 28 Ebrill 1926

. . . Rhydd yna hyd ddiwedd y bore. Ond trefnasid imi ddarlithio heno yn Nhŵr Gwyn ar Raglen y Blaid Genedlaethol. Paratoi, felly, drwy'r prynhawn. Amharod iawn y teimlwn, er hynny, ac ansicr o'm darlith. Ni theimlais mor anniogel erioed o'r blaen. Wedi dechrau siarad, aeth pethau'n well, er nad hanner cystal ag y bydd weithiau. Y Prifardd, Mr Williams Parry oedd yn y gadair! Ar y diwedd, diolchwyd gan ddau fyfyriwr o'r Brifysgol. Yna siaradodd un o gynghorwyr y ddinas – a Mr Ellis Williams (yntau'n fardd Cadeiriol Eisteddfod Genedlaethol Aberystwyth), Mr Silyn Roberts, Mr Robert Richards, a Dewi Meirion. Yn erbyn amryw o'm syniadau yr oedd Silyn, am ei fod yn cynnal athrawiaethau'r Blaid Lafur. Yr un fath Bob Richards – fu'n aelod o'r llywodraeth, yn Is-Ysgrifennydd tros India – a welai'r anhawster mawr oddi wrth y miliwn a hanner o Gymry na wyddant Gymraeg. Pwysleisio hefyd 'enaid' cenedl, ac nid yr anhepgorion sydd yn magu'r enaid. Diddorol o ddadlau yn sicr. Cyfarfod iawn, wedi'r cyfan.

Dydd Sadwrn, 1 Mai 1926

. . . Wedi cinio, dechrau ysgrifennu ysgrif i rifyn cyntaf *Y Ddraig Goch* a gweithio arni bron drwy'r prynhawn.

Dydd Llun, 3 Mai 1926

Diwrnod cyntaf y streic gyffredinol ydoedd . . . Tawelwch yn teyrnasu yma, a llawer o ddarllen am achosion y camddeall dybryd.

Dydd Mawrth, 4 Mai 1926

. . . Heddiw, ni ddaeth na'r papurau arferol yma, na'r llythyrau. Cael un papur, er hynny, a gwybod y sefyllfa drwyddo. Dadlau'r achosion rhyngom ni yr athrawon yma. Ar y cyfan, er cydymdeimlo â'r gweithwyr, pleidio'r llywodraeth oherwydd mai ei gwaith hi ydyw cadw heddwch, trefnu a darparu bwyd.

Dydd Mercher, 5 Mai 1926

. . . Darllen tipyn hefyd o straeon campus Alphonse Daudet, *Lettres de mon moulin*. Ardderchog o straeon, yn ddiau difyr, doniol, swynol, annwyl, cyfarwydd, yn llawn rhadlonrwydd a dynoliaeth.

Dydd Iau, 6 Mai 1926

. . . Ar ôl y dosbarth, yr oedd y bechgyn yn daer iawn am imi adrodd wrthynt fy syniad am yr helynt – y 'streic'. Gwneuthur finnau a rhoddi ystyriaeth deg i'r peth.

Dydd Sadwrn, 8 Mai 1926

. . . darllen llyfr newydd Paul Hazard, un o'r darlithwyr ar lên a hoffwn fwyaf pan oeddwn ym Mharis, ar Lamartine. Llyfr diddorol, yn ysgafn ryfeddol ei benodau cyntaf, yn swynol, yn gyson, yn creu brwdfrydedd yn y gwrthrych, ac yn adrodd ei hanes gyda chydymdeimlad, deall, dawn, gwres a chariad. Hawsaf peth ydoedd ei ddarllen, a dal y sylw arno beunydd.

. . . Yn y prynhawn daeth H.R. Jones yma gan ddwyn ganddo ar fyned ymaith yr ysgrifau oedd gennyf i'r *Ddraig Goch*.

Dydd Sul, 9 Mai 1926

. . . Allan am waelod y ddinas i gaffé Wicklow, i gynnal cyfarfod o Gymdeithas Min y Fenai, i drin pynciau Cymreig, sôn am y moddion i gymreigeiddio'r Coleg, ei ganu a'i weddi, ei gyfarfodydd a'i gylchgrawn.

Dydd Sadwrn, 15 Mai 1926

. . . Cawswn wedyn afael mewn llyfr newydd, sef detholiad o waith Ceiriog wedi ei baratoi gan Mr Lloyd Jones, Dulyn, a'i gyhoeddi gan Wasg Gregynog. Ardderchog y printio, y llythrennu, a'r llunio. Da y dewis hefyd a difai y rhagymadrodd.

. . . Wedi cinio, a cherdded ychydig, daeth H.R. Jones yma, gan aros drwy'r prynhawn hyd amser te a gorffen y trefniadau ar gyfer Pwyllgor y Blaid, sydd i gyfarfod yn Nhywyn y Sadwrn nesaf. Wedi ei fyned, darllen llyfr newydd arall sydd gennyf, *Le Crépuscule des nations blanches* o waith Maurice Muset. Diddorol, meddylgar, meistrolgar.

Dydd Sul, 16 Mai 1926

. . . dyfod yn ôl i barhau darllen *Le Crépuscule des nations blanches*, gan ei gael yn fwy na diddorol, yn awgrymiadol ac yn ennyn meddwl a myfyrdod . . . brysio i gyfarfod o Gymdeithas Min y Fenai, lle daeth amryw o fyfyrwyr newyddion. Darllenodd un ohonynt bapur huawdl ar apêl hanes Cymru. Ymddiddan llewyrchus ar ei ôl yn awgrymu imi roddi darlith bob wythnos ar hanes Cymru, yn y Gymraeg. Wedyn, awgrymu chwarae drama deilyngach nac arfer . . . yn lle myned i'r capel fe'm temtiwyd gan nwyd y tymor i fyned i 'grefydd y gwŷdd a'r gog'.

Dydd Sadwrn, 22 Mai 1926

. . . Cyrraedd Tywyn am chwech a chael yno H.R. Jones a Moses Gruffydd i'm croesawu. Yn fuan, cyfarfod â D.J. Williams, Peate a B. Bowen Thomas, a myned at y gwaith. Yr oedd drosodd erbyn naw; a'r tri olaf a minnau ar gychwyn mewn modur i Aber. Cysgu yno y nos honno, yn yr un gwely â Iorwerth Peate. Cefais ymddiddanu lawer gydag ef, ac Iorwerth Williams ac un Bowen o Gaerfyrddin. Cerdded o flaen y môr fore Sul, a chyfarfod â rhai o'm hen gyfeillion, ymweled â'm hen letai, cael ymgom fer â Gwynn Jones.

Dydd Sadwrn, 29 Mai 1926

. . . Wedi cinio, daeth H.R. Jones yma gan aros tua dwy awr. Wedi'r ymddiddan am ennyd, edrychais i dros broflen fy ysgrif gyntaf i'r *Ddraig Goch*. Heddiw y cefais hi, er ei danfon i Aber dair wythnos yn ôl. Siom dirfawr yr oedi afresymol hwn, ac arwydd gwael wrth gychwyn y cylchgrawn.

Dydd Mercher, 2 Mehefin 1926

. . . Wedi cinio, cerdded y dref, gan weled fel y ffurfid llinell o edrychwyr o bobtu'r heol, erbyn dyfod gorymdaith Brenhines yr Ysgolion. Nid arhosais i ddim, ond cerdded i lawr, gyda'r rhifyn cyntaf o'r *Ddraig Goch* tan fy nghesail. Ei agor, a chael fy siomi'n ddirfawr gan y niferoedd gwallau, mân a mawr.

Dydd Gwener, 4 Mehefin 1926

. . . Yna cael cerbyd i fynd â mi'n union i Ryd-ddu, i ddarlithio yn yr Ysgol Elfennol yno, a sefydlu yn ôl hynny, gangen o'r Blaid. Cefais hwyl go dda, er mai siarad yn ddifyfyr yr oeddwn, ac er mai deunaw'n unig o bobl oedd yno. Yr oedd y daith yno, ac yn ôl, yn rhyfeddol o ddymunol i lygaid dyn ac i'w reswm a'i galon ac yn fwy na digon o dâl am y llafur. Amlwg oedd codi brwdfrydedd y gwrandawyr. Ac ar ôl y cyfarfod, tynnodd y plant rybuddion y papurau Seisnig oddi ar estyll y siopau papurau, ac ysgrifennu Cymraeg yn eu lle!

Dydd Sul, 6 Mehefin 1926

[*Darllen Dafydd ap Gwilym a Verlaine yn yr ardd ac yna cerdded meysydd*

Penrhosgarnedd] . . . darllen eto W.J. Gruffydd, *Llên Cymru*, llyfr diddorol ryfeddol, tueddol a rhagfarnllyd yn ei ffordd, wrth reswm, ond defnyddiol a gwerthfawr heb ddim amheuaeth.

Dydd Sul, 13 Mehefin 1926

. . . Myned i'r Ysgol Sul yna, ac i gyfarfod o Gymdeithas Min y Fenai ar ôl hynny. Yno, un o'r bechgyn – E.O. Roberts – yn darllen papur ar le'r ddrama ym mywyd cenedl. Rhydd ymddiddan yna, a llawer yn cymryd rhan, nes gwneud o'r cyfarfod un diddorol ac adeiladol.

Dydd Mawrth, 15 Mehefin 1926

. . . cyfarfod ag un Dr Evans, fu yn y Brifysgol hon, yn Rhydychen ac ym Mharis, ac sydd weithian yn Athro Ffrangeg yn Winnipeg. Mwyn o gymdeithasu ag ef a'i wraig am Baris, bywyd a moesau'r Ffrancod. Yna eilwaith at fy ngwaith, a chael ymgom â'r Prifathro ynglŷn â'm bwriad i gynnig am le darlithydd hanes yn y Brifysgol yma. Yna, gorffen fy ysgrif i rifyn Gorffennaf o'r *Ddraig Goch* a danfon ymaith yr holl ysgrifau i'w printio i Aberystwyth.

Dydd Mercher, 23 Mehefin 1926

. . . cyfarfod â Dowell Jones ac â Thecwyn Evans, y ddau gyda'i gilydd. Ymgom fer â'r ddau, yna ei pharhau â Thecwyn yn unig. Dyma'r tro cyntaf imi ei gyfarfod er pan wyf yma, ac yr oeddwn yn wir falch. Yntau yr un fath meddai ef, droeon. Yna i'r Neuadd i ddarllen papurau o Iwerddon, y *Breiz Atao* diwethaf, a'r *Revue Universelle*. Yn ddiweddarach, darllen rhagymadrodd gwych y Syr J.M. Jones i'w argraffiad cyfoethog ef o'r *Bardd Cwsg*.

Dydd Gwener, 25 Mehefin 1926

. . . myned i lety Mr Dowell Jones, lle y bûm hyd yn hwyr yn ymddiddan, cyd-ddarllen, cyd-gynllunio, gwrando ar ganu'r diwifrau, ac yn swpera . . . Llawen gennyf bob amser fod yn ei gwmni, ac fe'i cyfrifaf yn un o'm cyfeillion mwynaf, hyfrytaf.

Dydd Sadwrn, 26 Mehefin 1926

. . . dyfod H.R. Jones yma. O Iwerddon y daeth wedi treulio wythnos yno, ymddiddan â rhai o'r Republicaniaid, â Mallt Williams, a'i fwynhau ei hun. Y cyngor a gafodd gan y Gwyddyl gwylltaf ydoedd tanio, a ffrwydro, a difa, a llosgi yng Nghymru! Felly y deuai i ni fendithion a rhyddid! Gobeithiant hwy gynllunio hynny eto'n fuan yn Iwerddon, ac ennill yr awdurdod i'w

dwylo eu hunain. Cawn weled. Yn y cyfamser, gochelwn gynghorion ehud!
Wedi chwech, euthum i fyny gydag ef i Ddeiniolen. . .

Dydd Sul, 27 Mehefin 1926

. . . ysbaid o eistedd ar un o'r seddau uwch y Fenai, yn ymhyfrydu yn ei thlysni
digymar tan des yr haul, ac yn darllen Villon a Charles d'Orléans. Yn nesaf i dŷ
Mr Hughes, un arall o'm cydathrawon, am de. Yno hefyd daeth Mr Elias Jones
– Arolygwr Addysg – a'i wraig; a chafwyd dillyn o de da, ac ymddiddan am dai
a dodrefnu, capel ac Ysgol Sul, Ffrainc a Llydaw i ddiweddu.

Dydd Sul, 4 Gorffennaf 1926

. . . daeth y Gweinidog Gwilym Williams yma i fyned â gweddill y dydd oddi
arnaf. Siarad a dadlau am grefydd Ffrainc a'r Eglwys Gatholig hyd yn hwyr.

Dydd Iau, 8 Gorffennaf 1926

. . . Yna ysgrifennu'r darn cyntaf o ysgrif i'r *Ddraig Goch* nesaf. Wedi te
danfon cais am swydd darlithydd yn Abertawe – a threulio tipyn o amser ym
Mangor. [*Noson olaf y tymor. Dros bedair tudalen yn disgrifio'r myfyrwyr yn
cyflwyno rhodd a diolch i Bebb.*]

Dydd Mawrth, 27 Gorffennaf 1926

[*Ymweld â Llundain am y diwrnod*] . . . hyd y Senedd, ond gan ei gael, er
hynny, yn ddinod a thila iawn o'i gymharu â'r Place de la Concorde. Yn
nesaf, am y Piccadilly Circus, a methu â deall yr holl ymffrostio mewn dim
sydd yno, lle anial, heb un adeilad o ddim tlysni, hyd yn oed windy gwych,
neu westy mawreddog.

Dydd Gwener, 30 Gorffennaf 1926

. . . cwrdd â'm chwaer Maggie, a theithio ynghyd i Orsaf Victoria. Yno cwrdd
â D.J. Davies, un o'm cyfeillion yn Ysgol Tregaron a choleg Aber a sydd,
weithian, yn offeiriad yn Aber. Yr oedd wedi gofyn gennyf ers tro gael dod yr
un pryd â mi i Ffrainc. Yna, cychwyn tua Newhaven, croesi i borthladd
Dieppe, a pharhau i Baris. [*Ymweld â'r brifddinas, operâu gyda'r hwyr.*]

Dydd Gwener, 6 Awst 1926

[*Yna ymlaen i Strasbourg*] . . . Wedi cymryd coffi a sylwi ar y gwahaniaeth
rhwng yr Ellmyn a'r Ffrancod, cerdded cryn lawer o'r ddinas, gan weled rhai
o'i phrif adeiladau yn anamlwg yn y cyfnos. Yr Ellmyneg a glywir fwyaf yma,

a gwelais lawer na ddeallent nemor ddim Ffrangeg. Nid ydynt mor foesgar, bonheddig, bywiog, hoyw, ysgafn galon a difyr â thrigolion Paris.

Dydd Llun, 9 Awst 1926

. . . A yw'r Alsasiaid bobl araf, ddistaw a thawel? Amlwg nad ŷnt mor fywiog, cyflym, aflonydd, cywrain â'r Parisiaid. O ran corff, talach, cryfach, trymach, dofach o bryd a gwedd, araf eu symudiad, garwach, heb na thynerwch, na gosgeiddrwydd bonheddig Paris. Yr Ellmyneg – iaith aflafar, anhygar, an-ystwyth, afrosgo – yw iaith y mwyafrif o ddigon, a gwelais lawer na ddeallent ddim Ffrangeg – namyn 'Bonjour'. Eto, o deimlad, Ffrengig ac nid Ellmynig, er bod mudiad o blaid ei hannibyniaeth i Alsas . . .

Dydd Mawrth, 10 Awst 1926

[*Tros y ffin i'r Almaen am y diwrnod. Ymweld â'r wlad a Kehl*] . . . Dim un gair o Ffrangeg namyn 'Bonjour' a wyddai'r llu y bûm i'n siarad â hwy. A minnau wedi arfer clywed sôn am ddysg yr Ellmyn, a'i hoffter o ddarllen! Ai gwir wedi'r cyfan? Beth bynnag, araf o bobl, trwm, trafferthus heb osgeiddrwydd moesgarwch na boneddigrwydd. Diwyd, er hynny, tawel, ufudd, cenedl beryglus dan lywodraeth ryfelgar. Anniddorol o dref Kehl heb nemor ddim ynddi hi na'i phobl i ddifyrru dyn. Da oedd croesi'n ôl i Alsas, lle'r oedd chwerthin a chytgan, dadl ac ymgom raenus, cŵn yn tynnu cerbydau megis yn Rennes pan euthum yno gyntaf. Eto amlwg dylanwad yr Ellmyn ar bob dim.

Dydd Llun, 16 Awst 1926 [Paris]

. . . Yna, fy nghyfaill D.J. Davies a minnau am ginio, gan gerdded ar ôl hynny i Montmartre, i ymweled ag eglwys ryfedd y Sacré Coeur, gan amgylchu ei thyrau ac edrych ar ei hallorau oddi mewn. Yna, allan i blith y llu ymwelwyr i wrando ar gantorion bohemaidd y caffé yn ymyl. Yna, wedi cinio yn y Place Clichy, i'r enwocaf o theatrau – y Moulin Rouge i weled *La Mistinguette*. Didda y chwarae hwnnw, ond am y dawnsio gan y merched, am liwiau eu gwisgoedd, am linellau, lluniau ffurf eu cyrff gosgeiddig, am eu canu melys, ac am liwiau cyfoethog y gwisgoedd ysgafn a ddygent ar droeon, yr oedd yn gyfoethog, yn brydferth, yn swynol, hyfryd, a rhyfeddol. Mewn gair, yr oeddynt dlysion fel tylwyth teg, yr un mor ysgafn, ystwyth a hoyw, yr un mor lliwgar a thyner, a'r un mor berffaith eu chwarae. Ardderchog! Fe'i mwynheais yn fendigedig. Yr oedd yn faeth i'r llygad ac i'r glust. Dwy wers hefyd. Yn gyntaf, mor hardd, bonheddig a dymunol y corff dynol gyda'i ystwythder a'i burdeb, ei lendid a chynghanedd ei linellau llyfnion. Yn ail, mor hyfryd ei barchu oherwydd hynny, a'i gadw'n lân a golygus, iach a phur. Gwers mewn tlysni a moesoldeb – nid y gwrthwyneb o bell ffordd – ydoedd gwers y dawnsfeydd hudol y Moulin Rouge.

[*Gweld chwarae* Madame Butterfly *Puccini*, Le Malade Imaginaire *Molière,*
L'Epreuve *Beaumarchais,* Hernani *Victor Hugo,* Bérénice *Racine,* L'Anglais tel
qu'on le parle *Tristan Bernard,* L'Arlesienne *Alphonse Daudet a Bizet (dau
dudalen o ddisgrifiad)* Mithridate *Racine,* Carmen *Mérimée a Bizet. Eilwaith i'r
Moulin Rouge, ac i'r Folies Bergère am y tro cyntaf.* Samson et Delila *yn yr Opéra.*]

Dydd Sul, 22 Awst 1926

. . . Wedi swpera, cwrdd â dau Lydawr – Debauvais a chyfaill iddo. Myned
ein tri at Lydawr arall, M. Regnier, ac yno uwchben gwin, y treuliasom
weddill yr hwyr.

Dydd Llun, 23 Awst 1926

. . . ymweld â'r Jardin du Luxembourg dlos, ac ysgrifennu darn o'm llith ar y
Blaid Genedlaethol i Ysgol Haf Machynlleth.

Dydd Mercher, 1 Medi 1926

Ysgrifennu, a hwylio i'r wlad – lle y dylaswn fod ers dyddiau oni bai am *Y
Ddraig Goch.* [*Ymweld â Normandi a Llydaw.*]

Dydd Mercher, 8 Medi 1926

[*Disgrifiad o'r Mont Saint Michel. Dau dudalen*] . . . Anodd oedd disgyn o'r
uchelder rhyfeddol. Anodd gadael y llwybrau a fynnai'r llygad a'r meddwl eu
rhodio. Anodd gadael y cynteddau tawel am y bwrlwm bywyd yn yr heol
rywiog, risiog islaw. Allan o'r caerau, gyda gogledd y Mont hyd gapel St
Michel, a'r copi coed. Yno eilwaith ymollwng mewn myfyrdod a breuddwyd.
A gormod ohono. Canys, yn araf, nid fel osgo aflonydd y môr ei hun, ond fel
symud cyson afon, daeth y môr i mewn hyd at odre'r mynydd, gan guddio'r
llwybr yr oeddwn newydd ei gerdded. Yr oeddwn wedi fy mradychu! Nid
oedd ond fy llyncu amdani, neu efallai, ddringo'n uwch y creigiau, a threulio'r
nos yno. Ymgais er hynny, dringo'r creigiau ar fy nhraed a'm dwylo; dod yn
nes cam a cham. Yn y diwedd, gweled drws cul uwchben, a dringo ato.
Diogelwch! Curo, ac agor. Yr oeddwn eilwaith oddi mewn i'r caerau. Ac yr
oedd Albert yn synnu fy ngweld yn ôl – efô wedi cychwyn yn ôl lawer o'm
blaen. Ond ni fedrai ddod yn ôl i'm cwrdd. Meddwl yr oedd yntau mai
colledig oeddwn. Swpera gan gael yr omelette enwog.

Dydd Mercher, 22 Medi 1926

[*Cyrraedd Newhaven*]. . . Teithio wneuthum i, i ogledd Llundain i dŷ fy
ewythr. Yr oedd yn waith awr – awr a dreuliais i, ar ben y bws, i fyfyrio am

bethau'n gyffredin, ar y ddwy wlad, Ffrainc a Lloegr, a'r ddwy genedl, a'r ddwy brifddinas. Nid oedd petruster o gwbl yn fy meddwl am ragoriaeth y Ffrancod a'u dinas. Yn wir, felly y meddyliaf ers blynyddoedd, o ran hynny; ac ni ddeuai'r argraff yn ddim ond yn gliriach, sicrach wrth fyfyrio y tro hwn, a theithio trwy Lundain. Holwn imi fy hun: Ple mae'r heolydd llydain, glanwaith, cymen, bonheddig? Ple mae'r goleuadau disglair, a'r plasau cyhoeddus eang? Mae'r caffé, a'i goffi a'i win ac yn arbennig ei luoedd pobloedd llawen? Mae'r ddinas dlos, a'i heglwysi heirdd, a'i hadeiladau gwychion? . . . Sôn am Lundain mor dlos â Pharis; rhaid bod naill ai'n Sais neu'n ddall, i dybio hynny. Nid oes gymhariaeth ddim . . . Tlotach fyth y gymhariaeth rhwng y Saeson a'r Ffrancod. Oer y cyntaf, pell, marw, anniddorol eu hwynebau a'u golygon, heb gymeriad. Y mae eu hiaith mor aflafar ag y geill un fod, yn rhyw gymysgedd o iaith a sain dafad yn brefu a sŵn hwyaid. Annichon eu deall yn fynych, gyda'u 'aint-it?, ain-it? safhanoon (this afternoon)'. Nid oes lef dyn dynol ynddo. Ai rhaid peidio â bod yn Sais i gydnabod y cymaint? A wyf i elyn y Saeson am ysgrifennu fel hyn? Efallai. Credaf fod y gwirionedd ei hun yn debyg i'r fel y disgrifiaf.

Dydd Llun, 27 Medi 1926

[*Yn Lerpwl. Gweld* Saint Joan *Bernard Shaw gyda Sybil Thorndike.*] . . . Ar y cyfan yr oedd y chwarae yn hynod o ddifai. Chwaraeai Sybil Thorndike ei rhan hi yn wych iawn, gyda deall, dawn a chydymdeimlad. Wrth reswm, Joan Bernard Shaw ydoedd hi, ac nid Joan D'Arc ei hun. Beiau Shaw ydoedd y beiau drwy'r chwarae i gyd. Ni ddeall ef ysbryd yr Oesoedd Canol.

Dydd Iau, 7 Hydref 1926 [Bangor]

. . . Dyfod y Prifardd, Williams Parry ataf. Treulio awr a mwy yn ei gwmni diddan ef, gan ymddiddan am amryw bethau sy'n ddiddorol i Gymru.

Ei gyfarfod eilwaith yn y prynhawn a pharhau'r ymgom. Dyfod Ifor Williams, a Mr Tom Richards, y llyfrgellydd newydd; a bod gyda'n gilydd hyd bryd te.

Dydd Gwener, 8 Hydref 1926

. . . Yn ddiweddarach, Pwyllgor y Tair G, ac yno y bûm hyd wedi wyth dipyn.

Dydd Llun, 11 Hydref 1926

. . . Yna darllen, ciniawa, a myned i'r Brifysgol lle y cyfarfûm â Silyn Roberts a Williams Parry. Gyda'n gilydd drwy'r prynhawn yn siarad am Gymru'r unfed ganrif ar bymtheg, am William Davies, y Catholig, a laddwyd ym Miwmaris yn 1583, am John Roberts, a aeth i Ffrainc i fod yn aelod o

Gymdeithas yr Iesu, ac a laddwyd, yntau, yn Llundain ymhlith lladron yn 1810.

Dydd Iau, 14 Hydref 1926

. . . Galw gyda Dowell Jones, ac aros ysbaid yn ei lety, yn siarad am yr Eglwys yng Nghymru. Cytunwn ein dau mai dyfod yn fwy Cymreig ac yn fwy Catholig a phendant yw angen cyntaf yr Eglwys er llwyddo yng Nghymru.

Dydd Sul, 17 Hydref 1926

. . . Gadael yn union wedi tri, a myned i Gaffé Wicklow, i gyfarfod bechgyn y Coleg hwn, sef Cymdeithas Min y Fenai. Yno, trin pethau Cymreig yn unig, ac i raddau helaeth, pethau Cymreig y Coleg hwn: e.e. cael mwy o gyfarfodydd Cymreig yn y Coleg, cael chwarae drama Gymraeg dda, siarad Cymraeg â'n gilydd yn y Coleg, ar y maes chwarae, a threfnu emynau Cymreig, un am bob un Saesneg, a gweddïo'n Gymraeg. Anodd iawn yr olaf hwn, am mai yn nwylo'r athrawon y mae. Myfi yw'r unig un a weddïa'n Gymraeg bob amser wrth y bwrdd, bob yn ail â gweddi Saesneg wrth alw'r enwau y bore a'r hwyr.

Dydd Llun, 18 Hydref 1926

. . . yn nesaf i'r Brifysgol a gweled yno, T. Richards, Williams Parry, ac Ifor Williams. Yn ôl am de, ac ysgrifennu cardiau i Ffrainc. Yna, ymaith eilwaith am Fangor i Gymdeithas y Tair G, lle bu ymdrafod mawr ar gyfansoddiad honno, a'i hamcan. Yr anhawster ydyw bod amryw o'r aelodau heb ymaelodi â'r Blaid Genedlaethol, ac yn gwrthod. Yr amcan ydyw ymaelodi'n gorff ac yn unigolion, oddi mewn i'r Blaid honno. Ni ddigwyddodd heno. Ond dyfod a wna.

Dydd Llun, 8 Tachwedd 1926

[*Darlith Bebb ym Mhorthaethwy gyda Dr Thomas Charles Williams*] . . . Wedi imi gyrraedd yno, yr oedd y Dr Thomas Charles Williams ar y llwyfan. Dyma'r tro cyntaf imi ei gyfarfod, i siarad ag ef. Dywedodd wrthyf iddo wneud ymgais arbennig i ddod yno. Canys, y bore a'r prynhawn, pregethai ym Manceinion. Teimlo'n wylaidd iawn, a swil ac ofnus braidd yr oeddwn i wrth godi i siarad; ac nid yn ebrwydd y collais y swildod hwnnw. Diau i hynny fod yn rhwystr imi trwy gydol y ddarlith. Ar y diwedd, cododd y Dr Williams a llefaru'n weddol faith gan ailadrodd a ddywedodd wrthyf i ynghylch ei ymdrech arbennig i ddod yno i'm clywed. Yna, sôn am fy narlith, gan ei chanmol gymaint, nes peri imi deimlo'n eithriadol o anghysurus. Teimlo fy annheilyngdod yn ddwys ryfeddol yr oeddwn wrth glywed fy nghanmol gan un sydd yn wir yn feistr y gynulleidfa, yn areithydd a phregethwr huawdl.

Dydd Llun, 15 Tachwedd 1926

. . . dyfod y Syr Walford Davies yma. Ymddiddan mymryn ag ef, ŵr mwyn, tirion, hyd y gwelaf i.

. . . Wedi te, brysio eilwaith i Fangor i gyfarfod y Tair G. Yno, trefnu cadw'r Gymdeithas yn ei blaen, a sefydlu wrth ei hymyl, gangen o'r Blaid Genedlaethol. Bu'n rhaid imi fodloni bod yn gadeirydd iddi .

Dydd Mawrth, 16 Tachwedd 1926.

. . . myned hefyd i lyfrgell y Brifysgol a chael ymgom hir iawn â'r Doctor Tom Richards.

[*Darllen* David Davies, The Influence of the French Revolution on Welsh Life and Literature.] . . . Digon diddorol o lyfr er wedi ei ysgrifennu'n drwstan ac anniben, yn llac a marw. Am y meddwl, nid yw'n wych o gwbl, nac yn hanesyddol gywir. Metha'n lân â deall pam y trodd y Chwyldro'n wrth-Gristnogol, a'i arweinwyr yn elynion Crist, a'r peth mor naturiol, mor hanfodol, wedi'r safbwynt a oedd ganddynt.

Dydd Mercher, 17 Tachwedd 1926

. . . Wedi cyrraedd yn ôl yma, yr oedd yr Athro Jack Daniel yn fy nisgwyl. Nis gwelais o'r blaen, a diddan gennyf, a digrif, gael ei gyfarfod. Cawsom, efô, Hughes a minnau oriau meithion mor ddiddorol â hynny o gwmnïa ac ymddiddan. Gofynnai gennyf fyned i'r Coleg Diwinyddol i roddi darlith ar y Mudiad Cenedlaethol.

Dydd Iau, 18 Tachwedd 1926

. . . Wedi cinio, cychwyn am Landudno lle yr oeddwn i ddarlithio. Yno yn yr orsaf, yr oedd Mr Valentine yn fy nisgwyl. Myned i'w dŷ, cael ymgom gu am amryw bethau, lawer iawn am y dyddiau pan oedd ef yn y Coleg.

. . . Am hanner awr wedi saith y darlithiwn, ac yn Neuadd y Dref gyda chynulleidfa niferus. Y cadeirydd ydoedd y Parch. H. Harris Hughes, gŵr mwyn, tirion iawn, i'm bryd i. Fy nhestun ydoedd: Cenedl y Cymry, a Llywodraeth Gymreig. Dechrau gyda dweud mai dieithr o beth yng Nghymru oedd rhoddi pwyslais ar Gymru, y wlad a'i phobl. Dewisach oedd gennym sôn am wledydd eraill, pell ac estron. Yr oedd gennym ddysgu mai inni, y Cymry ydoedd, wedi'r cyfan, y bobl fwyaf diddorol. Yna sôn am yr elfennau fu'n ei ffurfio: y ddaear – Cymru; ein gorffennol a'n hanes; ein llên a'n cân; ein harwyr a'n harweinwyr; traddodiad ac arferion, defodau a moesau, delfrydau a dihewyd; crefydd, a'r iaith Gymraeg. A llywodraeth? Ple'r oedd hi? Pam nad oedd gennym? A oes ei heisiau? Yna, pa fodd i'w chael? Bûm wrthi'n siarad am awr a chwarter, gan gael hwyl dda iawn, er nid heb deimlo imi golli egni [yn] ofnadwy oherwydd y brwdfrydedd a'r tân. Teimlwn ar y diwedd, gyda fy nghorff wedi ei ddihysbyddu'n waeth na deuddeg dydd o lafurio wrth y cynhaeaf. Gofynnwyd imi un hawl yn unig, a diolch yn gynnes. Adref yn ôl, a gweithio hyd wedi un. Yna, oherwydd y bwrlwm oedd yn fy meddwl, a'i gyniwair, methu'n lân â chysgu hyd yn hwyr iawn. Pan godais drannoeth – fore Gwener – yr oeddwn yn gwbl wan.

Dydd Mercher, 24 Tachwedd 1926

. . . Yna'n ôl yma erbyn pryd gosber, a dechrau ysgrifennu erthygl i'r *Ddraig*, a'i gorffen hefyd. Y testun ydoedd Y Deyrnas nad yw mwy yn Gyfunol, sef ysgrif ar gyflwr newydd yr Ymerodraeth Brydeinig.

Dydd Sul, 28 Tachwedd 1926

. . . Yn fuan wedi wyth daeth yma ddieithriaid, ddau, Mr Gwilym Williams a Mr Jack Daniel, i beri terfynu'r nos mewn dull arall. O esmwyth ddarllen a myfyrdod, aethpwyd i ymdrin â phynciau crefyddol a dadlau. Eithafol braidd yw Daniel. Galluog, yn ddiau, naturiol fel bwrlwm, ond gwyllt hefyd, a chwannog i osod pob pwyslais ar ryddid dyn unigol. Y dyn unigol iddo ef ydyw'r awdurdod olaf mewn crefydd, ac mewn popeth arall. Ni welaf innau, o hynny, namyn sefyllfa anobeithiol, afluniaidd, ac annymunol. Ni thybiaf y geill fyth fod yn safon i wirionedd.

Dydd Llun, 29 Tachwedd 1926

. . . I'r Neuadd am de, a gadael eilwaith am Fangor, lle'r oedd gennyf gyfarfod o gangen y Blaid Genedlaethol, fel cadeirydd. Yr oedd nifer da yno, o fechgyn a merched, yn frwd a hoyw. Egluro'r amcanion iddynt, a chael amryw i ymuno o'r newydd. Yn nesaf, cyfarfod yn union ar ei ôl i'r GGG, hwnnw yntau yn ddiddorol a bywiog.

Dydd Gwener, 3 Rhagfyr 1926

. . . cymryd y trên am Hen Golwyn, lle'r oeddwn i ddarlithio i'r Cymmrodorion. Am hanner awr wedi saith yr oedd y cyfarfod i ddechrau; ac er nad oedd yno lu mawr o bobl, yr oedd yr ystafell yn gymharol lawn. Darlithiais am awr, neu fymryn yn llai, a heb gael yr hwyl orau. Fy nhestun oedd 'Gwleidyddiaeth Gymreig', ac, wedi diffinio, dangos paham y mae achub diwylliant Cymru yn bwnc gwleidyddol. Ar y diwedd, cafwyd awr gron o ddadleuon. Cododd dau neu dri i amau rhai agweddau ar fy namcaniaeth, a rhai i ddadlau'r safbwynt cydwladol. Hwn oedd y darn o'r cyfarfod a fwynheais orau o ddigon. Ei fwynhau, hefyd, a wnaeth pawb arall, nes codi brwdfrydedd mawr. O'r safbwynt hwn, dyma un o'r cyfarfodydd gorau a gefais i eto.

Dydd Sul, 5 Rhagfyr 1926

Bore heddiw, myned i'r Cyfarfod Ysgolion yn Nhŵr Gwyn. Caed yno gan Mr Wheldon, araith ar Gynghrair y Cenhedloedd a phwyso ar roddi iddi le amlwg yn yr Ysgol Sul. Oherwydd gofyn imi i siarad, codais gan awgrymu nad doeth hynny. Lle'r ysgolion a'r colegau ydoedd dysgu amdani, ac nid gwneud yr Ysgol Sul yn llwyfan gwleidyddiaeth. Yna, dadlau'n erbyn syniad bod y Gynghrair yn berffaith, ac yn derfynol. Gallu paganaidd ydoedd am na roes yr un o'r cenhedloedd mawr ddim o'u hawdurdod i fyny; am nad oedd yr un gallu moesol, amhleidiol oddi mewn iddi, am nad oedd gan Eglwys Crist na llais na phleidlais ynddi. Rhoddai hefyd y lle blaenaf a'r parch i'r cenhedloedd cryfion. Gwahoddai'r Almaen i mewn, a gadael Brazil a Sbaen i fyned allan. Llai fyth o chwarae teg, ac amddiffyn a gâi wledydd gwannach fyth. Yr oeddid eisiau i Gymru effeithio arni, ond pa fodd y gallai heb fod yn rhydd ei hun, heb bleidlais yn y Gynghrair. Awgrymais yna mai'r Efengyl ydoedd testun tragwyddol yr Ysgol Sul, mai hi ydoedd sylfaen gwir egwyddor heddwch; ac mai'r Eglwys a fu gynt y Gynghrair orau a welodd y byd erioed. Gwahaniaeth crefydd oedd y gwahaniaeth a rwygai bobl a chenhedloedd oddi wrth ei gilydd. Undeb yr Eglwysi a'u dygai eto at ei gilydd.

Dydd Mawrth, 7 Rhagfyr 1926

. . . Ysgrifennu beirniadaeth ar gyfieithiadau i Gapel Chatham Street, Lerpwl. Myned at Mr J. Daniel i Goleg Bala-Bangor, ac annerch y myfyrwyr yno ar ôl hynny. Cyfarfod hynod o ddiddorol, gyda chyfle iawn i ddadlau'n fanylach â hwy ar y diwedd.

Dydd Gwener, 10 Rhagfyr 1926

. . . Cawswn, hefyd, ddarnau o'r *Goleuad* am y pythefnos diwethaf, yn sôn am fy araith yn Llandudno. Rhoddent imi glod mwy o lawer nag a haeddwn. Bu yma chwerthin mawr yn ein mysg ni wrth eu darllen.

Dydd Iau, 16 Rhagfyr 1926

. . . Wedi cinio, cerdded y ddinas, ac yn ddiweddarach, paratoi myned i Fetws y Coed lle'r oeddwn i ddarlithio. Cymryd trên tuag yno, a gorfod bod ynddo yn ymyl dwy awr. Gweddol o hwyl yn y cyfarfod. Bu'n llwyddiant, hefyd. Canys daeth ysgrifennydd lleol y Blaid Ryddfrydol yn aelod o'r Blaid Genedlaethol. Yn yr un modd trefnydd y Blaid Ryddfrydol yn Llanrwst, gŵr . . . yn colli £40 bob blwyddyn o'r herwydd. Ymunodd tua dwsin i gyd, ac yn eu plith, o leiaf un o wŷr tanbeitiaf y Blaid Lafur.

Atodiad I

Action Française

Cychwynnwyd y papur dyddiol *Action Française*[1] gan Charles Maurras, Léon Daudet a Jacques Bainville ym 1908 fel offeryn swyddogol i'r mudiad gwleidyddol o'r un enw. Prif amcan y mudiad oedd 'L'Institution d'une monarchie traditionnelle, héréditaire, antiparlementaire et décentralisée', sef adfer brenhiniaeth draddodiadol, etifeddol, wrth-seneddol a datganoledig i Ffrainc.

Yn ei ragymadrodd i'w lyfr cynhwysfawr ar yr Action Française, y mae Eugen Weber yn crybwyll maint dylanwad y mudiad a'i bapur dyddiol ar fywyd llenyddol a gwleidyddol Ffrainc:

> . . . its columns were responsible for launching Proust, Bernanos, and Céline to public favor, for driving at least one Minister to suicide and hounding others out of office – even to jail – for shaking the foundations of several cabinets and, at one time, of the Republic itself. It was amongst the first to warn of Nazi dangers and it fired the first shots against aid for Spain. It had one of the finest literary pages, and the most pungent, venomous, and Rabelaisian among polemicists.[2]

Erbyn i Bebb syrthio dan ddylanwad Maurras yn y Dau Ddegau cynnar yr oedd grym yr Action Française yn cyrraedd ei uchafbwynt. Yn sgil yr etholiadau yn syth ar ôl y Rhyfel Byd Cyntaf, etholwyd tua deg ar hugain o 'Députés' (aelodau seneddol) a oedd naill ai'n aelodau llawn megis Léon Daudet, neu'n 'sympathisants' i'r Action Française (A.F.), i eistedd yn y 'Chambre Bleu Horizon' (hynny yw llywodraeth adain Dde a etholwyd yn Nhachwedd 1919 gyda mwyafrif cyfforddus).

Cefnogodd Maurras bolisïau Poincaré yn gyffredinol, ac yn benodol ei safiad dros feddiannu'r Ruhr. Ond erbyn 1924, gyda chynnydd sylweddol yn aelodau'r A.F., a theimlad o hyder newydd yn yr awyrgylch gwleidyddol, cynigiwyd ymgeiswyr yr A.F. ar wahân i'r 'Bloc National'. Bu'r canlyniad yn fethiant llwyr oherwydd camddarllen trychinebus ar yr arwyddion gwleidyddol gan arweinwyr y mudiad.

Ym 1925–6, oherwydd ofn y cyhoedd o fygythiad y 'Cartel des Gauches' (clymblaid y Chwith), dechreuodd yr A.F. adennill cefnogaeth yn y wlad. Ers cychwyn yr Action Française bu Maurras mewn perygl rheolaidd o gael ei ddedfrydu i dreulio cyfnodau yn y carchar am resymau gwleidyddol. Yr oedd hyn yn ganlyniad naturiol i egwyddor sylfaenol y mudiad a oedd yn haeru bod pob dull a modd yn ddilys er mwyn cyrraedd y nod, hyd yn oed rhai cyfreithlon ('Par tous les moyens, même légaux')! Ond, fel y mae Weber yn sylwi yn ei lyfr ar yr Action Française, 'suspension or amnesty always intervened'.[3]

Trwy ennill cyhoeddusrwydd eang i'w syniadau chwyldroadol, cafodd y papur dyddiol ddylanwad pwysig ar fywyd Ffrainc y cyfnod:

> . . . a good many politicians – some said all members of Parliament – read the *Action Française* to see what it would spring next. A certain public read it for the literary columns, those of Daudet carrying immense prestige. Some looked particularly to Bainville. Many who had nothing to do with the movement approved of its revolutionary policies.[4]

Yr oedd llenorion blaenaf Ffrainc o bob pen i'r sbectrwm gwleidyddol yn darllen ac yn edmygu'r papur yn ystod y cyfnod hwn. Pobl fel Marcel Proust, André Gide, Auguste Rodin, Guillaume Apollinaire,[5] André Malraux, Henry de Montherlant, Maurice Barrès, François Mauriac a Maurice Maeterlinck.[6]

> The influence was first of all a literary one, but literature is not an isolated field; in France, especially, it is a way of life. Thus to say that many of the literary greats and even more of the lesser greats were at one time or another fascinated by Maurras is to establish one of the royal roads by which the Action Française invaded the republican citadel.[7]

Yn y darlithoedd a roddodd Maurras yn yr Institut de l'Action Française ac y cyfeiria Ambrose Bebb atynt, y mae modd adnabod dwy o themâu pwysicaf gwaith Maurras sydd yn rhedeg trwy ei holl athroniaeth lenyddol a gwleidyddol. Yn gyntaf, ei edmygedd o lên glasurol Gwlad Groeg,[8] ac yn ail, mor ddi-barch yr oedd o fudiad Rhamantaidd Ewrop y bedwaredd ganrif ar bymtheg.[9] 'Gyrrir Maurras gan ddau obsesiwn', meddai Maurice Barrès amdano, 'brwydro yn erbyn Rhamantiaeth a brwydro yn erbyn y Chwyldro. Y maent, iddo ef, yn ein hysgaru ni oddi wrth ein traddodiadau. Ac felly y mae ef yn ymosod yn ddidrugaredd ar bob dim sydd yn annog yr anhrefn ddeublyg hon.'[10]

Ni phallai'r edmygedd cyffredinol o Maurras er gwaethaf ei atgasedd tuag at y sefydliad gwleidyddol yn Ffrainc a'i helyntion gyda'r gyfraith. Ym 1938 fe'i hetholwyd i'r Académie Française. Y tu mewn i glawr llyfr sydd yn Llyfrgell Prifysgol Cymru Bangor (llyfr o waith Simon Arbellot, *Maurras: Homme d'Action*), ceir yn llawysgrifen Bebb ei hun ddyfyniad o *Revue de France* mis Medi 1939 yn cyfarch Maurras fel 'un o brif lenorion Ffrainc ein hoes, ac yn bennaf meistr athroniaeth wleidyddol'.

¹ Defnyddir llythrennau italaidd wrth gyfeirio at y cylchgrawn.

² Eugen Weber, *Action Française, Royalism and Reaction in Twentieth-Century France* (Stanford University Press, 1962), vii.

³ Ibid., 160.

⁴ Ibid., 192.

⁵ Ibid., 111.

⁶ Ibid., 519.

⁷ Ibid., 518.

⁸ Awdur *Voyage à Athènes (1898)* oedd Maurras. Gweler cymharu pwysigrwydd dylanwad llên glasurol Groeg ar Maurras a Saunders Lewis yn D. Tecwyn Lloyd, *John Saunders Lewis: Y Gyfrol Gyntaf* (Gwasg Gee, 1988), 142.

⁹ Ysgrifennodd *L'Avenir de l'Intelligence* ym 1905 a *Barbarie et Poésie* ym 1925.

¹⁰ Maurice Barrès, 'Le Problème de l'ordre', *Le Gaulois*, 9 Gorffennaf 1905. Dyfynnwyd yn y Saesneg gan Michael Sutton, *Nationalism, Positivism and Catholicism: The Politics of Charles Maurras and French Catholics 1890–1914* (Cambridge University Press, 1982).

Breiz Atao

Ym 1919 cychwynnodd Prado, Marchal a de Roincé fudiad newydd o'r enw Groupe Régionaliste Breton gyda chylchgrawn newydd o'r enw *Breiz Atao*. Ymddangosodd erthygl gyntaf Bebb yno ym Mehefin 1923. Yn gyflym iawn cynyddodd dylanwad tri aelod ifanc ar safiad ac athroniaeth y cylchgrawn, sef François Debauvais, Yann Bricler ac Olier Mordrel. Er mwyn cefnogi eu hegwyddorion 'nationalistes', yn hytrach na 'régionalistes', dechreuasant hwythau yn eu tro fudiad newydd o'r enw Unvaniez Yaouankiz Breiz (Undeb Ieuenctid Llydaw) yn 1920, a ysbrydolwyd gan ddigwyddiadau yn Iwerddon. Er mwyn tanlinellu'r athroniaeth wleidyddol newydd, ychwanegwyd y geiriau 'Revue mensuelle du nationalisme breton' (misolyn cenedlaethol Llydaw) o dan deitl *Breiz Atao*. Erbyn Awst 1927 newidiwyd enw'r mudiad i Strollad Emrenerien Vreiz (Plaid Annibynnol Llydaw) neu'r Parti Autonomiste Breton (PAB). Daliodd yr enw hyd at 1931 pan newidiwyd ef unwaith eto i'r Parti National Breton. Ym mis Rhagfyr 1938 dedfrydwyd Mordrel a Debauvais i flwyddyn o garchar. Atebodd y mudiad cudd Gwenn Ha Du trwy ffrwydro cerflun yn coffáu uno Llydaw â Ffrainc ym Mhontivy. Erbyn 1939 gwaharddwyd *Breiz Atao* yn llwyr gan y llywodraeth. Dihangodd Mordrel a Debauvais i'r Almaen yn ystod y 'mobilisation' a chawsant eu dedfrydu i farwolaeth *in absentia*. Wrth ddychwelyd i Ffrainc o'r Almaen ym 1940 newidiwyd enw'r cyhoeddiad i *L'Heure Bretonne* gan Mordrel a Debauvais.

Yn ei lyfr ar hanes *Breiz Atao*, ni ddywed Mordrel air am Ambrose Bebb na'r ffaith bod y ddau wedi cydweithio'n agos am rai blynyddoedd ar fwrdd golygyddol y papur. Yn wir, beirniada ddiffyg brwdfrydedd y Cymry tuag at gydweithrediad rhyngwladol. Dywed:

Ym 1922 fe'm gwahoddwyd gan Gymry ifainc i roi cyfres o ddarlithiau yng Nghymru am yr hyn yr oeddem ni yn ei geisio yn Llydaw. Cefais fy rhwystro rhag mynd gan y gwasanaeth milwrol ac felly dirprwyais fy lle i Yann Bricler, dyn tyngedfennol ein mudiad. Yn ystod ei ymweliad cadarnhawyd y cydymdeimlad anghyffredin o agos sydd yng Nghymru â'n gwlad, ond hefyd y gwahaniaeth anffodus yng ngradd datblygiad ymwybyddiaeth wleidyddol rhwng y ddwy wlad. Er gwaethaf yr awydd cryf sydd yn bodoli y tu hwnt i'r dŵr, a oedd yn sail i'n gobeithion am gefnogaeth, nid oedd modd cydweithredu yn effeithiol â'r gwledydd Celtaidd nes bod y gwahaniaeth hwn wedi ei leihau. Hefyd, cychwynnodd BREIZ ATAO gyhoeddiad atodol, PANCELTIA, gan gynnwys erthyglau yn y Gymraeg a'r Saesneg, lle lansiwyd y syniad o blaid Gymreig debyg i'n plaid ni.[1]

Dechreuodd cysylltiad Bebb â *Breiz Atao* ar yr union adeg pan oedd Mordrel a Debauvais wrthi'n newid polisi'r mudiad o fod yn 'régionaliste' i agwedd lawer mwy 'nationaliste'. Y mae'n bur debyg i ddylanwad Bebb fod yn weddol gryf ar *Breiz Atao* yn ystod y blynyddoedd hyn. Er enghraifft, yn *Separatism in Brittany*, y mae Michael O'Callaghan yn nodi mai rhwng 1923 a 1926 y mabwysiadodd *Breiz Atao* bolisi 'pan-Celtaidd' fel blaenoriaeth. Ysgrifennodd Mordrel erthygl ar dudalen blaen rhifyn cyntaf cylchgrawn llenyddol *Gwalarn* ym mis Mawrth 1925 yn amlinellu pwysigrwydd y polisi hwn ym myd llên.[2] Pwysleisia Yannick Guin yntau ddylanwad Maurras ar *Breiz Atao* o'r cychwyn.[3] Nid oes fawr o amheuaeth felly am ddylanwad Bebb ar aelodau'r mudiad ac ar Mordrel yn arbennig, er ei bod efallai'n anodd pwyso a mesur y dylanwad yn fanwl. Dengys y dyddiaduron hyn mor aml yr oedd Bebb yn cyfarfod â Mordrel ym Mharis er enghraifft, ac mae O'Callaghan yn nodi mor agored yr oedd Mordrel i syniadau newydd:

> Between 1919 and 1930, Mordrel had successively discovered the merits of Breton Nationalism, panceltism and international federalism. After this he favoured fascism and its corporative system and the racist doctrines of nazism.[4]

Y mae dyddiaduron Bebb yn dangos maint cyfraniad *Breiz Atao* i hanes cynnar Plaid Genedlaethol Cymru. Afraid dweud bod gan Bebb ddiddordeb ar hyd ei oes yn y syniad panceltaidd. Ond yn ogystal, ceisiodd ddefnyddio *Breiz Atao* i ledaenu neges cenedlaetholdeb Cymreig, gan fwriadu troi'r cylchgrawn atodol *Panceltia* 'yn bapur cwbl Gymreig, a chenedlaethol i ymddangos bob mis ac i'w ledaenu a'i werthu i bob cyfeiriad'.[5] Anogodd gyfraniadau gan gyd-genedlaetholwyr megis Saunders Lewis a bu *Breiz Atao* yn llwyfan ychwanegol i'r ddadl rhwng Bebb a'r Athro Morgan Watkin ynglŷn â pholisi ieithyddol i Gymru.

O ystyried dylanwad cenedlaetholwyr yr adwaith Ffrengig ar Bebb, mae'n syndod efallai ei weld yn chwarae rhan mor flaenllaw ym mudiad annibyniaeth Llydaw ac yn ddiau mae hyn wedi achosi anhawster i ambell un o'i feirniaid. Ond dengys y dyddiaduron hyn yn glir gyfraniad pwysig Bebb i fudiad cenedlaethol Llydaw yn ystod cyfnod allweddol ei ddatblygiad cynnar. Fe gofir mai yn sgil ymddangosiad erthygl Tecwyn Lloyd[6] ym 1975 y daethpwyd i ailadrodd yn rheolaidd yr honiad mai ysbïwr dros lywodraeth Ffrainc oedd Ambrose Bebb yn Llydaw. Yng ngoleuni'r wybodaeth sydd yn deillio o'r dyddiaduron, y mae'r cyhuddiad, a hyd yn oed y drwgdybiad, bellach yn ymddangos yn rhyfeddol anodd ei dderbyn.

[1] Olier Mordrel, *Breiz Atao: ou Histoire et actualité du nationalisme breton* (A. Moreau, 1973), 77.

[2] Roparz Hemon; Renet Gant: *Gwalam* Niveren Unan, Miz Meurz, 1925.

[3] Yannick Guin, *Histoire de la Bretagne de 1789 à nos jours* (François Maspero), 201.

[4] M. O'Callaghan, *Separatism in Brittany* (Dyllansaw Truron, 1983), 58.

[5] Cofnod 5 Ionawr 1925. Gweler hefyd D. Hywel Davies, *The Welsh Nationalist Party 1925–1945* (Gwasg Prifysgol Cymru, 1983), 38, am y rhesymau dros beidio â defnyddio *Breiz Atao* ar ôl 1925.

[6] D. Tecwyn Lloyd, 'Taldir a Bebb', *Y Genhinen* 25/4 (1975), 202–3. Gweler Gareth Miles, W. Ambrose Bebb, *Adnabod Deg* (Gwasg Gee, 1977), 82. Hefyd D. Tecwyn Lloyd, *John Saunders Lewis*, 231.

Helynt Dreyfus

Yr achos hwn oedd y prif reswm dros sefydlu'r Action Française yn y cychwyn cyntaf, ac yr oedd i barhau fel un o gwynion pennaf y mudiad yn erbyn y Weriniaeth ar hyd ei hoes. Mewn ymateb i erthygl enwog Émile Zola, 'J'Accuse', yn *L'Aurore* (13 Ionawr 1898) a sefydlu *Ligue des Droits de l'Homme* ym mis Chwefror y flwyddyn honno, ysgrifennodd Maurras erthygl yn y *Gazette de France* yn amddiffyn y Cyrnol Henry a garcharwyd (ac a laddodd ei hun o ganlyniad) am ffugio llythyrau Dreyfus. Yn y modd hwn daethpwyd i ystyried Maurras fel 'Anti-Dreyfusard' mwyaf dylanwadol Ffrainc i wrthsefyll Zola a'i griw o 'Révisionistes'.

Defnyddiodd Maurras ei ddadleuon yn erbyn Dreyfus i gollfarnu llygredigaeth cymdeithas, llenyddiaeth a gwleidyddiaeth Ffrainc yr ugeinfed ganrif. Golygai ei ddiffiniad o 'Raison d'État' fod y gymdeithas yn bwysicach na'r unigolyn, ac felly bod hawliau'r unigolyn a chyfiawnder yn eilbeth wrth fudd y genedl. Pan gafwyd Maurras yn euog o roi gwybodaeth i'r Almaen ym 1945 (achos yr un mor ddiffygiol o ran y gyfraith ag achos Dreyfus hanner canrif ynghynt), bloeddiodd 'C'est la revanche de Dreyfus'. Dyma sut y mae Michael Curtis yn mynegi pwysigrwydd yr Helynt i Maurras:

The Dreyfus Affair, the cause of the birth of the Action Française movement, was never to be forgotten by Maurras. The Dreyfus Affair remained the allegory, the symbol of a regime founded on the dream of vague moral progress . . . For years the *Action Française* kept a daily

calender of events of the Affair on its front page, just above the racing
news. The Affair was the supreme instance of Jewish dominance and
treachery, and Republican incompetence.[1]

Nid oedd syniadau gwrth-semitaidd Maurras yn beth newydd yn
llenyddiaeth a gwleidyddiaeth Ffrainc. Yn wir, gellir bron iawn ystyried eu
bod wedi datblygu yn rhan o'i thraddodiad llenyddol erbyn y bedwaredd
ganrif ar bymtheg. Ceir ysgrifau gwrth-Semitaidd gan Voltaire, Chateau-
briand, Michelet, Fourier, Prudhon, a Renan ac enwi dim ond rhai o'r
awduron mwyaf blaenllaw a arferai'r *genre* cywilyddus hwn.[2]

Eto, nid oedd gwrth-Semitiaeth yn elfen ganolog yn athroniaeth Maurras,
nac ychwaith yn codi o ragfarn hiliol fel y codai yn achos rhai o'r awduron a
enwyd uchod. Fel y dywed Weber:

In theory, it was quite possible for Jews, or Protestants, to appreciate the
Action Française or to belong to it, for the doctrines of Maurras were
only incidentally anti-Semitic, as they were against anything or anyone
that was harmful to France.[3]

Ysgrifennodd Maurras yn *Action Française* ar 15 Gorffennaf 1936:

L'enterprise raciste est certainement une folie pure et sans issue.
(Yn ddiau, mae'r fenter hiliol yn ffolineb llwyr a digyfeiriad.)

Y mae yma ateb o bosibl i gwestiwn Gareth Miles am Bebb, sef pam 'na
soniodd yr un waith wrth y darllenydd o Gymro am wrth-Iddewiaeth
Maurras'. Rhaid ategu hefyd yr hyn a ddywed ymhellach:

Ni cheir yr un arlliw o wrth-Iddewiaeth yng ngweithiau Bebb ei hun, a
hyd y gwyddys ni wnaeth erioed arddel daliadau cyffelyb i eiddo
Maurras a Daudet ar y pwnc, ar goedd, nac ymhlith cyfeillion.[4]

Nac yn ei ddyddiaduron personol ychwaith! Ond cofier hefyd y gellir
cyhuddo rhai a berthynai i fudiadau'r Chwith o beidio â hysbysu eu
darllenwyr o wrth-Iddewiaeth eu harweinwyr hwythau, a oedd, os rhywbeth
yn fwy euog fyth o'r un rhagfarnau a'r un parodrwydd i ddefnyddio dadleuon
gwrth-Semitaidd at ddibenion gwleidyddol.[5] Rhaid ychwanegu nad oedd
Bebb yn dilyn Maurras yn ei ddaliadau crefyddol, nac yn credu y dylid
atgyfodi llywodraeth frenhinol yng Nghymru. Yr oedd terfynau i barod-
rwydd Bebb i'w ystyried ei hun yn 'ddilynydd' i'r Action Française, er bod
ganddo resymau pendant dros edmygu Maurras. Nid oedd dylanwad yr
Action Française yn bwysig i Bebb ond i'r graddau bod athroniaeth
gymdeithasol, lenyddol a gwleidyddol Maurras yn berthnasol i Gymru.
Gwelodd Bebb ei bod yn bosibl dewis a dethol y rhannau hynny o feddylfryd

Maurras a ategai ei freuddwydion ac ehangu ei uchelgais wladgarol. Rhoddai'r Action Française gyfundrefn o syniadau wedi eu mynegi yn y modd mwyaf bonheddig a soffistigedig, gan osod delwedd parchusrwydd a *lettres de noblesse* ar y cenedlaetholdeb newydd a arddelai Bebb.

Ffactor ychwanegol a wnaeth yr adwaith yn Ffrainc yn fwy deniadol fyth i'r 'llanc o'r Sorbonne' oedd bod y gwyntoedd newid hyn yn dod o'r Cyfandir ac yn rhoi'r cyfle i Gymru anwybyddu dylanwad Lloegr. Lloegr, mae'n debyg, oedd mynegiant eithaf y gyfundrefn a wrthwynebai'r Action Française. Y *perfide Albion* oedd y gymdeithas fwrdais honno a oedd mor atgas gan Maurras a'i ddilynwyr, gan ei bod yn seiliedig ar fateroliaeth bositifaidd ac ar y ddemocratiaeth ryddfrydol a ddeilliodd o gyfalafiaeth *laissez faire* y bedwaredd ganrif ar bymtheg. Dal ar y cyfle, felly, i ryddhau Cymru o ddylanwad llygredig Lloegr a wnaeth Ambrose Bebb, nid er mwyn gwneud Cymru yn debycach i Ffrainc ond er mwyn gwneud Cymru yn debycach iddi hi ei hun; nid er mwyn mabwysiadu yr un polisïau ymarferol ag yr oedd Maurras yn eu hargymell i Ffrainc, ond er mwyn rhoi ysbrydoliaeth i chwyldro meddyliol a greai ddadeni cymdeithasol a diwylliannol yng Nghymru.

---

[1] Michael Curtis, *Three Against the Third Republic: Sorel, Barrès and Maurras* (Princetown University Press, 1959), 215.

[2] Gweler Michael Sutton, *Nationalism, Positivism and Catholicism* (Cambridge University Press, 1982), 39.

[3] Eugen Weber, *Action Française*, 196.

[4] Gareth Miles, 'W. Ambrose Bebb', yn D. Llwyd Morgan (gol.), *Adnabod Deg, Portreadau o ddeg o arweinwyr cynnar y Blaid Genedlaethol* (Gwasg Gee, 1977), 82.

[5] Eugen Weber, *Ma France: mythes, culture, politique* (Fayard, 1991), 18, 19, 310 a 353.

Les Camelots du Roi

Sefydlwyd Les Camelots du Roi gan Maurice Pujo ym 1908. Gwŷr ifainc oedd mwyafrif y Camelots a'u gwaith oedd trefnu cyrchoedd tanbaid ar elynion yr Action Française. Nid oedd gorymdeithiau swnllyd a dilywodraeth at ddant Ambrose Bebb o gwbl ac y mae'n anodd credu y gallai ef gefnogi unrhyw fath o anhrefn ar strydoedd ei annwyl Baris. Er enghraifft, ar ddydd Sul, 23 Tachwedd 1924, y mae Bebb yn rhoi inni ddisgrifiad o Orymdaith y Baneri Cochion, gorymdaith trosglwyddo gweddillion Jean Jaurès i'r Panthéon, a gafodd ymateb tebyg gan lawer o gefnogwyr yr adain dde. Dyma sut y mae Eugen Weber, yn crynhoi dylanwad yr achlysur:

In spite of their order, and perhaps because of it, the hundreds of red banners and the long, dark, red-dotted flow of mourners as it passed along the rue Soufflot, had given the impression of a vast insurrectionist parade, full of latent power . . . An old Parisian felt that he had witnessed the first day of a revolution.[1]

Yn yr un modd felly, os na ellir galw Bebb yn 'ddilynydd' i Maurras, y mae'n fwy annhebygol fyth ei fod 'ei hun yn Gamelot gweithredol' fel yr awgrymwyd gan Meinir Pierce Jones.[2]

Yng nghanol mis Mawrth 1925 aeth Bebb i Notre Dame i wrando ar y Tad Samson. Daeth miloedd yno ac ar ôl y bregeth aeth yn gystadleuaeth boeth rhwng gwerthwyr y *Jeune République* a gwerthwyr yr *Action Française*:

> Cystadleuaeth na ddiweddai mewn gweiddi ond a olygai daro hefyd ar dro, a tharo merched hyd yn oed. Felly y gwelais ddigwydd i ferch a gydiodd yn yr *Action Française*. Buan y gafaelodd gwerthwr ynddi, gan roddi ergyd digon caled iddi.

Dyma'r unig dro i Ambrose Bebb, yn ei holl ddyddiaduron, ddod yn agos i'r gwrthdaro rhwng y Chwith a'r Camelots. Yn wir nid oedd 'pranciau' myfyrwyr na thrais y 'mob' yn dwyn sylw Bebb o gwbl. Ni cheir ganddo sôn hyd yn oed am Les Camelots du Roi yn ei holl ddyddiaduron.

[1] Eugen Weber, *Action Française*, 155.

[2] Meinir Pierce Jones, 'William Ambrose Bebb 1894–1955', *Y Traethodydd*, Ebrill 1987, 74.

Mussolini

Nid oedd hiliaeth na gwrth-Semitiaeth yn rhan o athrawiaeth Ffasgiaid yr Eidal cyn iddynt syrthio o dan ddylanwad Hitler ar ddiwedd y tridegau. Ar 19 Mawrth 1940 yr oedd Bebb yn amlwg yn siomedig pan gyfarfu Mussolini â Hitler ym Mwlch Brenner,[1] ac ym mis Mai yn yr un flwyddyn dywed, 'Cashaf Hitler a'i gyfundrefn annynol.'[2] Gellir nodi i Bebb newid ei farn am Mussolini pan anfonwyd milwyr o'r Eidal i gefnogi Franco yn ystod y Rhyfel Cartref yn Sbaen.[3]

Yn ei erthygl enwog yn *Y Llenor* ym 1924,[4] mynega Bebb ei syniadau gwrth-ddemocrataidd, a dengys ei feddwl uchel o unbennaeth yn gyffredinol ac o Mussolini (ymhlith eraill) yn benodol. Y mae'n bur debyg mai dylanwad Georges Valois yn fwy na neb arall sydd i'w weld yma. Parhaodd i ddatgan ei edmygedd o Mussolini yn ei gyfraniadau i'r golofn 'Trwy'r Sbienddrych' yn *Y Ddraig Goch*,[5] ac yn ei lyfr *Crwydro'r Cyfandir*.[6] Pa beth, felly, a oedd wedi ysgogi Bebb i edmygu Mussolini cymaint? Nid oes raid chwilio'n bell am yr ateb, ac ni fydd yn achosi fawr o syndod.

Yn y rhaglen a fabwysiadwyd gan Gynulliad Cyfansoddiadol y Ffasgiaid ym Milan ym mis Mawrth 1919 penderfynwyd ar bolisïau i ddatganoli grym gweithredol, rhoi gweinyddiaeth hunanlywodraethol i'r rhanbarthau yn nwylo'r llywodraethau lleol, sofraniaeth y bobl i'w chyflawni trwy bleidlais gyffredinol, pleidlais i ferched, difodi biwrocratiaeth anghyfrifol. Â'r rhestr ymlaen i enwi lliaws o benderfyniadau ychwanegol, megis gwahardd gweithio dan 16 oed, diwrnod gwaith wyth awr o hyd, llyfrgelloedd yn agored i bawb yn rhad ac am ddim, ac yn y blaen.

Crynodeb o'i syniadau ydyw llyfr Mussolini *La dottrina del fascismo* (Milan, 1932), ac ynddo deallwn sut y gall cenedlgarwr fel Bebb gael ei hudo gan yr egwyddorion hyn:

> Ffaith ysbrydol a moesol ydyw'r Wladwriaeth . . . Hi ydyw ceidwad a throsglwyddydd enaid y bobl a ddatblygwyd ar hyd y canrifoedd yn yr iaith, y traddodiadau a'r ffydd.

Unwaith eto, nid llais unig oedd Ambrose Bebb yn canu clod i Mussolini yn y byd. Yn y flwyddyn 1922 bu dau achlysur a roddodd i Mussolini lwyfan rhyngwladol. Y cyntaf oedd ym mis Tachwedd pan gynrychiolodd ei wlad yng Nghynhadledd Lausanne.

Yn ôl *The Times* yr oedd Ffasgaeth yn 'ymateb llesol i wrthsefyll bolsieficiaeth'. Daeth cyfle arall ym mis Rhagfyr i'r wasg ganmol 'gwyrth Mussolini' wrth iddo gyfarfod â'r Brenin Siôr V gyda chymeradwyaeth gyffredinol y wasg Saesneg. Datganodd Archesgob Caergaint mai, 'Mussolini ydyw'r unig gawr yn Ewrop'. Unodd Churchill wedyn â'r clodfori trwy ddweud yn y Queen's Hall yn Llundain ym 1933 fod Mussolini yn 'ymgnawdoliad o athrylith Rhufain' ac yn un o arweinwyr gorau'r cyfnod. Cyfaddefodd hyd yn oed Gandhi ei edmygedd o'r 'Duce'.[7]

Erbyn i Bebb gyhoeddi ei gyfrol *Canrif o Hanes y Tŵr Gwyn* ym 1954, eglurai yn ddi-flewyn ar dafod ei agwedd tuag at enbydrwydd eithafol y blynyddoedd rhwng y rhyfeloedd byd:

> . . . yr oedd tafodau eraill, am y mwyafrif croch, yn gweiddi Comiwnyddiaeth, Ffasgiaeth, Natsïaeth a phob rhyw aflafaryddiaeth arall dros y byd a'r wlad.[8]

Ni thalai na thaeru na tharo rhag y dychryn a oedd eisoes yn dechrau ymrithio yma a thraw dros wledydd cred. Nid Mazzini oedd ar yr orsedd yn Rhufain ond Mussolini, nid Bismarck, hyd yn oed, ym Merlin, ond Hitler – ac fe fuasai Metternich yn angel y goleuni wrth y rhain a'u bath, a Guizot yn arch-angel. Meddai un o weision bach pennaeth newydd yr Almaen amdano: 'Y mae Hitler yn unig. Felly hefyd y mae Duw. Y mae Hitler fel Duw.' O'r tu arall i'r Alpau yr oedd y gŵr arall cyn falched ag yntau, ac agos mor goeg; ac o bob tu i'r Alpau yr oedd cenhedlaeth gyfan o bobl 'oleuedig' yn barod i addoli'r naill a'r llall.[9]

Onid gwir yw y saif disgrifiad Bertrand Russell o'r cyfnod rhwng y rhyfeloedd, – ei fod wedi ei hudo tuag at orffwylledd? – The world between the Wars was attracted to madness. Dynion a erlidid megis gan helgwn y fall ei hun oeddym oll o 1930 hyd 1940.[10]

---

[1] W. Ambrose Bebb, *1940 Lloffion o Ddyddiadur* (Llyfrau'r Dryw, 1941), 8.

[2] Dyddiadur personol Ambrose Bebb am y flwyddyn 1940, cofnod 8 Mai.

[3] W.A. Bebb, 'Pa le y mae heddwch? A phwy a edwyn ei ffyrdd hi?', *Y Ddraig Goch*, Awst 1937, 5.

[4] W.A. Bebb, 'Trydedd Anffawd Fawr Cymru', *Y Llenor* (1924), 103–9.

[5] W.A. Bebb, 'Trwy'r Sbienddrych', *Y Ddraig Goch* (er enghraifft cyfrol mis Awst 1935, 5–8, 'Gŵr Dolurus, Cynefin â Dolur').

[6] W.A. Bebb, *Crwydro'r Cyfandir* (Hughes a'i Fab, 1936), 218–19.

[7] Dyfynnir yn Max Gallo, *L'Italie de Mussolini, Vingt ans d'ère fasciste* (Perrin, 1982).

[8] W. Ambrose Bebb, *Canrif o Hanes y Tŵr Gwyn 1854–1954* (Llyfrau'r M.C., 1954), 327.

[9] Ibid., 339.

[10] Ibid., 340.

Atodiad II

Pwrpas y rhestr enwau canlynol yw rhoi mwy o wybodaeth am y prif *dramatis personae* sydd yn ymddangos yn y testun. Gan eu bod mor adnabyddus, nid ydwyf, er enghraifft, wedi cynnwys nodiadau ar bobl megis Saunders Lewis a Lloyd George. Ond yn achos pobl fel D.J. Williams, Prosser Rhys ac Emrys ap Iwan, ychwanegwyd nodyn er mwyn rhoi ffeithiau sydd yn berthnasol i'r dyddiaduron. Ceir gwybodaeth am unigolion allweddol megis Charles Maurras, Olier Mordrel a Mussolini yn yr Atodiad cyntaf.

ap John, John (1625?–97)
Apostol cyntaf y Crynwyr yng Nghymru a dilynwr i George Fox. Yn enedigol o Riwabon, anfonwyd ef gan Forgan Llwyd i gysylltu â George Fox. Teithiodd drwy Sir Maesyfed a gororau Cymru gan drosi pregethau Fox i'r Cymry uniaith.

Bainville, Jacques (1879–1936)
Disgybl a chyfaill i Charles Maurras. Oherwydd ei ddiddordeb mawr mewn digwyddiadau yn yr Almaen (cyhoeddodd *Louis de Bavière* ym 1900 a *Bismark et la France* ym 1907), fe'i penodwyd ef yn ohebydd yr adran wleidyddiaeth dramor pan ddechreuwyd cyhoeddi'r *Action Française* yn feunyddiol ym 1908, ac yn y swydd honno yr arhosodd am weddill ei oes. Dechreuodd ysgrifennu *Histoire de deux peuples* (Hanes Dwy Genedl) yn ystod y Rhyfel Byd Cyntaf, gan osod allan ei ddadansoddiad o'r berthynas rhwng y ddau elyn traddodiadol, Ffrainc a'r Almaen. Ym 1924 cyhoeddodd Bainville ei *Histoire de France*. Er na lwyddodd i gyfrannu rhyw lawer at gyfanswm gwybodaeth hanesyddol, rhagorodd yn y modd yr oedd yn rhagweld canlyniadau mwyaf amlwg y chwarae gwleidyddol rhyngwladol. Llwyddodd *Conséquences politiques de la paix* (Canlyniadau Gwleidyddol yr Heddwch) a gyhoeddwyd ym 1920 i broffwydo, gyda rhesymeg fanwl, yr holl drychinebau a ddaeth yn sgil cytundebau diffygiol Versailles a Saint-Germain. Ystyrid arddull Bainville ymhlith rhai mwyaf disglair y cyfnod oherwydd ei chlasuroldeb diamwys. Derbyniwyd ef yn aelod o'r Académie Française ym 1935.

Barrès, Maurice (1862–1923)
Un o awduron mwyaf dylanwadol troad y ganrif. Fel y digwydd yn bur aml

yn Ffrainc, cafodd ei syniadau a'i athroniaeth gryn sylw yn y byd gwleidyddol oherwydd ei enwogrwydd fel llenor. Ymunodd â'r blaid Boulangiste ym 1887 ac fe'i hetholwyd yn aelod seneddol 'révisionniste' ym 1889, ac eto ym 1906 yn aelod seneddol 'Républicain, patriote – libéral'. Ym 1914 fe'i dewiswyd yn arlywydd La Ligue des Patriotes. Yr oedd hefyd yn newyddiadurwr llewyrchus, a chyfrannodd erthyglau i sawl cylchgrawn 'nationaliste' megis *La Cocarde, La Patrie, Le Figaro* a'r *Gaulois*. Enillodd enwogrwydd yn gyntaf trwy ei gyfres o dair nofel *Le Culte du moi* (1888–91). Newidiodd pwyslais ei nofelau o glodfori'r hunan i fynegi gwerthoedd cenedlaethol a thraddodiadol gyda chyhoeddi *Les Déracinés* ym 1897, nofel gyntaf y gyfres *L'Énergie nationale* (1897–1902). Canu clod traddodiad rhanbarthol bro ei febyd, Lorraine, yw prif thema ei nofel *Colette Baudoche* (1909).

Daeth Saunders Lewis o dan ddylanwad Barrès tra'n ymladd yn ffosydd Fflandrys ger Loos yn haf 1916, ac y mae'n datgan ei ddyled iddo mewn ysgrif yn *Y Faner*, 24 Ionawr 1924, gan honni nad oedd ei ddrama *Gwaed yr Uchelwyr* yn ddim amgenach nag ymgais aflwyddiannus i drosglwyddo *Colette Baudoche* i'r Gymraeg.

Er cymaint ei ddylanwad ar Maurras a'i gefnogaeth i'r Action Française, nid oedd Barrès yn cyd-fynd â syniadau Maurras ar sawl cyfrif. Pwysleisiodd Barrès a Maurras y peryglon mewnol ac allanol a fygythiai'r 'patrie', ond yr oedd iachawdwriaeth yr enaid cenedlaethol i Barrès yn dibynnu ar atebion diwylliannol ac addysgol tra dymunai Maurras chwyldro gwleidyddol.

Am grynodeb diddorol o'r gwahaniaeth rhwng syniadau Barrès a Maurras, gweler Maurras, *L'Enquête sur la Monarchie*, 'Deuxième livre' (1900). Gweler hefyd Zeev Sternhell, *Maurice Barrès et le nationalisme français* (éditions Complexe, 1985).

Bédier, Joseph (1864–1938)
Hanesydd llenyddol yn arbenigo yn llên yr Oesoedd Canol yn Ffrainc, yn enwedig chwedlau Trystan (*Les Légendes Epiques* 1908–1913).

Belloc, Hilaire (1870–1953)
Llenor Saesneg a Chatholig a aned yn Ffrainc. Yn y *Révue Universelle*, cylch-grawn llenyddol â chysylltiadau agos iawn â'r Action Française, ymdriniwyd yn fanwl ac yn gyson â gwaith Belloc. Afraid dweud bod Bebb yn darllen y *Revue* yn rheolaidd.

Y mae ymdriniaeth ddiddorol â dylanwad Hilaire Belloc ar Saunders Lewis yn D. Tecwyn Lloyd, *John Saunders Lewis: Y Gyfrol Gyntaf* (Gwasg Gee, 1988), 282–7. Gweler hefyd D. Llwyd Morgan (gol.), *Adnabod Deg* (Gwasg Gee, 1977), 20–4.

Berthou, Yves ('Erwan') (1861–1933)
Un o sefydlwyr yr Orsedd yn Llydaw.

Gweler W. Ambrose Bebb, *Pererindodau* (Y Clwb Llyfrau Cymreig, 1941), 177–8, 182.

Bertrand, Louis (1866–1941)

Llenor a chyfaill i Maurras. Gwrthodwyd ei ymgais i ymaelodi â'r Académie Française ym 1923 ychydig fisoedd ar ôl i Maurras gael ei wrthod gan yr un sefydliad. Daeth rhwyg rhyngddo a Maurras yn y tridegau oherwydd cefnogaeth Bertrand i Hitler.

Bricler, Yann (1904–43)

Ymwelodd Bricler â Chymru ym 1923 fel cynrychiolydd Undeb Ieuenctid Llydaw. Fe'i cyflwynwyd i Henry Lewis, Morgan Watkin, John Morris Jones a Dyfnallt Owen ymhlith eraill. Ysgrifennodd am ei ymweliad yn 'La Situation générale du pays de Galles', *Breiz Atao* (Ebrill–Mai, 1923), 5.

Yr oedd Bricler yn perthyn i Mordrel ac yn aelod pwysig o'r mudiad o'r dechrau. Saethwyd ef yn farw gan aelod o'r 'Résistance', mae'n debyg, ar 4 Medi 1943.

Cyfres y Werin

Cyfres arloesol o bedwar ar ddeg o drosiadau o lenyddiaeth Ewropeaidd. Cyhoeddwyd cyfieithiad Bebb o *Paroles d'un croyant* Lamennais yn rhif 7: W. Ambrose Bebb, *Geiriau Credadun* (Y Cwmni Cyhoeddi Addysgol, 1923), ei lyfr cyntaf.

Daudet, Léon (1867–1942)

Mab yr awdur Alphonse Daudet. Ef a gychwynnodd y papur dyddiol *L'Action Française* gyda Charles Maurras ym 1908. Dechreuodd ei yrfa fel newydd-iadurwr yn cefnogi ymgyrch wrth-Semitaidd Edouard Drumont yn ei bapur dyddiol, *La Libre Parole*, cyn newid ei deyrngarwch i fudiad Maurras. Ym 1922, cyhoeddodd *Le Stupide XIX Siècle*, a honnodd ddinoethi'r 'gwall-gofrwydd llofruddiol sydd wedi ymosod ar Ffrainc er 130 o flynyddoedd'. Nodweddid ei fywyd gan ansefydlogrwydd meddwl. Etholwyd ef yn aelod seneddol ym 1919 i'r *Chambre 'Bleu Horizon'*, ond, fel y mae Ambrose Bebb yn nodi yn y dyddiadur hwn, collodd ei le yn etholiadau Mai 1924.

Davies, Gwilym (1879–1955)

Gweinidog gyda'r Bedyddwyr a Chyfarwyddwr Anrhydeddus Undeb Cynghrair y Cenhedloedd yng Nghymru o 1922 hyd 1945. Ei anerchiad ef ar Ddydd Gŵyl Dewi 1923 oedd y darllediad radio cyntaf yn y Gymraeg.

Davies, John Humphreys (1871–1926)

Prifathro Coleg Prifysgol Cymru, Aberystwyth rhwng 1919 a 1926. Cyhoeddodd *The Letters of Goronwy Owen* ym 1924.

Gweler T.I. Ellis, *John Humphreys Davies* (1963).

Davies, Jonathan Ceredig (1859–1932)

Cyfrannwr i'r drafodaeth ar ddyfodol y mudiad cenedlaethol yn *Y Faner*, 9

Awst 1923. Teithiodd lawer, yn enwedig i Batagonia. Cyhoeddodd gyfrol o atgofion ym 1927: *Life, Travels and Reminiscences*.

Debauvais, François Joseph-Marie (1903–44)

Ym 1920, yn un ar bymtheg oed, ysgrifennodd Debauvais erthygl yn *Breiz Atao* a gâi ddylanwad pellgyrhaeddol ar y cylchgrawn, ac yn wir, ar yr holl fudiad Llydewig neu'r 'Emsav' (sefyll, neu safiad). Galwodd am annibyniaeth trwy ffederaliaeth gan gyhuddo'r rhai a gredai yn 'régionalisme' o fradychu eu gwlad. Yn Ionawr 1921 rhoddwyd isdeitl i *Breiz Atao*, sef *Mensuel du Nationalisme Breton*. Pwysleisiwyd mai plaid heb ddilyn unrhyw athroniaeth wleidyddol ydoedd, nac ar y Chwith nac ar y Dde ac yn niwtral ei safbwynt tuag at yr Eglwys Gatholig.

Ym 1938 dechreuodd llywodraeth Ffrainc ymateb yn llym iawn i'r Parti National Breton (PNB), ac erbyn dechrau'r Ail Ryfel Byd yr oedd pethau wedi mynd o ddrwg i waeth. Ym mis Hydref 1939 gwaharddwyd y PNB yn swyddogol. Dedfrydwyd Lainé i bedair blynedd o garchar, ond llwyddodd Mordrel a Debauvais i ffoi i Wlad Belg yn gyntaf ac oddi yno i'r Almaen er mwyn ceisio argyhoeddi'r Almaenwyr o'r angen i roi annibyniaeth i Lydaw.

Dedfrydwyd y ddau i farwolaeth *in absentia* ym mis Mai, 1940. Oherwydd iddynt fethu'n llwyr i argyhoeddi'r Almaenwyr ac oherwydd ymdrechion llywodraeth Vichy yn eu herbyn, heb sôn am atgasedd y 'Résistance' tuag atynt, bu'n rhaid i'r ddau ymddiswyddo o'r PNB erbyn mis Rhagfyr 1940.

Yn Anna Youenou, *Fransez Debauvais de Breiz Atao: mémoires du chef breton commentés par sa femme*, 4 vol. (Rennes, 1972–8), ymddengys y llythyr isod ar dudalen 98:

Ambrose Bebb, Paris, à F. Debauvais, bureau de Breiz Atao, 8, rue de Vau – Saint – Germain, Rennes, Bretagne – Breiz: 16-02-1925.

Cher Debauvais,

J'étais très content de recevoir ta lettre samedi soir. Non, Mordrel ne m'avait rien montré de toi. Tu veux que les articles soient tapés? Mais écoute, puisque j'ai déjà reçu un article de Saunders Lewis pas tapé, veux-tu l'accepter comme il est? Je viens de voir Némo et il ne me promet pas de taper mes articles, parce qu'il est trop occupé. Veux-tu publier la fin de mon article et l'article de Saunders Lewis dans le prochain numéro de *B.A.*? A greiz kalon.

Annwyl Debauvais,

'Roeddwn yn falch iawn o dderbyn dy lythyr nos Sadwrn. Na, ni ddangosodd Mordrel imi yr un ysgrif o dy eiddo di. Eisiau'r erthyglau wedi eu teipio wyt ti? Ond, gan fy mod eisoes wedi derbyn erthygl gan Saunders Lewis heb ei theipio, wyt ti'n fodlon ei derbyn fel ag y mae hi? Rwyf newydd weld Némo ac nid ydyw ef yn addo teipio f'erthyglau oherwydd ei fod yn rhy brysur. Wyt ti am gyhoeddi diwedd f'erthygl ac erthygl Saunders Lewis yn rhifyn nesaf y *B.A.* A greiz kalon.

Mae'n debyg mai sôn am ddiwedd ei erthygl 'Cymru a'r Gwledydd Celtaidd', *Breiz Atao* (Ebrill 1925), y mae Bebb yn y llythyr hwn.

Ibid., 83 a 224: Llun o Ambrose Bebb, Marcel Guieysse, Debauvais, Sohier, Riou, Drezen, Millardet, Tasset, Parker, Denise Guieysse a dau arall y tu allan i Gadeirlan Quimper. Ar gefn y llun yn llawysgrifen Debauvais: 'Kendalc'h holl – geltiek, kenta bodaden tud Breiz – Atao, Kemper 1924' (Cynhadledd Geltaidd, cyfarfod cyntaf aelodau'r Breiz Atao). Gweler hefyd ddyddiadur Bebb, Dydd Gwener, 12 Medi 1924.

Dottin, Georges (1863–1928)
Ysgolhaig ym Mhrifysgol Rennes; cyhoeddodd *La Langue Gauloise* ym 1920.

Dyfnallt (John Dyfnallt Owen) (1873–1956)
Bardd, llenor a gweinidog gyda'r Annibynwyr. Cyhoeddodd ei hun yn 'genedlaetholwr Cymraeg' mor gynnar â 1921 yn *Who's Who in Wales*. Cyhoeddodd *O Ben Tir Llydaw* ym 1934.

Gweler Geraint Elfyn Jones, *Bywyd a Gwaith John Dyfnallt Owen* (1976); Emrys Jones, 'John Dyfnallt Owen' yn D. Llwyd Morgan (gol.), *Adnabod Deg* (Gwasg Gee, 1977).

Emrys ap Iwan (Robert Ambrose Jones) (1851–1906)
Er cyn lleied o gyfeiriadau sydd yn y dyddiaduron at Emrys ap Iwan, nid oes unrhyw amheuaeth ynglŷn â'i ddylanwad aruthrol ar Bebb. Fel Bebb, yr oedd yn Fethodist, yr oedd wedi byw a gweithio ar y cyfandir (bu'n athro Saesneg yn y Swistir), carai ddiwylliant a llên Ffrainc, ymgyrchai dros y Gymraeg a thros genedlaetholdeb Cymreig a hunanlywodraeth i Gymru, a chyfrannodd yn helaeth i'r *Faner* ac i'r *Geninen*. Byddai Bebb wedi dysgu llawer amdano a'i waith gan ei athro Cymraeg T. Gwynn Jones, a gyhoeddasai gofiant Emrys ap Iwan ym 1912.

Edwards, Owen Morgan (1858–1920)
Mae'n ddiddorol nodi edmygedd amlwg Bebb o'r llenor, golygydd ac addysgwr O.M. Edwards, yn ogystal â'i feirniadaeth o *Tro yn Llydaw* (1888) yn y dyddiaduron hyn, yn enwedig o gofio'r ddadl rhwng Saunders Lewis a W.J. Gruffydd am bwysigrwydd O.M. ym 1927.

Evans, Ifor Leslie (1897–1952)
Prifathro Coleg Prifysgol Cymru, Aberystwyth, a chydolygydd Cyfres y Werin gyda Henry Lewis.

Even, Francis
Aelod blaenllaw o Orsedd Llydaw a sefydlwyd ym 1901 ar yr un patrwm â'r Orsedd yng Nghymru. Bu mewn cyfarfod i sefydlu'r PAB ym 1927. Cyfreithiwr oedd ar y pryd.

Fustec, Yann
Aelod blaenllaw o Orsedd Llydaw.

Gide, André (1869–1951)

Un o nofelwyr enwocaf Ffrainc yr ugeinfed ganrif er na ddefnyddiai'r gair 'nofel' i ddisgrifio'r rhan fwyaf o'i lyfrau. Bu ei ddylanwad ar lenorion Ffrainc yn fawr, yn enwedig ei syniadau ar natur rhyddid a moesoldeb. Wedi iddo ysgrifennu ei gyfrol bwysig gyntaf *Les Nourritures Terrestres* (1897) yn dathlu rhyddid yr unigolyn heb gyfyngiadau moesol y teulu a chymdeithas, cyhoeddodd erthygl yn ymosod yn llym ar lyfr Barrès, *Les Déracinés* ('A Propos des *Déracinés*').

Ym 1926 cyhoeddodd *Numquid et tu?*, lloffion o'i ddyddlyfr am y blynyddoedd 1916–17. Yn ystod y cyfnod hwn, daeth yn agos iawn i droi at yr Eglwys Gatholig. Daeth yn gefnogol i'r Action Française ac yn edmygydd o waith Maurras. Ond erbyn 1924 yr oedd ei 'grande crise réligieuse' drosodd ac yr oedd wrthi yn paratoi ei nofel gyntaf (yn ôl ei ddiffiniad ef o'r genre 'nofel') *Les Faux-Monnayeurs* a gyhoeddwyd ym 1925.

Ceir cyfieithiad o'i ddyddiadur yn Justin O'Brien, *André Gide, Journals 1889–1949* (Penguin, 1967).

Gide, Charles (1847–1932)

Economegydd dylanwadol, oedd yn enwog am ddatblygu egwyddorion 'coopératisme'.

Gilson, Étienne (1884–1978)

Athronydd o Baris. Ynghyd â Jacques Maritain, cyfrannodd yn helaeth tuag at foderneiddio astudiaethau athroniaeth ganoloesol, yn enwedig drwy ei astudiaeth o waith Sant Thomas o Acwin.

Gourvil, Francis (1889–1984)

Llyfrwerthwr yn nhref Morlaix. Tyfodd cyfeillgarwch mawr rhyngddo ac Ambrose Bebb (gweler, *Pererindodau*, 30–2). Y mae Gwynfor Evans (*Breton Nationalism*, 57) ac Olier Mordrel (*Breiz Atao*, 411) yn cyfeirio at gydweithrediad brwdfrydig Gourvil â'r awdurdodau Ffrengig yn ystod y cyfnod o erlid ar y Mudiadau Llydewig yn dilyn y 'Libération'. Ymddengys iddo fod wrthi'n brysur yn hysbysu'r awdurdodau ynglŷn ag ymddygiad a safiad llawer o'i gyn-gydweithwyr a chyfeillion yn y mudiadau gwleidyddol a diwylliannol Llydewig.

Guieysse, Marcel

Aelod seneddol yn nhref Lorient am gyfnod. Cydweithiodd â Mordrel, Debauvais, Bricler a Lainé ym 1930 er mwyn cael ymwared â'r elfennau ffederal asgell chwith yn y PAB, a chreu plaid genedlaethol newydd, y Parti National Breton (PNB) ym 1932.

Ym 1940, ar ôl i Mordrel a Debauvais ddychwelyd i Lydaw o'r Almaen, cychwynnodd Guieysse y Conseil National Breton gyda hwy. Ond gwrthododd yr Almaenwyr gydnabod dilysrwydd cyfreithiol y Conseil.

Erbyn 1943 yr oedd Debauvais wedi ceisio arwain y PNB ar hyd llwybr amhleidiaeth, a chael ei gyhuddo gan Lainé a Guieysse o fradychu egwyddorion cenedlaetholdeb traddodiadol *Breiz Atao*. Dechreusant hwy yn eu tro y Bezenn Perrot (hynny yw lleng Perrot ar ôl llofruddiaeth yr Abbé Perrot gan y Maquis), er mwyn amddiffyn cenedlaetholwyr Llydewig ac, ar adegau, ymladd ochr yn ochr â'r fyddin Almaenaidd. Ym 1944 dedfrydwyd tua hanner cant o aelodau'r Bezenn Perrot i farwolaeth, er mai ugain yn unig a ddienyddiwyd. Dedfrydwyd Lainé, Mordrel a Debauvais i farwolaeth *in absentia*. Dedfrydwyd Guieysse i lafur caled am bum mlynedd.

> . . . Only Marcel Guieysse, a blind old man more than seventy years old was in the dock . . .
>
> Marcel Guieysse bore himself splendidly during his trial, taking the whole responsibility for the pro-German attitude of the Perrot Unit, refusing to abandon any of his ideals even in the slightest degree, and affirming his faith in the final victory of Breton nationalism for which he was ready to die. Deeply moved and hesitating before a martyr who offered himself as a sacrifice, the tribunal sentenced him only to five years imprisonment. (Gwynfor Evans, *Breton Nationalism* (Plaid Cymru, 1946), 65.

Hémon, Louis (1880–1913)
Awdur *Maria Chapdelaine*, nofel wedi ei seilio ar hanes teulu o Lydaw yng Nghanada.

Henrio, Louis Marie Mathurin ('Herrieu, Loeiz') (1873–1953)
Aelod pwysig o'r Orsedd yn Llydaw. Sylfaenydd y cylchgrawn *Dihunamb*. Cyhoeddodd ei farddoniaeth mewn sawl cyfrol megis *Sonnenneu el Labourer* (Caneuon yr Amaethwr) a *Dasson ur Galon* (Atsain y Galon).

Gweler W. Ambrose Bebb, *Dydd-lyfr Pythefnos neu'r Ddawns Angau* (Sackville Printing Works, 1940), 98–101.

Hughes, Ernest
Yr oedd Henry Lewis ac Ernest Hughes eisoes wedi cydweithio ar berfformiad cyntaf *Beddau'r Proffwydi*, gan W.J. Gruffydd yng Nghaerdydd ym 1913. Bu Saunders Lewis, Henry Lewis a Ernest Hughes yng nghyfarfod Cymdeithas y Tair G ar faes Eisteddfod Yr Wyddgrug ym 1923. (Gweler hefyd Lewis Valentine isod.)

Gweler D. Tecwyn Lloyd, *John Saunders Lewis: Y Gyfrol Gyntaf* (Gwasg Gee, 1988), 99–121.

Jaffrenou, François ('Taldir') (1879–1956)
Aelod blaenllaw o'r Orsedd yn Llydaw. Ar ôl yr Ail Ryfel Byd dedfrydwyd ef i bum mlynedd o garchar am ei argyhoeddiadau gwleidyddol a'i safbwynt Llydewig yn ystod y Rhyfel.

About the same time in Quimper, before the Cour de Justice, the trial of Taldir-Jaffrenou, president of the Gorsedd and member of the Comité Consultatif de Bretagne, took place. In order to justify the trial, the prosecution cited a report about the maquis in Central Brittany which Jaffrenou was alleged to have sent to the Préfet Régional. The defendant denied the accusation; the prosecution could not bring forward any formal evidence; they admitted that in any case the report had not been communicated to the German authorities and had not resulted in any harm to the Resistance. During the trial the stress was laid on Jaffrenou's opinions as a Breton patriot and regionalist. He was sentenced to 5 years imprisonment, civic degradation, and the confiscation of his properties. His counsel was not allowed to read in the court the sympathetic letters which had been sent to him from Great Britain and elsewhere. (Gwynfor Evans, *Breton Nationalism* (Plaid Cymru, 1946), 62.

Ymdrinia Mordrel â'r un achos o safbwynt gwahanol.

On se défendait comme on pouvait. L'essentiel était d'echapper à l'abattoir . . . Jaffrennou, qui eut son heure de gloire comme intrépide réveilleur de la race celte, se présente bardé de décorations dont la Croix. Le président Chauvin l'accuse de s'être montré germanophile. 'C'est faux, je suis aujourd'hui plus anglophile que jamais!' – Il nie avoir été nationaliste breton, quand on lui montre un article de l'H.B. où il a écrit que le régionalisme était périmé et que tous les Bretons devraient être nationalistes. On lui prouve, pièces en main, son activité contre la résistance dans son canton, ayant entrâiné les arrestations de Gourvil et Le Goaziou. Il nie et crie à la mystification. Il s'en tire à bon compte: 5 ans de prison. (Olier Mordrel, *Breiz Atao* (1973), 421)

(Rhaid oedd i ddyn ei amddiffyn ei hun orau y gallai. Y peth pwysig oedd osgoi'r lladd-dy . . . Ymddangosodd Jaffrennou, a gafodd ei awr fel deffrowr di-ofn yr hil Geltaidd, wedi ei lwytho gan resi o fedalau gan gynnwys y Croix de Guerre [am ymladd yn y Rhyfel Byd Cyntaf am o leiaf chwe mis ar flaen y gad]. Cyhuddwyd ef gan y Llywydd Chauvin o fod yn Ellmyn-garwr. 'Celwydd, yr ydwyf heddiw yn fwy o Sais-garwr nag erioed!' – Gwadai iddo fod yn genedlaetholwr Llydewig, wrth iddynt ddangos iddo erthygl o'r *Heure Bretonne* o'i eiddo yn dweud bod y syniad o 'Régionalisme' wedi dyddio ac y dylai pob Llydawr fod yn 'Nationaliste'. Profir, â thystiolaeth uniongyrchol, ei weithgarwch yn erbyn y Résistance yn ei fro gan iddo achosi arestio Gourvil a Le Goaziou. Gwadai bob dim gan bleidio anwybodaeth lwyr . . . Daw allan o'r helynt yn eithaf ysgafn: 5 mlynedd o garchar.)

Gweler hefyd *Pererindodau* (Y Clwb Llyfrau Cymreig, 1941), 67– 82, 178. Hefyd D. Tecwyn Lloyd, 'Taldir a Bebb', *Y Geninen* (1975), 202–3.

Jones, Parch. William Jenkyn (1852–1925)

Cenhadwr Protestannaidd o Gymru yn Llydaw.

Gweler *Pererindodau*, Pennod VIII. Hefyd Dewi Jones, 'Les Missions Protestantes d'origine galloise en Basse-Bretagne', Thèse (non-soutenue), U.B.O., Brest. Hefyd *Y Bywgraffiadur*.

Le Coat, Guill (1845–1914)

Protestant o Dremel a gyfieithodd y Beibl a *Pilgrim's Progress* i'r Llydaweg.

Gweler W. Ambrose Bebb, *Llydaw* (Foyle's Welsh Depôt, 1929), 151–62.

Le Drézen, Yves (1898–1972)

Bardd ifanc huawdl yn perthyn i'r Ysgol Lenyddol Lydaweg, Gwalarn (Gwynt y Môr), a ddatblygodd o gwmpas y cylchgrawn o'r un enw.

Le Goffic, Charles (1863–1932)

Fe'i derbyniwyd yn aelod o Orsedd y Beirdd yng Nghymru ym 1898. Un o sefydlwyr Kevredigez broadel Breiz (Union régionaliste bretonne). Er ei fod yn siarad ac yn ysgrifennu'r Llydaweg yn rhugl, ysgrifennodd y rhan fwyaf o'i lyfrau yn Ffrangeg. Cyhoeddodd gasgliad o'i waith, *L'Ame bretonne* (1902–24).

Gweler W. Ambrose Bebb, *Llydaw* (Foyle's Welsh Depôt, 1929), 174, a W. Ambrose Bebb, 'Awr gyda Charles le Goffic', *Y Llenor* IV (1925), 219.

Le Part, Christian

Cyfaill agos i Bebb yn ystod ei deithiau cynnar yn Llydaw. Fe'i llofruddiwyd gan aelod o'r 'Résistance' a oedd yn disgwyl amdano ar gefn beic wrth ddrws ei gartref yng ngwanwyn 1944.

Le Roux, Louis (1890–1944)

Un o sefydlwyr y PNB ym 1911. Gyda Vallée, Loth ac aelodau eraill o'r Académie Bretonne a'r Comité de Préservation de la Langue Bretonne (a sefydlwyd ym 1895) cytunwyd ar unffurfiaeth orgraff yr iaith ym 1908.

Lewis, Henry (1889–1968)

Athro Cymraeg Coleg Prifysgol Cymru Abertawe. Roedd ei ddiddordebau yn cynnwys astudiaethau Celtaidd ac ieitheg gymharol. Roedd ef ac Ifor Evans yn gydolygyddion Cyfres y Werin.

Loth, Joseph (1847–1934)

Llydawr ac ysgolhaig yn y Sorbonne a wnaeth waith pwysig ym maes astudiaethau Celtaidd. Daeth yn olygydd *Revue Celtique* ym 1911.

Gweler Meic Stephens (gol.), *Cydymaith i Lenyddiaeth Cymru* (Gwasg Prifysgol Cymru, 1986), a W. Ambrose Bebb, *Pererindodau* (Y Clwb Llyfrau Cymreig, 1941) lle mae Anatole Le Braz yn sôn am ei ddyddiau fel unig fyfyriwr Loth.

Marchal, Maurice (Morvan)

Ynghyd â H. Prado a J. de Roincé, sefydlodd y Groupe Régionaliste Breton ychydig cyn diwedd y Rhyfel Mawr, ac ym mis Ionawr 1919 cyhoeddodd rifyn cyntaf *Breiz Atao*. Yn ogystal, sefydlodd Marchal a Mordrel y mudiad Unvaniez Yaouankiz Breiz (Undeb Ieuenctid Llydaw) er mwyn cefnogi gwaith Breiz Atao. Ym 1930 gadawodd y PAB a'r Breiz Atao gyda'i ddilynwyr 'fédéralistes' adain chwith er mwyn ceisio (er heb fawr o lwyddiant) sefydlu cyhoeddiad newydd *La Bretagne fédérale*.

Maritain, Jacques (1882–1973)

Un o sefydlwyr y *Revue Universelle* ym 1920. Ynghyd ag Etienne Gilson, dylanwadodd ar sawl agwedd ar fywyd llenyddol ac athronyddol Ffrainc trwy foderneiddio athrawiaeth ganoloesol 'Thomisme' a seiliwyd ar sgolastiaeth Sant Thomas o Acwin. Symudodd y mudiad 'néo-thomiste' yn agos i'r Action Française gyda Maritain yn olygydd adran athroniaeth y *Revue Universelle*. Ond ymddiswyddodd Maritain pan gondemniwyd yr *Action Française* gan y Pab ym 1926.

Massis, Henri (1886–1970)

Disgybl ffyddlon i Maurras, er na fu erioed yn aelod o unrhyw un o sefydliadau swyddogol neu answyddogol yr Action Française. Cyhoeddodd ym 1923 gyfrol gyntaf ei *Jugements*, yn cynnwys ysgrifau ar Renan, Anatole France, Barrès. Bu'n gydolygydd y *Revue Universelle* gyda Jacques Bainville.

Maurois, André (1885–1967)

Traethodydd, nofelydd, hanesydd a bywgraffiadwr (awdur *Ariel ou la vie de Shelley* (1923)). Ganwyd ef yn Normandi o dras Iddewig. Ei enw gwreiddiol oedd Emile Herzog. Ysgrifennodd yn rheolaidd i'r *Revue Universelle*, a chyfrannodd lawer o erthyglau i sawl cyhoeddiad adain dde dros y blynyddoedd, megis *Je Suis Partout* yn y tridegau cynnar.

Michelet, Jules (1798–1874)

Mae'n debyg mai Michelet ydyw hanesydd enwocaf Ffrainc, a'i *Histoire de France* a *Histoire de la Révolution* yn arbennig o ddylanwadol. Yr oedd yn ymgorfforiad o syniadau rhyddfrydol, gwrthglerigol a gweriniaethol y bedwaredd ganrif ar bymtheg.

Mocaer, Pierre ('Mokaer Pêr') (1887–1961)

Sylfaenydd *Buhez Breiz*, cylchgrawn 'régionaliste' yn hytrach na 'nationaliste'. Cynorthwyodd yr Abbé Madec i sefydlu'r cylchgrawn *Adsao* (Atgyfodiad).

Ym 1951 sefydlodd La Fédération Kendalc'h gyda Pierre Roy. Ysgrifennodd y rhagair i *Llydaw* gan Bebb.

Gweler W. Ambrose Bebb, *Llydaw* (Foyle's Welsh Depôt, 1929), 283.

Nemo, Louis-Paul (Roparz Hemon) (1900–78)

Ym 1925 cychwynnodd y cyfnodolyn llenyddol uniaith Llydaweg, *Gwalarn*, a ymddangosodd yn ddi-dor tan 1944, gan symbylu ac ysbrydoli ysgol lenyddol fodern o'r un enw. Cyfrannodd yn helaeth tuag at godi safonau mynegiant yn yr iaith ym mhob maes megis athroniaeth a mathemateg, yn ogystal â rhyddiaith a barddoniaeth. Troswyd llawer o lenyddiaeth Gymraeg i'r Llydaweg gan gyfranwyr i'r cylchgrawn a hefyd gan Hemon ei hun. Ymsefydlodd yn alltud yn Nulyn o 1947 ymlaen yn sgil cael ei ddedfrydu gan y llysoedd gwleidyddol ar ôl y rhyfel i 'indignité nationale' a gwaharddiad rhag gweithio yn Llydaw. Cyhoeddwyd casgliad o'i farddoniaeth, *Barzhonegou* ym 1967.

Noailles, Anna, Princesse Brancovan, Comtesse Mathieu de (1876–1933)

Bardd ac awdures *Le Cœur Innombrable* 1901. Bu'n gariad i Maurice Barrès rhwng 1903 a 1907. Y mae Maurras yn beirniadu ei gwaith yn llym yn ei lyfr *L'Avenir de l'Intelligence* (1905) mewn ysgrif yn dwyn y teitl 'Le Romantisme féminin'.

Peate, Iorwerth Cyfeiliog (1901–82)

Bardd ac ysgolhaig.

Gweler ei hunangofiant *Rhwng Dau Fyd* (Gwasg Gee, 1976), lle ceir sôn (t. 43) am erthygl Bebb yn beirniadu Ysgol Machynlleth yn *Y Faner*, 2 Awst 1923.

Rhys, Edward Prosser (1901–45)

Bardd y Goron ym 1924 a golygydd *Baner ac Amserau Cymru* o 1923 hyd ei farw ym 1945. Gan ei fod yn Ffrainc ni allai Bebb fynychu cyfarfod Mudiad Cymru Well yn Amwythig ym mis Ionawr 1924.

Gweler Rhisiart Hincks, *E. Prosser Rhys* (Gwasg Gomer, 1980), 123, 125.

Roberts, David Francis (1882–1945)

Gweinidog amlwg gyda'r Methodistiaid Calfinaidd.

Am ddadansoddiad o'r ddadl rhwng y Parchedig D. Francis Roberts a Saunders Lewis ar ddogma, gweler D. Tecwyn Lloyd, *John Saunders Lewis: Y Gyfrol Gyntaf* (Gwasg Gee, 1988), 233–4.

Rolland, Charles (1862–1940)

Bardd gwlad Llydewig yn byw yn Werliskin (Guerlescamp).

Gweler W. Ambrose Bebb, *Llydaw* (Foyles Welsh Depôt, 1929), 178–88.

Rolland, Romain (1866–1924)

Cyfieithodd Ambrose Bebb ysgrif Romain Rolland, 'Michel-Ange' yn *Yr Efrydydd* ym 1923. Enillodd Rolland y Wobr Nobel am Lenyddiaeth ym 1915. Nid oedd Rolland yn cydymdeimlo â safbwynt Maurras er iddo gydnabod dylanwad pwysig yr Action Française ar fywyd gwleidyddol Ffrainc.

Gweler Eugen Weber, *Action Française, Royalism and Reaction in Twentieth-Century France* (Stanford University Press, 1962), 87.

Sohier, Jean Lucien Léon Marie (1901–35)

Athro ysgol a gychwynnodd *Ar Falz*, cylchgrawn misol i athrawon o blaid dysgu'r Llydaweg, ym 1933. Ysgrifennodd sawl gwerslyfr yn Llydaweg. Cyhoeddwyd llawer o'i werslyfrau ym 1941 gan Ar Brezoneg er Skol.

Valentine, Lewis (1893–1986)

Gweinidog gyda'r Bedyddwyr a llywydd cyntaf Plaid Genedlaethol Cymru. Ynghyd â Moses Griffith, E.T. John a R. Williams Parry, ffurfiodd y Gymdeithas Genedlaethol Gymreig (Y Tair G), yng Ngholeg Prifysgol Bangor ym 1922, un o'r mudiadau y tyfodd Blaid Genedlaethol Cymru ohonynt.

Gweler D. Hywel Davies, *The Welsh Nationalist Party 1925–1945, A Call to Nationhood* (Gwasg Prifysgol Cymru, 1983), 43 am ymdriniaeth â'r cyfarfod cyntaf rhyngddo ac Ambrose Bebb, ddydd Sadwrn, 9 Mai 1925. Ysgrifennodd Bebb at ei gyfaill G.J. Williams yr un diwrnod yn sôn am y cyfarfod hwn a'i argraffiadau o Blaid Genedlaethol Cymru Lewis Valentine. Gweler hefyd John Emyr (gol.), *Lewis Valentine yn Cofio* (Gwasg Gee, 1983), 23.

Vallée, François (1860–1949)

Bardd dylanwadol o St Brieuc a oedd yn gefnogol i fudiad Breiz Atao.

Gweler W. Ambrose Bebb, *Pererindodau* (Y Clwb Llyfrau Cymreig, 1941), pennod xiii a *W. Ambrose Bebb, Dydd-Lyfr Pythefnos* (Sackville Printing Works, 1940), 23–4.

Valois, Georges (1878–1945)

Edmygydd mawr o Mussolini a phrif feddyliwr yr Action Française ar faterion economaidd, yn enwedig cyn y Rhyfel Byd Cyntaf. Gadawodd yr Action Française ym 1926 ar ôl rhwyg chwerw rhwng ei fudiad Ffasgaidd newydd, y Faisceau, a'r Action Française.

Vendryes, Joseph (1875–1960)

Ysgolhaig o Baris. Dysgai ieithyddiaeth yn yr École Normale Supérieure ym Mharis o 1920 ymlaen ac fe'i penodwyd yn Athro Ieithyddiaeth yn y

Sorbonne ym 1923. Ym 1925 fe'i hetholwyd i gyfarwyddo cyrsiau Celteg yn yr École des Hautes Études.

Gweler dan Vendryes yn Meic Stephens (gol.), *Cydymaith i Lenyddiaeth Cymru* (Gwasg Prifysgol Cymru, 1986). Hefyd *Encyclopédie Universalis*, 9, 1048c.

Watkin, Morgan (1878–1970)

Ysgolhaig ac Athro Ffrangeg a Ieitheg Romans yng Ngholeg y Brifysgol, Caerdydd. Ei brif ddiddordeb oedd dylanwad diwylliant ac iaith Ffrainc ar lên Cymru'r Oesoedd Canol. Bu dadl hir rhyngddo a Bebb yn *Breiz Atao* a'r *Geninen* am ddyfodol y Gymraeg.

Gweler Morgan Watkin, 'Une politique des langues pour le Pays de Galles', *Breiz Atao* (Mehefin–Gorffennaf 1924) a W. Ambrose Bebb, 'Polisi ieithyddol i Gymru', *Y Geninen* (1923), 16–29.

Williams, David John (1885–1970)

Llenor a chenedlaetholwr dylanwadol. Fel yn achos Bebb, bu dylanwad bro ei febyd yn gryf ar D.J. Williams, ac arbenigai yn y stori fer yn portreadu trigolion ei 'filltir sgwâr'. Ysgrifennodd hefyd amryw o erthyglau yn ymdrin â chenedlaetholdeb. Cymerodd ddiddordeb arbennig yn syniadau Mazzini, gan ei gyfieithu ac ysgrifennu astudiaeth o'i waith. Bu'n athro yn Ysgol Pengam am gyfnod cyn symud i Ysgol Ramadeg Abergwaun lle yr arhosodd nes iddo ymddeol yn 1945.

Gweler Harri Pritchard Jones, 'D.J. Williams' yn D. Llwyd Morgan (gol.), *Adnabod Deg* (Gwasg Gee, 1977), 60.

Wilson, Thomas Woodrow (1856–1924)

Arlywydd yr Unol Daleithiau rhwng 1912 a 1920 ac yn un o sylfaenwyr a hyrwyddwyr Gynghrair y Cenhedloedd. Sonia Bebb gryn lawer yn ei ddyddiaduron am ei edmygedd o Wilson ac o amcanion y Gynghrair, ac ym mis Mehefin 1920 ceisiodd am swydd gydag Undeb Cynghrair y Cenhedloedd. Erbyn 1923 yr oedd ei farn am Wilson ac am y Gynghrair wedi newid yn llwyr.

Digwyddiadau Cyfamserol

1920

	Sefydlu'r *Efrydydd*, dan olygyddiaeth D. Miall Edwards.
14 Ionawr	Lloyd George yn derbyn y *Légion d'Honneur*, anrhydedd fwyaf Ffrainc.
16 Ionawr	Agoriad swyddogol Cynghrair y Cenhedloedd.
17 Ionawr	Paul Deschanel yn arlywydd Gweriniaeth Ffrainc. Millerand yn brif weinidog yn y Siambr 'bleu horizon'.
23 Chwefror	Diwrnod cyntaf streic y rheilffyrdd yn Ffrainc, y gyntaf o gyfres o streiciau. Arwydd ychwanegol oedd hyn o'r anawsterau economaidd a wynebai'r wlad ar ddiwedd y rhyfel gyda diweithdra yn cynyddu, chwyddiant yn tyfu, a dibrisio'r ffranc.
31 Mawrth	Datgysylltu'r Eglwys Wladol yng Nghymru.
7 Ebrill	Milwyr Ffrainc yn gorymdeithio i mewn i brif ddinasoedd ardal y Ruhr.
5 Gorffennaf	Cynhadledd Spa i drafod iawndal yr Almaen i wledydd y Gynghrair. Methai'r Gynghrair â chytuno a ddylid gorfodi'r Almaen i dalu: pleidiodd Ffrainc hynny'n frwd; gwrthwynebodd Lloegr. Cyhuddwyd Ffrainc o fod yn rhy 'filitaraidd' hefyd yn ei hagwedd tuag at Rwsia'r bolsieficiaid.
16 Medi	Deschanel yn ymddiswyddo fel arlywydd Ffrainc oherwydd afiechyd.
17 Medi	Ethol Millerand yn arlywydd Ffrainc gyda Georges Leygues yn brif weinidog.
Hydref	T.H. Parry-Williams yn dechrau ar ei dymor cyntaf fel Athro Iaith yn Aberystwyth.
16 Hydref	Streiciau yn y diwydiant glo ym Mhrydain.
3 Tachwedd	Diwedd streic y glowyr ym Mhrydain.
10 Rhagfyr	Dyfarnu Gwbor Nobel am Heddwch i Woodrow Wilson a Léon Bourgeois, sylfaenwyr Cynghrair y Cenhedloedd.
20 Rhagfyr	Cynhadledd Tours gyda Sosialwyr Ffrainc yn ffurfio plaid annibynnol ar y Comiwnyddion.

1921

	Dechrau cyhoeddi *Bwletin y Bwrdd Gwybodau Celtaidd*, sef *Y Bwletin*, dan olygyddiaeth Ifor Williams.
16 Ionawr	Aristide Briand yn brif weinidog Ffrainc.
Chwefror	Is-etholiad Ceredigion rhwng Ernest Evans, un o ysgrifenyddion Lloyd George a phleidiwr i'r llywodraeth glymblaid, a W. Llewelyn Williams, dewis ymgeisydd Cymdeithas Ryddfrydol y sir a gelyn anghymodlon i'r prif weinidog. Enillodd Evans, ond bu'r ymgyrch yn niweidiol i hygrededd Lloyd George a'i lywodraeth fel ei gilydd.
31 Mawrth	Llywodraeth Lloyd George yn cyhoeddi 'cyflwr o argyfwng' oherwydd streic y glowyr.
12 Ebrill	Warren Harding, arlywydd yr Unol Daleithiau, yn gwrthod ymuno â Chynghrair y Cenhedloedd.
Mai	Cynhadledd Llundain. Ffrainc a Phrydain yn cytuno ar gyfanswm iawndal am y rhyfel ac yn bygwth meddiannu ardal y Ruhr os na thelir gan yr Almaen.
13 Mai	André Breton yn trefnu *Le Procès de Maurice Barrès* yn *La Salle des Sociétés Savantes* ym Mharis.
4 Gorffennaf	Diwedd streic y glowyr ym Mhrydain.
Hydref	Griffith John Williams yn dechrau ar ei dymor cyntaf fel darlithydd yn y Gymraeg yng Ngholeg y Brifysgol, Caerdydd.
7 Rhagfyr	Lloyd George a Michael Collins yn arwyddo cytundeb i sefydlu Gwladwriaeth Rydd Iwerddon.
10 Rhagfyr	Dyfarnu Gwobr Nobel am Lenyddiaeth i Anatole France.

1922

	Sefydlu Bwrdd Gwasg Prifysgol Cymru.
Ionawr	Yn ei gylchgrawn *Cymru'r Plant* Ifan ab Owen Edwards yn gwahodd ei ddarllenwyr i ymuno ag Urdd Gobaith Cymru.
5 Ionawr	Cynhadledd Cannes. Lloyd George yn gwrthwynebu gorfodi'r Almaen i dalu. Ffrainc yn parhau i fynnu iawndal er gwaethaf dibrisio'r marc ac amharodrwydd yr Almaenwyr.
5 Ionawr	Briand yn ymddiswyddo ar ôl ei gyhuddo o fod yn rhy wan i wrthsefyll Lloyd George yn Cannes.
	Raymond Poincaré yn brif weinidog, a'i agwedd tuag at yr Almaen yn galetach.
21 Ionawr	Michael Collins i arwain llywodraeth Gwladwriaeth Rydd Iwerddon.
Gwanwyn	Rhifyn cyntaf *Y Llenor* yn ymddangos dan olygyddiaeth William John Gruffydd.

Ebrill	Cynhadledd Geneva. Ffrainc yn dyfalbarhau â'i hagwedd ddi–ildio tuag at yr Almaen er bod chwyddiant yn yr Almaen yn dechrau rhedeg yn wyllt, a'r marc yn colli ei werth yn feunyddiol.
Haf	*Y Faner* yn croesawu penodiad Saunders Lewis yn ddarlithydd mewn llenyddiaeth Gymraeg yng Ngholeg y Brifysgol Abertawe.
22 Awst	Saethu Michael Collins yn farw yn Iwerddon.
18 Hydref	Sefydlu'r BBC.
19 Hydref	Ymddiswyddiad Lloyd George. Andrew Bonar Law yn brif weinidog.
30 Hydref	Benito Mussolini yn dod yn unben yr Eidal.
16 Tachwedd	Etholiad Cyffredinol. Y Blaid Lafur yn ennill 41 y cant o'r bleidlais yng Nghymru. Bonar Law yn brif weinidog.

1923

11 Ionawr	Poincaré yn anfon milwyr i feddiannu'r Ruhr gyda chefnogaeth frwd ei lywodraeth, llywodraeth Gwlad Belg, a chydymdeimlad yr Eidal, ond yn erbyn cyngor Prydain a'r Unol Daleithiau. Chwyddiant yn yr Almaen yn cynyddu'n barhaus.
22 Ionawr	Llofruddio Maurice Plateau, ysgrifennydd *Fédération des Camelots du Roi* yn swyddfa'r Action Française gan Germaine Bethon, aelod o fudiad anarchaidd. Ei bwriad oedd lladd Léon Daudet.
Dydd Gŵyl Dewi	Y darllediad radio cyntaf yn Gymraeg.
21 Mai	Dewis Stanley Baldwin yn brif weinidog Prydain yn sgil ymddiswyddiad Bonar Law.
Awst	Darlith Saunders Lewis yn Eisteddfod Genedlaethol Yr Wyddgrug yn sôn am ffurfio Sinn Fein Cymraeg.
2 Awst	Warren Harding, arlywydd yr Unol Daleithiau, yn marw. Calvin Coolidge yn ei olynu.
13 Medi	Primo de Rivera yn dod yn unben yn Sbaen.
27 Hydref	Ffrainc yn meddiannu'r Rheindir.
1 Tachwedd	Cyhoeddi *Ariel, ou la vie de Shelley* gan André Maurois.
10 Tachwedd	Dyfarnu Gwobr Nobel am Lenyddiaeth i W.B. Yeats.
12 Tachwedd	Arestio Adolf Hitler a'i ddedfrydu i garchar yn dilyn *putsch* aflwyddiannus Neuadd Gwrw Munich.
25 Tachwedd	Mab Léon Daudet yn marw dan amgylchiadau amheus.
6 Rhagfyr	Marw Maurice Barrès.

1924

7 Ionawr	Cyfarfod cyntaf y Mudiad Cymreig ym Mhenarth rhwng G.J. ac Elisabeth Williams, Saunders Lewis ac Ambrose Bebb.
21 Ionawr	Marw Lenin.
22 Ionawr	Ramsay MacDonald yn brif weinidog llywodraeth Lafur leiafrifol.
24 Ionawr	Saunders Lewis yn cyhoeddi ysgrif goffa i Maurice Barrès yn *Y Faner*.
3 Chwefror	Marw Woodrow Wilson yn Washington.
4 Chwefror	Rhyddhau Mahatma Gandhi o garchar Bombay.
9 Mawrth	Gwerth y ffranc yn simsan ac yn gostwng yn sylweddol. Y bunt yn werth 117 ffranc.
15 Ebrill	Poincaré yn derbyn Cynllun Dawes i alluogi'r Almaen i dalu ychydig ar y tro, yn ôl ei gallu. Y mae'r cytundeb yn cythruddo'r adain dde yn Ffrainc ond yn creu undod ar y chwith.
17 Ebrill	Ffasgiaid Mussolini'n ennill buddugoliaeth ysgubol yn Etholiad Cyffredinol yr Eidal.
11 Mai	Buddugoliaeth clymblaid y chwith (*cartel des gauches*) yn creu argyfwng cyfansoddiadol yn Ffrainc.
1 Mehefin	Poincaré yn ymddiswyddo.
10 Mehefin	Yr Arlywydd Millerand yn ymddiswyddo.
13 Mehefin	Gaston Doumergue yn arlywydd newydd Ffrainc, gydag Edouard Herriot yn brif weinidog.
15 Gorffennaf	Rhyddhau De Valera o garchar Dulyn.
5 Awst	Ffrainc yn cytuno i ymadael â'r Ruhr.
18 Medi	Gandhi ar streic newyn yn Allahabad.
20 Medi	Cyfarfod Byddin yr Iaith yng Nghaernarfon yn argymell sefydlu Byddin Ymreolwyr Cymru.
12 Hydref	Marw Anatole France.
31 Hydref	Stanley Baldwin a'i Blaid Geidwadol yn ennill yr Etholiad Cyffredinol ym Mhrydain gyda mwyafrif cyfforddus.
5 Tachwedd	Calvin Coolidge yn arlywydd newydd yr Unol Daleithiau.
28 Tachwedd	Trosglwyddo gweddillion Jean Jaurès i'r *Panthéon* ym Mharis.

1925

3 Ionawr	Mussolini yn cymryd grym unbenaethol llawn yn yr Eidal.
Mawrth	Rhifyn cyntaf *Gwalarn* yn ymddangos yn Llydaw.
10 Ebrill	Edouard Herriot yn ymddiswyddo yn Ffrainc. Paul Painlevé i arwain y llywodraeth newydd.

14 Mehefin	Charles Maurras yn y llys barn wedi ei gyhuddo o fygwth lladd Schrameck, gweinidog cartref Ffrainc.
5 Awst	Sefydlu Plaid Genedlaethol Cymru ym Mhwllheli.
16 Hydref	Ffrainc, Gwlad Belg a'r Almaen yn arwyddo Cytundeb Locarno; ymrwymiad i beidio â mynd i ryfel â'i gilydd.
5 Tachwedd	Mussolini yn gwahardd pleidiau adain chwith yn yr Eidal.
11 Tachwedd	Georges Valois yn sefydlu *Faisceau des combattants*, mudiad ar lun Ffasgiaid Mussolini.
23 Tachwedd	Painlevé yn ymddiswyddo gan agor y ffordd i Aristide Briand ffurfio llywodraeth newydd yn Ffrainc. Rhwng Hydref 1925 a Gorffennaf 1926 y mae'r llywodraeth yn newid bedair gwaith.
10 Rhagfyr	Dyfarnu Gwobr Nobel am Lenyddiaeth i George Bernard Shaw.

1926

3 Mai	Streic gyffredinol ym Mhrydain.
12 Mai	Diwedd y streic gyffredinol ym Mhrydain, ond streic y glowyr yn parhau.
Mehefin	Rhifyn cyntaf *Y Ddraig Goch*.
23 Gorffennaf	Poincaré yn ffurfio llywodraeth glymblaid yn Ffrainc.
Awst	Ysgol Haf gyntaf Plaid Genedlaethol Cymru ym Machynlleth.
8 Medi	Derbyn yr Almaen yn aelod o Gynghrair y Cenhedloedd. Nid ydyw Rwsia na'r Unol Daleithiau yn aelodau. Brasil yn ymadael a Sbaen yn bygwth ymadael hefyd.
12 Tachwedd	Diwedd streic y glowyr ym Mhrydain.
Rhagfyr	Y Pab yn rhoi'r *Action Française* ar yr *Index*, rhestr cyhoeddiadau gwaharddedig Eglwys Rufain.

Llyfryddiaeth

Ceir llyfryddiaeth lawn o weithiau Ambrose Bebb yn Rhidian Griffiths, *Llyfryddiaeth William Ambrose Bebb* (Cymdeithas Llyfrgelloedd Cymru, 1982).

Erthyglau W. Ambrose Bebb, 1920–1926

1920

'Gweledigaeth yr ieuainc', *Baner ac Amserau Cymru*, 11 Medi 1920, 3; 18 Medi 1920, 7; 25 Medi 1920, 6; 2 Hydref 1920, 7.

1921

'Rhai o eiriau llafar Sir Drefaldwyn', *Bulletin of the Board of Celtic Studies* i (1921–3), 193–215, 334. Adargraffwyd yn Bruce Griffiths (gol.), *Gwerin-eiriau Maldwyn* (Llygad yr Haul, 1981), 87–118.
'Tro i Lanbrynmair', *Baner ac Amserau Cymru*, 26 Tachwedd 1921, 6; 3 Rhagfyr 1921, 7; 10 Rhagfyr 1921, 7; 24 Rhagfyr 1921, 11; 31 Rhagfyr 1921, 6.
'John ap John, apostol y Crynwyr yng Nghymru', *Cymru*, 61 (1921), 18–21, 70–1, 87–9, 156–8.

1922

'John ap John, apostol y Crynwyr yng Nghymru', *Cymru*, 62 (1922), 79–81, 119–20, 142–3; 63 (1922), 4–5, 46–8, 74–5.
'Tro i Lanbrynmair', *Baner ac Amserau Cymru*, 7 Ionawr 1922, 6; 14 Ionawr 1922, 6; 19 Ionawr 1922, 3; 26 Ionawr 1922, 6; 2 Chwefror 1922, 8; 9 Chwefror 1922, 8; 16 Chwefror 1922, 7.
'Yr Ymherodraeth Brydeinig ym marddoniaeth Cymru', *Y Geninen* 40 (1922), 40–5, 149–54.
'Cenedlaetholdeb a chyd-genedlaetholdeb', *Baner ac Amserau Cymru*, 25 Mai 1922, 4.

'Sul yn Ffrainc', *Baner ac Amserau Cymru*, 20 Gorffennaf 1922, 8; 3 Awst 1922, 2.

'Fersai (Versailles)', *Baner ac Amserau Cymru*, 7 Medi 1922, 3; 14 Medi 1922, 6; 21 Medi 1922, 6.

'Ymgom â gweithiwr: mewn planhigfa y tu allan i Sceaux, ar ororau Paris', *Baner ac Amserau Cymru*, 12 Hydref 1922, 6.

'Ymgom â Llydawr: yn Sceaux eto', *Baner ac Amserau Cymru*, 19 Hydref 1922, 6.

'Ymgom yn Chatenay: ag un o deulu Lenin, Lloyd George a Poincaré', *Baner ac Amserau Cymru*, 26 Hydref 1922, 8.

'Plessis-Piquet: ymgomiau am amaethu ac ymladd y Ffrancwyr fel milwyr', *Baner ac Amserau Cymru*, 2 Tachwedd 1922, 8.

'Oddiallan i Baris: Chatenay a'r cylch', *Baner ac Amserau Cymru*, 16 Tachwedd 1922, 6; 23 Tachwedd 1922, 6; 30 Tachwedd 1922, 6.

'Ymddiddan ag athro coleg yn Ffrainc', *Baner ac Amserau Cymru*, 14 Rhagfyr 1922, 6.

1923

'Y gweithiwr yn Ffrainc', *Y Llenor* 2 (1923), 36–51.

'Trithro gydag athrylith', *Y Llenor* 2 (1923), 177–80.

'Achub y Gymraeg: achub Cymru', *Y Geninen* 41 (1923), 113–26. Ateb i Morgan Watkin, 'Polisi ieithyddol i Gymru', *Y Geninen* 41 (1923), 16–29.

'Achub Cymru: trefnu ei bywyd', *Y Geninen* 41 (1923), 184–96.

'Reims: olion anfadrwydd y rhyfel: dinas na chafodd hedd', *Baner ac Amserau Cymru*, 1 Mawrth 1923, 6; 8 Mawrth 1923, 6; 15 Mawrth 1923, 8; 22 Mawrth 1923, 8.

'Tro trwy Sceaux', *Baner ac Amserau Cymru*, 31 Mai 1923, 8; 7 Mehefin 1923, 8.

'Colofn Cynghrair y Celtiaid', *Breiz Atao* 54 (Mehefin 1923), 324.

'Cymru'n Gaeth', *Breiz Atao* 54 (Mehefin 1923), 325.

'Cip ar hanes Cymru: Eur zell ouz istor Bro-gembre', *Breiz Atao* 55 (Gorffennaf 1923), 348–50. Hefyd (yn Gymraeg yn unig) yn *Cymru* 65 (1923), 104–6.

'Cryfder Llydaw: ei disgyblaeth grefyddol. Gwendid Llydaw: nad oes ganddi arweinwyr gwleidyddol', *Breiz Atao* 56–7 (Awst–Medi 1923), 2e édition, Panceltia, i–ii. Hefyd fel 'Cryfder a gwendid Llydaw', *Cymru* 65 (1923), 156–8.

'"Achub Cymru": gair dros y bobl "eithafol": ateb i Mr. Iorwerth C. Peate', *Baner ac Amserau Cymru*, 2 Awst 1923, 5. Ateb i Iorwerth C. Peate, '"Achub Cymru": ffoliaeth gorfodi'r Gymraeg heddiw', *Baner ac Amserau Cymru*, 9 Gorffennaf 1923, 5.

'Dyfodol y mudiad cenedlaethol', *Baner ac Amserau Cymru*, 9 Awst 1923, 6.

'Y sefyllfa yn Llydaw', *Breiz Atao* 56–7 (Awst–Medi 1923), 2e édition, Panceltia, ii–iv. Hefyd yn *Cymru* 65 (1923), 162–5.

'"Achub Cymru": ateb eto i Mr Iorwerth C. Peate', *Baner ac Amserau Cymru*, 23 Awst 1923, 6. Ateb i Iorwerth C. Peate, '"Achub Cymru": a oes raid wrth benboethni?', *Baner ac Amserau Cymru*, 9 Awst 1923, 5. Gweler hefyd lythyr Peate, *Baner ac Amserau Cymru*, 6 Medi 1923, 6.

'Cymru, Lloegr a Phrotestaniaeth: o ble y tarddodd y grefydd newydd?', *Baner ac Amserau Cymru*, 6 Medi 1923, 8.

'Achub Cymru ac achub y byd', *Baner ac Amserau Cymru*, 20 Medi 1923, 5.

'Gwleidyddiaeth y gwleidydd', *Baner ac Amserau Cymru*, 11 Hydref 1923, 8.

'Cenedlaetholdeb y Cymry', *Baner ac Amserau Cymru*, 27 Rhagfyr 1923, 6.

'Cymru a Llydaw', *Breiz Atao*, 58–60 (Hydref–Rhagfyr 1923), 2e édition, Panceltia, i–iv.

1924

'Achub y Gymraeg: achub Cymru', *Y Geninen* 42 (1924), 169–80. Ateb i Morgan Watkin, 'Polisi ieithyddol i Gymru', *Y Geninen* 41 (1923), 16–29.

'Yr Ymherodraeth Brydeinig ym marddoniaeth Cymru', *Y Geninen*, 42 (1924), 33–43.

'Trydedd anffawd fawr Cymru', *Y Llenor* 3 (1924), 103–9.

'Codi Cenedl', *Breiz Atao* 63 (Mawrth 1924), 2e édition, Panceltia, i–ii; 64 (Ebrill 1924), 2e édition, Panceltia, i–iii. Hefyd yn *Cymru* 66 (1924), 130–3, 163–7.

'Llydaw: ei hiaith, ei llên, a'i heglwys', *Breiz Atao* 65 (Mai 1924), 2e édition, Panceltia, i–iii. Hefyd yn *Cymru* 67 (1924), 54–9.

'Cymru a'r Cymry', *Breiz Atao* 66 (Mehefin 1924), 2e édition, Panceltia, i–iii. Hefyd yn *Cymru* 67 (1924), 69–74 (gan gynnwys 'Rheswm a'r mudiad cenedlaethol' , 73–4.

'Rheswm a'r mudiad cenedlaethol', *Breiz Atao* 67 (Gorffennaf 1924), 2e édition, Panceltia, ii. Hefyd yn *Cymru* 67 (1924), 73–4 (fel rhan o 'Cymru a'r Cymry', 69–74).

'Llydaw', *Cymru* 67 (1924), 181–7. Hefyd (heb deitl) yn *Breiz Atao* 69 (Medi 1924), 2e édition, Panceltia, 473–4; *Breiz Atao* 70 (Hydref 1924), 2e édition, Panceltia, i–iii.

'Cymru a'r gwledydd Celtaidd', *Breiz Atao* 68 (Awst 1924), 2e édition, Panceltia, i–iii.

'Cyfarwyddiadau i ymwelwyr â Llydaw', *Breiz Atao* 68 (Awst 1924), 2e édition, Panceltia, iii. Hefyd yn *Cymru* 71 (1926), 26.

'Y Gyngres Geltaidd: golwg ar Lydaw', *Baner ac Amserau Cymru*, 18 Medi 1924, 5.

'Y Gyngres Geltaidd: argraffiadau yn Llydaw', *Baner ac Amserau Cymru*, 25 Medi 1924, 4; 2 Hydref 1924, 6; 9 Hydref 1924, 8; 16 Hydref 1924, 6; 23 Hydref 1924, 8; 30 Hydref 1924, 8; 4 Rhagfyr 1924, 6.

1925

'Sefyllfa'r Llydaweg, o'i gymharu â'r gorffennol, ac o'i gymharu â Chymru', *Y Llenor* 4 (1925), 113–28.

'Awr gyda Charles le Goffic', *Y Llenor* 4 (1925), 219–33.

'Gwersi gofwy', *Breiz Atao* 73 (Ionawr 1925), 2e édition, Panceltia, i–iii; 76 (Ebrill 1925) 2e édition, Panceltia, i. Hefyd yn *Cymru* 70 (1926), 20–2, 57–60.

'Nodion am Lydaw', *Baner ac Amserau Cymru*, 12 Chwefror 1925, 6.

1926

'Amcanion y "Ddraig Goch"', *Y Ddraig Goch* (Mehefin 1926), 1–2.

'Gweddnewid Cymru', *Y Ddraig Goch* (Gorffennaf 1926), 1–2.

'Araith yr Archesgob', *Y Ddraig Goch* (Awst 1926), 4.

'Dylanwad Cymru', *Y Ddraig Goch* (Medi 1926), 3–4.

Gweithiau mwy diweddar Ambrose Bebb sydd yn uniongyrchol berthnasol i'r cyfnod

'Ambrose Bebb y golygydd cyntaf yn edrych yn ôl', *Y Ddraig Goch* (Mehefin 1951), 3, llun 6.

'Cychwyn y "Ddraig Goch"', *Y Ddraig Goch* (Mai 1946), 3.

'Saunders Lewis: llywydd y Blaid Genedlaethol er 1926', (Oriel y Blaid: 5), *Y Ddraig Goch* (Mawrth 1933), 3.

'Bywyd myfyrwyr ym Mharis', *Yr Efrydydd*, cyfres newydd, 4 (1927–8), 176–9.

Llydaw (Depôt Cymraeg Foyle, 1929), 1–284.

Pererindodau (Y Clwb Llyfrau Cymreig, 1941), 1–223.

'Swyn Paris', *Lleufer* 5 (1949), 131–6.

Cyfieithiadau William Ambrose Bebb 1920–26

Ludwig van Beethoven, 'Meddyliau Beethoven', *Y Cerddor Newydd* 2 (1923–4).

Alphonse Daudet, 'Garjaille yng nghartref y Duw da', *Baner ac Amserau Cymru*, 9 Mawrth 1922, 6.

Félicité Robert de Lamennais, · *Geiriau Credadun* (Y Cwmni Cyhoeddi Addysgol, 1923).

Romain Rolland, 'Mihangel-Angelo', *Yr Efrydydd* 3 (1922–3), 97–8.

Mudiadau Adain Dde Ewrop

Michael Curtis, *Three Against the Republic: Sorel, Barrès and Maurras* (Princetown University Press, 1959).

Max Gallo, *L'Italie de Mussolini, Vingt ans d'ère fasciste* (Perrin, 1982).

Robert Soncy, *French Fascism, the First Wave 1924–1933* (Yale University Press, 1986).

Michael Sutton, *Nationalism, Positivism and Catholicism: The Politics of Charles*

Maurras and French Catholics 1890–1914 (Cambridge University Press, 1982).

Eugen Weber, *Action Française, Royalism and Reaction in Twentieth-Century France* (Stanford University Press, 1962).

Eugen Weber, *Ma France: mythes, culture, politique* (Fayard, 1991).

Mudiadau Llydewig

H. le Boterf, *La Bretagne dans la guerre* (France-empire, 1970).

Ronan Caerléon, *La Révolution bretonne permanente* (La Table Ronde, 1969).

Alan Déniel, *Le Mouvement breton (1919–1945)* (éd. Maspero, 1976).

Alan Déniel, 'L'Evolution politique du mouvement breton devant les années vingt', *Pluriel* 18 (1979), 5–22.

M. Denis, 'Mouvement breton et fascisme. Signification de l'échec du second emsav', yn C. Gras a G. Livet (goln), *Régios et Régionalisme en France du XVIIIe siècle à nos jours* (Presses Universitaires de France, 1977).

Youenn Didre a Yann Fouéré, *Histoire du Quotidien "LA BRETAGNE"* (Les Cahiers de l'Avenir, 1981).

Gwynfor Evans, *Breton Nationalism* (Gwasg Gee, 1946).

Al Falz a Yann Sohier, 'Contribution à l'étude du mouvement Breiz Atao', *Ar Vro* 21 (Hydref 1963).

Yann Foéré, *Histoire résumée du mouvement breton: du XIXe siècle à nos jours, 1800–1976* (Cahiers de l'Avenir de la Bretagne, numéro 4, Editions Nature et Bretagne, 1977).

Henri Fréville, *Archives Secrets de la Bretagne 1940–1944* (Editions Ouest-France, 1985).

Henri Fréville, *La Presse bretonne dans la tourmente: 1940–46* (Plon, 1979).

Jorj Gwegen, *La Langue bretonne face à ses oppresseurs* (Editions Nature et Bretagne, 1975).

Legrand et Thomas, *Finistère dans la guerre*, dwy gyfrol (Editions de la Cité, 1979–81).

Le Sann et G. Ferec, *Breiz Atao et le nationalisme breton entre les deux guerres mondiales*, tair cyfrol, Mémoire de Maitrise (Histoire), Rennes, 1973.

Olier Mordrel, *Breiz Atao: ou Histoire et actualité du nationalisme breton* (A. Moreau, 1973).

M. Nicolas, *L'Emsav, politique et thématique du mouvement breton* (Thèse d'Etat, Rennes, 1980; Editions Syros, 1982).

Michael John Christopher O'Callaghan, *Separatism in Brittany* (Dyllansaw Truro, 1983).

Vreiz Skol, *Histoire de la Bretagne et des Pays Celtiques de 1914 à nos jours* (Tome 5, Morlaix, 1983).

Anna Youenou, *Fransez Debauvais de Breiz Atao: mémoires du chef breton commentés par sa femme*, pedair cyfrol (Rennes, 1972–8).

Anna Youenou, 'Quelques jalons pour une histoire de la Bretagne libérée', *Revue Historique* (avril 1985), 383–418.

Mynegai

Barrès, Maurice
1923 Dydd Sadwrn, 27 Ionawr
Dydd Mercher, 28 Chwefror
Dydd Llun, 9 Ebrill
Dydd Gwener, 7 Rhagfyr
Dydd Sadwrn, 8 Rhagfyr
Dydd Iau, 13 Rhagfyr
1924 Dydd Mawrth, 29 Ionawr
Dydd Gwener, 8 Chwefror
Dydd Gwener, 7 Mawrth
Dydd Iau, 1 Mai
1925 Dydd Sul, 3 Mai
Dydd Sul, 10 Mai

Bédier, Joseph
1924 Dydd Llun, 11 Chwefror
Dydd Llun, 18 Chwefror

Belloc, Hilaire
1924 Dydd Llun, 14 Ionawr

Berthou, Yves (Erwan)
1922 Dydd Mercher, 16 Awst
1924 Dydd Gwener, 11 Gorffennaf
1925 Dydd Iau, 27 Awst

Bertrand, Louis
1924 Dydd Mercher, 19 Mawrth

Breiz Atao
1920 Dydd Iau, 11 Tachwedd
Dydd Gwener, 12 Tachwedd
1921 Dydd Iau, 1 Rhagfyr
1922 Dydd Iau, 23 Mawrth
Dydd Llun, 8 Mai
Dydd Mercher, 2 Awst
1923 Dydd Sul, 14 Ionawr
Dydd Iau, 18 Ionawr
Dydd Mawrth, 3 Mawrth
Dydd Sul, 18 Mawrth
Dydd Mercher, 21 Mawrth
Dydd Mercher, 16 Mai
Dydd Llun, 21 Mai
Dydd Gwener, 8 Mehefin
Dydd Sadwrn, 16 Mehefin
Dydd Sul, 17 Mehefin
Dydd Mercher, 11 Gorffennaf
Dydd Sadwrn, 21 Gorffennaf
Dydd Llun, 6 Awst
Dydd Iau, 9 Awst
Dydd Mercher, 22 Awst
Dydd Mercher, 19 Medi
Dydd Iau, 20 Medi
Dydd Llun, 12 Tachwedd

1924 Dydd Iau, 24 Ionawr
Dydd Sadwrn, 15 Mawrth
Dydd Mawrth, 25 Mawrth
Dydd Mercher, 26 Mawrth
Dydd Llun, 31 Mawrth
Dydd Gwener, 2 Mai
Dydd Llun, 5 Mai
Dydd Gwener, 30 Mai
Dydd Sul, 1 Mehefin
Dydd Sul, 8 Mehefin
Dydd Mercher, 18 Mehefin
Dydd Sadwrn, 12 Gorffennaf
Dydd Gwener, 18 Gorffennaf
Dydd Mawrth, 22 Gorffennaf
Dydd Mercher, 6 Awst
Dydd Sadwrn, 6 Medi
Dydd Sul, 7 Medi
Dydd Gwener, 12 Medi
Dydd Iau, 2 Hydref
Dydd Iau, 27 Tachwedd
1925 Dydd Llun, 5 Ionawr
Dydd Mawrth, 24 Mawrth
Dydd Sadwrn, 22 Awst
Dydd Sul, 30 Awst

Bricler, Yann
1923 Dydd Mercher, 10 Ionawr
Dydd Sul, 14 Ionawr
Dydd Iau, 18 Ionawr
Dydd Sul, 21 Ionawr
Dydd Sul, 4 Chwefror
Dydd Mercher, 14 Chwefror
Dydd Sul, 18 Chwefror
Dydd Llun, 19 Chwefror
Dydd Mercher, 21 Chwefror
Dydd Llun, 26 Chwefror
Dydd Iau, 15 Mawrth
Dydd Sul, 18 Mawrth
Dydd Mercher, 19 Medi
Dydd Llun, 12 Tachwedd
1924 Dydd Llun, 31 Mawrth

Brython, Y
1922 Dydd Sadwrn, 18 Mawrth
1923 Dydd Sul, 21 Ionawr
Dydd Sadwrn, 10 Mawrth
Dydd Iau, 13 Rhagfyr
1924 Dydd Sul, 16 Mawrth

Buhez Breiz
1923 Dydd Sul, 17 Mehefin
1924 Dydd Gwener, 22 Awst
1925 Dydd Llun, 2 Chwefror

Dydd Sadwrn, 14 Chwefror

Cecil, yr Arglwydd Robert
1920　Dydd Mawrth, 8 Mehefin
1924　Dydd Mawrth, 25 Mawrth

Cerddor Newydd, Y
1922　Dydd Sadwrn, 18 Mawrth
　　　Dydd Sadwrn, 20 Mai
1923　Dydd Mercher, 14 Chwefror
　　　Dydd Iau, 13 Medi

Chateaubriand, René
1922　Dydd Mawrth, 7 Chwefror
　　　Dydd Sadwrn, 24 Mehefin
　　　Dydd Mercher, 2 Awst
　　　Dydd Mawrth, 8 Awst
　　　Dydd Mercher, 16 Awst
1923　Dydd Mercher, 2 Mai
1924　Dydd Mercher, 30 Gorffennaf

Comte, Auguste
1922　Dydd Gwener, 8 Medi
1923　Dydd Gwener, 26 Ionawr
　　　Dydd Gwener, 23 Chwefror
　　　Dydd Sul, 28 Hydref
1924　Dydd Iau, 1 Mai

Cymru
1921　Dydd Mawrth, 2 Awst
　　　Dydd Mercher, 14 Medi
　　　Dydd Mawrth, 25 Hydref
1922　Dydd Iau, 19 Ionawr
　　　Dydd Mawrth, 31 Ionawr
　　　Dydd Mawrth, 14 Chwefror
1923　Dydd Iau, 9 Awst
　　　Dydd Mercher, 20 Medi
　　　Dydd Mercher, 7 Tachwedd
1924　Dydd Sadwrn, 15 Mawrth
　　　Dydd Mercher, 26 Mawrth
1926　Dydd Iau, 7 Ionawr

Cynghrair y Cenhedloedd
1920　Dydd Mercher, 28 Ionawr
　　　Dydd Mawrth, 24 Chwefror
　　　Dydd Mercher, 21 Ebrill
　　　Dydd Mawrth, 1 Mehefin
1921　Dydd Llun, 25 Ebrill
　　　Dydd Iau, 24 Chwefror
　　　Dydd Mercher, 2 Mawrth
　　　Dydd Sul, 20 Mawrth
　　　Dydd Gwener, 1 Ebrill
　　　Dydd Mercher, 13 Ebrill
1922　Dydd Mercher, 11 Hydref
1923　Dydd Iau, 5 Ebrill

Dydd Gwener, 20 Ebrill
Dydd Llun, 21 Mai
Dydd Gwener, 28 Medi
Dydd Llun, 22 Hydref
Dydd Sul, 16 Rhagfyr
1924　Dydd Mawrth, 25 Mawrth
1925　Dydd Mawrth, 14 Ebrill

Daniel, Jack
1926　Dydd Mercher, 17 Tachwedd
　　　Dydd Sul, 28 Tachwedd
　　　Dydd Mawrth, 7 Rhagfyr

Darian, Y
1922　Dydd Sadwrn, 11 Mawrth
　　　Dydd Sadwrn, 18 Mawrth
　　　Dydd Iau, 23 Mawrth
　　　Dydd Sadwrn, 25 Mawrth
1923　Dydd Iau, 5 Ebrill
　　　Dydd Mercher, 10 Ionawr
　　　Dydd Sul, 4 Chwefror
　　　Dydd Sul, 11 Chwefror
　　　Dydd Gwener, 23 Chwefror
　　　Dydd Llun, 26 Chwefror
　　　Dydd Sadwrn, 10 Mawrth
　　　Dydd Sadwrn, 12 Mai
　　　Dydd Llun, 30 Gorffennaf
　　　Dydd Mercher, 1 Awst
　　　Dydd Iau, 13 Rhagfyr
　　　Dydd Sul, 16 Rhagfyr
1924　Dydd Sul, 16 Mawrth
　　　Dydd Sul, 6 Ebrill
　　　Dydd Sul, 1 Mehefin
1925　Dydd Mercher, 4 Chwefror
1926　Dydd Gwener, 15 Ionawr

Daudet, Alphonse
1922　Dydd Sul, 8 Ionawr
　　　Dydd Mawrth, 14 Chwefror
　　　Dydd Sadwrn, 11 Mawrth
1926　Dydd Mercher, 5 Mai

Daudet, Léon
1923　Dydd Iau, 8 Mawrth
　　　Dydd Llun, 3 Rhagfyr
1924　Dydd Mawrth, 25 Mawrth
　　　Dydd Sul, 6 Ebrill
　　　Dydd Sul, 11 Mai
　　　Dydd Gwener, 21 Tachwedd
　　　Dydd Gwener, 5 Rhagfyr
1925　Dydd Iau, 26 Mawrth
　　　Dydd Iau, 2 Ebrill
　　　Dydd Sul, 3 Mai
　　　Dydd Mercher, 17 Mehefin

Dydd Gwener, 19 Mehefin
1926 Dydd Mercher, 24 Mawrth

Davies, Gwilym
1922 Dydd Sul, 8 Ionawr
Dydd Iau, 30 Mawrth

Davies, John Humphreys
1920 Dydd Mawrth, 17 Awst
Dydd Llun, 18 Hydref
Dydd Mercher, 17 Tachwedd
1921 Dydd Iau, 16 Mehefin
1922 Dydd Iau, 20 Ebrill
Dydd Llun, 25 Medi
1923 Dydd Mawrth, 17 Ebrill
Dydd Mercher, 18 Gorffennaf
Dydd Mawrth, 11 Medi
Dydd Iau, 13 Medi
Dydd Llun, 17 Medi
1924 Dydd Gwener, 14 Mawrth
Dydd Mawrth, 17 Mehefin
Dydd Sul, 26 Hydref

Davies, E. Tegla
1923 Dydd Iau, 20 Medi
1925 Dydd Mawrth, 16 Mehefin

Debauvais, François
1923 Dydd Mercher, 16 Mai
Dydd Sadwrn, 16 Mehefin
Dydd Sul, 17 Mehefin
Dydd Sul, 1 Gorffennaf
Dydd Llun, 12 Tachwedd
1924 Dydd Gwener, 2 Mai
Dydd Sul, 1 Mehefin
Dydd Gwener, 4 Gorffennaf
Dydd Sul, 7 Gorffennaf
Dydd Sadwrn, 6 Medi
1925 Dydd Sadwrn, 14 Chwefror
1926 Dydd Sul, 22 Awst

De Roux, Marie
1923 Dydd Iau, 22 Tachwedd
1924 Dydd Gwener, 5 Rhagfyr

De Valera, Eamon
1921 Dydd Sul, 20 Chwefror
Dydd Llun, 29 Awst
Dydd Mercher, 14 Medi
1922 Dydd Mercher, 29 Tachwedd
1925 Dydd Sadwrn, 24 Ionawr
Dydd Sadwrn, 4 Gorffennaf
Dydd Sul, 5 Gorffennaf
Dydd Llun, 6 Gorffennaf
Dydd Iau, 9 Gorffennaf

Dottin, Georges
1920 Dydd Mawrth, 26 Hydref
Dydd Mawrth, 9 Tachwedd
1923 Dydd Sadwrn, 16 Mehefin
1924 Dydd Sadwrn, 5 Ebrill

Dyfnallt (John Dyfnallt Owen)
1922 Dydd Mercher, 16 Awst
Dydd Sadwrn, 2 Medi
1923 Dydd Llun, 19 Chwefror
Dydd Gwener, 23 Chwefror
Dydd Llun, 26 Chwefror
Dydd Iau, 15 Mawrth
Dydd Mawrth, 7 Awst
Dydd Iau, 9 Awst
Dydd Gwener, 28 Medi
Dydd Sul, 16 Rhagfyr
1924 Dydd Iau, 3 Ionawr

Ddraig Goch, Y
1926 Dydd Sadwrn, 27 Mawrth
Dydd Sadwrn, 1 Mai
Dydd Sadwrn, 8 Mai
Dydd Sadwrn, 29 Mai
Dydd Mercher, 2 Mehefin
Dydd Mawrth, 15 Mehefin
Dydd Iau, 8 Gorffennaf
Dydd Mercher, 1 Medi
Dydd Mercher, 24 Tachwedd

Edwards, D. Miall
1922 Dydd Mercher, 8 Mawrth
Dydd Sadwrn, 25 Mawrth
1923 Dydd Mercher, 25 Gorffennaf
Dydd Gwener, 10 Awst
Dydd Sadwrn, 6 Hydref

Edwards, Ifan ab Owen
1921 Dydd Llun, 21 Mawrth
Dydd Iau, 31 Mawrth
Dydd Mercher, 13 Ebrill
Dydd Mercher, 1 Mehefin
Dydd Mawrth, 2 Awst
Dydd Mawrth, 9 Awst
Dydd Iau, 20 Hydref
Dydd Mawrth, 25 Hydref
1922 Dydd Iau, 20 Ebrill
Dydd Iau, 9 Awst
1923 Dydd Iau, 20 Medi

Edwards, Syr Owen Morgan
1921 Dydd Sadwrn, 10 Medi
Dydd Llun, 12 Medi
Dydd Mercher, 14 Medi

Dydd Iau, 15 Medi
1922 Dydd Llun, 31 Gorffennaf
Dydd Mawrth, 1 Awst
1923 Dydd Mercher, 15 Awst
Dydd Iau, 29 Awst
1926 Dydd Iau, 8 Ebrill
Dydd Mercher, 14 Ebrill

Efrydydd, Yr
1921 Dydd Llun, 31 Hydref
1922 Dydd Sadwrn, 25 Mawrth

Emrys ap Iwan (Robert Ambrose Jones)
1922 Dydd Iau, 31 Awst
Dydd Mawrth, 24 Hydref
1923 Dydd Llun, 9 Ebrill
Dydd Mawrth, 11 Medi
Dydd Mawrth, 2 Hydref
Dydd Mercher, 3 Hydref
Dydd Iau, 1 Tachwedd

Evans, Ifor
1922 Dydd Sadwrn, 22 Ebrill
Dydd Gwener, 3 Ionawr
1924 Dydd Iau, 3 Ionawr

Even, Francis
1924 Dydd Mercher, 9 Gorffennaf
Dydd Gwener, 11 Gorffennaf
1925 Dydd Mawrth, 25 Awst

Fustec, Yann
1924 Dydd Llun, 21 Gorffennaf
Dydd Mawrth, 22 Gorffennaf

Faner, Y
1920 Dydd Iau, 2 Medi
Dydd Gwener, 10 Medi
1921 Dydd Iau, 20 Hydref
Dydd Llun, 7 Tachwedd
Dydd Sadwrn, 26 Tachwedd
1922 Dydd Llun, 9 Ionawr
Dydd Sul, 15 Ionawr
Dydd Sadwrn, 4 Chwefror
Dydd Sul, 12 Chwefror
Dydd Iau, 23 Chwefror
Dydd Gwener, 24 Chwefror
Dydd Gwener, 3 Mawrth
Dydd Sul, 5 Mawrth
Dydd Sadwrn, 11 Mawrth
Dydd Iau, 16 Mawrth
Dydd Sadwrn, 8 Ebrill
Dydd Iau, 20 Ebrill
Dydd Sadwrn, 22 Ebrill
Dydd Mercher, 17 Mai

Dydd Iau, 31 Awst
Dydd Sadwrn, 2 Medi
Dydd Sadwrn, 16 Medi
Dydd Sul, 8 Hydref
Dydd Llun, 20 Tachwedd
1923 Dydd Mercher, 10 Ionawr
Dydd Sadwrn, 27 Ionawr
Dydd Iau, 15 Chwefror
Dydd Mawrth, 3 Mawrth
Dydd Llun, 5 Mawrth
Dydd Gwener, 16 Mawrth
Dydd Iau, 22 Mawrth
Dydd Llun, 9 Ebrill
Dydd Mawrth, 17 Ebrill
Dydd Gwener, 20 Ebrill
Dydd Iau, 10 Mai
Dydd Gwener, 11 Mai
Dydd Sadwrn, 12 Mai
Dydd Sadwrn, 19 Mai
Dydd Gwener, 25 Mai
Dydd Gwener, 8 Mehefin
Dydd Llun, 18 Mehefin
Dydd Mawrth, 19 Mehefin
Dydd Mawrth, 24 Gorffennaf
Dydd Sadwrn, 28 Gorffennaf
Dydd Sul, 29 Gorffennaf
Dydd Mercher, 1 Awst
Dydd Gwener, 10 Awst
Dydd Sadwrn, 11 Awst
Dydd Sul, 19 Awst
Dydd Llun, 20 Awst
Dydd Sul, 9 Medi
Dydd Mawrth, 11 Medi
Dydd Sadwrn, 15 Medi
Dydd Iau, 20 Medi
Dydd Gwener, 28 Medi
Dydd Sadwrn, 6 Hydref
Dydd Llun, 22 Hydref
Dydd Iau, 1 Tachwedd
Dydd Sadwrn, 15 Rhagfyr
1924 Dydd Mawrth, 29 Ionawr
Dydd Gwener, 14 Mawrth
Dydd Gwener, 25 Ebrill
Dydd Mawrth, 28 Hydref
1925 Dydd Llun, 2 Chwefror
Dydd Sadwrn, 14 Chwefror
Dydd Mercher, 29 Ebrill
Dydd Llun, 26 Hydref

Geninen, Y
1920 Dydd Mercher, 28 Ionawr
1922 Dydd Iau, 23 Chwefror

Dydd Mawrth, 7 Gorffennaf

Jenkins, R.T.
1922 Dydd Mawrth, 8 Awst
1923 Dydd Llun, 9 Ebrill
    Dydd Mercher, 25 Gorffennaf
1924 Dydd Gwener, 20 Mehefin
1926 Dydd Gwener, 5 Chwefror

John, E.T.
1922 Dydd Mercher, 29 Tachwedd
1924 Dydd Sadwrn, 6 Medi
    Dydd Llun, 15 Medi
    Dydd Llun, 22 Medi
    Dydd Mercher, 15 Hydref
    Dydd Sadwrn, 18 Hydref
1925 Dydd Sadwrn, 2 Mai
    Dydd Sul, 24 Mai
    Dydd Sadwrn, 4 Gorffennaf
    Dydd Sul, 5 Gorffennaf

Jones, Fred
1923 Dydd Sadwrn, 19 Mai
1924 Dydd Iau, 3 Ionawr
    Dydd Mawrth, 4 Mawrth
    Dydd Llun, 5 Mai
    Dydd Mercher, 30 Gorffennaf
    Dydd Iau, 6 Tachwedd
    Dydd Gwener, 7 Tachwedd
1925 Dydd Llun, 5 Ionawr
    Dydd Mercher, 7 Ionawr
    Dydd Gwener, 9 Ionawr

Jones, Gwenan
1924 Dydd Mawrth, 8 Ebrill
1925 Dydd Mercher, 29 Ebrill
    Dydd Llun, 30 Tachwedd
    Dydd Mercher, 2 Rhagfyr

Jones, H.R.
1925 Dydd Llun, 5 Hydref
    Dydd Sadwrn, 10 Hydref
1926 Dydd Sadwrn, 30 Ionawr
    Dydd Sadwrn, 27 Mawrth
    Dydd Sadwrn, 8 Mai
    Dydd Sadwrn, 15 Mai
    Dydd Sadwrn, 22 Mai
    Dydd Sadwrn, 29 Mai
    Dydd Sadwrn, 26 Mehefin

Jones, T. Gwynn
1920 Dydd Gwener, 16 Ionawr
    Dydd Sadwrn, 17 Ebrill
    Dydd Gwener, 20 Awst
    Dydd Gwener, 1 Hydref

    Dydd Llun, 18 Hydref
    Dydd Gwener, 5 Tachwedd
    Dydd Iau, 18 Tachwedd
1921 Dydd Llun, 7 Chwefror
    Dydd Mawrth, 8 Chwefror
    Dydd Mercher, 27 Ebrill
    Dydd Mercher, 4 Mai
    Dydd Mawrth, 7 Mehefin
    Dydd Mawrth, 14 Mehefin
    Dydd Llun, 27 Mehefin
    Dydd Mercher, 14 Rhagfyr
    Dydd Iau, 15 Rhagfyr
1922 Dydd Mawrth, 24 Ionawr
    Dydd Iau, 26 Ionawr
    Dydd Gwener, 17 Chwefror
    Dydd Llun, 27 Mawrth
    Dydd Mercher, 29 Mawrth
    Dydd Mercher, 2 Awst
    Dydd Mercher, 16 Awst
    Dydd Gwener, 18 Awst
1923 Dydd Sadwrn, 27 Ionawr
    Dydd Mawrth, 17 Ebrill
    Dydd Sul, 3 Mehefin
    Dydd Sul, 2 Medi
    Dydd Gwener, 7 Medi
    Dydd Sul, 9 Medi
    Dydd Mawrth, 11 Medi
    Dydd Llun, 24 Medi
    Dydd Mawrth, 2 Hydref
    Dydd Llun, 22 Hydref
1924 Dydd Iau, 3 Ionawr
    Dydd Sul, 1 Mehefin
    Dydd Mawrth, 17 Mehefin
1925 Dydd Iau, 29 Ionawr
    Dydd Gwener, 27 Chwefror
    Dydd Sul, 26 Gorffennaf
    Dydd Mercher, 20 Rhagfyr
1926 Dydd Sadwrn, 22 Mai

Jones, Tywi
1923 Dydd Mercher, 12 Medi
    Dydd Sadwrn, 4 Gorffennaf
1925 Dydd Sul, 5 Gorffennaf
    Dydd Mawrth, 7 Gorffennaf
1926 Dydd Gwener, 15 Ionawr

Lamennais, Félicité Robert de
1921 Dydd Sadwrn, 18 Mehefin
    Dydd Gwener, 1 Gorffennaf
    Dydd Mawrth, 5 Gorffennaf
    Dydd Mercher, 13 Gorffennaf
    Dydd Iau, 14 Gorffennaf
    Dydd Mawrth, 2 Awst

Dydd Iau, 4 Awst
Dydd Mawrth, 9 Awst
Dydd Mercher, 17 Awst
Dydd Mawrth, 6 Medi
Dydd Iau, 15 Rhagfyr
1922 Dydd Sadwrn, 14 Ionawr
Dydd Mawrth, 7 Chwefror
1924 Dydd Iau, 3 Ionawr
Dydd Mercher, 26 Mawrth

Le Coat, Guill
1924 Dydd Mawrth, 22 Gorffennaf

Le Drézen, Yves
1924 Dydd Gwener, 12 Medi
1925 Dydd Gwener, 10 Gorffennaf
Dydd Mercher, 9 Medi

Le Goffic, Charles
1923 Dydd Mercher, 7 Chwefror
Dydd Mercher, 2 Mai
Dydd Sul, 17 Mehefin
1924 Dydd Gwener, 18 Gorffennaf
1925 Dydd Mawrth, 14 Ebrill
Dydd Mercher, 15 Ebrill
Dydd Mawrth, 20 Hydref
1926 Dydd Gwener, 5 Chwefror

Lewis, Henry
1921 Dydd Llun, 29 Awst
Dydd Iau, 20 Hydref
1922 Dydd Sul, 8 Ionawr
Dydd Llun, 27 Mawrth
Dydd Sadwrn, 22 Ebrill
Dydd Iau, 3 Awst
Dydd Mercher, 16 Awst
1923 Dydd Iau, 15 Mawrth
Dydd Sul, 18 Mawrth
Dydd Mawrth, 17 Ebrill
Dydd Mercher, 25 Gorffennaf
Dydd Llun, 30 Gorffennaf
Dydd Sul, 9 Medi
1924 Dydd Iau, 3 Ionawr

Lewis, Saunders
1922 Dydd Sul, 6 Awst
1923 Dydd Sadwrn, 3 Mawrth
Dydd Mercher, 11 Ebrill
Dydd Gwener, 10 Awst
Dydd Sul, 9 Medi
Dydd Mawrth, 11 Medi
Dydd Sadwrn, 15 Medi
Dydd Sadwrn, 6 Hydref
1924 Dydd Iau, 3 Ionawr

Dydd Iau, 17 Ionawr
Dydd Llun, 21 Ionawr
Dydd Mawrth, 29 Ionawr
Dydd Sadwrn, 9 Chwefror
Dydd Gwener, 14 Mawrth
Dydd Gwener, 25 Ebrill
Dydd Llun, 5 Mai
Dydd Llun, 1 Mehefin
Dydd Sul, 8 Mehefin
Dydd Mercher, 30 Gorffennaf
Dydd Mercher, 15 Hydref
Dydd Llun, 3 Tachwedd
Dydd Mawrth, 4 Tachwedd
Dydd Sul, 16 Tachwedd
Dydd Llun, 17 Tachwedd
Dydd Sadwrn, 27 Rhagfyr
1925 Dydd Llun, 5 Ionawr
Dydd Sadwrn, 28 Chwefror
Dydd Mawrth, 24 Mawrth
Dydd Llun, 22 Mehefin
Dydd Gwener, 31 Gorffennaf
Dydd Mercher, 7 Hydref
1926 Dydd Mercher, 3 Chwefror
Dydd Gwener, 5 Chwefror
Dydd Llun, 5 Ebrill

Lewis, Timothy
1921 Dydd Sadwrn, 3 Rhagfyr
Dydd Iau, 8 Rhagfyr
1922 Dydd Mercher, 16 Awst

Llenor, Y
1922 Dydd Llun, 12 Mehefin
Dydd Sul, 6 Awst
Dydd Iau, 31 Awst
Dydd Mawrth, 21 Tachwedd
1923 Dydd Mercher, 10 Ionawr
Dydd Mawrth, 3 Mawrth
Dydd Llun, 9 Ebrill
Dydd Mercher, 11 Ebrill
Dydd Mawrth, 17 Ebrill
Dydd Sul, 22 Ebrill
Dydd Mercher, 25 Gorffennaf
Dydd Sul, 26 Awst
Dydd Gwener, 12 Hydref
1924 Dydd Sul, 12 Ebrill
Dydd Sul, 13 Ebrill
Dydd Gwener, 20 Mehefin
1925 Dydd Gwener, 1 Mai
Dydd Gwener, 8 Mai
Dydd Mawrth, 16 Mehefin
Dydd Mawrth, 20 Hydref

Lloyd George, David
1920 Dydd Gwener, 13 Chwefror
Dydd Mawrth, 16 Mawrth
Dydd Gwener, 6 Awst
1921 Dydd Sul, 6 Chwefror
Dydd Llun, 28 Mawrth
Dydd Gwener, 1 Ebrill
Dydd Mawrth, 26 Ebrill
Dydd Mercher, 27 Ebrill
Dydd Llun, 29 Awst
Dydd Gwener, 2 Medi
Dydd Gwener, 23 Medi
1922 Dydd Llun, 8 Mai
Dydd Gwener, 23 Mehefin
Dydd Llun, 23 Hydref
Dydd Mawrth, 24 Hydref
Dydd Sadwrn, 11 Tachwedd
Dydd Mercher, 29 Tachwedd
1923 Dydd Llun, 8 Ionawr
Dydd Sadwrn, 10 Mawrth
Dydd Iau, 29 Tachwedd
Dydd Iau, 13 Rhagfyr
1924 Dydd Mawrth, 17 Mehefin
Dydd Gwener, 21 Tachwedd

Lloyd, J.E.
1922 Dydd Mawrth, 24 Ionawr
1925 Dydd Mawrth, 7 Gorffennaf

Loth, Joseph
1921 Dydd Mawrth, 14 Mehefin
Dydd Gwener, 11 Tachwedd
Dydd Sadwrn, 12 Tachwedd
Dydd Iau, 8 Rhagfyr
Dydd Mawrth, 20 Rhagfyr
1922 Dydd Gwener, 27 Ionawr
Dydd Sul, 12 Chwefror
Dydd Gwener, 17 Chwefror
1923 Dydd Gwener, 12 Ionawr
Dydd Iau, 15 Chwefror
Dydd Iau, 22 Chwefror
Dydd Iau, 22 Mawrth
Dydd Mawrth, 17 Ebrill
1924 Dydd Mercher, 23 Ionawr
Dydd Sadwrn, 26 Ionawr
Dydd Mercher, 31 Ionawr
Dydd Sadwrn, 5 Ebrill
Dydd Mercher, 27 Awst
Dydd Mawrth, 7 Hydref
1925 Dydd Sadwrn, 14 Mawrth
Dydd Mawrth, 14 Ebrill

Marchal, Maurice
1920 Dydd Iau, 11 Tachwedd
Dydd Gwener, 12 Tachwedd
1921 Dydd Sul, 6 Mawrth
1923 Dydd Sul, 4 Chwefror
Dydd Llun, 26 Chwefror
Dydd Sul, 17 Mehefin
1924 Dydd Sadwrn, 6 Medi
1925 Dydd Sadwrn, 4 Gorffennaf
Dydd Sadwrn, 22 Awst

Maritain, Jacques
1924 Dydd Iau, 3 Ebrill
1925 Dydd Gwener, 21 Gorffennaf

Massis, Henri
1923 Dydd Iau, 22 Tachwedd
1924 Dydd Iau, 6 Mawrth
Dydd Gwener, 5 Rhagfyr
1925 Dydd Iau, 29 Ionawr
Dydd Gwener, 6 Chwefror
Dydd Sul, 10 Mai
1926 Dydd Mercher, 24 Mawrth

Maurois, André
1924 Dydd Sul, 6 Ebrill

Maurras, Charles
1922 Dydd Sadwrn, 9 Rhagfyr
Dydd Mawrth, 19 Rhagfyr
Dydd Gwener, 22 Rhagfyr
1923 Dydd Gwener, 12 Ionawr
Dydd Sadwrn, 13 Ionawr
Dydd Iau, 18 Ionawr
Dydd Gwener, 19 Ionawr
Dydd Sul, 21 Ionawr
Dydd Gwener, 26 Ionawr
Dydd Sadwrn, 27 Ionawr
Dydd Mercher, 31 Ionawr
Dydd Sul, 4 Chwefror
Dydd Mercher, 7 Chwefror
Dydd Mawrth, 13 Chwefror
Dydd Mercher, 14 Chwefror
Dydd Iau, 22 Chwefror
Dydd Gwener, 23 Chwefror
Dydd Sul, 25 Chwefror
Dydd Llun, 26 Chwefror
Dydd Iau, 8 Mawrth
Dydd Llun, 9 Ebrill
Dydd Iau, 3 Mai
Dydd Iau, 17 Mai
Dydd Sadwrn, 1 Medi
Dydd Iau, 20 Medi

Dydd Gwener, 12 Hydref
Dydd Sul, 28 Hydref
Dydd Iau, 22 Tachwedd
Dydd Gwener, 7 Rhagfyr
Dydd Sadwrn, 8 Rhagfyr
Dydd Iau, 13 Rhagfyr
1924 Dydd Mawrth, 29 Ionawr
Dydd Gwener, 8 Chwefror
Dydd Gwener, 7 Mawrth
Dydd Gwener, 21 Mawrth
Dydd Iau, 3 Ebrill
Dydd Sul, 6 Ebrill
Dydd Iau, 1 Mai
Dydd Sul, 11 Mai
Dydd Iau, 15 Mai
Dydd Gwener, 20 Mehefin
Dydd Gwener, 21 Tachwedd
Dydd Gwener, 5 Rhagfyr
1925 Dydd Iau, 29 Ionawr
Dydd Gwener, 6 Mawrth
Dydd Iau, 26 Mawrth
Dydd Iau, 2 Ebrill
Dydd Mawrth, 14 Ebrill
Dydd Sul, 3 Mai
Dydd Sul, 10 Mai
Dydd Mercher, 17 Mehefin
Dydd Gwener, 19 Mehefin
1926 Dydd Gwener, 5 Chwefror
Dydd Sul, 14 Mawrth
Dydd Mercher, 24 Mawrth

Mazzini, Giuseppe
1920 Dydd Gwener, 30 Gorffennaf
1921 Dydd Mercher, 14 Medi
1922 Dydd Sadwrn, 14 Ionawr
Dydd Sul, 5 Mawrth
Dydd Mercher, 11 Hydref
Dydd Mawrth, 31 Hydref
1925 Dydd Sul, 8 Tachwedd
Dydd Sadwrn, 14 Tachwedd

Michelet, Jules
1922 Dydd Gwener, 17 Tachwedd
1924 Dydd Llun, 11 Chwefror
Dydd Gwener, 21 Mawrth
1925 Dydd Gwener, 6 Chwefror

Mocaer, Pierre
1924 Dydd Gwener, 8 Awst
Dydd Gwener, 22 Awst
Dydd Sadwrn, 6 Medi
Dydd Sadwrn, 13 Medi

Mordrel, Olier
1920 Dydd Llun, 15 Tachwedd

Dydd Mawrth, 16 Tachwedd
Dydd Iau, 18 Tachwedd
Dydd Sul, 21 Tachwedd
1921 Dydd Sul, 6 Mawrth
Dydd Mercher, 16 Mawrth
Dydd Sul, 17 Ebrill
Dydd Mercher, 20 Ebrill
1922 Dydd Sadwrn, 11 Chwefror
Dydd Gwener, 3 Mawrth
Dydd Sadwrn, 11 Mawrth
Dydd Sul, 18 Mehefin
1923 Dydd Sul, 14 Ionawr
Dydd Iau, 18 Ionawr
Dydd Sul, 18 Chwefror
Dydd Llun, 19 Chwefror
Dydd Mercher, 21 Chwefror
Dydd Sul, 25 Chwefror
Dydd Sul, 18 Mawrth
Dydd Mercher, 21 Mawrth
Dydd Mercher, 16 Mai
Dydd Sul, 17 Mehefin
Dydd Llun, 12 Tachwedd
1924 Dydd Llun, 21 Ionawr
Dydd Sadwrn, 6 Medi
Dydd Iau, 27 Tachwedd
Dydd Sul, 14 Rhagfyr
1925 Dydd Mercher, 4 Chwefror
Dydd Sadwrn, 4 Gorffennaf
Dydd Mercher, 9 Medi

Morgan, D.J.
1920 Dydd Gwener, 6 Awst
Dydd Sul, 8 Awst
1921 Dydd Sul, 10 Mawrth
1922 Dydd Llun, 24 Ebrill
1923 Dydd Llun, 2 Ebrill
Dydd Sul, 19 Awst
Dydd Sadwrn, 13 Hydref

Morgan, Y Parch. Herbert
1921 Dydd Llun, 31 Hydref
1923 Dydd Gwener, 20 Ebrill
Dydd Mercher, 1 Awst
Dydd Sul, 2 Medi
1924 Dydd Mawrth, 8 Ebrill
1926 Dydd Mawrth, 19 Ionawr

Morris Jones, John
1921 Dydd Mawrth, 19 Ebrill
Dydd Mawrth, 14 Mehefin
Dydd Iau, 8 Rhagfyr
1922 Dydd Gwener, 17 Chwefror
Dydd Mercher, 30 Gorffennaf
Dydd Mercher, 1 Awst
Dydd Sul, 9 Medi

Dydd Sadwrn, 13 Hydref
1924 Dydd Mawrth, 17 Mehefin
1925 Dydd Mawrth, 17 Mawrth
Dydd Mercher, 15 Ebrill
Dydd Sadwrn, 27 Mehefin
Dydd Sul, 26 Gorffennaf
1926 Dydd Sul, 31 Ionawr
Dydd Mercher, 23 Mehefin

Mussolini, Benito
1923 Dydd Mercher, 21 Mawrth
Dydd Iau, 22 Tachwedd
1924 Dydd Gwener, 29 Chwefror
1926 Dydd Mercher, 7 Ebrill

Nemo, Louis-Paul (Roparz Hemon)
1923 Dydd Mercher, 10 Ionawr
Dydd Mawrth, 16 Ionawr
Dydd Iau, 18 Ionawr
Dydd Gwener, 8 Mehefin
Dydd Mercher, 11 Gorffennaf
Dydd Sadwrn, 21 Gorffennaf
Dydd Llun, 12 Tachwedd
1925 Dydd Sadwrn, 4 Gorffennaf
Dydd Mawrth, 7 Gorffennaf
Dydd Sul, 26 Gorffennaf

Nicholas, T.E.
1922 Dydd Llun, 18 Medi
1923 Dydd sadwrn, 13 Hydref

Parry, Robert Williams
1921 Dydd Mawrth, 19 Ebrill
Dydd Iau, 15 Rhagfyr
1922 Dydd Sul, 8 Ionawr
Dydd Gwener, 17 Chwefror
1923 Dydd Mercher, 11 Ebrill
Dydd Mawrth, 17 Ebrill
1924 Dydd Iau, 3 Ionawr
Dydd Llun, 21 Ionawr
1925 Dydd Gwener, 1 Mai
Dydd Gwener, 8 Mai
Dydd Gwener, 12 Mehefin
Dydd Gwener, 19 Mehefin
Dydd Gwener, 16 Hydref
Dydd Llun, 26 Hydref
Dydd Mercher, 4 Tachwedd
Dydd Llun, 16 Tachwedd
1926 Dydd Mercher, 28 Ebrill
Dydd Iau, 7 Hydref
Dydd Llun, 11 Hydref
Dydd Llun, 18 Hydref

Parry-Williams, Thomas Herbert
1920 Dydd Gwener, 16 Ionawr
Dydd Llun, 21 Mehefin
Dydd Mercher, 18 Awst
Dydd Gwener, 20 Awst
Dydd Gwener, 1 Hydref
Dydd Llun, 18 Hydref
Dydd Gwener, 5 Tachwedd
1921 Dydd Mawrth, 7 Mehefin
Dydd Iau, 1 Rhagfyr
Dydd Mercher, 14 Rhagfyr
1922 Dydd Sul, 8 Ionawr
Dydd Gwener, 17 Chwefror
Dydd Llun, 27 Mawrth
Dydd Mercher, 2 Awst
Dydd Mercher, 16 Awst
Dydd Mawrth, 21 Tachwedd
1923 Dydd Mawrth, 17 Ebrill
Dydd Gwener, 20 Ebrill
Dydd Sadwrn, 19 Mai
Dydd Llun, 30 Gorffennaf
Dydd Gwener, 7 Medi
Dydd Gwener, 12 Hydref
Dydd Sadwrn, 13 Hydref
1924 Dydd Llun, 21 Ionawr
Dydd Gwener, 5 Tachwedd
1925 Dydd Gwener, 1 Mai

Peate, Iorwerth
1921 Dydd Sadwrn, 1 Hydref
Dydd Sadwrn, 3 Rhagfyr
1922 Dydd Sul, 26 Mawrth
Dydd Iau, 20 Ebrill
1923 Dydd Mawrth, 24 Gorffennaf
Dydd Sadwrn, 11 Awst
Dydd Llun, 22 Hydref
1926 Dydd Mawrth, 19 Ionawr
Dydd Sadwrn, 22 Mai

Plaid Genedlaethol Cymru
1924 Dydd Iau, 3 Ionawr
1925 Dydd Gwener, 1 Mai
Dydd Sadwrn, 23 Mai
Dydd Llun, 5 Hydref
Dydd Sul, 1 Tachwedd
1926 Dydd Gwener, 5 Chwefror
Dydd Sadwrn, 20 Mawrth
Dydd Mercher, 28 Ebrill
Dydd Llun, 23 Awst
Dydd Llun, 18 Hydref
Dydd Llun, 15 Tachwedd
Dydd Llun, 29 Tachwedd

Dydd Iau, 16 Rhagfyr

Primo de Rivera, Miguel
1923 Dydd Iau, 22 Tachwedd

Rees, Morgan
1922 Dydd Iau, 20 Ebrill
Dydd Gwener, 18 Awst

Renan, Ernest
1921 Dydd Mawrth, 4 Ionawr
Dydd Mercher, 13 Gorffennaf
Dydd Iau, 25 Awst
1922 Dydd Sadwrn, 4 Chwefror
Dydd Mawrth, 7 Chwefror
Dydd Iau, 23 Mawrth
Dydd Mercher, 2 Awst
Dydd Mawrth, 19 Rhagfyr
1923 Dydd Mercher, 14 Chwefror
Dydd Mercher, 28 Chwefror
Dydd Iau, 8 Mawrth
Dydd Sul, 17 Mehefin
1924 Dydd Sadwrn, 12 Gorffennaf
Dydd Sul, 13 Gorffennaf
1925 Dydd Gwener, 21 Gorffennaf

Rhys, Prosser
1923 Dydd Mawrth, 17 Ebrill
Dydd Iau, 3 Mai
Dydd Mawrth, 11 Medi
1924 Dydd Mawrth, 8 Ebrill

Roberts, Kate
1924 Dydd Gwener, 20 Mehefin
Dydd Gwener, 7 Tachwedd
1925 Dydd Sul, 26 Gorffennaf

Roberts, Samuel (S.R.)
1920 Dydd Gwener, 30 Gorffennaf
1921 Dydd Iau, 20 Hydref
1922 Dydd Sadwrn, 4 Chwefror
Dydd Mercher, 11 Hydref

Roberts, Silyn
1925 Dydd Gwener, 1 Mai
1926 Dydd Mercher, 28 Ebrill
Dydd Llun, 11 Hydref

Rolland, Romain
1922 Dydd Sul, 5 Mawrth
Dydd Llun, 6 Mawrth
Dydd Mawrth, 7 Mawrth
Dydd Mercher, 8 Mawrth
Dydd Sadwrn, 25 Mawrth
Dydd Llun, 8 Mai
1924 Dydd Gwener, 7 Mawrth

1925 Dydd Sul, 3 Mai

Sohier, Jean
1923 Dydd Sul, 1 Gorffennaf
1924 Dydd Sul, 7 Gorffennaf
Dydd Mercher, 9 Gorffennaf
Dydd Sadwrn, 12 Gorffennaf
Dydd Sadwrn, 2 Awst
1925 Dydd Sul, 23 Awst

Sinn Fein
1920 Dydd Llun, 5 Ebrill
1921 Dydd Mawrth, 26 Ebrill
1923 Dydd Sul, 26 Awst
Dydd Gwener, 7 Medi
Dydd Mawrth, 16 Hydref

Sommerfelt, Alf
1921 Dydd Mercher, 8 Mehefin
Dydd Llun, 13 Mehefin
Dydd Mawrth, 14 Mehefin
1922 Dydd Llun, 6 Chwefror
Dydd Mawrth, 7 Chwefror
Dydd Sul, 12 Chwefror
Dydd Gwener, 17 Chwefror
Dydd Sadwrn, 18 Mawrth
Dydd Llun, 27 Mawrth
Dydd Mercher, 29 Mawrth
Dydd Iau, 3 Ebrill
1925 Dydd Llun, 26 Ionawr
Dydd Iau, 29 Ionawr
Dydd Mawrth, 15 Ebrill
1926 Dydd Mawrth, 19 Ionawr

South Wales Daily News
1922 Dydd Sul, 8 Hydref
1923 Dydd Sul, 26 Awst

Thomas, Ben Bowen
1924 Dydd Llun, 5 Mai
Dydd Mercher, 30 Gorffennaf
1925 Dydd Llun, 5 Ionawr
1926 Dydd Sadwrn, 22 Mai

Thomas, Vaughan
1923 Dydd Iau, 13 Medi
1925 Dydd Mawrth, 7 Gorffennaf

Traethodydd, Y
1922 Dydd Mercher, 18 Ionawr

Tyddynnwr, Y
1922 Dydd Sadwrn, 17 Mehefin
Dydd Gwener, 18 Awst
1923 Dydd Mercher, 17 Ionawr
Dydd Mercher, 24 Ionawr

Dydd Mawrth, 12 Mehefin
Dydd Mercher, 13 Mehefin
Dydd Gwener, 27 Gorffennaf

Valentine, Y Parch. Lewis
1924 Dydd Iau, 3 Ionawr
1925 Dydd Gwener, 1 Mai
Dydd Sadwrn, 9 Mai
Dydd Sadwrn, 23 Mai
1926 Dydd Sadwrn, 30 Ionawr
Dydd Gwener, 5 Chwefror
Dydd Iau, 18 Tachwedd

Vallée, François
1921 Dydd Gwener, 10 Mehefin
1922 Dydd Sadwrn, 5 Awst
Dydd Mercher, 16 Awst
1923 Dydd Sul, 17 Mehefin
1924 Dydd Mawrth, 22 Gorffennaf
Dydd Mawrth, 29 Gorffennaf
Dydd Gwener, 22 Awst
Dydd Sadwrn, 13 Medi
1925 Dydd Sul, 23 Awst

Valois, Georges
1922 Dydd Sadwrn, 9 Rhagfyr
Dydd Mawrth, 19 Rhagfyr
1923 Dydd Llun, 19 Mawrth
Dydd Mawrth, 20 Mawrth
Dydd Llun, 30 Ebrill
Dydd Iau, 22 Tachwedd
1924 Dydd Gwener, 29 Chwefror
Dydd Iau, 6 Mawrth
Dydd Sul, 11 Mai
Dydd Gwener, 21 Tachwedd
Dydd Gwener, 15 Rhagfyr
1925 Dydd Iau, 12 Chwefror
Dydd Iau, 26 Mawrth
Dydd Sadwrn, 20 Mehefin
1926 Dydd Gwener, 5 Chwefror

Vendryes, Joseph
1920 Dydd Gwener, 5 Tachwedd
Dydd Mawrth, 9 Tachwedd
Dydd Mercher, 17 Tachwedd
Dydd Gwener, 19 Tachwedd
Dydd Sadwrn, 11 Rhagfyr
1921 Dydd Sul, 16 Ionawr
Dydd Gwener, 28 Ionawr
Dydd Mercher, 16 Chwefror
Dydd Mawrth, 19 Ebrill
Dydd Mercher, 20 Ebrill
Dydd Mawrth, 26 Ebrill

Dydd Mercher, 27 Ebrill
Dydd Mercher, 4 Mai
Dydd Mercher, 8 Mehefin
Dydd Iau, 20 Hydref
Dydd Gwener, 11 Tachwedd
Dydd Sadwrn, 12 Tachwedd
Dydd Iau, 8 Rhagfyr
Dydd Mercher, 14 Rhagfyr
Dydd Iau, 15 Rhagfyr
1922 Dydd Gwener, 17 Chwefror
Dydd Gwener, 3 Mawrth
Dydd Sadwrn, 18 Mawrth
Dydd Sul, 7 Mai
Dydd Gwener, 19 Mai
Dydd Sul, 18 Mehefin
Dydd Gwener, 17 Tachwedd
1923 Dydd Mercher, 10 Ionawr
Dydd Sadwrn, 17 Chwefror
Dydd Mawrth, 17 Ebrill
Dydd Iau, 29 Tachwedd
1924 Dydd Gwener, 25 Ionawr
Dydd Sadwrn, 5 Ebrill
Dydd Mawrth, 7 Hydref
Dydd Iau, 13 Tachwedd
Dydd Llun, 15 Rhagfyr
1925 Dydd Gwener, 23 Ionawr
Dydd Mawrth, 27 Ionawr
Dydd Mawrth, 17 Mawrth
Dydd Llun, 20 Gorffennaf
Dydd Sul, 26 Gorffennaf
Dydd Sadwrn, 1 Awst
Dydd Mercher, 7 Hydref

Watkin, Morgan
1922 Dydd Gwener, 17 Chwefror
1923 Dydd Mawrth, 27 Chwefror
Dydd Iau, 15 Mawrth
Dydd Gwener, 16 Mawrth
Dydd Sul, 18 Mawrth
Dydd Gwener, 25 Mai
Dydd Mercher, 13 Mehefin
Dydd Mercher, 25 Gorffennaf
Dydd Sul, 9 Medi
1924 Dydd Sul, 16 Mawrth
Dydd Mawrth, 8 Ebrill

Wawr, Y
1920 Dydd Gwener, 16 Ionawr
Dydd Llun, 15 Mawrth
1921 Dydd Iau, 8 Medi
1924 Dydd Llun, 14 Ionawr

Cyngor Llyfrau Cymru
Welsh Books Council
NWW16610
Aberystwyth
SY23 2ZB

2 1

To a friend

For more information about English-language literature
from Wales write to: Welsh Books Council,
Castell Brychan, Aberystwyth, Ceredigion, SY23 2JB

Maps

But Wales is like perspective, it describes the space
imagination is using. As in the inside-out
perspective of chinese silks
the vanishing point is you.

Tony Conran
from *All Hallows*, published by Gomer.

Relief by Paul Davies

Please send me more information about English-language books from Wales.
(Replies will be entered in 12 monthly draws: winners will receive books to the value
of £25.)

Name ....

Address ....

.... Post Code ....

I am interested in the following categories (please tick)

1. Poetry ▢   2. Fiction ▢   3. History ▢   4. Politics ▢

5. Women's writing ▢   6. Children's books ▢

7. Other ▢   If other, please state ....